《이데올로기와 유토피아》는…

1929년 출간 당시 이데올로기의 난투장이었던 독일뿐만 아니라 전 유럽의 지성계에 뜨거운 논쟁을 불러일으키며 지식사회학이라는 새로운 학문 분야를 개척한 기념비적 저서이다.

사회학자로서 만하임은 마르크시즘의 영향을 받았으나, 마르크스의 한계를 뛰어넘어 새로운 사회학을 정립하려고 했다. 이런 시도의 하나로 당시까지 사회집단과 계급의 정치적 투쟁 속에 은폐와 폭로의 도구로 전락한 이데올로기 개념을 문화, 사회적 측면에서 분석하여 가치중립적 개념으로 재정립했다. 그에 따르면 이데올로기는 현실을 정당화하는 것이며, 유토피아는 현실을 부정하고 미래를 지향하는 것이다. 마르크스가 이데올로기와 지식은 계급적 이해에 따라 규정되고 달라진다고 본 반면, 만하임은 마르크스의 주장을 일부 인정하면서도 계급적 이해뿐 아니라 그 외의 문화적, 사회적 요인이 중요한 영향을 미친다고 주장하였다. 만하임은 이러한 관점에 입각하여 '지식사회학'이라는 새로운 학문을 창시했으며, 《이데올로기와 유토피아》가 바로 그가 지식사회학을 체계화하여 독자적 학문체계를 출범시키는 계기가 되었다.

1960년대에 국내에 처음 소개된 이 책은 당시 첨예한 이념 갈등 속에 있던 국내 지식인 사이에서도 큰 반향을 일으키기도 했다. 이데올로기의 과학을 넘어 시대진단학으로서 사회와 지식에 대해 이해사회학적 방법으로 객관성과 해석, 가치에 대한 질문을 던지고 있는 이 책은 출간된 지 한 세기가 지난 지금까지도 우리에게 새로운 화두를 던지고 있다.

모던&클래식은
시대와 분야를 초월해 인류 지성사를 빛낸 위대한 저서를 엄선하여
출간하는 김영사의 명품 교양 시리즈입니다.

이데올로기와 유토피아

IDEOLOGIE
UND UTOPIE
by Karl Mannheim

Copyright ⓒ 1929 by Karl Mannheim • All rights reserved.

이데올로기와 유토피아

지은이 카를 만하임
옮긴이 임석진

1판 1쇄 발행 2012. 9. 11.
1판 2쇄 발행 2022. 7. 1.

발행처_ 김영사 • **발행인_** 고세규 • **등록번호_** 제406-2003-036호 • **등록 일자_** 1979. 5. 17. **주소_** 경기도 파주시 문발로 197 (문발동) 우편번호 10881 • **전화_** 마케팅부 031)955-3100, 편집부 031)955-3200 • **팩스_** 031)955-3111 • 이 책의 한국어판 저작권은 저작권자와의 독점 계약한 김영사에 있습니다. 신 저작권법에 의해 한국 내에서 보호를 받는 저작물이므로 무단전재와 복제를 금합니다. 값은 뒤표지에 있습니다. ISBN 978-89-349-5903-8 04300, 978-89-349-5063-9(세트) • **홈페이지_** www.gimmyoung.com • **블로그_** blog.naver.com/gybook • **인스타그램_** instagram.com/gimmyoung • **이메일_** bestbook@gimmyoung.com • 좋은 독자가 좋은 책을 만듭니다. • 김영사는 독자 여러분의 의견에 항상 귀 기울이고 있습니다.

IDEOLOGIE UND UTOPIE

이데올로기와 유토피아

카를 만하임

임석진 옮김 | 송호근 해제

三

김영사

오늘의 시대적 상황은 참으로 과거와 미래를 통틀어서 우리 민족 구성원 전체에게 주어진 또 하나의 시련과 도전에 대한 극복과 응전으로의 일대 전환기라고 해도 무리가 없을 것이다. 이 점을 염두에 두면서 나는 특히 카를 만하임 Karl Mannheim, 1893~1947 자신이 '사회적 존재에 의한 사회적 의식의 피제약성 문제(카를 마르크스 Karl Marx, 1818~1883)'를 역으로 자기 사상 전개의 결정적 논리 근거로 하여 일면적이고 편향적인 마르크스주의 전통에 기대고 있는 철학적, 사회학적 사유에 적용하고 있다는 데 주목해야 할 필요성을 강조하고 싶다. 운동과 변화, 전진과 후진, 그리고 정립과 반정립으로 이루어지는 원환 구조 속의 소외와 전도顚倒의 본질이야말로 만하임의 이 책과 막스 셸러 Max Scheler, 1874~1928의 《지식의 형식과 사회 Wissensformen und die Gesellschaft》를 효시로 하는 지식사회학의 저류를 관통하고 있는 기본 명제다.

차례

해제 ·················· 8
독문판 서문 ············· 16
영문판 서문 ············· 19
초판 역자 서문 ··········· 52
개정판 역자 서문 ········· 55

1_문제의 발단

사회학적으로 본 사유의 개념 • 61 | 사유의 현대적 범주 • 69 | 현대의 인식론적, 심리학적 및 사회학적 관찰 방법의 기원 • 81 | 현대의 집단적 무의식과 그 통제의 문제 • 114

2_이데올로기와 유토피아

이 두 가지 연구의 내적 연관성 • 151 | 예비적인 개념을 설명해야 할 필연성 • 160 | 이데올로기 개념의 의미 변화의 역사에 대하여 • 168 | 총체적 이데올로기 개념은 의식의 정신론적 영역을 의문시한다 • 176 | '허위의식'의 문제 • 186 | 이데올로기 개념의 확대로 인한 새로운 변증법적 상황의 발생 • 196 | 몰가치적 이데올로기 개념 • 210 | 몰가치적 이데올로기 개념의 가치평가적 개념으로의 전이 • 216 | 몰가치적 이데올로기 개념의 배후에 자리 잡은 전형적인 두 가지 본체적 결단의 특징 • 220 | '허위의식' 문제의 재등장 • 227 | 이데올로기와 유토피아 사상을 통한 현실의 추구 • 234

IDEOLOGIE UND UTOPIE

3_학문으로서의 정치는 가능한가

지금까지는 왜 정치학이 없었는가 • 255 | 인식 행위 자체가 정치적 내지 사회적 제약을 받는다고 하는 명제의 증명 • 271 | 종합의 문제 • 323 | 종합화 수행자의 문제 • 335 | 정치적 지식의 특이성에 관하여 • 354 | 정치적 지식의 전달가능성에 관하여 • 367 | 지식사회학의 세 가지 길 • 389

4_유토피아적 의식

기본 현상의 해명을 위한 시론 : 유토피아, 이데올로기 및 현실의 문제 • 403
유토피아적 의식의 형태 변화와 근세에 있어서의 여러 발전 단계 • 435

5_지식사회학

지식사회학의 본질과 작용 범위 • 523 | 지식사회학의 두 부분 • 528 | 지배적인 인식론적 명제의 특수성 제시 • 570 | 지식사회학의 긍정적 역할 • 574 지식사회학 분야에서의 역사적 내지 사회학적 연구를 위한 기술적 문제들 • 597 | 지식사회학의 역사 소고小考 • 597

참고 문헌 ············ 605
찾아보기 ············ 628

해제

이데올로기와 유토피아

송호근
(서울대학교 사회학과 교수)

카를 만하임은 《이데올로기와 유토피아》로 우리에게 잘 알려진 사회학자이다. 《이데올로기와 유토피아》는 세계를 움직인 백 권의 저작 목록 속에 포함될 만큼 영향력 있는 걸작으로 인정받고 있으며, 특히 독일 나치즘과 같은 전체주의적 체제를 낳는 사회적 배경과 인식론적 구조를 파헤치고 있기에 히틀러 정권에 저항했던 집단들의 이념적 무기로 널리 읽혔다.

만하임은 1893년 3월 27일 부다페스트에서 헝가리계 유대인 아버지와 독일계 어머니 사이의 외아들로 태어났다. 청년 만하임은 예술과 철학의 도시인 부다페스트에서 인문계 중학교를 졸업하고 부다페스트 대학에서 철학을 공부했다. 그곳에서 몇 학기를 보낸 만하임은 베를린 대학으로 진학해 짐멜의 철학과 형식사회학을 수학했고, 1913년에는 다시 프라이부르크와 하이델베르크 대학에서 막스 베버와 알프레트 베버의 사상을 배웠다. 그후 파리에서 약간

• 《103인의 현대 사상》(민음사, 2003)에 실린 글을 저자와 출판사의 동의를 얻어 게재하였습니다. t

의 연구 기간을 보낸 뒤 제1차 세계대전이 발발하기 직전 고향으로 돌아왔을 때 만하임은 철학과 사회학을 연결하는 새로운 학문체계를 구상하고 있었다. 그것은 몇 년 후 박사학위 논문인 〈인식론의 구조 분석〉(1922)으로 구체화되었는데, 이 논문은 만하임이 지식사회학이라는 새로운 영역을 개척하게 되는 긴 여정의 출발점이었다.

  만하임은 사회운동의 측면에서는 영국의 페이비언 사회주의에 매력을 느끼면서도 정신과학의 본질과 내적 원리를 어떻게 학문체계로 승화시킬 것인가에 더 많은 관심을 기울였다. 이는 곧 "의식은 존재상황에 구속된다"는 지식사회학의 핵심명제인 존재 구속성 개념이 만하임에게도 그대로 적용된다는 것을 의미한다. 왜냐하면 만하임이 연구 활동을 시작할 당시 유럽의 지적 분위기는 실증주의의 경박성과 폐해에 염증을 느끼고 있었고, 이에 대한 반작용으로 역사주의적, 주지주의적 사고에 한없이 매료되었기 때문이다. 정신사가인 볼이 적절히 묘사했듯이, 만하임이 속했던 '1914년 세대'는 실증주의의 이념적 유산과 아버지 세대로부터 물려받은 정신적 유산에 대항해 일종의 '세대 전쟁'을 감행하던 집단이며, 정신과학과 문화의 본질을 되살려 실증주의가 배태한 사회적 병폐와 시대적 질병을 치유하려 했던 정신적 각성의 전위부대였다. 만하임이 당시 문학과 미학 비평가로서 명성을 날렸던 루카치의 '일요서클'에 지적 매혹을 느꼈던 것도 이런 이유에서이며, 루카치의 역작인 《소설의 이론》의 서평을 지식인 저널인 《로고스》에 게재하게 된 것도 우연이 아니다.

  만하임은 1917년 '일요서클'에서 행한 강연인 〈정신과 문화〉에서 주관적 의식과 문화적 산물에 나타난 객관적 의미 사이의 불일치가 절정에 달했음을 강조하고 객관적 문화(종교, 과학, 예술, 국가 등)와 주관적 문화(이념, 세계관) 사이에 존재하는 차이를 메우는 것이 세대의 사명이라고 주장했다. 이 격차는 "주관적 정신이 객관적 문화를 통합하는 형식으로 해소된다"고 하여 주관적 문화의 중요성에 주목하는 만하임의 학문적 성향을 집약한다. 만하임은 독일 사상의 저변에 흐르는 정신과학의 본질을 회복함으로써 문화의 낯섦을 극복하고자 했다. 여기에는 우선 객관화된 정신, 즉 문화 현상의 의미를 파악하는 '해석'의 문제가 요청된다. 그의 학문적 생애 초기에 주된 관심이 문화적, 정신적 현상에 표현된 의미 이해의 이론을 체계화하는 데에 모이고 있는 것은 이런 이유에서이다. 그러면서 만하임은 1920년대 초기 혁명과 반혁명으로 점철되었던 유럽의 정치적 상황에 자극 받아 문화적 산물의 정신적 의미 해석을 넘어 점차적으로 세계관과 이데올로기의 문제로 관심을 이전하게 되었다. 《인식론의 구조 분석》(1922), 《세계관의 해석에 대해》(1922), 《역사주의》(1924), 《지식사회학의 문제》(1925)는 정신과학적 방법과 인식론에 개재된 쟁점들에 관한 연구이다. 이런 인식론적 작업을 토대로 만하임은 이념과 사상의 사회적 관계와 맥락적 의미 연구로 진전했는데, 《보수주의적 사고》(1927), 《세대의 문제》(1927), 《문화 현상으로서의 경쟁》(1928)이 그런 저작들이다. 《이데올로기와 유토피아》는 처음 네 개의 장으로 발표되었으며, 1931년 백과사전용으로 집필된 논문인 〈지식사회학〉이 5장으로 첨가되면서 지식사회학이라는 독자적 학문 체계를 출범시키는 계기를 만들었다.

지식사회학은 인식이나 관심과 사회적, 존재적 배경의 관계를 탐구하는 학문이다. 만하임은 이를 사상과 이데올로기의 존재 구속성에 관한 학문이라고 규정한다. 존재 구속성이란 마르크스가 《경제철학 수고》(1844)에서 밝힌 것처럼 "의식은 사회적 존재에 의해 결정된다"는 경제결정론적 명제에서 출발하면서도 존재와 의식 사이에 기계론적 대응관계를 설정하는 것이 아니라 존재 유관적, 상황 유관적 의미를 해석하는 데 초점을 두고 있기에 좀 더 열린 입장을 견지한다. 옳다고 믿어왔거나 그렇게 강요되는 관념과 지식 체계들을 일단 의심하는 데카르트적 회의로부터 그 관념을 떠받치고 있는 사회적, 역사적 맥락과 그것들의 관계를 검토함으로써 사고 체계의 필연적 존재 이유를 이해하고 동시에 그것의 부분적 편파성을 파악하게 하는 통찰력을 부여한다는 점에서 만하임은 지식사회학을 "사회에서 불확실하고 모호하게 보이는 모든 것에 대한 의심의 체계화"라고 정의했다. 이 '의식의 체계화'를 통해 사고의 편파적 경향을 드러내는 것은 곧 전체성으로 나아가는 인식론적 출구이다. 의심의 체계화란 지식의 허위성을 폭로하고 부정하는 것보다는 경험과 배경이 다른 사회성원 또는 집단의 상호이해를 증진시키는 데 우선적인 목적이 있다. 1920년대 독일이 이데올로기의 난투장이었음을 고려한다면, 만하임이 왜 상호이해의 학문체계로서 지식사회학을 제창했는가를 쉽게 납득할 수 있을 것이다. 계급, 종교, 언어, 인종, 역사적 경험의 서로 다름에서 발생하는 여러 투쟁과 갈등은 곧 '담론의 세계'가 다르기 때문인데, 지식사회학은 서로 다른 담론의 세계를 지니는 집단과 성원의 상호이해의 가능성과 공간을 확대해준다. 말하자면 상충적 담론이 혼존하더라도 상호이해와 동의의 기반이 확대되면 전체주의적 지배에 의해 자유와 평등의 민주적 가치가 희생될 가능성도 그만큼 적어진다. 만하임의 지식사회학이 이데올로기의 과학으로부터 이른바 '시대진단학'으로 나아갈 수 있는 것은 기만과 허위의식에 대한 폭로의 기능뿐 아니라 동의 기반을 확대해주는 인식론적 등대의 역할을 하고 있기 때문일 것이다.

그런데 만하임은 지식사회학을 가치 평가적 관점으로 끌고 감으로써 이데올로기적 갈등을 하나의 포괄적 체계로 통합해야 하는 논리적 딜레마에 봉착했다. 즉 이데올로기 개념의 파악 방식인 '전체적, 보편적, 평가적 이데올로기는 곧 시대진단학으로서의 지식사회학'이라고 등식화함으로써 가치평가적 관점이 존재론적으로나 인식론적으로 불가능하다는 상관주의의 기본 명제를 위반하게 되고 의심의 체계화라는 지식사회학 자체의 입지를 부정하는 결과를 가져왔다. 그리하여 만하임은 이런 논리적 딜레마를 돌파하는 논리적 기제로 지식계급을 끌어들였다. 지식계급은 자신의 계급적 입장으로부터 상대적으로 자유롭다는 장점 때문에 어느 한 계급의 상황에 매몰되지 않고 종합적 사고를 유지할 수 있는 유일한 사회집단이라는 것이다. 이것이 곧 "인텔리겐차에 의한 종합화" 테제이다. 그러나 그의 스승이었던 알프레트 베버의 용어를 원용해 "자유부동적 인텔리겐차"의 의의를 주장한 만하임의 의도는 결코 임의적이거나 근거 없는 확신에서 유래한 것만은 아니다. 서로 다른 이데올로기가 각각의 정당성을 주장한다면, 각 집단의 배경과 의식 형성 체계를 파악하는 능력을 겸비한 누군가에 의해 종합화가 시도되어야 한다. 그것이 바로 지식계급이다. 지식계급의 종합화 시도에 대한 기대에는 1920년대 이데올로기의 난투장 속에서 시대의 파수꾼으로 남아 있었던 만하임의 세대적 경험이 반영되어 있다. 아무튼 자유부동적 인텔리겐차 이론은 논리적 난제를 해결하기 위한 개념적 도구였던 만큼 그 자체로 모순을 안고 있기는 했지만 지식인의 시대적 사명을 확인해주는 일종의 역설을 내포한다. 종합화를 통해 시대진단을 행하는 지식인 개념은 영국 체류 기간 동안 그러했듯이 자유와 평등을 '계획하는' 실천적 지식인상으로 연결되었다.

  만하임은 나치 정권을 피해 영국으로 망명한 뒤 민주적 계획과 관련된 정치사회학적 저술에 몰두했다. 그것은 히틀러와 같은 전체주의의 등장을 인류사적 수치로 여겼기 때문이었는데, 만하임은 1947년 사망하기까지 사상의 자유가 보장된 영국에서 사회 재건과 민주주의 계획의 사회학에 투신했다. 그는 영국에서 '자유부동적 인텔리겐차'라는 용어를 더 이상 사용하지 않았다. 그것은 아마 독일과 헝가리에서 요구되었던 지식인의 과제가 영국에서는 다른 방향으로 요구되고 있음을 인식했기 때문이겠지만, 만하임이 영국적 상황에서 요청했던 교육자와 계획자 등의 새로운 엘리트들은 분명히 다른 이름의 동일한 인텔리겐차였을 것이다. 영국에서 만하임은 프랑크푸르트 대학 교수 시절과 마찬가지로 사회민주주의적 정치 성향을 강하게 드러냈다. 따라서 자유방임에 의한 자유주의도, 특정 집단의 이익이 과도하게 관철되는 파시즘적 독재체제도 아닌 기본적 평등과 자유를 사회 전체의 이익 속에서 계획하는 이른바

'제3의 길'을 모색했다. 만하임은 1934년 런던 대학에서 행한 강연과 《사회학평론》에 기고한 논문을 기초로 《재건기의 인간과 사회》를 독일어로 출간했는데, 이는 바로 제2의 학문 생애를 출발시킨 대작이다. 사회 계획을 향한 그의 관심은 후에 《시대진단》(1973), 《자유, 권력, 민주적 계획》(1950) 등의 저술로 체계화되었다. 영국에서 만하임은 민주적 가치를 확산시키는 여러 유형의 사회 활동을 활발하게 전개했다. 행정가와 교육자를 위한 연설과 강연, BBC 방송 강연, 토론 모임, 지식인 클럽, 문화 단체 참여 등이 그것에 속한다. 만하임이 영어에 능통하지 않은 망명 지식인이었다는 점을 감안하면, 자유와 민주적 가치를 향한 만하임의 열정이 어느 정도였는지를 짐작할 수 있을 것이다. 그는 영국의 대표적인 출판사인 로트리지와 협력해 '사회학과 사회 재건을 위한 국제 총서' 시리즈를 발행해 전후 새로운 사회를 건설하려는 당시 영국의 지성계에 신선한 충격을 안겨주었다. 공공교육에 대한 만하임의 노력과 공헌은 지식인과 대중의 절대적인 호평을 받아 1946년 런던 대학 교육연구소 연구위원으로 초빙되었고, 얼마 후에는 유네스코 유럽지부장에 추대되었다. 그러나 갑작스러운 그의 죽음은 사회 재건을 향한 학문적, 실천적 포부를 꺾어버렸다. 만하임은 1947년 1월 7일 그의 고향인 부다페스트에서 멀리 떨어진 페이비어니즘의 국가 영국의 수도 런던에서 일생을 마쳤다.

: 참고문헌 :
송호근, 《칼 만하임의 지식사회학 연구》(홍성사, 1983).
전태국, 《지식사회학》(사회문화연구소, 1994).

독일어판 서문

만하임의《이데올로기와 유토피아Ideologie und Utopie》는 지난 10년 동안 절판됐었다. 그나마도 1929년 제2판으로 간행된 것 중의 3분의 1은 '제3제국'이 독일 땅에 세워질 당시까지만 해도 권력자들이 미처 엄격한 판금 조치를 취하지 않았던 탓에 계속 시판될 수 있었지만, 1943년에는 폭격으로 인하여 그것마저 완전히 소실되어버렸다. 그 당시의 만하임으로서는 무솔리니적 형태의 파쇼적 이데올로기가 횡행했던 부분적 실상만을 분석할 수 있었을 뿐임에도 실로 그가 예언자적 혜안을 가지고 파시즘 이데올로기의 전모-비합리성에 뿌리박은 철학과 신화론적 역사관과의 혼합물로서의-를 파헤쳤다는 점을 감안할 때 더욱이 당대 권력자들이 본서에 대한 판금 조치를 내리지 않았다는 사실은 놀라움을 금치 못하게 한다. 그러나 만하임 역시 예측하지 못했던 것은 정치적 문제에 대한 합리적 탐구를 기피함으로써 끝내 독일이 얼마나 극심한 몰락의 구렁에 빠지게 될 것인가 하는 점이었다.

  1933년에 프랑크푸르트 암 마인에서의 교수직을 사임하지 않을 수 없었던 만하임은 1947년 세상을 떠나기까지 런던 정치경제대학

London School of Economics and Political Science에서 사회학을 강의했다. 그가 저술한 《이데올로기와 유토피아》는 미국의 사회학자 루이스 워스Louis Wirth, 1897~1952와의 긴밀한 유대하에 1937년에 영어로 번역 출판되었는데, 이것이 5판까지 거듭될 수 있었던 것은 이 책이 거둬들인 괄목할 만한 성과라고도 하겠지만, 또 다른 면에서는 이마누엘 칸트Immanuel Kant, 1724~1804로부터 시작하여 마르크스와 막스 베버Max Weber, 1864~1920를 거쳐 만하임에까지 이르는 위대한 학문적 전통이 독일에서는 무참히 단절되어버린 채 1933년 이후로는 영미권에서 그 명맥이 유지될 수 있었음을 입증해주고 있다.

그런데 지식사회학, 즉 사유란 주체와 객체 사이의 관계에 따른 추상적인 결과가 아니라 오히려 '사회적 공간' 속에서 이루어지며, 따라서 상황에 제약되는 것임을 역설하는 이 학문은 미국에서 이미 워스와 같은 대표적 이론가를 배출했다. 미국 사회학회와 사회문제연구회의 회장이며 동시에 미국 사회학회지의 발행인이기도 했던 워스는 1952년에 심장마비로 갑자기 세상을 떠날 때까지 시카고 대학에서 30년 이상 사회학 강의를 했다. 여기 수록된 만하임의 저서에 대한 그의 적확한 해설문은 원래 영미권 독자들을 위해 쓰인 것이지만, 본 독일어판 앞머리에 게재한 이유는 이 글이 극히 간결하면서도 지식사회학 및 이데올로기와 유토피아라는 개념들이 지닌 문제성에 대한 훌륭한 입문서로서뿐만 아니라, 지식사회학과 미국 실용주의 사상과의 관계에 대해서도 시사하는 바가 적지 않기 때문이다. 이 글은 독일의 독자들에게도 각별한 흥미를 안겨줄 것임에 틀림없다.

본서의 제2장에서 제4장까지는 1929년 판 그대로 대본으로 삼았으나 참고 문헌에서는 보충을 요하는 점이 없지 않았다. 그러나 사회학 분야에서의 고전 명저로 꼽히는 이 책의 핵심 부분에는 가필하지 않고 다만 맨 끝 부분에 상세히 수록된 참고 문헌란에만 새로운 자료들을 추가하는 것이 온당하리라 생각했다.

나는 이 자리를 빌려 워스의 서문과 만하임의 입문적 성격을 띤 본서 제1장을 번역하였을 뿐만 아니라 주석과 참고 문헌의 정리는 물론 교정이나 그 밖의 여러 기술적 문제에 대해서 사심 없는 조언을 아끼지 않았던 하인츠 마우스 박사에게 고마움을 표하고자 한다.

일찍이 《사회학 사전》에 소개되었던 본서 제5장의 〈지식사회학〉 편이 여기 수록될 수 있기까지 슈투트가르트 시 소재 엠케 출판사의 호의에 힘입은 바 크다는 점을 밝혀두면서 아울러 감사함을 표한다.

게르하르트 슐테 불름케
(독일어판 편집자)

영문판 서문

《이데올로기와 유토피아》의 독일어 초판이 발간될 당시의 정신적 상황은 다각적인 논쟁이 만발하는 가운데 고도의 긴박감을 자아내는 시기이긴 했지만 여기서 세기된 여러 문제에 대한 가식 없는 근원적 해결을 모색하던 많은 사상가가 망명의 길로 들어서거나 혹은 침묵을 강요당하면서부터는 그와 같은 사상적 분위기도 침체되어버리고 말았다. 그 후로 우리는 독일에서 바이마르 공화국을 파멸로 이끌었던 것과 같은 갈등을 도처에서, 특히 서유럽이나 북미주의 여러 나라에서까지 겪게 되었다. 또한 한때는 마치 독일 저술가들의 특성이기라도 한 듯 여겨지던 정신적, 사상적 문제가 이제는 온 세계 사람들의 공통된 문제로 대두되기에 이르렀다. 그리하여 어떤 한 나라의 몇몇 지식인들만의 전유물인 듯이 보이던 내면 세계의 오의奧義에 대한 논구도 이제는 현대인의 일반적 상황 속에서까지 받아들여지게 되었다.

  이와 같은 상황에 발맞춰서 서양 문화의 '종말' '붕괴' '위기' '몰락' 또는 '사멸' 등등에 관해 언급하는 많은 글이 쏟아져 나왔다. 그런데 이 모든 글이 표방하는 테마 자체는 그토록 심각하게 들려옴에도 그중 대부분의 글은 우리가 직면한 사회적 내지 정신적 혼돈을 야기했던 요인이나 과정을 분석하는 데까지는 미치지 못했다. 이런 점에서 만하임의 이 역작은 실로 우리의 사유·신앙 또는 행동에 영향을 끼치는 현대의 사회적 조류 및 상황에 대한 냉철한 비판적 내지 과학적 분석을 한 성공작이다.

과거에는 절대적이고 보편적이며 영구한 것으로 받아들여지거나 혹은 거기서 빚어질 결과에 대해서 누구나 부러워하기라도 하듯이 천진한 입장에서 수긍해오던 규범이나 진리를 회의의 눈초리로 바라보게 되었다는 것이 어쩌면 현대의 표징인지도 모르겠다. 이미 명증적인 것으로 여겨오던 것들도 현대적 이론과 연구를 주안점으로 해서 볼 때는 새로운 논증과 확인이 필요함으로써, 마침내 어떤 이념의 타당성 여부에 대해서뿐만 아니라 그러한 이념을 들고나온 사람들의 동기까지 불신하는 시대가 온 것이다. 이러한 상황은 특히 진리보다 개인적인 이해 추구욕이 더 중요한 몫을 하게 된 정신적 풍토에서 벌어지는 만인의 만인에 대한 투쟁과 반목에 의하여 더욱 악화되었다. 전혀 비타산적인 객관적 진리 탐구열만이 지배해오던 영역에서도 이제는 생의 세속화와 사회적 대립의 격화 및 개개인 간의 전반적인 상호 경쟁으로 인하여 그 판도가 바뀌어버린 것이다.

그런데 이러한 상황의 변천은 비록 우리에게 불안감을 안겨줄 듯 보이기도 하지만 동시에 어떤 치유력을 발휘하기도 한다. 즉 오늘날에 와서는 예전 같으면 상상조차 할 수 없을 정도의 철저한 자기비판이나 또는 어떤 하나의 이념이 생성되기까지 시대적 배경의 추이 속에 담긴 연관성에 주목을 돌리려는 경향이 나타나게 된 것이다. 그런데 여기서 우리가 그 모든 것을 마치 사회적 및 정신적 질서를 근본으로부터 흔들어놓은 변혁에 따른 어떤 자비로운 도움에 힘입은 것으로 본다면 이는 궁여지책으로 마련된 익살이라고밖에 할 수 없을 것이다. 이와는 반대로 만약 우리가 변화와 혼미를 겪고 있는 사회과학을 한 번 개관해본다면 여기에는 옛날 같으면 미처 생각할 수도 없던 새롭고도 희망찬 발전에의 씨앗이 움트고 있음을 의심할 여지가 없지만, 이러한 새로운 방향으로의 전개 과정도 결국은 사회학에 가해지고 있는 저해 요소를 우리 스스로가 얼마만큼 투철하게 인식하느냐에 따라서 좌우된다고 하겠다. 그렇다고 해서 뒤에서도 다시 언급하겠지만 사사로운 자기 처지를 해명하는 것이 사회과학의 지속적 발전을 위한 유일한 조건일 수는 없고, 다만 그의 장기적 발전을 위한 필수적 전제 조건이 될 뿐이다.

1

　오늘날 사회적 지식의 발전은 두 가지 기본적인 요소에 의하여 좌절까지는 아니더라도 최소한 저해를 받고 있다. 그 한 가지는 외부로부터의 영향을 들 수 있겠고 다른 또 한 가지는 사회과학이라는 영역 자체 내에 도사린 것이라고 할 수 있다. 지난날 지식의 발전을 저해하거나 지연시켜왔던 갖가지 세력은 오늘날에 와서도 여전히 사회적 지식의 빌진이 자기들의 이해관계와도 부합된다는 데 확신을 갖지 못하고 있다. 그런가 하면 또 물리학적 전통이나 과학적 연구를 위한 방안들을 사회적 측면에까지 적용해보려는 시도는 번번이 혼동과 오해, 비능률을 자초할 뿐이었다. 오늘날까지도 사회 현상에 관한 과학적 이론을 수립하기 위해서는 무엇보다도 인습적인 비관용성과 제도화된 억압을 물리치는 데 주력해야만 했고, 또한 지난날에 있어서도 국가 또는 민족 등을 앞세운 권익 옹호자로서 외부로부터의 적과 맞싸우지 않으면 안 되었다. 그럼에도 지난 몇 세기 동안 우리는 적어도 부분적으로나마 그러한 외부적 압력에 대한 승리를 쟁취함으로써 일정한 범위 내에서는 임의의 연구가 가능하게 되었고, 또한 사상의 자유로운 창달을 위해서도 고무적인 요소를 마련할 수 있었다. 그런데 우리가 수백 년간이나 정신적 암흑기에 처해 있던 중세가 종지부를 찍고 나서 현대적으로 세속화된 독재 체제가 발흥하기까지에 이르는 그 얼마 안 되는 기간을 돌이켜보건대, 마치 이 서양 세계는 바야흐로 인간이 자기의 오성 능력을 십분 발휘함으로써 자연으로부터의 수모와 문화의 퇴영화로부터 스스로 탈피할 수 있다고 믿는 계몽사상에 젖어 있던 당대인의 희망을 성취해주기라도 한 듯 보였던 것이 사실이다. 그러나 과거에도 언제나 그러했듯이 이제 우리는 그와 같은 희망에 부풀어 있을 수만은 없을 것 같은 느낌이 든다. 모든 민족이 비합리성을 숭상하는 태도를 공공연하게 자랑삼아 떠들어댈 정도가 되었으며, 특히 오랜 세월을 두고 자유와 이성을 숭상하는 사람들의 피신처였던 앵글로·색슨 민족들까지도 근래에 와서는 정신적 박해를 추동하는 데 가세하게 된 것이다.

자연계에 관한 지식을 획득하려고 끊임없는 노력을 기울여온 서양 정신의 발전사를 보면 특히 자연과학이 박해를 무릅쓰고 자기 스스로의 독자적 영역이 확정될 수 있는 길을 터놓았다고 할 수 있다. 몇 가지 놀라움을 금치 못하게 하는 예외가 있기는 하지만 16세기 이후부터는 신학적 교리가 그때까지 독점해오던 스스로의 연구 분야를 하나둘씩 포기함으로써 결국 어디서나 자연과학의 권위가 인정받게끔 되었다. 또한 학문의 공세를 더 이상 견디지 못하게 된 교회로서도 그들의 교리를 새로운 상황에 쉴 새 없이 적응해나감으로써 학문적 발전 성과에 정면으로 배치되는 결과를 그나마 미연에 방지할 수 있었다.

그리하여 결국 학문의 소리는 옛날 같으면 권위에 넘치는 종교적 진술 내용만이 누릴 수 있었던 경건성과도 흡사한 존경의 염으로 받아들여졌다. 학문의 이론이 지난 수십 년간 여러 가지 변혁기를 맞이했던 것은 사실이지만, 진리 탐구를 위한 학문의 기여도에 대하여 얻은 권위만은 여기에 전혀 저촉된 바가 없다. 그뿐만 아니라 지난 수십 년을 돌이켜볼 때 심지어는 많은 기구를 폐지해서라도 부득이 생산 면에서의 감소를 가져오지 않을 수 없다고 말하는 사람까지 있었던 것도 사실이지만, 오늘날 자연과학적 연구의 진척이 지연되는 근본 원인은 기존 사회 질서의 안정을 위하여 의식적으로 학문적 발전을 저해한 데 있는 것이 아니라, 아마도 학문적 성과에 대한 경제적 측면에서의 수요가 감퇴했기 때문이라고 봐야만 할 것이다.

신학저 교리와 형이상학에 대한 자연과학의 승리는 사회적 동태의 연구를 통하여 거둬들인 발전 결과와는 정면으로 대립되는 것이다. 왜냐하면 경험적 방법에 의한 연구 결과가 고대인들의 자연관을 근본에서부터 뒤엎어버릴 수는 있었지만 고전적 사회 이론들은 현실 위주의 경험적 입장에서부터 가해지는 공격을 이겨낼 만한 충분한 저력을 갖고 있었기 때문이다. 이러한 사실은 부분적으로는 고대인들이 물리학이나 생물학에 관한 문제를 다루는 것보다 사회 현상에 관한 과학적 연구라는 분야에서 훨씬 더 앞서 있었다는 데 그 원인이 있다고도 하겠다. 말하자면 그 당시만 해도 새로운 자연과학의 실제적 유용성을 과시하거나 또는 그 반대로 기존 사회 이론의 무용성을 노출할 만한 기회라고는 없었던 것이다. 그리하여 천문학, 물리학 또는 생물학에 관한 아리스토텔레스 Aristoteles, BC 384~322의 사상이 이미 낡은 미신에 불과한 것으로 타기되어버린 후에도 정치학 또는 심리학 등에 관한 이론은 여전히 그 권위를 인정받을 수가 있었다.

  18세기에 이르러서도 정치 이론이나 사회 이론은 고대 및 중세 철학에서 전승되어온 사유 범주에 의하여 지배됐는데, 이것은 사회적 연관 체계에 거의 전적으로 얽매여 있었음을 뜻하는 것이다. 그리하여 사회과학이 그나마 실제적 유용성이 있는 학문임을 스스로 나타내려는 경우에도 행정적 문제를 다루곤 하는 것이 고작이었다. 예컨대 중상주의나 정치 기하학은 단순히 일상적 사실만을 취급하는 데 그치는 것으로서 이론적인 문제에 몰입하는 일은 극히 드물었다. 그런 이유 때문에 논쟁의 여지가 있는 문제를 취급하게 마련인 특정 분야로서는 자연과학적 성과에서 기대되는 바와 같이 실용적 가치를 지녔다고 자부하는 것은 거의 있을 수 없는 일이었다. 그런데 유독 어떤 발전에 기여할 수 있으리라 보이는 사회철학자의 경우 역시 오직 정통성을 따르는 유파에게만 주어지는 교회나 국가로부터의 재정적 및 도덕적 지원을 받을 수 있으리라고 기대하는 것은 거의 불가능했다. 이처럼 사회 이론이나 정치 이론이 점차 세속화되고 기존의 정치 질서를 타당화하는 신성불가침의 신화들마저 더욱 그 근본에서부터 동요를 일으키게 되어 마침내 새로이 대두한 사회과학의 위치 또한 더욱더 불안한 상태에 이르렀다.

근대화된 일본의 경우를 통하여 우리는 자연과학적 기초 위에 이룩된 기술과 그것이 미치는 영향을 평가하는 스스로의 입장이 사회과학을 평가하는 경우와는 크게 다를 수밖에 없음을 실감한다. 즉 일본이 서양의 영향을 처음 받기 시작했던 당시를 보면 기술의 힘에 의해서 생산된 것이나 또는 그 기술의 사용 방법 등은 쉽게 받아들였지만, 외국의 사회적, 경제적 및 정치적 영향만은 오늘날까지도 악의 섞인 눈으로 바라보면서 여전히 집요한 저항을 하고 있다는 것이다.

이와 같이 물리학이나 생물학의 업적에 대해서는 열광적인 찬사를 보내는 일본인들이지만, 이와 대조적으로 사회과학만은 조심성 있게 서서히 육성해나가는 정도에 머물러 있어서, 결국 경제학·정치학 및 사회학은 흔히 '위험 사상'이라는 테두리 안에 포함하고 있는 실정이다. 권력 장악자들이 자주 민주주의나 입헌 제도 또는 천황이나 사회주의 등과 같은 여러 문제를 위험시하는 이유는 그러한 종류의 모든 지식이란 결국은 신성시해온 종교적 이념마저도 타파하여 끝내는 기존 질서 그 자체까지 파괴해버릴 수 있기 때문이다.

이러한 양상은 일본에만 국한된 것이 아니라 서양 문화권에서조차 근래에 이르기까지 '위험 사상'으로 낙인찍힌 문제들이 터부시되어왔음을 상기할 필요가 있다. 오늘날에도 절대적으로 신성시되거나 숭앙받는 제도적 기구 및 종교적 관념 등에 대해서 공개적이며 자유로운 객관적 연구를 하는 것은 세계 도처에서 적지 않은 제재를 받고 있다. 심지어 제아무리 객관성을 유지하는 경우에도 공산주의와 관련된 실제적 사실을 연구하는 것은 영국이나 미국에서조차 거의 불가능한 실정이며, 자칫하면 '공산주의자'로 낙인찍힐 위험마저 있는 것이다.

그러므로 어떤 사회에서나 '위험 사상'의 온상이라는 범위가 미리부터 설정되어 있다는 사실에 대해서는 재론의 여지가 없다. 그런데 한편으로는 과연 어떤 사상이 위험한 것인가 하는 점이 각 나라와 시대에 따라서 상이하다는 데 대해서는 우리로서도 이의가 없지만, 또 다른 면에서 보면 어떤 위험성을 지녔다고 하는 바로 그 대상이 한 사회 자체나 혹은 그 통제 기관의 입장에서도 극히 필수적이고도 신성한 것으로 간주됨으로써 그러한 대상이 모독당할 염려가 있는 학문적 검증 따위는 용인되지 않는 경우도 있다. 또한 비록 관권에 의한 검열은 받지 않는다 하더라도 사유한다는 그 자체가 이미 불안을 싹트게 할 소지를 안고 있을 뿐 아니라 때에 따라서는 위험하고 파괴적일 수도 있다는 점만은 별로 알려져 있지 않은 것도 보통이다. 예컨대, 사유하는 것은 모든 것을 통상적인 굴레에서 벗어나게 하고 습성이나 낡은 풍습을 타파하여 신앙심을 좀먹는 회의를 싹트게 하는 효소의 역할을 한다는 것이다.

하나의 사회과학 논문은 그것이 아무리 객관적이라 할지라도 학문의 한계를 스스로 초월하는 시사적인 요소를 내포한다는 특성을 지닌다. 다시 말해서 사회적 현실 속의 일정한 '사실'에 관한 모든 언표 속에는 개인적 내지 집단적 이해에 얽힌 관심이 내포되어 있는 까닭에, 우리가 만약 어떤 일정한 '사실'이 현존한다는 점을 지적하려면 반드시 이보다 앞서서 우리가 내세우는 '실존하는' 상황에 대한 또 다른 해석을 시도하는 데서 스스로의 사회적 기능을 타당화하고자 하는 사람들의 반론이 제기되리라고 봐야만 할 것이다.

2

여기서 흔히 학문의 객관성이라고 불리는 문제가 쟁점으로 대두된다. 앵글로·색슨 계 나라들의 언어에서는 '객관적이다'라는 말은 당파성·편애심·선입견 또는 특수한 편향성 따위와 같은 일방적인 성향을 띠지 않을뿐더러 어떤 사실에 대해서도 미리부터 가치관이나 견해를 갖고 있지 않다는 것을 뜻한다. 여기에는 고대로부터의 자연법 개념이 크게 작용하고 있는데, 즉 본래 있는 그대로의 사실을 관찰할 때에는 결코 관찰자의 행태 규범에 의해 좌우되어서는 안 되며, 오히려 그 본래의 사실들이 자동적으로 규정될 수 있어야 한다는 것이다.˚ 그런데 객관성의 문제에 관한 자연법적 논거가 소멸되고 난 뒤로는 사실을 직관하려는 비인격적 방법이 일시적으로나마 실증주의에 의해서 다시 한 번 강조되었고, 19세기 사회과학은 열정이나 정치적 이해관계 또는 민족 감정이나 계급의식 등에서 오는 왜곡된 영향을 경계해야 한다는 점에서 동시에 자기비판을 부르짖고 나왔다.

  실제로 현대 철학과 학문의 거의 모든 역사는 이러한 유형의 객관성을 추구하는 공통된 경향을 띠었다고 해도 과언이 아니다. 이러한 유형의 객관성은—부정적인—그릇된 지각 작용과 판단상의 착오를 제거함으로써 올바른 지식을 획득하려는 노력을 뜻하기도 하며 또한—긍정적인 뜻에서 본다면—비판적 내지는 자아의식적 관점을 형성하면서 동시에 관찰과 분석을 위한 신뢰할 만한 방법의 발전을 의미하는 것으로 받아들여졌다. 그런데 첫눈에 보기에는 영국이나 미국의 철학자들이 마치 다른 나라의 사상가들보다 논리학이나 방법론에 대해서 별로 신경 쓰지 않는 듯이 보일 수 있지만 이런 생각은 바로잡아야 한다. 다만 여기서는 스스로 방법론적이라고 자처하지는 않더라도, 바로 이와 같은 학문 방법에 관한 문제

• 본서의 주제를 이루는 지식사회학의 줄거리를 형성하게 될 바로 이와 같은 관점에 힘입어서 우리는 결국 정치적 내지 윤리적 규범이란 어떤 사실에 관한 직접적인 사색에 의해서 도출되는 것만이 아니라, 오히려 우리가 어떤 사실을 인지하게 되는 그 내용까지도 형성할 만한 영향력을 행사할 수 있다는 점에 대해서도 착안하게 되었다. 이 점에 대해서는 특히 소스타인 번드 베블랜Thorstein Bunde Veblen, 1857~1929, 존 듀이John Dewey, 1859~1952, 오토 바우어Otto Bauer, 1881~1938 및 모리스 알박스Maurice Halbwachs, 1877~1945를 참조할 것.

를 연구해온 많은 사상가가 영미 등지에도 있다는 사실만을 지적해두는 것으로 그치고자 한다. 즉 올바른 지식 획득의 방법을 탐구하는 데 언제나 수반되는 어려움이나 빠져들기 쉬운 함정에 대해서는 존 로크John Locke, 1632~1704를 위시한 데이비드 흄David Hume, 1711~1776, 제러미 벤덤Jeremy Bentham, 1748~1832, 존 스튜어트 밀John Stuart Mill, 1806~1873 그리고 허버트 스펜서Herbert Spencer, 1820~1903를 거쳐서 현대에 이르기까지 수많은 저명한 사상가가 저술에서 언제나 주요하게 다뤄왔던 것이 사실이다. 그런데 지금 얘기한 이러한 사유 과정을 연구하면서도 사람들은 그것이 어느 정도로 지식사회학을 위한 인식론적, 논리적 내지는 심리학적 전제를 이루는 것인지에 대해서는 진지하게 생각해보지 않았는데 그 이유는, 그러한 연구를 한 사상가들 자신이 원래 뜻하던 바를 분명하게 표방하지도 않았거니와 또한 본래 의도했던 바가 그 자체로서 자세히 연구되지도 않았기 때문이다. 그런 가운데서도 체계적이고 자아의식적인 형태를 통하여 학문 탐구가 이뤄질 때면 이러한 문제들은 언제나 많은 사람의 지대한 관심을 모아왔던 것이 사실이다. 객관적 사회과학의 문제에 대해서는 실제로 밀의 《논리학 체계A System of Logic》와 또한 괄목할 만한 저서임에도 극히 등한시되어온 스펜서의 《사회학 원리Principles of Sociology》와 같은 책 속에서 뚜렷한 목적의식하에 포괄적인 검토가 가해졌다. 스펜서 이후 시대에 와서는 특히 프랜시스 골턴Francis Galton, 1822~1911이나 칼 피어슨Karl Pearson,1857~1936과 같은 사람들이 이룩한 통계적 방법의 출현으로 말미암아 사회과학적 객관성에 대한 관심이 어느 정도 줄어들긴 했으나 그레이

엄 월러스Graham Walas, 1858~1932나 존 홉슨John Atkinson Hobson, 1858~1940의 연구 내용을 보면 이 문제에 대한 관심이 오늘날에 와서 다시 되살아나고 있음을 알 수 있다.

흔히 유럽 계통의 문헌에서는 그 정신적 풍토가 대단히 비생산적으로 묘사되는 미국 역시 이러한 문제에 몰두하는 많은 사상가를 배출했다. 특히 여기서는 객관성의 문제를 극히 구체적인 사회학적 측면에 연관시킨 윌리엄 그레이엄 섬너William Graham Sumner, 1840~1910의 업적을 꼽아야만 하겠다. 물론 그는 직접적인 인식론적 비판에 의해서라기보다도 오히려 관습이나 풍속이 사회적 규범에 미치는 영향을 분석하는 등과 같은 지엽적인 측면으로부터의 접근 방식을 통하여 이 문제를 취급하였지만, 이와 같이 함으로써 결국 불굴의 의지로써 인종 중심적인 사상이 지식에 미치는 그릇된 영향에 주의를 환기시켰다. 그러나 유감스럽게도 그의 제자들은 이러한 문제 제시가 안고 있는 풍부한 가능성을 발굴하지 않고 섬너 사상이 다른 또 다른 국면으로 관심을 돌리고 말았다. 문화 가치와 정신 행위 사이의 착잡한 관계에 대하여 획기적이고도 심오한 연구를 기울인 베블렌 역시 섬너와 비슷한 방법을 구사했다. 《정신의 발달 과정The Mind in the Making. The Relation of Intelligence to Social Reform》이라는 자기 저서에서 이 문제에 대한 실재론적 입장을 밝힌 저명한 역사학자 제임스 하비 로빈슨James Harvey Robinson, 1863~1936도 만하임의 저서에서 상세히 검토된 바와 동일한 많은 문제점을 취급했으며, 최근에 와서는 찰스 오스틴 비어드Charles Austin Beard, 1874~1948 역시 그가 쓴 《사회과학의 성격》이라는 책 속에서 만하임의 영향을 짐작하게 하는 방법으로 객관적 사회과학의 가능성에 대한 교훈적 논구를 한 바 있다.

따라서 문화 가치나 이해관계가 지식에 미치는 그릇된 영향을 분명히 밝혀내는 것이 필수적이고도 그러한 악영향을 제어할 수 있는 치유책이 되기는 했지만, 여기서 우리가 잊어서는 안 될 것은 사유 속에 내포된 가치 평가적 요소가 지닌 긍정적이며 건설적인 의미도 인식되어야만 한다는 것이다. 그리하여 과거에는 객관성의 문제를 거론하는 데 있어서 개인적이거나 집단적인 일체의 선입견이 배제되어야 한다는 점이 강조되어왔으나 현대에 와서는 이 문제에 내포된 긍정적인 인식 기능에 주목하게 되었다. 즉 객관성을 구명하는 데 있어서 과거에는 '주체'와 구별되는 '객체'를 정립하려는 경향이 있었지만 오늘날에 와서는 대상과 그 지각하는 주체와의 사이에 존재하는 내밀적 관계를 중시한다. 실제로 가장 최근에 제시된 논지에 따르면 주체에게 대상이 나타나는 것은 우선 그 주체의 관심이 경험적 과정을 통하여 대상계 속의 어떤 특수한 양상과 일치할 때라야만 가능하다고 주장하고 있다. 따라서 이제 객체와 주체는 모름지기 서로가 뚜렷이 분리된 실재이거나 아니면 양자 간의 상호 작용에 역점을 두는 두 가지 양상을 띠고 객관성이 나타나는 셈이다. 결국 이 첫 번째 경우의 객관성은 우리의 감관 작용을 신뢰하고 우리의 추리가 타당하다는 입장에 의거한 것이지만 두 번째 경우는 우리의 이해관계와 깊이 얽혀 있는 입장에서의 해석이다. 특히 사회적 영역에 있어서는 진리란 사유와 존재 간의 어떤 단순한 일치가 아니라 지기기 대상으로 하는 것에 대한 연구자의 관심이나 입장 또는 가치 평가에 따라서 좌우되는 것으로서, 이를 좀 더 요약한다면 그 연구자가 주의를 기울이는 대상이 어떻게 획정劃定되느냐에 따라서 결정된다는 뜻이다. 그렇다고 해서 객관성에 관한 이와 같은 개념이 출현하여 앞으로는 진리와 오류를 구별할 수 있는 방법조차 사라져버린다는 뜻을 담고 있는 것은 아니고, 다만 인간이 언제나 자기의 관념, 행태 양식 또는 이념이라고 생각하는 것들이나 혹은 타인마저 자기처럼 생각해주기를 바라는 것들이 반드시 사실과 일치한다고만은 할 수 없다는 것이다. 그러나 우리는 이와 같은 객관성의 개념에서조차 불완전한 지각 작용이나 그 개념 자체에 대한 그릇된 판단에 의해서뿐만 아니라 더 나아가서는 어떤 관념이나 이념에 대해서 올바른 견해를 피력할 능력이 없거나 혹은 그것을 혐오함으로써 왜곡된 해석이 따를 수 있다는 점에 유의하지 않으면 안 된다.

  윌리엄 제임스William James, 1842~1910, 찰스 퍼스Charles Sanders Peirce, 1839~1914, 조지 미드George Herbert Mead, 1863~1931 그리고 듀이 등에 의하여 대변되는 미국의 철학 사상에 친숙한 사람에게는 만하임의 본 저술의 근본을 이루는 객관성의 문제에 관한 이상과 같은 입장이 별로 낯설지는 않을 것이다. 만하임이 제기한 문제가 원래 칸트와 마르크스, 베버 등이 주도적 역할을 했던 정신적 유산에서 발단한 것이라고는 하지만, 여러 가지 중요한 문제에 대해 그가 내린 판단 결과는 근본적인 면에서 볼 때 미국 실용주의 사상과 일치하고 있다. 그러면서도 이러한 양자 간의 동일성이 사회심리학적 영역에 국한되어 있다는 사실을 잊어서는 안 되니, 이에 대해서는 이미 작고한 찰스 쿨리Charles Horton Cooley, 1864~1929, 로버트 맥클버 Robert Morrison MacIver, 1882~1970도 분명히 강조한 적 있으며 또한 윌리엄 토마스William Isaac Thomas, 1863~1947와 로버트 파크Robert Ezra Park 1864~1944도 같은 견해를 나타낸 바 있다. 그런데 이와 같은 저자들의 연구 결과를 우리가 본서에서 취급하는 복합적인 문제와 직접 연관시키지 않는 이유는 지식사회학에서는 체계적으로 확실하게 구명된 문제라 할지라도, 미국에서는 단지 사회심리학적 범위에서나 아니면 경험적 방법에 의한 연구에서 얻은 활용할 수 없는 부산물 정도로밖에는 취급하지 않기 때문이다.

개관성이 문제는 우리가 사회 연구 조사를 위한 엄격한 과학적 방법을 개발하려고 할 때 특히 큰 어려움을 불러일으킨다. 즉 물리적 현상계를 연구 대상으로 하는 학자란 거기서 나타나는 외형적인 동일성이나 규칙성에만 스스로의 관심을 국한시킨 채 그러한 현상 속에 담긴 내면적 의미까지 탐구할 필요가 없겠지만, 사회적 분야를 연구 대상으로 하는 사람으로서는 일차적으로 지금 바로 이야기한 내면 세계의 의미와 연관성을 이해해야만 하는 것이다.

물론 한낱 외적 사물처럼 외부로부터의 관찰이 가능할 수 있는 사회적 현상이나 또는 그 밖의 사회적 영역 내에서 발생하는 현상이 지니는 특정한 일면이 있는 것은 사실이지만, 그렇다고 해서 물질 현상을 통하여 자기 모습을 드러내는 사회적 생의 현현만이 실존한다는 추론을 내려서는 안 되겠다. 그야말로 외형상으로 지각하거나 측정할 수 있는 구체적 사물만을 사회과학적 연구 대상으로 심으려 한다면 이는 극히 제한된 생각임에 틀림없다.

많은 사회과학 문헌이 언제나 보여주는 바와 같이 확실히 우리 앞에는 단지 신뢰할 수 있다는 것뿐만 아니라 동시에 사회적 국면에서의 창조와 행동을 위한 유의의有意義한 이론적 지식의 획득도 가능하게 해주는 광범위한, 그러면서도 또 극히 분명한 사회적 실존 영역이 있다. 인간이 자연계의 다른 대상들과 구별된다고 해서 결코 우리들 자신이 그와 같은 자연계의 사물에 대해서 아무런 결정적 의미도 지닐 수 없다는 결론을 내릴 수는 없다. 인간의 행동이 자기 이외의 자연 세계에서는 아무런 의미를 갖지 못하는 독특한 원인의 발생, 즉 동기를 야기하는 것은 사실이지만, 동시에 우리는 사회적 영역에서도 마치 물리적 세계에서와 같은 인과 관계가 지배한다는 점을 인식하는 데 유의하지 않으면 안 된다. 물론 이와 관련하여 우리는 사회적 영역에서는 아직도 인과 관계에 대해서만은 다른 영역에서 파악하는 바처럼 정확한 지식을 획득하지 못했다는 반론에 직면할 수 있을 것이다. 그러나 순수한 일회적 성격을 지닌 순간적 사건을 직감하는 것으로 그치지 않는 이론적 지식이 존재하는 한, 우리는 사회적 영역에 있어서도 물리적 세계 내에서처럼 전반적인 추세나 예견할 만한 사건의 계열을 발견할 가능성이 있음을 인정해야만 한다. 그러나 만하임이 본 저서에서 성의 있게 다루고 있는, 사회과학이 흔히 전제로 하는 결정론은 천체에 관한 아이작 뉴턴Isaac Newton, 1642~1727의 역학과는 그 본질을 달리하는 것이다.

학문이란 실제적인 현상의 발생 원인을 인식하는 것으로 족하므로 결코 무엇을 행해야 할 것인가 또는 무엇이 행해졌어야만 마땅한가 등에 관심을 두어서는 안 되고, 다만 무엇이 행해질 수 있으며 또한 그것이 어떻게 행동으로 옮겨질 수 있느냐는 것만을 다루어야 한다고 생각하는 사회과학자가 있는 것이 사실이다. 그들에 의하면 사회과학이란 목적이 아닌 하나의 보조 수단이나 도구만을 정립하면 되는 것이다. 그러나 우리가 아무리 어떤 실재하는 것을 연구한다 해도 결코 그 당위성 문제를 전적으로 불문에 붙일 수는 없을 것이다. 인간 생활을 놓고 볼 때 우리의 행동을 유발하는 동기나 행동 목표란 다름 아닌 바로 그것들 자신에 의해서 수행되어야만 할 전체적 행동 과정의 한 부분을 뜻하는 것이어서 그것들은 전체에 대한 부분의 관계를 알아내는 데도 절대적으로 필요한 것이다. 목적이 없는 행동이란 우리에게 아무 의미도 없으며 우리의 관심 대상이 될 수도 없다. 그런데 이 경우에도 물론 우리가 어떤 목적을 단지 염두에 두고 있을 뿐이라는 것과 일정한 목적들을 직접 설정한다는 것 사이에는 의미상의 차이가 있다. 여기서는 물리적 현상을 다루는 데 있어서 이러한 목적 개념을 전적으로 도외시한다는 것이 어떤 의미를 갖는가에 대해서는 차치하고라도 적어도 사회적 현실에 있어서만은 행동의 가치와 목적에 주목을 돌리지 않은 채 현실 속에서 생기하는 모든 사실의 의미를 올바르게 해결한다는 것은 도저히 기대할 수 없다는 점만을 지적해두고자 한다. 다시 말해서 일정한 가설이나 결론을 어떻게 표현할 것인가 하는 문제는 차치하고라도 우리가 연구 범위를 선정하거나 자료를 선택하며, 연구 방법을 고려하거나 소재의 우선순위를 결정하는 데 있어서 그것이 비록 경우에 따라서는 좀 더 뚜렷하거나 불분명할 수도 있고, 또한 좀 더 직접적으로 표현되거나 암시적인 정도에 그칠 수는 있지만 하여간 여기서는 언제나 일정한 전제와 해석 모형이 표출되게 마련인 것이다.

여기서 우리는 객관적 사실과 주관적 사실이 구별될 수 있는 충분한 논거에 접하게 되는데, 즉 그러한 차이는 내면적 관찰과 외면적 관찰에서 연유되는 것으로 볼 수도 있겠고 제임스의 말대로 '~에 관한 지식'과 '~과의 친숙함'이란 뜻으로 분류할 수도 있다. 그리하여 우리가 만약 물리적 작용과 정신적 작용 사이에 어떤 차이점이 있다는 것을 인정할 수만 있다면―실제로 이와 같은 중요한 차이점이 존재하지 않는다고 주장할 하등의 근거도 없지만―그것은, 즉 우리가 이 두 가지 현상을 어떻게 인식할 수 있었는가 하는 바로 그 방법 자체가 지닌 차이점과 동일한 것임을 뜻한다고 할 수 있다. 물리적 대상(자연과학에서는 그것이 반드시 인식 가능한 것으로 취급된다)은 순수한 외면상의 방법으로도 인식할 수 있지만 정신적 내지 사회적 진행 과정에서는 우리가 다시 어떤 의미를 깨우쳐주는 물리적 표징에 의하여 그 자체가 외형적 성격을 나타낼 때를 제외하고는 어디까지나 내면적 방법에 의해서만 인식할 수 있을 뿐이다. 그러므로 우리는 통찰력이야말로 사회과학의 이해를 위한 첩경이라고 할 수 있거니와 동시에 이러한 통찰력을 획득하기 위해서는 자기가 관찰하고자 하는 현상의 내면에서 스스로의 작용을 전개하거나 혹은 쿨리가 표현한 바와 같이 '공감적 내면 관찰'을 하는 것이 필요하다. 그런데 이러한 우리의 노력은 관심·목적·입장·가치·의미 그리고 통찰력 등과 함께 편견마저도 야기할 수 있는 행위에까지 참여하게 만들 수 있다.

따라서 어떤 의미나 가치를 지닌 대상을 취급하는 것이 사회과학의 본령이라고 한다면 이 대상들을 이해하려는 관찰자로서는 모름지기 그 자체가 이미 어떤 독자적 가치와 의미성에 규제되어 있는 논리적 범주를 이용할 수밖에 없는 것이다. 이미 오래전부터 전개되어온 바로 이 문제에 대한 논쟁에서 한편으로는 마치 자연과학자가 물리적 세계를 다루는 것과 같은 방법으로 사회적 동력을 대하려는 행동주의적 경향을 띤 사회과학자들과, 다른 한편으로는 선구적인 위치에서 베버가 취했던 바와 같은 공감적인 내면 투시나 이해라는 방법에 역점을 두는 사람들 사이의 대결이 빚어져왔다.

그런데 사회과학이 지니는 그 고유한 가치 요소는 형식상의 인정을 받고 있지만 반면에 특히 영미 계통의 사회학자들을 중심으로 한 전체적 추세를 보면 특정한 역사적 이론이나 발전 과정에 있어서 현실적 이해관계나 가치 판단이 차지하는 역할에 대해서는 거의 아무런 구체적 분석도 이뤄지지 않고 있다. 이 점에 있어서는 본서의 주제에 대하여 지대한 관심을 부여했던 마르크스주의만이 유일한 예외를 이루고 있지만 이것 역시 그 문제에 대한 만족할 만한 체계적 서술은 하지 못했다. 그러므로 만하임의 업적만이 지금까지 유럽과 미국에서 이룩한 모든 성과를 훨씬 능가하는 것이 된다. 다시 말해서 만하임은 학문을 비롯한 모든 이론에는 불가피적으로 이해관계가 반영되게 마련이라는 사실에 주목을 돌리는 데 그치지 않고 현실적인 사회적 이해 집단과 그들의 이념 및 사고방식 사이에 가로놓인 특수한 상관성을 발견하는 데 주력했다. 그는 결국 기존 질서를 유지하는 데 주력하는 이념 복합체로서의 이데올로기와 그러한 기존 질서에 변혁을 초래하고자 하는 행동을 표적으로 하는 이념 복합체로서의 유토피아는 사유 작용으로 하여금 스스로 관찰해야만 할 대상에 대하여 방심하게 만들 뿐만 아니라, 보통 같으면 불투명하거나 부지불식간에 간과해버리고 말 그와 같은 상황이 안고 있는 개별적 국면에 주의를 기울이게 한다는 사실을 밝혀냄으로써 결국 이와 같은 일반적인 이론적 형식을 바탕으로 효과적인 연구 방법을 구사할 수 있는 훌륭한 방법을 생각해낼 수 있었던 것이다.

  그러나 우리가 아무리 행태에 대하여 이러한 의미를 부여한다 하더라도 그와 같은 행태가 곧 의식의 반성 작용이나 이성적 숙고 행위의 산물이어야 한다는 결론을 도출할 수는 없고 오히려 무엇인가를 이해하려는 우리의 노력은 바로 행동 그 자체에서 솟아나는 것이며 더 나아가서 우리의 노력은 지속적으로 행동을 전개하기 위한 의식적인 준비를 뜻한다고도 할 수 있다. 그럼에도 우리는 의식적인 반성 작용이나 또는 달리 표현해서 어떤 상황과의 조우를 관념적으로 반복하는 행위가 결코 어떤 행위를 가능하게 하는 불가결한 부분이 될 수 없다는 사실을 고백하지 않을 수 없다. 일반적인 사회심리학적 입장에서 보더라도 이념이란 역시 자발적으로 발생하는 것은 아니고 오히려 전통적인 심리학적 주장과도 반대되는 방향에서 행동이 이론에 선행된다는 지론을 펴는 듯하지만, 실제로 이성이나 정신 또는 양심 등은 갈등과 모순의 상황 속에서라야 비로소 고개를 들게 마련이다. 그러므로 만하임은 점증하는 다수의 현대 사상가들이 생각하는 바와 같이 어떤 순수 정신을 정립하기보다는 이해력이나 사유 작용을 싹트게 하는 실제적인 사회적 조건을 탐구하는 입장을 취하게 되었던 것이다. 만약 우리가 이 세계 내에서 전개되는 사건들로 인하여 단순히 지배당하는 것만이 아니라 사건들을 스스로 발생토록 한다는 것이 사실이라면, 결국 모든 행동의 목표라는 것은 그 해당 행위가 종료되거나 틀에 박힌 듯이 자동화됨으로써 더 이상의 의식 작용이나 주의력도 필요하지 않게끔 되기 전에는 결코 이를 완벽하게 술회하거나 정의를 내리기란 불가능하리라는 결론이 나올 수밖에 없을 것이다.

사회적 영역에 있어서는 어떤 시상을 관찰하는 주체란 이미 자기가 관찰하는 사상의 한 부분을 이루고 있는 까닭에 관찰 대상에 몸소 관여해 있다고 할 수 있으니 바로 이 사실이야말로 사회과학적 객관성이란 문제가 지닌 첨예성을 그대로 반증하는 근거가 된다. 이 밖에도 우리가 간과할 수 없는 사실은 사회적 동태 이론이나 사회과학에도 행동의 목표란 문제의 해명을 주된 과제로 삼고 있다는 것이다. 무엇인가를 옹호하는 사람은 이미 자기 앞에 존재하거나 앞으로 존재하게 될 그 무엇에 대하여 소원할 수 없으므로 결국 우리의 이념 역시 우리 외부에 자리 잡고 있는 어떤 스스로의 명상의 대상에 의해서만 형성될 수 있다거나 혹은 우리가 소원하거나 심려하는 것이 우리가 실제로 지각하거나 아마도 앞으로 발생할 어떤 사실과 전혀 무관한 것으로 보는 것은 너무나도 단순한 생각이다. 그러므로 일상용어로 흔히 '이해관계'라고 불리는 감정적 발동이야말로 실제로는 우리들의 정신력을 집중해야 할 실천적 행위의 목표까지 동시에 정립하게 하는 힘인 것이다. 주로 경제 분야에서 시작하여 부차적으로는 정치 현상 등과 같은 일정한 생활 영역에서는 '이해관계'가 직접적이거나 아니면 그나마 완곡한 방법으로라도 표출되는 데 반하여 다른 여러 분야에 있어서는 그것이 표면화되지 않은 채 극히 관례적인 형식으로 그 진의를 위장하는 나머지, 심지어 우리가 그에 대한 시사를 받고 나서도 그러한 이해관계의 양상을 제대로 알아차리지 못하는 수가 있다. 따라서 만약 우리가 어떤 한 인간을 이해하는 데 가장 중요한 것이 인간으로서의 그가 고수해나가는 원리가 무엇인가를 알아내는 데 있다고 한다면, 한 사회를 이해하기 위한 가장 기본적인 요건은 논의의 대상으로 부각되는 일 없이 이미 확정적인 것으로 흔히 알려져 있다는 사실을 올바르게 간파하는 데 있다고 하겠다.

바로 이와 같은 상황 속에서 우리 역시 과거의 여러 사회과학자가 안주해 있던 분위기를 되찾으려는 것은 헛된 일에 지나지 않는다. 오늘의 세계는 더 이상 아무런 공통된 신앙도 갖고 있지 않으며, 언제나 일컬어지는 '공통의 이해집단'이란 낱말도 이제는 한낱 수식어에 지나지 않게 되어버렸다. 그뿐만 아니라 목적과 이익의 공통성을 상실함으로써 우리는 동일한 규범과 사고방식 및 공통된 세계관을 박탈당한 것이나 다름없으며 사회 여론까지도 이와 같은 가식적 세계의 물결 속에 말려들어 있다. 우리 인간은 과거에는 지금보다 규모도 작고 보잘것없는 테두리 속에서 살았다고는 하지만 당대의 모든 사회 구성원에게는 바로 그러한 세계가 광역화돼서 이루어진 오늘의 사고·행동 및 신앙의 세계보다도 안정된 통일성을 지닌 것으로 받아들여졌음에 틀림없다.

　모든 사회를 구성하는 개인은 누구나 머릿속에 자기가 소속된 사회에 대한 일정한 형상을 간직하기 때문에 결국 모든 문제는 사회로 귀착되지만 노동 분업의 다양화, 극단적인 이질성의 혼합 그리고 심각한 이해의 상충을 겪고 있는 현대 사회는 제대로의 모습이라고는 찾아볼 수도 없는 왜곡된 상태에 빠져들어 있다. 그리하여 우리는 동일한 사물이나 사상에 대해서도 더 이상 정말로 참답다고 여기지 않으며 또한 모두가 현실에 대한 공통된 안목을 상실함으로써 결국 자신의 경험을 표현한다거나 전달하는 데 있어서도 아무런 공통된 매개체를 보유하지 못하게 되어버렸다. 이 세계는 원자와 같이 세분된 수많은 개인이나 집단의 단편으로 갈기갈기 찢겨져버렸으며 또한 경험적 영역에서 볼 수 있는 균열 현상에 보조를 맞춰서 문화적 내지 사회적 영역에서의 연대성도 와해되기에 이르렀다. 그뿐만 아니라 통일적 집단 행동의 기초가 약화되기 시작하면서 사회 구조 역시 와해될 위기에 직면함으로써 에밀 뒤르켕(Émile Durkheim, 1858~1917)이 말한 아노미라고 하는 아무런 규제도 받지 않는 일종의 사회적 공백 상태가 빚어진다고 할 수 있다. 이러한 상태에서 우리가 기대할 수 있는 것이란 기껏해야 범죄 또는 질서의 전반적인 붕괴뿐이다. 그 이유는 개인의 실존도 이제는 더 이상 안정된 통합성을 지닌 사회에 뿌리박지 못함으로써 그들의 생활 감정 자체가 스스로의 의의와 중요성을 상실하게 되었기 때문이다.

　그런데 정신적 행위마저도 그러한 영향을 받지 않을 수 없다는 것이 본서에서 강조하는 중요 논점이다. 정신생활의 전개를 위한 선행 조건과 그러한 과정 및 문제점 등에 대한 새로운 견해를 종합적으로 정리해놓았다는 사실 이외에도 이 만하임의 저작이 내포하는 또 다른 실제적 의도가 있다면, 그것은 즉 우리 시대가 내거는 합리적 정신이나 그 태도의 밑바탕에서는 오히려 비합리성이 숭상됨으로써 상호 간의 이해 가능성마저 소멸될 위험에 부딪히게 되었다는 사실을 검토하려는 데 있다 하겠다. 전 시대의 정신적 세계를 본다면 적어도 그러한 영역에 관여하는 사람이라면 일정한 안정감을 가지고 서로가 서로를 존경하고 신뢰하는 데 대한 의미가 부여될 수 있는 공통된 연관 체계를 지니고 있었는 데 반하여 현대인의 정신적 세계는 전혀 조화를 이루지 못한 채 서로 간에 뜯고 찢는 파쟁만을 일삼는 세계로 바뀌어버렸다. 반목과 투쟁을 일삼는 이들 각 집단은 그들의 이해와 목적을 추구하는 데 있어서 모두 자기 나름의 방편을 갖고 있을 뿐 아니라 그 모두가 동일한 대상에 대해서 전혀 상이한 가치와 의미를 부여하는 독자적 세계상을 소유하고 있다. 그러한 세계에서 지적 교호성을 기대하거나 하물며 상호 이해의 가능성을 기대하는 것은 좀처럼 있을 수 없을뿐더러 그들에게는 공통된 경험의 터전도 결여된 탓으로 어떤 의미나 진리를 평가하는 데 동일한 기준이 적용될 수도 없다. 다시 말해서 오늘의 세계는 주로 언어에 의해 결합된 까닭에 아무리 그들 모두가 동일한 언어를 사용한다 하더라도 그들의 뜻하는 바가 같지 않을 때에는 자연히 인간 상호 간의 불신과 오해가 싹트게 마련인 것이다.

상호 이해를 돈독히 할 수 없는 이러한 이유 이외에도 이들이 서로의 합의점에 도달하는 데 방해되는 또 하나의 이유는 흔히 파쟁에 끼어드는 사람들이란, 자기와 적대 관계에 있는 사람에 대해서는 단지 그들이 자기와 다른 사상 내지 정치적 노력에 가담하고 있다는 이유로 그들의 이론을 존중하거나 혹은 진지하게 받아들이기를 끝끝내 거부한다는 데 있다. 우리를 실망하게 하는 이와 같은 상태는 이념의 세계조차 지위와 권력 다툼을 위한 개개인 간의 싸움판에서 탈피하지 못함으로써 더욱더 악화되는 느낌이다. 이처럼 하여 보잘것없는 비열한 술책들이 이념의 세계에서까지 통용됨으로써 마침내 학자라는 사람들까지도 정당성 여부에는 아랑곳없이 편협된 아집에 빠져들기만을 일삼게 된 것이다.

3

우리 현대인이 일찍이 인류 역사상 그 어떤 문화적 위기에 직면했을 때보다도 스스로의 정신적 유산이 상실할 위험을 실감하게 된 것은 우리가 역사에 대해 너무나 과도한 기대를 품어왔기 때문이다. 다시 말해서 오늘날처럼 많은 사람이 학문이 곧 인류에게 자선을 베풀 것이라는 허황된 꿈에 사로잡힌 적은 없었다. 그러나 언뜻 보기에 확고한 뿌리를 박은 듯이 보이던 지식의 기초가 흔들리는 데서 느끼는 환멸감으로 인해 일부 '예민한 감정의 소유자'들은 단순한 과거가 아니면 도저히 되찾을 수 없이 유실된 안정 상태로 복귀하려는 낭만적 입장으로 빠져들게 되었고, 혼미와 부의탁성 속에 사로잡힌 또 다른 부류의 사람들은 차라리 정신적 세계가 겉으로 드러내는 애매한 성격·알력 또는 불확실성을 무시하거나 혹은 회피할 목적으로 단지 유머나 냉소 또는 사실에 대한 정면으로부터의 부정만을 일삼게 되었다.

 오늘날과 같이 인간이 한낱 도처에서 불쾌감을 느끼는 것만이 아니라 사회적 실존의 기초는 물론이요, 진리로서의 그의 타당성이나 규범의 합당성조차 의문시되고 있는 시대에 이해관계가 수반되지 않는 가치 설정이란 도저히 있을 수 없다는 것은 너무나 분명한 사실인 것 같다. 전반적으로 부정적 방향으로 치중되는 이와 같은 상태에서 자기만이 홀로 진리라고 믿는 것에 대해 끝까지 집착하기란 쉬운 일이 아니므로 결국 우리는 정신적 생활의 가능성조차 의문시하지 않을 수 없는 지경에 이르렀다. 물론 서양 문화 속에서 함께 자라난 정신적 자유와 특질이 2,000년이란 오랜 전통 속에서 힘겹게 쟁취된 것은 사실이지만, 오늘날 많은 사람이 일찍이 인간의 마음을 사로잡았던 합리성 내지 객관성에 뿌리박힌 모든 것이 괴멸될 엄청난 위기에 놓여 있음에도 그러한 상태를 단지 감수하려는 안이한 태도를 취하고 있음을 볼 때, 이제 우리는 실로 정신문화의 발전을 위한 고귀한 지난날의 투쟁이 무슨 소용이 있었던가를 반문하지 않을 수 없게 되었다. 확대일로에 있는 사고의 가치를 경시하는 풍조와 동시에 사상을 탄압하려는 경향은 우리의 문화가 점차 퇴색해간다는 불길한 징조로서 그러한 파국에서 탈피할 수 있는 유일한 길은 통찰력 있는 하나의 단호한 조치를 취하는 데 있을 뿐이다.

《이데올로기와 유토피아》는 바로 이러한 혼돈과 무질서의 시대가 낳은 산물이라 하겠다. 스스로가 처한 이 불길한 사태를 해결하는 데는 무엇보다도 우리를 이러한 사태까지 몰고 온 여러 요인을 분석하는 것이 중요한 과제로 등장한다. 우리는 이와 같은 저서가 현재가 아니고서는 어떤 시기에도 쓰일 수 없었으리라 생각한다. 왜냐하면 본서에서 취급한 논점 그 자체가 제아무리 제기된 문제의 근원적 성질을 다룬 것이라고는 하지만 이는 어디까지나 오늘날처럼 심대한 사회적 내지 정신적 변혁을 동반하는 사회나 시대에만 나타날 수 있는 문제이기 때문이다. 또한 본서는 우리가 해결하고자 하는 난제를 해결할 수 있는 어떤 용이한 방안을 제시하지는 않지만, 적어도 우리가 다룰 만한 중요 문제가 무엇인가를 지시함으로써 현대의 정신적 위기 상황을 분석하는 데 크나큰 기여를 하고 있다. 여기서 대두된 문제에 대한 공통의 개념도 소멸되어버렸으며 또한 모두가 받아들일 수 있는 진리의 기준조차 결여된 이 상황에서 만하임이 개진하는 내용이란, 즉 논쟁의 대상이 되고 있는 사회 동태와 관련한 모든 문제를 객관적으로 연구할 수 있는 새로운 기초를 어떻게 하면 정립할 수 있느냐 하는 것이었다.

이른바 논리학과 심리학의 고유 대상으로 알려진 지식과 사유는 극히 최근까지만 해도 사회과학과는 무관하며 사회적 현상일 수 없는 것으로 여겨졌다. 만하임이 서술하는 몇 가지 이념들은 사유 과정에 관한 비판적 분석을 점차 첨예화해나가는 과정에서 생겨난 것으로서 마침내 이는 서양 세계가 이룩한 학문적 유산의 주요 부분을 이루게 되었지만, 동시에 본서가 이룩한 특출한 업적을 꼽는다면 그것은 즉 사유란 단순히 논리학과 심리학의 대상일 뿐만 아니라 오히려 그것을 완벽하게 이해하기 위해서는 사회학적 관찰이 꼭 필요하다는 점을 명백히 피력했다는 데 있다. 이는 다시 말하면 사회적 판단을 가능케 하는 기초를 밝혀내기 위해서는 사회의 내면에 뿌리박힌 그 기본 요인 자체에 얽힌 이해관계의 근원으로 파고듦으로써 모든 세계관이 내포하는 개별성과 동시에 그 한계성을 드러내는 데 심혈을 기울여야 한다는 것을 뜻한다. 그러나 이와 같이 단지 서로의 상반된 관점들을 지적만 했다고 해서 대립된 쌍방이 자동적으로 상대방의 견해를 받아들인다거나 혹은 그들 모두가 직접 어떤 조화를 모색하리라고는 볼 수 없다. 그러므로 사회 현상을 관찰하는 입장에서는 무엇보다 이와 같은 차이가 어떻게 발생하였는지를 설명할 수 있을 때라야만 비로소 자기 자신의 견해가 지닌 한계와 또한 적어도 상대방의 견해 속에 담긴 부분적 타당성만이라도 인정할 수 있게 될 것이다. 물론 그렇다고 해서 관찰자의 이러한 태도가 곧 자기 자신의 이해관계에 무관심해야 한다는 것은 아니지만, 결국 이는 실존하는 사실에 대한 동일한 연구 방법의 개발을 가능하게 할 것이고 몇 가지 문제에서만이라도 보편타당한 결론의 도출을 가능하게 할 것이다. 따라서 본서에서 시도한 이러한 방법에 의하면 현대의 사회과학자들이란 비록 서로가 어떤 궁극적 가치를 정립하는 데 있어서 서로의 합치점을 발견하지는 못한다 하더라도, 적어도 그들 서로가 유사한 관점에서 대상을 다룰 수 있고 또한 서로의 성과를 가능한 한 분명히 상대방에게 전달할 수 있는 대화의 실마리를 찾을 수 있을 것이다.

4

이와 같이 만하임이 정신적 행위와 사회적 실존과의 관계 속에 내포된 문제들을 성실하고도 분명하게 제기하였다는 것만으로도 이미 하나의 큰 업적임에는 틀림없지만 그는 결코 여기서 그치지 않았다. 즉, 그는 인간 정신 속에 깃든 이성을 발랄하게, 또는 몽롱하게도 만드는 여러 요인은 곧 인간의 모든 행동을 일으키기도 하는 동태적 요인과 같은 것임을 밝혀냈다. 그리하여 그는 진리를 산출하고 또 그를 관장할 뿐만 아니라 어떠한 비논리적인 불순 요소도 섞여들지 않게끔 하는 어떤 가설적인 순수 정신을 정립하는 대신에 정신의 사유와 운동이 전개되어나가는 구체적인 사회적 현실을 분석하기 위한 힘찬 일보를 내디뎠던 것이다.

본서의 처음 부분에 해당하는 네 개의 장은 사회학적 문제의 발단과 관련한 중요한 의의를 구체적으로 명시하는 동시에 제5장의 '지식사회학'이란 제목 아래 그 형식적 원리가 약술되어 있는 바로 이 새로운 분야의 연구 방법에 관한 예를 들고 있다. 만약 일반 사회학을 사회과학의 기초 분야라고 할 수 있다면 우리는 이 새로운 지식사회학이란 분야 역시 역사적으로나 논리적으로 보아서 일반 사회학에 속한다고 봐야만 하겠다. 그뿐만 아니라 만약에 만하임이 취급한 테마들을 체계적으로 발전시킨다면 지식사회학은 통일성을 추구하는 입장을 바탕으로 한 적질한 방법을 구사함으로써 이제까지는 부차적인 위치에서 간헐적으로 취급되는 데 그쳤던 여러 가지 대상을 총괄적으로 파악할 수 있는 괄목할 만한 계기를 마련할 수 있을 것이다. 앞으로 이 새로운 분야가 차지하게 될 정확한 범위를 결정짓는 것은 아직 때가 이른 감이 있기는 하나 셸러나 만하임의 노작들만으로도 이미 지식사회학이 다뤄야 할 중심 문제를 결정지을 수 있는 충분한 바탕이 마련됐다고 할 수 있다.

 이들 중심 문제 중에서도 첫째가는 근본 문제는 오늘날까지 인식론적 형태를 띤 채 철학 내에서의 자기 위치를 고수하는 데 그쳤던 지식의 이론에 관한 사회심리학적 논구이다. 종래의 전 사상사를 통해 보더라도 이 문제는 언제나 위대한 사상가들의 뇌리를 짓눌러왔다. 이미 많은 사람이 체험과 성찰, 현실과 이념 그리고 신앙과 진리의 관계를 설명하려는 노력을 수백 년간이나 기울여왔음에도 존재와 사유의 상관성이란 문제는 여전히 현대의 사상가들에게 미해결의 장으로 남아 있다. 그러나 오늘날 이 문제는 이미 직업적인 철학자들에게만 맡길 성질의 것이 아님은 물론, 나아가서는 학문 세계 이외의 교육과 정치 분야에서도 중요한 위치를 차지하게 되었다. 이제 지식사회학은 이 오랜 수수께끼를 풀기 위하여 자기 나름의 기여를 할 때가 왔다고 보는 것이다. 그러나 이와 같은 과제 해결은 주어진 자료만을 바탕으로 한 천편일률적인 논리적 법칙을 적용함으로써 끝날 일이 아니다. 왜냐하면 제아무리 만인이 인정하는 논리학의 법칙들일지라도 이제 여기서는 새로운 검토의 대상이 되어야 함은 물론 그 밖의 우리가 향유한 정신적 기능들 모두 전체적인 사회적 유기체의 한 부분이며 산물로 여겨지게 되었기 때문이다. 따라서 여기서는 정신적 행위를 유발하는 동인에 관한 연구 이외에도 사유하는 주체가 사회적 유기체에 관여함으로써 그의 사유과정 자체가 어떠한, 그리고 어느 정도의 사회적 의존성을 띠게 되는가를 분석하는 일이 중요 과제로 등장하는 것이다.

지식사회학이 다룰 이 문제와 밀접하게 관련된 또 하나의 영역은 전형적인 역사적 내지 사회적인 특정 상황 속에서 언제나 지배적 역할을 담당해온 바로 그 사고의 형식과 방법을 발견하기 위하여 정신사적 측면에서 본 자료들을 새롭게 정리하는 문제이다. 여기서 특히 유의해야 할 본질적 문제는 사회 구조의 다른 부문에서의 변화에 수반되는 이론적 관심이나 주시 속에서 나타날 변화에 관한 것이다. 이런 점에서 볼 때 만하임이 이데올로기와 유토피아를 구별한 것은 앞으로의 연구를 위한 기본 방향을 가리키는 괄목할 만한 업적이라 하겠다.

지식사회학이 어떤 한 시대나 특정한 사회 계층의 성향을 분석한다는 것은 때마침 기세를 떨치고 있는 어떤 이념이나 사고방식이 아니라 그러한 상황을 빚어내게 한 전반적인 사회 상태를 다룬다는 뜻이므로 여기서는 필연적으로 어떤 일정한 이념이 특정한 사회 집단에 수용되거나 거부당하게끔 된 주위읨을 형성하는 요소들을 함께 고려하지 않으면 안 된다. 동시에 지식사회학은 어떤 특정 집단이 그러한 이념들을 의식적으로 조장하거나 또는 타 집단으로까지 전파시키게끔 한 동기와 이해관계에도 주목해야만 한다.

이 밖에도 지식사회학은 어떻게 일정한 사회 집단의 관심이나 목표가 일정한 이론이나 교리 또는 사상적 운동을 통하여 표출되는가를 밝혀내려고 한다. 그뿐만 아니라 어떠한 사회를 이해하는 데 있어서 우리는 첫째로 그 사회가 여러 가지 지식의 유형에 대해 각기 얼마만큼의 가치를 인정해주느냐는 점, 둘째로는 그중의 일정한 지식 형태를 발전시키기 위하여 사회로부터 어느 정도의 지원책이 강구되느냐는 점에 특히 역점을 두어야 하지만 이번에는 그 반대로 일정한 분과의 지식 발달에서 비롯하는 사회적 변동, 예를 든다면 기술 분야의 지식을 응용함으로써 자연과 사회가 점진적으로 정복되는 현상 등을 예의 분석하는 일도 이에 못지않게 중요한 것이다. 동시에 지식사회학이란 원래 사회 질서의 유지나 혹은 그 변혁에 끼치는 지식과 이념의 역할을 다루는 것이므로 이러한 이념들을 전파하는 여러 가지 동력이나 행위뿐만 아니라 학문이나 표현의 자유가 얼마나 보장되어 있는가에 대해서도 깊은 주의를 기울여야 한다. 이러한 관점에서 볼 때 지식사회학은 현존하는 교육 제도상의 여러 형태와 그 제도가 시행되는 사회를 반영해주고 또 형성시키기도 하는 교육 양식에도 주의를 돌려야 하는데, 여기서 특히 중요한 의의를 갖는 문제가 바로 교육학 관계의 논술 속에서도 최근에 격론을 자아냈던 학생 지도법에 관한 것이다. 그 밖에도 언론의 역할, 지식의 보급 및 선전 활동에 관해서도 적당한 부분이 할애될 것이다. 이상과 같은 여러 현상에 관한 일정한 이해를 바탕으로 우리는 정치적 내지 사회적 활동 과정에서의 이념의 역할에 관한 정확한 파악을 할 수 있을 것이고 또한 사회적 현실에 대한 통제 기구로서의 지식의 효용성에 대해서도 이해할 수 있게 될 것이다.

무엇보다도 사회적 영역 내에서의 정신 행위와 관련한 사회적 기구에 관하여 많은 개별적 서술을 하였음에도 아직까지 정신생활을 주도하는 사회 조직에 관해서만은 응분의 이론적 검토가 가해진 일이 없었다. 그러므로 지식사회학이 다뤄야 할 일차적 과제는 정신적 행위를 전개하기 위한 명분으로서의 구실을 하는 제도적 조직에 관한 체계적 분석을 하는 일이다. 여기에는 특히 학교·대학·학술 단체·학회·박물관·도서 시설·연구소·실험 시설 그리고 재단이나 출판 기관 등이 포함될 것이다. 이와 관련하여 꼭 알아내야 할 문제는 그러한 기구들이 어떠한 방식으로, 누구에 의하여 유지되며 그것들이 전개하는 활동은 어떠한 지식의 유형에 속하는가, 그의 정치적 성격이나 내부 조직 및 그들 기구 상호 간의 관계와 사회 조직 전반에서 그것이 차지하는 위치는 어떠한가 하는 것 등에 관한 것이다.

끝으로 지식사회학은 문제의 발단을 그 어디에서 찾든지 정신적 활동의 수행자인 지식인에 관하여 언제나 관심을 기울여야만 한다. 어느 사회에나 그 사회가 물려받은 정신적 유산을 수집하고 보존하며 또한 새롭게 착색해나가거나 창달해나가는 특수한 기능의 담당자들이 있으니, 이러한 집단의 구성 내용, 그들의 사회적 성분, 지속적인 인원 보충 방법, 그 조직이 갖는 계급적 유대, 그리고 더 나아가서는 그들에게 주어지는 포상이나 특전 및 다른 사회생활 영역에서의 참여도 등, 이 모든 것은 지식사회학의 핵심 문제에 속하는 깃들이다. 이상의 여러 요인에 의하여 정신 행위의 소산이 어떠한 영향을 받는가 하는 것은 지식사회학이란 명목하에 이뤄지는 모든 연구의 중심 테마가 된다.

만하임은 《이데올로기와 유토피아》를 통하여 사회적 동태에 관한 하나의 새롭고도 심오한 이해의 길잡이가 될 어떤 새로운 분야에 대한 요지만을 서술하는 것으로 그치지 않고 현대의 정치 도덕에 관한 몇 가지 중심 문제에 대해서도 극히 중요한 설명을 가하고 있다. 끝으로 나는 오늘날 영어를 구사하는 나라에서 살고 있는 이성적 인간에게도 그들이 다스려야만 할 문제에 대한 해답을 줄 수 있길 바라는 마음에서 본서의 영문 번역을 맡게 되었음을 일러두는 바이다.

루이스 워스

역자 서문(초판)

이 책을 손에 든 지 어언 1년 가까운 세월이 흘렀다. 역자로서는 무엇보다 폭넓은 현대사상과 사회과학 이론의 정수를 이해하는 데 없어서는 안 될 기본 자료이자, 고전적 명저로서의 확고한 자리를 굳힌 카를 만하임의 《이데올로기와 유토피아》의 우리말 완역본이 세상에 나오게 됨을 참으로 다행하게 여기는 바이다.

한국 현대사의 한 분수령을 이루는 1960년대 초반에 들어서면서 이 나라 철학계에서도 사회과학 영역과 사회적 현실에 대한 이론적 통찰을 재촉하는 움직임이 서서히 싹트기 시작하였다. 그러나 지금에 이르기까지도 철학과 사회과학과의 사이를 잇는 긴밀한 상관성 문제가 제대로 밝혀지지 못한 상태임을 생각할 때 뒤늦게나마 이제 우리에게는 냉철한 학문적 탐구열과 슬기로운 지혜의 모든 원천을 한데 모아 스스로의 자세와 방향을 확립하는 일이 중요한 과제로 주어져 있다 하겠다.

바로 여기서 카를 만하임의 지식사회학 이론(특히 본서의 마지막 장 참조)을 한국적 현실에도 적용하여 이를 분석, 검토함으로써 우리가 처해 있는 이 시점에서 학문과 사상의 소용돌이를 헤치고 일어서는 데 없어서는 안 될 활력적이고도 발전적인 디딤돌을 마련하려는 마음에서 이 글의 번역, 출판에 뜻을 두게 되었던 것이다.

각고 속의 여러 해를 거치면서 스스로의 정신세계와 사상적 입지점을 찾아 헤매었던 역자로서는, 이데올로기로 불리는 물 그 자체에 담긴 편파적·특수적 및 부분적 성향은 도외시한 채 이를 단순한 정치적 투쟁과 현실 정복을 위한 도구로 간주 또는 이용하려고만 드는 독단과 횡포를 그 어느 때보다 경계하여야만 할 역사적 순간에 우리가 다다러 있음을 똑똑히 깨우쳐야 한다고 이야기하고 싶다. 물론 그렇다고 해서 문제가 이데올로기의 폭로와 타파에만 주력하는 데서 끝날 수 있는 것은 아니다. 오히려 광활한 새 시대의 사상과 문화의 요람을 바로 이 한국적 변경지대에서 꽃피워보려는 우리 모두의 소망이 스스로를 끊임없이 채찍질하는 한, 자기 소망의 시간과 공간을 이미 지나간 과거 속으로 흡인하여버리려는 이데올로기가 아닌 전진과 발전의 토대이며 그 기약이기도 한 현재 초극적 미래지향성으로서의 유토피아를 탄생시켜야만 할 것이기 때문이다. 이와 관련하여 특히 마르크스주의에 일침을 가한 만하임의 공헌을 깊이 새겨보아야 하리라는 점을 분명히 하고자 한다.

이러한 뜻에서 한낱 정치소설의 주제로 등장하는 유토피아적 상념에 그치지 않는 가장 생동하고 진실하며 또한 건전한 인간을 위한, 인간 세계로의 미래상을 투시하고 정립하는 데 있어서 본서가 일깨워준 지식은 실로 철학적 내지 심리학적 통찰을 바탕으로 하여 사회과학과 사회사상의 전반적 발전을 지향함은 물론 그 기초이론의 명석화에 뜻을 둔 모든 이의 마음마다에 영원한 등불을 밝혀줄 것이다. 정치학의 과학으로서의 성립 가능성 문제에 있어서도 비합리적·본능구조적 존재로서의 인간의 본체적 특성이 사회활력적인 불가사의하리만큼의 행동 욕구에서 발견될 수 있었다는 점과 관련시켜 볼 때, 바로 이러한 인간관의 근본적 기초가 됨으로써 비로소 진정한 구체적 삶의 전개를 향한 힘찬 지성과 행동의 통일적 내지 종합적 형성자이며 담당자로서의 인간에 관한 학이 이 땅에서도 그 서막을 올리게 될 것임을 의심치 않는 바이다.

  끝으로 새로 자라나는 후학들에게 없어서는 안 될 이 필수적 문헌이 이제나마 참 지식에 굶주린 그들의 정신적 양식으로 화하여 이 사회와 국가에 있을바 그 위치 정립에 보탬이 되기를 바라는 미음이 간절하다.

1975년 6월
임석진

개정판에 부치는 글

8·15 해방을 기점으로 한 우리의 근현대사는 한마디로 이데올로기적인 집념과 고착의 역사이었다기보다는 유토피아적 소망과 그 현실적 모색 그리고 이에 따른 자아 정체성正體性 확립을 향한 좌절과 그 방황 그리고 다시 이로부터의 소생의 몸부림이었다고 할 수 있겠다. 바로 이 소생의 길목에 다다렀던 1970년대 중반기, 그러니까 자그만치 15년 전에 이 책의 번역 초판이 간행된 후로 이제 다시 그 내용과 형식을 재음미하면서 완전 개역을 하게 된 데에는 쉴 새 없이 불어 닥치는 역사 전개의 소용돌이 속에 휘말릴 수밖에 없었던 필자 개인의 생애사가 한몫을 차지하게 되었음을 우선 토로하고자 한다.

20세기를 마감하는 오늘의 시대적 상황은 참으로 과거와 미래를 통틀어서 우리 민족 구성원 전체에게 주어진 또 하나의 시련과 도전에 대한 극복과 응전으로의 일대 전환기라고 해도 과언이 아니다. 이 점을 염두에 두면서 나는 특히 만하임 자신의 '사회적 전재에 의한 사회적 의식의 피제약성 문제'(마르크스)를 역으로 자기 사상 전개의 결정적 논리 근거로 하여, 일면적이고 편향적인 마르크스주의 전통에 기대어 있는 철학적, 사회학적 사유에 이를 적용시키고 있다는 데에 주목할 필요성을 강조하고 싶다. 운동과 변화, 전진과 후진 그리고 정립과 반정립으로 이어지는 원환圓環 구조 속의 소외와 전도顚倒의 본질이야말로 만하임의 바로 이 책과 막스 셸러Max Scheler, 1874~1928의 《지식의 형식과 사회Wissensformen und die Gesellschaft》를 효시로 하는 지식사회학의 저류低流를 관통하고 있는 기본 명제이다. 오직 존재와 사유 및 지식의 상관적이며 통일적인 자기 전개에 바탕을 둠으로써만 비로소 철학(지식, 사유, 이론)과 사회학(존재, 현실, 실천)의 종합화로서의 이 지식사회학은 존재의 총체적, 보편적 '체계'와 지식의 독창적, 논리적 '방법'에의 종합적인 통찰, 이해를—아직도 제대로 뿌리내리지 못하고 있는 우리의 사상계와 학문 풍토 속에서—한층 북돋울 수가 있을 것이다.(철학의 근원적 정초를 위한 존재와 지Sein und Wissen의 변증법적인 시원적 규정, 의미에 더욱 천착하려는 이는 반드시 헤겔《대논리학Ⅰ》(존재론) 첫머리의 '학의 시원은 어떻게 마련되어야만 하는가?Womit muß der Anfang der Wissenschaft gemacht werden?'를 참조하기를 바란다.) 이의 음미와 심사숙고 속에서 정신적 주체이며 개체적 인격으로서의 우리가 누릴 수 있는 최고의 가치, 즉 자유의 신장과 또한 이에 못지 않게 객관적, 물질적 생존 욕구를 안고 있는 사회공동체적 구성원으로서의 우리가 지향하는 평등과 복지 구현에 앞장서고자 하는 한국 지식인의 정신적 갈증을 풀어나갈 수 있는 깊고 넓은 길잡이를 마련할 수 있을 것이다.

쓰라린 조국 분단과 민족 분열이라는 우리의 현실적 상황도 이제 극히 원만한 과정을 통해서나마 역사 발전의 근본 원리를 구체화하는 방향으로, 즉 동서 양 진형 간의 대결 종식과 맥을 같이하면서 참으로 현실과 이념이 한데 어우러진 궁극적 미래상을 창출해나가야 할 시점에 이르고 있다. 여기서 나는 새삼 사유가 존재를, 자유가 필연을 제압할 수 도 있다는 20세기 세계사의 실증적 사실을 역사 이성의 간지奸智, List der Vernunft가 작용한다는 점과 관련시켜 보지 않을 수가 없었다.

자유부동적 인텔리겐차의 본질과 그 사상적 좌표에 대해 이미 반세기 이전에 명쾌하게 진단, 전망하고 있음을 여러 곳에서 확인하면서 이 책을 완독하는 분에게 한 가지 덧붙여둘 것은 특히 제5장 지식사회학 부분에 역점을 두고 존재와 사유의 상관성 문제를 다른 광범위한 이론적 근거의 포착과 그 방법 전개에의 이해에 힘써주었으면 하는 것이다.

1990년 12월
임석진

IDEOLOGIE
UND
UTOPIE
1

문제의 발단

1

사회학적으로 본 사유의 개념

이 책은 인간이 어떻게 실제로 사유하는가wirklich denken 하는 문제를 다루고 있다. 이 책이 연구하고자 하는 것은 사유가 논리학 교재에서 어떻게 다뤄지고 있는가에 관한 것이 아니라, 행동 방편으로서의 사유는 공공 생활이나 정치 분야에서 실제로 어떻게 작용하는가에 대한 것이다.

오랜 과거를 통해서 볼 때 철학자들은 너무나도 자신의 사념에만 몰두해왔다. 그들은 사유라는 문제에 관하여 글을 쓸 때면 우선 사유 그 자체의 역사나 철학의 역사 혹은 수학이나 물리학과 같은 특정한 지식의 영역만을 염두에 두고 있었다. 그러나 사실 이러한 유형의 사유는 극히 제한된 범위에서만 이용될 수 있을 뿐이어서 그와 같은 문제를 분석함으로써 얻어낸 지식을 직접 다른 생활 영역에 적용한다는 것은 있을 수 없는 일이었다. 설사 그런 종류의 사유가 무엇인가에 응용된다 치더라도 그것은 어디까지나 특수한 존재의 차원에만 관련된 것이므로 스스로의 세계를 이해하고 또 형성해나가려는 생동한 인간에게는 충족될 수가 없는 것이었다.

　그런데 다행인지 불행인지는 모르나 행동자로서의 인간은 자기들이 살고 있는 세계를 경험이나 지식을 통하여 꿰뚫어볼 수 있는 다양한 방법을 개발하기에 이르렀다. 물론 이러한 방법이 이른바 엄밀 과학의 경우에서와 같이 정확성을 바탕으로 분석된 일은 아직까지 없었다. 그리하여 만약 그토록 장기간에 걸쳐 인간의 행동이 통찰력 있는 제어나 비판에서 벗어나 있다면 그러한 행동은 인간으로 하여금 그의 정도正道에서 일탈하도록 할 것이다. 따라서 우리들 스스로가 중대한 결단을 내림으로써 자신의 정치적 및 사회적 운명을 투시하고 조종해나갈 수 있을 사유 방법을 파악하지 못한 채, 통찰력 있는 제어나 자기비판을 받을 여지도 없게끔 되어버렸다는 것은 현대가 안고 있는 하나의 이상 현상이라 하겠다. 그런데 현대 사회는 과거 그 어떤 사회 형태에서보다도 훨씬 더 올바른 상황 판단을 필요로 한다는 점을 감안한다면, 이러한 이상 현상은 더욱 우리를 전율케 한다. 사회의 발전 과정에 대한 통제 기능이 필수적으로 요구될수록 이에 비례하여 사회과학의 의의도 더욱더 커지게 마련이다. 그러나 소위 과학 이전의 부정확한 사고방식이란—기묘하게도 논리학자나 철학자까지도 어떤 실제적 결단을 내려야 할 때는 이런 사고방식에 의존하지만—단지 논리적 분석에 의해서만 이해할 수 있는 것이 아니다. 즉, 이러한 사고방식이란 그 나름의 어떤 복합체를 형성하는 까닭에 그 근지를 이루는 감정적 내지 활력적 충동이 얽힌 심리적 근원이 그러한 복합체를 발생시키기도 하거니와 결국 이는 그 문제의 해결을 시도하는 상황에서 쉽게 분리될 수도 없는 것이다.

이 책이 과제로 하는 것은 바로 이러한 사유의 유형과 그 변천 과정을 분석하는 데 합당한 방법을 찾아냄으로써, 이와 관련한 문제들을 제시하고 더 나아가서는 그러한 문제만이 지닌 고유의 특성에 부합하는 비판적 이해를 돈독히 하려는 데 있다. 이와 같이 우리가 여기서 서술하려는 방법이 곧 지식사회학 Wissenssoziologie의 방법이다.

지식사회학의 가장 중요한 명제는 우선 무엇보다도 그 사회적 근원이 어둠에 가려져 있는 상태에서는 ihr gesellschaftlicher Ursprung im Dunkeln 도저히 올바르게 이해할 수 없는 사유 방식이 있다는 것을 밝혀내는 데 있다. 오로지 개인만이 사유할 수 있다는 점에는 이론異論이 있을 수 없으며 따라서 개인을 초극한 상태에서 사유할 수 있는 집단정신과 같은 형이상학적 존재가 있어서 이때 개인이 할 일로서 다만 그의 이념을 재생시키는 데 그치는 경우란 있을 수가 없다. 그렇다고 해서 개인을 움직이게 하는 이념이나 감정의 모든 근원이 마치 이 개인에게만 귀속됨으로써 그 모든 이념이나 감정이 개체적인 생의 경험만을 근거로 하여 적확하게 설명될 수 있다고 보는 것은 잘못된 생각이다.

우리는 자기 자신만의 언어가 아닌 오히려 동시대인이나 혹은 선조들이 이미 닦아놓은 말을 구사하고 있기 때문에, 단지 어떤 한 개인을 관찰하는 것만으로도 이미 언어의 발생을 설명할 수 있다고 생각하는 것이 옳지 못한 것과 마찬가지로, 만약 하나의 인격적 전체성은 그 개인의 발생 기원에 의해서만 이해할 수 있다고 생각한다면 이 역시 잘못된 생각이다. 개체적 인간이 전적으로 자기의 독자적 작용에 의해서 언어나 사고방식을 창조하는 경우란 극히 한정되어 있다. 즉, 그는 자기가 소속된 집단이 생각하는 양식에 따라서 생각하게 마련이다. 그에게는 일정한 말과 그 뜻까지도 이미 주어져 있어서 거의 그 테두리 안에서 주변 세계와의 소통을 이뤄나갈 뿐 아니라 동시에 이 말들은 종래의 모든 사고 대상이 과연 어떤 관점과 행동 관련성 속에서 집단이나 개인에 의하여 인지되거나 또는 이해되어왔는지를 나타내주기도 한다. 그러므로 이제 우리가 무엇보다 먼저 강조하고자 하는 것은 지식사회학에서는 철학자들의 경우처럼 어떤 특수한 개인과 그의 사유 작용에 의한 의지 지향성을 기점으로 하여, 곧바로 극히 추상적인 '사유 그 자체'로의 비약을 출발점으로 삼지는 않는다는 것이다. 다시 말해서 지식사회학은 사유를 어디까지나 역사적 내지 사회적 상황과의 구체적 연관성을 통해서만 이해하려고 한다. 다만 개별화된 각기 다른 사상은 매우 서서히 그러한 상황 속에서 고개를 들 수 있을 뿐이다. 따라서 여기서 사유하거나 혹은 사유하려고 애쓰는 사람이란 어떤 본연의 인간 자체이거나 혹은 서로가 모두 고립되어 있는 개인이 아니라, 그들 모두의 공통된 입장에 알맞은 어떤 전형적인 상황에 대한 무한히 반복되는 대응 작용을 통하여 특수한 사고 유형을 발전시키는 일정한 집단 구성원으로서의 인간인 것이다. 실제로 엄격히 따져볼 때 개개인 모두가 고립된 상태에서 자기만의 사유를 한다고 말하는 것은 정확한 표현이 아니며, 오히려 모든 개인은 이미 자기들 이전의 다른 사람들이 생각했던 것을 계속 생각해 나가는 데 관여하는 것뿐이라고 말하는 편이 옳을 것이다. 결국 개인이란 이러한 상황에 합당한 사고 패턴이 이미 승계되어 있는 일정 상황 속에 놓인 까닭에 그로서는 이러한 상황의 변화와 변천에서 연유하는 새로운 과제에 부응하기 위하여 이미 전래되어온 반응 양식을 더 개발하거나 혹은 그것을 새로운 반응 양식에 의하여 대치시키려 한다. 따라서 일정한 사회 내에서 성장해가는 개인으로서는 이미 자기가 기존의 상황 속에 놓여 있으며, 또한 이 상황 속에서 역시 기존의 사고 및 행태 패턴을 물려받았다고 하는 두 가지 점에서 그는 이미 사전에 결정지어진 존재라고 할 수 있다.

지식사회학이 사용하는 방법의 두 번째 특징은 구체적으로 현존하는 사고방식을 어디까지나 정신적 의미에서 자기에게 처음으로 세계를 감지할 수 있도록 해준 집체적 행동과의 관련하에서만 다루고자 한다는 것이다. 한 집단 내에서 생활하는 인간은 단순히 제각기 분리된 신체의 소유자로서 존재하는 것은 아니며, 또한 그들은 세계 내의 대상들을 파악하는 데 있어서도 정관적 내지는 추상적인 방법에 의존하지 않을뿐더러 나아가서는 고립된 개별적 존재도 아님은 물론이다. 말하자면 그들은 다양하게 조직화된 집단 내에서 상호 화합하거나 반목하는 입장에서 행동하거니와 동시에 사유하는 데 있어서도 이와 같은 화합과 반목을 바탕으로 하고 있다. 이와 같이 서로가 집단적 연관성으로 얽혀 있는 모든 개인은 자기들이 소속된 집단의 특성과 위치에 따라서 자연과 사회라는 주변 세계를 변화시키거나 아니면 그것을 있는 그대로의 상태에서 유지하려고 한다. 그리하여 변화나 혹은 유지를 바라는 이와 같은 의지의 구체적 방향이라고 할 집단적 행동이 바로 지식사회학적인 문제·개념 및 사고 형태를 발생하게 하는 지침에 해당된다고 하겠다. 인간은 스스로가 관여하는 집단적 행동과의 특수한 관련성으로 인하여 언제나 자기 주변 세계에 대해 각기 상이한 입장을 취하게 마련이다. 순수한 논리적 분석에 의하면 개인의 사유는 집단 상황과 확연히 구별됨은 물론 사상과 행동 역시 구별된다고 한다. 여기서 이러한 분석적 태도가 은연중에 전제로 하는 것은 사유라고 하는 한 측면과 집단과 행동이라고 하는 측면과의 사이에 언제나 현실적으로 엄존해 있는 상관관계인데, 이는 결코 '올바른' 사유를 전개하는 데 중요한 의미를 갖는 것도 아니려니와, 더 나아가서 그러한 상관성은 언제라도 거리낌 없이 묵살돼버릴 수 있다는 것이다. 그러나 단지 우리가 이와 같이 무엇인가를 무시해버린다고만 해서 그 실존성 자체에까지 종지부가 찍히는 것은 아니다. 인간이 구체적으로 사유하는 다양한 모습을 진지하고 정확하게 관찰하지 않고서도 우리가 과연 그와 같은 사회적 현실이나 행동 연관성을 단순히 거세해버릴 수 있을 것인가 하는 문제는 결코 선험적으로 결정지을 수 있는 것도 아니려니와 실로 그와 같은 양분성이 객관적인 실제적 지식을 모색하려는 마당에 과연 바람직한 일인지의 여부는 즉석에서 결정하기 어려운 일이다.

  특정한 지식 분야에서는 무엇보다도 행동에의 충동을 바탕으로 하여 비로소 세계의 객체를 행동하는 주체에게 die Objekte der Welt dem handelnden Subjekt… 공여하면서 더욱이 이러한 충동적 요인만이 사유의 소재를 구성하는 현실의 여러 요소를 선정할 수도 있다. 따라서 만약 그러한 충동적 요인이 완전히 배제된다면(물론 그것이 가능할 경우에만 해당하는 이야기지만) 구체적 내용은 전적으로 개념으로부터 소멸될 것이며, 또한 이성적인 문제 제시를 가능하게 할 계통적 원리마저도 상실돼버리리라는 것은 짐작하고도 남는다.

그러나 어떤 특정 집단에의 귀속성이나 행동 지향성 등이 그 전체 상황의 근본 요소를 구성하는 듯이 보이는 영역이라고 해서 이론적 내지 비판적인 자기 통제의 가능성조차 찾아볼 수 없다는 것은 아니다. 사유란 실존하는 집단에 의존한다거나 행동이 사유의 근원을 이룬다는 등 오늘날까지 드러나지 않았던 사실이 이제야 드러남으로써 아마 우리는 지금껏 통제 불가능한 것으로 알려진 사유의 여러 요소에 대한 새로운 지적 통제를 처음으로 가할 수 있게 된 셈이다.

이제 우리는 본서에서 다룰 가장 중심적인 문제와 마주친다. 여기서 우리가 특히 주의를 환기하고자 하는 점은 이런 문제들을 깊이 연구하여 그 해결점을 찾음으로써 사회과학의 원리를 확립하고, 또한 정치학의 가능성 여부에 대한 해답도 가져올 수 있으리라는 것이다. 사회과학에 있어서도 진위에 관한 최종적 판단 기준은 대상의 연구를 통해서만 가능하지만, 물론 지식사회학이 이에 대한 대용물인 것은 결코 아니다. 그러나 또 따지고 보면 대상에 관한 연구 작업이란 것도 결코 일체의 외적 원인과 유리된 단독 행위가 아니라 오히려 그러한 작업은 가치관이나 또는 집체적이며 무의식적인 의욕적 충동이 함께 작용하는 상관성을 토대로 해서만 가능하다. 사회과학에서는 집단적 행동 구조 속에 깃든 이와 같은 지적 관심이 한낱 일반적 문제로 그치는 것이 아니라, 연구 목적을 위한 구체적 가설이나 경험의 체계화를 위한 사고 모형도 마련한다. 결국 우리는 학술적으로나 일반적으로도 논의의 대상이 되기 시작한 여러 가지의 근본적 출발점과 방법 등을 의식적으로 분명하게 관찰할 수 있어야만 시간이 흐르면서 비로소 이러한 사고방식을 일으킨 무의식적 동기나 전체die unbewußten Motivationen und Voraussetzungen를 제어해나갈 수 있으리라는 희망을 가질 수 있을 것이다. 사회과학에 있어서의 객관성에 관한 새로운 개념을 형성하기 위해서는 가치 평가를 배제할 것이 아니라 이를 비판적 입장에서 파악하고 또 통제를 가하는 일이 중요하다고 하겠다.

2

사유의 현대적 범주

 사유의 사회적 내지 행동 관련적 기초에 관한 문제가 우리 세대에 와서 처음으로 대두된 것이 우연한 일이 아니듯 우리의 사유나 행동을 일으킨 동인으로 알려진 무의식적 요소가 점차 의식의 표면으로 부상하면서 조금씩 우리의 통제 대상이 되고 있다는 것 역시 우연은 아니다. 우리가 현시점에서 이 문제가 차지하는 의의를 제대로 인식하기 위해서는 무엇보다도 특정한 하나의 사회적 상황이 우리로 하여금 지식을 성립하는 사회적 기초, 토대에 관하여 깊이 성찰하도록 강요하고 있다는 점에 유의해야만 하겠다. 집단적 내지 무의식적인 동기가 의식화되는 과정은 어느 시대에서나 가능한 것은 아니고 매우 특수한 상황에서만 작동할 수 있다는 점을 밝혀낸 것은 지식사회학이 발굴한 가장 기본적 식견에 속하는 것인데 그와 같은 특수 상황은 사회학적으로 규정할 수 있다. 이제 우리는 더 많은 사람이 필연적으로 단순한 세계 내의 사물에 대해서뿐만 아니라 사유 그 자체에 대해서, 그리고 이것 또한 단순한 진리 자체에 대해서라기보다 각기 상이한 관찰자의 입장 여하에 따라서 아무리 동일한 대상적 세계일지라도 그때마다 상이하게 나타난다는 놀라운 사실에 주목하지 않을 수 없게 된 요인에 대해서도 비교적 상세히 알 수 있게 되었다.

 이러한 문제들은 흔히 현대처럼 공통의 요소보다는 서로 간의 상치점만이 두드러지게 나타나는 시대에서만 일반화할 수 있는 것들이다. 서로 상치하는 다양한 정의가 속출함으로써 더 이상 어떤 사물이나 상황에 대한 개념을 직접적이며 지속적으로 개발할 수 있는 가능성이 없어질 때 사람들은 누구나 사물에 대해 관찰하기보다는 사고방식을 고찰하는 데 주력하게 된다. 이제 우리는 일반적인 형식적 분석에만 의거하던 때와는 달리 과연 그 어떤 사회적 내지 정신적 상황에 처했을 때 주된 관심의 초점이 단순한 객관적 사물로부터 각기 상충하는 여러 가지 견해로, 여기서 다시 무의식적인 사고의 동기로까지 필연적으로 전이되는가 하는 데 대하여 좀 더 자세히 해명할 수 있게 되었다. 이러한 방향으로 작용하는 가장 중요한 몇 가지 사회적 요인에 대하여 이제부터 거론하고자 한다.

 사회적 안정을 기조로 하여 내면적 통일성을 이루는 세계상이 군림하던 시대에는 아무리 사고의 유형이 여러 방면에 걸치더라도 문제될 것이 없었다. 다시 말해서 어떤 사회 집단의 성원들에게 말의 뜻을 익히게 하거나 이념을 도출해내는 방법에 있어서 그들 모두에게 언제나 동일한 내용만을 주입한다면 이러한 사회에서는 결코 그 어떤 사유 과정도 상충할 리 없을 것이고 그 집단 구성원들이 안정된 처지에서 생활하거나 혹은 새로운 문제에 대한 사상적 적응 속도가 여러 세대에 걸쳐서 나타나리만큼 완만할 때에는 그 시대를 지배하는 사고방식이 제아무리 점진적으로 변화한다 하더라도 그들에게는 이와 같은 변화상이(물론 변화는 이루어질 수밖에 없다 하더라도) 인지되지 않을 것이다. 결국 이런 경우에는 그 어떤 변화가 이뤄지고 있다는 데 거의 착안하지 못할 것이다.

역사 과정의 일반적 동태를 놓고 보면 사유 경향의 다양성이 눈에 띄거나 또는 그것이 성찰의 대상으로 등장하기 이전에 이미 이와 전혀 상이한 여러 요인이 거기에 가미되어 있는데, 그중에서도 특히 사회적 유동성의 가속화는 아무리 모든 사물이 변한다 하더라도 사유의 본질만은 영구불변적이라고 하는 인습적이며 정태적인 사회에 팽배했던 환상을 타파하게 된다는 것이다. 그뿐 아니라 수평적 내지 수직적인die horizontale und vertikale 두 갈래의 사회적 운동 형태는 각기 다른 양식으로 다양한 사유 형식을 겉으로 드러낸다. 물론 사회적 신분상의 변화는 없이, 다만 이 지점에서 저 지점으로, 혹은 한 나라에서 다른 나라로의 확산 작용만을 일삼는 수평적 운동에서는 각기 다른 민족마다 각기 다른 사고방식을 지닌다는 것이 나타나긴 하지만, 어떤 민족 집단이나 지역적 집단이 자기들의 전통을 유지하고 있는 한은 인습적 사고방식에 대한 집착심도 강렬하므로 타 집단에서 통용되는 사고방식에 대해서는 이를 호기심의 대상이나 어떤 과오에서 빚어진 것 혹은 모호한 뜻을 지녔거나 이단적인 것 정도로밖에 생각지 않는다. 그리하여 결국 이들은 자기에게 전수된 사유 전통이 타당성을 지닌 것인지 혹은 사유란 그 자체가 반드시 통일성이나 획일성을 지녀야만 하는 것인지에 대해서도 의문을 제기하지 않는다. 그러므로 오로지 수평적 작용에 덧붙여서 사회적 측면에서 본 각사회 계층 간의 활발한 이동이 수반되어야만 나 자신의 사유가 보편적인 영구불변의 타당성을 지녔다는 맹목적 신념에도 동요가 일어난다.

 수직적 작용은 전통적인 세계상에 대한 불확실한 회의감을 안겨 주는 결정적 계기를 마련한다. 단지 경미한 수직적 작용을 일으키는 데 그치는 정태적 사회 형태에서도 그 동일 사회 내에 존재하는 각기 다른 사회 계층은 세계에 대한 상이한 체험을 하는 것이 사실이다. 특히, 이 점에 관해서는 농민·수공업자·상인·귀족 또는 지식인 등처럼 서로 다른 사회 계층이 동일한 종교에서도 서로 다른 체험을 한다는 사실을 그의 종교사회학에서 분명히 밝힌 베버[*]가 지대한 공헌을 하였다. 그리하여 가령 어떤 사회가 직업상 혹은 신분상의 폐쇄적인 계급적 구성으로 인하여 수직적 유동성을 발휘할 수 없을 때는 그들 모두의 집단에게 공통된 세계상이란 있을 수 없거나, 또는 각자의 생활 여건에 상응한 서로 다른 방법에 의하여 일정한 세계상을 이해하게 될 뿐이다. 그뿐만 아니라 만약 지금까지 서로 격리되어 있던 계층들이 상호 교류를 함으로써 일정한 사회적 순환 작용이 발생할 만한 역사적 단계에 이르면 여기서는 사회학적 의미에서의 심대한 변화가 야기된다. 또한 만약 이전까지는 서로가 전혀

• Weber, M., "Religions-soziologie Stände. Klassen und Religion," (*Wirtschaft und Gesellschaft*, Bd. 1, Tübingen, 1925, Kap. IV. §7, pp. 267-296).

무관한 상태 속에서 발전해오던 사유 및 체험의 형식 들이 복주復奏현상을 빚어냄으로써 바로 그 동일한 의식이 서로 상충하는 다양한 세계관 사이의 비타협성을 알아차리도록 인간의 정신을 강요할 때 여기에는 극히 의미심장한 사상적 교류가 행해지기 시작한다.

극히 안정적인 사회에서는 하층 계급의 사고방식이 상층 계급으로 삼투된다고 해도 별로 문제될 것이 없다. 왜냐하면 지배 집단으로서는 이와 같이 각기 다른 사회 계층이 내세우는 이념의 세계가 서로 다르더라도 정신적 동요를 일으키지 않기 때문이다. 또한 권위주의적 기초 위에서 사회의 안정성이 유지되거나 사회 상층부의 인사에게만 자기의 행동에 대하여 응분의 사회적 위신이 따르는 경우 역시 상층 계급으로서는 스스로의 사회적 실존성이나 자기가 빚어낸 행동의 가치를 새삼 문제 삼을 필요가 없다. 결국 극소수의 개인에게만 가능한 현저한 사회적 지위의 향상만을 예외로 한다면 전반적인 민주화의 실현만이 하층 계급에 의한 사회적 지위의 상승을 가능하게 할 것이며, 그들의 사상이 전체 사회 내에서 일반화될 수 있는 계기를 마련할 수도 있을 것이다.** 비로소 이러한 민주화의 과정만이 일찍이 사회 일반으로부터 어떠한 공인도 받아보지 못했던 하층 계급의 사고방식이 그 나름의 효력과 위신을 갖추게 해줄 것이고 또한 민주화의 실현 단계에 이르러서야 비로소 하층

** 그러므로 뒤에 가서 다시 이야기하겠지만 사회학적 측면에서 본 '실용주의' 사상은 일상 생활의 경험을 토대로 한 가치 평가 기준이 '학술적' 토론의 수준에 이를 정도로 그 의의가 인정될 만한 사고의 기술이나 인식 이론이 정당함을 입증한 좋은 예라고 하겠다.

계급의 사고 방법과 이념도 상층 계급의 이념이 지녔던 바와 꼭 같은 타당성을 과시하면서 이에 맞서게 된다. 그리하여 이러한 이념이나 사고방식만이, 일정한 기존 관념의 테두리 안에서만 사유할 수 있었던 인간이 자기를 둘러싼 대상 세계 내의 뭇 사물들에 대한 근본적 회의를 품을 수 있는 능력을 갖추게 해준다. 서로 동일한 정도의 타당성을 요구하는 여러 사고방식 사이에 충돌이 일어나면서 비로소 처음으로 사상사적 측면에서 한편으로는 불행하면서도 또한 못지않게 기본적인 문제가 대두되는 것이다. 즉, 어찌하여 동일한 하나의 세계를 다뤄나가는 여러 동일한 사유 과정identische menschliche Denkprozesse이 인간에게 공통된 이 세계에 대해 서로 다른 여러 가지 관념verschiedene Vorstellungen von dieser Welt을 낳게끔 하느냐는 것이다. 그러나 만약 우리가 여기서 한발만 더 밀고 나가더라도 지금 거론한 바와 같은 관념을 낳게 한, 이른바 여러 가지 사유 과정이란 결코 동일한 것이 아닐 수 있다는 또 다른 문제점에 다다르게 된다. 결국 인간의 사유 능력이 지닌 다양한 가능성을 검토해볼 때 우리가 받아들일 만하다고 생각하는 사유 방식이란 여러 가지가 있을 수 있지 않겠는가? 실로 서양 사상사에 나타난 최초의 거대한 회의주의 사조는 아테네 민주 정치에서 하층 계급의 사회적 지위 향상이 실현되어 초래한 것이 아니었던가? 그들의 사상 속에서 사물을 해석하는 두 가지 방식이 상충했던 까닭에 그리스 계몽주의의 선도자였던 '소피스트'들은 회의적 입장을 그대로 반증하는 것이 아니었던가? 즉, 당시의 그리스 사회를 보면 한편에는 여전히 지배적 세력의 위치를 견지하면서 실은 이미 널망을 눈앞에 두고 있던 귀족적 사고방식으로서의 신화가 있었는가 하면, 또 다른 면으로는 점차 사회 상층부로 진출할 기세를 떨치던 도시 수공업자들에 의한 좀 더 분석적인 사유 태도가 출현했다. 이처럼 세계에 대한 두 가지 방향에서의 해석이 소피스트 사상에서 합일됨으로써 이러한 사상의 테두리에서는 모든 윤리적 결단이 적어도 두 가지의 규범을, 그리고 모든 우주 및 사회 현상에서 역시 적어도 두 가지의 해석을 자아낼 수밖에 없었음을 생각할 때 결국 우리는 소피스트들이 인간의 사유 가치에조차 회의를 표시했다고 해서 조금도 놀랄 필요는 없다. 이런 점으로 볼 때 우리가 단순한 교조적 입장에서 그들의 인식론적 노력을 회의론으로 낙인찍는 것은 어리석은 짓이다. 무엇보다도 그들은 당시 실정으로 보아서 누구나 느낄 수 있었던 문제를 거론할 용기를 지녔다고 하겠으니, 즉 우리가 지당한 것으로 받아들였던 전통적 규범이나 세계에 대한 인식 태도까지 동요가 일기 시작함으로써 이에 대한 어떤 만족할 만한 해결책을 강구하기 위해서는 오로지 제기된 문제에 대한 근본적 재검토와 여러 가지 모순상에 대한 철저한 고찰이 뒤따라야 한다는 것이었다. 이렇듯 전반적인 불확실성이 팽배해졌다는 것은 전체적인 면에서의 멸망이 급박했음을 뜻한다기보다는 오히려 치유를 향한 어떤 위기 현상이 고개를 든 것으로 보는 것이 합당할 것이다.

결국 소크라테스Socrates, BC 470?~399의 위대성은 바로 이와 같은 회의주의의 심연까지 파고들 수 있었던 그 용기에 있었던 게 아닐까? 그 역시 원래는 끊임없이 질문을 제기하는 기술을 터득하여 이를 꾸준히 실행에 옮겼던 소피스트라고 할 수 있지 않을까? 또한 그로서는 소피스트들보다 더욱 철저하게 의문을 제기함으로써 적어도 그 당시의 사고방식으로서는 신뢰할 만한 기초가 될 수 있었던 안정된 정신적 균형 상태에 도달함으로써 위기를 극복했던 것이 아닐까? 여기서 그가 규범과 존재의 세계를 자기의 중심 과제로 등장시켰다는 것은 흥미로운 일이다. 이와 동시에 그는 어찌하여 모든 인간은 동일한 사실에 대해서 서로 다른 방법으로 생각하며 다른 판단을 내릴 수 있는가에 대해 집중적으로 검토했다. 바로 이와 같은 사상사적 단계야말로 사유의 문제를 해결하는 방법은 어떠한 시기든 단순히 대상 속으로 스스로 몰입하는 데 있는 것이 아니라, 어찌하여 이 사유의 문제에는 서로 상치하는 많은 견해가 난무하게 되는지 알아내는 데 있다는 것을 명백히 드러내주고 있다.

지배적인 사유 형태가 지닌 단초적인 통일성과 그 뒤에 나타나는 다양성을 설명해주는 이와 같은 사회적 요인 이외에 우리가 언급해야만 할 중요한 사실은, 즉 어떤 사회에나 세계의 의미를 밝혀내야 할 특수한 과업을 짊어진 사회적 집단이 존재한다는 것이다. 우리는 그들을 '지식계급'이라 부르고자 한다. 그런데 사회가 정태적 성격을 띠면 띨수록 이러한 사회 계층에 속하는 사람들은 그들만의 일정한 신분이나 직종상의 지위를 점유하게 될 공산이 커진다. 그리하여 마술사나 브라만의 승려, 중세의 성직자 들은 일종의 사회적 독점권을 행사하는 지식계급으로 간주되었고 또한 이러한 독점권을 만끽하던 그들은 한 사회 내에서 통용되는 세계상을 형성하는 데 있어서나 또는 다른 계급들에게서 볼 수 있는 단순한 여러 가지 세계 해석상의 반목을 극복 내지 해소시키는 통제 작용도 했던 것이다. 다시 말해서 사유하는 데 별로 숙달되지 못했던 당시와 같은 사회적 발전 단계에서는 설교나 신앙 고백 또는 교리의 홍포弘布 등이 각기 다른 세계관 사이의 융합을 도모하는 수단으로 활용되었다.

직업상으로 조직화되어 설교·교리 및 세계를 해석할 수 있는 권리 등을 독점한 지식계급은 두 가지 사회적 요인에 의한 제약을 받았는데, 예컨대 교회처럼 철저하게 조직화된 집합체의 대변자로 바뀌어가면서 그들의 사상은 '스콜라'적 성격이 더욱 심해질 뿐이었다. 이전 같으면 일개 당파만 정당하게 여기던 사고방식이나 또는 이러한 사고방식에 포괄된 존재론과 인식론에까지 정당한 논거를 부여하기 위해서는 어떤 독단적 제약을 가할 수 있는 맹목적인 힘이 필요했고, 특히 어떤 외부로부터의 힘에 공동으로 대처하기 위해서는 이러한 이행 과정이 필연적으로 요구됐다. 사회 구조상의 일률적인 권력 집중 현상에 의해서도 이와 동일한 결과가 일어나는데, 이 경우에는 적어도 자기 자신의 계급에 대해서는 이전보다 훨씬 더 효과적으로 사고와 체험의 균일화를 강요할 수 있었다.

이와 같은 전횡적인 사고방식의 두 번째 특징은 일상생활에서 일어나는 표면화된 분쟁과는 무관하다는 듯이 비교적 고고한 입장을 취한다는 점인데, 역시 이런 의미에서도 그것은 현학적이며 생명력을 잃은 스콜라적인 면을 드러낸다. 이러한 사고방식은 일차적으로는 구체적인 생존 문제를 둘러싼 투쟁의 과정이나 자연과 사회를 정복하기 위한 여러 가지 경험을 통하여 형성되는 것이 아니라, 종교적 혹은 그 밖의 생활 영역에서 달성된 사실들을 하등의 전통적 또는 학문적 의미에서의 검증도 받지 않는 단순한 가정으로 받아들이면서 더욱이 체계를 유지하는 데만 급급한 스스로의 욕구를 충족시키려는 데서 비롯된 것이다. 이러한 대립 관계에서 연유하는 모순이란 체험의 양식이 각기 다른 데서 기인한 것이라기보다 오히려 독단주의적 경향을 띤 전통적 '진리관'에 대한 각기 다른 해석 방향과 이에 반하여 자기 나름의 일치점을 확인한 바로 그 동일한 사회 구조 내의 여러 권력 장악자 사이의 알력이 구체화된 것이다. 그리하여 다변적인 여러 집단이 제각기 스스로의 지주로 삼고서 그 나름의 방법으로 타당화하려던 독단적인 제가설의 내용은 구체적 명증성을 기준으로 판단할 때에는 언제나 우연적인 결과로 나타나는 것이 고작이었다. 그러한 사고의 내용이 자의적이라고밖에 할 수 없는 이유는 여러 파벌 중의 어느 일파가 마치 자기들의 전통적인 정신과 체험의 세계로 하여금 교회를 중심으로 한 전 승려 계급의 전통적 세계와 동일한 위치로까지 승화할 수 있는 역사적 내지 정치적 성과를 달성할 것만을 목적으로 할 뿐이었기 때문이다.

중세적 상황과는 다른 사회학적 측면에서 본 현대와의 차이점은 승려 계급이 장악하고 있던 세계 해석에 대한 교회의 독점권이 박탈되었을 뿐만 아니라 단일화된 조직성을 지닌 조직층 대신에 하나의 자유로운 지식계급이 발생했다는 점이다. 이들 자유 지식인의 특성을 가장 잘 나타내는 것은 그들이 지속적인 변화와 이동의 추세를 보이는 사회 계층이나 그와 같이 변전을 거듭하는 생존 조건을 바탕으로 자기들의 구성원을 충당해나가며 또한 그들의 사고방식이 결코 직업상의 조직에서부터 오는 규제를 받지 않는다는 데 있다. 이들 지식인은 독지적인 사회 조직을 형성하지 못했던 탓으로 오히려 더 광범위한 영역을 주름잡던 여타의 사회 계층 사이에서 공공연하게 경합을 벌이는 갖가지 사고와 체험 방법에도 귀를 기울일 수 있었다. 그리하여 마침내 독점화되어 있던 계급적 특전이 소멸되면서부터는 정신적 생산 양식에까지 자유로운 경쟁의 원칙이 적용되기 시작했다는 점을 감안한다면 이 경쟁에 휘말린 자유 지식인들이 어찌하여 당대 사회에서 통용되던 상이한 여러 가지 사유와 체험 방식을 자기 것으로 받아들이면서 그 파벌 간의 반목 상태를 부채질하여 일종의 어부지리를 얻으려 하였던가를 이해할 수 있다. 그뿐만 아니라 그들이 승려 계급의 지배하에 있던 대중과는 달리 오로지 지식층의 자발적 노력에 의해서만 상호 관심사를 소통시킬 수 있었던 대중에 영합하려는 태도를 표면화시키게 되었던가에 대해서도 이해함 직하다. 그리하여 각기 대중 집단이 표방하는 다양한 사유 및 체험 방식이 점차 사회 전반을 대변하며, 사회적 타당성까지도 인정받게 됨으로써 각 대중 집단에 영합하려는 서로의 경합상은 극심한 양상을 띠게 되었다.

결국 지식인들은 이러한 과정을 겪는 동안에 사유의 종류는 단 한 가지뿐이라는 환상을 타파하게 되었고, 따라서 그들은 더 이상 이처럼 스콜라적 사고방식만을 유일한 사유의 본질로 받아들여야 했던 어떤 특수한 계급이나 신분적 계층의 일원일 수만은 없게 된 것이다. 여기서 우리는 지금까지 지적한 바와 같은 비교적 단순한 과정이 있었기에 근세에 와서야 비로소 가능하게 된 사유에 대한 기본적인 반문의 제기가 승려 계급이 장악하던 정신적 독점권의 붕괴에서 비롯된 것임을 알 수 있다. 거의 아무런 이의도 없이 모두에게 받아들여진 채 인위적으로 유지되다시피 했던 세계상을 독단적으로 산출해낸 자들이 누려왔던 사회적 특권이 박탈당하는 것과 때를 같이하여 그러한 세계상도 소멸되고 말았으며, 또한 엄격한 교회 조직에서 지식인이 일탈하기 시작하면서부터 점차 세계에 대한 새로운 해석 가능성도 점증하기 시작했던 것이다.

정신세계에 대한 교회의 전횡이 막을 내리면서부터 곧이어 찬란한 정신적 개화기를 맞이할 수는 있었으나 지금껏 통일성에 바탕을 두었던 교회의 조직마저 쇠퇴하여 결국 고대로부터 전래한 사고의 통일성이나 영구불변성에 대한 신념마저 동요하는 결과를 야기하고 말았다. 그러므로 현대가 겪고 있는 심각한 불안의 원인은, 비록 최근에 오면서 전혀 다른 종류의 새로운 요소가 가미되었다고는 할지라도 역시 중세 말에서 근세 초기 상황까지 거슬러 올라가서 찾아내야 할 것이다. 실로 현대적 불안을 낳게 한 이와 같은 첫 파동이 있었기에 오늘날 우리 앞에 제기되는 문제를 올바르게 표명하기 위해서라도 누구든 결코 간과해서는 안 될 근본적으로 새로운 인식론적, 심리학적 및 사회학적 사유 및 연구 방법이 움트게 된 것이다. 따라서 이제 우리는 다음 절에서 적어도 오늘날 통용되는 많은 문제 제기 방법이나 연구의 형식이 이와 같은 특수한 사회적 조건하에서 발생한 개요에 대해서라도 언급하고자 한다.*

• 독점적 사유의 본성에 대해서는 다음을 보라. Mannheim, K., "Die Bedeutung der Konkurrenz im Gebiete des Geistigen" (in Verhandlungen des sechsten deutschen Soziologentages, Schriften der Deutschen Gesellschaft für Soziologie in Zürich, Bd. 6, Tübingen, 1929).

3
현대의 인식론적,
심리학적 및 사회학적 관찰 방법의 기원

인식론은 근세의 막을 올렸던 일원적 세계관의 붕괴와 때를 같이하여 나타난 최초의 중요한 결과였다. 고대에서와 마찬가지로 지금의 이 인식론 역시 사유의 현실적 기초를 탐구하려는 사상가로서는 단지 여러 가지 내용을 지닌 세계상뿐만 아니라 못지않게 다양한 존재론적 질서를 발견함으로써 일어나는 불안감에 대한 최초의 성찰로서 등장한 것이었다. 바로 이와 같은 불확실성에서 탈피하기 위하여 인식론은 더 이상 독단성을 바탕으로 이루어진 그 어떠한 존재 이론이나 또는 초연한 성질의 지식을 바탕으로 해서 타당하게 여겨졌던 세계 질서가 아닌 사유하는 주체의 분석Analyse des denkenden Subjekts에서부터 시작했다.

모든 인식론적 사변은 객체와 주체라는 양극성Polarität von Objekt und Subjekt을 맴돌고 있다.* 즉, 한편으로 이 인식론적 사변은 마치 누구에게나 친숙한 것인 듯 독단적으로 전제하는 객관 세계에서 출발해 바로 이 세계 질서 내에서 차지하는 주체의 위치를 설명하기 위하여 그 주체의 인식 능력마저 이 객관적 세계 질서에서 도출하거나 아니면 이 인식론적 사변은 주체야말로 전혀 의심할 여지가 없는 직접적 소여所與라고 봄으로써 곧바로 이 주체에서 명석한 지식의 가능성을 이끌어내려고 한다. 결국 어느 정도나마 확고부동한 객관적 세계상이 정립된 시기라든가 또는 분명히 감지될 만한 세계 질서가 포착될 수 있는 시대에 있어서는 흔히 인식 주체로서의 인간의 실존이나 그의 정신적 능력을 객관적 요인에 근거한 것으로 보려는 경향을 띠게 마련이다. 따라서 유일한 세계 질서에의 믿음과 함께 사물 세계 내의 일정한 계보에 놓인 모든 객체에 부여된 '존재 가치' 역시 인식할 수 있다고 생각했던 중세에는 인간의 능력이나 사유 가치도 객관적 세계에 기초를 두고 있는 것으로 설명됐다. 그러나 지금까지 서술한 바와 같은 역사 구조가 붕괴되자 이제껏 교회 질서에 의해 보장됐던 객관 세계에 관한 질서의 개념도 의문시되기에 이르렀다. 그리하여 결국 이와 같은 상황에 대처하기 위해서는 문제 접근을 위한 방법상의 반전을 가져오는 방향에서 무엇보다도 인간의 인식 행위의 본질과 능력이 사유하는 주체에 의해 결정되어야 함은 물론, 더 나아가서는 객관적 존재도 사유하는 주체와의 연관성 속에서 찾는 길만이 있게 되었다.

• 다음을 참조하라. Mannheim, K., *Die Strukturanalyse der Erkenntnistheorie*. (Erganzungsband der Kant-Studien, Nr. 57, Berlin, 1922).

이미 이 같은 경향을 띤 선구적 사상가들이 중세에도 있긴 했으나 이러한 사유 방향이 본격적으로 고개를 들기 시작한 것은 르네 데카르트René Descartes, 1596~1650로부터 빌헬름 라이프니츠Gottfried Wilhelm von Leibniz, 1646~1716를 거쳐 칸트에 이르는 프랑스 및 독일 철학에서의 합리주의적 사조와 또한 다분히 심리학적 요소가 가미된 토머스 홉스Thomas Hobbes, 1588~1679, 로크, 조지 버클리George Berkeley, 1685~1753 및 흄의 인식론으로부터 비롯되었다. 특히 이와 관련된 데카르트의 정신적 실험은 그 의의가 지대했으니, 그는 모든 전통적 이론에 회의를 가한 나머지 마지막에 이르러서는 더 이상 의심할 여지가 없는 cogito ergo sum (나는 생각한다, 고로 존재한다)에 도달하는, 우리 모두에게 귀감이 될 만한 정신적 역정을 거쳐나갔다. 결국 그는 이를 출발점으로 하여 세계상의 확립을 위한 새로운 원리 발견에도 진력했던 셈이다.

이 모든 시도는 상호 모순된 다의적 해석으로 그 성격이 너무나도 불분명해진 객체에 비하여 주체야말로 좀 더 가까이 피부로 와닿는다는 사실을 은연중에나마 분명히 전제하고 있다. 그리하여 우리는 가능한 한 언제나 우리 스스로의 점검이 허용되는 범위 내의 주체 안에서 사유의 발생 기원die Genesis des Denkens in Subjekt을 재구성해야만 하는 것이다. 이렇듯 점차 우위를 점하게 된 경험적인 관찰이나 발생 기원에 대한 평가 문제가 일방적으로 선호되는 데서 결국 일체의 권위주의적 경향을 뿌리치려는 의욕이 싹트게 되었음이 입증되었으니 이러한 의지는 공식적인 우주 해석자로서의 교회에 항거함으로써 더욱 자기중심적 성격을 띤 것으로 나타났다. 즉, 이제부터는 내가 나 자신의 지각 작용으로 검증 가능한 것이거나 나 스스로의 실험적 행동에 의해 확인된 것, 혹은 내가 스스로 조성하거나 적어도 스스로 조성 가능한 구조적 기초를 마련할 수 있는 것만이 타당한 것으로 인정된다는 것이다.

이런 결과, 교회에 의해 보증되었던 전통적 창세기설 대신에 그 세부적인 문제마다 이론적 통제를 면할 수 없었던 세계발생론이 등장했다. 그리하여 인식 행위에 의해 세계상의 형성을 가능케 하는 이와 같은 개념 모형은 인식론적 문제의 해결에까지 기여하게 되었으니 마침내 인식 행위로서 표상의 발생 근원을 통찰함으로써 인식 행위를 가능하게 하고 또한 인간의 지식 속에 담긴 진리의 가치를 창조하는 주체의 역할과 의의를 이해할 수 있으리라 모든 이가 기대했던 것이다.

이런 가운데서도 한 가지 분명한 사실은 이처럼 주체를 통한 우회적 방법도 실은 단지 하나의 궁여지책으로 나온 해결 방안에 불과한 것이어서 이 문제에 대한 완전한 해결에 도달하기 위해서는 어떤 인간 외적인 불가유적不可謬的 정신이 빈틈없는 우리의 사유가 지닌 가치에 대한 판단을 내릴 수 있어야만 한다는 것이었다. 그러나 과거를 돌아보더라도 이러한 방법이 성공한 적은 없었다. 왜냐하면 전승된 기존의 이론에 대한 비판을 심화하면 할수록 우리는 그때까지 신성불가침의 대상인 듯이 자처하던 철학 사상마저도 실은 자기기만에 빠져 있다는 것을 더욱 손쉽게 알아낼 수 있었기 때문이다. 그러므로 그러한 상태에서는 누구나가 일상생활에 필요한 세계 정립에 있어서나 또는 자연과학에서 특히 유효한 것으로 여겨지는 경험주의 이론에 집착할 수밖에 없었다.

그러나 이러한 과정 속에서 발전된 정신과학에 힘입은 사유의 분석을 통하여 이제 우리는 비로소 역사적으로 전개된 여러 가지 세계 개념을 취급함은 물론, 그러한 개념이 발생할 수 있었던 단초적 원인을 구명함으로써 철학적 내지 종교적 세계상을 전폭적으로 이해할 수 있게 되었다. 그리하여 사유에 관한 문제는 이와 같이 다양한 발전 단계와 각이한 역사적 상황 속에서 그 연구가 가능하게 되었으니, 여기서 한 가지 분명해진 사실은 주체의 구조가 새로운 세계상을 형성하는 데 어떠한 영향을 입혔는가 하는 데 대해서도 선험적 주체의 행위라고 할 순수한 사변적 분석에 의해서보다는, 동물심리학이나 원시 인종에 관한 심리학 및 정신사 등의 연구를 통하여 훨씬 더 많은 사실을 밝혀낼 수 있으리라는 것이었다.

결국 이와 같은 주체로의 인식론적 환원은 사유심리학을 내포하며 동시에 이미 우리가 시사한 바와 같은 갖가지 특수 영역으로 분류되는 심리학을 가능하게 했다. 그러나 이러한 경험심리학이 더욱더 세분화되거나 또는 경험적 관찰의 효용성이 더욱더 높이 평가될수록 우리가 애당초 생각했던 것과는 달리 결코 주체가 세계에 관한 어떤 새로운 이해에 도달할 수 있는 확실한 출발점이 될 수는 없다는 것이 더욱더 분명해졌다. 물론 어떤 의미에서는 내면적인 정신적 경험이 외형상의 경험보다도 더 직접적인 호소력을 지닐 수 있을 것이며 또한 예컨대 우리가 인간의 행동을 유발하는 동인을 공감력을 통해서 이해할 수 있는 능력만 있다면 체험적 사실에 깃든 내면적 연관성에 대해서도 좀 더 확실하게 인식할 수 있겠지만, 어쨌든 존재론이 걸머진 위험 부담률을 전적으로 배제할 수 없으리라는 것만은 확실해졌다. 흔히 마음의 힘에 의하여 이끌려나가는 내면적으로만 직접 감지될 수 있는 '체험'이라는 것도 결국 현실의 한 부분이라고 할 수 있으므로 그와 같은 체험을 이해하는 데도 현실 이론으로서의 존재론이 전제된다고 할 수 있다. 그런데 만약 이와 같이 존재론이 외부 세계와의 관계에서도 신빙성을 상실했다고 한다면 그것은 또한 심리적 현실을 파악하는 데서도 역시 불완전한 것일 수밖에 없다고 하겠다.

그러나 중세에서 근세로의 이행 과정을 따라오면서 종교적 인간이 자기 관찰을 스스로의 연구 소재로 삼고 있는 심리학은 종교적 존재론으로부터의 영혼에 대한 지속적 영향력을 과시하던 내용이 풍부한 몇몇 개념 속에서 여전히 명맥을 유지하고 있다. 이와 관련하여 우리는 주체의 내면 그 자체에서 야기된 것으로 보는 선악을 둘러싼 정신적 갈등을 중심 문제로 취급하는 심리학의 한 분파를 생각하게 되는데, 이러한 경향은 블레즈 파스칼Blaise Pascal, 1623~1662, 샤를 드 몽테스키외Charles de Montesquieu, 1689~1755에서 시작하여 쇠렌 키르케고르Søren Aabye Kierkegaard, 1813~1855에 이르는 양심상의 갈등과 회의적 태도를 주로 다뤄온 사상가들에 의하여 발전해왔다. 여기서는 말하자면 절망·속죄·구원 그리고 고독과 같은 존재론적 성격을 띤 위상位相 개념들이 중요한 의미를 지니는데 이러한 개념들은 체험에 의하여 더욱더 그 내용이 풍부해지기도 한다. 왜냐하면 처음부터 종교적 목적을 지향하고 있는 체험인 한, 그것은 이미 구제적 내용을 담고 있는 것이기 때문이다. 그러나 원래 스스로의 연관 체계를 이루고 있다고 볼 수 있는 종교적 존재론이 외부로부터의 영향을 점차 뿌리치게 될수록 이와 같은 체험은 더욱더 내용이 빈곤하고 천박하며 또 형식적인 것으로 변해버리고 만다. 한 사회를 구성하는 여러 집단이 신·인생 그리고 인간의 의미 등에 관한 동일한 견해에 도달하지 못하는 한, 결코 그러한 사회에서 속죄·절망·구원 또는 고독과 같은 문제에서 어떤 개념상의 일치점을 기대하기란 힘든 것이다. 여기서는 종교적인 심연으로 주체를 환원하는 것만으로는 큰 도움이 될 수 없으며, 오로지 스스로 자신의 세계 속에 몰입함으로써 자기만이 간직한 모든 개체적 의미나 가치 요소를 결코 저버리지 않는 사람만이 그러한 의미의 문제에 대한 해답도 내릴 수가 있는 것이다. 그러나 완벽한 형식화를 기할 수 있게 된 과학적이며 내면 투시적인 정신의 관찰 방법에 의하여 이제 새로운 양상이 빚어지게 되었고, 또한 이러한 정신적 내면 투시 작용은 물리적 현상을 실험하고 숙고하는 데 필요한 것과 꼭 같은 과정을 거쳐야만 하게 되었다(예를 들어 속죄·절망·고독·종교적 사랑 등과 같은). 비교적 풍부한 내용을 바탕으로 한 의미 부여적 해석 방법은 불안 의식, 내면적 갈등의 파악, 격리된 상태 속에서의 체험 또는 리비도性慾와 같이 형식화된 인간의 본질적 속성에 의하여 대체됨으로써 이제 역학적 방법에서 도출된 해석 도식을 인간의 내면적 경험에까지 적용하게 되었다. 따라서 여기서 목표로 삼는 것은 모든 개인에게 공존하며 또 함께 작용하는 여러 가지 체험 속에 담겨 있는 풍부한 내적 가치를 가능한 한 상세히 인식하려는 것이 아니라 오히려 심적인 사상事象의 이해 방법을 될 수 있는 대로 간단한 기계론적 도식(위치·운동·원인·결과)에 근접시키기 위하여 일체의 특정한 체험적 요소들을 배제하려는 것이었다. 다시 말해 인격적인 개체가 스스로의 이념이나 규범을 근거로 하여 어떻게 자기 자신을 이해하게 되느냐 라든가 혹은 그가 이러한 규범을 기초로 하여 스스로의 행동이나 좌절에 대하여 어떠한 의미를 부여하느냐 하는 것이 문제가 아니라, 어떻게 하면 단순한 외적 상황이 측정 가능한 정도로 확실한 역학적 작용에 의하여 내면적 반응을 불러일으키느냐는 것이 문제가 된다. 그리하여 외적 인과율의 범주도 이제는 (형식상) 더욱더 단순화된 두 사건의 규칙적 계열이라는 이념에 따라서 병용되기에 이르렀다. 예컨대 '어떤 놀랄 만한 일이 발생하면 공포심이 생긴다'는 도식적 표현 속에서는 어떠한 유형의 공포심이든 내용에 따라서 그 양상이 완전히 달라질 수 있다는 사실이 고의적으로 묵살된 채 이렇듯 질적인 차이가 있는 현상의 공통된 표징을 형식적으로 추상화하는 데만 급급했던 것이다.

또한 기능의 범주를 이용하는 경우만 하더라도 모든 개별적 현상까지 결국 그것이 전체적인 심상 기제心像機制의 수행을 위하여 떠맡고 있는 형식적 기능 역할이라는 관점에서만 해석되었다. 예를 들면 정신적 갈등의 경우도 마치 심리적 영역에서의 상호 모순된 두 가지 경향이 통합되지 못한, 즉 주체의 비적응성을 나타내는 것으로 해석되었던 것이다. 따라서 그러한 정신적 갈등의 문제가 수행해야 할 기능이란 주체로 하여금 자기의 적응 방법을 재조정하여 새로운 균형 상태에 이르도록 주제에 대한 작용을 가하는 것이 되겠다.

그런데 여기서 만약 우리가 이와 같이 단순화된 방법이 지닌 인식 효과 면에서의 가치를 부인한다면 이는 건전한 발전을 거듭해야 할 학문에 대한 하나의 퇴보를 뜻하게 될 것이다. 그와 같이 단순화된 방법은 쉽게 통제될 수도 있을 뿐 아니라 필경 여러 가지 현상에 응용될 수도 있을 것이다. 따라서 이와 같은 형식화 작용을 거쳐 인과 개념이나 기능 개념을 활용하는 학문에 대해서 우리가 헤아릴 수 없이 큰 기대를 걸 수 있다는 점을 감안한다면 그러한 학문의 발전이 결코 저지당해서는 안 될 것이다. 다만 여기서 우리가 명심해야 할 것은 내용이 풍부한 연구 초안을 검토하면서 동시에 그와 같은 연구 초안이 이미 어떤 대상을 과학적으로 고찰할 수 있는 유일한 방법으로 봐야만 한다는 것이다. 하여간에 오늘날 우리에게 분명해진 한 가지 사실은 형식상 문제를 제기하는 것만으로 이미 세계에 대해서든 또는 인간의 심리 생활에 대해서든 충분한 해답을 얻을 수 있으리라고 생각해서는 안 된다는 것이다.

결국 의미 연관성의 문제가 인식 방법상의 이와 같은 취급 방식에서(학문상의 단순화라는 뜻에서) 제외됨으로 인하여 쉽게 규정될 수 있는 사물의 형식적 본질성이 파악될 수 있었던 것은 사실이지만 이제는 아무리 그와 같은 형식화의 완성을 기한다 하더라도(즉 상관관계나 기능 등이 아무리 밝혀진다 하더라도) 더 이상 참된 의미 관련성이 제대로 파악될 수는 없게 되었다. 물론 체험 과정의 형식적인 연속 현상을 정확하게 관찰하기 위해서는 실제로 체험 과정이나 가치 부여적 행위의 구체적 내용들을 제거해버려야 하겠지만, 그렇다고 해서 이와 같은 방법상의 정화에 의하여 원래의 풍부한 체험내용까지도 실제로 대치해버릴 수 있다고 생각하는 것은 학문상의 한낱 주물 숭배적 행위라고 해야만 할 것이다. 그뿐만 아니라 어떤 현상이 이와 같은 정화된 방법으로 충분히 검토되었다고 해서 다음에는 그러한 현상이 지닌 어떤 부분적 양상을 이론적으로 확대 추리한다거나 또는 추상적인 의미를 강조하는 것만으로도 근원적인 생의 경험 내용마저 값지게 할 수 있다고 생각한다면 이는 더 큰 오류를 범하는 것이다. 설사 우리가 어떤 갈등을 발생하게 한 조건에 대해서는 많은 것을 알고 있다 하더라도 경우에 따라서는 그러한 갈등을 체험한 당사자의 내면 세계에 대해서는 전혀 알지 못하거나, 또한 그러한 내면 세계에 자리 잡은 가치 체계가 동요할 때면 어찌하여 그 체험의 당사자가 자신의 내면 세계와의 관계를 상실하게 되면서 스스로를 재발견하기 위한 지각적 노력을 기울이게 되는지에 대해서도 전혀 알지 못할 수가 있다. 가장 정확하다고 하는 원인과 기능에 관한 이론의 힘으로도 내가 실제로 누구이며 무엇을 하는 사람인가 혹은 인간이란 무엇인가에 대한 물음에 해답을 내릴 수 없듯이, 이 이론은 또한 극히 단순한 듯이 보이면서도 언제나 일정한 가치 판단적 결정에 의거하고 있는 모든 행동에 선행하는 그 행동 자체의 의미해석이나 또는 세계 해석을 내릴 만한 능력을 갖고 있지 못한 것이다.

기계론적 내지 기능주의적 이론이 심리학을 위한 한 연구 방법으로서는 대단히 유용하겠지만 생의 경험 세계에서 펼쳐지는 전체적 관련성 앞에서는 아무런 해답을 내리지 못하고 마는 이유는 그러한 이론이 행태상의 특별한 의미나 목적에 대해서는 아무런 해명을 내릴 수 없으므로 이와 관련된 형태상의 여러 요소에 대한 해석을 내리기란 역시 불가능하기 때문이다. 따라서 단지 '수단'으로서의 역할밖에 하지 못하는 기계론적 사고방식으로서는 목적이나 가치에 대해서는 전혀 무어라 할 수도 없는 능력상의 자기 한계 내에서만 그 나름의 의의를 지닐 뿐이다. 그러나 생의 영역 내에서 감당해야 할 사유의 가장 중요한 역할은 결단이 요구될 때에 가서는 언제나 우리의 형태를 유도해나간다는 데 있으니, 이 모든 현실적 판단(예를 들어서 타인을 평가한다거나 사회 조직의 방향을 모색하는 경우)에는 이미 선악이나 또는 생과 정신의 의미에 관한 판단 등이 내포되어 있게 마련이다.

여기서 우리가 한 가지 지적하지 않을 수 없는 것은 원래 일반 역학이나 기능 이론에 의하여 형식화된 여러 요소를 확대 추리한다는 것도 실은 자기 목적을 달성하려는 인간에게 좀 더 용이한 방편을 제공하기 위하여 고안되었다고 하는 역설적 사실이다. 즉, 사물이나 정신의 세계가 이와 같이 역학적 내지 기능적 측면에서 검토되는 이유는 여기서 얻은 비교 분석적인 방법에 의하여 궁극적인 구성 요소를 밝혀냄으로써 결국은 일정한 행동 목표에 따라 이들 요소를 새로이 결집하려는 데 있다. 분석적인 방법이 처음 응용되었을 때만 해도 사실은 행동이 주도하는(흔히 종교적 관점에서 이해된 옛적 세계에서의 단편적 사실들을 고려해 넣은 것이긴 했지만) 목표가 있었는데, 즉 인간은 누구나 자기가 지향하는 최종 목표와 일치하는 세계를 형성하기 위하여 이 세계를 인식하려고 노력했다. 또한 그들은 정의가 더욱 중시되고 신의 섭리에도 좀 더 순응할 수 있는 사회적 생활 양식을 구현할 목적으로 사회에 대한 분석을 가하기도 했고 나아가서는 종교적인 구원의 길을 마련하기 위하여 영혼의 문제를 다루기도 했다. 그러나 인간의 이와 같은 분석적 노력이 가중될수록 그들이 원래 목표로 삼았던 것이 스스로의 시야에서 더욱더 멀어져만 갈 뿐이어서, 예컨대 현대의 학자로서는 "나는 무엇 때문에 내가 시작하였던가를 잊어버렸다"고 한 프리드리히 니체Friedrich Wilhelm Nietzsche, 1844~1900의 말에 동조까지 하게 된 것이다. 만약 오늘날 누군가가 분석적 연구가 지향하는 목표가 무엇이냐고 묻는다면 예컨대 우리는 '조금도 차질이 없는 극히 효율적인 작동을 가능케 하기 위한 것'*이라는 투의 순수한 기술적, 정신적 혹은 사회적인 면에서의 최상 조건을 상정하는 경우를 제외하고는 그 밖의 어떤 자연·정신 혹은 사회에 관한 문제에 대해서도 전혀 해답을 내릴 수 없을 것이다. 바로 이와 같이 '조금도 차질이 없는 극히 효율적인 작동을 가능케 하는 것'을 목표로 삼는다는 것이야말로 여러 가지 복잡한 관찰 내용이나 가설을 도외시한 채 다만 우리가 어떤 심리 분석학자에게 그가 환자를 치료하는 목적이

• 여기서 우리는 의회주의 국가의 행정부 장관은 언제나 관료 출신이 아닌 정치 지도자 중에서 선출되어야만 한다는 일반적 통례 속에 담긴 깊은 뜻을 음미해봄 직하다. 모든 전문가나 실무자의 경우와 같이 행정 관료 역시 자기의 행동과 최종 목표 사이에 가로놓인 상관성을 망각하는 경향이 있다. 다시 말하면 공공생활에서 자유롭게 형성된 집단 의지의 통합성을 체현하고 있는 정치 지도자는 정치와 관련된 사항에 대해서는 이미 무력해진 행정 전문가보다도 자기가 수행해야 할 행동에 필수적으로 요청되는 가능한 모든 수단을 더욱 조직적이며 효과적으로 수행해나갈 수가 있는 것이다. 이에 대해서는 본서 〈관료 사상의 사회학〉에 관한 부분을 참조할 것.

무엇이냐고 물었을 때의 그의 대답과 바로 일치한다고 할 수 있다. 다시 말해서 이때 그는 환자를 치료하는 목적은 최상의 적응 능력을 키우는 데 있다고 대답할 수밖에 없을 것이다. 그러나 과연 최상의 효과를 얻는다는 것이 무엇을 뜻하는 것인가에 대해서는 이렇듯 처음부터 모든 유의의有意義한 목적을 전적으로 제거해버린 학문으로서는 하등의 해답도 내리지 못하고 말 것이다.

 이제 여기서 새삼 우리가 생각해야 할 하나의 문제점이 있다면 그것은, 즉 가치 평가적 해석이나 어떤 최소한의 바람직스러운 목표가 따르지 않고서는 사회적 영역에서건 혹은 정신적 영역에서건 그 어떤 부면에서도 우리는 아무런 일도 해낼 수 없으리라는 것이다. 심지어 우리가 만약 순수한 인과적 내지 기능주의적 입장에 서 있는 경우라 하더라도 결국 우리는 그러한 입장을 택하게끔 자기 자신의 출발점을 이루는 존재론적 입장 속에 담긴 원래의 의미가 어떤 것이었는지를 알아차릴 것임에 틀림없다. 그러므로 결국 존재론은 산만하고 미세한 개별적 관찰에 의해 체험의 의미를 규정짓는다거나 나아가서는 마치 원자와 같이 미세한 부분이 무질서하게 연합하여 이루어지는 것이 행동이라고는 보지 않도록 우리를 일깨워주는 역할을 한다. 이것을 다시 현대의 형태심리학적 표현으로 옮겨본다면 존재론적 사상은 우리로 하여금 행동 속에 담긴 통일적 요소들을 총괄함으로써 자칫하면 은폐되기 쉬운 개별적인 관찰 대상들을 전체적 형태 연관성 속에서 파악할 수 있도록 도와주는 역할을 한다는 것이다. 만약 어떤 마술적 내지 종교적인 세계상을 통하여 매개된 의미가 비록 '그릇된' 것임이 판명되었다 하더라도 이미 그와 같은 의미는—단순한 기능 작용과 관련해서만 생각한다면—정신적 내면 세계와 객관적인 외적 경험 내용을 이루는 단편적 요소를 연관지어서 그렇듯 산만한 요소들로 하여금 특정한 행동 복합체가 되도록 체계화하는 역할을 담당한 셈이다. 이제 우리는 의미 내용이라고 하는 것은 그것이 어떻게 생겨났건 혹은 참된 것이건 그릇된 것이건 간에 특정한 하나의 사회 심리적 기능을 행사한다는 사실을 더욱 분명히 알 수 있게 된다. 즉, 이 기능이란 어떤 일정한 '상황에 대한 정의'를 토대로 하여 어떤 공동 행위를 취하고자 하는 사람들의 주의를 한곳으로 고정하는 데 있다. 어떠한 상태건 만약 한 집단의 전체 구성원에 의하여 동일하게 정의가 내려진다면 그러한 상태는 이미 상황으로서의 의미를 띤다. 실제 옳고 그름은 고사하고 만약 어떤 한 집단이 다른 집단을 이단자라고 낙인찍으면서 그에 대한 투쟁을 벌인다면 이미 그러한 정의가 내려졌다는 사실만으로도 이 투쟁은 엄연한 사회적 현실로 등장하는 것이다. 이를테면 어떤 한 집단이 파쇼적이거나 혹은 공산주의적 사회 체제의 실현을 위하여 투쟁한다면 그러한 행동이 옳고 그름은 제쳐놓고라도, 여기서 하나의 의미 부여적이며 가치 판단적 정의가 내려졌다는 사실만으로도 이 사건은 이미 한 가지 행동과 그의 반대 행동이 구별될 수 있는 상황을 조성하고, 나아가서는 이 사건 전체가 엄연한 지속적 과정으로 이어져갈 수 있는 실마리를 마련한 것이 된다. 결국 의미 있는 내용들이 제거되고 난 요소들을 뒤에 가서 병렬하는 것만으로는 어떠한 행위의 통일성도 보장될 수기 없다. 이싱에서와 같이 이론 심리학으로부터 모든 의미 요소가 전적으로 배제된 지금에 와서 더욱 명백하게 알 수 있는 것은 인간 내면 생활의 역사는 덮어두고라도 심지어 심리 상태에 관한 것도 의미 연관성을 통찰하지 않고서는 도저히 올바른 파악이 불가능하리라는 것이다.

순수한 기능주의적 관점에서 본다면 옳고 그름을 막론하고 우리가 어떤 의미 해석을 도출해낸다는 것은 일단 발생한 어떤 사건을 하나의 집단과 제휴시킨다고 하는 극히 중요한 역할을 수행한다. 우리가 어떤 집단에 속한다고 하는 사실은 단지 우리가 태어날 때부터 구성원이 되어 있었기 때문이라거나 또는 우리가 그러한 집단에 속해 있다는 주장을 하고 있기 때문만도 아니며, 나아가서는 우리가 그 집단에 대해서 충성심과 의존심을 품고 있다는 데서 비롯된 것도 아니다. 오히려 그 주된 원인은 스스로 속해 있는 것으로 전제되고 있는 바로 그 집단이 취하는 의미 해석적 입장을 우리가 그대로 받아들이기 때문인 것이다. 따라서 그것이 어떠한 개념이건 혹은 구체적 의미가 부여된 것이건 간에 그 모든 것에는 일정한 집단의 경험 내용이 응결되어 있게 마련이다. 만약 누군가가 '왕국'이라는 말을 한다면 이때 이미 그는 이 표현을 어떤 특정 집단과의 관계를 뜻하는 것으로 받아들인 것이 되겠지만, 이와는 반대로 왕국이라는 말 속에서 단지 우편 제도 따위의 행정 기구와 비길 수 있는 어떤 조직체를 생각하는 정도로 그치는 사람이라면 그는 첫 번째 뜻으로 사용된 그런 의미에서의 집단이 행사하는 집체적 행동에는 관여하지 않으려는 것이 된다. 개념이란 다만 개인을 어떤 특수한 집단이나 그의 행동에 직접 관련시키는 것뿐만 아니라 오히려 우리에게 의미와 내용을 제공해주는 근원이 되는 것인데 이는 또한 우리를 이끌어가는 행동 목표를 체험하고 인식할 수 있는 가능성에 대한 안정제로서의 역할을 한다.

외적 대상계와 심리적 체험의 세계는 서로가 끊임없는 교호성 속에 놓여 있는 듯이 보이는데, 이때 동사는 명사보다도 이러한 상황을 더욱 적절하게 나타내주는 상징이 된다. 우리가 유동적 성격을 띤 사물을 명명한다는 사실 그 자체는 집단 행동의 경우에나 해당될 수 있는 어떤 경직성을 내포하기가 쉽다. 또한 우리가 의미 내용을 도출해낸다는 것은 곧 사물이 지닌 행동 관련적 측면만을 강조하거니 또는 획실시험으로써 결국 집난적 행동에만 치숭하는 나머지 모든 사물의 근저를 이루는 영원한 유전 현상을 은폐하기에 이른다. 따라서 의미 내용을 도출한다는 것은, 어떤 다른 방향으로 움직여 갈 수도 있는 실제적 소재의 배열을 완전히 불가능하게 할 뿐만 아니라, 또한 여기서는 개념이란 것도 그 모두가 다른 의미 해석의 가능성을 타부시하여 행동만을 중시하는 나머지 생의 다양성을 단순화 내지는 균일화해버리는 결과를 가져오고 말 것이다.

사물에 대한 형식주의적 내지 기능주의적 시야Sicht가 오늘날에 와서 가능할 수 있었던 이유는 아마도 이단적인 사상 경향을 전적으로 불허했던 타부적인 관념이 교회에 의한 사상적 전횡이 타파된 뒤로부터 약화되었기 때문이며, 이에 따라서 교회에 항거해오던 세력에게는 자기들 나름의 세계관에 부합되는 모순된 사상적 견해를 공언할 좋은 기회가 도래했기 때문이다. 그리하여 여기서는 왕으로 군림할 수 있는 존재가 폭군일 수도 있게 되는 것이다.

이미 앞에서도 지적했듯이 하나의 동일 사회 내에서 어떤 의미를 자아내게 하는 상호 적대적인 발생 근거가 과도하게 난무하는 경우에는 결국 모든 의미 체계 그 자체까지도 소멸되게 마련이어서, 만약에 구체적인 의미 체계상의 혼란을 빚고 있는 사회에서 어떤 합의점이 발견되려면 무엇보다도 대두된 문제가 내포하는 여러 요소에 대한 형식적 범주가 정해져야만 한다(예를 들어 군주에 대한 정의를 내릴 경우라면 국민 대다수의 입장에서 볼 때 그는 절대 권력을 행사할 수 있는 법적 권한을 장악한 사람이라는 식으로). 따라서 그와 같은 정의를 내리는 데 있어서도 도저히 견해의 일치를 가져올 수 없는 실체적 문제점이나 가치 판단을 요하는 문제점만은 기능주의적 방법에 의해서 새로이 해석될 수밖에 없을 것이다.

이제 현대 심리학의 발생에 관한 문제로 돌아가보도록 하자. 지금 우리는 문제의 발단을 주관에 두고 있었지만 이 같은 주관에로의 환원과 그 고구考究에 의해서 마땅히 해결되었어야 할 처음의 난제가 제거되었던 것은 물론 아니다. 많은 새로운 요소가 현대의 경험적 방법에 의하여 발견됨으로써 이제 우리는 다양한 문화 현상을 발생하게 한 심리적 요인까지 이해하게는 되었으나, 이러한 결과는 오히려 우리로 하여금 실존하는 세계 내에서의 정신의 실존 양식이라고 하는 근본 문제로부터 일탈하도록 했다. 즉 심리적 현상에 대한 기능주의적 및 기계주의적 접근 방법은 무엇보다도 정신의, 다시 말하면 인격 통일성의 문제를 상실하게 하였을 뿐 아니라, 그와 같이 영혼이 빠져버린 심리학이 결코 존재론을 대신할 수 없음은 물론이요, 오히려 그것은 일체의 가치 판단이나 모든 공통된 의미 및 형태 연관성을 부정하는 범주 내에서 사유하려는 입장을 빚어내고 말았다. 그야말로 어떤 특수 과학의 이론적 가설로서 가치가 있는 것도 인간의 행태 연구에는 치명적일 수가 있다. 특히 교육자나 정치가가 실제 생활과 관련된 문제에 대하여 이론 심리학의 도움을 청할 때면 언제나 그 취약성을 나타내게 마련이다. 그리하여 이와 같이 심리학에 의존하려던 사람으로서는 심리학이란 마치 실재하는 세계가 아닌 다른 영역에 뿌리박고 있어서 우리와는 다른 세계에서 생활하는 시민들의 관찰 행위에만 도움이 될 수 있다는 듯한 인상을 풍긴다. 고도로 세분화된 노동의 분업화 현상에 따른 생활의 복잡화로 인하여 현대 인간이 겪어가는 그와 같은 경험 양식은 인간의 방향 감각까지도 마비되게 할 뿐 아니라 이와 병행하여 가장 단순한 생활 과정조차도 투시하지 못하는 범주적 능력밖에 갖추지 못한 심리학 그 자체의 불안정성을 드러내기에 이르렀다. 심리학이란 바로 이와 같이 정신의 문제를 다룰 수 있는 능력을 실제로 갖추지 못했기 때문에 일상생활을 헤쳐 나가려는 인간에게는 그것이 아무런 보탬이 될 수 없다는 말까지 나오게 된 것이다.

  현대 심리학은 그것이 지닌 근본적으로 상이한 두 가지 경향에 의하여 특징지어지는데, 이 두 가지 경향은 모두가 서양인들로 하여금 단일화된 의미 구조를 지닐 수 있도록 해주었던 중세사회가 와해됨으로써 비로소 가능해진 것이다. 그 한 가지 경향이란 모든 의미의 이면에까지 파고듦으로써 결국 주관 속에 깃든 그 발생 근거를 통하여 그것을 파악하려는 태도를 말한다(발생본적 관점). 그 다음의 경향은 형식화된 채 의미가 발탁된 체험 요소들에 관한 일종의 역학 이론을 구성하려는 경우이다(심리적 역학론). 여기서 분명해진 것은 기계론적 사고 모형이란 흔히 애초에 생각하듯 결코 역학적인 대상계에만 한정되지는 않는다는 것이다. 원래 이러한 사고 모형은 전반적인 대상에 적용될 수 있는 최우선적 접근 방식이라고 할 수 있지만, 그것은 어떤 질적 특성이나 특유한 위상을 정확히 파악하는 데 목적을 둔 것이 아니라 오히려 반문할 여지도 없이 확연한 규칙성이나 질서의 원리 등이 단순화된 형식적 요소들 사이에서 어떠한 역할을 하는가를 알아내는 데 주안점을 둔 것이었다. 그런데 우리는 이미 이러한 방법에 담긴 개별적 측면을 고찰하기도 했고 동시에 그러한 방법이 이룩한 많은 성과에도 불구하고 생의 방향 감각의 설정이나 행태 양식의 정립 등과 관련해볼 때 결국 그것이 전반적인 현대인의 불안감을 조장하는 데 크게 기여하였을 뿐이라는 사실을 알 수 있었다. 행동하는 자는 자기가 누구인가를 알아야만 하거니와 다름 아닌 정신생활의 존재론이야말로 행동을 이루는 하나의 특정한 기능을 충족시키는 것이다. 그와 같이 기계론적 심리학과 또한 이의 현실적 대응상인 모든 사회적 사실을 기계론적 입장에서 고찰하려는 충동으로 인하여 정신생활에 내포되어 있는 존재론적 가치가 부정됨에 따라 결국 그러한 경향은 일상생활에서의 인간의 자기 정위를 설정하는 데 없어서는 안 될 중요한 요소까지도 파괴해버리고 만 것이다.

 이제 우리의 관심을 발생론적 방법에 돌리려는 마당에 우선 지적해두고자 하는 것은 이것이 여러 가지 방법으로 생에 대한 이해를 돈독히 하는 데 공헌했다는 사실이다. 고전적인 철학이나 논리학을 대표하는 독단적 사상가들은 이념의 발생 기원이 그 이념의 타당성이나 의미에 대하여 전혀 진술할 필요는 없다고 되풀이 주장하는 버릇이 있다. 그리하여 그들은 피타고라스Pythagoras, BC 580?-500?의 정리를 이해하려는 경우에도 우리가 결코 그의 생애나 또는 정신적인 내면적 갈등에 대해서까지 알아야만 하는 것은 아니라는 식의 상투적인 예를 대단한 듯이 내세우곤 한다. 그러나 나로서는 이와 같은 반론이 모든 정신적 행위에 해당될 수 있는 것으로는 보지 않는다. 오히려 나는 만약 우리가 성경 구절 중의 "뒤에 오는 자가 먼저 되리라"고 한 말을 억눌린 자의 정신적 반항의 표시로 받아들인다면 이는 지금의 이 문제에 대하여 정확한 해석을 내릴 수 있는 극히 귀중한 자료가 될 수 있으리라고 본다. 이런 점에서 만약 우리가 이 말의 참뜻을 이해하려면 도덕적 판단력을 낳게 한 원인이 대인 관계에서의 복수심에서 비롯되었다고 보는 니체나 그 밖의 사람들이 여러 가지 형태로 지적한 점에 유의해야만 하겠다. 기독교의 경우를 예로 들더라도 그 당시의 하층 계급으로 하여금 적어도 정신적인 면에서나마 자기들이 부당하다고 생각하던 가치 체계로부터 가해지는 억압을 뿌리치고 그에 대치되는 독자적 가치 체계를 형성할 만한 용기를 자아내게 한 것은 바로 그들의 저항 의식이었다고 할 수 있다. 이와 같이 복수심에 따르는 가치 부여적 역할에 관한 심리학적 내지 발생론적 분석을 하면서 우리가 로마 시대의 기독교도와 지배 계급 중 어느 쪽이 정의로웠던가를 결정하려는 것은 아니지만, 이러한 분석적 연구를 통하여 위에서 지적한 성경 구절을 우리가 좀 더 잘 이해할 수 있게 된 것만은 사실이다. 그러므로 이 문제에 대한 올바른 이해를 위해서는 무엇보다도 그 한마디가 어떤 불특정인이 그저 일반적인 뜻으로 발설한 것이 아니고 또한 그렇다고 해서 모든 인간 그 자체를 염두에 두고 한 말도 아니며 어디까지나 일정한 억압을 당하고 있는 로마시대의 기독교도들과 같이 그 지배자의 불의에서 벗어나려는 반항심에 불타 있는 사람들을 위한 실제적 추동력이 되었음을 깨닫는 것이 중요하다. 결국 이 경우에 어떤 의미 부여적 행동을 가능하게 하는 심리적 요인, 즉 동기와 여기서 발생한 의미 그 자체와의 관계는 피타고라스의 정리에서 볼 수 있는 그런 관계와는 전혀 다르다. 자기 나름으로 구성된 논리학자 특유의 예증은 경우에 따라서는 두 가지의 상반된 의미 속에 담긴 중요한 차이점을 무디게 함으로써 그들 사이의 중요한 관계를 모호하게 하여 결국은 문제를 일반화하는 것으로 그칠 수가 있다.

　심리 발생론적 방법이 대개의 경우 언제나 심오한 의미 파악에 기여할 수 있는 이유는, 이 방법을 통하여 우리가 다루게 될 의미의 이해라는 문제가 결코 하나의 극히 추상적이며 형식적인 대상으로서가 아니라 오히려 그 동기가 공감성에 의해서만 체험할 수 있는 의미 내용이거나, 또는 그 동기의 구조나 체험 관련성을 통해서만 이해할 수 있는 함축성 있는 행태로서 대두되기 때문이다. 예를 들어 내가 만약 어떤 특정인이 그의 유아 시절에 얼마나 심대한 내적 갈등을 겪었으며 어떠한 상황 속에서 그러한 일이 벌어지게 되었는지 그리고 마침내 그가 어떻게 그러한 위기를 극복할 수 있었는지를 알게 될 경우라면, 나는 단순히 그의 생애의 표면에 나타난 몇 가지 발자취뿐만이 아니고 그에 관한 훨씬 더 많은 사실을 알게 될 것이다. 그리하여 나는 그 한 사람 속에서 그와 같이 새로운 요소가 싹트게끔 된 전후 관계와* 또한 그가 겪었던 상세한 체험 내용의 전모가 밝혀질 수 있는 연관성을 이해할 수 있게 될 것이다. 규범이나 문화 가치를 한낱 물질적인 대상과 같이 취급하는 종래의 기계론적 관념을 타파한 것은 심리 발생론적 방법이 이룩한 위대한 업적이라 하겠다. 만약 어떤 종교 사상의 오묘한 의미 해득을 위하여 이러한 방법이 이용되는 경우에도 여기서는 결코 제기된 규범을 단지 형식화된 평정성을 지키는 순종적 태도로 받아들이기보다는 오히려 그 여러 가지 규범 문화 가치가 처음으로 발생하게 된 과정이나, 또는 이와 같은 규범이나 문화 가치가 그때마다 새로이 해석되고 또 소화될 수 있게 하기 위하여 지속적인 접촉을 펴나가야만 했던 과정에 담긴 생동한 의미를 높이 평가하는 일이 필요하다. 이제 여기서 심리 현상의 진수를 이루는 것은 오직 생동하게 표출되는 현상 바로 그것임이 분명해진 이상 역사와 생의 의미는 오직 생성과 유전流轉 그 자체 속에 내포되어 있다고 할 수 있다. 이와 같은 식견을 처음으로 접할 수 있었던 사람들은 일군의 낭만주의자와 프리드리히 헤겔Georg Wilhelm Friedrich Hegel, 1770~1831이라고 보아야 하겠지만 그 뒤로도 이 문제는 언제나 그때마다 새로

---

* 모든 체험 요소를 마치 원자 현상을 다루듯이 분화하려는 기계론적 방법과는 달리 이 발생론적 방법은 상호의존성을 강조한다는 데 주목할 필요가 있다.

운 각도에서 논구되는 실정이다.

그런데 점진적 발전을 거치면서 문화과학 전반에(즉 종교사·문학사·예술사 등에)까지 파급되었던 이 심리 발생론적 개념에는 처음부터 이중적인 한계가 주어져 있었던 탓에 결국 이러한 한계는 그 방법 자체가 지닌 가치를 끝내 제한하기에 이르렀다.

이 심리 발생론의 가장 두드러진 특징은 어떠한 의미에서건 그것이 제대로 이해되기 위해서는 그 의미의 발생 원인은 물론이고 동시에 그의 배경을 이루는 생의 경험과의 근원적 관련성 속에서 함께 파악되어야 한다는 중요한 관찰에 따른 것인데 이러한 방법은 단지 개개인에게만 적용될 수 있다는 점에서 그 효용 범위가 심히 제한된다고 할 수밖에 없다. 이러한 이유 때문에 의미 발생론은 거의 언제나 집체적 연관성 속에서보다는 개인적 체험 속에서 추구되어왔다. 예를 들어 우리가 어떤 일정한 사상("뒤에 오는 자가 먼저 되리라"고 했던 구절에서 나타난 것처럼 도덕적 가치 체계의 변화와 같은)을 발생론적 관점에서 설명할 경우에는 이것이 필경 저자의 개인적 생애에 주안점을 둠으로써, 종국에 가서는 이 저자의 생애에서 벌어졌던 특수한 사건이나 동기를 통해서만 그 사상을 이해하도록 노력해야 한다는 것을 의미한다. 이러한 방법에 의하여 실로 많은 성과를 거둘 수 있음은 물론이다. 왜냐하면 실제로 나를 추동하게 하는 동인으로서의 체험이란 그 본래의 발생 원인과 위치가 내 생애의 흐름 속에 담겨 있는 것과 마찬가지로 이 저자의 일생은 또한 그의 모든 체험의 장이기도 하기 때문이다. 그러나 여기서 또 한 가지 분명해진 사실은 어떤 특정한 개인의 행태 양식을 발생론적 입장에서만 설명하려는 경우에는 바로 그 해당 개인의 초기 성장 과정을 되돌아보는 것만으로도 충분하겠지만(예컨대 후년에 와서 나타난 성격 형성의 징후를 유아 시절의 체험에서 찾으려는 심리 분석학자의 경우와 같이), 여전히 여기서 문제가 되는 것은 단순한 개인의 일대기나 또는 그것을 분석하는 데만 치중하는 것으로는 말하자면 한 사회의 전체적인 운동 체계를 구성하는 세부까지 변화를 야기할 수 있는 가치 전도에서 나타나는 바처럼 사회적으로 유의의한 행태 양식eine gesells-chaftlich relevante Verhaltensweise을 충분히 설명할 수는 없다는 것이다. 여기서 지적된 가치의 전도는 무엇보다도 수백 수천 년에 걸쳐시 대중이 세각기 사기 나름으로 기존 사회의 전도에 관여하는 따위의 집단 상황에 기인하는 것으로써, 다시 말하면 그들 모두가 자기에게 가해지는 생존 조건 그 자체에서 오는 전체적인 사회적 복합성 속에서 새로운 행동 양식을 추진함으로써 각자마다 가치의 전도를 초래하려고 한다는 것을 의미한다. 따라서 발생론적 방법이 실로 오묘한 경지에까지 이르려면 개별적인 생애를 다루는 것으로만 그칠 것이 아니라 그들 모두의 개별적인 생활사와 동시에 이미 그 속에 깃든 집단 상황을 맺어나가는 상호 의존성까지도 밝혀내야만 할 것이다. 왜냐하면 한 개인의 생애란 기존 질서의 변혁을 초래하기 위한 공통된 과제를 향하여 작용을 전개해나가는 많은 사람의 종합적인 생활사 속의 단일 구성 부분에 불과하며, 또한 개개인의 어떤 특수한 새로운 행동 계기 역시 많은 사람에 의하여 다양한 방법으로 구성된 복합적인 행동 요인 중의 일부분일 따름이기 때문이다. 이와 같이 개별적 요소에서 싹튼 발생 현상에만 그치지 않고 집단생활과의 관련을 토대로 한 발생 원인에도 주의를 돌리게 된 것이 바로 사회학이 이룩한 업적이라고 하겠다.

지금까지 논의했던 문화 현상의 연구를 위한 인식론적 및 심리학적인 두 가지 방법은 모두 어떤 특정한 주관, 주체 속에 깃든 발생 기원으로부터 그 의미를 설명하려는 공통된 성질을 지니고 있다. 그런데 여기서 특히 주의해야 할 점은 이상의 두 가지 방법이 어떤 구체적 개인이나 일반 정신 그 자체 중의 어느 한쪽에 중점을 두었느냐 하는 것이 문제가 아니라 이 두 경우에 다 같이 개체적 정신이 집단과는 구별되는 것으로 이해되어왔다는 것이다. 이것은 뜻하지 않게도 사회학에 의해서만 시정될 수 있는 그릇된 전제들을 모름지기 인식론과 심리학의 근본 문제로까지 끌고 가기에 이르렀다. 그러나 마침내 이것은—이는 대단히 중요한 점이다—개인을 자기의 생각과 체험을 가능하게 하는 구조로서의 집단으로부터 유리된 존재라고 보는 허구성에 종지부를 찍게 했다.

개인이란 마치 홀로 유리되어 있는 상태에서도 자족할 수 있는 존재인 듯이 생각하는 의설擬說은 비록 방법상의 차이는 있다 하더라도 개체론적 인식론과 발생론적 심리학의 기초에 다 같이 깔려 있는 생각이다. 이와 같이 유리된 자족적 상태에 있는 개체를 대상으로 하는 인식론은 마치 이러한 개체가 원래부터 순수 사유를 비롯한 그 밖의 모든 인간 특유의 능력을 본질적으로 소유하고 있고, 또 외부 세계와의 특별한 교호 작용도 없이 다만 자기 자신을 그것에 병렬하는 것만으로도 세계에 관한 자기의 지식을 순수히 그 자체 내에서 조성할 수 있다는 듯이 여긴다. 개체론적 발달심리학에 의하면 필연적으로 모든 개인은 일정한 발전 단계를 거치게 되는데, 이러한 과정을 놓고 볼 때 외부로부터의 자연적 내지 사회적 환경이 행사하는 역할이란 이미 정형화되어 있는 개인의 능력이 실제로 발양될 수 있도록 돕는다는 데 있다. 이상 두 가지 이론은 모두가 과도한 이론적 개인주의를 토대로 해서만 가능할 수 있었으며(그 시기로는 무엇보다도 르네상스와 개인주의적 자유주의를 들 수 있겠지만) 또한 이러한 이론적 개인주의는 원래 개인과 집단 간에 가로놓인 연계성die ursprüngliche Verbindung von Individuum und Gruppe이 시야에서 사라져버린 사회적 상황에서만 발생할 수 있는 것이기도 하다. 따라서 그러한 상황에서는 인간 개체의 전형을 규격화시키는 사회의 역할이라는 측면에 대해서는 그 누구도 주목하지 않는 가운데 결국 이러한 상황을 관찰하는 사람의 입장에서는 틀림없이 공동 생활이나 또는 개개인 사이의 관계에서 발생했다고 봐야만 할 거의 모든 개체적 특징을 마치 어떤 본래의 개인적 천성이나 혹은 원형질로부터 도출된 것으로 취급해버리기가 일쑤였다(우리는 결코 이러한 의설을 형이상학적 관점에서 다루려는 것은 아니지만 그러한 의설로 인하여 자칫하면 터무니없는 사람들이 사유나 체험의 발생 원인에 관한 이론에까지 끼어들 염려마저 있다고 하겠다).

　실제로 정도의 차이는 있을지언정 개인이란 그 누구나가 이미 확정된 절대적 능력을 소유한 가운데 세계와 대치하며 오직 자기의 진리 탐구욕을 충족하기 위하여 스스로의 체험적 사실들을 바팅으로 한 세계상을 구축해나간다고 보는 생각은 극히 부정확한 것이다. 또한 우리는 어떤 개인이 이와 같은 방법으로 얻은 세계상을 역시 자기와 비슷한 어떤 독자적인 방법을 사용해서 얻어낸 타인의 세계상과 비교하고 난 후에, 이들 양자가 일종의 상호 절충을 벌임으로써 또 다른 참된 세계상이 형성되고 동시에 쌍방에 의해서 인정받게끔 되어야 한다고 생각할 수도 없는 노릇이다. 오히려 이와 반대로 모든 개인이란 원래 공동의 운명과 공동의 행동 영역 속에서, 그리고 공동의 난관을 극복하려는 노력을 통해서(물론 이러한 난관에 대처하는 각자의 태도는 상이하겠지만) 자기의 지식을 신장해나가는 협동적인 집단 과정이라고 보는 것이 훨씬 타당할 것이다. 그런데 이런 경우에도 지식을 형성하는 데 밑받침이 되는 것이면 어떠한 세계 양상이건 간에 그 모두가 개개의 집단 구성원에게 어떤 의미를 갖는 것은 아니고 단지 자기들의 집단 자체에 어떤 난관이나 문제를 야기하는 세계 양상에 한해서만 관심을 경주할 뿐이므로, 개개인의 사유 과정에서 얻은 산물 그 자체는 적어도 어떤 부분적인 차이를 띠지 않을 수가 없다. 그뿐만 아니라 위에서와 같은 공동 세계가 이질적인 집단에 의하여 그때마다 상이한 방법으로 인식될 수밖에 없음은 물론이지만 또한 아무리 동일 집단 내에서라도 다수파와 소수파는 서로 다른 견해를 갖는 듯이 보인다. 즉, 이와 같이 하나의 세계가 서로 다르게 보이는 이유는 기능상으로 세분화된 사회에 있어서는 소수로 구성된 하위 집단이나 일부 계층이 자기들이 속한 세계의 공통된 내용에 대하여도 그때마다 상이한 체험을 하기 때문이다. 생의 문제를 이론적으로 극복하기 위해서는 누구나 자기에게만 할당된 일정한 위치를 의식해야 하지만, 바로 그들은 누구나 각이한 생존상의 이해관계를 가진 탓으로 각자마다의 위치에 대해서도 전혀 상이한 반응을 나타내게 되어 있다. 지식의 문제를 개인주의적으로 받아들일 때 이것이 집단적인 사유의 형태를 띠는 경우와 어느 정도의 차이가 나는지를 예로 들어보자. 2,000명의 노동자를 고용하고 있는 극히 전문화된 공장의 기술, 노동 방법 또는 생산성을 놓고 볼 때 마치 여기서 종사하는 2,000명의 노동자는 모두가 각기 독립된 하나의 별실에서 근무하면서 각자가 맡은 직분을 모두가 꼭 같은 시간에 수행할 뿐 아니라, 그들이 다루는 생산품도 홀로의 힘만으로 완공해야 하는 경우를 생각해볼 수는 있다. 그러나 실제로 이들 노동자는 이러한 개별적 방식으로 생산 활동을 하는 것이 아니라 집단적 또는 협동적인 방법으로 생산 활동을 전개하고 있음은 두말할 필요도 없다.

이제 예를 들어서 집단적인 노동 및 행동 과정에 대한 개인주의적 해석과 같은 낡은 이론이 어떠한 결함을 내포하고 있는지를 살펴보도록 하자. 우선 여기서 문제가 되는 것은 실제적인 노동 분업에 있어서 사장을 비롯하여 수련공에까지 이르는 개개인의 직분상의 성격을 결정하고 또 개별 노동자들에 의하여 조성되는 모든 생산 부품의 성질까지도 총괄하는 조직의 의미가 전적으로 간과되고 있다는 점이다. 그런데 여기서 사유나 체험의 사회적 성격이 규명되지 않는 이유는 흔히들 생각하듯이 '대중'의 역할이 등한시된 반면에 기업주와 같은 특출한 인물에 대해서는 이를 과대평가한다는 데 기인한 것이 아니라, 오히려 각 개인의 체험이나 지각 작용까지도 집단을 통하여 그 참모습이 반영되고 또 전개되는 근원적인 사회적 연관성에 대한 분석이나 평가가 가해지지 않았다는 데 있다고 봐야만 한다.* 이렇듯 생의 과정을 형성하는 여러 요소가 지닌 근본적인 상호 의존성은 노동의 분업 현상과도 비길 수는 있으나 그렇다고 그것과 동일하다고는 볼 수 없으며 또한 농업 사회와 도시 중심적 사회 사이에서도 이 점에서는 차이가 있다. 특히 도시 생활의 경우를 보면 거기에 참여하는 각 집단은 모두가 동일한 시간에 서로 다른 자기만의 인식 문제로 인하여 애를 태울 뿐 아니라 동일한 대상에 대해서도 서로가 각기 다른 경로를 거쳐서 스스로의 독자적 체험 세계에 도달한다. 그러나 이러한 도시 생활자의 경우를 놓고 우리가 반드시 명심해야 할 일은, 예를 들어서 2,000명으로 구성된 어떤 집단의 성원 모두가 한 가지 사물에 대해서 제각기의, 즉 2,000번의 경험을 하는 것이 아니라 이 집단적 생명체의 내면적 조절 기능을 근간으로 하여 여기서는 집체적인 방법으로 화합과 반목을 일삼으며 행동하고 사유하는 역할과 이해관계를 지닌 또 하나의 하위 집단이 발생한다는 사실, 바로 이러한 사실을 발생학적 관점에서 숙고해야만 비로소 우리는 동일 사회 내에서라

---

* 개체 중심적 관점과 사회학적 관점이 서로 대립되는 것이 마치 '영웅과 같은 위대한 인물'과 '대중' 사이의 대립상과 동일하다고 생각하는 것만큼 그릇된 견해도 없을 것이다. 물론 사회학적 관점에서 볼 때 어떤 위대한 인물이 사회 발전에 기여하는 바를 높이 평가한다는 데 대해서는 이론이 있을 수 없겠지만, 여기서 분명히 해두어야 할 점은 개체 중심적인 관점에서는 대개의 경우 다양한 사회 형태가 개인의 능력을 증진하게 하는 데 있어서 어떠한 작용을 하는가에 대한 확실한 해답을 내리지 못하는 수가 많지만 그 반면에 사회학에서는 개인의 행동이란 그 출발점부터 이미 집단생활과의 끊임없는 관련을 지닌 것으로 해석되고 있다는 사실이다.

도 이 사회 자체를 구성하는 각 개인이 타고난 서로 상충하는 각자의 사회적 출신 성분에서 비롯되는 다양한 의미 해석이 내려질 수 있음을 이해하게 될 것이다.

그런데 고전적 인식론도 인식 과정이 발생하는 원인을 설명하는 데 있어서 부지불식중에 지식이란 마치 순수한 이론적 관찰 행위의 소산인 듯 보이는 왜곡된 입장을 취하곤 한다. 여기서는 마치 어떤 중심 원리를 가운데 놓고 중대한 결정을 내려야만 할 극단적 경우가 나타나는 듯이 여겨진다. 일반적으로 인간의 사유란 명상하기를 즐기는 인간의 본능에서 발달한 것은 아니다. 왜냐하면 이 사유한다는 것이 집단 존재 내에서의 사유의 방향 설정을 지속화하기 위해서는 의지적이며 정의적情意的인 심층 작용을 필요로 하기 때문이다. 지식이란 기본적으로 집단적 지식인 까닭에(고독한 개인이라는 사상은 단지 예외를 이룰 뿐, 시대적으로 보아서도 후기 단계에나 속하는 문제이다) 일차적으로 그것은 심층 의식 내에서 마련된 체험의 공통성에 따른 지식의 공통성을 전제로 한다. 그리하여 만약 우리가 사유를 형성하는 거의 모든 부분적 요소가 집단적 행동 속에 뿌리박고 있음을 이해했다고 한다면 동시에 우리는 집단적인 무의식의 세계에 담긴 힘 또한 인정해야만 할 것이다. 이와 같이 일단 지식에 대한 사회학적 관찰 방법이 완전하게 계발되고 난 다음에는 합리적 지식의 바탕을 이루는 비합리적 요소들을 점차 발굴해 내는 일은 더 이상 회피할 수 없는 과업으로 등장하게 된다.

이념 발생의 역사에 관한 인식론적 내지 심리학적인 여러 가지 분석이 가해졌지만 그것이 이제야 비로소 지식에 내포된 사회적 요인에 대하여 관심을 기울이게 되었다는 사실은 이상의 두 가지 분야 모두 우리 사회의 개인주의적 성격이 구체화되고 난 뒤에야 처음으로 발생했다는 데 그 원인이 있다. 특히 극단적인 개인주의와 주관주의가 팽배하던 시대에 와서 비로소 이상의 두 분야가 고개를 들었다고도 할 수 있는데, 이는 중세의 사회 제도가 붕괴되면서 발생한 부르주아적 및 자유주의적인 풍토를 두고 하는 말이다. 그와 같은 상황에 직면했던 부르주아 사회의 지식인들과 부유층 출신의 문화인들은 바야흐로 새로이 대두된 사회 체제 내에서 자기들의 위치가 불투명한 상태에 놓여 있음을 의식함으로써 결국은 지식과 체험이 마치 전형적인 개체적 현상인 듯이 생각하게 되었다. 특히 그들로서는 지배권을 장악한 소수만이 관심을 두고 있는, 각 개인 간의 경쟁이 두드러진 바로 그러한 사실적 측면만을 고찰의 대상으로 삼았던 까닭에 그들에게 비친 사회적 현상이란 마치 개인의 창의성만으로도 모든 행동과 지식을 자율적으로 조성해나갈 수 있도록 허용하는 것으로 여겨졌다. 따라서 이러한 측면에서만 본다면 사회라는 것은 마치 자발적인 개인의 행동과 지식이 발동되는 데서 야기된 무분별한 다양성을 지닌 것에 불과하겠는데 그러나 이와 같이 극심한 개인주의적 경향이 이른바 자유주의적 사회 구조의 전체적 성격을 나타내는 것은 아니다. 왜냐하면 행동이나 지식과 관련한 어떤 경우를 막론하고 비교적 자유로운 창발성創發性을 행사하는 개인으로서는 일정한 사회적 여건이나 또는 그러한 상황이 제시하는 과제에 의해서 좌우되고 또 조종당하지 않을 수가 없기 때문이다(이것으로서도 우리는 개인적 창의성의 밑바탕 역시 눈에 보이지 않는 어떤 사회적 각인이 찍혀 있음을 알 수 있다). 물론 또 다른 측면에서 본다면(자유 경쟁을 주 무기로 삼을 수 있는 상당한 재량권이 주어져 있는 탓으로) 스스로의 사유와 행동을 전개해나가는 데 있어서 개체적 특성을 다분히 나타낼 수 있는 일정한 사회적 계층이 있는 것도 사실이지만, 그렇다고 특수한 경우에 한해서 약간의 개체 중심적인 사고의 전개를 가능하게 할 뿐인 이렇듯 특유한 역사적 상황을 근거로 하여 사유의 본질 그 자체에 대한 정의를 내린다는 것은 옳지 않은 일이다. 이러한 예외적인 상황이 마치 사고심리학이나 인식론의 기준이 되는 듯이 생각한다면 이는 곧 역사적 사실의 왜곡에 다름 아니다. 그러므로 우리가 지향하는 인식론으로서는 사유의 사회적 성격을 인정해야 함은 물론이지만 또한 이에 못지않게 개체 중심적인 사유란 단순한 예외에 불과하다는 관점을 견지하지 않고서는 올바른 사고심리학이나 지식론에 도달한다는 것도 불가능하다 하겠다.

  그런데 사회학적 입장은 그것이 세상에 알려지고 나서도 상당한 시간이 경과한 뒤에야 비로소 다른 연구 방법과 함께 보조를 맞춰 나갈 수 있었다는 것은 결코 우연한 일이 아니다. 이와 마찬가지로 마치 난세를 방불케 하는 개체 중심적이며 자유방임적이었던 사회적 경향을 좀 더 조직화된 사회 질서에 의하여 견제하려는 인류의 전폭적 노력이 경주되던 시기에 와서야 비로소 사회와 인식의 일체성이 발견될 수 있었다는 것 역시 결코 우연으로만 돌릴 수는 없는 일이다. 이와 같은 상황에서는 개체적 체험을 모든 개개인에 의한 계약된 체험의 분류奔流에 합류시키며 또한 그 개개인은 그들대로 포괄적인 공통된 체험과 행동의 맥락으로 다시 한 번 이어지게 끔 하는 사회적 연관성의 특징이 모든 사람의 뇌리에 민감하게 파고들 것이 틀림없다. 또한 이 단계에 와서 발생하게 될 지식의 이론도 사회적 구조에 얽힌 지식의 원천을 충분히 고려할 것인즉, 말하자면 여기서는 과도한 개체 중심적 내지 기계론적 성향에 기인한 붕괴 현상을 저지하기 위한 새로운 종류의 생의 방향 설정이 이뤄진다고도 하겠다. 인식론적, 심리학적 또는 사회학적 의미에서의 문제 제시 방법은 인식 과정을 근본적으로 고구考究하는 데 가장 중요한 세 가지 형식들로, 우리는 지금까지 이 세 가지 형식에 대하여 그들이 각기 하나의 필연적 계열 속에서 서로가 순차적으로 삼투되며 전개되는 통일적 상황 속의 부분적 요소를 이룬다는 관점을 취해왔다. 따라서 바로 이와 같은 세 가지 방법이야말로 본서에서 숙고하는 모든 문제의 기초를 이룬다고도 할 수 있다.

4

현대의 집단 무의식과
그 통제의 문제

    학문의 발전 도상에서 나타나는 다양한 사고 형태에 관한 문제가 대두되고 또 지금까지 알려지지 않았던 집단적 내지 무의식적 행동의 동기까지 인지되기에 이르렀다는 사실은 곧 현대의 특징이라고 할 사상적 혼미를 반증하는 새로운 국면을 맞이하게 되었음을 의미하기도 한다. 모든 민주적 양식에 따른 지식의 확산에도 불구하고 우리가 지금까지 다뤄온 철학적, 심리학적 내지 사회학적인 모든 문제는 현대의 이와 같은 정신적 당혹감이 마치 자기들 고유의 직업적 특권에서 연유되기라도 한다는 듯이 생각하던 비교적 소수의 지성인 집단의 전유물이 되고 말았는데, 그나마도 만약에 가속적인 민주화 과정에 의하여 그 밖의 모든 계층까지 정치적 내지 철학적 논쟁에 참여할 수 있는 기회가 주어지지 않았더라면 이 문제들은 지석인 소수 집단의 사사로운 관심거리로 취급되는 데 그쳤을 것이다.

그러나 이미 우리는 지식인에 의하여 제기되는 논점의 심오한 근원은 언제나 그 사회가 처해 있는 전체적 상황 속에서 찾아야 한다는 점을 지적한 바 있다. 따라서 우리가 여러 가지 측면에서 그들 지식인이 간직하고 있는 문제를 근본적으로 고찰한다면 이는 대개가 한 사회 전체를 휩쓸고 있는 사회적 내지 정신적 위기를 단지 농도 있게 숭고화한 것이거나 또는 합리적으로 순화한 것에 지나지 않음을 알 수 있다. 다시 말해서 아직도 단순한 사람들의 마음속에는 중세 교회에 의하여 보장되었던 객관적 세계상이 붕괴되어버렸다는 사실이 희미하게나마 그 어떤 영향을 입히고 있으며, 또한 철학자들이 합리적 용어를 사용하면서 서로 갑론을박하던 문제들을 통해서도 일반 대중으로서는 일종의 종교적 갈등 같은 것을 체험하는 셈이었다. 그리하여 이제 농경 위주의 정체 사회에서 대두되었던 모든 중요문제들을 해결해오던 어떤 계시에 뒷받침된 유일 절대의 교리 대신에 많은 교회가 고개를 들고 나선다거나 또는 아직까지 세계 종교가 군림해 있던 바로 그 자리에 사소한 여러 가지 종파가 출현한다는 등등의 현상은, 결국 평범한 일반인들의 마음속에까지도 마치 현실이나 지식에 관한 다양한 이론이 동시에 쏟아져 나올 때에 지식인들이 느끼던 바와 꼭 같은 긴박감을 자아내게 했다.

근세 초기의 프로테스탄티즘은 교회라는 객관적 제도에 의하여 보장되었던 계시적인 구제에 대신하여 주관적인 구제의 확실성이라는 개념을 제창하였는데, 이 이론에 의하면 개인은 누구나가 스스로의 주관적 양심에 의거하여 자기의 행실이 신의 뜻에도 합치하며 또한 구제의 길로 통할 수 있는지의 여부에 관한 결정을 할 수 있다는 것이다. 프로테스탄티즘이 이와 같이 종래의 객관적 가치 기준을 주관주의적 방향으로 전환함으로써 결국 현대의 인식론마저도 여기에 보조를 맞춘 채 객관적으로 보장된 존재의 질서가 아닌 개체적인 주관 세계에 관한 문제로 스스로 몰입하게 되었다. 그러므로 이와 같은 주관적인 구제의 확실성을 근간으로 하여 이전 같으면 인간이 자기 스스로의 영혼 속에서 발견하리라고 생각했던 구제 가능성을 위하여 마침내 순수한 지식욕의 개발을 목적으로 한 심리 작용을 관찰하는 데 더 큰 관심을 기울이기 시작한 심리학이 발생하기에 이르렀다는 것은 전혀 놀라운 일이 아니다.

계몽주의적 절대군주 제도하에 있던 대부분의 국가가 교회로부터 자기들에게 승계되다시피 한 바로 그 동일한 수단을 이용하여 교회의 약화를 초래하려 했다고 해서 그것이 결코 세계 질서를 숭상하는 일반인의 신심을 더 조장하는 것은 아니었다. 단지 이들 국가가 여기서 시도한 것은 교회에 의하여 보장되어왔던 객관적 세계관을 대신하여 자기들이 내세우는 새로운 세계관을 정립하려는 것이었다. 이때로부터 부르주아지 무기로서의 계몽주의 사상이 발전하기에 이르렀는가 하면 비록 합리적 사상을 함양하는 데 필수적이라고 할 수 있으리만큼 충분한 지식이 사회 각 계층에까지 삼투되지는 않았음에도, 현대 국가와 부르주아지는 합리주의적 내지는 자연주의적 세계상이 종교적 세계상을 압도하게 됨에 따라 더욱더 융성하기 시작했다. 이상과 같은 이유 이외에도 비록 그와 같은 새로운 시대 조류에 관심을 둔 사람들이 모든 생활 형식이나 사유 방법을 개별주의적 방향으로 전개해나갈 만한 스스로의 사회적 지위마저 확보하지는 못했다 하더라도 이와 같은 합리주의적 세계상은 그 나름으로 시대 이념으로서의 발판을 굳히게 되었다.

그러나 개별화 경향을 띠며 또한 그러한 방향으로 진전할 만한 사회적 생존 여건이 앞서지 않고서는 집단 중심적인 신화를 송두리째 빼앗겨버린 생활 태도란 도저히 견뎌낼 수 없고 또 아무런 의미도 없는 것이나 마찬가지이다. 상인이나 기업가 또는 지식인 등은 모두가 일상생활을 헤쳐 나가는 데 필요한 자기들 나름의 합리적 결단을 강요하는 사회적 지위를 점유하고 있다. 그러나 그와 같은 결단을 내려야 할 개인의 입장에서 반드시 명심해야 할 것은 그가 누구에게도 의존하지 않는 독자적 판단을 내려야 하고 또한 어떠한 문제에 대해서나 스스로의 이해利害와 합치될 수 있는 이성적 숙고를 해야만 한다는 것이다. 그런 중에서도 물론 시대감각에 뒤떨어진 농부들이나 최근세에 와서야 비로소 그 모습을 드러내기 시작한 수많은 하층 노무자의 사회적 지위는 그 자체가 별다른 창발성이나 하등의 예견성 있는 판단을 필요로 하지 않는 것이 사실이다. 왜냐하면 그들의 행태란 어느 정도까지는 신화와 전통에 집착하여 지도자에 순종하는 것을 특징으로 하기 때문이다. 즉, 나날의 생활을 통해서도 직업적인 면에서 특별히 개인 중심적 입장을 취할 필요가 없거나 독자적 결단이 요구되는 일도 없을 뿐 아니라 사물의 진위에 관해서까지도 사사로운 개인적 입장에서 어떤 판단을 내릴 필요가 없는 사람들, 더 나아가서는 주어진 상황을 세밀한 부분적 요소에 이르기까지 예리하게 분석할 수 있는 기회를 전혀 마련하지 못하거나, 또는 만약 아무리 자기가 소속된 집단의 어떤 고유한 판단 양식과는 별도의 독자적인 사유 능력을 행사해야 할 처지라 하더라도 결국 끝까지 지탱될 수 있을 만한 자아의식을 스스로 함양해나갈 수 없는 사람들―바로 이들은 모두가 회의주의가 경험했던 바와 같은 심각한 정신적 위기에 직면하게 되면서 심지어는 종교적 국면에서조차 확고한 자기 입장을 견지해나갈 수 없는 사람들이다. 끊임없는 노력에 의해서만 쟁취할 수 있는 내면적 균형의 표현으로서의 생이야말로 계몽주의적 합리주의 정신을 토대로 한 삶을 구현하려는 현대인이 자기의 개체 중심적 발전을 지향하는 단계에서 이룩하지 않으면 안 될 새로운 근본 문제이다. 그러므로 노동의 분업화와 기능의 세분화 과정에서 자기의 창의성을 십분 개발하거나 또는 자기의 개별적 판단을 제시할 수 있는 여러 가지 문제와 작용 범위를 개인에게 제공해주지 못하는 사회는 또한 구체적인 사회적 현실로 승화될 만한 하등의 투철한 개체 중심적 내지 합리주의적 세계관도 실현할 수 없을 것이다.

  지식인들은 자칫하면 근세 초기의 계몽주의 사조를 경험하는 과정에서 국민 대중 스스로가 근본적 변혁을 초래했다는 착각을 하기 쉬웠지만(실제로는 어느 정도 약화되었다고 하지만 의식儀式이나 무속 또는 봉헌이나 열광적 체험 방식을 통한 종교는 여전히 존속되고 있음에도 불구하고) 어떻든 이러한 계몽주의적 충격이 종교적 세계상을 여지없이 뒤흔들어놓을 만한 힘을 갖추고 있던 것만은 사실이다. 산업 사회에 특유한 사유 형태노 산업 분야와의 일정한 관련을 맺고 있는 여러 부문으로 점차 삼투하여 들어감으로써 시간이 흐를수록 종교적 세계 해석의 모든 가능성도 잇달아서 제거될 수가 있었다.

그런데 세계에 대한 독자적 해석을 내리는 것이 마치 자기의 특권인 양 주창하고 나선 절대주의 국가는 결국 점진적인 사회의 민주화 과정을 통하여 하나의 새로운 특정 경향을 선취하기에 이르렀으니, 즉 정치라고 하는 것은 자기 나름의 세계상을 무기로 삼을 수도 있으나 그것은 단순한 권력 투쟁일 수는 없고, 오히려 정치 그 자체가 지향하는 기본적 의의를 충족시키기 위해서는 하나의 정치철학 또는 정치적 세계관에 의하여 그 목적이 구현되어야만 한다는 방향으로 앞질러 갔다는 것이다. 민주주의가 발달함에 따라 국가만이 아닌 정당까지도 자기들의 투쟁을 철학적으로 정당화하고 또 체계화하기 위하여 얼마나 고심했는가 하는 데 대해서는 우리가 이 자리에서 더 이상 상세히 언급할 수 없지만, 자유주의 사상은 물론이고 그 밖에 조심성 있게 이러한 선례를 따르던 보수주의 그리고 사회주의 사상들 역시도 그들의 정치적 목적을 정당화하기 위하여 철학적 신조나 충분히 검토된 사고방식, 또한 미리 전제되어 있는 결론을 바탕으로 한 어떤 세계상을 안출해냈던 것이다. 이와 같이 종교적 세계상이 다원화되면서 여기에는 정치적 식견의 난립이 따르지 않을 수 없었다. 그러나 모든 교회나 종파가 자기들의 투쟁을 관철하는 데 있어 여러 가지 비합리적 교리에만 의존하면서 그 밖의 모든 합리적 요소는 단지 승려들이나 기타 극소수의 개화된 평신도들을 위해서만 이용했던 것과는 달리, 신흥 정당의 경우는 그보다 훨씬 더 합리적이고 동시에 모든 가능한 과학적 논거를 토대로 한 스스로의 사상 체계를 수립했으며 이에 대한 의의도 한층 더 부여하고 있었다. 이러한 상태를 빚어낸 주원인은 한편으로는 학문 그 자체가 이미 당당한 사회적 위신을 누리고 있었던 역사적으로 비교적 때늦은 시기에 와서야 이 정당들이 발생할 수 있었다는 점, 그리고 또 다른 면으로는 이들 정당이 적어도 그 초창기에 있어서는 해방을 맞이한 것이나 다름없던 지식인의 대열 속에서 자기들의 구성원을 충당했다는 데서 찾아볼 수 있다. 이 밖에 그들 정당이 스스로의 집단 행동을 펴나가는 데 있어서만 하더라도 자기들의 정견을 세상에 공언하는 것보다는 합리적으로 입증될 수 있고 또 정당화될 수도 있는 이념 체계를 바탕으로 하는 편이 산업 사회나 그 사회에 속하는 지식층의 욕구에도 부합되었기 때문이다.

  이와 같이 정치와 과학적 사고가 융합됨으로써 적어도 형태상으로나마 고개를 들고 나온 모든 정치 행위는 점차 이론적인 색채를 띠게 되었는가 하면 과학적 견해도 그 나름대로의 정치적 색채를 띠게 되었다.

  그런데 이러한 융합 작용은 결국 긍정적이라고만은 할 수 없는 부정적 효과도 낳게 되었다. 그것은 바야흐로 학문적인 이념의 전파가 용이해짐으로써 더욱 광범한 부류에 속하는 계층이 자기들의 전면적인 정치적 활동 분야에서 스스로의 입장을 이론적으로 정당화하지 않을 수 없게 되었다는 것이다. 이제 그들 사회 각 계층 사람들은 모두가―비록 프로파간다propaganda에 불과한 경우가 많긴 하지만―이론석 범수를 통하여 사회와 정치를 고찰하는 방법을 익히게 되었고 또한 현실을 직시하면서, 원래가 그들 고유의 작용 영역이라고도 할 사회적 현실과 관련된 문제를 둘러싼 논제를 스스로 떠안음으로써 이것이 결국은 정치와 사회 이론을 발전시키는 데까지 공헌하기에 이르렀다. 사회적 위기와 여기서 조성된 과제는 그때그때의 사건을 분석하는 데 도움이 될 경험적 대상이나 정치적 내지 사회적 해석 그리고 여러 가지 가설을 제시해주는데, 예를 들어서 애덤 스미스 Adam Smith, 1723-1790나 마르크스의 이론만 하더라도 그것이 계속 연구되는 도상에서 집단적 체험의 성격을 띤 사건들을 해명하거나 분석하는 데 있어서 그들 자신의 시도에 대한 보충 역할을 떠맡게 되었던 것이다.

그럼에도 이론과 정치가 이와 같이 직접 연결된 데는 다음과 같은 주원인이 있었다. 즉, 새로운 사실들을 빠뜨리지 않고 자체 내에서 소화하고자 하는 지식이란 항상 실험적 성격을 유지해야 하지만 일단 특정한 정치적 입장에 지배된 이론으로서는 끊임없이 새로운 체험 내용에 적응할 수만은 없는 것이다. 정당이란 말하자면 그것이 조직을 원리로 하는 이상 그 구성원 각자의 사고방식을 신축성 있게 활용할 수 없을 뿐만 아니라 그러한 사고 방법을 통해 얻은 연구 결과에 대해서도 이를 거침없이 받아들일 수 있는 입장이 되지 못한다. 정당이란 그 구조에 있어서 공공단체이며 전투적 조직이기 때문에 그것은 어쩔 수 없이 독선적 경향으로 흐르게 마련이며 특히 지식인의 경우에 그가 당의 열성분자가 될수록 원래의 부동적浮動的인 상황에서 그가 지녀오던 감수성이나 신축성은 더욱더 상실될 수밖에 없는 것이다.

이와 같은 학문과 정치의 융합을 발단으로 하여 정치 이론을 촉발했던 위기 상황은 이제 다시 과학적 이론의 위기까지 불러일으킬 수 있는 또 하나의 위험을 야기하게 되었으니, 우선 여기서는 지금 바로 제기한 복합적인 문제들 중에서 현대적 상황과 밀접하게 관련한 다음 한 가지 사실만을 지적해두고자 한다. 정치란 갈등이며 그것은 점차 생사를 거는 투쟁으로 화하게 되는데 이와 같은 투쟁이 도를 더할수록 원래는 무의식적이었던 것이 어느덧 극히 강렬한 작용을 드러냄으로써 분명하게 의식화되기 이전의 정의적情意的인 심층 세계의 움직임마저 그와 같은 투쟁에서 오는 세찬 영향을 한층 더 받지 않을 수 없게 되었던 것이나.

일반적인 학술 토론과는 근본적으로 그 성질을 달리하는 정치 토론은 단순히 자기 측 견해의 정당성만을 추구하는 데서 그치는 것이 아니라 상대방의 사회적 및 정신적 실존 가치마저 부정하려고 한다. 따라서 이와 같은 정치적 논쟁은 임의로 선택한 '관점'에서 다만 어떤 한 가지 논거 속에 담긴 '이론적 의의'를 고찰하는 데서만 그치는 종류의 토론이 아닌 훨씬 더 깊은 사유의 존재 기초로까지 파고든다. 처음부터 정치적 알력이란 사회적 우위를 확보하려는 합리화된 한 가지 투쟁 양식이었던 까닭에 여기서는 언제나 상대방의 사회적 지위, 위신 또는 자기 신뢰감을 헐뜯게 마련이다. 이러한 경우 결코 우리가 단언할 수 없는 것은 직접적인 폭력이나 강압에 의한 인습적 무기를 대신하여 등장한 토론 형식을 통해서 이뤄지는 이와 같은 승상화 작용이 인간 생활을 근본적으로 개선하는 데 과연 얼마만큼 실제적 의의가 있느냐는 것이다. 물론 신체적 박해를 받는다는 것은 외형상으로는 퍽 견디기 힘들긴 하겠지만 신체적이 아닌 정신적 말살을 기도한다는 것은 대개의 경우 더욱 심한 고통을 안겨준다고 할 수 있다. 그러므로 이러한 측면에서 볼 때 이론적인 반박이 점차 상대방의 생활 여건 전체를 겨냥한 더욱더 악랄한 공격으로 화할 수 있다는 것은 조금도 놀랄 일이 아니며, 나아가서는 상대방의 이론을 뿌리째 흔들어놓음으로써 그의 사회적 위치를 몰락시킬 수 있다는 생각마저 할 수 있게 했던 것이다. 그러므로 처음부터 어떤 한 개인의 발언 내용에만 귀를 기울이는 것이 아니라 원래 그가 전개하는 논지의 실질적 배경을 이루고 있고 또한 그 자신의 이러한 배경을 설명하고 대변하는 위치에 있는 것이나 다름없는 그가 소속된 집단에 주목해야만 하는 이와 같은 정치 투쟁에 있어서는 오직 그 개인의 존재 양식과 상관해서 이론이 다뤄져야 한다는 것은 너무나 당연한 일이다. 물론 사유란(일정 기간만이라도 현실적 활동 무대에서 물러설 수 있었던 고고한 학술 이론을 제외하고는) 언제나 어떤 집단의 생활과 행동을 표현해왔다고는 하겠는데 그러나 종교 전쟁의 경우를 예로 든다면, 거기서는 과연 이론적 고구考究에 일차적 의미가 부여되었는가 아니면 상대방을 분석함으로써 바로 그 집단의 분석으로까지 이어졌던가 하는 데 있어서 엄연한 차이가 드러난다. 왜냐하면 이미 앞에서 얘기한 바와 같이 개인주의적 경향이 팽배하던 시기에 활동한 사상가들은 정신적 현상의 이면에 깔린 사회적 요소까지는 미처 감지할 수 없었기 때문이다.

모든 이념이 분명하게 특정 집단의 성격을 반영해주는 현대 민주주의 제도에서는 사유를 규정하는 사회적 및 실존적 의미가 정치적 논쟁에서는 더욱 쉽사리 드러나게 마련이다. 근본적인 면에서 볼 때 정신 현상을 연구하는 데 있어서 최초로 사회학적 방법을 발견한 것도 정치학이었거니와 또한 그것은 인간이란 원래 정치적 투쟁을 통하여 처음으로 사유의 방향까지도 규정한다는 무의식적인 집단적 동인에도 착안할 수 있었다. 그뿐만 아니라 예로부터 단순한 이론적 논의에 그칠 수만은 없던 정치적 논쟁은 한 집단의 존재를 그 자체의 문화적 목표 및 이론적 논거와 서로 연결하는 무의식적 동기들을 겉으로 드러내는, 일종의 가면을 벗겨버리는 역할을 해왔다. 그리하여 이론을 무기로 하는 현대 정치학이 과감한 투쟁을 점차 고조해나감에 따라서 지금까지 은폐되어왔던 사실에 대한 폭로 작용은 동시에 이론의 사회적 근원까지도 파헤치게 된 것이다.

그리하여 결국 존재에 구속된 사유의 근원을 발견Entdeckung der seinsgebundenen Wurzeln des Denkens하는 데는 우선 폭로Enthüllung의 형식을 취하게 되었다. 종래와 같은 단일화된 객관적 세계상이 점차 붕괴되면서부터 시정市井의 평범한 사람들에게는 이제 서로 모순되는 다양한 세계관이 대두되는 듯이 보였고 또한 지식인들에게는 불상용不相容의 대립적인 여러 사고방식이 등장하는 것으로 보였지만, 이와 때를 같이하여 사회 전반에서는 한 집단의 사유 동기를 이루는 무의식적인 일정 상황과의 연관성을 찾아내려는 경향이 일기 시작했다. 오늘날 우리가 맞이한 정신적 위기의 첨예화는 이데올로기와 유토피아라고 하는 두 가지 개념에 의해서 가장 단적으로 표출될 수 있음은 물론이거니와, 이 두 마디 속에 담긴 상징적 의의를 참작하여 바로 그것을 본서의 제목으로 선정하게 되었던 것이다.

이데올로기 개념은 정치적 갈등을 토대로 하여 발견한 다음과 같은 사실, 즉 모든 통치 집단은 자기들의 이해와 관계되는 일정한 상황에 너무나 밀착될 수 있는 사상적 요소를 지니고 있으므로, 마침내는 자기들의 지배 의식을 저해할 우려가 있는 특정 사실에 대해서는 아예 거들떠볼 여유조차 상실해버릴 수도 있다는 점을 세심한 고찰의 대상으로 삼는다. '이데올로기'라는 말은 어떤 집단의 집체적 무의식성이 특정한 상황에 처해 있을 때 자기를 비롯한 모든 집단으로 하여금 참다운 사회 현실을 직시하지 못하게 함으로써, 마치 그것이 안정되어 있기라도 한 듯이 보이게 하려는 의도를 은연중 내포한다.

그런데 유토피아적 사상이라는 개념은 이데올로기 개념과 같이 정치적 갈등에서 연유되었다고 하는 유사성이 있기는 하지만, 그와는 반대로 일정한 피통치 집단이 기존 사회의 파괴나 변혁에 대한 너무나 강렬한 정신적 욕구를 지니고 있어서 이들은 모름지기 기존 사회의 유지에 부정적 영향을 끼치는 요소만을 관심의 대상으로 삼는다는 것을 밝혀놓았다. 따라서 그와 같은 사상으로서는 기존 사회의 실정을 올바르게 인식할 수 없음은 물론 실제적으로 존재하는 것을 문제로 삼는 것도 아니고 오히려 상념을 통해서나마 기존 질서의 변혁을 앞질러 당기려고만 하는 것이다. 따라서 이러한 유토피아 사상은 상황 진단에 뜻을 둔 것이 아니라 다만 행동의 지침으로서만 이용될 수 있을 뿐이다. 유토피아적 의식 내에서는 희망적 관념이나 행동을 향한 의지가 지배하는 집단 무의식이 실재하는 세계의 일정한 국면을 은폐할 따름이며, 동시에 그러한 무의식성은 어떤 동요를 가져오거나 혹은 사물 변화에 대한 희구심을 마비시킬 수 있는 것과는 깨끗이 결별을 고하는 셈이다.

결국 집단 무의식과 또한 여기서 추동되는 작용은 두 가지 측면으로부터 사회적 현실이 지닌 특정 양상을 폭로하게 마련이며 나아가서는 앞에서도 지적한 바 있는 현실에 대한 왜곡된 입장을 자아내게 하는 원인과 그 방향을 상세하게 제시하고 있다. 본서에서 다룰 앞으로의 과제는 이데올로기와 유토피아의 역사를 통하여 이와 같은 무의식의 역할이 적시될 수 있었던 가장 특기할 만한 단계를 앞에서 언급한 바와 같은 두 가지 방향에서 개관하는 데 있다. 여기서는 우선 이상과 같은 통찰을 가능하게 했던 사상적 분위기에 대하여 언급하려 하는데, 왜냐하면 그러한 사상적 분위기야말로 이 글을 집필할 수 있었던 바로 그 상황과도 극히 흡사하기 때문이다.

무엇보다도 무의식을 발굴해냄으로써 새로운 '정신적 무기'를 소유할 수 있었던 당파는 그렇지 못한 상대편보다 월등하게 유리한 입장을 차지할 수 있었다. 왜냐하면 모든 이념이란 단지 스스로의 생활 조건이 왜곡되게 반영된 것이며 또한 단순히 스스로의 무의식적인 이해관계를 상념 속에서 앞지르고 있는 데 불과할뿐더러 이미 여기에는 어떤 은연중의 동기가 작용하고 있다는 등등의 논거가 상대방에게 분명히 입증될 때 이것이 그들에게는 청천벽력과 같은 감을 안겨주게 되겠지만 또한 그와 같은 새 무기를 활용할 수 있었던 세력에게는 벅찬 우월감을 불러일으켰을 것임에 틀림없기 때문이다. 이와 때를 같이하여 고개를 들고 나온 것이 바로 그때까지만 해도 끈질기게 그 참모습을 은폐할 수 있었던 하나의 새로운 의식층에 관한 문제였다. 그리하여 이러한 무의식이 표면화되기에 이른 것이 전적으로 공격적 입장을 취하던 당파의 업적으로 돌려질 수 있었던 것과는 달리 첫째로 무의식성 그 자체가 적나라한 스스로의 모습을 완전히 노출해버렸다는 점과, 둘째로는 무의식에 담긴 공격적 성향이 여실히 드러나면서 더욱 그 진면모가 겉으로 드러날 수 있었다는 이 두 가지 이유로 인하여 공격의 대상이 되었던 측으로서는 치명타를 입은 것이나 다름없었다. 왜냐하면 우리가 무의식을 통하여 어떤 구조나 치유를 해주려는 경우와 그렇지 않고 무엇인가 감추어져 있던 것을 폭로할 목적에 동원하려는 경우와는 확연히 구별될 수밖에 없기 때문이다.

그러나 오늘날 우리는 쌍방 간에 서로 정신적인 실존성의 근원을 이루는 무의식적 요소들을 여지없이 폭로하거나 노출하는 방법이 많은 집단의 유독 어떤 한 집단만이 행사하는 무기가 아니라 모든 집단에 공통된 그러한 단계에 도달했다고 하겠다. 그리하여 이와 같이 각이한 집단들이 극히 현대적인 정신적 무기라고 할 수 있는 빈틈없는 폭로 전술에 의하여 자기들의 적대자로 하여금 스스로의 사유에 대한 신념마저도 상실하게 만듦으로써 결국은 그 어떤 입장을 막론하고 모두가 분석적 검토의 대상이 되게 하는 가운데 이들 집단 서로가 드디어 인간에 의한 인간의 사유 일반에 대한 신뢰 das Vertrauen des Menschen in das menschliche Denken überhaupt 마저도 파괴해버리는 결과를 낳고 말았다. 중세 역사가 종지부를 찍은 이래 꾸준히 잠재적으로 존속되어오던 사유 속에 내포된 불투명한 요소들의 폭로 과정은 마침내 사유에 대한 신뢰 그 자체가 붕괴되는 단계에 이르러 그 극에 달했으니, 이러한 점을 감안한다면 더욱더 많은 사람이 회의주의와 비합리주의에서 사상적 도피구를 찾으려 했다는 사실 역시 결코 우연한 일도 아니며 오히려 불가피한 현상이라고도 하겠다.

그런데 다음과 같은 두 가지의 거센 사조가 한데 엉키면서 이들이 함께 큰 위세를 떨치게 되었으니, 즉 한편으로는 확고한 규범과 가치를 지닌 단일화된 정신세계가 상실되고, 다른 한편으로는 아직까지 은폐되어 있던 무의식의 세계가 갑자기 의식 영역이라는 광명의 세계로 비쳐들게 되었다는 것이다. 인간에게 있어서 사유한다는 것은 헤아릴 수도 없이 먼 옛적부터 명실공히 정신적 존재자로서의 자신의 일부분을 이뤄왔을 뿐, 결코 자기와 유리된 상태에 있는 객관적 사실이었던 것은 아니다. 과거의 역사를 통해서 볼 때 새로운 사유의 방향 설정은 흔히 인간 내면 그 자체로부터의 변화를 뜻하는 것이었다. 이렇듯 역사의 초창기에는 그나마 가치나 규범의 변화도 서서히 진행되었고 또한 인간 행위의 궁극적 자기 방향이 도출되어야 할 연관 체계 역시 점진적인 변형을 겪어나갔지만 현대에 와서는 그보다 훨씬 더 신각한 와해 작용이 진행되고 있다. 말하자면 무의식의 세계를 도피처로 삼게 된 현대인에게는 바야흐로 다양한 현실적 국면이 출현할 수 있었던 바로 그 기반 자체가 함몰되어버렸고 또한 지금까지 인간의 사유를 떨쳐 일으키던 그 근간마서노 뿌리째 흔들리고 만 것이다. 여기서 누구에게나 점차 분명해진 한 가지 사실은 우리 스스로가 간직해왔던 무의식적인 동인들이 일단 의식의 대상으로 화한 이상 앞으로는 결코 우리가 종전과 같은 방식으로는 살아갈 수 없으리라는 것이다. 오늘날 우리가 당면한 초미의 현실은 단순히 어떤 새로운 이념을 필요로 한다거나 또는 우리가 제기한 의문이 또 하나의 새로운 문제점을 던져준다는 정도에서 그칠 성질의 것이 아니다. 오늘날 우리가 직면한 문제는 다음의 한마디로 요약할 수 있는 우리 시대가 안고 있는 기본적인 '생의 당혹감 die elementare 'Lebensverlegenheit' unserer Zeit'과 관련되는 문제이다. 다시 말해서 오늘날과 같이 이데올로기와 유토피아라고 하는 문제가 그 궁극적 의미에서 검토되고 또 그에 대한 최종적 해답이 내려져야 할 이 시대에 처하여 과연 우리 인간은 앞으로 계속 어떻게 생각하며 또 살아갈 수 있을 것인가?

물론 우리는 사유 방식이 다원화되고 집단적 내지 무의식적인 동기들이 엄연히 존재하고 있음을 인식하게 된 이와 같은 상황으로부터 스스로 탈피하기 위하여 이 모든 사실 앞에서 무작정 눈을 감아 버릴 수도 있을 것이고, 또한 초시간적인 논리의 영역으로 몸을 숨기면서 진리란 원래가 때 묻은 것이라고는 티끌만치도 간직하지 않은 것이므로, 그 속에서는 형식의 다원성이나 무의식적인 동기와의 어떤 관련성 따위도 있을 수 없다고 주장할 수도 있다. 그러나 우리가 직면하고 있는 문제가 결코 어떤 흥미로운 토론의 주제일 수만은 없는 다름 아닌 실존적 의미로서의 아포리아를 이루고 있는 한, 우리는 앞의 주장과는 다른 반론, 즉 여기서 제기된 문제는 진리 그 자체를 둘러싼 문제가 아니라 사회적 현실 속에서 행동을 통하여 찾아내야만 하는, 어떤 무의식적 동기 속에 뿌리박혀 있는 사유에 관한 문제임을 분명히 해둬야만 하겠다. 또한 우리는 이렇게 이야기할 수도 있다. "어떻게 우리가 구체적인 지각 내용을 바탕으로 네가 내세우는 것과 같은 절대적 명제에 도달할 수 있다는 것인지 따져보도록 하자. 우리가 알고자 하는 것은 진리 그 자체가 아니라 어떻게 해야만 우리가 인간 존재의 사회적 제약성에 초점을 둔 우리의 명제를 바탕으로 하여 인간 정신의 편파적이고도 단편적인 성격이 초극될 수 있는지 그 방법을 제시하려는 것이다"라고. 정신의 절대성이 보장되기 위해서는 단지 우리가 어떤 일반적 원리에 의거하여 그것을 소유하고 있다고 확언한다거나 혹은 어떤 특별히 제한된 관점(이것은 보통 자기 자신의 관점일 경우가 많지만)을 놓고 그것이 마치 초당파적인 권위라도 지녔다는 듯이 자만한다고 해서 가능한 것이 아니다.

그뿐만 아니라 그 내용이 너무나도 형식적이고 추상적이어서(수학·기하학 또는 이론경제학의 경우와 같이) 사실은 마치 사유하는 사회적 개체와 완전히 유리되어 있는 듯이 보이는 불과 몇 개의 명제에 도달한다고 해서 큰 도움이 될 수도 없다. 여기서 우리가 다루어야 할 문제는 이상에서 언급한 명제와 관련된 것이 아니라 인간이 자기의 개체적 내지 사회적 위치를 구체적으로 진단하고, 삶에 있어서의 구체적 핵심 부분을 확인하며 또한 우리에게 생소한 듯한 모든 외형적 사건을 빠뜨리지 않고 정확하게 이해하는 데 도움이 될 실제적 개념 규정이 좀 더 큰 효용성을 발휘하도록 하는 데 있다. 다시 말해서 어떤 함축적인 의미를 담고 있는 개념이라면 어떤 경우에도 우리는 이를 단순히 지나쳐버려서는 안 되는데 요컨대 투쟁·붕괴·소외·항거 및 복수심과 같은 표현을 통하여 그 의미가 구성된 바로 그와 같은 명제가 지금 우리의 주요 쟁점으로 등장하고 있다는 것이다. 그리하여 우리는 지금 바로 열거한 단어들이 그 어떤 복합적인 성격을 지닌 상황에서도 단지 외적이며 형식적인 서술만 가하면 문제가 매듭지어지는 것으로 생각해서는 안 될 뿐 아니라, 더욱이 그 말들이 담고 있는 뜻에서 방향 감각이나 가치 평가적 요소가 제거된다면 그것은 이미 모든 내용을 상실한 것이나 다름없다고 하겠다.

다른 곳에서도 이미 지적했듯이 현대 학문의 발달은 오히려 모든 의미의 이해 가능성마저 말살해버리는 사고의 기술을 안출해내고 말았다. 이처럼 단지 외형적인 지각에만 그치는 반사 작용에 주력하는 경향은 특히 행동주의에 힘입은 것으로써 이 행동주의가 구축하려는 세계에는 언제나 측정 가능한 관찰 자료나 또는 행태 양식에 관한 판단 가능성에 의해서만도 특정한 상황에서 예측될 수 있는 그와 같은 계열적인 여러 요소 간의 상관관계만이 존재할 뿐이다. 그러므로 심리학의 경우와 같이 사회학으로서도 기계와 같은 비인간화와 형식화 과정에 의하여 스스로의 의미가 마멸되고 말 단계를 거치게 되리라는 것은 이미 추측이 아닌 거의 확실한 사실로 변했으니, 이제 입버릇처럼 이야기되는 거추장스러우리만치의 정확성에 대한 집념과 관련하여 아직도 사회학에 남겨진 것이 있다면 다만 정태적 성질을 띤 데 불과한 자료나 실험 행위 또는 개략적인 측정을 하는 일일 뿐이다. 결국 여기서 사회학으로서는 어떤 문제에 대해서도 의미 있는 내용 규정을 할 수 없게 되어버리고 만 것이다. 이에 대하여 한 가지 더 첨가해둘 것은 측정될 수 있으리만큼, 다시 말해서 내용의 명세를 작성할 수 있으리만큼 서술한다는 바로 그 한 가지 사실에 모든 의미를 귀착시킨다는 것은 오직 확실하기만 한 대상이라면 그 모든 것을 기필코 규정하고야 말겠다는 것이며, 더 나아가서는 아무리 우리의 정신적 및 사회적 대상계에서라 할지라도 순수한 외형적 상태에서도 측정이 가능한 것에 대해서는 기필코 연구 검토를 가해보고자 하는 진지한 시도를 뜻한다는 것이다. 그러나 그와 같은 방법에 의하여 진정한 의미의 사회적 현실을 규명한다는 것이 불가능하리라는 것은 이제 의심의 여지가 없다. 여기서 한번 비교적 단순히 '상황'이라는 말로 불리우는 현상을 예로 들어보도록 하자. 만약 이 상황이라는 말이 다양하게 서로 첩첩이 얽혀 있으면서도 단지 외형상의 식별만이 가능한 여러 가지 행동 양식이 표면적으로 전개된 현상을 뜻하는 데 그치는 것이라면 과연 그 말 속에 어떤 별다른 의미가 담겨 있을 수 있으며 또한 거기서 우리가 무엇을 이해할 수 있단 말인가? 그러므로 우리가 일단 이 인간적 상황이라는 말에 담긴 진의를 파악하기 위해서는 무엇보다도 여기에 관련된 당사자들이 그 해당 상황을 어떻게 관념적으로 소화하느냐는 물론이고, 나아가서는 그들 모두가 이러한 상황 속에서 느끼는 스스로의 긴박감을 어떻게 체험하고 있는가 그리고 그와 같이 체험한 긴박성에 대해서 그들이 어떠한 반응을 나타내는가 하는 점을 고려해야 함은 두말할 필요도 없다. 이 밖에도 또 어떤 한 가족의 생활 주변을 둘러싼 특유한 분위기를 예로 들 수도 있다. 이를테면 함축성 있는 해독력에 의해서 통찰이 가능한 이 가정에서만 통용되어온 여러 가지 규범도 마치 이 집의 고용인이나 혹은 풍치의 경우와 꼭 같은 뜻에서 전체적인 분위기의 일부라고 할 수 있는 것이 아닐까? 그뿐만 아니라 만약 이 가정 내에서 통용되어 온 규범들이 변화를 가져올 때에는 아무리 그 밖의 다른 여건들은 동일하다 하더라도 역시 이 가정 자체(예를 들어서 어린이 교육이라는 관점에서 볼 때)에는 전혀 상이한 분위기가 감돌 것으로 볼 수 있지 않을까? 결국 단순한 기계론적 도식에 의존해서는 우리가 어떤 상황이나 혹은 어떤 환경을 지배하는 규범적 내용과 같은 그 어떤 구체적 현상도 이해할 수 없으므로, 이제 우리는 함축성 있는 측정 불가능한 요소들을 순리적으로 이해하는 데 필요한 그 이상의 개념을 도입하지 않을 수 없는 것이다.

그런데 이와 같이 함축성 있는 여러 요소 간의 관계는 어떤 분명하게 측정할 수 있는 현상과 같이 그 성격이 명백하지도 않을뿐더러 있는 그대로 상세하게 지각하기도 힘들다고 보는 주장은 잘못된 것이다. 그와 정반대로 엄격히 형식화된 외형적인 요소에 있어서보다도 오히려 교호적으로 행동 유발적인 사상의 여러 요소를 드러내는 경우에는 훨씬 더 내밀적인 이해가 가능한 것이다. 빌헬름 딜타이Whilhelm Dilthey, 1833~1911가 말한 '근본적인 생의 연관성'에 대한 해석학적 이해 방법*이 이제 스스로 거론되기에 이르렀으며

• 여기서 나는 딜타이가 뜻하는 것이 나의 입장과 얼마만큼 차이가 있는지에 대해서는 고려하지 않은 채 이 표현을 사용했을 뿐이다.

또한 심리적 체험과 사회적 위치 사이의 기능적인 상호 침투 작용에 대한 해석학적 방법을 기초로 한 직접적 이해도 가능하게끔 되었다. 이와 같이 심리적 반응을 나타내는 우리 스스로의 내면 세계의 추이가 확연하게 들여다보임으로써 이제 우리는 단지 빈도의 측정 결과에 따라서 개연성을 파악하려는 자연계의 인과율과는 다른 법칙이 지배하는 존재 영역으로 접어들게 되었다.

해석학적 방법에 의거한 몇 가지 사회학적 관찰을 토대로 하여 이제 그와 같은 방법의 이론적 명확성을 밝혀보도록 하자. 예를 들어서 역사상 최초의 교회를 창건했던 당대인들의 논리관을 놓고 일부에서는 그것이 원래는 피지배 계층에 속해 있던 그들의 복수심에서 나온 것으로 해석하는가 하면, 또 다른 사람들은 그와 같은 기독교 윤리는 하등의 지배욕을 나타낸 일도 없던('왕권은 왕에게') 계층의 의식 상태에 부합하는 것이었다고도 하고, 또 다른 한편에서는 그들의 윤리관이란 이미 와해되기 시작한 로마 제국의 인종 구조를 토대로 한 것이었으므로 이미 그것은 인종 중심적 윤리가 아닌 보편적 세계 윤리라고 보는 경우도 있다. 여기서 우리가 한 가지 확실히 말할 수 있는 것은 그와 같은 사회적 상황과 정신적 내지 윤리적 행태 양식 간의 관계란 비록 측정할 수 있는 성질의 것은 아니라 하더라도, 말하자면 어떤 상이한 여러 요소 간의 상관 계수를 산출해내는 경우보다는 훨씬 정확하게 그 본질적 성격을 파악할 수 있으리라는 것이다. 다시 말해서 그와 같은 관계를 확증적으로 이해할 수 있는 이유는 그러한 규범을 발생하게 한 체험적 사실들을 근본적인 측면에서 조여들어가는 해석학적 방법을 우리가 구사하고 있기 때문인 것이다.

　따라서 사회학의 근본 원리는 기계론적, 물리적 내지 형식적이어서는 안 될 뿐 아니라 또한 순수한 양적 상관관계일 수도 없고 어디까지나 그것은 우리가 현실 생활 면에서의 실용적 목적을 위하여 안출해낸 것과 거의 같은 구체적 개념과 사고 모형을 이용한 상황 진단이어야만 한다는 것이 확실해졌다. 그뿐만 아니라 모든 사회학적 진단은 연구자의 가치 판단이나 무의식적인 방향 설정 Bewertungen und unbewußten Orientierungen des Forschers과 깊은 관계가 있으며 또한 비판적인 자기 해명을 꾀하는 사회학의 입장 역시 일상생활에서 우리 스스로의 방향 설정에 대한 비판적 검토와 극히 밀접하게 관련되어 있음이 밝혀졌다. 그러므로 항상 자기가 처해 있는 시대적 상황 속에 뿌리박힌 윤리 의식의 사회적 성격을 깊이 있게 검토하지 않거나 혹은 사회적 영역에서 발생하는 모든 문제를 사회 계층 간의 긴장 관계라는 각도에서 투시하지도 못할뿐더러 또한 복수심이란 것이 자기 자신의 경험 세계에서도 얼마나 생산적인 역할을 할 수 있는 것인지에 대해서 알아차리지도 못하는 연구가는 결코 앞에서 서술한 바와 같은 기독교적 윤리의 의미를 통찰하거나 하물며 이해하지도 못할 것이다. 그가 어느 정도로(적대자나 동맹자 중 어느 편에서이건 간에) 자기들의 권리를 쟁취하려는 하층 계급의 투쟁에 의식적으로 관여하느냐 그리고 과연 어느 정도로 복수심이란 것을 긍정적 혹은 부정적으로 평가하느냐 하는 데 따라서 사회적 긴장이나 복수심에 담긴 활력적 의미에 대한 그의 이해도도 좌우되는 것이다. '상층 계급과 하층 계급', '사회적 지위의 향상' 또는 '복수심' 등은 모두가 형식적이 아닌 의미 지향적 개념이다. 그런데도 만약 우리가 그러한 개념을 형식적으로 취급해 버리거나 혹은 그 속에 함축된 가치 의식을 제거해버린다면 상황의 분석을 위한 사고 모형은 불가해한 것이 되고 말 것이다. 왜냐하면 유용하고도 새로운 의의가 있는 규범이란 바로 복수심에서 발단되는 것으로 보아야 하기 때문이다. '복수심'이란 말을 상세히 분석할수록 단지 몰가치적인 인간의 태도라고 생각하기 쉬운 이 표현 속에 실로 다양한 가치 내용이 담겨 있음을 알 수 있다. 그리하여 만약 그와 같은 가치 내용이 이 복수심이란 개념 속에서 불식되어버린다면 그 개념은 더 이상 아무런 구체성도 지니지 못할 것이고, 또한 그 연구가가 복수심이라는 감정을 스스로 자기 마음속에 되새겨보지도 않는다면 위에서 언급한 바와 같은 초기 기독교적 상황에서 감돌던 긴장 상태에 대해서도 전혀 이해할 수 없게 될 것이다. 따라서 여기서도 의미 지향적인 의지가 현실 상황의 이해를 가능하게 하는 원천이 된다고 하겠다.

  사회학적 방법에 의한 연구를 수행하기 위해서는 누구나 사회적 과정에 참여해야만 하는데 이와 같이 집단적 내지 무의식적인 공통의 욕구에 관여한다고 해서 여기에 관련된 사람들이 사실을 왜곡한다거나 혹은 부정확하게 바라보리라고 생각해서는 안 된다. 오히려 그 반대로 이와 같이 생동한 연관성의 내적 본질을 파악하는 데는 그 사회의 생동한 연관성을 이해하는 것이 선결 문제이다. 즉, 누군가가 거기에 어떠한 방식으로 참여하느냐에 따라서 그가 제기하려는 문제가 어떻게 규정될 수 있는가 하는 것이 또한 결정될 수 있기 때문이다. 질적 요소에 주의를 기울이지 않거나 의욕적인 계기를 묵살한다는 것은 이른바 객관성을 구성하는 데 기여하기는커녕 객체의 본질적 특성을 부정하는 것이 된다.

그렇다고 해서 선입견이 활개를 칠수록 객관성도 그만큼 더 보장되리라는 견해가 옳다는 것은 물론 아니다. 우리가 여기서 꼭 지적하고자 하는 것은 정치적 약동 élan politique을 견제하는 어떤 특이한 행태 양식상의 내적 활력이라는 것이 있어서 결국 이 약동하는 힘 그 자체가 정신적 통제를 받게 된다는 것이다. 생의 작용이란 것은 특히 그것이 일대 위기를 맞이했을 때는 스스로를 초극함으로써 오히려 자기 한계를 의식하게 되는 어떤 막바지에 다다른다고 할 수 있으니, 이를테면 정치적 복합성을 띤 문제로서의 이데올로기와 유토피아가 지식사회학의 대상이 됨으로써 상반되는 정치적 목표들을 서로 짓밟거나 무의미한 것으로 낙인찍어버리는 데서 발생하는 회의주의와 상대주의가 오히려 하나의 구제책으로 등장하는 경우가 바로 여기에 해당된다. 왜냐하면 회의주의와 상대주의는 자기비판과 자기 통제를 강요함으로써 객관성에 관한 하나의 새로운 개념을 향해서 zu einer neuen Konzeption der Objektivität 접근하는 것이기 때문이다.

이미 그 전모를 드러내버린 무의식의 세계를 있는 그대로 받아들이지 않을 수 없다는 것, 이것은 실로 감내하기 힘든 삶의 한 단면인 듯이 보이기도 하지만 역사적인 면에서 보면 이것이 오히려 이론적인 비판적 자아의식을 낳게 하는 전제가 되기도 했다. 개인 생활 면에서만 보더라도 우리가 자아에 대한 통제나 시정을 하기 위해서는 무엇보다도 원래 맹목적이고도 활력적인 과대한 욕망을 실현하려다가는 오히려 그때마다 자기의 뜻을 좌절시키는 어떤 장애에 부딪히게 된다. 다시 말해서 우리는 자기가 뜻하던 바와는 또 다른 기타 여러 가지의 가능한 존재 양식과 알력을 빚는 과정에서 비로소 자기 고유의 독자적 생존 양식에 눈을 뜨게 되는 것이다. 그뿐만 아니라 아직껏 우리 자신의 배후에 가려진 채 꿈틀거리기만 하던 무의식적 동기들이 노출됨으로써 그에 대한 의식적인 통제를 할 수 있게 될 때라야만 비로소 우리는 사생활 면에서도 모든 역경을 이겨낼 수 있는 것이다. 우리 인간이 객관성이나 독자적인 세계의식을 성취하기 위해서는 행동에의 의사를 꺾거나 가치평가를 유보함으로써가 아니라 오히려 스스로를 자기 자신에게 대응시킴으로써 이를 검증하는 가운데서만 가능한 것이다. 그런데 이와 같은 자기 해명의 가치를 평가할 수 있는 기준이 되는 것은 우리가 인식 행위에서 얼마만큼 하나의 객체를 대할 때와 같이 투철하게 자기 스스로를 불태우는가에 달려 있다고 하겠다. 이제 우리는 더 이상 단순한 인식의 주체라는 막연한 존재로서 스스로를 상처 입히는 것이 아니라 스스로 분명히 이해할 수도 없던 어떤 상황 속에 던져져 있으며 동시에 과거에는 우리가 무의식중에 경험해왔을 뿐인 여러 가지 동기를 간직한 존재로서 군림하게 된 것이다. 그러나 순간에 이르면 갑자기 우리의 역할이나 동기뿐만 아니라 우리가 이 세계를 체험하는 양식이나 양상 등, 이 모두가 서로 엇갈려 있는 내적 연관성이 뚜렷이 나타나게 마련이다. 그렇기 때문에 바로 이와 같은 체험 내용을 통하여 그나마도 인식의 사회적 규정성 그 자체를 통찰할 수 있는 우리 스스로의 능력이 증대될 때라야만 이에 비례하여 그와 같은 규정성을 탈피할 수 있는 우리의 가능성도 커진다고 하는 역설적인 논리가 성립된다. 인간의 자유에 관하여 가장 많이 떠벌리는 사람일수록 실제로는 그 누구보다도 사회적 규제를 심하게 받는다고 볼 수 있는 것이, 그러한 사람일수록 특히 자기의 그 행태가 얼마나 자기 이해관계에 규제를 받고 있는가에 대하여 짐작조차 못 하는 경우가 대부분이기 때문이다. 이와는 반대로 사회적인 규정 요인에서 오는 무의식중의 영향력에 관하여 누구보다도 강조하는 사람일수록 오히려 그와 같은 요인을 최대한 극복하려고 시도한다고 할 수 있다. 왜냐하면 그와 같은 무의식적 동기들이 노출됨으로써 그들은 스스로를 지배해오던 이러한 동인들을 점차 자기의 의식적이며 합리적인 판단의 대상Gegenstand bewußter rationaler Entscheidung으로 삼으려고 노력할 것이기 때문이다.

 이와 같이 한편에서는 세계에 관한 우리의 지식이 확충되는가 하면 다른 한편으로는 개체적 인간으로서의 자아 인식과 자아의 통제가 점증된다고 하는 이 두 가지 사실에 얽힌 밀접한 관계를 우리가 논의의 대상으로 삼는 것은 결코 우연한 일도 아니고 또한 지엽적인 성질의 문제도 아니다. 개인에 의한 자기 확충의 과정은 모든 종류의 현실 제약적 성격을 띤 지식의 전개 양상을 나타내는 가장 좋은 일례인데, 말하자면 이 지식이란 단순히 여러 가지 사실이나 혹은 그 인과 관계에 대한 객관적 자료를 축적하는 데서 끝나는 것이 아니라 생의 과정에서 이 내적 응집성을 이해하는 데 특히 관심을 두고 있음을 의미한다. 이 내적 응집, 집착die innere Verklammerung이란 것은 오로지 해석학적 요해 방법에 의해서만 포착될 수 있으며, 또한 이와 같은 세계 해석을 향한 과정상의 모든 진행 단계는 그 하나하나마다 곧 개별자로서의 자기 석명自己釋明의 과정이기도 한 것이다. 나를 둘러싼 세계에 대한 지식을 통하여 자기 해명을 하면서 스스로를 확충해나가는 이와 같은 현상은 단지 개체적인 인간으로서의 자아 인식에만 해당되는 것이 아니라 자기 석명을 내리는 한에서 집단에 대한 가치 평가의 기준이 되기도 한다. 우리가 비록 자기 석명을 할 수 있는 능력을 가진 것은 어디까지나 개별자로서의 인간뿐이라는 점을 역실해야 한다고는 하시반(말하자면 '민족정신' 따위는 있을 수도 없다거나 혹은 개별체의 모임으로서의 집단 그 자체는 사유도 할 수 없고 또한 자기 석명의 능력도 갖고 있지 못하다는 식으로), 어떤 사람이 자기의 유아 시절을 회상하면서 그 당시의 자기 생각이나 행동을 규제했던 어떤 무의식적 동기를 알아차릴 수 있느냐는 문제와, 또 다른 면에서 어떤 특정 집단의 구성원들과의 관련 속에서만 이해될 수 있는 자기 행동의 동기나 기대감을 이루었던 요소들을 그가 과연 의식할 수 있느냐는 두 가지 문제는 서로 차원을 달리하는 성질의 것이다.

그런데 자기 석명이 진행되는 단계적 과정이 전적으로 우연성에 지배되느냐 하는 문제는 그 나름의 해명을 요하는 과제이다. 우리는 어떤 한 개인에 의한 자기 석명이란 그 밖에 다른 개인에게도 그대로 해당되는 공통의 상황을 바탕으로 한 사회적 기점에서 발단된 집단적 자기 석명 과정상의 일정 지점을 뜻하는 데 불과하다고 보려는 것이다. 하여간 우리가 지금 다루는 문제가 개별자로서의 자기 석명에 관한 것이든 혹은 한 집단에 의한 자기 석명에 관한 것이든 이 두 가지 측면에 다 같이 공통된 한 가지 사실은 그 구조에 관한 것이다. 다시 말해서 핵심적 측면에서 본 이 구조의 특징은 결코 세계라는 것을 주체로부터 분리된 한낱 객체와 같은 상태에서가 아니라 어디까지나 체험 내용을 구성하는 체계적 연관성에 상응하는 것으로서 문제 삼는다는 데 있다. 그뿐만 아니라 현실이라는 것 역시 주체가 스스로 자기 확충을 기하는 한에서만(즉 주체의 체험 능력과 그의 고찰 범위가 확대되는 과정에서만) 그 모습을 제대로 드러내보인다고 할 수 있다.

  정치학적 내지 사회과학적 지식이 일정한 한계에 도달하면서부터는 형식적인 기계론적 사상과는 구별된다는 것, 특히 그와 같은 지식이 단순한 사실이나 상관관계만을 나열하는 정도를 넘어서서, 이 책에서 우리도 계속 다뤄나갈 상황 관련적인 지식의 모형으로 접근해가는 바로 이 단계로부터 양자 간의 차이가 나타나기 시작한다는 사실에 대하여 지금까지 우리는 은폐해왔거나 또는 어엿한 인식론적 과제로 등장시키지도 않았었다.

  그러나 일단 사회학과 예컨대 정치적 방향 설정에서 나타나는 바처럼 상황 제약적 이론과의 관계가 명백해진 이상, 이제 우리는 그와 같은 형식주의적이며 기계론적인 사고 형식이 안고 있는 긍정적 가능성과 함께 그의 한계성과 위험성까지도 당연히 검토해야 할 입장에 놓이게 되었다. 또한 이러한 문제를 검토해나가는 데 있어서 특히 우리가 명심해야 할 것은 그와 같은 이론이 안고 있는 위험성뿐만 아니라 어떤 해결을 제시해줄 것으로 여겨지던 자기비판적 기능을 다할 만한 새로운 가능성을 겉으로 드러내기도 하는 위기와 불안정의 상태로부터 출발해야만 한다는 것이다.

우리가 이와 같은 관점에서 문제를 검토해나갈 때 공공생활의 경우라면 도저히 참기 힘든 불쾌감을 조성할 것임에 틀림없는 불안정성이 오히려 현대 사회학이 필요로 하는 완전히 새로운 통찰력을 마련해주는 기초가 되고 있으니 이제 다음과 같은 세 가지 견지에서 이 문제를 살펴보도록 하자. 첫째, 집단적 내지 무의식적 동기가 현대 사회 이론의 방향을 규정하는 한 그와 같은 동기에 대한 자아비판적 분석을 가하려는 경향이 있다는 것, 둘째로는 개념의 변화는 사회 역사적 변동에 의존한다는 경향이 있으며, 또 마지막으로는 사유의 사회적 성격을 등한히 해오던 종래의 인식론을 수정하려는 움직임이 있다는 것이다. 지식사회학은 이와 같이 막연하게나마 사회적인 불안정성이나 불투명성을 통하여 표출되는 어떤 의문점들을 체계화하는 것이라고 할 수 있다. 따라서 이 책이 목적으로 하는 것은 한편으로는 좀 더 명확하게, 그리고 다각적 측면으로부터 궁극적인 우리의 유일한 문제에 대한 이론적 정의를 내려보자는 것이며, 또 다른 면으로는 점차 정확도를 더해가는 가치 판단의 기준에 따라서 우리가 각이한 여러 사유 방식을 서로 구별하거나 분리하며 이것이 각기 상응한 집단에 분류되고 정돈될 수 있도록 하는 방법을 고찰해나가는 데 있다.

이를테면 증명할 만한 아무런 분석적 방법이나 혹은 증명된 사실을 검증할 만한 가치 평가의 기준이 마련되지도 않은 상태에서 우리가 일정한 사고 유형을 놓고 그것이 마치 봉건적, 자본주의적, 프롤레타리아적, 자유주의적, 사회주의적 혹은 보수주의적이라는 등등으로 나누어서 이야기하는 것보다 더 쉬운 일도 없을 것이다. 그러므로 현 단계에서 우리가 연구해야 할 과제는 귀납적 방법을 뒷받침할 만한 가설을 발견하여 이를 구체화함은 물론 우리의 관심사가 될 현실의 각 구성 부분에 대해서는 과거의 경우보다도 저마다의 요인에 따라서 훨씬 더 세밀한 분석을 해야 한다는 것이다. 이제 우리가 목표로 할 것은 첫째, 사상적 영역에서의 의미 분석을 더없이 섬세화함으로써 그 뜻이 도무지 세분화되지 못했던 용어나 개념들로 하여금 점차 정밀화되고 또한 그것이 세밀화되어가는 각 이한 사고방식이 지니는 특징에 의하여 보완되도록 하는 것이고, 둘째로는 무질서하게 산재해 있는 여러 가지 사실 대신에 그 어떤 시대나 현실 속에 나타나는 다양한 지각 및 사유 형태를 일으켜온 상호 영향하에 있는 사회적 제동력의 맥락을 이루는 전체적인 사회 구조를 파악하기 위하여 가능한 한 사회사社會史를 재구성할 수 있는 완벽한 방법을 수립하는 일이 되겠다. 의미 분석과 사회학적 상황 진단이라는 두 가지 방법이 합쳐지면 Bei der Verknüpfung von Bedeutungsanalyse und soziologischer Situationsanalyse 극히 정밀한 정도까지 고구의 대상이 되는 문제를 추적할 수 있는 여러 가지 가능성이 주어지므로 앞으로 언젠가는 이렇게 해서 생겨난 방법이 자연과학적 방법과 어깨를 나란히 할 수 있으리라는 기대도 해볼 만하다. 그뿐만 아니라 이러한 방법은 의미의 세계도 이를 검증 불가능한 것으로 방치해버리지 않을 뿐 아니라 오히려 의미 해석상의 정확성을

기하게 하는 길잡이가 될 수 있다는 이점도 따를 수 있는 것이다.•
만약 지식사회학적 방법이 이만한 정도의 정확성을 기함으로써 이
제 정신 활동에 미치는 사회의 의의까지도 이 쌍방 간의 상관관계
를 더욱더 상세히 밝혀내어 이것이 입증될 수만 있다면, 이제 사회
학으로서는 정확성이 결여되었다는 이유로 극히 중요한 문제들에
대한 연구조차 포기해야만 한다던 항간의 설은 전적으로 그 근거
를 상실하고 말 것이다. 왜냐하면 종래에는 자연과학적 방법을 사
회학에 적용함으로써 오히려 우리는 우리 자신이 알고자 하는 것,
또는 앞으로의 사회 발전을 위하여 지대한 의의가 있다고 보이는
문제를 제기했넌 것이 아니라, 오히려 일성한 기존의 방법으로노
측정 가능한 복합적 사실을 취급하는 데 그쳤다는 점을 아무도 부
인하지 못할 것이기 때문이다. 다시 말하면 현 단계에서 도달할 수
있는 가능한 최고도의 정밀성에 의거하여 특히 의의가 있다고 여
겨지는 것을 발견하려는 것이 아니라 단지 무엇인가가 우연히 측
정될 수 있는 성질을 가졌다는 오로지 그 한 가지 이유만으로 측정
가능한 대상에 의미를 부여하는 것이 고작이었다는 것이다. 현재

• 저자는 사회학적 의미 분석에 관한 이와 같은 방법을 "Das konservative Denken. Soziologische Beiträge zum Werden des politisch-historischen Denkens in Deutschland" (*Archiv für Sozialwissenschaft und Sozialpolitik*, Bd. 57, 1927)라는 논문에서 다뤄보았다. 여기서 시도한 것은 단일한 정치적 경향에 속해 있는 모든 저명한 사상가의 사유 방법을 가능한 한 정확하게 분석한 것만이 아니라 그들 스스로의 사회적 기초가 변화함에 따라 사유 방법 자체에는 과연 어떤 변화가 따르는가를 알아보려는 것이었다. 우리가 이 논문에서는 정신사와 사회사의 어떤 특정 부문만을 엄밀하게 검토하려는 이른바 '미시적' 방법을 사용한 데 반하여 본서에서는 단도직입적으

와 같은 발전 단계로는 지식사회학의 이론과 관련된 문제에 대하여 우리가 일률적으로 정의를 내리기에는 아직 요원한 감이 있으며 또한 사회학적 의미 분석이 극히 섬세한 정도로 이뤄질 수 있기까지는 아직 많은 시간을 요할 것이다. 따라서 이러한 방향으로 가는 발전 도상에서 우리가 현재 차지하는 위치는 그 종결 부분이기는커녕 오히려 겨우 초기 단계에 들어선 것뿐이라고 하는 바로 이 사실이 여기 내놓은 본서의 성격까지도 좌우하게 되었다. 본서에서 취급한 문제들은 모두가 그 어떤 교과서에서든 혹은 제아무리 완전무결하다는 이론 체계에서든 간에 제대로 서술할 수 없던 문제들이며 더 나아가 그것은 과거 어느 때에도 세밀하게 관찰하거나 충분히 숙고한 일이 없었던 문제들이라고 할 수 있다. 사유와 경험의 세계에서 다 같이 거센 혁명적 격동기를 거쳐왔던 전 세대인들은 그와 같은 문제들을 단지 이론적 시론 형식試論形式으로 다뤄왔을 뿐이다. 그런데 16세기부터 18세기까지의 대표적 사상가들이 애용했던 방법이란 우연히 자기의 주목을 끌 수 있는 어떤 문제에 당도하면 직선적으로 그 문제에 뛰어들어서 끝내는 사유와 존재

로 '거시적' 방법을 택하였다. 여기서 우리는 이데올로기와 유토피아라는 복합적 문제에 얽힌 가장 중요한 발전 단계를 추적하고 있으니 또 다른 말로 하면 일정한 거리를 두고 바라보는 입장에 서서 가장 중요하다고 여기는 어떤 전환점을 밝혀내려는 것이라고도 할 수 있다. 본서에서 볼 수 있는 바와 같은 포괄적인 문제의 복합성을 파악하는 데는 거시적 방법이 특히 유효하겠지만 만약 우리가 일정 범위 내의 세부적 문제만을 확인하려 할 때에는 미시적 방법이 효과적이다. 근본적으로 봐서 이 두 가지 방법은 언제나 함께 교호적으로 또는 상호 보충적으로 사용되어야만 한다. 역사 연구에 있어서의 지식사회학의 용도에 관한 전반적 개관을 필요로 하는 사람은 여기 지적한 본 논문을 참조하기 바란다.

사이를 가름하는 한계 영역을 발굴해낼 뿐 아니라, 어떤 개별적인 실례를 통하여 그 의미가 완전히 파악될 때까지 여러 측면으로부터의 해결을 끈질기게 모색하는 것이었다. 그 후로도 흔히 대단히 가치 있는 방법으로 알려진 이와 같은 서술 방법은 본서를 집필한 저자에게도 체계화된 논문 형식이 아닌 시론적 형태(최종 장만은 예외이지만)로서 하나의 표본이 될 수 있었다. 본서에 수록한 글들은 하나의 새로운 관찰 내지는 해석 방법을 많은 여러 가지 문제와 사실에까지 응용해보려는 시도에서 집필한 것이다. 또한 그 내용들은 모두 각기 상이한 시기에 쓴 것이어서 서로의 체계적 연관성은 없으면서도 이들 모두 동일한 문제를 중심 과제로 심고 제 나름의 독자적 대상을 지니고 있다.

바로 이와 같은 시론적 내지는 실험적 사유 태도가 그 기본을 이루고 있으므로 본서의 여러 곳에서 발견할 수 있는 반복된 내용들이 삭제되거나 또는 모순점들이 시정되지 않고 있다는 데 대해서 충분히 이해가 되리라고 믿는다. 즉, 반복된 내용이 삭제되지 않은 이유는 동일한 사상이라 할지라도 그때마다 새로운 연관성을 지닌 가운데 새로운 각도에서 서술될 수 있기 때문이며 또한 모순점들이 시정되지 않은 이유 역시 저자가 확신하는 바로는 비단 이론적인 개요에 불과한 것이라 할지라도, 그 속에 담긴 내용 자체에는 어떤 새로운 잠재적 가능성이 내포되어 있는 까닭에 그 개요 속에 담긴 진의가 속속들이 이해될 수 있도록 하기 위하여 마땅히 모든 내용이 글로 표시될 수 있어야 하기 때문이었다.* 저자가 또 한 가지 확신하는 점은 현대의 많은 사상가는 흔히 서로 모순되는 상이한 사고방식에서 유래된 다양한 개념을 동시에 소유하거나 구사하기도 한다는 것이다. 그럼에도 우리가 흔히 이러한 사실을 공공연하게 거론하지 않은 이유가 있다면 그것은 즉 체계적인 이론가들은 자기가 지닌 그와 같은 모순을 자기 자신에게는 물론이고 독자에게까지 용의주도하게 숨기고 있다는 것이다. 체계적 이론가에게는 그와 같은 모순점들이 불쾌감만 키워주는 원인이 되겠지만 반대로 실험적 방법을 구사하는 이론가에게는 우리의 현재 상황 속에 도사린 기본적 결함에 대하여 처음으로 구체적 진단을 하고 또 검토하는 데서 하나의 지표가 될 수도 있을 것이다.

• 이와 관련하여 여기에 명기해두고자 하는 것은 본서 제2장에서는 이른바 동일 개념의 상대주의적 가능성, 제4장에서는 행동적 내지는 유토피아적 요소, 최종 장에 가서는 동일한 기본적 쟁점을 조화와 종합에 의하여 해결하려는 경향이 두드러지게 나타나 있다는 것이다. 그리하여 실험적 사고방식이 기본 개념 속에 내포된 다양한 가능성을 설명하는 데 얼만큼 주력하느냐에 따라서 위에서 거론한 문제점들에 대한 이해 가능성까지도 점쳐질 것이다. 즉, 아무리 동일한 '사실들'일지라도 의지나 전변하는 국면에서 닥치는 영향에 따라서는 때때로 동일한 전체적 상황에 대해서도 전혀 상이한 해석을 자아낼 수 있다는 것이다. 그러나 어떤 이념 관련성이 아직 성장과 생성의 과정에 처해 있는 한, 우리는 그 속에 자리 잡은 잠재적 가능성을 은폐해서는 안 될 뿐더러 오히려 그것이 지닌 모든 변화 요소까지도 독자의 판단에 맡겨야만 할 것이다.

IDEOLOGIE UND UTOPIE
2

이데올로기와 유토피아

1
이 두가지 연구의 내적 연관성

　본서의 제목은 저마다 완결된 상태에서 각기 독립적으로 행해진 두 가지 연구 내용을 하나로 묶어놓은 더 깊은 연관성을 시사해주고 있다. 결국 이 두 논문은 건축학적 의미에서와 같이 서로를 보충해주는 것이 아니므로 그중의 하나가 다른 편에서 얻은 결과에 직접 부합되어야 하는 것은 물론 아니지만, 우리에게 의문을 던져주게 된 자신의 존재 위치를 새로이 해석하고 설명하기 위해서는 이 두 가지 문제를 하나의 시각을 중심으로 다뤄나가게 되는 것이다. 그리하여 이 연구 결과들은 사회적 및 심리적 영역에 얽힌 몇 가지 중요하게 여겨지는 연관성들을 밝히려는 하나의 문제 설정이자 최초로 이루어진 시도이기도 하다. 그런데 지식사회학적 시각은 어떤 단일한 세부 내용에만 의존하거나 혹은 독자적 체계 및 구조를 형성하기에는 아직도 미숙한 점이 너무나 많으므로 이러한 시각은 끊임없이 새로운 문제 제기를 통하여 되풀이 점검되어야만 한다. 그러므로 한편으로는 역사적 사건을 통한 극히 중요한 체험 내용을 서술하는 데 있어서도 언어학적 정확성을 기해야만 할 것이고* 다른 한편으로는 더욱더 확대되어가는 연구 수행상의 계획을 스스로 설정하기 위하여 전체적인 선후 관계까지도 확정지어야만 한다. 왜냐하면 이 경우 역시 세계 내에서의 새로운 정위 설정의 경우에서와 마찬가지로 사물을(사색의 힘으로는 투시할 수 없는 어떤 잠재적 충동이 가르치는 대로) 관찰하는 가운데 비로소 모든 것의 기초가 되는 지침도 마련되고 또 통합도 이룰 수 있을 것이기 때문이다. 그러나 만약 우리가 이와 같은 초기 상황을 무리하게 뛰어넘어서 새로운 기초를 바탕으로 한 어떤 체계를 세우려고 한다면 여기에는 참된 새로운 현실이 반영될 리 없고, 오히려 우리의 시야를 어둡게 하는 과거에서 답습한 가설, 개념적 도식 또는 체계의 원형 등에 스스로 전부 의존하는 결과만을 빚게 될 것이다.

다행스럽게도 지식사회학은 아직 이 단계에서도 여타의 학문들과 같이 경직된 체계상의 도식에 묶여버리거나 또는 현재의 자기 세계에 안주할 수 있을 만큼 이미 완성된 결실이나 결과에 자족감을 느끼지 못하는 이른바 출발 단계에 놓여 있다. 일반적인 교과 과목에서는 좀처럼 알아차리기 힘들게 되어버린 것이 사실이지만

---

* 저자의 다음 논문을 참조할 것. "Das konservative Denken, Soziologische Beiträge zum Werden des politisch-historischen Denkens in Deutschland" (*Archiv für Sozialwissenschaft und Sozialpolitik*, Bd. 57, 1927).

분명히 지식사회학으로서는 결코 자기 목적적이 아닌 전체적 연관성을 바탕으로 사유하여 역사적 사상의 변화 속에서 언제나 새로이 형성되고 또 새로운 힘을 약동시키는 수단임은 물론 이와 같이 생성된 구조의 각 요소를 통하여 바로 새로운 인간화 과정이 전개되도록 한다는 것을 일깨워준다. 그러므로 앞으로 우리의 연구 방향은 어떤 사물과 관련된 문제성이 비로소 부각되기도 하고 또한 사유가 체험 일반에 대한 성찰까지도 가능하게 하는 직접적인 충동과 밀착된 상태에서 결코 그와 같은 생동한 흐름으로부터 일탈하지는 않을 것이다.

결국 우리는 지금의 이 연구를 위한 체계적인 출발점을 곧 문제의 발단으로 삼으려는 것이 아니며 또한 암암리에 지금까지 전제되어왔던 일련의 사실들을 명시함으로써 앞으로 다룰 이데올로기와 유토피아의 발생 근거이기도 한 직접적인 존재 상황과 '생의 당혹성'을 관심권 외로 밀어내려는 것도 아니다. 오히려 그와 정반대로 우리는 지금의 이 첫머리에서 그 밖의 모든 문제에 대한 이해가 가능하고 또 이에 뒤따르는 체험 Nacherleben에 의해서 포착될 수도 있는 바로 그 기점에 주의를 환기하고자 한다.

'학으로서의 정치는 가능한가?'라는 표제를 가지고 우리는 이데올로기적 성격과 관련한 사유의 가장 투철한 양상을 살펴보고자 하며, 동시에 유토피아적 의식의 부분에서는 유토피아적 요소가 우리의 사유와 체험에 미치는 영향을 밝혀냄을 목적으로 했다. 전자의 경우 우리는 이데올로기 문제와 관련한 가장 구체적인 사례를 현대 사상의 핵심적 조류와 대응하고, 또 검토하고자 한다. 이를테면 경험적으로 입증된 자료들을 서로 비교함으로써 이론과 실천의 관계에 관한 극히 간결한 듯이 보이는 단순한 성질의 문제만을 제기해보더라도, 여기서 얻는 사유의 결과가 서로 다를 수밖에 없는 이유는 이와 같은 문제 제시의 테두리 안에서 통용되는 개념 규정 자체가 이미(의식적인 노력에 의한 것은 전혀 아니지만) 이 문제를 고찰하는 각자의 사회적 입지점에 dem sozialen Standort des Betrachters 따라 서로 다를 수밖에 없음을 밝혀낸다는 것이다. 그 밖에도 또 앞으로의 연구에서 우리가 경험적 입증 자료를 토대로 하여 밝혀내고자 하는 것은 —정신사적 내지는 사회적 변천이 초래되었던 결정적 계기에 발맞추어서 각기 사회적으로나 정치적으로 세분화되어 있는 의식 세계 내에 자리 잡은 유토피아적 요소가 전화되면서 이에 따라 그 의식 자체도 구조적 변화를 수반하지 않을 수 없으므로, 결국 유토피아적 요소에 변화가 발생했던 주요한 역사적 단계를 분명히 파악하기 전에는 의식의 역사 서술이 도저히 불가능하리라는 것이다.

그리하여 결국 이데올로기 내지는 유토피아적 문제성이라고 하는 두 가지 측면을 기점으로 하여 우선 우리들 자신과 관련한 참모습을 실제적 증거를 통해 가차 없이 폭로하고 동시에 이와 관련한 현존하는 사례를 명시해야만 하겠다. 모든 사유에 부착된 유토피아적 내지 이데올로기적 성격은 언제나 당파적 입장에서만 다뤄졌던 까닭에(즉 오로지 상대방의 사유에만 국한하려는, bisher zumeist nur parteiisch nur im Denken des Gegners gesehen) 아직껏 쌍방 모두가 자기의 입장만은 공정하다는 듯 감싸왔던 것이 사실이다. 그런데 여기서 우리가 시도하려는 것은 어떠한 사상적 입장을 막론하고 그 모든 것을 유토피아적 내지 이데올로기적 요소와 연관시킴으로써 어떻게 해서든지 그 속에 깃든 문제성을 공명정대한 입장에서 해명해 보려는 것이다. 그러므로 한시도 우리 곁을 떠나지 않는 현대적 상황에 필수적인 이러한 문제 제기의 방법 자체가 첨예화될 때라야만 비로소 우리는 현재와 같은 사유 단계에서도 과연 인식은 가능한가, 혹은 현대와 같은 존재의 차원에서도 과연 인간의 정신적 실존은 가능한가 하는 데 대한 의문도 제기할 수 있을 것이다.

여기서 한 가지 강조해둘 것은 지금 거론하고 있는 두 가지 연구 과제 중 특히 그 첫 부분에서는 암암리에, 그것도 더욱이 막연한 상태에서 아무런 이성적 판단도 거치지 않은 채 이와 같은 이데올로기 문제에 대하여 느낄 수 있었던 우리 자신의 사유와 존재의 위기를 포착하려는 시도가, 다시 말하면 실제 경향에 있어서 전체성을 지향한다고 할 수 있는 사실의 확인이 주요 과제로 등장하고 있다는 것이다. 말하자면 갑자기 우리가 자기 자신이나 또는 자기의 동료를 이해할 수 없게 된다거나 혹은 아무리 심사숙고하고 또 해명해보려고 애써도 결국 전혀 불가해한 요소라고 할 개념의 한계 가치와도 같은 어떤 심연에 부딪히게 될 때 아무리 뜻하지 않은 상태라고 해도 우리는 결코 이러한 문제와의 생동한 대결을 피하지 말고 그에 정면으로 맞서야만 할 것이다. 왜냐하면 아직도 해결을 위한 일말의 여지가 있는 곳에서라면 그 어디서든 우리가 규명할 수 있는 가장 명료한 결과를 추구하려는 경우에 한해서 우리는 오로지 명백한 것은 불분명한 요소 속에만 깃들 수 있다는 사실을 깨우치게 될 것이기 때문이다. 이와 같은 말단 현상을 우선 우리의 대상 범위 내로 끌어들여서 우리의 사유와 존재를 가능하게 하는 매개물에 대한 정밀한 검사를 통해 그와 같은 말단 현상이 실제적으로 어떤 양상을 띠고 있는지를 더욱 뚜렷이 우리의 의식 세계 내에서 되살려내는 것이 본서의 기본 목표이다.

저자로서는 사유가 직면해 있는 위기 상황을 의식하고 있긴 하지만 동시에 그러한 위기가 해소될 수 없다고 보지는 않으므로 어떤 성급한 해결을 내리려고는 하지 않는다. 만약 지금과 같은 처지에서 어떤 지엽적 사실이 곧 절대적인 듯이 보인다고 하여 우리 스스로가 기기에 빠져듦으로써 마침내 새로이 태동하기 시작한 현상을 직시하지 못하고 만다면 이는 문제성 그 자체를 봉쇄하는 결과만을 낳게 될 것이다. 그러므로 무엇보다도 학자적인 안목에서 상황의 추이를 주시하기 위해서는 우선 위기를 심화시키고 확산시켜야 하며 또한 불확실한 것에 대해서는 의문을 제기해야 할 뿐 아니라 스스로의 사상에 대해서도 언제나 주의를 게을리해서는 안 될 것이다. 왜냐하면 우리의 내면 세계 그 자체에는 우리가 언제나 조심스럽게 은폐하고 있는 모순으로 얼룩진 갖가지 가능성이 도사리고 있기 때문이다. 따라서 우리는 여러 가지 근거에서 파생한 여러 모순을 없애버리려는 태도만을 취해서는 안 되겠다. 왜냐하면 여기서 우리가 유의해야 할 점은 그 무엇이 옳고 그르냐는 것보다 오히려 그 어떤 모순을 철저히 파헤침으로써 고차원적인 방대한 영역에까지 파급되는 의문점이 앞으로의 노력 여하에 따라 해명될 수 있도록 해야만 하는 것이기 때문이다.

이와 같은 의도나 테마에 정면으로 역행하는 서술 방식으로 고전적 건축법에나 비유할 수 있는 신중성에만 역점을 둔 정관적 방법을 들 수 있는데 이 경우 여기서는 가장 긴요한 문제가 언제나 은폐되게 마련이다. 그러므로 우리는 정신적 절박감에서 오는 사상적 욕구에 부합하려는 뜻에서도 외형적 측면에 역점을 둔 서술 양식은 될 수 있는 한 기피해야만 하겠다. 그뿐만 아니라 당연히 문제로 제기되는 대상적 범위가 확대돼야 할 필요가 인정되는 때에 한해서만 어떤 새로운 논지나 입증될 만한 사실들도 수집되어야 하고 또한 이와 반대로 문제의 연관 관계로 보아서 어떻게든 손에 닿을 만하다고 보이는 것이면 하나도 빠짐없이 문제로 제기해야만 할 것이다.

그러므로 우리는 이데올로기와 유토피아라는 문제를 앞에 놓고 마치 원래부터 서로가 무관한 두 가지의 새로운 현상을 대하는 듯이 생각해서는 안 되겠다. 이데올로기와 유토피아라는 낱말은 단순히 두 가지의 새로운 역사적 사실이 출현했다는 데서 그칠 성질의 것이기보다 하나의 근본적으로 새로운 테마가 구체화하였음das Aktuellwerden eines grundlegenden neuen Themas을 나타내는 것이다. 그야말로 온 세계가 이 두 가지 낱말을 통하여 새로운 의미를 지니는 문제점으로 등장한 것이다. 왜냐하면 바로 그것을 매개로 해 비로소 이 세계로 하여금 참다운 세계로 변모할 수 있는 의미 연관성이 하나의 새로운 만남의 양식을 띠고 in einer neuen Begegnungsart 우리 앞에 전개되기에 이르렀기 때문이다.

그러면 세계 내에서의 우리의 위치를 이와 같이 근본적으로 규정할 뿐 아니라 더욱이 우리들 자신과 우리를 이끌어가는 이념에 대한 우리의 관계를 결정지어주는 새로운 만남의 양식이란 과연 무엇을 뜻하는 것인가? 이에 대한 가장 간결한 해답이라면 순박하고 단순했던 종래의 인간은 일정한 '이념 내용'에 단순히 밀착된 상태에서 만족했으나 오늘날에 와서는 우리가 취하는 입장 여하에 따라서 그 동일한 이념을 이데올로기적으로나 유토피아적인 것으로 체험하려고 한다는 것이다. 즉, 티 없이 맑은 이념 지향적 사유 태도를 기준으로 한다면 실로 이념 그 자체란 절대적인 실재이므로 현실을 향한 어떤 통로든 바로 이 이념을 매개로 삼아야 하고 또 모든 현실적 존재나 구체적 인식도 바로 이와 같은 고도의 정신세계에 괴여힘으로써만 존립할 수 있었던 것이다.

그렇다고 해서 우리는 전 시대의 인간이란 예외 없이 자기를 이끌어가는 이념이라는 뜻을 안고 살아가는, 따라서 말하자면 좀 더 '선한' 존재였다고 말하려는 것은 아니고 오히려 이념 지향적인 사유로서도 난폭성이나 야만성 또한 간악한 면을 내포하지 않았던 것이 결코 아니다. 그러나 하여간에 당시의 그들 인간은 마치 균형을 이룬 듯한 무의식성을 앞세움으로써 그와 같은 규범으로부터의 일탈을 은폐하거나 아니면 오히려 그 어떤 반규범적 행위에 대해서도 이를 마치 종교적 죄악이나 범죄와 같이 다룸으로써, 결과적으로 인간이란 변하기 쉬운 간악한 존재가 되어버렸으면서도 주도적인 규범이나 의미만은 마치 별이 반짝이는 천공과도 같은 불가침적인 사실로 받아들여졌던 것이다. 이렇듯 인간이 의지 지향적인 의미에서 본 이념을 있는 그대로 받아들이려고만 하지 않고 동시에 이들 이데올로기적 내지 유토피아적 성격이 가미되어 있다는 측면에서 검토하면서부터 바야흐로 근본적인 역사적 내지 실체적인 변화가 야기되었던 것이다. 결국 이데올로기와 유토피아 사상에 공통된 결정적 중요성이 있다면 그것은 즉 우리가 **허위의식의 가능성**die Möglichkeit des falschen Bewußtseins을 체험한다는 데 있다. 물론 우리가 이러한 점에 아무리 큰 관심을 쏟는다 하더라도 이와 같은 이데올로기와 유토피아 사상이 반드시 자기가 안고 있는 문제성의 심층을 형성하는 허위의식에 관한 문제를 제대로 다뤄나간다고 할 수는 없고, 다만 그와 같은 심층적 의미를 지닌 문제가 이데올로기와 유토피아 사상 속에서 다룰 수 있는 의욕적인 근거가 내포되어 있다는 점이 인정돼야만 하겠다.

2

예비적인 개념을
설명해야 할 필연성

　앞에서도 지적한 바와 같이 우리 자신의 존재 상황과 관련한 현대의 정신적 상황을 파악해야 할 우리의 과제를 개진하기 위해서는 우선 몇 가지 중요한 개념 설명이 앞서야만 할 것 같다. 이렇듯 예비적 설명을 요하는 첫째 문제는 무엇보다도 이데올로기 개념에 관한 것이다. 그런데 누구든지 이 개념을 첫눈으로만 보아도 그 다양성을 간과할 리 없음에도 극히 다양한 층을 이루면서 이어져 내려온 이 개념의 의미 발달사는 서로가 한 묶음으로 중첩된 듯한 양상을 띠는 탓에 자칫하면 우리는 어떤 통일성이 지배하는 듯한 허상에 현혹될 수 있다. 따라서 우리가 이와 같이 서로 다른 의미가 뒤섞인 중첩성이 단일 개념을 시사해주기라도 하는 듯 보이는 허상에서 벗어나기 위해서는 언제나 그 나름대로 상이하게 중첩되어 있는 전체적 연관성 속에서, 또 그때마다 언제나 분석되어야만 할 개념적 의미의 각기 상치되는 부분이 표출되는 역사와 전체적 사상 내에서 차지하는 그의 해당 위치가 어디인지를 알아낼 수 있는 분석적 방법을 원용해야만 하겠다. 따라서 이제 우리가 할 일은 사회학적인 의미 분석 방법을 원용함으로써 여기서 제기된 문제들을 그의 역사적인 실제적 연관성 속에서 밝혀내는 데 있다.

그런데 이와 같이 역사적 내지 사회적 분석을 할 수 있는 첩경은 무엇보다도 과거로부터 통용되어온 기존의 개념이라고 할 이른바 '완성된' 개념이 지닌 일정하지 않은 의미들을 좀 더 확실하게 규정하는 일일 것이다. 결국 이러한 분석을 통하여 우리는 일반적으로 '이데올로기'의 의미가 두 가지 뜻으로 분류되거나 또는 구별될 수 있음을 알 수 있는데, 그중 첫 번째 의미를 우리는 **특수적인** partikular, 그리고 두 번째 경우는 **총체적인** total 이데올로기 개념이라고 부르고자 한다.

특수적인 이데올로기 개념이란 말하자면 상대방이 지니고 있는 일정한 '이념'이나 '표상'을 그 자신은 믿지 않으려는 경우에 사용하는 용어라고 할 수 있다. 왜냐하면 우리는 그와 같은 이념이나 표상을 사실에 대한 일정한 정도의 의식적인 은폐로 여길뿐더러 그 사실의 참다운 인식은 상대방의 이익에도 배치된다고 보기 때문이다. 이러한 허위 조작성을 그 유형에 따라서 등급으로 나눠보면 의식적인 거짓으로부터 부지불식간에 저지르는 본능적 은폐와 타인을 기만하는 행위로부터 자기 자신을 기만하는 따위의 여러 가지 경우를 들 수 있다. 바로 이렇듯 흔히 쓰이는 단순한 거짓의 개념과 구별하기조차 힘든 이데올로기 개념을 우리는 여러 가지 의미에서 특수적이라고 부르고자 한다. 그런데 이를 철저한 총체적 이데올로기 개념과 대치해보면 특히 이데올로기 개념의 특수한 성격은 명료하게 드러난다. 즉 우리는 어떤 한 시대나 혹은 구체적으로 역사적 내지 사회적 규정을 받는 집단-이를테면 계급-의 이데올로기란 다름 아닌 바로 그 시대 내지 집단이 안고 있는 **총체적 의식 구조**의 특성과 성향을 드러내는 것이라고 할 수가 있다.

이제 누구에게나 쉽게 눈에 띄는 이 두 가지 이데올로기 개념의 공통점과 차이점에 대해서 알아보기로 하자. 먼저 그들 개념은 모두가 문제 되고 있는 내용(즉 상대방의 '이념'을 뜻함)을 파악하는 데 있어서 그 인표한 내용에 직접 뛰어드는 이해 방식과 같은 몰입적 태도를 취하는 것이 아니라(이러한 몰입 태도는 내재적 해석 방법과 같은 것이 되겠지만),* 바로 그 '이념들'을 언표하면서 동시에 그의 존재 상황에 따라 그들 이념을 기능화시키는 집단적 내지 개별적 주체에 대한 이해라고 하는 우회적 방법Umweg des Verstehens jenes kollektiven oder individuellen Subjektes의 이용이라는 공통성을 지닌다. 지금 이야기한 내용 중 특히 마지막 부분이 뜻하는 것은 문제가 되고 있는 일정한 견해나 확신 또는 객관적으로 대상화된 내용(가장 넓은 의미에서의 '이념들')으로서의 이념이란 결코 그 자체의 어떤 힘에 의해서가 아니라, 어디까지나 존재자로서의 주체의 존재 상황을 바탕으로 해서만 파악할 수 있는 것으로서 결국 우리는 이러한

• 좀 더 자세한 점은 저자의 논문 "Ideologische und soziologische Interpretation der geistigen Gebilde" (Wissenschaftliche Buchgesellschaft, 1974)를 참조할 것.

이념을 바로 그 존재 상황에서 연유한 기능 발휘 현상이라고도 할 수 있다. 더 나아가서 이것은 주체의 존재 상황으로서의 구체적 규정規整이야말로 바로 그 주체의 견해, 확인 그리고 인식을 위한 공조적共助的 의미가 있음을 시사하는 것이기도 하다.

결국 이상 두 가지 이데올로기 개념은 이와 같은 방법으로 이른바 '이념'으로 하여금 그의 담당자와 사회적 영역 내에서 그가 차지하고 있는 구체적 위치Träger und dessen konkreten Lage im sozialen Raum에 따라서 기능화시키는 가운데 여기서는 이상 두 가지 개념 사이의 공통성이 발견되기도 하지만, 또한 못지않게 현격한 차이가 개재해 있다. 그중 중요한 몇 가지에 대해서만 언급하겠다.

A. 특수적 이데올로기 개념은 단지 상대방이 **주장하는 것 중의 일부분만을**―그것도 또한 단지 그 **내용** 면에만 국한해서―이데올로기라고 인정하는 데 반해 총체적 이데올로기 개념은 상대방이 안고 있는 세계관 전체(범주적 기능까지도 포함해서)를 문제로 삼음으로써 결국 이러한 범주조차 집단 주체의 관점으로 해석하고자 한다.

B. 특수적 이데올로기 개념에서는 단지 **심리적 차원**에서만 nur auf der psychologischen Ebene 그 **기능**이 작용한다. 즉 누군가가 만약 상대방의 주장은 거짓이라거나 또는 상대방이 자기 자신이나 타인에게 어떤 사실을 숨기고 있다고 말할 경우에 이는 결국 그 자신 역시―정신론적noologische (또는 이론적) 타당성의 차원

과 관련해볼 때-비난의 대상이 되고 있는 바로 자기 상대방과 동일한 기반 위에 자리 잡고 있음을 뜻하는 것이 된다. 이와 같이 특수한 이데올로기 개념은 심리적 차원에서만 그 기능이 행사되는 것뿐이다. 따라서 여기에는 아직도 거짓 내용이 적발될 수 있는 여지가 있고 또한 기만 요소가 제거될 가능성도 있으므로 결국 여기서는 이데올로기적 의혹이 철저하게 고개를 쳐든 것은 아니다. 그러나 총체적 이데올로기 개념의 경우에는 사정이 다르다. 즉, 우리가 만약 어떤 일정한 시대에 관해서 이야기하기를 그 당시 사람들은 그들 나름의 이념 세계에서 살았고 또한 우리는 그들과 다른 이념 세계에서 살고 있다느니 혹은 역사적으로 투철한 안목을 가진 특정 계층의 사람들은 우리와는 다른 범주를 통하여 사유한다는 등으로 말할 때, 여기서 문제가 되는 것은 단지 어떤 하나의 개별적 사상 내용이 아니라 특별히 지목된 사상 체계나 혹은 특정한 종류의 체험 및 해석 형식인 것이다. 이와 같이 우리가 내용이나 관점은 물론이고 그 형식과 더 나아가서는 그의 범주적 기능마저도 존재 상황과 관련 지을 때 이는 곧 우리가 정신론적 차원에서 기능을 작동시키는 것이 된다. 그러므로 전자의 경우가 단순한 심리학적 영역에서의 기능 수행이라고 한다면 후자의 경우는 정신론적 차원에서의 기능 수행이라고 할 수 있다.*

C. 이상과 같은 차이점에서도 나타나는 바와 같이 특수적 이데

올로기 개념은 주로 이해利害 심리학Interessenpsychologie을 원용하고 있는 데 반하여 총체적 이데올로기 개념은 가능한 한 객관적인 구조 연관성을 밝혀내기 위한 훨씬 형식화된 기능 개념을 사용한다. 또한 특수적 이데올로기 개념은 인간이란 특정한 이해 상관적 인과 관계로 말미암아 어떤 거짓말이나 사실의 은폐를 하지 않을 수 없도록 강요당한다는 사실을 전제로 하고 있는 데 반하여, 총체적 이데올로기 개념은 어떤 한 가지 여건이 구조화되기까지에는 마땅히 그에 상응하는 하나의 관점이나 관찰 방법 또는 견해가 따르게 마련이라고 보는 것이다. 결국 이 총체적 이데올로기 개념도 흔히 누적된 이해 상관적 현상을 분석하는 경우가 많긴 하지만 이는 결코 어떤 인과적 결정 요인을 발견하기 위한 것이 아니라 위에서 언급한 여건에 따른 성층成層, Lagerung의 구조를 밝혀내기 위한 것이다. 따라서 그 경향을 놓고 볼 때 이해심리학은 존재 상황과 인식 내용의 형성Seinslage und erkenntmäßiger Formung과의 사이에 개재된 구조 분석적이거나 혹은 형태학적인 형식 일치성이라는 문제로 대응되는 셈이다. 원래 특수적 이데올로기 개념은 심

• 정신적 부문을 작동시키는 전체적 이데올로기 개념의 예를 우리는 다음과 같은 마르크스의 글에서 인용할 수 있다. "경제적 여러 범주는 단순한 이론적 표현으로 사회적 생산관계를 추상화한 것에 불과하다." "자기들의 물질적 생산 양식에 따라서 여러 사회적 관계를 형성해나가는 바로 그 인간들은 또한 그들의 여러 사회적 관계에 따라서 모든 원리나 이념 또는 범주 등을 형성한다." *Das Elend der Philosophie* (Stuttgart-Berlin, 9. Aufl., 1921, pp. 90-91.)

리학적 차원을 이탈하는 법이 없고 따라서 우리가 끝내 모든 것을 귀착시켜야 할 주체란 개인일 수밖에 없으며, 이로써 우리가 집단 주체에 관해서 운위하는 경우 역시 개인으로서의 주체를 문제로 삼는다는 점에서 하등 다를 바가 없다. 왜냐하면 심리적 진행 과정이란 어디까지나 개별적 인간으로서의 개체적 심리의 세계에서만 존재하는 것이기 때문이다. 물론 이 경우에도 우리는 집단 이데올로기란 용어를 흔히 쓰기는 하지만 여기서 집단 존재가 뜻하는 것은, 그 동일 집단 내에 공존하는 개개인 누구나가 사회적 여건에 대한 직접적인 반작용 행위를 하는 경우건 혹은 그들 상호 간의 직접적인 정신적 영향력을 행사하는 경우건 대개 언제나 동질적인 반응을 나타낸다는 것이다. 그러므로 이 집단이 마주치는 성층화된 사회적 여건이 그들 개인을 사전 조종하는 한 여기서는 누구든지 동일한 기만을 체험하게 마련이다. 그런데 만약 우리가 이와 같은 체험 작용을 이데올로기를 형성하는 유일한 온상이라고 여긴다면 개체로서의 인간은 결코 집단 속으로 합일될 수 없을 것이다. 결국 개인은 오직 정신론적 차원에서만 집단 주체의 방향으로 승화될 수 있을 뿐이다. 따라서 심리학적 차원에서만 다뤄지는 (특수적) 이데올로기 연구는 기껏해야 집단심리학의 표면층을 포착하는 정도에서 끝날 수밖에 없지만, 총체적 이데올로기 개념과 관련한 정신론적 차원에서의 다각적인 연관성을 기능화시키는 경우에는 심리학적 주체나 혹은 실재하는 주체와는 다른 '**책임 귀속 주체**'를 겨냥하여 기능을 발휘하게 된다. 여기서는 이와 관련한 난삽한 방법론적 문제를 깊이 있게 다룰 수는 없고 다만 두 개념 사이의 몇 가지 차이점을 지적해두는 것으로 그쳐야만 하겠다.

3
―

이데올로기 개념의
의미 변화의 역사에 대하여

―

 비록 이와 같은 두 가지 유형의 개념이 실제에 있어서는 끊임없이 혼동되기도 하지만 이제 우리는 이상과 같은 의미 분석을 토대로 특수적 내지는 총체적 이데올로기 개념이 서로 분명히 구별된다는 것을 알게 됨으로써 동시에 그 역사적 발생 근원 또한 근본적으로 상이한 것임을 알게 되었다. 아직 이념으로서의 이데올로기 개념의 발달사에도 통달하지 못한 우리가 하물며 이 개념이 그동안 거쳐온 의미 변화에 관한 사회학적 역사를 꿰뚫어볼 수 있으리라는 것은 지나친 생각이다.*

 비록 그것이 가능하다 하더라도 그와 같은 의미 변화의 역사를 서술하는 것이 지금 우리 앞에 놓인 과제는 아니다. 그러므로 다만 우리는 산재해 있는 여러 가지 자료나 그 밖에 특히 잘 알려진 사실들 중에서 이미 언급되었던 두 개념 간의 차이점을 가장 손쉽게 명시할 수 있으며 동시에 어떤 경로를 통하여 현대와 같은 극단적 양상이 점차적으로 발생하기에 이르렀는지를 암시적으로나마 드러내주는 계기에 대해서만 서술해보고자 한다.

이제 우리는 의미 분석적인 관점에서 **특수적** 내지 **총체적** 이데올로기 개념을 구별 짓게 해준 의미의 이원성에 부합되는 두 가지 역사적 조류를 더듬어볼 수가 있다.

우선 이데올로기의 개념에 관해서 이야기한다면 그 직접적 선구 역할을 한 것은 그 어떤 역사적 존재 상황에 처했을 때나 모든 인간이 항상 자기의 적수에 대해서 느끼는 불신과 회의의 감정이었다고 할 수 있다. 결국 이와 같이 일단은 극히 평범하고 너무나도 인간적인 현상인 동시에 어떠한 역사적 단계에서도 정도의 다소를 막론하고 반드시 고개를 들게 마련인 바로 이와 같은 불신감이 **체계화**될 때 비로소 우리는 이데올로기적 회의라는 문제에 부딪힌다.

- 문헌 소개를 통하여 지금 이야기한 내용을 보충하는 의미에서 우선 다음과 같은 저자 자신의 논문을 소개하고자 한다.
  - "Das Problem einer Soziologie des Wissens" (*Archiv für Sozialwissenschaft und Sozialpolitik*, Bd. 54, 1925).
  - "Ideologische und soziologische Interpretation der geistigen Gebilde. Jahrbuch für Soziologie" (herausgegeben von G. Salomon, Karlsruhe, Bd. II, 1926, p. 424 ff.).
  이상 서술한 글 속에서 밝힌 가장 중요한 구조 분석적인 면에서의 성과는 인쇄에까지 회부되지는 않았으나 지금 바로 인용한《연총지》편집인에게 그 당시 제출했던 이데올로기 개념의 다양한 의미가 취급된 장 속에 이미 수록되어 있었다(동《연총지》p. 424의 주를 참조할 것).

그러나 이러한 단계에까지 도달하기 위해서는 상대방에게서 볼 수 있는 책임 소재를 결코 개별화된 주체에게만 전가한다거나 또는 모든 악의 씨를 그러한 은폐 행위에 담긴 교활성에서 찾을 것이 아니라 오히려—어느 정도 의식된 상태에서나마—자기의 적대자가 불성실할 수밖에 없는 근본 원인을 그에 해당하는 일정한 사회적 요인 속에서 찾았던 것이다. 즉 우리가 상대방의 견해를 이데올로기로 낙인찍기 위해서는 그 견해 속에 단순히 허위성이 깃들어 있음을 체험하는 것만으로는 충분치 않고 오히려 그 총체적 입장 속에서 사회적 성층의 기능Funktion einer sozialen Lagerung으로 해석될 수

그 밖의 문헌으로는 다음을 참조하라.
- Krug, W.T., *Allgemeines Handwörterbuch der philosophischen Wissenschaften nebst ihrer Literatur und Geschichte* (2. Aufl., Leipzig, 1833).
- Eisler's Philosophisches Wörterbuch.
- Lalande, *Vocabulaire de la Philosophie* (Paris, 1926).

다시 여기에 덧붙인다면 다음과 같은 문헌이 있다.
- Salomon, G., *Historischer Materialismus und Ideologienlehre. Jahrbuch für Soziologie* (Bd. II, p. 386 ff.).
- Ziegler, H.O., *Ideologienlehre* (*Archiv für Sozialwissenschaft und Sozialpolitik*, Bd. 57, p. 657 ff.).

이데올로기 분석에 관한 대개의 연구는 **구조** 분석의 단계까지는 도달하지 못한 채 단지 이념의 역사에 관한 단평이나 아니면 일반론 정도에 머물러 있을 뿐이다. 특히 그 대표적인 경우가 바로 베버, 게오르그 루카치György Lukács, 1885~1971, 카를 슈미트Carl Schmitt, 1888~1985 등이다. 최근에 나온 것으로는 다음과 같은 글이 있다.
- Kelsen, H., "Die philosophischen Grundlagen der Naturrechtslehre und der Rechtspositivismus" (Nr. 31 der *Vorträge der Kant-Gesellschaft*, 1928).

있는 비성실성이 담겨 있다고 봐야 하는 것이다. 이렇게 볼 때 특수적 이데올로기 개념이란 한편으로는 순수한 거짓말과 다른 한편으로는 이론적으로 잘못 설정된 시야Sicht와의 사이에서 빚어진 하나의 현상이다. 따라서 그것은 심리학적 차원에서 움튼 기만층層을 뜻하는 것이기도 하지만, 이는 결코 거짓말의 경우처럼 고의적인 것이 아니라 오히려 일정한 인과적 필연성에 의한 것이라고 할 수 있다.

이런 의미로 해석한다면 어느 정도까지는 **프랜시스 베이컨**Francis Bacon, 1561~1626의 **우상론**이 현대적 이데올로기 이론의 선구적 역할을 했다고 할 수도 있다. 베이컨이 뜻하는 우상이란 '미신'이나 '편견'과 같은 것으로서 여기에는 (흔히 알려진 바와 같이) 종족의 우상,

---

베르너 좀바르트Werner Sombart, 1863~1941, 셸러, 프란츠 오펜하이머Franz Oppenheimer, 1864~1943 등에 의한 기본 서적들은 널리 알려져 있는 관계로 이 문헌목록에는 포함시키지 않는다.

이 테마와 관련하여 특히 흥미롭고도 가치 있는 논문으로는 다음 두 가지를 꼽을 수 있다.

-Riezler, K., "Idee und Interesse in der politischen Geschichte" (Bd. III, Die Dioskuren, München, 1924).
-Szende, P., "Verhüllung und Enthüllung" (Leipzig, 1922).

그 밖에도 다음을 참조하라.

-Adler, G., "Die Bedeutung der Illusionen für Politik und soziales Leben" (Jena, 1904).
-Jankelevitch, "Du rôle des idées dans l'évolution des sociétes" (*Revue Philosophique*, Bd. 66, 1908, p. 256 ff.).
-Millioud, M., "La formation de l'idéal" (앞의 책 p. 138 이하).
-Dietrich, A., "Kritik der politischen Ideologien" (Archiv für Geschichte und Politik, 1923).

동굴의 우상, 시장의 우상 그리고 극장의 우상 등이 있다. 그런데 모든 기만의 발생 원인이 되는 이러한 우상은 인간 본성 그 자체나 또는 특정한 개인에게서 연유하기도 하고 동시에 인간 사회나 전통 속에서 그 원인을 찾을 수도 있는데 하여간 이는 사물에 대한 우리의 올바른 통찰을 저해하는 것들이다.*

틀림없이 이데올로기라는 현대적 표현은-바로 지적한 바와 같이-베이컨이 기만의 발생 근거라고 불렀던 용어와 어떤 관계가 있다고 볼 수 있는데 사회와 전통이 그러한 기만을 발생시키는 원인이 된다고 하는 견해를 통하여 분명히 어떤 사회학적 요소가 이미 밝혀진 것이나 다름없다.** 그러나 우리는 베이컨의 경우에서 현내적 이데올로기 사상과의 실제적 관계나 혹은 이념사적으로도 구명될 만한 구체적 관련이 있었다고는 생각할 수 없다.

날카로운 이데올로기적 의구심을 지닌 정신적 자세가 주로 정치적 실천을 통한 일상적 생활 경험의 영역 내에서 발생한다는 것은 충분히 짐작이 간다. 예를 들어 르네상스 시기에 생존했던 니콜로 마키아벨리Niccolò Machiavelli, 1469~1527의 동료 시민들 사이에도 이미-

---

• 베이컨의《노붐 오르가눔Neues Organon》1서 38절 중에서 특기할 만한 부분은 다음과 같다. "인간의 정신을 이미 손아귀에 틀어쥐고 그 속에 확고한 뿌리를 내려버린 우상이나 허위 개념 등은 정신으로 하여금 진리로서의 제 갈 길을 찾아 나서기 매우 힘들게 만들었을 뿐 아니라 설사 우리에게 그러한 진리에의 통로가 제공되고 또 허용되었다 하더라도 우리가 그에 대한 경계를 게을리함으로써 가능한 한 방비를 하지 않는다면 학문의 부흥을 시도하려는 이 마당에도 그것은 끊임없이 나타나서 우리를 괴롭힐 것이다." Bacon, F., *Neues Organon* (ed. Kirchmann, Philosophische Bibliothek, Berlin, 1870, p. 93).

이는 당시 사람들의 세속적인 관심의 대상을 잘 드러내주기도 하지만-궁중에서 기거하는 사람들은 시정의 평민과는 다른 사유의 세계를 지니고 있다는 내용의 격언이 생겨날 수 있었다는 한 가지 사실만으로도 우리는 그것이 일반 사회에 미치는 정치적 영향이 얼마나 큰 것이었는지를 짐작하고도 남는다.*** 여기서 우리는 위에서도 언급한 적 있는 의구심이나 불신감의 논리적 체계화 현상이 이미 싹터가고 있음을 볼 수 있는데, 즉 이는 사유의 다양화 현상을 사회학적 특성을 지닌 요소에 귀속시키도록 하는 것을 의미한다. 그리하여 마키아벨리 자신이 그의 특징이기도 한 가차 없는 합리성을 바탕으로 하여 수시로 변하는 여러 가지 관점을 그때마다의 각

** "인간의 상호 접촉과 공동 생활에서 빚어지는 우상 또한 있을 수 있는데 나는 이것이 인간 상호 간의 교류와 연대성에 기인하는 까닭에 시장의 우상이라고 부르고자 한다. 다시 말해서 인간이란 언표 작용에 의해서 서로 어울리긴 하지만 여기서 쓰이는 모든 낱말은 대중이 어떤 일정 사물에 대하여 생각하는 바에 따라서 명명된 것이므로 만약 그 주어진 이름이 나쁘거나 바보스러우면 기묘하게도 인간의 정신까지 제구실을 하지 못하게 된다(!)." (앞의 책 제43절. 여기에 대해서는 제59장을 참조할 것.)

전통의 우상화에 대하여 : "인간의 오성은 어떤 한 가지 사실이 단지 옛적부터 모두에게 인정되어왔거나 또 믿음을 받아왔다거나 혹은 모두의 마음에 든다는 이유만으로 진리라고 받아들였던 것을 뒷받침할 수도 있고 또 그와의 합일성을 자아낼 수 있도록 하기 위하여 모든 수단을 다 동원한다." (앞의 책 제46절 p. 97.)

다음 문장에서 우리는 베이컨이 기만의 원천에 대하여 가장 큰 관심을 두고 있었음을 똑똑히 알 수 있다. 제52절 역시 참조할 것. "인간의 정신이란 순수한 빛과 같은 것이 아니라 의욕이나 감정의 영향을 받게 마련이다."

*** Macchiavelli N., Disc. II, 47. Zit. bei Meinecke, F., *Die Idee der Staatsräson* (München-Berlin, 1925, p. 40).

이한 이해관계와 결부하는 것을 스스로의 과제로 삼았다거나, 또는 그가 상충하는 이해관계에 얽힌 사람들을 진정시키기 위하여 어떤 강력한 치유 방법을 마련하려고 애썼다는 것은* 이미 바로 위에서도 우리의 주목을 끌지 않을 수 없었던 당시 사람들의 격언에서 나타난 바처럼 입장이 좀 더 방법화된 것으로 볼 수 있다. 계보적으로 볼 때 바로 여기서부터 - 적어도 전반적인 태도에 관한 한 - 합리적 타산성에 의거한 계몽주의 및 이와 동일한 입장에서 연유한 이해심리학이 발생하게 되었고, 또한 오늘날까지도 우리는 분명히 한 가지 - 우리가 특수적이라고 불렀던 - 이데올로기 개념의 단초를 찾을 수 있는 것이다. 흔히 흄이 쓴 영국사에서 거론된** 기만성의 전제조건에 관한 문제는 당대인들의 합리적 인간관을 뒷받침했다는 점에서 극히 중요한 체계적 역할을 한 것으로 보는 견해는 특수적 이데올로기 개념을 방편으로 하는 오늘날의 특정한 역사 관찰 방법에도 그대로 해당할 수 있는 문제이다. 결국 이와 같은 사고방식은 이해利害 심리학적 방법에 의거하여 상대 측 주장의 성실성을 불신할 뿐 아니라 동시에 그것이 주장하는 내용의 가치도 저하시키기 위한 바람직한 수단으로 여겨졌으며, 또한 그와 같은 방법이 부분적으로나마 가면을 쓰고 있는 어떤 대상의 정체를 폭로하는 한에서 언제나 긍정적 의미를 지닌다고 할 수도 있다. 물론 우리가 살고

• 프리드리히 마이네케Friedrich Meinecke, 1862~1954의 앞의 책 참조할 것.
•• Meusel, Fr., "Edmund Burke und die französische Revolution" (Berlin, 1913, p. 102, Anm. 3).

있는 이 시대의 기본 성격이라고도 할 그와 같은 폭로 전술을*** 점 잖지 못하다거나 혹은 공경심이 결여된 데서 온 소치라고 보는 경향이 있는 것은 사실이지만(물론 폭로한다는 그 자체를 목적으로 하는 따위의 행위가 만연하다면 이는 마땅히 비판의 대상이 되어야 하겠지만), 여기서 우리가 명심해야 할 것은 오늘날 우리가 살아가고 있는 이 시대는 도저히 더 건디기 힘들 정도로 우리에게 부하되었던, 너무나 많은 복잡한 외양이나 형식을 뿌리쳐버리는 일대 전환기라는 점을 감안한다면 우리로서는 만부득이 그와 같은 폭로 행위를 실천에 옮길 수밖에 없다는 사실이다.

*** 슈미트는 마음속 깊이 기만당했다는 느낌을 뿌리치지 못한 채 가식 투영 또는 숭상하는 마음이 도처에서 활개 치는 현대의 한 단면을 그대로 보여준다고 할 수 있는 이와 같은 사상에 대한 괄목할 만한 분석적 연구를 했다. 그러나 동시에 정치 관계의 문헌 속에 등장하면서부터는 바로 이와 같은 현대적 경향에 대한 선구적 역할을 한 것으로 알려진 '시뮬라크르Simulacre' 즉 17세기를 상징하다시피 하는 환상이라는 용어에 대해서도 주의를 환기하고 있다. Schmitt, C., *Politische Romantik* (2. Aufl., München-Leipzig, 1925, p. 19).

4

총체적 이데올로기 개념은 의식의 정신론적 영역을 의문시한다

    심리학적 차원에서 전개되는 이와 같은 폭로 작용-Enthüllung이 본체적이며 정신론적인 차원에서 행해지는 훨씬 더 철저한 의혹이나 타파 작용과 혼동되어서는 안 되지만 동시에 이 두 가지 차원이 서로 완전히 구별될 수 있는 것도 아니다. 왜냐하면 심리학적 차원과 정신론적 차원에는 지속적인 변화를 가져오는 동일한 역사의 힘이 작용하고 있기 때문이다. 즉 심리학적 차원에서 전개되는 은폐 작용이 이와 같은 지속적 변화의 과정 속에서 소멸해버린다면 여기서는 정신론적 차원이 작동하게 될 것이고 반면에 일정한 세계상이나 또는 사고방식에 부착되어 있는 본체적이며 논리적인 의미 규정이 와해됨으로써 여기에 대치되는 또 하나의 정신론적 국면마저 소멸해버릴 때, 다시 여기서는 심리학적 차원이 작동되게 마련인 것이다. 그리하여 단순한 생성에만 그치지 않고 바로 소멸 작용까지도 그 본질로 하는 근본적인 전환기에 도달한 세계에서라야만 어느 한편이 상대방의 구체적 사상 내용이나 주장뿐만이 아닌 그의 정신적 기초마저 붕괴하려는 투쟁을 전개할 수 있는 것이다.

결국 하나의 세계를 가운데 놓고 상호 적대적인 쌍방die sich bekämpfenden Parteien이 서로 그 동일 세계를 대표하는 듯이 자처하고 나선다거나 또는 이를테면 한 왕조가 다른 왕조를, 혹은 한 귀족 집단이 자기와 적대되는 또 다른 귀족 집단을 헐뜯는다고 해서 이것만으로는 결코 하나의 근본적 파멸을 야기하지는 못한다. 오직 현대 세계에서와 같이 서로 대립한 가장 중요한 두 개의 사회적 양극이 근본적으로 상이한 세계 욕망grund-verschiedene Weltwollen을 간직하고 있어서 오늘날 정신론적 차원에서 나타나는 바와 같은 심원한 사상성과 동시에 사회 전반에서의 이완 작용도 가능해질 수 있었던 것이다. 이와 같이 더욱더 구체화해가는 사회 전반에 걸친 이완 작용이 전개되므로 인하여 한낱 단순한 불신감에 지나지 않던 것이 일단은 심리학적 차원에만 국한된 상태에서나마 그 자체가 체계화되면서 특수적인 이데올로기 개념으로 전화되고 난 다음에는 급기야 정신론적 내지 인식론적 차원으로까지 이행, 발전하기에 이르는 것이다. 이제 하나의 새로운 세계 욕망을 안고 역사의 장에 등장하기 시작한 부르주아 계급도 더 이상 그 낡은 봉건 계층적 세계에 말려들려고 하지 않음으로써 결국 그들은 하나의 새로운 '경제 체제(좀바르트가 말한 바와 같은)'를 표방하고 나서기에 이르렀다. 바로 여기서 그들이 필요로 했던 것이 세계에 대한 기존 관념이나 해석을 불식할 수 있는 하나의 새로운 **사고방식**(이렇게밖에는 달리 칭할 수도 없는)이었다. 이러한 현상은 말하자면 경제 이념이나 사회 제도 면에서 자기들의 적대자와 투쟁한다고 볼 수 있는 무산 계급에도 그대로 해당되는 것으로, 이와 밀접한 연관이 있는 것이 곧 적대되는 두 가지 사고방식 사이에서 벌어지는 싸움이라고 할 수 있다.

  이제 순수한 이념사적 측면에서만 볼 때 이와 같은 **총체적 이데올로기** 개념은 과연 어떠한 사상적 전개 과정 속에서 마련된 것일까? 여기서 한 가지 분명한 사실은 그것이 특수적 이데올로기 개념을 그 자체 내에서 서서히 잉태해왔던 그 단순한 불신감이 바탕이 되어 발생하지는 않았으리라는 것이다. 다시 말하면 이와 같이 동일한 방향을 향해 움직여가는 다양한 변화의 종합적 체계라고 할 총체적 이데올로기 개념이 완성되기까지는 무엇보다도 훨씬 더 깊은 근거를 지닌 새로운 양식의 사유 과정이 선행했으리라는 것이다. 바로 이 점에서 철학이 기여한 바를 빼놓을 수가 없다. 즉, 이제 철학이란-흔히 많은 사람이 생각하듯이-생의 총체적인 연관성과 동떨어진 그 나름의 어떤 특수 분야인 것이 아니라 오히려 그것은 한 시대의 우주적 총체성 속에서 생기하는 전환적 상황에 대한 궁극적이고도 가장 투철한 해답의 제시자로서 군림하게 되었으니, 이 전환적 상황이란 바로 인간의 영혼과 정신이 끊임없이 새로운 모습을 드러내는 집단적 사상이나 또는 그때마다 제각기 특수한 의미를 띠는 구조적 변화와의 관계에서 감당해야만 할 극히 세분화된 다각적 대결 형식을 뜻하는 것임에 틀림없다. 여기서도 우리는 나만 정신론적이며 존재론석인 차원에서 구체화되는 이와 같은 총체적 이데올로기 개념이 성립될 수 있었던 단계를 잠깐 시사하는 정도로 그칠 수밖에 없다.

이러한 방향에서 가장 중요한 **최초**의 발자취는 무엇보다도 **의식철학**의 발생 Entstehen der Bewußtseinsphilosophie에서 찾아볼 수 있다. 의식이란 하나의 단일체로서, 그 속에 담겨 있는 여러 요소는 서로 응집성을 띠고 있다는 생각은 특히 독일에서 사상적 대단원을 매듭지을 만큼의 문제로 부각되었다. 즉 여기서는 우리의 주변을 둘러싼 그 개괄적인 양상의 파악이 더욱 힘들어지는 무한한 다양성으로 착색된 세계 대신에 주관, 주체의 통일성 die Einheit des Subjekts을 바탕으로 한 응집력을 행사하는 세계 체험으로 대두되었으니, 이와 같은 주체는 적어도 세계 형성에 관한 여러 원리를 단순히 수용하는 것이 아니라 오히려 자발적으로 스스로의 내면 그 자체에서 이를 조성하게 마련인 것이다. 객관적인 존재론적 입장에 의거한 세계상의 통일성이 와해된 뒤로 그 단일성을 보존하고 유지하기 위해서는 오로지 주체에 의존하는 길이 있을 뿐이라고 생각했던 탓에, 이제 중세 기독교에서와 같은 객관적 통일체로서 정립된 세계를 대신하여 등장한 것이 계몽사상에서 비롯한 절대적 주체의 통일, 즉 '의식 일반'이었던 것이다.

그리하여 이제부터의 세계는 오로지 주체와 관계한 '세계'로서 존재하는 가운데 바로 이 주체의 의식 작용은 세계상을 형성하는 데 없어서는 안 될 구성 요인으로 등장하기에 이르렀다. 보기에 따라서 이는 이미 총체적 **이데올로기 개념**이라고 할 수 있으나 이 단계에서는 분명히 아직 문제에 대한 역사적 내지 사회학적 고찰이 결여되어 있었다.

여기서 언급하고 있는 세계상이란 이미 단순한 다양성이 아닌 단일화된 구조적 성격을 지닌 것으로서 여기에는 분명히 주체와의 관계가 존재하긴 하지만 다만 이것이 구체적인 주체와의 관계를 뜻하는 것이 아닌 하나의 조작된 '의식 일반'과의 관계에 그치는 것이었다. 그리하여 여기서는－특히 칸트에게서 두드러지게 나타나듯이－정신론적 영역이 단순히 심리학적인 영역과 구별됨으로써 마치 '세계'란 못 박혀버린 부동의 위치에서 우리와 유리되어 있는 듯이 보이던 존재론적 독단론을 붕괴하는 최초의 작용이 여기서 가해진 것이다.

둘째 단계에 가서는 이 같은 총체적(그러나 아직은 초시간적 경향을 띤) '이데올로기의 관점'이 **역사화**되기 시작하였는데 이는 주로 역사학파와 헤겔의 업적으로 돌릴 수 있다. 역사학파도 그렇거니와 특히 헤겔G. W. W. Hegel은 세계상이란 하나의 통일성을 지닌 것으로서 동시에 주체와 관련해서만 이해할 수 있다는 입장에서부터 출발하고 있다. 하여간 이 단계에 와서야 처음으로 그러한 통일성은 어디까지나 역사적 생성 과정 속에서 스스로 전화해가는 통일성eine im historischen Werden sich transformierende Einheitlichkeit이라고 하는 극히 중요한 사상이 덧붙여진 셈이다. 의식의 통일성을 주도하는 주체는 계몽주의 단계에서만 해도 극히 추상적이고 초시간적이며 초사회적인 통일체로서의 '의식 일반'에 지나지 않았지만, 이제 여기서는 '국민정신'이 역사적으로 이미 세분화되기 시작한 의식의 통일성을 대변하는 위치에 올라서면서 헤겔에 의하여 그와 같이 내실을 이룬 좀 더 고도화된 통일적 의식이 바로 '세계정신 Weltgeist'으로 명명되었던 것이다. 여기서 우리는 철학적 관점이 더욱더 구체화되어가는 현상이 무엇보다도 생에 대한 정치적 내지는 역사적 대결을 통하여 얻은 새로운 사상 내용의 풍부화와 보조를 맞춰나간다는 것을 알게 되었는데 아직도 여기서는 제기된 문제에 대한 궁극적 결론을 도출할 단계까지 이르지도 못하였거니와 또한 생동한 삶 그 자체의 직접적인 현현이라고도 할 어떤 함축적인 가정까지 파헤치지는 못했다는 흠이 있음을 지적해두어야만 하겠다. 그리하여 결국 정신의 역사성(이른바 역사의식)을 발견한 것은 철학이 아니라 당대의 정치가 기세를 떨치게 된 생 das politisierte Leben jener Zeit이었던 것이다. 혁명적인 비역사적 사유에 항거했던 반작용은 역사성에 대한 심화된 체험에의 생동한 관심과 충동을 한층 더 활성화시켰다. 그러므로 결국 일반화된 인간의 추상적인 입장(즉 의식 일반)에 기초를 둔 세계상의 대변자에 그치지 않고 그보다 구체화된 주체나 또는 각 민족에 따른 상이한 '국민정신'으로 전환된 것은 원래 철학과 정신사의 영역에서 야기한 것이 아니라 오히려 그와 같은 추이의 변화는 전반적인 세계관적 매체媒體 속에서 이뤄진 현상이었다. 이러한 전환 현상은 나폴레옹 전쟁이 벌어졌던 기간과 또한 그 이후에 걸쳐서 나타났던 바와 같은, 즉 구체적 양상을 띤 민족 감정이 처음으로 싹틀 수 있었던 의식의 변화기와 완전히 일치하는 것으로서, 이와 같은 일반적 관점에 의거하여 우선 역사적인 것과 '국민정신'을 체험한다고 하는 두 가지 체험 양식을 선도했던 인물들이 명시될 수 있다는 것만으로도 우리는 위에서 봐온 중요한 사태의 변화상을 충분히 확인할 수 있다.*

지금까지 지적한 사실들과 완전히 부합하는 또 하나의 현상은 현대에 있어서의 총체적 이데올로기 개념이 창출될 수 있었던 **궁극적이며 결정적인** 계기도 오로지 역사적 내지 사회적 작용을 통해서 발생했다는 점이다. 이제 국민이나 민족이 아닌 계급이 역사의식(또는 역사적 정신)의 담당자로 등장함에 따라서 우리가 지금까지 언급해왔던 바로 그 이론적 전통은 결국 사회 구조적 골간은 물론 그 구조에 속하는 정신적 연관성까지도 사회적 긴장이 조성되는 각이한 방향에 따라 상이한 모습을 띤다고 하는, 이것 역시 사회적 내지 정치적 발전 추세에서 비롯한 견해를 받아들이게 되었다.

'의식 일반'을 대신해 한때는 역사적으로 상이한 국민정신이 등장했듯이 이제는 역시 지나치게 포괄적이라고밖에 할 수 없는 이 국민정신 개념을 대신하여 계급 의식 또는 더 적확하게 표현한다면 계급 이념이라는 개념이 출현하기에 이르렀다. 이와 같이 사상 발전은 하나의 이중 운동Doppelbewegung을 전개해나가는데, 즉 한편

---

* 뒤에서 다룰 문제를 위하여 미리 지적해둬야 할 것은 지식사회학적 분석 방법은 마치 사상사적 연구에서와 같이 일정한 사상을 발생하게 한 단초적 동기를 밝혀내기 위하여 먼 과거로까지 소급하여 올라가는 식의 방법을 구사하지는 않았다는 것이다. 이와 같은 문제에 있어서 지식사회학은 언제나 '선도자'가 있었다고 하는 입장을 취하고 있다. 즉, "우리가 무엇인가에 대해서 말한다는 것은 이미 예전에 말해왔던 바로 그것을 뜻할 뿐이다." 따라서 지식사회학이 원래의 과제로 삼는 것은 집단화된 사회적 및 정치적 동력과 관련한 정신적 내지 심리적 요소들이 일정한 역사적 시점에서 어떠한 방법과 양상을 띠고 존재하였는가를 관찰하는 것이다. 이에 대해서는 앞에 나온 다음의 책을 참조하라. *Das Konservative Denken*, (a.a.O. P. 103, Anm. 57).

으로 그것은 의식 개념에의 무한한 다양성이 하나의 통일적 중심 ein einheitliches Zentrum을 마련하는 종합화를 위한 집중화 과정을 진행해 나가는가 하면, 또 다른 면으로는 이와 동일한 사상 전개가 종합화를 지향하는 운동 속에서 지나치게 구조적 측면이 강조된 통일성을 끊임없이 이완함으로써 이를 신축성 있게 다듬어가는 방향으로 노력이 경주된다는 것이다.

이와 같은 이중 운동의 결과로 인하여 마치 초시간적인 불변의 상태를 유지하는 듯하던 '의식 일반'이 지니는 허구적 통일성(이러한 정태적 통일로서의 '의식 일반'이란 결코 입증될 수도 없는 것이었지만)으로부터 이제는 역사적 시간이나 민족 또는 사회적 계층에 따라 차등화된 주제가 점차 고개를 들기 시작했다. 물론 오늘날에 와서도 의식의 통일성은 여전히 고수되고 있긴 하지만(즉 사적 연구에 의해서 그 의의가 규명되어야 할 내용들도 더 이상 비연속성을 띤 다양성을 겉으로 드러내는 단순한 사건으로 분해되지 않는다), 여기서 말하는 통일성이란 이제는 활력적인 하나의 **생성 속의 통일** eine Werdeeinheit을 뜻한다. 의식에 관한 이와 같은 견해를 기초로 하여 이제 우리는 하나의 엄연한 역사적 현실을 관찰할 수 있는 능력을 키우게 되었으니, 그것은 즉 여러 의식 내용의 통일성과 있음 직한 상호 간의 의존성뿐만 아니라 이 모두를 유동적인 것으로 파악함으로써 우리로 하여금 어디까지나 활력적이며 끊임없이 스스로의 변화를 가져올 수 있는 통일성의 문제에 마주치게 한다는 것이다. 다시 말해서 이제 우리는 의미 요소의 지속적이고도 응집력 있는 변화를 주제로 삼아야 할 단계에 이르렀으니 아마도 이 점에 있어서는 헤겔이 가장 괄목할 만한 성과를 가져왔다고 할 수 있겠다(물론 그는 상호 의존성의 문제를 너무 사변적으로만 다루었던 탓에 우리가 보기에는 반드시 옳다고 할 수는 없지만). 이와 같이하여 마침내 우리는 비로소 철학자가 발견한 구조적 사상을 경험적 연구의 과제로 전환할 수 있는 단계에 도달하게 된 것이다.

  이제 우리가 특히 중요하다고 생각하는 점은 이제까지 각기 두 갈래로 나뉘어서 서술되면서도 실제로는 공통된 역사적 상황에서 가능했던 두 가지 조류가 이제 와서는 외면상으로도 더욱더 접근하게 되었다는 것이다. 결국 이는 특수적 이데올로기 개념과 총체적 이데올로기 개념이 하나로 합치됨을 뜻하는 것으로서 단순한 입장에서 보면 이러한 추이를 통하여 다음과 같은 결과를 확인할 수 있다. 즉 과거에는 어떤 특정한 사회적 입장을 옹호하고 나서는 자기 적수를 비방하는 근거로 무엇보다도 우리는 의식적이건 혹은 무의식적이건 간에 그가 때때로 허위성을 조작한다는 것을 문제로 삼았었는데 오늘날에 와서는 그의 의식 구조 그 자체를 더욱이 전적으로 불신함으로써 도대체 그가 올바른 사고력을 행사할 수 있는 능력을 소유하고 있느냐는 데 대해서까지도 회의를 나타내게 되었다. 그런데 이렇듯 단순한 관찰 결과를 그 속에 담긴 구조적 의미와의 관계에서 분석해본다면 과거에는 사회적 제약성에 기인한 기만의 발생 요인들을 적발함으로써 단지 심리학적 차원에서의 폭로를 하는 것으로만 그쳤지만, 인제 와서는 정신론적 내지 논리적 차원으로까지 공격의 범위를 확대함은 물론 더 나아가서는 자기 적수의 언표 내용을 담고 있는 정신론적 내지 논리적 차원마저도 사회적 역할 수행이라는 관점에서 그의 타당성 자체를 부정하려는 극단적 방향으로 치닫고 있는 것이다. 그럼으로써 이제 의식 발전 과정에서의 새로운 또 하나의 차원(아마도 가장 중요하다고 할 만한)이 발생하였으니 이 문제를 서술하기 위해서는 우선 지금 여기서 거론하고 있는 모든 문제의 기초를 이루는 여러 가지 연관성에 대하여 미리 어느 정도라도 언급해두는 것이 필요할 듯하다. 총체적 이데올로기 개념은 원래 극히 오랜 내력을 지녔으면서도 오늘날과 같은 사상사적 발전 단계에 와서야 비로소 그 의미의 중대성에 알맞은 하나의 문제로 재등장되었다고 할 수 있는데, 그것은 즉 이미 앞에서도 시사한 바 있는 다름 아닌 '허위의식'의 가능성이라는 문제이다. 이와 같은 허위적 의식 일반의 가능성이라는 문제만이 하나의 특유한 심원함을 총체적 이데올로기 개념에 부여할 뿐 아니라, 바로 이와 같은 문제의 복합성으로부터 비로소 우리의 총체적인 정신적 상황 속에 감도는 극단적 불안 요소와 동시에 궁극적인 긍정적 요소까지도 싹트도록 할 수 있는 것이다.

5
―
'허위의식'의 문제
―

    허위의식의 가능성에 관한 사실 그대로의 깨달음은 이미 오랜 과거로부터 있었던, 말하자면 종교적 원천으로까지 거슬러 올라갈 수 있는 문제이므로 현대적 관점에서 본다면 하나의 전승된 사상적 유산에 속한다고 하겠다. 즉, 이 문제는 어떤 예언자의 주변 사람들이나 심지어 그 예언자 자신조차 자기의 참모습이나 자기의 생각이 진실된 것인지에 대하여 의아하게 느낄 때면 언제나 떠오르곤 하던 성질의 문제였다.• 따라서 우리는 여기서도 - 역사에 있어서 언제나 되풀이되는 바와 같이 - 선사 시대로부터 이어진 정신적 유산이란 그것이 대대로 전승되는 것만은 확실하되, 단지 이와

• "사랑하는 자들아, 영을 다 믿지 말고 오직 영들이 하나님께 속하였나 시험하라." 요한 1서 4장 1절.

같이 고래로부터 전승되어온 사상적 요소들이 새로운 경험이나 체험을 기초로 하여 시대가 바뀌면서 더욱 발전적 형태를 띠게 된다는 점에서 일정한 변화를 거치는 것이라고 주장할 수 있다. 그러나 우리로서는 어떤 경우를 막론하고 모든 것을 단지 과거로부터 전래되어온 것에 귀착시키려는 그와 같은 결론 도출 방식에는 승복할 수가 없다. 왜냐하면 특히 지금 거론하고 있는 허위의식의 문제만은 과거의 그 어떤 형태와 비교하더라도 **현대적 형태**로 부각된 그의 사상적 핵심 부분이 우리에게 한층 더 중요성을 일깨워주기 때문이다. 이를테면 의식의 허위성에 관한 과거의 논점들이 단지 강력한 주장nur eine emphatische Behauptung에 불과했다고 한다면 현대에 와서는 그와 같은 허위성의 문제가 지금 바로 언급한 의식 분석적 방법에 힘입어서 하나의 구체적으로 제시된 증명력까지 구비한 독자적인 사유의 세계를 형성하게 되었다는 것이다. 즉 단순히 '저주'나 하는 것으로 그쳤던 과거의 형식과는 달리 현대에 와서는 엄격한 증명력을 지닌 비판적 기능이 역점을 이루게 된 것이다.

그러나 아마도 이제 우리가 이야기하려는 내용은 그보다도 훨씬 더 의미심장한 변화상을 뜻하는 것이 되겠다. 의식의 허위성에 관한 증명이나 확증 제시의 방법만 바뀐 것이 아니라 종교적 기저가 상실된 뒤부터는 진실과 허위를 드러내주는 결정적 관건이기도 한 그릇된 것과 참된 것이 판별될 수 있는 상호 연관된 부면에까지도 근본적 변화가 생겨났다. 말하자면 예언자가 자기 스스로의 모습에 대해서도 그 순수성을 의심하게 된 이유는 자기 자신이 신으로부터 버림받았다는 느낌을 품게 된 까닭인데 결국 이와 같은 불안감은 초월적인 연관성을 지녔다는 것이다. 그러나 이와 반대로 만약 우리 자신 속에 허위의식을 소유하고 있다는 의아심이 생길 때면 우리가 세계 내적 판결 앞에서 차질을 빚는다는 데 두려움을 느낀다는 것이다.

이제 신과의 연관성을 상실하고 현실에 주안점을 둔 이와 같은 우리의 관심 방향이 어떠한 추이를 나타내게 되었는지를 좀 더 자세히 확인하기 위하여 우리는 이데올로기라는 용어에 대한 더 세밀한 역사적 의미 분석을 가해야만 하겠다. 그런데 이때 우리가 일상적 언어의 생성 현상에 눈길을 돌리게 된다면 이는 곧 정신사라는 것이 단순히 서석을 통하여 형성되는 것만은 아니고 오히려 가장 중요한 존재론적 기조는 일상생활의 생성 과정을 모체로 하여 발생되면서 거기서부터 스스로를 확신하거나 또는 확정할 수도 있다는 데 좋은 증거가 될 것임에 틀림없다.

이데올로기라는 말 자체는 일단 하등의 존재론적 결단을 뜻하는 것이 아니었고 원래는 이념에 관한 학설을 의미할 뿐이었다. 이데올로그˚라는 말은 ─ 이미 알려진 바와 같이 ─ 에티엔느 콩디야크 Étienne Bonnot de Condillac, 1715~1780의 이론에 따라서 형이상학을 파기하고 정신과학을 인간학적 내지 심리학적 방법에만 의존시키려던 프랑스의 한 철학 학파의 지지자들을 가리키는 것이었다. 현대적 의미에서의 이데올로기라는 개념이 처음으로 출현한 것은 나폴레옹 보나파르트 Napoléon Bonaparte, 1769~1821가 이들 철학자 일군(철학자들은 또 그들 나름으로 권력에 탐닉하던 나폴레옹을 비방했지만)을 경멸적인 의미에서 '이데올로그'라고 질책한 때부터인데 이때부터 오늘에 이르기까지 이데올로기라는 말은 '교조적'이라는 말과 동일시되는 경멸적인 의미를 지니게 되었다. 그런데 여기서 사용한 이 '경멸'한다는 말의 의미를 근원적으로 따져볼 때 그 속에는 인식론적 및 존재론적 측면에서의 무가치성이 내포되어 있음을 알 수 있다. 다시 말해서 상대방의 사상이 **비현실적**이라는 뜻이 담겨 있다고 볼 수 있으므로 이를 좀 더 엄밀히 규정한다면 다름 아닌 존재론적 내지 인식론적 측면에서의 무가치성을 지적한 것이라고 볼 수 있다는 것이다. 그러나 여기서 한발 더 나아가 우리는 도대체 어떠한 요인에 비추어 이를 비현실적이라고 할 수 있느냐는 의문을 제기할 수가 있는데, 그 대답은 실천, 즉 정치가의 실천이라는 요인에 견주어볼 때 그것이 비현실성을 내포한다고 말할 수 있다. 이때를 계기로 하여 이데올로기라는 말에는 또 하나의 부차적 의미가 주어졌다. 즉, 이데올로기로 통칭되는 일체의 사상은 실천 면에서의

• 참고 문헌으로는 다음을 보라. Picavet, F., *Les idéologues, essai sur l'histoire des idées et des théories scientifiques, philosophiques, réligieuses etc. en france depuis 1789* (Paris Alcan 1891).
상기한 철학 학파의 창시자인 데스튀트 드 트라시Destutt de Tracy, 1754~1836는 이러한 이념의 학을 다음과 같이 정의하고 있다. "이 학문은 그 주제에만 주의를 돌린다면 이데올로기라고 불릴 수 있겠고 그 방법만을 염두에 둔다면 일반 문법이 될 것이고 또한 목적만을 고려한다면 논리학이 될 것이다. 이와 같이 우리가 이를 어떻게 호칭하든 간에 그것은 반드시 이 세 가지를 포함하게 마련인데, 왜냐하면 나머지 두 가지를 함께 논하지 않고서는 어떤 한 가지에 대해서도 제대로 검토할 수 없기 때문이다. 그런데 특히 이념의 학이란 표현과 연역의 학까지도 포함하고 있는 탓으로 나에게 이데올로기란 총칭적인 용어처럼 보인다." *Les éléments d'idéologie* (1. Aufl., Paris, 1801). 여기에 인용된 것은 내가 소장했던 3. Aufl., Paris, 1817, p.4, Anm.이다.

결함을 내포하는데, 특히 행동이야말로 현실 타개를 위한 진정한 첩경을 이룬다는 점에서 볼 때 바로 여기서 사유 그 자체나 또는 어떤 특정한 경우의 사유가 행동이라는 면에 비춰서 무가치할 수밖에 없다는 것이다. 여기서 우리는 이데올로기라는 새로운 낱말의 뜻을 되새겨보며 바로 이 말의 창시자였던 정치가의 입장이 그 속에 그대로 반영되어 있음을 똑똑히 알 수가 있다. 다시 말해서 이 새로운 용어는 정치가마다의 특유한 현실 체험을 정당화해줌으로써* 동시에 현실 파악의 한 도구로서의 사유에는 별 의미가 없는 실천적 비합리주의를 지칭하는 것뿐이다.

'이데올로기'라는 말이 19세기에 와서는 이상과 같은 의미로 통용되었으나 이는 곧 정치가의 세계 감정이 스콜라적이며 명상적인 체험 및 사고의 방식(이와 동시에 그 세계 감정 속에 담긴 실천적 존재관까지 포함하여)을 더욱더 배척하게 되었음을 뜻하는 것이며 동시에 '이데올로기'라는 말 속에 함유되어 있는 참다운 현실성을 추구하려는 탐구욕 또한 결코 사라지지 않았음을 뜻하는 것이기도 하다. 여기서 우리가 또 한 가지 분명히 이해해야 할 문제는, 현실성에 대하여 정의를 내린다는 것이 하등 새로운 문제가 아닌 것만은 사실이지만 근래에 와서는 더욱더 이 문제가 이데올로기라는 말이

---

* 이제부터 거론할 연구 결과를 토대로 하여 우리는 여기서 문제의 초점이 되고 있는 세계상과 존재론을 중심으로 한 각 정치가마다의 특수하고도 각이한 입지점에 따른, 좀 더 분명하게 규정될 수 있는 신분상의 유형을 확정할 수도 있다. 왜냐하면 정치가라고 해서 누구나 비합리적 존재론을 포지하고 있는 것은 아니기 때문이다(본서의 p. 31을 참조할 것).

지칭하는-즉 정치가의 체험 세계를 중심으로 한-바와 동일한 방향으로 일반인의 뇌리에 파고들기 시작했다는 점에서 이제(흔히 틀에 꽉 박힌 듯한 교조적인 사고 방향과는 달리) 사상사적인 측면에서의 결정적 전기가 마련된 것으로 볼 수 있다는 것이다. 이는 다시 말해서 우리가 진정으로 근대 사상사에서 제기되는 여러 가지 문제에 대한 응분의 해답을 내리고자 할진대, 언제까지나 교조적인 전통의 테두리에 얽매어 있는 사상 경향에만 집착할 것이 아니라 오히려 현실적인 인간의 구체적 사상 활동을 통한 사회학적 사상사의 구축에 힘써야만 한다는 것이다. 원래 허위의식에 관한 문제의 발단으로 거슬러 올라가보면 진실한 것 또한 현실적인 것은 신을 통해서나 순수한 명상의 세계에서 포착할 수 있는 이념을 통하여 그 참모습을 드러내는 것으로 생각돼왔지만 이제부터는 일차적으로 정치적 실천을 통해서만 경험할 수 있는 존재의 세계 속에서 그 평가 기준이 마련되기에 이르렀다. 나폴레옹 시대로부터 마르크스주의까지에 이르는 이데올로기 개념의 역사를 보면 이것이 두루 겪어야 했던 내용 면에서의 개념적 변화에도 이와 같은 특유의 존재성이라는 문제만은 항상 견지되어왔음을 알 수 있다. 특히 이러한 사실에 유의함으로써 또한 생각할 수 있는 것은 일찍이 '이데올로기'라고 불렸던 나폴레옹의 말 속에는 이미 '실용주의 사상'이 잉태되어 있었다는 것, 그리고 더 나아가 이 '실용주의 사상'이 현대인의 특정한 생활 영역에서는 마치 누구나 받아들일 수 있는 지당한 세계관이라도 되는 듯이 받아들여지게 되었다는 것이다. 결국 이러한 국면에 처해서 철학이 감당해야 할 일이 있다면 이는 오직 실용주의 사상이 이미 제시했던 명제 자체에서 우리 스스로의 사상적 입장까지 도출해야 하리라는 것이다.

이상과 같이 나폴레옹이 창시한 '이데올로기'라는 낱말의 뉘앙스를 살피기 위해 우리가 많은 지면을 할애한 가장 중요한 이유는 일상적 언어란 아집적인 자기의 세계에만 머물러 있으려는 경향을 띤 교조적 입장과는 달리 오히려 철학적 의의를 지닌 문제점들이나 또는 현실 감각이 생동하는 문제사적 과제 해결에 도움이 될 만한 요소들을 훨씬 더 많이 내포하고 있을 수 있다는 사실을 분명히 하려는 목적에 따른 것이다.*

이 밖에도 우리는 이상과 같은 예를 통하여 우리에게 주어진 문제의 해결을 향한 진일보한 계기를 마련할 수도 있다. 원래 '상층부로부터 사회 하층부를 향한' 투쟁을 전개했던 나폴레옹은 자기의 적대자들을 무가치한 존재로 낙인찍거나 또는 괴멸해버릴 목적으로 '이데올로기'라는 표현을 썼지만, 후기 단계에 와서는 그와 반대되는 사회 계급인 무산 계급이 자기의 적대 계급을 공격하기 위한 수단으로 이 '이데올로기'라는 말을 사용했음을 알 수 있다. 이데올로기 개념이 내포하는 바와 같이 극히 중요한 구조적 성격을 지닌 관점이란 결코 어떤 유일한 계급만이 향유할 수 있는 사상

• '스콜라적 사상' 뿐만 아니라 일반적으로 특정 대표자들에 의한 '독점 상황' 하에서 발생하는 모든 사상의 구조와 특성에 관해서는 본인의 다음 글을 참조할 것. "Die Bedeutung der Konkurrenz im Geistigen" (Verhandlungen des 6. Deutschen Soziologentages in Zürich, J.C.B Mohr, Tübingen, 1929). (이하 〈취리히 논문〉으로 표시함.)

적 특전das Denkprivileg einer einzigen Klasse일 수는 없다. 그러나 결과적으로 볼 때 자기의 입장을 근거로 하여 여타의 모든 적대 세력이 고수하는 관점들을 이데올로기적인 것으로 폭로한다는 것은, 즉 비난의 화살이 되고 있는 이 적대 세력들 역시 언젠가는 자기들에게 비난을 퍼붓던 상대방의 관점에 대해서 동일한 방법을 사용해 공격하게 되리라는 식견이 새로이 발견되면서부터 뜻하지 않게 이는 우리의 전반적 사상 발전사에 방법론적 전기를 초래하기에 이르렀던 것이다.

이와 같은 이데올로기적 관점에 선다는 것이 일시적으로 마치 전투적인 프롤레타리아 사상이 안고 있는 특전인 듯 생각하던 때도 없지 않았다. 그리하여 위에서 논술했던 바와 같은 이 개념의 역사적 기원을 일반 식자들이 쉽게 망각하는 경향이 나타났는데 그것도 그럴 것이 이러한 사고방식은 마르크스주의를 통하여 처음으로 그 철저한 방법이 정립될 수 있었기 때문이다. 그리하여 여기서 처음으로 특수적 및 총체적 이데올로기라고 하는 두 갈래의 개념이 하나로 통합되었고 단지 그 경향에 있어서나마 계급 이론을 전개할 수 있는 소지를 마련했음은 물론, 더 나아가서는 헤겔 사상을 바탕으로 단순한 심리주의적 차원을 탈피한 총체적 이데올로기 개념으로서의 발전적 전환을 이루면서 의식 철학의 국면으로까지 이어지게 되었던 것이다. 그뿐만이 아니었다. 이제야 비로소 '허위의식'의 가능성에 관한 이론**도 새로운 각도에서 음미되기에 이르렀고 경제력 이외에도 정치적 실천이 수반하는 위력을 인정한다는 생각이야말로 모든 사상 내용에서 단순히 이데올로기에 불과한 것과 그 반대로 현실적 의의가 있는 것을 판별할 수 있는 결정적 근거를 마련할 수 있게 했다. 이러한 점으로 볼 때 이데올로기적 사상이 일단은 마르크스주의적 내지는 프롤레타리아적 사상 체계와 관련지어짐으로써 마침내 양자가 동일시되기에 이르렀다고 해서 전혀 놀랄 일이 아니다. 그러나 사상사적 내지는 사회사적 발전을 거듭해온 지금에 와서는 그와 같은 견해에 집착해야 할 단계는 이미 지나가버렸다dieses Stadium bereits überholt. '부르주아적인 것'을 그 이데올로기적 성격에 비추어 관찰한다는 것은 이미 더 이상 사회주의 사상가만의 특권일 수는 없는데, 즉 그 어느 진영을 막론하고 모두에게 이러한 방법이 적용됨으로써 오늘날 우리는 새로운 단계에 접어들게 된 것이다.

이와 같은 방향의 효시를 이룬 사람들이 바로 독일의 베버, 좀바르트 및 에른스트 트룈치Ernst Troeltsch, 1865~1923—특히 널리 알려진 사람만을 꼽은 것이지만—등이었다. 그야말로 유물론적 역사관이란 누구나 자기 마음 내키는 대로 이리저리 조종할 수 있는 삯마차와 같은 것은 아니어서 이는 결국 혁명의 담당자들 앞에서도 사정없이 질주하면서 화살을 거꾸로 겨냥할 수도 있다고 한 베버의 말은 이제 더욱더 그 진가를 인정받게 되었다.* 다시 말해서 이데올로기 문제는 언제까지나 마르크스주의와 같은 어떤 개별적 파벌의

** '허위의식'이라는 표현 그 자체는 마르크스주의적 용어로, 이에 대해서는 다음의 두 글을 참조할 것. Mehring, F., *Geschichte der deutschen Sozialdemokratie* (Bd. I, p. 386). Salomon, G. (a.a.O., p. 417).

전유일 수는 없을 정도로 너무나 광범한 원칙적 문제로 등장함으로써, 바야흐로 그의 새로운 반대 세력이 마르크스주의 자체를 놓고 그의 이데올로기적 성격을 분석하려는 데 대하여 auch den Marxismus auf seine Ideologiehaftigkeit hin zu analysieven 그 누구도 더 이상 불용주용할 수는 없게 되었다.

• Weber, M., "Politik als Beruf" (*Gesammelte Politische Schriften* München, 1921, p. 446).

6
―

이데올로기 개념의 확장으로 인한
새로운 변증법적 상황의 발생

―

이제 우리가 여기서 사상사나 사회사의 경우를 통하여 다시 한 번 돌이켜볼 문제는 즉 어떤 개별적 세력이 하나의 새로운 문제점을 발견하는 선구자적 역할을 하는 경우가 흔히 있는데, 이때 여타의 당파들로서는 실력상의 경합 원리에서 오는 부담감 때문에 어쩔 수 없이 앞의 어떤 한 세력이 제창한 것과 동일한 입장을 취하게 되는 현상이 자주 눈에 띈다는 것이다.* 그리하여 마르크스주의에 의하여 발견되었고 또 그에 의하여 확고한 기초가 수립된 것으로 여겨진 이와 같은 의식과 사유의 입장도 실은(이처럼 정신사적 의의가 지대한 공헌에 대해서 반론을 제기하려는 것은 아니지만) 전반적인 19세기 사조가 공동의 기여를 하는 가운데서 비로소 서서히 성

――――
* 이에 대한 상세한 문제는 앞에서 언급했던 본인의 〈취리히 논문〉을 참조할 것.

장해온 것으로서, 결코 어떤 단일한 사회적 입장에 의하여 그와 같은 전개 과정이 진행될 수는 없다는 것이 갑자기 선명하게 드러난 것이다. 이 모든 사실은 우리의 목전에서 전개되어온 결코 부정할 수 없는 실제적 과정이다.

그런데 이데올로기적 사상이 이와 같은 전반적 팽창을 겪음으로써 원칙적으로 새로운 또 하나의 의식 상황이 형성되는 과정을 경험한다는 것은 흥미로운 일이다. 그러나 여기서 지금 거론하는 문제란 결코 동일한 현상이 단지 양적인 면에서 확장된다는 데 대한 것만은 아니고 오히려 우리는 바로 지금의 이 문제를 본보기로 삼아서 너무나 번번이 스콜라 철학적 독단론을 위한 방편으로만 악용되어온 변증법의 진의를 포착해야만 하겠다. 왜냐하면 여기서야말로 양에서 질로의 전환이 실제로 이뤄지고 있기 때문이다. 즉 원칙적으로 모든 당파마다 자기와 대립되는 모든 적대 세력의 사상에 대한 이데올로기적 측면에서의 분석, 검토를 하게 된 바로 그 순간부터 이와 관련된 모든 의미 내용 역시 질적인 변화를 일으킴으로써 무엇보다도 '이데올로기'란 말 자체가 다시 한 번 완전히 새로운 뜻을 지니게 된 것이다. 그뿐만 아니라 지금 바로 다루었던 역사적 의미 분석과의 상관성 속에서 우리가 거론했던 모든 요인까지도 동시에 질적 변화를 가져옴으로써 허위의식의 문제나 또는 현실성에 관한 문제 등까지도 모두가 하나의 새로운 의미를 지니게 된 것이다. 이와 같은 전체적 연관성을 그 궁극으로까지 추적해 나감으로써 우리는 이러한 문제의 요충을 근간으로 그 밖의 우리의 모든 원리 또는 우리의 여러 존재론과 인식론에서조차도 의미상의 변화가 야기된다는 것을 알게 될 것이다. 그러나 여기서는 일단 이데올로기 개념이 그와 같은 경로를 통하여 겪어나가는 의미의 변화상을 명시하는 것으로만 그치고자 한다.

이미 우리는 특수적 이데올로기 개념으로부터 총체적 이데올로기 개념으로의 변천을 추적해보았다. 그런데 바로 이와 같은 변형의 추세는 오늘날에 와서도 여전히 지속되고 있음은 물론 오히려 더욱 심화해가는 상태에 있다. 즉 자기 적대자에게 단지 체험의 차원에서만 기만당하고 있음을 입증하려던 종래의 경향은 이제 점차로 의식 및 사고 구조 자체에 대해서까지 사회적 비판을 가하려는 노력으로 대체되기 시작한 것이다.• 그러나 이와 같은 비판적 분석을 가하는 데 있어서 만약 우리가 자기 자신의 사상적 관점만은 아예 문제의 권외로 돌려놓고 이를 절대시하고 그와 같은 자기의 입장을 기점으로 해 적대자의 모든 사회적 성격을 검토의 대상으로 삼으려 한다면 이는 앞으로 우리의 관심의 초점이 될 다음 단계로 문제를 전개하는 데 있어서 전혀 도움이 되지 않는다. 물론 여기서도 총체적 이데올로기 개념을 활용한다고는 하지만(왜냐하면 여기서도 상대방의 인식 구조를 그 총체적 안목에서 다루고 있는 것이지 결코 그가 주장하는 내용 중 어떤 개별적 측면만을 고려의 대상으로 삼은 것이 아니므로), 그것은 어디까지나 직접 자기와 대치해 있는 일개 적대자나 혹은 그 밖의 모든 적대자만을 사회학적으로 분석하는 데 그

• 그렇다고 해서 일상적인 생활 전선에서까지 특수적 이데올로기 개념이 전혀 쓰이지 않는다는 뜻은 아니다.

치는 까닭에 결국 우리가 구태여 이름을 붙인다면 이데올로기 이론에 대한 특정한 한계 내에 스스로 집착하는 것에 지나지 않는 것이 된다. 그러므로 우리가 그와 같은 **특정한** 한계 내에서의 파악 태도가 아닌 **총체적** 이데올로기에 대한 **보편적** 고찰 방식에 도달하려면 무엇보다도 자기의 적대 세력만이 아니라 원칙적으로 자기 자신의 입장까지 포함된 모든 여타의 사상적 입장을 통틀어서 이데올로기적인 것으로 간주할 만한 각오가 되어 있어야 하는 것이다.**

이제 우리는 모든 시대의 그 어떤 당파의 경우에도 인간의 사유란 필연적으로 이데올로기적 성격을 띨 수밖에 없다고 하는 **총체적 이데올로기** 개념에서의 **보편적 파악** 방식을 받아들이지 않을 수 없게 되었다. 어떠한 사상적 입장을 막론하고 역사적 변천을 겪지 않을 수 없으며 또한 현대에 있어서도 사회적인 차등을 띠지 않을 수 없으니 이런 점에서 마르크스주의적 입장 역시 하등의 예외가 될 수는 없는 것이다. 같은 마르크스주의 사상이라 하더라도 여기에 갖가지 유형의 전개 양식이 있을 수 있다는 것이 바로 그 각각의 사상

** 이제 우리는 지금까지 취급해온 특수적-총체적이라는 대립적 쌍 개념 이외에도 특정적-보편적이라는 대치 개념을 사용하려고 한다. 이 첫째의 대치 개념에서 주로 문제가 되는 것은 어떤 개별적 이념과 전체적인 의식 중 과연 어느 쪽이 이데올로기적 성격을 풍기는가 혹은 심리학적 차원과 정신론적 차원 중에서 어느 쪽이 그 기능을 제대로 발휘하고 있느냐 하는 문제를 구분 짓는 것이 주요 과제였지만, 특정적 내지 보편적이라는 대치 관계에서는 모든 당파가 주장하는 사상(물론 우리의 입장까지 포함한)을 통틀어서 사회적 구속을 받는다는 것인지 아니면 다만 우리와 반대되는 적대자의 사상만이 그와 같은 사회적 구속을 받는다는 것인지에 대한 분담의 원칙이 문제가 된다.

이데올로기와 유토피아 — 199

적 특성에 가해진 사회적 구속성에서 연유한다는 것쯤은 마르크스주의자 자신들도 별로 어렵지 않게 알아차릴 것이다. 결국 이러한 총체적 이데올로기 개념에 관한 보편적 파악의 방법이 대두되면서 단순한 **이데올로기론**에서 **지식사회학**이 발생하기에 이른 것이다. 원래는 특정 당파의 이론적 무기의 구실을 함으로써* 단지 부분적 측면에서 파악되는 데 불과했던 모든 생동한 사상의 '**존재 구속성**'에 얽힌 그 나름의 일반적 정당성이 인정되어 마침내 이와 같은 사상의 제약성이란 문제가 하나의 정신사적 연구 과제로 등장했다.** 따라서 사회학적 정신사는 당파적 성격 여하를 막론하고 바로 이처럼 각자의 사회적 존재 여건과 결부된 모든 사상적 요인을 탐구해야만 한다. 그뿐만 아니라 현대 인간은 이와 같은 사회학적 방향에서의 정신사를 포함하여 전체적인 역사적 사건을 새로운 의미에서 조준해볼 수 있는 호기를 마련할 수도 있는 것이다.

이와 같은 관련하에서 이데올로기 개념이 이제 하나의 새로운 의미를 띠게 될 것만은 틀림없으니, 우선 여기서는 다음 두 가지 가능성을 언급하고자 한다. 첫째로 이데올로기 문제를 연구하는 데 있어서 앞으로는 어떠한 경우를 막론하고 '폭로'하려는 의도는 지양되어야 하겠으며(이러한 우리의 지론을 정당화하는 또 하나의 근

---

* 여기서는 '무산 계급의 이론적 무기를 마련하기 위하여'라는 표현을 염두에 두면 족할 것이다.
** 저자로서는 이데올로기 개념이 지닌 순수한 지식사회학적 내용이 특수한 정치 선동적인 의미와 혼동되지 않도록 하기 위하여 '존재에 구속된 사유'라는 표현을 사용했다.

거는 우리가 상대방의 입장을 폭로하기 위해서는 곧 자기 자신의 입장을 절대화 또는 절대시하는 일이 반드시 선행되어야 한다는 데 있다. 그런데 여기서와 같이 '몰가치적' 연구를 지향하는 경우에는 가능한 한 우리는 그와 같은 생각을 하지 않는 것이 마땅할 것이다) 다만 어디서나 **사회적 존재** 현황과 인식 주체의 **시각** 사이의 관계를 밝혀내는 것으로 그쳐야 한다는 것이다. 다음 두 번째로 생각해볼 수 있는 문제는 이와 같은 '몰가치적' 태도를 새삼스럽게 인식론적 태도와 관련지을 수 있지 않겠느냐는 것이다. 그리하여 지금 이 단계를 기점으로 진리론과 관계되는 문제를 추구하는 경우에는 서로 혼동되어서는 안 될 **상대주의**Relativismus와 **상관주의**Relationismus라고 하는 두 가지 상이한 해결 방안에 대하여 생각해볼 수 있으리라는 것이다.

　상대주의는 모든 역사적 이론의 실제적 상황 구속성에 대한 현대의 역사적 내지 사회학적 통찰이 낡은 유형의 인식론과 결합된 데서 발생한 것이지만 이와 같은 과거의 인식론은 존재 제약적인 사유 현상을 아직 제대로 알지도 못했을 뿐 아니라 이 문제에 대한 진지한 검토를 가해본 일도 없었다. 따라서 이러한 인식론적 입장에서는 정태적인 사고 모형(예를 들어서 2×2=4와 같은 원형)만을 위주로 해 그러한 입장에 구속된 일체의 지식을 타기해버릴 목적으로 단지 '상대적'인 성격을 띤다는 데만 주안점을 두고 있다. 그러므로 상대주의란 실제적 사유 구조에 대한 새로운 통찰과 아직도 이 새로운 사유 구조의 원리를 파악하지 못하고 있는 인식론과의 사이에서 생긴 균열의 소산이라고 할 수 있다.

　결국 이와 같은 상대주의에서 탈피하려면 우리는 무엇보다도 먼저 지식사회학적 분석 방법에 의거하여 이제 인식론이란 그 자체가 일정한 사고 유형에 대한 판단을 내리는 것이 아니라 어디까지나 역사적 제약을 받고 있는 어떤 특정한 유형의 인식론이 판단을 내리고 있다는 것을 통찰해야만 한다. 우리의 전체적인 사유 작용 그 자체와 마찬가지로 인식 이론 역시 생성의 흐름 속에서 축적되어 온 것으로서 바로 이와 같은 인식론적 발전이 이룩되기까지는 그것이 사유 구조상의 새로운 생성 현상을 이해하도록 해주는 그 밖의 모든 복잡한 양상까지도 끊임없이 해명하려는 노력이 수반됐어야만 하는 것이다. 그러므로 모든 역사적 지식과의 연관이라고 하는 엄연한 사실을 염두에 두고 있는 현대의 인식론은 스스로의 존재 위치에 구애받지도 않으며 또한 하등의 연관성도 지니지 않은 지식이란 전혀 상상할 수도 없는 사유 영역이 엄존한다는 입장으로부터 출발하게 마련이다. 따라서 비록 하나의 신이라 할지라도 $2 \times 2 = 4$와 같은 모형을 흉내내는 것만으로 역사적 통찰을 정식화할 수는 없으니, 왜냐하면 우리의 이해 대상이 되는 것은 그 어느 것을 막론하고 역사적 흐름 속에서 자라난 문제성이나 개념 체계와의 관계에서만 표현될 수 있을 뿐이기 때문이다.

역사적 지식이란 본질적으로 상대적인 것이므로 오직 상황 제약적인 상태에서만 그 의미 규정도 가능하다는 전제하에 이상과 같은 인식론적 전위轉位를 이룩하고 난 다음에는 다시금 진리를 결정지어야 할 문제에 부딪히는데, 왜냐하면 이제 우리는 어떠한 입지점이 최고의 진리에 접할 수 있는 최대의 기회를 지닐 수 있는지에 대하여 되묻지 않을 수 없으니 하여간에 일체의 상관성을 무시하는 입장에서도 그러한 진리를 획득할 수 있으리라는 생각을 뿌리치게 된 것만은 틀림없기 때문이다. 그렇게 놓고 볼 때 문제가 결코 해결되었다고 할 수는 없지만 점차 더 중요해지고 있는 여러 문제를 우리가 아무런 편견 없이 대할 수 있는 냉철한 사유의 입장을 갖추게 된 것만은 틀림없는 것 같다. 앞으로 전개될 문제를 감안할 때 이제 우리에게 중요하게 떠오르는 것은 보편적이며 총체적인 이데올로기 개념의 단계에서 **몰가치적인** 것과 **가치**(인식론적 내지 형이상학적인) **지향적**이라는 두 가지 유형의 이데올로기 개념을 구별하는 일이 되겠지만, 그러나 그중 후자에 속하는 가치 지향적 이데올로기 개념의 경우에 과연 우리가 상대주의와 상관주의라는 두 가지 입장 중에서 어느 쪽으로 기울게 될 것인지는 아직 불문에 부쳐 두고자 한다.

우선 물가치적 성격을 띤 총체적 내지 보편적 이데올로기 개념에 대하여 몇 가지 논해보기로 한다.

이러한 이데올로기 개념에 있어서는 무엇보다도 역사적 측면에 관한 연구에 주력하게 되지만 그러나 문제의 착잡성錯雜性을 피하기 위해 우선은 고찰 대상이 되는 '여러 이념'의 '정당성' 여부에 관한 문제는 뒤로 미뤄놓고 그때마다의 의식 구조와 존재 상황 사이의 관계Beziehungen zwischen jeweiligen Bewußtseinsstrukturen und Seinslagen를 밝혀내는 것으로 그쳐야만 하겠다. 즉 여기서 우리가 되풀이해 묻지 않을 수 없는 것은 어떻게 일정한 사회 구조적 존재 상황이 그 나름의 일정한 존재 해석 양식을 낳게 하느냐는 것이다. 그러므로 지금 이 단계에 와서 우리의 가장 큰 관심사가 되고 있는 인간적 사유의 이데올로기성이란 문제는 그 자체가 진리가 아니라느니 혹은 거짓된 것이라느니 하는 것들과는 아무런 관계가 없고 오히려 앞에서도 언급했던 사유의 존재 구속성Seinsgebundenheit des Denkens 문제를 뜻하는 것이 된다. 다시 말해서 인간의 사유는 사회적 성격과는 무관한 담백한 공간 내에서 홀로 부동하며 구성되는 것이 아니라 그 반대로 언제나 이 공간 내의 어떤 특정 위치에 뿌리박혀 있다는 것이다.

그런데 이와 같은 근원적 연관성을 마치 어떤 결함 요소라도 되는 듯이 생각해서는 안 되겠다. 어떤 타인이나 혹은 그를 둘러싼 사회적 상태에 밀접한 유대를 맺고 있는 사람일수록 바로 그 타인이나 그의 상태를 좀 더 정확하고 냉철하게 통찰할 수 있는 호기를 포착할 수 있듯이, 어떤 관점, 즉 어떤 범주적 사유 기능이 지니는 사회적 구속성은 바로 이와 같은 확고한 유대에 의하여 특정한 존재 영역 내에서 이러한 사유 방식이 제대로 발동할 수 있는 좀 더 유리한 기회를 마련해준다(우리는 이미 앞에서도 프롤레타리아적 내지 사회주의적 입장이 우선 자기의 적대자에게서 사유의 이데올로기성을 발견할 수 있는 호기를 어떻게 포착할 수 있었던가를 보아왔다). 그러나 사회적으로 치명적인 구속sozial-vitale Bindung이란 반드시 좋은 기회를 뜻하는 것만은 아니고 동시에 어떤 필연적 제한을 뜻할 수도 있다. 즉 일정한 사회적 입장에 매여 있는 한 시야를 자유자재로 확대한다는 것Blickerweiterung은 스스로의 힘으로는 불가능한 것이다(예를 들어 우리는 이미 사회주의자가 보는 이데올로기적 관점에서는 결코 지식사회학을 등장시킬 수 없었으리라는 데 대해서 언급한 바도 있지만). 그야말로 생의 점진적 과정 속에서 일정한 자기 위치를 중심으로 마련된 특수성이나 제약성이 이것과 또 다른 반대 입장에 의해서 극복하려고 노력하는 것은 마치 생의 정도이기라도 한 듯이 보인다. 결국 개별적 입지점마다 지닌 특수성과 이들 여러 입장 사이의 상호 관계를 전체적인 사회적 사태와의 관련성 속에서 탐구하는 것이 바로 '몰가치적' 이데올로기 연구의 과제일 것이다. 여기서 동시에 제기되는 광대한 테마, 즉 과제는 존재에 의한 구속이 사유 태도부터 체험 형태까지를 총망라한 의식의 전반적 역사에 있어서 어떠한 양상을 띠어왔는가를 고찰함으로써 이 모든 것이 어떻게 극히 내밀적인 상관관계를 이루면서 끊임없이 변화해왔는가를 밝혀내는 일이다. 도덕적인 문제를 예로 들더라도 우리는 인간의 행동 양식이 어떻게 쉴 새 없이 바뀌고 있느냐는 데서 그치지 않고 어떠한 방법으로 그것이 끊임없이 새로운 규범을 지향해나가느냐는 것을 연구하게 마련이다. 그러나 이보다 훨씬 더 심각한 문제는 마치 책임·과실 또는 죄악 등과 같은 윤리적 기본 개념들이 항구적 성질을 띤 것이 아니라 일정한 상태에서 조성된 상관 개념인 것과 마찬가지로 도덕이나 윤리의 체계 역시 그것이 발생하기 위해서는 어떤 **특정한** 상황의 규제를 받는다는 전제를 받아들이지 않을 수 없다는 것이다.* 그러므로 오늘날 항간에 유포되어 있는 철학 사상이 자신의 모든 사상 내용을 역사적으로 규정된 것이라

• Weber, M., *Wirtschaft und Gesellschaft* (Grundriß der Sozialökonomik. Abt. III, p. 794)를 보면 베버도 이미 '도덕'이란 그 자체를 비로소 형성하게 하는 사회학적 연관성에 대해서 시사하고 있음을 알 수 있다.

고 자처한다 할지라도 또 다른 면으로 그것이 더욱더 어떤 고정된 가치 **형태**나 '**형식적인 가치**' 계보에 집착하는 한 결코 그 나름의 위치를 확보할 수 없을 것이다. 그렇긴 하지만 그 사상 내용이 역사적 의미에서의 생성 요인을 내포하고 있음을 시인하는 한 이는 곧 현대적 사상 내용을 절대시하지 않도록 견제하는 역사주의 앞에서 일정한 양보를 한 것이 된다. 따라서 이제 우리의 입장에서 본다면 **우리 자신이 창조한** 문화 구조가 실체화된 것에 지나지 않는 윤리나 예술 등과 같은 특정한 가치 영역(혹은 형식적인 가치)이 존재한다는 것을 전제로 받아들일 때라야만 사회적 동태성이나 문화생활이 가능해질 수 있었다는 식의 생각은 버려야 할 것으로 보인다. 그뿐만 아니라 이제 우리는 가치 중심적 타당성을 위주로 하여 '문화 형상' 자체를 체험하도록 하는 전형典型도 실은 법률적 영역에서의 체험이나 경제적 가치 의식이라는 형식을 기초로 한 그 밖의 다른 모든 영역으로까지 일반화된 현상을 그 모형으로 삼았다고 할 수 있는 '문화'에 대한 원천적 체험 양식이 범주적 테두리 속에 인입된 것으로 봐야만 하겠다. 우리는 결코 예술 창조를 위한 인간의 **원천적인** 자기 탐닉적 경향이 규범의식을 체험하게 한 동기가 되었다거나 혹은 단순히 몸에 밴 습성에 따라서 행동했을 뿐인 전통 지향적 인간의 본성(자본주의 시대 이전에 가장 지배적이었던 인간형)을 가장 올바르게 이해하게 위해서는 그들 가치 지향적인 성향의 소유자를 주된 관찰 대상으로는 삼아야 한다는 등의 주장을 해서는 안 될 것이다. 전면적인 문화의 **발현 작용**이란 곧 객관적으로 제도화된 여러 규범에 순응하려는 자기 지향적 행위라고 보는 견해는 인간이 지금보다도 자기의 '세계'와 훨씬 더 원천적인 관계를 맺고 있던 원시적 사회 구조를 은폐하려는 전형적인 현대적 합리주의 경향에서 유래한 것이다. 또한 우리가 문화란 것을 '타당성'이나 '가치'의 현현顯現이라고 생각한다는 것도 오히려 그것이 인간의 사유 자체와 관련한 어떤 불변의 요소이기 때문이 아니며 어디까지나 확실히 유한적 성격을 띤 한 가지 사실에 불과한 것이라고 해야 할 것이다. 그러나 만약 우리가 순간적으로나마 이상과 같은 견해를 받아들이려는 경우에도 적어도 어떤 일정한 가치 영역이 출현하고 또 그와 같은 가치 영역이 그때마다 구체적으로 설정된다는 사실은 어디까지나 구체적인 상황과 체험의 소재를 토대로 해서만 이해할 수 있다고 봐야 하겠다. 이에 대하여 에밀 라스크Emil Lask, 1875~1915는 그와 같은 체험의 소재는 가치 영역을 구성하는 데 '모름지기 준용된다'는 표현을 쓰고 있지만* 하여간에 이와 마찬가지로 형식적 타당성(또는 타당화된 형태)이란 것도 결코 역사적 변화에 초연할 수 있는 어떤 초시간적 자기 동일성을 지닌 것일 수는 없는 것이다.

이와 같이 모든 내용이나 형식의 변화 가능성을 포착하는 것이 바로 여기서 사상적 연구의 주제라고 하겠다. 오늘날 우리는 이미 각기 상이한 역사적 시기나 혹은 문화권에서 생존했던 인간 누구나가 제각기 다른 생각을 하면서 살아왔다는 사실을 알게 되었지만 아마도 머지않아서 그와 같은 상이성이 내용상으로 본 입장뿐

• Lask, E., *Die Logik der Philosophie und die Kategorienlehre* (Tübingen, 1910).

만이 아니라 서로 다른 범주적 도구 면에까지도 해당한다는 사실을 인정하게 될 것이다. 그러나 과거나 현재를 막론하고 언제나 한 시대를 지배하던 사유 형식이 새로운 범주 형식에 의하여 대체되기 위해서는 마침 그 기존의 사유 형식을 감당해나가던 집단의 사회적인 기초가 어떤 의미에서든 동요를 일으키거나 또는 변화를 야기해야 한다는 사실이야말로 이제부터 우리가 주로 다뤄야 할 과제인데, 특히 이 문제는 지금까지 우리가 이룩해놓은 방법상의 정확성을 바탕으로 연구해야 할 문제이기도 하다.

이와 같은 종류의 지식사회학적 연구는 극히 고도의 정확성을 기할 수 있을 터이니, 왜냐하면 사고의 영역이 아닌 다른 어디에서도 의미 변화에 얽힌 이토록 완벽하리만큼의 상호 의존성을 세밀하게 확인할 수 있는 경우란 없기 때문이다. 이를테면 비길 데 없이 섬세한 막에 비교됨 직한 인간의 사상은 저마다의 뜻을 담고 있는 모든 언어나 혹은 다양성을 내포하고 있는 모든 개념을 구사하면서 그러한 여러 가지 의미의 뉘앙스 속에서 암암리에 스스로를 진작해나가는가 하면 또한 적대적인 대립 관계를 유지하며 공존하고 있는 생명 체계의 양극점 사이의 진동을 뜻한다고도 할 수 있다.*

그 어떤 사회적 영역과 비교해보더라도 언어의 의미가 작용하는

• 바로 이러한 이유 때문에 본서에서는 앞으로도 사회학적 의미 분석이 중요한 역할을 하겠지만 또 한 가지 여기서 우리의 관심을 끄는 문제는 어찌하여 사회학적 기초 위에서 전개되어가는 이 의미 분석론이 사회적 성격을 띤 어떤 개별적 요소 속에서는 바로 전체가 포함되어 있을 수 있다는 원리를 따르기라도 하듯이 점차 하나의 징후론으로 발전되어가느냐 하는 것이다.

세계에서처럼 상호 의존성이나 상응 작용을 그렇게도 **분명히** 파악할 수 있는 경우란 없다. 언어 또는 의미야말로 진정한 집합성의 표본으로서 사상 체계 내에서의 아무리 사소한 변화라 할지라도 하나의 낱말이나 또는 그 말 속에서 번뜩거리는 뜻의 분별을 통해 파악되지 않는 것이라곤 없으며 또한 이 언어는 머나먼 과거의 전 과정으로까지 이어지는가 하면 완전한 동시성을 반영해주기도 한다. 그뿐만 아니라 만약 어떤 말을 하는 사람이 자기 이외의 다른 사람들이 이야기한 내용과 동일한 뜻을 풍기기를 원한다면 그의 말에서 어떠한 의미상의 명암이나 차이점도 일소되어버릴 수 있는가 하면, 또한 필요에 따라서는 그때그때의 암묵적인 시사를 할 수 있으며 더 나아가서는 개별적이며 일회적인 것, 또는 새로운 역사적 의미가 가해져야만 하는 것 등에 대해서는 어떤 새로운 착색을 해서라도 의미상의 서열을 특별히 부각할 수 있다. 이상과 같은 여러 가지 연구 과제에서는 총체적이며 일반적인 이데올로기 개념이 주제를 이뤄왔으나 여기서는 우선 그 첫 번째로 '**몰가치적**' 양식이 다뤄질 것이다.

7

몰가치적 이데올로기 개념

    이와 같은 사적 연구를 수행하는 학자로서는 이제 궁극적인 의미에서의 진리 문제는 초탈하고 지금까지 우리 앞에 전개되어온 국면을 활용할 수 있게 되었으니, 그것은 즉 다른 어디서든 지금의 경우와 같이 철저하게 추구될 수는 없는 현재 속에서와 그리고 역사 속에서의 연관성이 감지되기에 이르렀다고 하는 사실이다. 여기서 그가 주로 문제로 삼는 것은 여러 갈래의 당파를 형성하는 각 세력 중에서 어느 편이 정당성을 지니느냐는 것이 아니라 우선 사회적 진행 과정 속에서 본 운동 형식 또는 가능한 진리의 발생 기원을 관찰하는 일이다. 그는 진리에 대한 이론적 결단을 이와 같이 유예하는 데 대한 정당한 근거로서 사회사적 고찰을 선행시키는 우회적 방법을 취하는 편이 필경은 진리의 발견을 위해 서로의 논쟁을 직접적으로 풍부하게 할 수 있다는 식의 답을 할 수 있을 것이며 또한 그는 비록 진리 그 자체까지는 아닐지라도 적어도 진리의 발견을 위하여 결코 무의미할 수 없는, 지금까지 그 누구도 착안한 바 없는 여러 가지 '사정'을 겉으로 드러낼 수 있는 계기를 마련할 수도 있을 것이다. 만약 우리가 이미 진리를 소유하고 있기라도 하듯이 자부한다면 이는 곧 진리의 발견을 위한 관심조차 포기해버리는 것이나 다름없으므로, 오히려 그와는 달리 유연성 있게 진리를 대하는 태도를 견지하는 것만이 특정한 진리의 필연성만을 신봉하던 시대에는 도저히 성취할 수 없었던 진리의 단계로까지 우리를 인도할 것이다. 왜냐하면 오늘날과 같이 그토록 급진적이고 근원적인 사회적 내지 정신적 변화를 겪어가는 시기에 있어서라야만 비로소 우리는 흔히 누구나 절대적 의미를 부여하기 쉬운 그러한 사상 내용들에 대해서까지 그것이 이데올로기성을 벗어나지 못했다는 점als ideologiehaft을 누구나 투시할 수 있으리만큼 실상이 속속들이 드러나게 할 수 있기 때문이다. 과거에는 사람들이 일정한 사상 내용을 반박할 경우에 그에 반비례라도 하듯이 자신의 입장만은 더욱 집요하게 절대시하려는 경향이 있었지만, 오늘날에는 사상적 저력 면에서도 서로가 우열을 가리기 힘들 만큼 동등한 가치를 지닌 채 서로를 상대화하는 까닭에 결코 어떤 단 하나의 사상 내용이나 독자적인 개별적 입장으로도 자신을 절대화할 수 없게 되었다. 결국 사회적 이완성을 나타내는 바로 이와 같은 상황만이 사회 표면에 감도는 듯한 안정성*에 기인하거나 또는 일개 사상 내용이 전통의 인습화 작용에 스스로 매몰당함으로써 은폐되었던 사실, 즉 모든 역사적 입지점은 특수적이라는 것을 드러낼 수 있는 것이다. 물론 우리가 행동을 하는 데는 어느 정도의 자기 실체화가 필요할 수 있겠고 또한 사상적인 언표 형식에는 언제나 스스로를 절대화하려는 경향도 수반되게 마련이지만, 이 시대에 있어서의 역사적 연구 과업에 충실하기 위해서는 누구나가(뒤에서 다시 거론하겠지만 그는 또한 일정한 사회적 기능의 감당자이기도 하다) 어떤 순간적 필요성에 의하여 부득이 내세웠던 자기 절대화적 태도를 단호히 뿌리치면서 그와 같은 경향이 되살아나지 않도록 끊임없는 역작용을 가하여 자기 우상화를 무력화해나가는 과정에서 보충될 수 있는 여지를 확보해둬야만 할 것이다.

 이제 우리로서는 모든 사물이나 사상적인 입장까지도 상대적인 의미밖에 지니지 못하는 지금까지 봐온 혼미한 상태를 십분 활용함으로써, 이 세계를 구성하는 모든 의미 부여적 구조란 그 자체가 변화하는 역사적 배후 양상에 지나지 않으므로 결국은 인간화의 과정까지도 그러한 이면에 가려진 상태에서나 아니면 그 안에서 동시에 전개된다는 사실을 철저히 깨닫는 것만이 초미의 관심사라고 하겠다. 그러므로 지금과 같이 모든 사물의 본질이 투명하게 드러나고 역사의 구성 요소나 구조가 모두 다 확연히 드러나기에 이른 바로 이 역사적 순간이야말로 우리의 학문적 이론이 바야흐로 그 정상에까지 치솟아 올라야 할 시각에 다름 아닌 것이다. 왜냐하

• 사회적 안정성이란 개념은 어떤 새로운 사건이 야기되는 일이 거의 없다거나 혹은 개개인의 생활 자체가 안정되어 있다는 뜻이 아니라 다만 확정되어 있는 여러 가지 '기치'나 '내용'의 변화를 배제하는 각기 사회 구조 면에서의 안정성을 말한다.

면 실로 어처구니없으리만큼 빠른 시일 내에-역사를 통해 우리는 이러한 광경을 봐왔던 탓으로-사물이나 역사에 대한 그와 같은 투시력은 자취를 감춰버리면서 어느덧 이 세계가 마치 단 한 폭의 그림처럼 획일화된 경직성을 띠게 될 수도 있기 때문이다.

결국 이와 같은 역사에 관한 최초의 몰가치적 견해는 반드시 상대주의라기보다는 오히려 **상관주의**로 통하게 된다. 총체적 이데올로기 개념의 절대적 요목은 결코 환상주의와 동일시될 수는 없는 것으로서(이 단계에서의 이데올로기는 그 현상 면에서 볼 때 결코 환상일 수는 없다), 다시 말하면 존재 구속적인 인식이란 허공 속에서 헤매는 것도 아니려니와 또한 존재 구속적인 규범이란 결코 저돌적인 것도 아니다. 상관주의는 오직 모든 의미 요소의 상호 연관성과 또한 일정한 체계 내에서 서로를 뒷받침하고 있는 이 상호 연관성의 의의를 드러내주는 것이지만, 하여간 이러한 체계는 일정한 종류의 역사적 존재에서만 가능하고 또 타당할 수도 있을 뿐이므로 결국 그것은 일정 기간에 한해서만 바로 이 역사적 존재를 적절하게 표현해주는 셈이다. 만약 이때 존재의 위상이 바뀌면 이미 지난날에 바로 이 존재를 바탕으로 '조성되었던' 규범 체계도 그로부터 이반되는데, 이와 같은 사실은 인식이나 역사적 관점에도 다 같이 해당된다. 모든 인식 행위는 일정한 대상을 표적으로 하기 때문에 일차적으로는 그 대상의 파악을 향해 움직이게 마련이지만 역시 그 대상으로 통하는 접근 방식은 주체의 성질에 좌우된다. 다시 말해서 한편으로는 이 주체가 어느 정도의 열성을 쏟느냐는 것과(이 점은 특히 대상 자체 내로 삼투되기 위해서는 이해자와 그 이해 대상과의 사이에 하나의 본체적인 친화력이 선행되어야 한다고 보는 '이해'를 둘러싼 문제에서 중요한 의미를 갖는다) 또 다른 면으로는 그 대상의 구조 요건을 이론화하는 데 있어서 주체가 어느 정도까지 지적 형상화에 성공하느냐에 달린 것이다. 왜냐하면 어떠한 주체적 관점이라 하더라도 그것이 인식의 성격을 띠기 위해서는 범주적으로 정형화되고 또 표현될 수 있어야 하지만, 이와 같이 정형화되거나 표현된다고 하는 것은 그때마다 이론적 내지 개념적 관련 체계가 어느 정도의 수준을 유지하고 있는가에 달린 문제이기 때문이다. 우리가 도대체 어떠한 개념들을 가지고 있으며 또한 대상계와의 관련 체계는 어떠한 국면에서 작용하고 있는가, 더 나아가서는 그들이 모두 어떠한 방향으로 계속 발전해나갈 것인가 하는 문제는 그와 같은 개념이나 관련 기반의 배경을 이루는, 주로 이러한 집단 내에서 작용하는(즉 실제적인 사유 작용을 전개하는) 개인의 역사적 존재 상황에 의해 좌우된다. 따라서 이렇듯 몰가치적 이데올로기 연구의 주제가 되는 것은 모든 인식과 그 속에 포함된 기본 요소들이 의미 상관성뿐만 아니라 종국에 가서는 역사적인 존재 상관성과도 부단한 관련을 맺고 있다는 사실로서 만약 여기서 우리가 그와 같은 입장을 충분히 고려하지 않고 오히려 외면해버리고자 한다면 이는 지금까지 우리가 성취한 사유의 성과를 포기하는 것이나 다를 바 없다.

그러므로 이제 흔히 일컫는 바와 같은 단도직입적인 비연관성 혹은 '절대성' Unbezüglichkeiten oder "Absolutheiten" 을 여기서 전개되고 있는 이 사상 조류 속에서 찾아내는 것이 도대체 바람직스러운 현실적 과제가 될 수 있느냐는 데 대해서는 극히 회의적일 수밖에 없다. 이렇게 볼 때 상관적이면서도 동태적으로, 그러면서도 결코 정태적으로 사유함을 능사로 하지 않는 데 훨씬 더 합당한 과제가 주어진 셈이다. 오늘날과 같은 사유 및 존재의 상황 속에서도 여전히 그 어떤 '절대적인 것'을 소유한 듯이 내세우는 편이 좀 더 훌륭한 것으로 보인다면 이는 참으로 어처구니없는 일로 여겨진다. 대개 이와 같이 절대성을 부르짖으며 자화자찬만 일삼는 사람들은 고작해야 현대와 같은 전반적 존재 양상 속에서 부상하는 파국적인 생의 심연을 직시하려 들지 않는 일반 대중의 안정 희구적 취향을 미끼로 삼는 것뿐이다. 일반적으로 생을 영위하는 행동 지향적인 사람들일수록 확정성이 결여된 어떤 막연한 가능성보다도 언제나 구체적 과업이나 또는 절대성을 지닌 직접적인 것에 온 힘을 쏟는 것이 사실이지만, 오늘날과 같은 상황 속에서 절대적이며 비연관적인 것을 추구하는 것은 행동적 인간이기보다는 이미 습성화되어버린 안락한 상태만 지탱할 목적으로 모든 것을 기존 상태에 고착시키려는 사람이라고 할 수밖에 없다. 안락만을 위주로 하는 사람들은 오늘날에 와서 마치 낭만적이라고 생각할 만한 내용('신화'와 같은)으로 가득 찬 우발적인 일상적 생활 양상을 절대적인 것으로 실체화하거나 또는 불변의 것으로 간주함으로써 그 스스로가 안정된 상태에서 결코 일탈되지 않도록 신경을 쓴다. 이와 같이 하여 결국 한때는 신적인 것까지도 자기 품속에 끌어들이려던 바로 그 절대성의 범주가 근세에 오면서부터는 단순한 자기 안일만을 바라는 일상성의 기만적 성격을 은폐하는 도구로 전락하는 통탄스러운 경지에 이르렀다.

8
―

몰가치적 이데올로기 개념의
가치 평가적 개념으로의 전이
―

　결국(지금까지 우리가 거쳐온 사상적 전개 과정에서 이미 알아차리지 못하는 사이에 진행되었듯이) 우선은 끊임없이 변전하는 영원의 물결과도 같은 역사적 동력의 추이를 관망하거나 고찰하는 데만 그쳤던 몰가치적 이데올로기 개념이 어느덧 가치 평가적이며 인식론적인 단계를 거쳐서 종국에는 존재론적 내지 형이상학적인 가치 판단의 단계로까지 넘어가기에 이르렀다. 즉 우리가 지금까지 전개해온 논지에서도 몰가치적인 동태적 입장이 부지불식간에 자기 주장에 배치되는 일정한 태도에 대한 공격의 도구 Kampfinstrument로 화함으로써 바로 그 '몰가치적' 입장 자체가 비로소 발생했던 특정한 세계관을 긍정하기에 이른 것이다. 그리하여 여기서도 비록 연구의 최종 단계에서이긴 하지만 하여간에 이미 처음부터 모든 것을 동태화하면서 역사적 관점을 견지할 수 있는 방법을 개발해왔던 잠재적 동인이 표출되기에 이른 것이다.

결국 이와 같이 아무리 우리 자신이 그에 대해서 인지하지 못한다 하더라도 역시 그 결과가 빚어지게 마련인 형이상학적 내지 존재론적 결단*이 감지된다는 사실은 예나 지금이나 실증주의 시대에 볼 수 있었던 바와 같은 편견에서 헤어나지 못한 채, 마치 인간이란 몰가치적이며 비결단적일 뿐만 아니라 존재론이나 형이상학의 경지를 벗어나서도 사유할 수 있다고 생각하는 사람만을 놀라게 할 것이다.** 그러나 진정한 경험의 의미를 되새기기 위하여 우

• 여하튼간에 우리가 알아차리지도 못하는 사이에, 그것도 더욱이 실천적인 진행 과정 그 자체 속에서만 이루어지는 결단이나 존재의 자기 현현이란 이미 우리가 역사 진행 과정에서 쇠퇴해버렸던 것을 다시 한 번(낭만주의적 정신 자세를 바탕으로 하여) 되살려보려는 절대성의 숭상화 경향을 반박하는 기회에 언급되었던 그러한 존재의 자기 현현이나 결단과는 전혀 다른 부류에 속한 것이다. 우리가 아무리 원하지 않는다 하더라도 어쩔 수 없이 우리의 행동 속에서 이어져가는 이와 같은 사후 존재론Expost-Ontologie은 우리가 단지 낭만적으로 동경이나 하면서 복고주의적 입장에서 현실이라는 무한한 지평선을 가로막으려는 그런 것은 아니며 어디까지나 이데올로기를 타파하려는 어떠한 노력에 의해서도 와해될 리가 없는 무궁무진한 **우리 스스로의 지평선을 뜻하는 것이다.**

바로 이 지점에 와서 우리는 어떤 해결의 실마리가 풀릴 것 같은 느낌을 받는다(물론 본서의 다른 어떤 부분에서도 우리가 '해결'이란 말을 내세운 일은 없지만). 다시 말해서 이데올로기나 유토피아적 폭로 작용이란 다만 우리 스스로와의 동질성이 결여된 가치 내용만을 파괴하는 효과를 나타낼 수 있을 뿐인데, 이제 여기서 새삼 문제로 대두되는 것은 일정한 경우에는 이 같은 파괴 작용 자체 내에 이미 건설적 요소가 담겨 있지 않겠느냐, 혹은 새로운 의지와 새로운 인간이 이미 이와 같은 문제 제시의 방향 속에서 싹트고 있는 것은 아니겠느냐 하는 점이다. 옛 현자의 다음과 같은 말을 되새겨봄 직하다. "어떤 사람이 나에게 충고를 구하겠다고 자주 찾아왔지만 그때마다 나는 그가 이미 자기 자신에게 해답을 내리고 있음을 알 수 있었다."

리가 사유 발생의 선행 조건들을 더욱더 엄밀하게 검토할수록 바로 이 경험성이란(적어도 역사과학의 경우에는) 오로지 반경험적이거나 혹은 존재론적 내지 형이상학적인 결단을 그 기초로 삼고 있을 뿐만 아니라, 또한 그것은 이와 같은 결단을 토대로 해서 빚어진 기대감이나 명제를 통해서만 가능해질 수 있다는 사실이 더욱 분명해진다. 만약 결단적 행동을 전혀 실행에 옮기지 않는 사람이라면 그는 곧 아무런 문제의식도 소유하지 않음은 물론이고 우리로 하여금 역사를 관망하고 또 탐구하는 데 없어서는 안 될 인식방법상의 가설조차도 지니지 않은 것이 된다. 그러나 다행히도 실증주의는 그의 인식론적 편견이나 또는 이른바 그 무엇에도 뒤지지 않을 실증력 있는 지식에도 불구하고 존재론적 내지 형이상학적 의미의 결단들을 내려왔던 것이 사실인데(말하자면 진보에의 신심이라든가 또는 이 역시 본체적 결단을 내포한다고 봐야만 할 실증주의 특유의 '현실관' 등을 들 수 있다), 바로 이런 이유로 해서 그와 같은 실증주의적 연구 방법은 앞으로도 결코 쉽사리 파기될 수 없는 여러 가지 중요한 사실을 해명하는 데 이바지할 것이다. 그러므로 결국 존재론적 결단을 내리는 데 따른 위험이란 도대체 그런 결단이 있을 수 있고 또 그와 같은 결단이 행동으로 옮겨진다는 데 있는

•• 좀 더 비판적 경향을 띤 실증주의는 과욕을 부리는 법이 없이 '어떤 전제를 필요로 하는 경우에도 다만 필수적인 최소 한도 내'에서 그치곤 했다. 그런데 여기서 반드시 짚고 넘어가야 할 것은 지금 이야기한 최소 한도란 것이 실은 '우리 모두의 존재 상황과도 합치되는 어떤 영역의 미궁게 같은 존재본적 문제'를 뜻하는 것이 아니겠느냐는 점이다.

것도 아니고 심지어 결단이 경험을 앞지른다는 데 있는 것도 아니다.* 오히려 그러한 위험이란 전통적 존재론이 특히 사상적 기초를 조성한다는 뜻에서의 새로운 생성을 저해하거나 또는 과거로부터 답습해온 이론적 연관 국면이 지니는 저마다의 특수성을 간취하지 못함으로써 결국 현대적 발전 단계에서는 더 이상 용인할 수도 없는 사상적 파악 능력의 경직성Starrheit des gedanklichen Fassungsvermögens에 매여 있다는 문제와 관련된다. 그러므로 이제 우리가 필요로 하는 것은 사물에 대한 어떠한 견해라 하더라도 그 모두가 언제나 부분적 성격을 벗어날 수 없다는 사실과 함께 또한 그와 같은 저마다의 특수성은 어디에 깃들어 있으며 더 나아가서는 어찌하여 암묵적인 형이상학적 여러 전제를 의식적으로 부각하는 것이(물론 그러한 전제 요소 속에서 언제나 경험이 가능할 수는 있지만) 그러한 전제들을 원칙적으로 부인하려 들거나 또는 은밀하게 용인하려고 하는 따위의 태도보다 이 모든 연구 과제를 해결하는 데 훨씬 더 도움이 되는가 하는 데 대한 개방된 마음가짐을 지니는 것이 되겠다.

• 만약 실제로 결단적 행동이 경험 이전의 성질을 취하지 않으면 이때 경험이란 그 자체가 불가능할 것이다. 왜냐하면 즉자적 및 대자적 현존재 또는 객관화된 의미 구성체는 오로지 그 의미 자체에 합당한 의문을 제기하는, 즉 경험 이전의 상태에 놓여 있는 주체만이 그 해답을 내릴 수 있는 것이기 때문이다.

9

몰가치적 이데올로기 개념의 배후에 자리 잡은 전형적인 두 가지 본체적 결단의 특징

이상과 같이 사후 존재론*과 실증주의에 관한 부수적 검토를 가하고 난 지금(이와 같은 문제를 취급하는 것은 역사 속에서도 확인할 수 있는 최근의 전개 양상에 반영된 이제부터 서술하려는 사상의 흐름을 올바르게 이해하기 위하여 필요한 것이었지만) 우리가 분명히 말할 수 있는 것은 바로 지금 서술한 발전 단계에서 원래 몰가치적 입장을 취했던 우리의 역사적 내지 사회학적 연구가 갑자기 두 가지의 중요한 세계관적 내지 형이상학적 결단의 문제에 마주치게 되었다는 것이다. 현대적 상황 속에서 우리가 실질적으로 취할 수 있는 그 두 가지 방안은 다음과 같다.

• 다음을 참조할 것. Manheim, K., *Strukturanalyse der Erkenntnistheorie* (Kant-Studien, Ergänzungsheft 57, Berlin, 1922, p. 37, Anm. 1 und p. 52, Anm. 1)

첫째로 우리는 역사적인 것의 전반적인 변화를 바로 그 비연속성 속에서 시인할 수 있으니 왜냐하면 사람들은 흔히 궁극적인 것은 결코 역사적인 것 속에 깃들 수 없으려니와 더욱이 객관화된 사실 속에 깃들 수 없다는 견해를 내세우곤 하기 때문이다. 여기서는 유한적인 것이나 사회적 성격을 지닌 것, 또는 모든 신화나 가치 내용 그리고 온갖 의미 설정이 부인당하고 있는데, 그런 입장을 취하는 사람들은 비관련적 절대성이야말로 초역사적일 뿐만 아니라 모든 역사적 객관화 현상까지도 비로소 움트게 하는 마치 충만한 무에 비길 수 있는 것으로 받아들이려 하기 때문이다. 비관련적 절대의 경지란 결국 끊임없이 역사를 창조하면서도 동시에 그 어떤 역사일지라도 언제나 그로부터 퇴락을 강요하는 무아경적 충만성과 같은 것으로서 역사 지식을 얼마큼 소유한 사람이라면 누구나 이러한 견해는 신비주의로부터 직접 승계된 것임을 알 수 있다. 일찍이 신비주의자들은 생명의 세계에는 시간과 공간을 초월하는 것이 있으며 또한 공간 및 시간은 물론이고 그 속에서 나타나는 모든 현상도 무아적 체험에 비하면 한낱 허상에 불과하다는 주장을 했으나 역시 당시의 신비주의자로서도 그러한 주장을 증명할 수는 없었다. 즉 그 당시에도 일상적 생활 환경은 아직 그 현실적 테두리를 벗어나기에는 너무나 경직되어 있어서 모든 우연적 존재는 신의 의사에 순응하는 본질적인 현존자로까지 고양되어 있었다. 그 후의 전통주의에서는 다양한 사건으로 점철되어 있으면서도 그 의미 설정에서는 안정된 세계를 멀리하긴 했지만 역시 여기서도 도취경을 적나라한 허탈 상태에서 만끽하지는 못한 채 오히려 이를 신적인 것과의 관계에서만 해석하는 데 그쳤으니 결국 그들은 이 무아의 경지를 이를테면 신과의 해후를 체험하는 것으로 여겼다. 그러나 이상과 같은 우여곡절을 겪어오면서도 결국 모든 의미 요소 상호 간의 보편적 연관성이란 문제는 누구나 주지의 사실로 받아들이게 되면서 이는 곧 공식화된 진리라도 되는 듯이 여겨졌던 것이다. 그리하여 한때는 몇몇의 대가만이 지닌 비교적秘敎的 지식이라도 되는 듯 생각하던 것이 오늘날에 와서는 그 연구 방법까지 모두에게 알려지게 됨으로써, 이제 경우에 따라서는 사회학주의社會學主義마저도 역사주의의 경우와 마찬가지로 생의 일상적인 국면이나 역사로 하여금 현실적인 것을 역사 외적 내지는 무아적 도취경 속에서 찾으려는 사람들의 수중에 말려들 위험에 직면하게 되었다.

결국 주어진 상황을 기점으로 하여 사회학으로 유도하면서 역사 연구에의 자극제 구실을 할 수도 있는 두 번째로 시사되었던 동인은, 그와 같이 다양한 연관적 체계나 의미 상관성의 변화 속에서 결코 어떤 자의적 유희를 연상토록 하는 것이 아니라 오히려 그와 같은 동시성이나 계기성 속에서 다 같이 어떤 필연성(물론 이 필연성의 본질에 대해서 그리 쉽게 규정할 수는 없겠지만 어떠한 방법으로든 파악할 수는 있을 것이다)을 입증하려고 한다는 사실이 드러났다.

이와 같이 우리가 일단 역사적 변화를 겪을 수밖에 없는 사상적 의미 내용에 대한 내적 관계를 획득함으로써 그러한 상태에서는 어떤 역사적 특수 단계일지라도 결코 절대적인 것으로 받아들여질 수 없으면서 또한 전체적인 역사의 생성이란 하나의 피할 수 없는 문제를 던져주고 있는 한 위에서와 같은 무아적 도취경에 안주하고 있을 수는 없게 되었다. 물론 인간의 존재성이란 어떤 특정한 역사적 내지 사회적 존재의 한 단면에 불과한 것은 아니고 또한 위에서 봐온 무아경적 특수권은 그 나름대로 역사적 내지 사회적 영역에까지 끊임없는 충격을 가할 수 있는 어떤 실존성을 띤 것이어서 역사란 바로 그러한 충격에 의하여 끊임없이 이반離反된다는 사실을 인정한다 하더라도 우리는 이 역사 자체 내의 바로 그와 같은 충격에서 오는 부정적 특징만이 아니라 오히려 하나의 본질적인 양태가 생성되는 무대를 눈여겨볼 수 있다. 결국 '인간'이라고 하는 실재實在, 본질의 생성은 여러 사회적 규범, 형성 과정 및 작업 결과의 변화와 그 밖에 많은 사회적 기구와 집단 의욕의 변화, 그리고 각각 다른 역사적 내지 사회적 위치에 처해 있는 주체로 하여금 자기 자신과 자기의 역사를 성찰하는 바로 그 단초적 문제점이나 입장의 변화에 따라서 전개되고 또 포착되기도 하는 것이다. 결국 여기서 우리는 흔히 이 모든 현상 속에서 언제나 더욱더 어떤 상징적인 것—다시 말해서 어떤 단일한 원리와 여기에 담긴 의미를 우리가 어떻게 해서든지 밝혀내야만 할 응집력 있는 상징성과 같은 것을 발견하려는 경향이 있다. 즉 제아무리 우리가 무아경 속에서의 자기 조우를 통하여 우리 자신의 참모습과 같은 것을 올바르게 재현한다 할지라도, 무어라고 이름을 붙일 수 없으면서도 무아경 속의 도취자들이 끊임없이 추구하는 바로 그 어떤 것은 필연적으로 일정한 형식의 역사적 내지 사회적 관계를 유지하지 않을 수 없는 것으로서 바로 이와 같은 역사와 사회가 짊어진 운명은 동시에 그 무아적 도취자의 운명과 상통하는 것일 수밖에 없다. 그러므로 스스로의 본질을 곧바로 드러내놓지 않으며 또한 무엇이라고 직접 표현될 수도 없는 도취경의 경우에도 이제 그 스스로가 역사 속에 뿌려놓은 흔적을 근거로 하여 간접적으로나마 그 성격이 규정지어질 수 있지 않겠는가?

의심할 여지 없이 궁극적으로 역사와 사회에 대한 하나의 특수한 세계 감정이 바탕이 된 관계는 지금까지 다루었던 무아적 입장의 한계성을 여실히 드러내주고도 남는다. 그러나 역사적인 것을 무아경적인 어떤 권외圈外에 서서 바라보는 입장은 그 스스로의 역시 경멸輕蔑, Geschichtsverachtung로 인하여 바로 역사 자체 속에 담긴 본질적 요소를 전혀 파악하지 못할 위험에 직면한다. 역사적인 것에 대한 올바른 관계의 정립이란 그 역사적인 것을 단지 명상瞑想하는 데만 주력하는 의식 태도로서는 결코 얻을 수 없다. 오히려 이를 면밀히 관찰해보면 역사적인 것의 요소 속에서는 — 결코 그 어떤 것도 완전히 경직되지 않은 채 — 언제나 무엇인가가 생기하고 있음을 알 수 있다. 그리하여 역사를 형성하고 있는 모든 시점이나 개개의 의미 요소들은 그 나름마다 일정한 가치를 지니고 있으므로 (다시 말해서 그 어떤 것도 절대적 상황 속에 놓여 있지 못할 정도로 모든 것은 끊임없이 생성·소멸되는 것만도 아니므로) 역사상의 어떤 사건이나 의미 연관체의 경우도 되돌릴 수 없는 것이라는 사실은 이미 역사로부터 아무런 본질적인 것도 기대하지 않는 사람은 역사란 아무 뜻과 말이 없는 것으로 생각할뿐더러 또한 역사란 단지 '사건들만이 연속적으로 중첩되는 것'이라고 보는 입장 역시 역사의 고찰을 위해 전혀 무의미할 수밖에 없다는 것을 드러내준다.

정신사를 고구하는 데 있어서 우리가 지켜야 할 입장은(이상에서와 같은 관찰 방법에 의하여 우리는 이미 일종의 사회학적 역사관을 표방하게 되었지만) 역사적 사건의 연속적 계기성에서뿐만 아니라 그들 각 요소 간의 공존성에 대해서도 이를 한낱 우연의 소산으로만 보아 넘겨서는 안 될뿐더러 더 나아가서는 운동이나 생성 작용을 통하여 이룩되는 역사적 총체성을 탐구 die Erforschnng der in der Geschichte werdenden Totalitat하는 데 있어서도 그 각 요소 속에 담긴 저마다의 가치와 의의를 파악하도록 힘써야만 하겠다는 것이다. 이와 같이 우리가 단지 사변적 입장에서뿐만 아니라 연구의 각 단계에서마다 현존하는 자료를 통한 검증과 입증을 하는 가운데 이상과 같은 견지를 더욱 구체적으로 개발해나갈 때 이것이 곧 **사회학적 시대 진단** soziologische Zeitdiagnostik이라고 불릴 수 있는 새로운 분과를 발생시키는 계기가 된다. 그리하여 지금까지의 서술을 통해 우리가 밝혀내려 했던 문제는 결국 현대 사상의 위치를 진단하는 데 있어서 과연 이데올로기 개념은 어떠한 기여를 할 수 있는가 하는 것과 함께 바로 이데올로기 개념의 여러 유형을 분류, 검토하는 데 있어서도 이를 단지 병렬해놓는 데만 그치지 않고 일단은 극히 상징적일 수밖에 없는 이 개념의 의미 변천사를 통하여 사유와 존재에 얽힌 우리의 전체적 위치를 현대사적 축도로써 파악하려는 것이라고 할 수 있다. 그런데 이와 같은 진단 방법이 비록 초창기에는 몰가치적 자세를 취할 수 있다는 듯이 내세우지만 장기적으로는 그러한 입장을 고수하지 못한 채 결국 가치 판단적인 방향으로 점차 이행하게 마련이다. 그리하여 일정한 역사적 시기나 상황에 대한 특별한 의미가 부여되지 않고서는 역사 속에 다양한 변조적變調的 성격을 끌어들일 수 없다는 사실이 이미 가치 평가를 향한 첫 번째 이행 단계를 이루는데, 즉 역사적 세계 내의 여러 요소가 지닌 각이한 문제점에 저마다의 비중을 나눠준다는 것이 이미 가치 의식의 작용이며 존재론적 결단을 향한 첫걸음이 되는 것이다.

10
—

'허위의식' 문제의 재등장

그러므로 이제 역사 변증법 die historische Dialektik은 몰가치적이고 총체적이며 동시에 절대적인 이데올로기 개념을 대신해 가치 평가적 이데올로기 개념을 등장시키는 다음 단계로의 점진적 이행을 강요하기에 이른다. 그러나 이러한 가치 평가는 지금까지 우리에게 알려져왔고 또 우리가 서술해온 경우와는 전혀 다른 것이다. 즉 여기서는 단순히 어떤 한 시대의 정립상定立相을 절대시하지 않음으로써-왜냐하면 여러 규범이나 가치가 시대적 내지 사회적 제약을 받는다는 데 대한 통찰이 더 이상 상실되지 않으므로-본체적 측면에서의 강조점은 이제 다른 문제성으로 옮겨가게 되었다. 그리하여 이제는 바로 동일한 한 시대의 규범, 사유 방식의 위상 정립을 위한 도식을 놓고 그중에서 진실한 것과 진실하지 않은 것, 또는 순수한 것과 순수하지 않은 것이 구별되는 셈이다. 따라서 '허위의식'이 여기서는 어떤 절대성을 띤 영원불변한 존재에 대해서가 아니라 끊임없이 새로운 정신적 행위를 전개해나가는 가운데 그때마다 새로이 형성되는 존재einem in stets neuen seelischen Vollzügen sich neugestaltenden Sein 앞에서 차질을 빚게 되는 것이다. 여기서 이미 우리는 어찌하여 사유의 변증법에 의해 초시간적인 가치의 추구를 포기하도록 강요당해온 정력이 이제 그보다 더한 강도를 띠고 모든 역사적 시대에서 볼 수 있는 현실적인 사상과 비현실적인 사상을 구별하는 데 집중되는가를 이해하게 된다. 그러나 이와 같이 하여 허위의식의 문제는 새삼스럽게 현대적 문제의 국면으로 되돌아오는 바, 즉 우리가 앞에서 다뤄온 가장 현대적인 의미에서의 허위의식 문제는 이미 종교적인 초월적 요인에 따른 자기 정위를 포기한 대신에 마치 실용주의를 연상하게 하는 실천적 국면, 그중에서도 특히 정치적 실천의 국면 속에서 현실의 평가 기준을 찾았던 것이다. 다만 거기서 궁극적인 문제 파악을 하는 데 결여됐던 것은 역사 동력의 요소였는데, 즉 거기서 사유와 존재는 아직도 서로가 어떤 '절대적 상황' 속에 위치한 부동의 양극점으로 보였고, 또한 이 양극의 중간 지대에 감도는 긴장 상태는 여전히 정태적인 것으로 여겨왔지만 이제 여기에 새로운 역사 동력적 요소가 첨가되기에 이른 것이다.

따라서 윤리적인 문제에 있어서만 하더라도 결코 어떤 역사적 단계에서의 실제적 행동 기준이 될 수 없는 규범의식이 작용한다거나, 또는 어떤 개인의 실수를 특정 개인이 저지른 범실로 보지 않고 오히려 잘못 이해된 도덕적 원리에 의해 뒷받침되고 또 강요되었다고 보는 의식은 허위적인 것이 된다. 심리 현상과 관련된 자기 해석의 경우에도 의미 부여적 행위(생활 양식, 체험 형태 그리고 세계와 인류에 대한 이해 태도)의 타성화로 인하여 우리의 의식이 새로운 종류의 심리적 반응이나 또는 새로운 인간화의 가능성을 전적으로 은폐하거나 저해하려 한다는 것은 허위적이며, 이 밖에 이론적 의식의 경우에도 만약 어떠한 역사적 단계에서도 우리가 결코 스스로의 '세계 내적인' 방향 설정을 위해서 별다른 도움이 될 수 없는 범주적 사유를 하려고 한다면 이 또한 분명히 그릇된 것이다. 그러므로 무엇보다도 이미 시대에 뒤떨어져 있고 가치도 상실해버린 여러 가지 규범이나 사유 형태 그리고 세계 해석상의 다양한 논점은 이데올로기적 역할만을 떠맡음으로써 실천으로 옮겨진 행동이나 현존하는 어떤 정신적 내지 물질적 존재를 해명하기는커녕 오히려 은폐하는 것들이다. 이제 지금 바로 서술한 이데올로기적 의식 중에서 가장 중요한 몇 가지 형태만을 예로 들어보겠다.

여기서 이를테면*'무이자 금전 대출'의 역사에서 볼 수 있는 바와 같이 이미 시대적으로 낙후한 **윤리적** 규범이 이데올로기로 화하는 경우를 생각해볼 수 있다. 무이자 대출이 요구되어 이것이 적절히 실현되기 위해서는 사람들이 사회학적으로나 경제적으로 선린적인 우호 관계로 결속되어 있어야만 가능하다. 그와 같은 세계에서라면 이 요구는 빈틈없이 충족될 수 있으니 결국 이 무이자 대출은 바로 그러한 세계에 귀속될 수 있고 또 이러한 뜻으로만 그 세

• Weber, M., *Wirtschaft und Gesellschaft* (Grundriß der Sozialökonomik, Abtlg. III, p. 801 f).

계에 합당한 규범일 수 있다. 그런데 선린적인 협동 정신을 바탕으로 한 그와 같은 규정은 차츰 교회의 규범집으로 집대성됨으로써 일상 세계 내의 '현실적인 제반 요소'까지도 변화하면 할수록 더욱 더 무이자 대출에 대한 요구는 이데올로기적 성격을 띠게 되어 어느덧 잠재적으로 실현 불가능한 상태에까지 이르고 만다. 특히 이러한 요구가 신흥 자본주의 시대에 오면서 완전히 '현세와 동떨어진 것'으로밖에 받아들여질 수 없게 된 이유는 그것이 새로운 경제적 세력에 대한 교회의 투쟁 수단으로 화하는 기능상의 변화를 가져왔기 때문이다. 자본주의가 모든 부면에 삼투하여 그 승리가 확실해진 후로는 그러한 요구로부터 싹튼 규범의 이데올로기적 성격(즉, 누구나 이 규범을 회피할 수는 있을지언정 준수하지는 않는다는 사실)은 너무나 분명해짐으로써 끝내 교회에 의해서도 그러한 경향은 불식되고 말았다.

  또한 **자기 해명**의 국면에서 있을 수 있는 한 허위의식의 예로서는 인간이 역사적으로 이미 무르익은 자기 자신과 세계에 대한 '진정한' 관계를 은폐하고 인간 존재의 기본적 소여성에 대한 체험을 '물신화物神化'하거나 '이념화'하고, 더 나아가서는 '신비화'하기까지 함으로써 그러한 체험을 조작하는 가운데 결국 자기 도피나 세계 도피를 가능하게 하는 갖가지 기술을 동원하여 허위적인 대응양식을 유발하는 경우이다. 따라서 '신화'를 희구한다거나 '어떤 위대한 것 그 자체'에 심취하여 '관념주의적 태도'를 취하며 또한 누구에게나 쉽사리 투시될 수 있는 어떤 '무의식의 세계' 속으로 한 발 한 발 스스로를 도피시킴으로써 더 이상 어떤 방법으로도 존속될 수 없는 절대성을 미끼로 무엇인가를 탐색하려는 불안정성을 은폐하려는 것은 모두가 허위적인 것이다.

마지막 세 번째에 해당하는 전형적 허위의식에 **세계 정위**를 위한 우리의 인식 작용에서 차질이 빚어질 경우에 나타난다. 이에 대한 가장 전형적인 예로 한 지주의 경우를 들 수 있는데, 즉 토지 그 자체는 이미 자본주의적 경영 방식으로 경작되고 있음에도 이 지주는 자기와 피고용자와의 관계에서나 또는 자기 스스로의 역할에 대해서는 여전히 가부장적家父長的 범주 내에서 이해하려는 경우가 그것이다.

결국 이러한 여러 경우를 스스로의 관찰 범위 안으로 끌어들이고 보면 허위의식은 하나의 새로운 양상을 띠기에 이르는데, 즉 자기 자신의 정위 양식에 있어서 새로운 현실에 적응하지 못하여 오히려 이 현실마저도 이미 낡아버린 범주에 의해 은폐토록 하는 이러한 의식은 허위적이며 이데올로기적이다.•

이와 같이 우리가 가치 판단적 내지 동태적이라고 부르는 이 이데올로기 개념(유토피아라는 개념에 대해서는 본서의 맨 마지막 장 바로 앞에서 별도로 취급할 것이다)••이 사상 내용의 현실성이나 의식 구조와 관련한 결단을 내린다면 이때 그것은 가치 판단적wertend인 것이며 그와는 달리 이데올로기적 개념이 끊임없이 유동성을 띠고

• 의식은 '존재'를 앞질러 가는 경우에도 허위적이고 '존재에 부적합'할 수 있다는 것 — 이것이 바로 '유토피아적' 의식을 분석했던 앞의 논문의 테마였다. 여기서 다시 한 번 밝혀둘 것은 그러한 의식은 존재를 앞질러 간다는 사실이다.

있는 현실과의 대응 관계 속에서 이러한 결단을 행사할 때는 동태적dynamisch이라고 할 수 있는데, 이는 모두가 두말할 것도 없이 절대적이며 총체적인 이데올로기 개념의 단계에서만 가능한, 즉 '몰가치적'인 경우와 반대되는 바로 두 번째 유형이다.

개념 규정에 관한 이와 같은 방식이 첫눈에는 몹시 복잡하게 보일 수 있지만 실제로 그러한 방식은 전혀 무리한 것이 아니다. 왜냐하면 그것은 세계 정위를 위한 현대에 있어서의 **통상적** 언어 습성에서도 이미 그 단초적 성향을 드러냈을 뿐 아니라 그와 같은 언어습성 자체가 추구하는 방향과도 일치하는 문제에 대해서만 가능한 하나의 확실한 정의를 내려보려는 사유의 결산이기도 하기 때문이다.

이와 같은 이데올로기(및 유토피아) 개념이 분명히 하고자 하는 것은 단순한 기만 요소라고만은 할 수 없는 그 이상의 어떤 허위 조작을 할 수 있는 의식 구조가 존재한다는 사실이다. 그뿐만 아니라 이 개념이 고려하고 있는 것은 우리가 파악할 수 없는 '현실'이란 동태적일 수 있으며 동일한 역사적 내지 사회적 공간 내에도 각기 상이한 성질의 허위에 찬 의식 구조들이 있을 수 있다는 것, 다시 말해서 그러한 허위적 의식 구조는 '현시점에서의' 존재를 사유

•• 유토피아적 의식을 고찰하는 데서 밝혀질 문제는 역시 '현존하는' 모든 것이 유토피아적 관념 속에서 초극된다는 것이 결코 과거의 유물이 되어버린 가치 내용을 기준으로 하여 현존하는 것을 이데올로기적으로 은폐하려는 부정적 현상과 병행하는 것으로 보아 넘겨서는 안 된다는 것이다.

를 통하여 초극할 수도 있고 또한 그 반대로 존재 영역까지 도달하지 못할 수도 있지만, 여하간 이 두 가지 경우 모두에서 은폐 작용을 한다는 것이다. 그리하여 마지막으로 다시 이상과 같은 이데올로기 개념은 오로지 실천 속에서 그 참모습을 드러내게 될 '현실'을 염두에 두기도 한다. 지금 바로 언급한(동태적이며 가치 판단적인) 이데올로기 개념 속에 포함된 이 모든 문제점은 우리가 그때마다 상이한 체계적 접근 방법을 취해볼 수는 있을지언정 결코 회피할 수 없는 경험에 근거해 있다.

11
―

이데올로기와 유토피아 사상을 통한 현실의 추구

―

　이데올로기적이거나 유토피아적인 것으로부터 다 같이 벗어나기 위한 노력으로서의 이데올로기와 유토피아 사상에서는 궁극적으로 실재의 추구라는 데로 문제가 모아진다. 이상 두 가지의 현대적 착상은 풍요로운 성과를 기약하게 하는 회의의 기관器官으로서 이는 당연히 긍정적으로 받아들여져야 하는데, 왜냐하면 그것은 자기만을 위한 홀로의 세계 속에 안주하거나 현실을 은폐하며 혹은 또 현실을 단순히 앞질러 가려는 엄청난 의식의 유혹을 방지하려는 것이기 때문이다. 사상이란 결코 스스로가 그 요소 속에 자리 잡고 있는 현실성 die Wirklichkeit, in dessen Element er steht 그 이상의 것, 또는 그 이하의 것도 포함해서는 안 된다. 이것은 마치 참으로 훌륭한 문장 형식이란 거기서 표현한 대상적 내용에 미흡해서도 안 되지만 동시에 사실 이상의 과장이 있어서도 안 되는 것과 같이 의식의 참모습 역시 대상의 주변을 겉돌지 않고 곧바로 있는 그대로를 포착하는 데 있는 것이나 마찬가지이다.

그리하여 이데올로기와 유토피아 사상에서는 현실성의 문제가 다시 한 번 고개를 든다. 즉, 이들 두 관념은 다 같이 사상 형성의 기본 요건은 그 자체와 일치하는 현실적 근거를 제시하는 데 있다는 요청을 내포하지만 어느덧 우리에게는 바로 이 현실성의 문제가 의문시되기에 이른 것이다. 물론 모든 당파마다 그들 나름대로의 사상과 행동의 세계 속에서 이 현실성을 추구하고 있지만 이때의 현실이 각기 상이한 모습을 띨 수밖에 없다는 것 역시 하등 놀랄 일이 아니다.*

아마도 세심한 독자로서는 이제까지 봐온 가치 판단적 이데올로기 개념이 비록 가치 의식 면에서 어떤 해결을 구하려는 의도가 담겨 있다고는 하더라도 어떻게 그것이 새삼 몰가치적인 개념 형태로 이행하게 되는가를 짐작했을 것이다. 이와 같은 개념의 이행 현상은 완숙한 단계에 다다른 사상의 경우에만 찾아볼 수 있는 연구의 기술에 속하는 문제이므로 여기서 이러한 방향으로 스스로를 얽매인 채 어떤 입장에만 집착하는 따위의 우를 범하지는 않을 것이다. 그러므로 단순한 특수성이 분명히 들여다보이는데도 불구하

---

* 사회적 입장의 차이에 기인한 다양한 존재론에 관해서는 *Das konservative Denken* (a.a.O. Teil II)를 참조할 것. 또한 이와 관련한 문제는 다음을 참조하라. Eppstein, P., "Die Fragestellung nach der Wirklichkeit im historischen Materialismus" (Archiv für Sozialwissenschaften und Sozialpolitik, Bd. 60, 1928. p. 449 ff).

고 마치 절대의 실체성을 지니기라도 한 듯한 세계 해석상의 여러 가지 가능성이 존재하는 이 세계 내에서 이제 우리가 추구할 수 있는 탈출구가 있다면 그것은 오직 **동태적 상관주의**일 뿐이다. 즉 탐구자로서의 개인이 역사적 내지 사회적 성격을 체현하고 또한 그들 사이의 실제적 긴장 관계 속에서 현재의 위상을 특징지어주는 극히 중요한 모든 동인을 자기의 내면 세계로 끌어들일 수 있을 때라야만 적어도 그는 현대와 같은 존재 상황에 합당한 어떤 해결책을 찾을 수 있으리라는 기대나마 가져볼 수 있을 것이다. 순발적이며 직접적으로 자기의 위치를 확정 짓지 않고 오히려 이미 우리를 지배하는 기존의 긴장 관계를 자기의 내면 세계로 받아들이는 사상은 직선적이거나 정립적이 아니고 반립적이며 변증법적nicht geradlinig, thetisch sondern antithetisch, dialektisch이다. 그러나 그와 같은 사상 전개 과정에서는 개념적 의미 정립을 추구하는 또 다른 개념으로의 전이 현상이나 아직 극복되지 않은 여러 모순이─흔히 있을 수 있듯이─은폐되기는커녕 오히려 지금껏 해결되지 않은 모순을 확인함으로써 바로 현 단계에서 절실히 요구되는 사상을 점화시키는 계기를 마련하려는 것으로 받아들여진다. 이와 같이 일반적으로 은폐되거나 아니면 조심스럽게 겉치레라도 갖춘 현상들에 대한 끊임없는 유념을 통하여 우리는─이미 언급했듯이─어딘지 아직도 의아하게 느껴지는 여러 가지 문제점을 스스로 통제하면서 다뤄나가려는 것이다.

결국 이와 같은 동태적 상관주의는 차라리 '완결된 체계'를 포기하듯이 보이는데, 그 이유는 그러한 완결성이 이룩되는 데는 무엇보다도 갖가지 특수성을 이미 투명하리만큼 통찰하고 있는 총체성이 기초가 되어야만 하기 때문이다. 이 문제와 관련하여 또한 생각을 키우는 점은 어떠한 체계의 폐쇄적인 완결성이나 신축성 있는 개방성이 그의 가능성이나 필요성이라는 측면에서 보았을 때 과연 각 시대 간의 추이나 각기 다양한 사회적 입장에 따라서 그때마다 달라지는 것은 아니겠느냐는 것이다. 독자들로서는 이미 이러한 시사를 통하여 반립적이거나 변증법적 체계뿐 아니라 폐쇄적이거나 개방적인 사상의 체계적 유형까지도 모두가 결코 자의적이거나 우연적이 아니라 오히려 그들 체계의 이면에 자리 잡은 채 끊임없이 새로운 모습을 나타내는 존재와 사유의 위상을 적절하게 잡아 나가는 형식으로 등장하고 있음을 알게 될 것이다.*

만약 이상과 같은 현실성의 문제가 단지 사변적 망상에 그친다고 한다면 그것은 더 이상 우리의 문제가 될 리도 없겠지만, 이에 관한 연구가 진척될수록 이 개념의 다양성에 바로 우리가 지닌 모든 사상의 다양성도 의존하게 될 뿐 아니라 모든 존재론적 결단 역시 이와 관련한 훨씬 더 중요한 내재적 의미를 지닌다는 것이 더욱 확실하게 드러날 것이다. 특히 우리의 존재론적 결단이 다양한 형상을 띤다는 사실을 통하여 가장 분명하게 드러난 것은 우리 모두가 이미 동일한 사상 세계에서 살아갈 수도 없으려니와 또한 이미

---

* '체계'의 현상과 관련한 사회학적 문제에 대해서는 앞의 *Das konservative Denken* (a.a.O. p. 86 ff.)를 참조할 것.

현실을 체험하는 데서도 종국에 가서는 서로 상반되는 동적인 사상 체계가 대립되어 있다는 사실이다.

그런데 일상적인 생의 모습에서와 같이 사물이나 그의 상관성을 각기 부분적 측면에서만 대응시킴으로써 여기서 논의해온 사상적 위기를 눈감아버릴 수도 있다.

그러나 예컨대 다음과 같은 논지를 내세우는 것 이상으로 경솔하고 부당한 것은 없을 것이다. 즉, 더 말할 나위도 없이 모든 역사적 내지 정치적 사유란 일정한 정도까지는 초이론적인 선택에 기초하는 것이므로 우리는 도대체 사상 자체를 전혀 신뢰할 수 없을 뿐더러 따라서 그때마다 우리가 어떠한 이론적 입장을 취하느냐 하는 것도 하등 문제가 될 수 없다는 것이다. 이렇게 되면 결국 누구나가 시시로 변하는 우연성에 따라서 자기의 본능이나 가장 예민한 직관력 혹은 이해관계 등에 좌우되게 마련이어서 그들은 모두가 이러한 상태 속에서 자기의 당파적 입장에 만족하기도 하고 또한 양심상으로도 전혀 거리낌 없는 것으로 자부하기에 이를 것이다.

지금까지의 분석 결과를 이와 같이 어떤 선전 자료로 악용하려는데 대해서 우리가 명심해야 할 것은 한편으로는 심사숙고되지 않은 당파적 편향성을 비롯하여 태만함으로 인하여 사고를 기피하는 데서 비롯한 무분별한 의지적 결단이나 선전 목적에만 주안점을 둔 비합리주의의 경우, 또 다른 면으로는 엄정한 객관성을 고수하기 위하여 모든 의식적 가치 평가를 철저히 배제하였음에도-이러한 결과는 지식사회학적 분석 방법에 의하면 쉽사리 성취될 수 있는 것이지만-여전히 일말의 당파성과 동태성을 사유 구조 그 자체 내에 간직하고 있는 학구적 입장과의 사이에는 현격한 차이가 있다는 것이다.*

결국 우리가 사물을 그 특수성의 측면에서만 대하고 또 개념의 도구도 제한된 생활 영역에서만 활용하는 데 그치는 한 여기서는 전체적 연관 속에서 제기되는 문제점이 은폐될 수밖에 없을 것이고 다만 실천 속에서 언제나 간과하기 쉬운 불투명한 면이 어쩌다 드러나는 것으로 그칠 것이다. 그리하여 우리의 일상적인 생활 양식 역시 오랜 세월에 걸쳐서 마술적 체계를 받아들여왔고 또한 일정한 역사적 단계에 도달하기 이전까지는 생에 대한 미개인들의 정위 감각을 뒷받침했던 경험성도 바로 이와 같은 연관성 속에서 다스려져야만 했다. 그러나 하여간 그 당시나 현재의 상황 속에서 대두된 사회 역사적 구조의 문제는 그 궁극적 본질 면에서 다음과 같이 요약할 수 있다. 즉, 어떠한 시점에 이르러야만 한 집단의 경험적 공간은 전승되어온 사유 구조와 이미 그 바탕 위에서는 더 이상 파악될 수도 없는 새로운 종류의 대상성 사이의 균열이 눈에 띨 정도로까지 근본적으로 변하는 것일까? 물론 마술적 의식 구조가

---

* 이에 대한 상세한 것은 취리히에서 본인이 발표한 논문 내용에 관한 토론에서의 최종 발언 요지와 제6차 사회학자 대회에서 좀바르트가 행한 방법론적 문제에 관한 강연에 대한 본인의 토론 요지를 참조할 것.

일반화되어 있던 시대에 이미 인식 비판적 기능을 활용하여 바로 그 마술적 '질서의 체계'가 소멸될 수 있을 정도로 예지적이었다고 할 수는 없겠지만, 여기서도 사회적 생활 공간의 변화는 특정한 새로운 내외적 근본 사실에 더 이상 부합될 수 없는 입장이나 의미 해석의 도식을 배제했을 것임에 틀림없다.

부분적인 특수성의 문제와 관련해서 보더라도 정신과학에 속하는 우리의 개별 분과의 경우 역시 우리의 일상적인 경험성과 동일한 바탕을 지니고 있다. 즉 이들 개별 분과도 뭇 대상이나 문제점을 원칙적인 면에서 다만 무질서하고 산만한 특수성 속에서 상호 간의 조응 관계를 유지하고 있다. 대개의 경우 많은 문제점이 연쇄적으로 제기되면서도 그들 모두의 내면적인 합일성으로 인하여(규율적인 의미 통일성이라는 뜻으로만 그치지 않는) 어떤 상호 간의 응집력을 발휘하기도 하지만 그러다가도 어느덧 이 모든 것이 갑자기 와해되곤 한다. 역사적 문제 제기는 그 테마 자체의 제약성이란 뜻에서건 아니면 또 시각상의 제약성 때문이건 간에 언제나 개별적 논제를 다뤄나가게 마련이다. 하여간 이는 노동 분화가 우리에게 어떤 제한을 가하는 한 원래 어쩔 수 없는 것이기도 하다. 그러나 경험론자는 그의 개별적인 관찰이 제아무리 광범하고 포괄적이라 하더라도 그 테두리를 벗어나지 못한다는 사실에서 우리가 하나의 원리적인 교훈을 얻어낸다면 이는 그가 이미 일정한 사회 역사적 근본 상황을 의문시하는 데 대해 내면적으로 방어한다는 것을 뜻한다.

물론 우리는 끊임없이 특수성에만 제한된 연구를 통해서도 지식을 수집하고 경험을 풍부히 할 수 있을 뿐 아니라 과거의 일정 시기에는 이러한 입장을 취하는 것이 오히려 올바른 것일 수도 있었다. 그러나 마치 자연과학이 '사실'의 세계 속에서 어떤 균열이 나타나기만 하면 종전까지 사용되던 모든 원리도 가차 없이 새로운 검토 대상으로 삼는가 하면 또한 그 이상의 풍부한 경험성도 오직 그 기초의 수정을 통해서만 가능하듯이 오늘날 우리는 정신과학에서도 원리의 문제가 경험을 통하여 우리에게 강요되는 상태를 맞이하게 되었다.

원칙적으로 특수성에 주안점을 둔 경험을 놓고 우리는 지난 기간 동안에 마치 일상적인 생활 면에서와 꼭 같은 상태에 놓여 있었는데, 즉 우리는 결코 전체적 상황을 제대로 조감하지 못했던 까닭에 우리에게는 사유 기반 그 자체가 안고 있는 문제점이나 비통일성이 은폐될 수밖에 없었던 것이다. 인간의 정신은 분명하게 해명되지 않은 개념을 구사하면서도 놀라우리만큼의 정확한 관찰을 할 수 있다는 것, 따라서 만약 우리가 반성작용을 통하여 모든 학문 분야의 기본 개념에 대한 정의를 내리려고 할 때라야 비로소 위기가 야기된다는 족히 알려진 테제만큼이나 옳은 주장도 찾아보기 힘들다. 이러한 논지의 정당성을 뒷받침하는 것은 개별 과학의 연구는 흔히 경험적 입장을 고수하면서 착실하게 진행되는 데 반하여 원리에 관한 문제나 근본 개념의 경우에는 격렬한 투쟁이 난무한다는 사실을 지적할 수가 있다.

그러나 이러한 통찰도 다만 특수적일 뿐이다. 왜냐하면 그러한 견해란 단지 지식 이론적인 경구의 형태를 띠고 어떤 한정된 시기에만 존속했던 학문적 분위기를 특징지워주던 상황에만 통용될 수 있는 요구를 내세우는 것이기 때문이다. 금세기 초에 이러한 주장이 처음 제기되었을 때만 해도 위기 징상이라고 할 만한 현상은 단지 원리의 문제나 개념의 정의와 관련된 연구의 말단 영역에서 표출될 뿐이었지만 오늘날에 와서는 상황이 달라졌다. 즉, 이제는 위기 증상이 경험 영역의 한복판에서도 포착될 수 있을 정도여서 개별적 사실들의 연관성을 이론적으로 파악하는 데 있어서도 이미 기초 정립의 가능성이나 개념 정의의 다양성과 시각상의 경합이 표면화되기에 이르렀다.

그렇다고 해서 경험 일반이 가능하다는 사실이 부인되는 것은 아니며 또한 사실이란 것이 존재하지 않는다는 주장을 하는 것도 아니다(이렇게 해서 어떤 환상론을 불러일으키는 것보다 더 부당한 노릇은 없을 듯싶다). 그러므로 결국 우리가 제시한 논거들도 사실이 지니는 증명력에 호소하려는 것이긴 하지만 다만 문제는 지금 말한 사실이 어떤 독자적 특성을 지닌다는 데 있다. '사실'이란 것은 언제나 일정한 사유 및 생활에 얽힌 연관성을 통해서만 인식의 구성 요건이 되게 마련이다. 그러므로 우리가 이러한 사실들을 그때마다 파악하고 또 이론적으로 구성할 수 있다는 것은 이미 어떤 개념적 도구가 사용되었음을 시사하는 것이다. 그런데 이러한 개념적 도구가 만약에 모든 역사적 공동체에 일률적으로 적용된다면 개개의 개념들을 구성하는 데 필요한 많은 전제 조건(활력적이며 이지적인 방향을 따라가는)을 투시한다는 것은 도저히 불가능할 것이다. 바로 이러한 어려움으로 인하여 진리에 관한 문제에 있어서 인류가 왜 그토록 오랜 세월에 걸쳐 마치 몽유병자와 같은 상태에서 헤어나지 못했던가를 이해하게도 된다. 그러나 사물을 대하는 우리의 다각적인 관찰 작용이 일단 여러 갈래로 분화되기만 하면* 이제까지 단 하나의 예정된 방향으로 그 능력을 행사해오던 경험적 의식도 이완되기 시작한다. 그리하여 여기서는 우선(사유하는 주체로서는 감득하지도 못하는 사이에) 그 경험적 의식의 소재와 대상을 여러 갈래의 상이한 사유체계 속에 정렬시킴으로써 범주적인 면에서도 그러한 사유 체계의 다양성과 일치하는 방향에서 스스로의 기능을 발휘하는 상호 대립적인 사고 유형이 형성된다.

바로 여기서부터 비록 동일한 기본 요소일지라도 그의 일정한 측면을 그때마다 달리 고정시키려는 개념의 특유한 원근법이 발생하여 '현실'의 참모습도 더욱 풍부하게 나타나기 시작한다. 이전 같으면 아직 해소되지 못한 일종의 비합리적 잔재에서 빚어진 '여운'과도 같이 모호한 성격을 띤 채 어떤 단일 개념의 둘레를 감돌던 것이 오늘날에 와서는 바로 그 잔재가 객관적 대상을 통하여 파악될 수 있다고 보는 하나의 반대 개념으로 드러나게 되었다.

결국 단일성을 지녔던 사유 기반이 동요하고 있다는 사실은 이제 바야흐로 경험계 내에서만도 더욱더 명백하게 되었는데, 특히 이 문제를 심사숙고하는 사람에게 이는 일단 어떠한 정의일지라도 모두가 부분적 편향성에 사로잡혀 있다는 사실로서 겉으로 드러나기에 이르렀다. 예컨대 베버도 이미 그와 같은 개념적 정의의 특수

---

* 이와 같은 분화 작용을 일으키는 사회학적 원인에 대해서는 본인의 〈취리히 논문〉 속에 상세히 논술되어 있다.

성을 시인한 바 있거니와 동시에 이 문제는 모든 인식 목적에 수반되는 특수성이라는 점에서도 합법화되기에 이르렀다.

　우리가 개념을 어떻게 정의하느냐 하는 것은 무의식중에 진행되는 우리의 사유 과정을 이미 통제하고 있는 다각적 관찰 작용에 따라서 결정된다. 개념에 대한 이와 같은 조망법에 따라서 스스로의 한계와 오류를 드러내버린 사유로서는 우선 모든 수단을 다하여 체계화된 총체적 의문 제기가 대두되는 것을 저지하려 하는데, 특히 그와 같은 위험을 은폐하려고 노력하는 좋은 본보기로서 우리는 실증주의를 꼽을 수가 있다. 물론 한편으로는 이것도 사실 세계에 대한 순탄한 연구를 보장한다는 견지에서 보면 필요한 것이긴 하지만 다른 한편으로 이러한 은폐 작용은 '전체'의 문제와 관련된 의문점을 불투명하게 만드는 결과를 초래했다.

　그런데 다음과 같은 두 가지 유형의 독단zwei typische Dogmen이 근본적인 문제 제기를 저해하는 데 제 역할을 해왔다. 즉, 그 하나는 형이상학과 철학 그리고 그 밖의 모든 한계성에 얽힌 문제를 무조건 부인함으로써 다만 경험적인 특수적 인식의 타당성만을 인정하려는 이론이 그것이었는데 여기서는 철학조차도 개별 과학, 특히 논리학으로 간주되었다. 총체성에 관한 문제를 저지하려던 또 하나의 독단적 이론은 철학과 세계관의 영향을 전혀 받지 않는 특유한 경험적 세계만을 인정함으로써 그와 같은 사유 방법이 지닌 부분적 특수성에 대하여 필연적 확실성을 부여하면서도 동시에 총체성의 문제를 해결하는 데서만은 '보편타당한' 명증성을 주장하지도 않은 채, 더 차원 높은 철학적 사색의 방법이 필요하다는 생각을 품고 이 두 가지 입장 사이의 어떤 균형을 잡으려고 했던 것이다.

이러한 해결 방법은 그 구조에 있어서 '왕은 지배는 하되 통치는 하지 않는다'고 한 입헌군주제의 이론가들이 내걸었던 표어와 너무나 흡사한 데가 있다. 즉, 여기서는 모든 명예 훈장을 철학이 짊어지게 만듦으로써 사변이나 직관도 경우에 따라서는 비범한 하나의 특수 기능으로 받아들여지기까지 했던 것이 사실이지만, 이 모든 것도 결국은 철학으로 하여금 실증력 있고도 또한 민주적인 보편타당성을 지닌 경험의 의의가 저하되지 않게 하려는 데서 나온 소치였다. 이와 같이 함으로써 총체성의 문제가 다시 한 번 은폐되면서 동시에 인간의 경험적 의식도 더 이상 이 문제에 관심을 두지 않게 되었을 뿐만 아니라 철학에 대해서도 이 문제와 관련된 어떠한 책임도 전가할 수 없는 지경에 이르렀다. 왜냐하면 철학이 스스로 책임을 져야 할 대상이란 오로지 신이 있을 수 있을 뿐이며 또한 철학적 명증성이란 것도 단지 사변적 영역 내에서나 혹은—그 성립 요건의 여하에 따라서는—순수 직관에만 통용되는 것이기 때문이었다. 이와 같은 양립적 문제의 고찰 방법으로 인하여 어떠한 총체적 상황에 처해서도 마땅히 가장 기본적인 자기 해명의 기능을 행사해야만 할 철학이 스스로의 과업을 다하지 못하게 되고 말았는데, 그 이유는 철학이 '성역화'되다시피 한 자기의 독자적 세계만을 고수하고 있는가 하면 또한 개개의 철학자들은 그들대로 지금까지 스스로가 익혀온 편향적 태도를 버리고—이미 경험주의적 입장이 전제가 되어야 할—더욱 포괄적인 관점으로의 이행을 실천하지 못하고 총체적 상황과의 연결성을 상실해버렸기 때문이다.

모든 역사적 존재 상황과의 대결에서 이를 제어할 수 있기 위해서는 현존하는 구체적 문제를 그 핵심으로부터 파헤치면서 그때마다 떠오르는 모든 갈등 요소를 일별할 수 있는 능력을 갖춘 특정한 유형의 사유가 필요하게 마련이다. 그리하여 이 경우 역시 훨씬 뒷전에 밀려난 공리로서의 출발점이나 총체성의 문제를 해결하는 데 필요한 종합 소재를 발견하는 것이 중요 과제가 된다고 하겠다. 만약 우리가 사상적 위기에 봉착하였다고 할 때 불안감이나 또는 불안한 상태에 처한 사람만이 사용하는 방법에 따라서 그 어떤 공백이나 모순을 단지 은폐하려고만 한다거나, 혹은 극우적이거나 극좌파의 행태에서와 같이 이러한 위기를 이용하여 선전 효과만을 노리면서 다만 과거나 미래를 찬미하는 데만 이용(그들은 자기 집까지 불이 붙을 줄은 미처 깨닫지도 못한 채)하려 한다면 거기서는 어떠한 해결책도 나올 수 없을 것이다. 그뿐만 아니라 또한 그들이 이와 같은 현상을 놓고도 하나의 단순한 사실이나 또는 '상대방이 직면한 상황'에서 빚어진 위기를 입증하는 데만 급급함으로써 단지 부분적 타당성을 지닌 데 불과한 공리에 이것을 다시금 비겨본다고 해서 별 도움이 되지도 않을 것이다. 그러므로 실제로 그와 같은 사상의 위기를 극복하기 위해서는 우리가 역사적 공간 내에서 새로운 사유 방법을 터득한 유일한 존재일 때거나 또는 자기 자신이 처한 국면이 지닌 부분적이며 편향적인 성격이 아직 감득되지 않은 상태여야만 할 것이다.

   모든 우리의 입지점이란 그 어떤 경우를 막론하고 개별적 특수성을 벗어날 수 없다는 사실 die Teilhaftigkeit aller Standorte을 직시하면서 이를 기회가 있을 때마다 개진할 때 그나마도 우리는 지금까지 추적해온 총체성에 조금이나마 접근할 수 있을 것이다. 사유의 위기라는 것은 결코 어떤 하나의 입장만이 지닌 위기일 수는 없는 것이며 오히려 심도 있는 일정한 사상적 정점에 도달한 세계 그 자체의 위기라고 하겠다. 여기서 비롯되는 존재와 사유의 혼란상을 똑바로 투시한다는 것은 단연코 사상의 빈곤이 아닌 그 반대의 무한한 풍부함을 뜻하는 것이 되거니와 또한 마치 이성이 스스로의 구조를 그 깊은 내면에 이르기까지 투시하는 것이 사유의 파탄이 될 수 없듯이 경이적인 시야의 확대에 의하여 원리적인 면에서의 수정을 요구하고 나서는 것이 사상적 무능력을 뜻할 수는 없는 것이다. 사유한다는 것은 여러 가지 현실적인 힘을 밑받침하여 끊임없이 자기 스스로를 의문의 대상으로 삼으면서 끝내 자기 수정을 가해나가는 과정이라고 하겠다. 그러므로 단지 불안하다는 생각을 이기지 못해서 이미 우리 시계에까지 비친 엄연한 사실을 가로막으려고 한다는 것은 극히 위험한 노릇이다. 그러므로 한 순간 속에서 촉발되는 가장 귀중하고 기대할 만한 성과가 있을 수 있다면 그것은 즉 우리가 자기 자신 역시 특수한 위치에 놓여 있음을 포착하는 것으로만 그치지 않고 우리 스스로의 통찰 능력이나 그 결과를 더욱 포괄적인 총체적 연관성 속에서 이해하고 또 해석할 수 있게 되는 것이라고 하겠다.

　레오폴트 폰 랑케Leopold von Ranke, 1795~1886와 같은 사람도 그의 저서 《정치 문답Die Politische Gespräche》 속의 주인공 프리드리히로 하여금 다음과 같이 말하도록 한다. "그러나 네가 극단으로부터는 진리를 도출해내지 못할 것이다. 진리란 도대체가 오류의 범위를 벗어나 있게 마련이어서 네가 아무리 많은 오류의 형태를 총합해보더라도 거기서 진리를 추출해낼 수는 없는 것이다. 왜냐하면 진리란 오로지 그 스스로의 경지 속에서 관조되고 또 발견되어야 하는 것이기 때문이다. 예컨대 네가 기독교가 무엇인가를 알려고 할 때 그토록 빈번했던 종교 탄압의 역사를 뒤적거린다고 해서 해결될 일이 아니다. 결국 너는 그것을 알기 위해 바로 복음서를 읽어야만 하는 것이다."* 이와 같은 랑케의 입장이 우리에게는 마치 아직도 순수하거나 천진한 단계에 머물러 있는 탓으로 에덴동산에서 추방된 후부터 지금까지 인간이 쌓아 올린 지식의 역사가 겪어온 소용돌이를 전혀 알아차리지 못하는 솔직한 마음의 표현인 듯이 느껴질 정도이다. 그러나 마치 어떤 확실성을 기약하기라도 하듯, 관조적 입장에서 파악된 총체성이란 흔히 얼마 안 가서 가장 편협된 부분적 특수성에서 비롯되었다는 것이 폭로될 뿐 아니라, 더욱이 자기 마음에 내키는 대로 어떤 막연한 하나의 입장을 고수한다는 것은 이제 막 싹트기 시작하여 더욱더 그 전망이 밝아오는 총체성으로의 꾸준한 진전을 저해하는 처사임에 틀림없다는 사실을 우리는 너무나 자주 경험해왔다. 따라서 지금의 이런 의미에서 총체성이란 결코 어떤 신만이 비쳐 줄 수 있는 직접적이며 절대적인 타당성을 지닌 관조의 대상이 아니며 또한 비교적 스스로의 내적 완벽을 기한 정지된 상태에 있는 어떤 형상을 뜻하는 것도 아니다. 총체성

• Ranke, L. v., *Die politische Gespräche* (Hrsg. Rothacker, Halle a. d. S., 1925, p. 13).

은 여러 개별적 관점들을 자기의 내면으로 끌어들이는 동시에 전체를 지향하는 뜻에서 여러 관점을 끊임없이 타파해나가려는 의욕이라고도 할 수 있으니 이와 같은 의욕은 인식 행위의 순리적인 전개 과정 속에서 스스로를 점진적으로 확장해나가면서도 결코 어떤 종국적 귀결을 얻어내려는 데 목적을 둔 것이 아니라 단지 가능한 한 최대한으로 우리의 시야를 넓혀나가려는 데 뜻을 둔 것이라고 하겠다.

일상적인 단순한 삶의 과정을 이어가는 어떤 한 사람을 예로 들어보더라도 그가 만약 주변 상황에 총괄적인 안목을 갖추려는 뜻을 가지고 살아가는 경우에 우선 그가 할 수 있는 일은 자기가 처해 있는 일정한 생활 조건 속에서 구체적인 개별적 과제들을 해결해나가는 일이 되겠지만 그러나 그는 잠에서 깨어나기라도 하듯 자기의 사회적 및 정신적 실존을 뒷받침하는 존재의 기초를 인식하기에 이른다. 그가 오로지 일상적인 자기 과업에만 몰두하는 허심한 상태에서 살아가는 한 그는 자기 자신에 대하여 오히려 좀 더 비중을 두거나 신뢰감을 안고 있었다고도 하겠는데 위에서 지적한 바와 같은 관점상의 변화가 생겨나기 전까지는 결코 하나의 고식적 상태를 벗어날 수가 없었을 것이다. 스스로의 행동에 대해서까지 총체성을 바탕으로 파악해보려는 의지 지향성은 그가 처음으로 자기 자신이 현실적 상황 속의 일부분임을 깨닫게 되는 바로 그 순간부터 싹튼다고 할 수 있다. 물론 이때 그가 펼쳐나가는 안목이란 다만 협소한 자기의 생존 영역이 허용하는 정도에만 국한될 수 있을 것이고 또한 그가 행하는 상황 분석도 내용상으로 어쩔 수 없이 어떤 소도시, 이를테면 일정한 제약을 벗어나지 못한 사회의 일개 측면에만 국한된 것일 수 있긴 하지만, 그러나 이미 주어진 어떤 '상황' 하에서 인간이 일정한 사건이나 또는 스스로의 위치를 확인하는 가운데 자각적 양상을 띠기 시작한다는 것은 단순히 어떤 외적 영향에 의한 작용이나 혹은 강렬한 인상에 대해서 직접적인 반응을 일으키는 경우와는 전혀 다른 것이다. 이와 같이 일단 대세계적인 정위 방법으로서의 구실을 하게 된 상황 분석 능력은 하나의 새로운 진취적 의욕의 소유자인 그로 하여금 바야흐로 그 낯익었던 소도시에서 풍겨오는 협소한 생활권을 넘어서 일시적으로 민족적인 실존자의 위치에서 스스로를 이해하고 나서 이 민족 성원으로서의 실존성까지도 전 세계적 상황을 통하여 재음미하기에 이른다. 이와 꼭 마찬가지로 만약 그가 무한 계열적인 시간의 형성 원리를 파악하려 할 때에도 현재의 상황을 직접 자기가 살고 있는 시대를 기점으로 생각해야 하겠지만 결국은 내가 소속된 이 시대의 특성성을 지양한 보편적인 역사의 흐름을 형성하는 한 부분으로 파악해야만 할 것이다.

  이와 같은 유형의 상황 정위를 구조적인 면에서 보면 마치 총체성을 찾아서 끊임없이 신장되어가는 의지 지향성die immer weitertreibende Intention zur Totalität이 나타내는 현상과도 흡사하다. 다시 말해서 이러한 유형의 상황 정위 방식이란 경험적 의식에 의한 부분적 관찰의 형태에서 볼 수 있던 그와 동일한 소재가 바탕이 되어 있기는 하지만 이 양자가 노리는 목적에서만은 그 차이가 확연히 드러날 뿐 아니라, 또한 이와 같은 상황 판단 방식은 생에 대한 고도의 경험으로부터 추출된 지당한 사유 방법이라고도 하겠다(그러나 대개의 개별 과학은 이와 같은 방법을 변질시키는 경우가 많은데, 왜냐하면 이들 개별 과학은 어떤 특수화된 자기만의 관점에 따라서 대상의 내용을 구성하기 때문이다). 지식사회학에 있어서도 일종의 상황 보고와 같은 형식으로 위기에 직면한 우리의 사상적 현황을 우리 자신에게 직접 소통되게 함으로써 총체성을 추구하는 끈질긴 의욕과 관련된 전반적 추이를 꿰뚫어보려고 한다.

현대가 당면한 이토록 복잡한 상황과 극히 다층적인 사상적 발전을 겪어나가는 마당에 이제 또 하나의 새로운 정신적 상황이 부상한다면 아마도 우리는 다시금 새로운 사유 방법을 배우지 않으면 안 될 것이다. 왜냐하면 인간이란 자기가 직면하고 있는 역사를 언제나 새로운 입장에서 초극해나가지 않으면 안 되는 존재이기 때문이다.

그러나 오늘날까지의 역사를 볼 때 우리는 확실히 자신의 사유에 대하여(논리학에 의한 여러 가지 도움이 있었음에도) 마치 어떤 사람이 천진난만한 입장에서 세계를 대하는 것과도 같은 단순한 생각만을 해왔던 것이 사실이다. 다시 말해서 그가 어떤 일정한 상황을 **기점으로 하여** 행동하는 것만은 틀림없지만 바로 그와 같은 자기 자신의 행동을 낳게 하는 상황 자체를 인식할 수 없었다는 것이다. 마치 정치사를 통하여 보더라도 일정한 상황을 토대로 한 행동이 어떤 내재적인 어려움에 부딪혔을 때 이를 극복하기 위해서는 무엇보다도 상황 자체에 대한 성찰이 앞서야만 했고 또한 인간이 행동하는 데는 물론 주어진 상황에 대한 관조적 입장을 취하는 것도 필요하지만 그다음 단계에 가서는 역시 구조적인 측면에서 상황 통찰을 할 수 있어야만 했던 시기가 있었듯이 – 이제 스스로의 사상적 위치에서 조성된 위기를 하나의 상황으로 받아들이면서 더욱이 그 상황 자체의 구조를 점차적으로 더욱더 확실히 투시하고자 한다면 이는 곧 위에서 언급한 정치적 측면에서의 올바른 행동적 의욕을 그대로 계승한 것이라고 할 수 있겠다.

우리가 진정으로 위기의 해소를 원할진대 새로이 대두된 난제에 대하여 어떤 성급한 신경질적 거부 반응을 나타내거나 또는 과거와 같은 안이한 기분에만 파묻혀 있을 것이 아니라 새로운 착안점을 점차 확대·심화시키면서 동시에 그 착안점을 기초로 한 점진적인 문제 해결의 방향으로 밀고 나가야만 할 것이다. 그러므로 이제부터 다룰 두 개의 논제는 가능한 한 우리의 시야에 새로 비쳐 들어오는 문제를 확인하면서 동시에 이와 관련된 전체적 사항들을 그의 고유한 진행 방향에서 추적해가는 이른바 제시된 상황 그 자체에 서서히 접근해보려는 일차적 시도라고 할 수 있다. 이와 같이 이 두 개의 논문은 별도로 작성된 것으로서 이는 서로가 별개의 독자적인 상관관계를 지니면서 각기 저마다의 목표를 향한 사유를 전개하고 있다. 끝으로 서술 면에 있어서나 또는 관찰 내용에 있어서도 이 두 논문이 부분적으로 서로 중복되는 점이 없지 않지만 이들 사이의 내적 통일성이 상실되지 않는 방향에서, 그리고 그 사상적 진행과정에서의 연면성을 유지하기 위하여 – 즉 사상적 발전 과정을 보여준다는 점에서 어떤 중요성을 띤다거나 혹은 하나의 특정 부분만이 지닌 고유의 가치가 인정되는 한은 – 그중의 어떤 부분도 삭제되지 않았음을 일러두는 바이다.

IDEOLOGIE UND UTOPIE 3

학문으로서의 정치는 가능한가

1
지금까지는 왜 정치학이 없었는가

비록 아직까지 구조 법칙에 관한 문제가 해결된 것은 아니지만 이것은 그때마다 우리가 다루는 문제에 대한 관심을 고조하거나 쇠퇴시키는 조종 역할을 해왔다. 그뿐만 아니라 모든 학문이 발생하거나 소멸되는 원인도 궁극적으로는 어떤 특정한 요인으로 귀착되므로 결국 지금의 이 관점에서 설명할 수 있을 것이다. 예술사에 있어서도 이미 사람들은 조각이나 부조 예술 등은 왜, 그리고 어떠한 시기에 발생하고 또 그것이 대표적인 예술 장르로까지 발전할 수 있었는가 하는 문제를 해명하려는 시도를 해왔다. 이와 유사한 뜻에서 어떤 특정한 문제나 또는 특수한 학문 분야가 나타났다가는 다시 쇠멸하는 일련의 구조적 조건을 탐구하는 것이 점차 지식사회학의 과제로 등장하게 되었다. 왜냐하면 우리가 사회학적 입장에 의거하여 어떤 한 가지 문제가 대두되거나 또는 그에 대하여 심사숙고를 한다는 등의 문제를 장기적 안목으로 관망할 때, 결코 이것은 어떤 특출한 개인이나 재능 있는 인물이 존재했다는 사실로 설명할 수는 없고 오히려 그 특정 문제의 발생이 가능할 수 있었던 전체적 연관성의 형태와 그 성숙도에 의해서만 해명할 수 있기 때문이다. 그러나 우리가 이와 같은 상관성을 이루게 된 전체적 성격까지 마련됐던 원인을 이해하려면(그 세부적 다양성에 관해서까지 거론하려는 것은 아니지만) 결국은 그와 같은 현상의 배경을 이루는 총체적이면서 특수한 사회적 동태에 얽힌 상관관계를 밝혀내야만 할 것이다. 물론 개별적인 사상가의 입장에서 본다면 자기의 뇌리에 문득 떠오른 어떤 중요한 착상들이 마치 전체적 측면과의 관련성이라곤 전혀 없다는 듯이 생각할 수도 있겠고, 또한 하나의 협소한 생활권 내에서 살아가야 하는 어떤 개인으로서는 자기에게 닥친 하나의 사건이 마치 홀로 유리된 상태에서 운명적으로 야기된 것이라고 받아들여질 수도 있겠다. 그러나 사회학이 과제로 하는 것은 이와 같이 제한된 안목이나 계통이 서지 않은 '단편적 식견'에 의하여 자기 앞에 떠오르는 의미 내용이나 현실적인 문제 및 사건을 파악하려는 것이 아니라, 일견 전혀 관련성을 띠지 않은 듯이 보이는 사실일지라도 이를 항구적 성격을 띤 근원적이면서도 언제나 구조적 변화를 수반하는 생과 경험과의 상관성 속에서 이해함으로써 이러한 연관성 속에서 차지하는 그 모든 사실의 정 위치를 이끌어내는 데 있다. 그리하여 지식사회학이 이와 같은 문제들을 철저하게 구명해나갈 수 있다면 적어도 지금까지는 우선 그 발생 원인에 있어서나 미궁 속에 갇혀 있던 많은 문제의 해결이 가능해질 수도 있을 것이다. 즉 여기서 해명할 수 있는 문제란, 예컨대 어찌하여 국민경제학과 사회학이라는 두 학문은 그토록 뒤늦게야 발생하게 되었는가, 그리고 무엇 때문에 이들 학문이 어떤 나라에서는 더욱 신장세를 보인 반면에 또 다른 나라들에서는 큰 저항에 부딪혀야만 했던가 하는 등등의 문제들일 것이다. 이와 같은 각도에서 문제를 제시해나간다면 아직까지 우리에게 불가해한 것으로 보이던 하나의 문제, 즉 어찌하여 정치학은 아직도 과학으로 성립될 수 없었던가 하는 데 대한 해답을 얻을 수도 있을 것 같다. 특히 오늘날 우리가 살고 있는 이 시대가 목표로 하는 것이 세계를 근본적으로 합리화하는 데 있다는 점을 감안할 때 우리는 정치학의 이와 같은 지금의 처지에 새삼 놀라움을 금할 수가 없다.

 오늘날 우리는 거의 모든 것에 대하여 일정한 지식을 소유하고 있으며 또한 그 모든 분야와 지식은 서로의 내용을 전달하거나 정신적으로 전파할 수도 있는 방법을 갖추고 있다. 바로 이와 같은 여러 분야의 지식을 정복하느냐 못 하느냐에 따라서 우리 스스로의 운명도 좌우되는데 과연 이와 같은 문제가 우리의 어떠한 노력으로도 정복할 수 없을 만큼 끝내 어떤 깊숙한 오의를 안고 가리라고 할 수 있겠는가? 이와 같이 불안정하고도 또 불가해한 문제들에 대하여 신경을 쓰지 않을 수 없는 우리들은 아마도 누구나 다 같은 생각을 해봤음에 틀림없을 것이다. 즉, 현재의 입장에서 우리가 그러한 문제를 다룬다는 것은 아직 시기상조란 말인가? 혹은 아직도 충분히 성숙되지 않은 역사적 단계에서 우리가 너무 서둘러 이 문제를 도출해내려는 것일까? 만약 그것도 아니라면 우리로서는 영구히 극복할 수 없는 어떤 지식의 한계에 마주쳤다는 것일까 등등의 의문이 생기게 된다.

첫 번째 입장에 관하여 말한다면 그것은 제반 사회 문제에 관한 학문의 역사 자체가 아직 극히 미천하다고 하는 이미 지적된 바와 같은 사실만으로도 족히 이해됨 직하다. 그런데 이와 같은 '응용' 분야의 학문이 미숙할 수밖에 없는 이유로서 그 밑바탕이 되는 기초 학문 분야가 불완전하다는 점을 지적할 수 있지만 이와 같은 후진성에 기인한 문제는 시간이 흐르면서 언젠가는 반드시 해결될 수 있을 것으로 보인다. 이제 앞으로 우리가 더욱 심혈을 기울여야 할 연구 과업이 있다면, 즉 사회적 영역까지도 자연의 경우와 꼭 마찬가지로 인간에 의한 정복 대상이 되도록 해야만 한다는 것이다.

두 번째로 지적한 견해는 정치학이란 극히 특이한 성격의 존재 영역을 다루는 분야로서 그러한 존재상을 순수한 합리적 방법에 의해서 연구하는 데 그 나름의 독특한 어려움이 따를 것이라고 하는 일종의 불안감 같은 것이 반영된 경우라고 하겠다. 이렇게 본다면 그와 같이 유별난 존재 영역에 대한 과학적 탐구의 시도는 결국 실패에 그칠 수밖에 없다는 뜻으로 해석될 수도 있다. 이 경우에 적어도 우리가 올바른 문제 제시의 방법을 터득하기만 했더라도 많은 도움이 될 수 있음은 물론이고 나아가서는 우리가 자기 자신의 무지함을 깨닫는다는 것만으로도 어느 정도 안도할 수 있으리라고 본다. 왜냐하면 여기서 우리는 적어도 이 새로운 특수 분야에 관한 이해와 또한 그 내용의 전달이 왜 불가능한지에 대하여 명백히 알 수 있는 것이나 다름없기 때문이다. 그러므로 결국 여기서 논의되어야 할 최우선적인 과제는 문제 제시자로서의 우리 스스로의 자세 그 자체를 분명히 드러내는 데 있다. 즉, 이것은 '학문으로서의 정치는 가능한가?'라는 물음은 과연 무엇을 뜻하느냐는 말로 귀결지을 수 있겠다.

  정치에 관한 영역을 놓고 볼 때 물론 거기에는 우리가 별다른 힘을 쏟지 않고 인식할 수도 있고 또 타인에게 가르칠 수도 있는 부분이 있다. 말하자면 경험이 풍부하고 학식도 많은 정치가라면 자기 활동 무대인 나라의 역사를 마땅히 잘 알아야 할 의무가 있을 뿐 아니라 자기 나라와의 관계를 유지함은 물론, 나아가서는 이들 상호 간의 관련성을 통하여 바로 자기 나라의 정치적 환경도 조성된다고 봐야 할 나라들의 역사도 잘 알고 있을 것임에 틀림없다. 정치 행위를 전개해나가는 데는 무엇보다도 역사 서술과 이를 보완해주는 통계학에 관한 지식이 필요하다고 하겠다. 그 밖에도 또 정치가로서의 활동과 관련이 있는 타국의 정치에 대해서도 파악하고 있어야만 한다. 그러나 정말 위대한 정치가라면 법률적 지식을 소유하는 것만으로 충분할 수 없고 오히려 그로서는 그와 같은 정치 기구가 존재할 수 있는 실질적 기초이며 궁극 목적이기도 한 사회적 연계 상황에 정통하지 않으면 안 되는 것이다. 그뿐만 아니라 또 다른 면으로는 자기의 생존 양식 자체를 규제하는 전통적인 정치 이념에 대해서도 소상히 파악함과 동시에 자기의 적대 세력의 이념 세계 역시 생소하게만 받아들여서는 안 될 것이다. 여기에 부가하여 현대에 와서 특히 신장세를 나타내고 있는 특정한 정치적 분야가 있으니, 그것은 즉 대중 민주주의 시대에 있어서 그 누구도 소홀히 할 수 없는, 엄밀하게 이해하기란 극히 힘든 대중 통제에 관한 것이다. 그리하여 결국 역사학·통계학·국가론·사회학·사상사 그리고 군중심리학 등과 같이 임의로 그 종류가 확대될 수 있는 영역 모두가 극히 의의 있는 지식 분야인 것이다.

  그런데 만약 여기서 주로 문제가 되는 것이 이미 일정한 지적 수준을 갖추고 있는 정치가에게 유용한 지식을 제공해주기 위한 하나의 교과 방안에 관한 것이라고 한다면 마땅히 우리는 지금 이야기한 바와 같은 방향에서 문제를 검토하는 것으로 족할 것이다. 그러나 실제에 있어서 이상과 같은 학문 분야들이란 모두가 스스로 정치기인 사람에게서만 **소요되는 현실적으로 유용한 지식**을 제공해주는 데 불과한 것들이다. 또한 그러한 학문들이 지니는 전체적 성격을 놓고 보더라도 거기서는 결코 학문으로서의 정치가 성립될 수 없고 기껏해야 보조 과학으로서의 자기 기능을 발휘하는 정도로밖에 평가될 수 없을 것이다. 만약 누군가가 정치라는 것은 정치 행위를 영위하는 데 유용할 수 있는 어떤 여러 가지 실제적 지식의 총화라고 정의한다고 하자. 그러한 범위와 방향에서라면 우리도 쉽사리 정치를 학문의 단계로까지 끌어올릴 수 있을 것이고 또한 이론적인 전달도 가능하다고 봐야 할 것이다. 그리하여 이러한 경우에 아직도 문제 되는 것이 있다면 다만 교육학적으로나 교수법상으로 행동적 인간으로서의 우리가 무수히 많은 지식의 소재 중에서 어떻게 가장 적절한 것을 선택하느냐는 데로 국한될 것이다.

  그러나 그 표현에 있어서 어딘가 과민하게 들리기조차 하는 이상의 서술 내용을 통해서도 우리는 이미 학문으로서의 정치란 가능한가, 그리고 그것은 모두에게 어떠한 방식으로 교육적으로 전수될 수 있는가 하는 근본 문제의 총합과는 일치할 수 없음을 깨달았을 것이다. 그렇다면 이 모든 문제의 핵심은 어디에 있는가?

바로 위에서 언급한 이른바 실제적 학문들을 그 구조 면에서 보면 모두가 역사적 생성체로서의 사회와 국가를 그 대상으로 삼는다는 점에서 서로 유사한 성격을 지니고 있지만 이와는 반대로 정치적 행동은 여전히 생성 과정에 놓여 있는 대상으로서의 국가나 사회가 그 표적이 되어 있다. 또한 이 정치적 행동은 순간적인 창조성을 지향함으로써 여기서부터 유출되는 어떤 힘 속에서 하나의 항구적인 것을 형성하려고 한다. 따라서 **결국 여기서 제기되는 문제는 유동적이며 생성되어가는 것에 관한 어떤 지식이나 혹은 창조적인 행위에 관한 지식**ein Wissen von der schöpferischen Tat**이 과연 가능할 수 있느냐는 데로 귀착된다.**

이로써 우리는 지금까지 제기해왔던 문제의 특성을 부각하려던 제일 단계까지는 도달한 셈이다. 그러면 이렇듯 사회적인 영역에서 볼 수 있는 이미 생성된 것과 끊임없이 생성 과정 속에 있는 것과의 차이를 통하여 과연 우리는 무엇을 깨닫게 되는가?

오스트리아의 사회학자이며 정치학자인 알베르트 셰플레Albert Schäffle, 1831~1903[•]는 모든 사회적 내지 국가적 생명체를 그 동태적 순간 속에서 검토해보면 두 개의 상이한 측면으로 구분된다고 하였는데, 첫째는 이미 응고된 상태에서 영구히 동일 작용만을 반복

• Schäffle, A., "Über den wissenschaftlichen Begriff der Politik" (*Zeitschrift für die gesamte Staatswissenschaft*, Bd. 53, 1897)

하는 계열적인 사회적 현상을 들 수 있겠고, 다른 하나는 아직 생성 도상에 놓인 상태를 뜻하는 것으로서 이는 만약 여기서 어떤 개별적인 결단이 내려지기라도 하면 언제라도 새로운 성질의 형성체가 출현할 수도 있는 현상을 말한다. 그중 첫 번째 경우를 그는 '**일률적 국가 기능**'으로, 그리고 두 번째 경우만을 '**정치**'라고 부르고 있는데 과연 이것이 무엇을 뜻하는 말인지를 되새겨보기 위해 이제 몇 가지 실례를 놓고 그 차이점을 살펴보고자 한다.

셰플레는 공무를 집행하는 데 있어서 간단없이 닥치는 업무를 **일률적인 규칙과 지시에 따라서만** 처리해나간다면 이는 정치가 아닌 행정이라고 말한다. 이러한 행정이야말로 '일률적 국가 기능'을 가장 전형적으로 표출하는 분야라고 할 수 있다. 여기서는 이미 확정된 지시 사항에 따라서 그때그때의 모든 문제가 처리되므로 이는 정치적 사상과는 무관하고 다만 사회적 현상 세계 속에 응결되어버린 영역이라고밖에 할 수가 없다. 이와 관련하여 셰플레는 공무 집행 시에 쓰이는 전문적 표현을 극히 정중하게 인용하고 있다. 즉, '공식 F'라고 하는 하나의 판례에 따라서 사무 처리가 될 경우 거기서는 독일어의 '심멜schimmel', 즉 '기계적으로 처리'된다는 표현이 흔히 쓰이는데, 이것은 원래 'simile', 즉 흡사하다는 뜻을 가진 라틴어에서 파생된 용어이다. 그러므로 결국 여기서 시사하는 것은 '선례'에 따라서 간단히 사무적으로 처리해도 좋다는 뜻이다.

그러나 다음과 같은 문제에 부딪히면 우리는 어느덧 '정치'적 영역에 발을 들여놓은 것이 된다. 즉, 외국에 주재하는 특사가 그 나라와 새로운 협약을 체결하는 데 성공한다거나 국회의원이 의회 내에서 새로운 세법 통과를 관철하는 경우, 혹은 누군가가 선거 연설을 하고 다닌다거나 저항 세력이 폭동 준비나 혹은 파업을 계획하는 경우와 함께 그러한 모의를 분쇄하는 경우 역시 정치 행위로 간주될 수가 있다.

그러나 여기서 한 가지 지적해야만 할 것은 이상과 같이 정치적 내지 행정적 분야에서 볼 수 있는 다양한 서로 간의 차이점에도 불구하고 사실상 그 한계는 유동적이라는 것이다. 그리하여 지속적으로 국가의 행정력이 발동되다 보면 어느덧 구체적인 여러 사실의 계기 작용繼起作用을 통하여 점진적인 상황의 변화가 초래되는 어떤 새로운 상태가 빚어질 수 있다는 것이다. 그런가 하면 또 예를 들어서 어떤 사회 활동은 '정형화된' 관료적 요인에 의해서 실효를 거두는 경우가 있다. 하여간에 우리는 '일률적 국가 기능'과 '정치'와의 상호 대립상은 역시 이 모든 문제의 해명을 위한 지침이 될 수 있는 극단적 경우라고 할 수 있다.

이와 같은 대립상을 더 원칙적인 면에서 고찰할 때 우리는 무엇보다 다음과 같은 사실을 확인하게 된다. 모든 유형의 사회적 전개 과정은 한편으로는 일정한 절차를 따르는 부분이라고 봐야 할 '합리화된 영역'과 또 다른 면에서는 이러한 영역까지도 한데 휘감고 있는 '비합리적 작용 범위'로 대분될 수 있다는 것이다.

이 문제를 좀 더 자세히 검토하기 위하여 여기에 다음과 같은 사실을 첨가하고자 한다. '일정한 절차에 따르는 부분'이란 표현을 우리는 문자 그대로 이해해야만 하겠다. 사회적 생명체는 그것이 비록 경직된 형태를 지녔다 하더라도 마치 창고에 저장된 물건과 같은 단순한 사물의 성질을 가진 것이 아니다. 법률이나 법규 또는 불변의 관습 등은 생동한 생명체로 하여금 그들 자신이 제시하는 의미에 부합되는 방향으로 그 생명체 스스로가 재생되는가 하면 또한 그 법규도 끊임없이 재생산되도록 함을 목적으로 한다. 응고되다시피 한 절차 역시 스스로를 재생산될 수 있는 어떤 생명체 자체가 지닌 일정한 진행 법칙과 형태 과정에 집착하면서 바로 그와 같은 전개 양상을 끊임없이 자기 자체 내에서 분출해나간다는 사실을 뜻할 뿐이다. 이와 동시에 '합리화된 영역'이라는 표현 역시 폭넓은 의미에서 해석되어야만 한다. 이를테면 노동 과정이 합리적 계획하에 예견되고 확정되는 등과 같은 **이론적인 면에서의 합리적 제어**를 뜻할 수도 있지만 또 구조상으로는 규칙적 성격을 띤 듯이 보이면서도 그 현상의 진행 과정만은 제대로 이해되기 힘든 이른바 관례·습성 또는 풍속 등에서와 같이 실제로 그 진행 과정이 아예 확정되어버린 '합리성'이란 뜻으로 받아들여질 수도 있다. 여기서 우리는 상위 개념으로서의 **일률적 정형화**라는 개념을 도입함으로써 (a)전통주의와 (b)합리주의를 그와 같은 정형화 현상의 대표적인 경우로 보았던 '마르크스·베버'류의 전문 용어를 인용할 수도 있다. 그러나 우리로서는 언제까지나 그와 같은 두 가지 유형으로 구별해야 할 특별한 필요성은 느끼지 않으므로 역시 이 '합리화된 구조'라는 개념을 베버가 사용한 정형성이라고 하는 포괄적 의미로만 받아들이고자 한다.

결국 우리는 '합리적 구조'와 '비합리적 작용 범위'라는 두 가지 사회적 특징을 구별 지을 수 있게 되었다. 그리하여 이제 새삼 확인할 수 있는 것은 우리가 살고 있는 이 세계의 특징이 있다면 그것은 즉 가능한 한 모든 것을 합리화하여 행정적으로도 처리될 수 있도록 꾸며나감으로써 마침내 비합리적인 작용이 발생할 소지를 완전히 봉쇄해버리는 경향을 띠고 있다는 것이다.

이러한 사실은 극히 간단한 다음의 예를 통해서도 설명할 수 있다. 이를테면 우리가 만약 지금으로부터 150년 전에 어떤 여행길에 올랐다고 하자. 그때 우리에게는 상상조차 할 수 없는 갖가지 돌발 사태가 빚어졌을 것임에 틀림없다. 그러나 오늘날 우리가 여행을 한다면 어떠한가? 발착 시간에 따라서 모든 것이 규칙적으로 진행되고 차비도 정확한 계산하에 지불하도록 되어 있고 또한 모든 교통수단은 일련의 행정 배치에 의하여 합리적으로 운영되는 것이 오늘의 실정이다.

이렇듯 합리화된 구조와 비합리적 작용 범위 사이의 대립을 확인함으로써 이제 우리는 **행동**의 개념 Begriff des Handelns을 규정할 수 있는 가능성도 발견할 수 있게 된다.

그러나 만약 어떤 관료적 행정가가 단순히 지정된 법칙에 따라서 자기의 서류 뭉치를 처리해버리고 만다면 이는 결코 우리가 뜻하는 의미에서의 **행동**이라고는 할 수 없을 것이고, 또한 재판관이 어떤 사건을 단지 일개 법 조항만으로 설명한다거나 공장의 노동자가 규정된 공정에 따라서 나사를 제조하는 것 역시 본래적인 의미의 행동이라고는 할 수 없을 것이고 더 나아가서는 한 기술자가 자연의 일반적 진행 법칙을 자기의 특수 목적에 결부하는 따위의 행동 또한 본래의 행동이란 의미와는 합치될 수가 없다. 결국 합리화된 구조를 배경으로 한 행동이란 다만 법규를 준수하는 것뿐, 하등 **개체적 결단**이 따르지 않는 것이므로 그러한 행태 양식은 **재생산적**이라고나 할 수 있겠다.

따라서 참다운 행동이 이뤄지는 그 기점은 아직까지 합리화되지 못한 사회적 영역에서 일정한 활동이 전개되기 시작하거나 또는 **하등의 통제도 받지 않던 상황**으로부터 어떤 결단이 강요되는 때로부터 시작된다고 하겠다. 여기서 **이론과 실천의 관계**라는 문제가 발생히는데 우선 지금까지 검토해온 분석 결과에 따라서 이에 대한 몇 가지 점만을 언급하고자 한다.

생 그 자체를 비롯한 그 밖의 모든 것까지도 합리적으로 조직화해놓은 사회적 유기체에 관하여 우리는 물론 충분한 지식을 보유하고 있지만 그러한 지식이 바탕이 된다고 해서 이론과 실천의 긴장 관계가 스스로 생겨나지는 않는다. 왜냐하면 일반적 사회 현상으로서의 합리화된 조직의 법칙에 단순히 종속되어버리는 것은 아직 실천이라고 지칭될 수 없는 그와는 별도의 수행을 뜻하기 때문이다.

우리의 생활 전반에 걸쳐서 아무리 합리성이 지배한다고는 하지만 그럼에도 이 모든 합리화 작용은 어디까지나 부분적 측면에만 국한된 합리화 현상이라고 해야겠는데 왜냐하면 여러 사회적 국면 중에서도 특히 중요하다고 여겨지는 부면만은 현재 단계에서도 여전히 비합리적 토대 위에 있기 때문이다. 우선 현대 경제만 하더라도 거기서 아무리 기술적으로 거의 완벽하리만큼 합리적 체계가 관철되어 있고 또 개개의 세부적 관계가 정확한 산출 방법에 근거한 합리적 운영이 가능해졌다고 하지만, 이것이 결코 계획 경제의 성격을 띤 것은 아닐뿐더러 오히려 어떠한 기업의 협동성과 조직적 경향에도 불구하고 결정적인 측면에서는 여전히 자유 경쟁을 그 원리로 삼고 있다. 우리가 살고 있는 사회의 구조는 첫째로 계급적 이해관계에 얽혀 있을 뿐만 아니라 일국 내에서나 수많은 국가 간의 경우를 막론하고 모든 권력의 행사는 오로지 비합리적 투쟁을 통해서만 쟁취될 수 있으니 실로 이러한 상황 속에서 운명의 판가름도 난다고 할 수 있다.

그리하여 결국 사회 구조상의 이와 같은 두 가지 비합리적 요소를 기점으로 하여 형성되는 것이 바로 **비조직적이며 합리성이 결여된** 어떤 생명력이 그 힘을 과시하면서 동시에 참다운 의미의 행동과 정치가 요구되는 사회적 작용 범위이다. 그뿐만 아니라 바로 이를 근간으로 하여 경제권 외적인 초연한 생명력과 또한 가장 내면적인 우리의 체험 세계를 다 같이 가득 채워주는 갖가지 심오한 비합리주의 사상이 발산되거나 또는 형성되기도 한다. 사회학적으로 본다면 바로 여기서 우리는 비합리주의 사상이 낳은 집단 심리적인 억압 작용이나 변질 과정이 싹트면서 그러한 현상이 구조적으로 파악될 수 있는 위치도 포착할 수 있는 셈이다.

그렇다면 과연 이러한 작용 범위와 또한 그 한계 내에서 이뤄지는 행동에 대한 그 어떤 지식은 존재하는 것일까? 여기서는 다음과 같은 문제가 제기되어야만 하겠다.*

이제 어떤 해결의 실마리가 열릴 듯한 근본 문제의 핵심이 제시되었다고 할 수 있으니, 다시 말하면 정치의 영역이란 도대체 어디서부터 시작되며 또 행동이란 그 본질상 도대체 어디로부터 착수되는 것인가 하는 문제 등이 해결된 이 마당에 와서야 비로소 우리는 이론과 실천의 관계 속에 개재되어 있는 어떤 특별한 어려움을 이해할 만한 실마리도 찾을 수 있게 되었다.

그런데 이 비합리적 작용 범위에 관한 우리의 지식이 마주치게 되는 크나큰 어려움이 있다면 그것은, 즉 여기서는 어떤 **경직된 불변의 대상성**에 관한 것이 문제가 되는 것이 아니라 유동적이며 생성되어가는, 그리고 끊임없는 자기 변형을 향한 노력과 목적 지향성에 관한 문제가 중심 과제로 대두된다는 데 있다. 그리고 여기서는 또한 상호작용을 일으키는 여러 세력 간의 전체적 위상 역시 끊임없는 변화를 일으킨다는 것이 중요 쟁점으로 된다. 물론 동일한 힘이 항구적으로 작용하면서 그 여러 힘 사이의 상호 작용이 규칙성을 띠는 경우라면 여기서는 하나의 일반적 법칙성이 쉽게 발견될 수 있을 것이다. 그러나 만약 이와는 달리 어떤 끊임없이 새로운

• 여기서 다시 한 번 지적해야 할 것은 지금까지 사용된 '합리화된 구조'와 '비합리적 작용 범위'와의 상관관계에서 추출된 이른바 '정치적'이라고 하는 개념은 어디까지나 정치적이라는 문제에 대한 개념 설정을 위한 하나의 가능성을 시사할 뿐이려니와 또한 이는 이렇게 규정된 일정한 사회정치적 연관성을 파악하는 데 극히 유효할 수 있는 듯이 보이긴 하지만 우리는 그것만을 절대 유일의 가능성이라고 생각해서는 안 되겠다는 것이다. 이에 대한 반대 개념을 참조하려는 사람은 다음을 참조하기 바란다. Schmitt, C., *Der Begriff des Politischen* (*Archiv für Sozialwissenschaften und Sozialpolitik*, Bd. 58, 1927).

사회 추동력에 의하여 더욱더 예측하기조차 힘든 복합 작용이 발생할 가능성이 있는 한 여기서 어떤 법칙을 탐색해낸다는 것은 기대하기 힘들 것이다. 세 번째로 지적해야 할 난점은 이러한 문제를 놓고 고심하는 학자나 사상가는 그러한 작용 범위 밖에 위치해 있는 것이 아니라 서로 상충하는 어느 한쪽 입장 속에 이미 스스로가 관여하고 있다는 것이다. 즉 이와 같은 대립적 힘의 장에 스스로가 개입돼 있는 까닭에 결국 그로서는 자기의 독자적 가치 판단이나 의욕적 충동에 구속되지 않을 수 없는 것이다.

그런데 특히 중요한 문제는—아마도 이것이 가장 큰 문제가 될 듯하지만—정치사상가란 단지 그의 가치 판단이나 의욕적 충동을 통하여 서로 대립적 입장에 있는 어떤 하나의 정치 사조에 편승하는 것만이 아니라 오히려 그가 제기하는 문제 자체의 특수성이나 범주적 사고 기능과도 관련된 자기 사고방식의 가장 보편타당한 성격 자체를 통하여 이미 어떤 활력적 정치 생명력으로서의 특정한 경향과 결부되어 있음을 드러내게 마련이라는 것이다. 그러므로 내가 보기에 정치 내지 역사 이론의 영역에서 나타나는 사고 유형의 다양성이란 결국 논리학의 영역에까지 그와 같은 유형상의 세분된 성격이 이어지도록 하리라는 것이다.

바로 이러한 사실 속에 통상적인 의미의 학문으로서의 정치와 관련된 최대의 난제가 깃들어 있다. 왜냐하면 우리의 정상적인 기대에 어긋나지 않는 행동에 관한 지식이 성립되기 위해서는 적어도 그 기본적 구조 면에서만이라도 일체의 외부적 영향으로부터 초연할 수 있는 이론적 입장이 견지되어야만 하기 때문이다. 말하자면 아무리 사유하는 주체가 상이한 사회적 동력 사이의 대립과 알력의 틈바구니에 휘말려든다 하더라도 자기가 사건을 관찰하거나 또는 관점상의 차이점을 이끌어내는 데 없어서는 안 될 사유 토대만은 이 싸움터에서 벗어나 있어야만 한다는 것이다. 결국 우리가 어떤 문제를 진실로 해결하려고 할 때는 단지 자기 앞에 대두된 어려움을 불식하는 데서 그칠 것이 아니라 오히려 그 반대로 문제를 극한 상황으로까지 몰고 가야만 한다고 할 수 있으므로 이제 우리가 해결해야 할 과제란, 즉 정치라고 하는 분야에서는 문제 제시의 입장이나 사고방식에 있어서도 아무런 통일성을 기할 수가 없다고 하는 바로 앞부분에서 제기한 주장의 정당성을 다시 한 번 입증하는 일이라 하겠다.

2
인식 행위 자체가
정치적 내지 사회적 제약을 받는다는 명제의 증명

 이제 우리가 밝혀야 할 일은 정치적 내지 역사적 이론이 각기 상이한 정치 구조의 추이에 따라서 그때마다 어떻게 달라지는가 하는 것을 일정한 사례를 통하여 명시하는 것이다. 문제의 범위를 너무 광역화하지 않기 위하여 이제 이론과 실천의 관계에서 밝혀진 근본문제를 중심 위치에 놓고 다뤄나가려 하거니와 동시에 여기서는 과학적 정치 이론이 취급해야 할 가장 보편적인 근본 문제 또한 각기 상이한 정치적 내지 역사적 사상 경향에 따라서 그때마다 상이하게 관찰되어야 한다는 점을 분명히 해두고자 한다.
 이러한 사실은 19세기 및 20세기에 있어서의 다양한 사회적 내지 정치적 사조를 통하여 가장 단적으로 이해할 수 있는데, 그중에서도 가장 이념형적Idealtypus이라고 할 대표적인 경우로 우리는 다음과 같은 경향을 꼽아볼 수 있다.

1. 관료적 보수주의
2. 보수적 역사주의
3. 자유 민주주의적 시민 사상
4. 사회주의 내지 공산주의 이론
5. 파시즘

우선 **관료주의적 보수주의 사상가들**의 사고방식부터 다뤄보도록 하자.

모든 관료주의 사상의 근본 경향은 정치에 관한 문제를 행정학의 대상으로 변형하는 데 있다. 이런 사정에 따라서 국가학이란 이름으로 발달해온 독일 국가론의 역사 속에서 '정치학'이란 제하에 다루어진 많은 저서는 실제상으로는 행정학인 경우가 비일비재했다. 특히 우리가 프러시아 국가에서 관료주의의 역할이 어떠한 정도에 달했는가 그리고 그 당시의 지식인들은 얼마나 관료주의적 색채가 농후한 사람들이었는가 하는 점을 감안한다면 독일 국가학의 역사에 빚어질 수밖에 없었던 이와 같은 편향적 양상에 대해서도 쉽게 이해 감 직하다.

그런데 정치의 영역을 행정 현상에 의하여 은폐하려는 노력은 기능화된 법률을 근거로 해서만 비로소 발생할 수 있다는 데서 설명할 수 있다. 즉 법률의 제정은 공무원의 직분 영역 밖에서 행해시는, 이를테면 그의 권한 밖의 일이다. 사회적 활력성이라는 점으로나 또는 스스로의 입지점에 있어서 다 같이 일정한 제약을 면치 못하는 공무원으로서는 제정된 모든 법률의 이면에 세계관적이고 의욕적이며 또한 이해 상관적인 여러 가지 사회적 동력이 뒷받침되어 있다는 사실을 깨닫지 못한다. 따라서 그는 구체적인 법률에 의해 정해진 실증적 계통을 마치 계통 그 자체에 버금가는 것으로 속단해버리기 일쑤이므로 자기의 능력으로는 모든 합리화된 계통이란 단지 하나의 특수한 계통에 불과하다는 것, 더 나아가서 그것은 사회적 분야에서 서로 투쟁하는 초합리적인 힘들을 조정하기 위한 것에 지나지 않는다는 것도 납득하지 못한다.

결국 이러한 행정적 내지 법률적 사고방식은 다음과 같은 특수한 이론을 근거로 하여 그 기능을 발휘한다. 즉, 그와 같은 사고방식에 따른다면 예를 들어서 혁명적 시기에 나타나는 대중적 힘의 폭발과 같은 무절제한 힘에 대해서도 이를 단순한 교란 계수로 보아 넘겨버릴 수가 있다. 따라서 관료주의자들로서는 혁명적인 상태에서도 거기에 얽힌 정치적 성격은 직시하려 하지 않고 단지 행정 지시에 따라서 근본적인 문제의 핵심을 오히려 모호하게 해버린다고 해도 전혀 놀라운 일이 아니다. 그들의 입장에서 본 혁명이란 규율화된 질서 내에서의 비규율성에 불과한 것이지 결코 순서를 창조하고 보존하며 또한 변형할 수도 있는 이 질서 자체의 이면에 자리 잡은 생동한 사회적 동력의 자기 표현일 수는 없는 것이다. 그리하여 결국 법률적 내지 행정 지향적 사고는 단지 폐쇄적이며 정태적인 체계를 구성하는 가운데 언제나 체계화되지 않은 생동한 힘에서 발생하는 새로운 법칙들을 그 체계 자체 내에 인입하려는, 다시 말하면 마치 어떤 근본적 체계가 더욱 튼튼히 구축되기라도 바라는 듯이 여기는 역설적인 과제를 안고 있다.

그 밖에 군국주의 형태를 띤 관료주의적 사상 경향의 좋은 본보기로는 사회적 동력이 폭발적인 힘을 가지고 분출되어 나올 때 이를 마치 자신의 전술적 실책에서 빚어진 차질 정도로 받아들이고자 하는 각종의 비수 전설比首傳說을 들 수 있다. 왜냐하면 군부 내의 관료주의자들은 언제나 군사 작전이라는 특수 국면만을 염두에 두고 있는 까닭에 이러한 면에서 모든 것이 평탄하게 진행되기만 한다면 마치 여타의 분야까지도 모두가 순조롭게 움직여가는 듯이 여기기 때문이다. 이와 같이 협소한 사고력밖에 지니지 못한 그들의 태도는 마치 '수술은 성공했지만 환자는 사망했다'는 식의 의사에 관한 웃음거리를 연상케 한다.

결국 모든 관료주의는 자기의 입장에서 본 문제의 비중만을 생각한 나머지 스스로의 소관 사항만을 진리라고 생각함으로써 행정력만으로 다스릴 수 있는 분야나 또는 규칙적인 과정만이 되풀이되는 영역이란 것이 실은 전반적인 정치적 현실 속의 한 부분에 불과하다는 점을 이해하지 않으려는 경향이 있다. 관료주의 사상이라 하더라도 이것이 이론 정치학의 가능성 자체를 부정하려 한다는 것이 아니라 다만 그것을 행정학과 동일시하려고 한다는 데 문제가 있다. 그리하여 여기서는 비합리적 작용 범위라는 부문이 아예 간과될 뿐 아니라 만약 그러한 문제에 봉착하더라도 그것은 한낱 '일률적 국가 기능'에 속하는 듯이 취급되고 만다. 이러한 사유 방식을 표방하는 고전적인 예를 우리는 바로 그들 관료주의자가 하는, 즉 '우리는 훌륭한 행정력이란 최상의 헌법보다도 더 우월하다고 본다'는 투의 말에서 찾아볼 수 있다.•

독일 그리고 특히 프로이센을 지배했던 관료적인 보수주의 사상과 함께 또 다른 종류의 보수주의를 우리는 **역사주의적 보수주의**라고 칭할 수 있다. 사회적 계층으로 본다면 이와 같은 보수주의 사상은 주로 정신적으로나 물질적인 면에서도 당대를 대표하던 귀족층과 그 밖의 중산층에 속하는 지식 계급이 중심이 되어 있었지만 이들은 관료적인 보수주의자들과는 항상 일정한 긴장관계에 있었다. 이런 가운데서도 특히 독일의 여러 대학과 또한 역사학이야말로 오늘날까지도 여전히 영향력을 행사하고 있는 보수주의적 사고방식을 뚜렷이 부각해놓았다.

역사적 보수주의는 행정력에 의하여 보완할 수 없는 국가 생활 내에서의 어떤 비합리적 작용 범위를 인정한다는 특징을 지니거니와 다시 말하면 정치력이 발동되어야만 할 비조직적이고 예측할 수도 없는 영역을 인정한다는 것이다. 즉 이는 국가와 사회가 원래 지속적으로 성장해가는 생의 의지 지향적이며 비합리적인 영역에 주된 관심을 경주한다. 그러나 역사적 보수주의에 의하면 국가나 사회를 움직이는 힘이란 인간의 판단 능력으로서는 도무지 아무런 공헌도 할 수 없는 것, 즉 **이성의 한계를 전적으로 초월하는 것**으로 받아들인다. 따라서 여기서는 오직 전통적으로 답습해온 본능이나

• "Nekrolog des Pandektisten Bekker über Böhlau" (*Zeitschr. der Savigny-Stiftung*, Germanist. Abtlg., Bd. 8, p. VI ff.).

'말없이 꿈틀거리는' 영혼의 힘, 혹은 '민족정신'이라고 할 수 있는 것들만이 무의식의 상태에서 싹트는 생성물을 이뤄나갈 수 있을 뿐이다.

거의 모든 독일 보수주의 사상가의 귀감이라고도 할 에드먼드 버크Edmund Burke, 1729~1797는 이미 18세기 말엽에 다음과 같이 적중한 표현을 한 바가 있다. "한 국가를 건설하고 재건하며 또 개선하는 데 뜻을 둔 학문이란 다른 모든 경험과학과 마찬가지로 아 프리오리(선천적)한 방법으로 습득할 수는 없으니, 바로 이와 같이 **단순한 실천적 학문**을 우리에게 통달케 해주는 경험이란 결코 천박한 단건에 그치는 경험일 수는 없는 것이다."•

이러한 명제의 사회학적 근원은 쉽사리 포착될 만하다. 즉, 여기서 표현하고 있는 것은 대표적인 영국 귀족 계급의 이데올로기로서 이는 독일에서까지도 귀족층을 국가의 영도적 계급으로 합리화하려는 것이다. 오랜 경험을 통해서만 얻을 수 있고 또 이미 여러 세대를 두고 정치적 주도권에 참여해온 사람만이 납득할 수 있다는 듯이 여겨왔던 '내가 좀처럼 이해할 수 없는 것'이라고 하는 정치적 상투 용어는 이제 신분 계층상의 지배권을 합법화하는 데 기여하기에 이르렀다.

이제 사회 추동적인 그 어떤 활력적 충동이란 것이 특정한 사회적 존재권에 얼마나 큰 힘을 발휘할 수 있는가 하는 것이 분명해졌다.

• Burke, E., *Betrachtungen über die französische Revolution* (Fr. Gentz의 독어 번역판) (Berlin, 1974, p. 83).

가장 정치적 특성이 뚜렷한 영역도 관료주의 입장에서 볼 때는 기능에 의해서 은폐될 수 있긴 하지만 특히 귀족은 시초부터 바로 그와 같은 정치적 권내에 자리 잡고 있는 것이다. 즉 그들 귀족으로서는 대내외적인 권력의 판도가 서로 상충되어 있을 뿐만 아니라 또한 그 어떤 기지에 찬 조작에 의해서도 아무런 묘안이나 해결책이 나올 수 없는 정치적 세계, 다시 말하면 그 어느 것도 개별자로서의 이성적 활동에 의해서 결정되는 것이 아니라 오히려 모든 문제의 해결이나 거기서 얻은 모든 결과가 어디까지나 현실적인 쟁탈전 속에서 균형이 이루어지는 데서만 가능할 수 있는 바로 그러한 영역을 주안점에 두고 있는 것이다.

결국 근본적으로는 고대로부터의 신분 계층적 전통**이 반영되었다고 할 수 있는 역사 회고적인 보수주의 이론에서 다뤄지는 정치의 문제란 실제로는 이상 본 바와 같이 행정적 성격을 능가하는 국면을 그 주요 관심사로 하고 있다. 결국 이와 같은 국면은 인공적으로 **조성될 수 없고 단지 스스로 성장할 수 있을 뿐인** 그 어떤 비합리적인 것으로 받아들여짐으로써 이제 보수주의 사상은 **계획적 조작과 자발적 성장**이라는 두 가지 상반성을 놓고 그중 어느 한 가지를 취해야만 할 양자택일의 결정적 기로에 들어서게 된다.***

그러므로 정치적 영도자가 되는 데는 올바른 지식이나 일정한 법칙 및 규범에 통달하는 것만으로는 충분치 않고 오히려 사리를

** *Das konservative Denken* (a.a.O. p. 89, 105, 133 ff.).
*** 앞의 책 ebd. p. 472, Anm. 129.

올바르게 가려낼 줄 아는 천부적인, 오랜 경험을 통하여 단련된 본능이 수반되어야만 한다.

결국 이와 같은 비합리주의적 성향은 이를테면 법률 이론조차도 결코 숙고하거나 인식하는 것이 아니라 다만 발견하는 것이라고 보는 전 자본주의적이며 전통주의적인 비합리주의 사상이 낭만적 비합리주의와 결합한 양상을 빚게 되었으니, 여기서 역사 그 자체까지도 합리성 이전의 어떤 초합리적 힘이 작용한 것으로 보려는 사고방식이 생겨나게 되었다. 그리하여 가장 괄목할 만한 역사학파의 거두인 랑케와 같은 사람까지 이와 같은 이론적 입장에 의거하여 이론과 실천의 관계를 규정한 바 있다.* 그에 의하면 정치라는 것은 결코 학습 대상이 될 수 없고 또한 그 나름의 독자적인 학문도 아니다. 어떤 정치가가 유용하게 역사를 탐구할 수는 있지만 이는 어떤 행동의 지침을 얻기 위해서라기보다는 다만 정치적 직감력을 날카롭게 하기 위한 것일 따름이다. 이와 같은 사고방식을 우리는 관료 계층에 참여해보지 못한 채 전통적으로 영도권을 행사해온 정치 집단의 이데올로기라고 할 수 있다.

이제 지금까지 취급해온 문제를 두 가지 측면에서 분류 검토해볼 때 관료주의자는 정치적 영역을 은폐하려고 하는 반면에 역사주의자는 제아무리 어떤 사건이나 행동하는 주체 속에 담겨 있는 복합

• "Politische Gespräche(1836)" (hrsg. v. Rothacker, Halle a.d. Saale, 1925, p. 21 ff.). 또한 이와 동일한 주제를 다룬 논문들로는 다음이 있다. "Reflexionen(1832)" "Vom Einfluß der Theorie" "Über die Verwandtschaft und den Unterschied der Historie und der Politik".

적인 전통적 요인만을 강조하려 드는 경우에도 역시 정치적 영역에 대해서는 이를 가장 극단적인 의미의 비합리적인 것으로 보고 있음이 틀림없다. 여기서 우리는 원래 계층 의식에서 발단했던 이상과 같은 이론에의 거센 반대 조류로 등장하게 된 **자유 민주주의적 시민 계급****과 그들의 이론에 접하게 된다. 시민 계급은 극단적인 주지주의를 바탕으로 한 신흥세력으로서 이들은 현실과 이론의 세계 속으로 언제나 파고들기 쉬운 요소들, 또는 세계관적인 여러 가지 요소까지도 전혀 인정하지 않거나 아니면 적어도 그러한 요소들은 마치 우리의 이지적 요인과 같은 것이고 이성의 힘에 의해서도 쉽게 해명될 수 있는 것으로 취급하려는 사고방식을 지니고 있다.

그런데 이와 같은 부르주아적 주지주의가 정치의 과학화를 결연히 요구하고 나선 것은 사실이지만 또한 여기에는 이러한 학문에 대한 의욕만이 현존했던 것이 아니라 그와 같은 학문 분과의 독립성을 뒷받침하기 위한 실제적 노력까지 경주되기 시작하였다. 마치 부르주아 계급이 최초로 정치 투쟁 무대로서의 진정한 조직체를 의회와 선거 제도, 마침내는 국제연합 기구를 통해서 실현했던 바와 마찬가지로 이제 그들은 정치학이라는 새로운 학문의 분과를 개척할 수 있는 체계적 좌표를 설정한 장본인이 된 것이다.

그러나 부르주아적 사회 조직의 모순성은 그들 자신의 이론에도 그대로 반영될 수밖에 없었다. 마치 부르주아 정신에 바탕을 둔 완

** 문제의 복잡성을 피하기 위하여 여기서는 원래 각기 상이한 역사적 내지 사회적 단위를 이루고 있는 자유주의와 민주주의를 구별하지 않기로 했다.

벽하리만큼의 합리화된 세계 현상이 바로 그 자체에 내재하는 철저한 합리주의적 경향에도 불구하고 역시 그 스스로가 '자유 경쟁'이나 계급 투쟁 등을 용인함으로 인해 결국은 이른바 새로운 비합리적 작용 범위를 사회 일각에 싹트게 하는 결과를 가져옴으로써 그 기세가 꺾일 수밖에 없었듯이 제아무리 철저한 합리화 경향도 그들의 이론으로서는 역시 현실에서 해결될 수 없는 일말의 잔재를 남겨놓을 수밖에 없었다. 그리하여 마치 의회가 생동한 투쟁을 위한 형식상의 제도적 기구이거나 형식적으로 합리화된 현상일 뿐, 결코 이와 같이 합리화된 현상을 지양하려는 것이 아니었던 것과 마찬가지로 이론적인 면에서 볼 때 여기서는 본질적으로 비합리적 요소를 지닌 것에 대한 한낱 외관상의 형식화된 주지주의적 경향이 관철될 뿐이었다.

  부르주아적 이론은 이렇듯 새로운 종류의 비합리적 작용 범위를 인정하고는 있지만 역시 그것은 권력을 위시한 그 밖의 비합리적인 여러 지배 관계가 마치 합리적 바탕 위에서 이뤄지기라도 했다는 듯이 유독 이론이나 토론 혹은 조직의 힘을 빌어서 다스려보려는 시도를 하는 한 주지주의적이다. 그리하여 여기서는 아무 거리낌 없이 정치적 행동이 과학적으로 규정 가능한 것으로 여겨졌는데 이와 관련된 학문은 다음 세 부분으로 나뉜다.

1. 목표 이론 또는 이상 국가론
2. 실증적 국가론
3. 정책론, 즉 해당 국가가 완전한 국가로 바꾸어가는 과정을 서

술하는 일 등이 그것이다.

이와 같은 사상 구조를 나타내는 일례로서 우리는 요한 고틀리프 피히테Johann Gottlieb Fichte, 1762~1814의 《봉쇄상업국가론》의 구성 내용을 들 수 있는데 이에 대해서는 최근에 하인리히 리케르트Heinrich Rickert, 1863~1936*가 우리와 전적으로 동일한 입장에서 극히 섬세한 분석을 가한 바 있다.

결국 우리는 목표의 학과 응용의 학이 있음을 알 수 있는데, 여기서 특히 눈에 띄는 것은 이론과 실천 혹은 이지적 부분과 정의적 부분이 서로 완전히 분리되어 있다는 것이다. 현대의 주지주의 사상이 지닌 특징은 정의情意에 의하여 구속된 가치 판단적 사유는 일체 용인하지 않으려는 경향을 지닌다는 데 있다. 그럼에도 그와 같은 가능성이 발견되었을 경우에는(실제로 모든 정치 이론은 그 본질에 있어서 비합리적 요소를 생명으로 하고 있지만) 어떻게 해서든지 적어도 어느 한 귀퉁이에서나마 순수 이론이 보장될 수 있도록 하기 위하여 바로 지금 문제가 되고 있는 '가치 판단적' 요소를 따로 분리된 상태에 놓여 있는 듯이 보이도록 꾸며낸다. 그리하여 여기서 정의적인 것과 합리적인 것은 거의 구별이 안 될 정도로 완전히 결합되어 있음으로써 심지어 논리적 범주 형식에까지 그 영향을 미칠 정도로 여러 부문에서 이 두 가지 요소를 실제로 분리한다는 것은

---

* Rickert, H., *Über idealistische Politik als Wissenschaft. Ein Beitrag zur Problemgeschichte der Staatsphilosophie* (Die Akademie, Heft 4, Erlangen).

불가능한 것이 아닌지에 대하여 전혀 도외시해버렸던 것이다. 그러나 부르주아적 주지주의는 이상과 같은 난점에 대해서는 아무런 신경도 쓰지 않을 뿐 아니라 오히려 불굴의 낙관주의적 태도를 바탕으로 하여 어떠한 형태의 비합리주의와도 확연히 구별되는 독자적 영역을 확보하려고 노력했다. 그리하여 목표라는 문제에 관해서만 하더라도 사람들은 비록 일정한 목표가 아직 발견되지 않았을 경우에도 토론에 의하여 어떤 하나의 올바른 목표 설정이 가능하다고 보는 것이다. 의회주의를 발생하게 했던 원래의 취지 역시 (슈미트가 분명히 지적한 바와 같이)* 진리에 관한 이론적 탐구가 가능할 수 있는 토론의 광장을 마련하는 것이었다. 오늘날 우리는 사회학적으로 이해할 수 있는 이러한 사고방식의 자기 기만이 어디에 도사리고 있으며 또한 의회란 결코 토론의 광장일 수 없다는 것을 분명히 알게 되었다. 왜냐하면 모든 '이론'의 배후에는 인간의 의지와 권력욕 또는 이해관계에 얽힌 집단적 힘이 뒷받침되어 있는 까닭에 의회를 중심으로 벌어지는 토론이라는 것도 이론적 성격을 수반한다기보다는 오히려 실질적인 의미의 토론이라고 봐야만 하기 때문이다. 그런데 후일에 가서야 부르주아 계급의 적대 세력으로 등장하게 된 사회주의는 특히 이와 같은 실질적 토론이라고 하는 특수 현상을 부각해야만 했다.

사회주의 이론을 검토해보려는 이 마당에 일단 사회주의와 공산

• Schmitt, C., *Die geistesgeschichtliche Lage des heutigen Parlamentarismus* (2. Aufl., Leipzig, 1926).

주의는 서로 구분하지 않기로 했다. 왜냐하면 여기서 특히 문제가 되는 것은 역사적 현상 속에 담긴 전폭적 의미라기보다는 본질적으로 현대 사상을 규정하는 잠재적인 양극에 관한 것이기 때문이다.

부르주아 계급과의 투쟁을 통하여 마르크스주의는 새삼 역사 및 정치 사상에는 어떠한 형태의 순수 이론도 있을 수 없다는 사실을 발견하게 되었다. 즉 여기서 모든 이론의 배후에 집단적 양상이 자리 잡고 있음을 알게 된 마르크스는 이와 같은 이해관계로 인하여 사회적이며 치명적으로 구속되는 사유 현상을 이데올로기라고 칭했다.

이 경우 역시 흔히 정치 투쟁에서와 마찬가지로 일단 문제의 윤곽이 드러난 이상 궁극적 해답을 얻을 때까지 이를 끈질기게 추적해나가지 않을 수 없는 극히 중요한 쟁점이 발견되었거니와 특히 이러한 발견이 정치 사상적 의미에서 본 문제의 핵심을 내포한다는 점에서 더욱 그러하다. 그런데 우리가 '이데올로기'라는 개념을 통해서 얻은 것이란 단지 그 문제성이 시사되었다고 하는 사실일 뿐, 해답을 위한 하등의 실마리를 얻은 것도 아니려니와 더욱이 종국적인 해결이 내려진 것도 아니다.** 그리하여 이제 이와 같은 문

** 여기서는 앞으로 다룰 문제와 관련해 본서 서론에서 이미 언급했던 문제를 부분적으로 다시 제기할 필요가 있는데, 우선 가장 필요하다고 느끼는 면만이라도 지적해둬야겠다. 즉 바로 이 논문 속에서 사용하고 있는 이데올로기 개념은 서론에서 여러 차례에 걸쳐 전체적이며 보편적 내지 몰가치적이라고 불렸던 이데올로기 개념과 동일하다는 것이 이제 명백해졌다. 여기에 대해서는 본서의 p. 112.를 참고로 하는 것이 좋겠다. 다음에 이어질 문제로는 가치 판단적인 이데올로기(및 유토피아) 개념을 논의하겠는데 이 두 개념 중에서 그때마다 어느 쪽이 더욱 적절하게 사용될 것인가 하는 문제는 언제나 직접적인 인식 목표에 의해서 좌우된다고 할 수 있다.

제의 해명을 위하여 우리가 근본적 측면으로부터의 검토를 가해나가려 한다면 우리는 원래 이 개념이 발생할 초기 단계에 부착되어 있던 편파적 의미를 불식해야만 하겠는데 여기서는 우선 편의상 두 가지 시정돼야 할 점에 대해서만 언급하고자 한다.

우선 사회주의나 공산주의 사상가들은 자기의 적대자만이 정치사상적 측면에서 이데올로기적 요소를 지닌다고 보는 나머지 마치 자기 자신의 사상만은 이데올로기적 요인에서 초연하다는 듯한 확신을 가지고 있음을 우리는 쉽사리 알아차릴 수 있다. 그러나 사회학자의 입장에서는 마르크스주의에 의하여 처음으로 발굴된 식견이리고 해서 그것이 마르크스주의 자체에는 적용될 수 없다거나 또는 마르크스주의 자체 내에서 이데올로기적 성격을 수시로 드러내서는 안 된다고 해야 할 하등의 단서를 발견할 수가 없다.

여기서 또 한 가지 분명히 해둘 것은 지금 논의되고 있는 이 이데올로기 개념이 부정적 의미를 지닌 데 불과한 고의적인 정치적 허위성이라는 뜻에서 쓰이고 있는 것이 아니라 오히려 모든 역사적 내지 사회적 존재 여건에 필연적으로 부착된 국면과 또한 여기에 결부된 세계관이나 사고방식을 지칭하는 말로 쓰이고 있다는 점이다. 이렇듯 정신사적인 면과 관련되는 두드러진 의미는 그 밖의 이데올로기 개념이 지닌 의미와 엄격히 구별되어야 하지만 그렇다 하더라도 이 밖에 또 다른 문제와의 상관성 속에서 드러나는 의식적인 정치적 허위성만을 그 바탕으로부터 폭로하는 것이 필요하다는 데는 전혀 이의가 있을 수 없다.

이런 점에서 이데올로기 개념이 내포하는 절대적 의의와 더불어 그 개념이 학문적 연구 자체를 위해서도 활용될 수 있는 요소만은 그대로 존속되는 셈이다. 특히 여기서 우리는 이데올로기 개념이 시사해주는 문제의 핵심, 즉 정치와 역사에 관한 어떠한 이론도 필연적으로 활력적인 사회적 유기체의 구속을 받지 않을 수 없다고 하는 사실을 종래의 편협적인 정치적 폐쇄성으로부터 탈각함으로써 이를 더욱 구체적으로 입증해야만 하겠다. 즉 우리가 어떠한 입장에서 역사를 관찰하고 또 스스로 처해 있는 여건에서 우리가 과연 어떠한 전체적 방향 설정을 시도하느냐 하는 것은 우리 자신이 처해 있는 사회적 여건과 직접 관련된다는 것이다. 그 어떤 역사적 내지 정치적 업적을 놓고서도 우리는 사물을 대하는 그 당사자의 관점이 어디에 근거한 것인지를 분명히 확인할 수 있다. 그런데 이 경우 사유의 존재구속성이란 결코 어떤 오류의 근원을 의미하는 것일 수는 없고 오히려 반대로 정치 현상의 추이를 명석하게 판단할 수 있도록 해주곤 한다. 따라서 이데올로기 개념과 관련된 가장 중요한 문제는 정치사상의 사회적 존재 제약성을 발견하는 일이다. 번번이 인용되는 다음의 글도 바로 이 문제의 요충을 찌른 것이라고 하겠다. "인간의 의식이 그의 존재를 규정하는 것이 아니라 인간의 사회적 존재가 그의 의식을 규정한다."•

그러나 바로 여기에 **이론과 실천의 관계에 대한 새로운 정의를 내렸**던 마르크스주의 이론에서 연유한 두 번째의 기본적 문제점이 대두된다. 즉 부르주아 사상이 목표 설정에 특별한 중요성을 할애하

• Marx, K., *Zur Kritik der politischen Ökonomie* (3. Aufl., 1909, p. LV).

는 가운데 언제나 규범적 의미의 정당성이 부여될 수 있다고 보이는 일정한 사회상을 근간으로 하여 스스로의 사상적 입지점을 도출해냈다고 한다면 마르크스가 성취한 가장 괄목할 만한 업적은 바로 이 사회주의 사상에서의 유토피아적 요소를 배척한 데 있었다. 결국 여기서는 처음부터 어떠한 내용의 목표 설정도 포기한 채 실제적인 사물의 추이와 무관하게 추구할 수 있는 규범이란 있을 수 없다는 것이다. "우리에게 있어서 공산주의란 구현되어야만 할 하나의 상태인 것이 아니라 현실이 거기에 순응해야만 할 하나의 이상이다. 우리는 현재의 상태를 지양하려는 현실적 운동을 공산주의라고 부른다. 그런데 이러한 운동의 조건은 바로 기존의 전제를 통해서 조성된다."•

만약 오늘날 우리가 레닌주의 이론으로 무장한 공산주의자에게 그가 기대하는 미래 사회의 구체적 양상은 어떻게 나타날 것인가 하고 묻는다면 아마도 그는 이를 비변증법적인 질문이라고 할 것이며 미래는 다만 실재 변증법적인 생성 속에서 판가름 날 뿐이라고 답할 것이 틀림없다.

그러면 이 실재변증법Realdialektik이란 무엇인가?

그것은 즉 어떤 것이 반드시 존재해야 한다거나 혹은 존재하게 될 것이라는 등의 당위성이나 미래와 관련된 문제를 우리가 아 프리오리하게 측정할 길은 없다는 것을 뜻한다. 그러므로 우리로서는 오직 생성의 방향만을 인식할 수 있는 것이지 언제나 세세한 구

• *Marx-Engels-Archiv* (hrsg. v. D. Rjazanov, Frankfurt a. M., 1., p. 252).

체성을 띤 문제는 그 다음 단계로 이양될 수밖에 없다는 것이다. 그리하여 여기서 정치 이론이 과제로 하는 것은 절대적 진실이 무엇인지를 제시함으로써 비역사적 위치에서 현실 대결에 임하려는 것이 아니다. 공산주의 이론을 포함한 모든 이론은 생성의 기능에 따른 것이다. 이론과 실천의 변증법적 관계는 무엇보다도 이론에 의하여-사회적 의지 충동에 바탕을 두고-상황을 설명한다는 데 있다. 그런데 우리가 이와 같은 방법으로 해명된 상황에 행동적으로 대응해나갈 때 여기서 이미 현실 자체에는 변화가 야기된다. 이렇게 해서 결국 우리는 하나의 새로운 이론의 발생을 가능케 하는 또 다른 상황을 바로 그 현실 속에서 누리게 되는 것이다. 이상과 같은 전개 과정은 다음과 같다.

1. 이론은 실재하는 것의 기능이며
2. 이와 같은 이론은 특정한 행동을 유발할 뿐 아니라
3. 또한 이 행동은 실재하는 세계를 변혁하거나 만약에 이것이 불가능할 경우에는 그때까지 인용되어오던 선행 이론을 수정하는 일도 불사할 것이다. 결국 행동을 통하여 변혁된 실재적 상황은 새로운 이론을 발생하게 한다.**

이론과 실천Theorie und Praxis의 관계에 대한 이상과 같은 해결 방식은 이 동일 문제의 해결을 위한 더욱 성숙된 후기 단계에서의 특징을 이미 앞질러 내포하고 있다. 여기서 우리는 그와 같은 해결 방식이 대두되기까지에는 극단적 주지주의나 아니면 절대적 비합

리주의라고 하는 어느 한쪽의 일방적 경향이 반드시 선행되었을 것이고 또한 그러한 해결의 시도는 부르주아적이며 보수주의적인 사색과 경험의 세계에서 겉으로 드러났던 여러 가지 맹점을 무엇보다도 먼저 따돌려야만 했으리라고 짐작할 수 있다. 그런데 이러한 해결 방법이 지니는 이점이 있다면 그것은 즉 이에 관련된 앞서 간 모든 문제점을 자기 자체 내에서 소화할 뿐만 아니라 종래와 같은 통속적 이치에 의해서는 정치적 분야에서의 그 어떤 문제 해결도 할 수 없으리라는 점을 깨우친다는 데 있다. 그러나 또 다른 면에서 보면 이렇듯 생동한 충동력은 너무나도 강렬한 인식 의식이 바탕에 깔려 있는 탓으로 결코 그것이 보수주의의 경우와 같이 절대적 비합리주의 사상에 함몰해버릴 위험이라고는 없으며 따라서 그와 같은 긴장 상태에서는 이론이라고 하는 개념은 극단적인 신축성을 띨 수밖에 없다고 하겠다.

여기서 나폴레옹도 더없이 분명하게 표명했듯이 "우리는 우선

∙∙ 만약에 프롤레타리아가 계급 투쟁에 의해 한 사회 내에서의 자기 위치와 함께 사회적인 전반적 구조까지 변혁하게 된다면 그와 같이 변화된 자기 자신의 사회적 상황을 인식한 프롤레타리아로서는 종전과는 다른 새로운 인식 대상에 대치하게 됨은 물론이고 나아가서는 스스로의 인식 행위를 수행하는 데서도 역시 앞서와는 다른 새로운 주체적 입장에 놓이게 된다. 이와 같이 프롤레타리아는 이론을 통하여 자기의 사회적 지위를 의식한다고 하겠는데 이는 다시 말해서 그가 사회적 사상의 주체이며 또한 객체의 구실을 하는 스스로의 양면적 입장을-동시적으로-인식한다는 뜻이다. Lukacs, G., *Geschichte und Klassenbewußtsein* (Berlin, 1923). 이와 같이 의식이 다시금 새로운 행동에의 동인이 될 수 있듯이 이론 또한 대중의 마음을 일단 휘어잡기만 하면 그 순간부터 물질적인 힘이 된다. *Marx-Engels* (Nachlaß I, p. 392).

행동을 하고 난 뒤에야 관찰도 한다"**라고 한 극히 중요한 정치적 경륜이 방법론적 정당성을 인정받을 단계에 이른다.** 실제로 우리는 어떠한 정치사상을 다루든지 마치 외형적 측면으로부터의 어떤 산출 방식에 의하여 그 이론의 정립을 꾀하려는 듯한 태도를 취할 수는 없고 오히려 자기에게 주어진 현실 상태를 통찰하는 가운데 이론으로 하여금 스스로의 이치를 깨우쳐나가도록 해야 하는데 이때의 상황이란 다만 행동이나 행위뿐만 아니라 오히려 적극적으로 참여하는 사유의 힘에 의하여 스스로 규명된다고 하겠다.

그러므로 결국 사회주의 내지 공산주의 이론은 직관주의와 극단적인 합리화에의 의지의 종합eine synthese zwischen Intuitionismus und extremen Rationalisieruugswillen이라고 할 수 있다.

여기에 직관주의가 가미되었다는 것은 절대적인 예견성은 아예

---

* 실제로는 변증법적 이론의 대가라고 할 니콜라이 레닌Nikolai Lenin, 1870~1924이나 루카치도 이와 같은 나폴레옹의 말에서 시사 받은 바가 있음은 확실하다.
** "그 일반적 형식에서 볼 때 이론이란 만국 노동 운동의 경험에서 얻은 것이다. 그런데 마치 실천이 혁명 지향적인 이론에 의하여 앞길이 밝혀지지 않을 때는 맹목적일 수밖에 없는 것과 똑같이 이론의 경우 또한 그것이 혁명 지향적인 실천성과 결합되지 않으면 스스로의 대상을 상실하고 말 것이다. 따라서 그와 같은 이론이 혁명적 실천력과 불가분적으로 결합되기만 한다면 이는 노동 운동을 위한 최대의 역량으로 화할 것이다. 왜냐하면 오로지 이론만이 노동 운동에 대한 확신과 방향 제시 능력 그리고 여기서 야기되는 내적 연관성에 대한 이해력을 제공할 수 있을 것이고, 나아가서는 이 이론만이 각 계급이 현시점에서 어떻게 어디로 향하여 움직이는가 함은 물론, 미구의 장래에는 그들이 어떻게 어디를 향하여 움직여 갈 것인가 하는 데 대해서까지도 올바른 판단을 할 수 있도록 실천을 유도할 것이기 때문이다." Stalin, I. V. *Probleme des Leninismus* (2. Aufl., Wien-Berlin, 1925, p. 85).

그 가능성조차 완전히 배제되어 있기 때문이며 다음으로 합리주의적 요소가 작용한다는 것은 어떤 순간에 있어서나 새로이 간취된 것이면 어느 하나도 빠짐없이 합리화되어야만 한다고 보기 때문이다. 그리하여 어떤 한 순간에도 이론이 따르지 않는 행동이란 허용될 수 없는 것이다. 그러면서도 동시에 일정한 정황을 배경으로 하여 발생한 지금의 이론은 결코 과거의 그 어떤 이론과 동일한 국면에 자리 잡은 것은 아니다.

그중에서도 특히 혁명은 고도의 가치를 지닌 지식을 창조한다 "전반적인 역사를 놓고 볼 때도 특히 혁명의 역사는 가장 진보적인 계급에 속하는 극히 능률적인 당이나 뚜렷한 목적의식을 갖춘 전위 분자들이 생각하기보다도 훨씬 더 그 내용이 풍부하고 다각적이며 또한 생동력으로 충만되어 있고 더욱 교활하다고도 할 수 있다. 그도 그럴 것이 제아무리 유능한 전위 분자들이라 하더라도 그들은 수만 명 정도에 달하는 사람들의 생각이나 의욕 또는 정열이나 환상을 대변하는 데 불과하지만 혁명이란 인간의 모든 능력이 최고도로 개발되거나 또는 발양된 순간에 맺어지는 가장 치열한 계급 투쟁을 통하여 스스로 단련된 수천만 대중의 의식이나 의욕 또는 정열이나 환상이 실현된 것이기 때문이다."•

• Lenin, N., *Der Radikalismus, die Kinderkrankheit des Kommunismus* (Leipzig, 1920, p. 73).

그런데 이러한 관점에서 볼 때 한 가지 흥미로운 것은 혁명이란 내재적인 인간의 정열이 고양된 상태와 같이 어떤 단순히 비합리적인 것으로만 취급되고 있지 않다는 것이다. 왜냐하면 실제에 있어서 우리가 보기에도 정열이란 것은 그것이 수백만에 달하는 많은 인간이 경험한 사고 행위가 축적되는 과정 속에서 이룩된 합리성을 동시에 분출할 수 있을 때라야만 비로소 그 가치가 인정될 수 있는 것이기 때문이다.

스스로가 비합리적 작용 범위 안에 자리 잡고 있을 뿐 아니라 동시에 이러한 비합리성을 의식은 하면서도 끝내 합리주의에의 의지를 저버리지 못하는 것이야말로 바로 종합적인 존재 능력의 소유자로서의 인간 본성을 나타내는 것이기도 하다.

마르크스주의가 보수주의와 사상적으로 친숙하다면 그것은 즉 전자가 비합리적 작용 범위를 부정하지도 않고 관료주의 사상의 경우와 같이 그것을 은폐하려고도 하지 않을 뿐 아니라 자유 민주주의 사상에서와 같은 순수한 주지주의적 입장에서 그러한 비합리적 작용 범위까지 합리적인 것으로 보지는 않는다는 데 있다. 그러면서도 또 마르크스주의 사상이 보수주의와 구별되는 점은 그것이 이와 같은 상대적인 비합리성 속에 어떤 새로운 합리화 작용에 의하여 포착될 수 있는 계기가 상존해 있다고 보는 데 있다.

그러므로 마르크스에게서는 운명·우연성·어떤 돌발적인 사태 또는 전혀 예기치 않았던 것들 그리고 여기서 생기되는 종교적 상념 등, 이 모든 것은 역사 구조상으로 아직 다스려지지 않은 합리성의 기능으로 나타난다.

"자본의 힘이 빚어내는 맹목적 위용 앞에서 느끼는 공포, 이 공포감이야말로 대중으로서는 어쩔 수 없이 감수하지 않을 수 없는 것이며 또한 이러한 두려움은 무산자와 소자산자를 끊임없이 위협하면서 그에게 '갑자기' '생각지도 않던 참에' '우연히도' 빈곤과 파멸을 강요하거나 걸식자, 자선 구걸자 또는 창녀로 변하게도 하고 또 아사 상태에서 헤매게도 만든다. 이것이야말로 유물론자가 소아적 발육 상태에 머물러 있지 않으려거든 촌시도 게을리함이 없이 끊임없는 주시의 대상으로 삼아야 할 현대 종교의 근원이다. 그러므로 이러한 대중 스스로가 단결된 조직력과 계획성 그리고 의식적 노력에 의하여 이와 같은 **종교의 근원**이나 모든 형태의 **자본으로부터의 지배**에 항거할 줄 모르는 한, 그 어떤 교양서적으로서도 자본주의가 빚어내는 맹목적 파괴력에 운명을 의탁할 수밖에 없으므로 자본주의라는 감옥 속에 갇혀 있는 이들 대중으로서는 바로 이 종교를 스스로의 뇌리에서 뿌리 뽑을 수가 없을 것이다."•

그런데 이 글을 잘 살펴보더라도 역시 비합리적 작용 범위란 전적으로 비합리적인 자의성을 띠었거나 또는 도무지 예견할 수 없는 것은 아니다. 물론 아직도 이와 같은 생성 단계에 놓여 있는 것이 이미 정태적인 상태 속에 스스로를 고정한 가운데 단지 일정한

• Lenin, N., *Ausgew. Werke* (Wien, 1925, p. 279).

법칙에 순응해 끊임없이 반복되기만 하는 그런 상태를 나타내는 것은 아니지만 그렇다고 도대체 어떤 가능한 것이 언제나 실제로 생겨날 수 있는 것도 아니다. 바로 여기에 문제의 관건이 달려 있다. 즉 여기서는 성장해가는 것, 또는 새로이 나타나는 것이 전혀 예기치도 않던 사건 속에서 불쑥 그 모습을 드러내는 것이 아니라 오히려 정치적 작용 범위는 역시 수시로 그 자체가 변하면서도 앞으로 있을 수 있는 사건의 여러 양상에 이미 깊숙이 개입되어 있는, 연면히 이어진 일정한 경향에 지배되어 있다는 것이다.

따라서 이러한 사상 역시 그때마다 정치적 작용 범위의 성격을 규정하는 여러 가지의 저변에 깔린 경향을 밝혀내고 또 합리화하는 데 일차적 관심을 두고 있는데, 마르크스주의 이론은 그러한 구조적 경향을 다음 **세 가지 방향**에서 규명하고 있다.

첫째로 마르크스주의 이론은 정치적 작용 범위란 그 배후에 깔려 있는 **생산관계**** 가 나타내는 그때마다의 양태에 의해서 지탱되며 또 그 성격도 항상 결정된다는 점을 지적한다. 여기서 말하는 생산관계란 전혀 불변적으로 반복되는 경제적 순환과정과 같은 정태적 의미에서가 아니라 시간의 흐름과 함께 끊임없이 변전하는 구조적 연관성을 지닌 동태적인 것으로 파악되고 있다.

둘째로 지적된 점은 이와 같은 경제적 요인의 변화에는 계급 관계의 재편이 극히 밀접하게 결부됨으로써 이는 곧 새로운 권력 양

** "물질적 생활을 위한 생산 양식은 사회적, 정치적 및 정신적 생활 과정을 전적으로 규정한다." Marx, K., *Zur Kritik der politischen Ökonomie* (a.a.O. p. LV).

식의 형성과 아울러 권력 한도도 점차 새로이 분화되어간다는 것을 뜻한다.

그런데 세 번째로는 인간을 항상 규제하는 이념 세계란 그 내면적 구조 자체가 통찰될 수도 있고 또한 인식될 수도 있을 뿐만 아니라 동시에 그러한 이념 세계는 우리가 그 변화의 구조를 이론적으로 규정할 수 있게 하는 방향으로 변화한다는 사실이 밝혀졌다.

그런데 이보다 훨씬 더 중요한 것은 이와 같은 세 가지 양식의 구조적 연관성이 서로 독립적으로 인식되지 않는다는 점이다. 즉 이데올로기적 구조가 계급적 구성 형태와 무관할 수 없고 또 이 계급적 구조 역시 경제적 구조와 무관할 수 없다는 것이다. 바로 이와 같은 경제적, 사회적 및 이데올로기적 문제를 에워싼 삼중의 연관 관계를 제시했다는 데 마르크스주의 사상의 특이한 내밀성이 담겨 있다. 오직 이와 같은 종합적 힘만이 마르크스주의로 하여금 과거에 대해서뿐만 아니라 또한 앞으로 전개될 작용 범위를 위해서도 언제나 구조적 총체성의 문제를 새로운 각도에서 다룰 수 있게 해준 셈이다. 그런데 이때 마르크스주의가 일정한 정도의 비합리성을 발견하고 이에 대한 관심을 게을리하지 않는다는 것은 역설적이다. 그러나 마르크스주의는 역사학파의 경우와 같이 그러한 비합리적 요소에 머물러 있지 않고 오히려 또 하나의 새로운 합리화 과정을 촉진함으로써 일체의 비합리적인 것을 가능한 한 해소하려 했다.

그러나 우리들 사회학자에게는 이제 마르크스주의가 표방하는 이상과 같은 독특한 사고방식이 과연 어떠한 역사적 내지 사회적 존재 세계와 또한 그 속에 자리 잡은 인간의 어떠한 상태로부터 발홍하게 되었는가 하는 문제가 제기된다. 결국 하나의 극단적 비합리주의를 또 다른 측면으로부터의 극단적 합리주의와 결합시킴으로써 이로부터 하나의 새로운 유형을 지닌('변증법적') 합리성을 발생하게 한 이 특유한 이론 형태는 무엇으로 설명할 수 있겠는가?

사회학적으로 볼 때 이는 순간적인 성과에 큰 기대를 걸지 않는, 즉 폭력 수단에만 의존하지는 않는 진취적 계급의 이론이라고도 할 수 있겠으나 또 다른 면에서 보면 이는 스스로의 내재적인 혁명적 경향에 입각하여 항상 예측 불허의 상황 변화를 정면으로 직시하며 경계를 게을리하지 않는 계급의 이론이라고 하겠다.

계급적 입장에서 출발하여 부화뇌동하는 대중이 아닌 조직력을 지닌 역사적 집단을 그 주된 구성 대상으로 삼는 이론은 하나의 장기적 안목을 지녀야만 한다. 따라서 그러한 이론은 우리가 현재 차지하고 있는 위치나 위상은 어떠한 것이며 또한 역사적 사태의 진전 상황*은 지금 어떤 단계에까지 이르렀는가 하는 물음을 언제나 제기할 수 있게 하는 완전히 합리화된 역사상을 필요로 한다. 공동체적 요소를 충분히 지닌 자본주의 발생 이전 시기에 있었던 집단들은 이미 자기들이 물려받은 전통이나 혹은 공통된 전승 요인 속에 뿌리박힌 의식 내용에 의해서만도 충분히 서로의 단합을 이룰 수 있었으므로 그런 경우에는 이론의 역할이란 단지 부차적 의미

• "혁명 이론이 앞서지 않는 혁명 운동이란 있을 수 없다." Lenin, N., *Ausgew. Werke* (a.a.O. p. 83).

를 지닌 데 불과했다. 그러나 이와 반대로 원래 생활 공동체를 통해서 뭉쳐지지 않고 서로의 유사한 구조적 정황을 바탕으로 구성된 집단일 경우에는 오로지 강력한 이론적 요소만이 모든 성원 간의 결합을 유지해줄 수 있다. 그리하여 이와 같은 극단적 이론 추구의 경향을 사회학적으로 본다면 마치 지리적 근접성과는 무관하게 극히 넓은 분포 상황을 이루는 사회적 공간 내에 결합된, 공통의 연대감을 지닌 계급 구조에 비유될 수 있다. 감정적인 유대는 단지 근접한 거리 안에서만 그 효능을 발휘하겠지만 이론에 바탕을 둔 세계상은 먼 곳에 이르기까지 그 의미를 발산할 수 있으므로, 결국 합리적 역사상은 광역 지대 내에 산재하는 집단을 위한 사회적 결합 요인이 될 수 있으며, 동시에 서로 유사한 사회적 처지 내에서 지속적으로 성장해나가는, 여러 세대에 걸친 인간을 위한 연결부의 구실을 하는 것이 되겠다. 계급적 의미의 유대 관계를 형성하는 일차적 요인은 사회적 공간 내에서의 구조 원리들의 유사한 처지와 이론의 힘에 달렸다고 할 수 있으며, 그 밖에 부차적으로 형성되는 감정적 유대는 언제나 숙고하는 입장을 동반하게 마련이어서 정도의 차이는 있을지언정 그것은 반드시 이론의 통제를 받게 된다. 그런데 프롤레타리아 계급의 입장에 애당초부터 내재한다고 봐야 할 이와 같은 극단적 합리주의 경향에도 불구하고 이러한 합리성은 이 계급 자체가 처해 있는 반항적이며 더욱이 숙명적으로 혁명에 가담하지 않을 수 없는 상황 앞에서 그 한계에 부딪히게 된다.

 결국 혁명적 충동으로 인하여 이 합리화 현상은 절대적일 수가 없다. 즉 아무리 현대에 와서는 문자 그대로 하나의 비합리적 폭발력에나 비길 수 있는 대중 폭동이 혁명적 단계에 이르러서는 조직화되고* 따라서 관료주의적 색채를 띠지 않을 수 없을 정도로 합리화 현상이 팽배해진다 할지라도 역사상像이나 생명 체계 속의 어디엔가는 혁명이라는 뜻으로 받아들여질 수밖에 없는 비합리성을 위한 여백이 남아 있을 수밖에 없는 것이다.

혁명이란 결국 합리화된 조직이 어떤 방법으로든 스스로의 분출구를 찾을 수 있으리라는 기대하에 그 방향으로 사회적 작용을 추진해간다는 뜻이므로 결국 이는 공격이 감행돼야만 할 유리한 순간에 언제라도 대처할 수 있는 만반의 태세를 요구한다. 그러므로 만약 우리가 모든 정치적 국면에는 완전한 합리적 체계만이 지배한다고 생각한다면 이는 곧 혁명의 수행을 위한 유리한 순간에 즉각 대응하려는 마음의 준비를 포기하는 것이나 마찬가지이다. 물론 여기서 쓰인 이 순간이라는 말은 본래 일반화를 향한 그 스스로의 경향에 의하여 모든 이론이 은폐하려는 문자 그대로 지금, 여기서라고 하는 비합리적인 것 자체를 의미할 따름이다. 그러면서도 여전히 우리가 혁명을 필요로 하거나 원하는 한은 하나의 돌파구 역할을 할 바로 이와 같은 순간을 놓쳐서는 안 되는 까닭에 자연히 이론적 형상에는 비합리적인 것이 바로 그 비합리성으로써 평가할

---

* "무장 폭동은 정치 투쟁의 한 특수 형태로서 그것은 특수한 법칙에 병행하는 것이므로 우리는 그에 대한 깊은 사려를 하지 않으면 안 된다. 이러한 사상을 극히 명료하게 표현한 마르크스는 '폭동도 마치 전쟁과 같이 기술을 요하는 것이다'라고 했다." Lenin, N. (ebd. p. 448).

수 있다고 하는 하나의 공백이 생겨나게 되는 것이다.

이렇듯 완전히 변증법적인 사상은 역사적으로 보수적인 집단에게 전적으로 비합리적인 것으로 보이는 바로 그 작용 범위를 더욱 합리화하는 데 원래의 취지가 있지만, 새로운 생성체를 움트게 할 모든 요소마저도 합리화에 의하여 완전히 경직된 것으로 보일 수밖에 없는 곳에서는 바로 그 합리화 경향이 중단되기에 이를 것이다.

'전변'이라는 개념 속에 바로 그와 같은 비합리성의 요소가 담겨 있다고 하겠다. 즉 정치적 활동 공간을 지배하는 경향은 결코 그러한 공간 속에 축적된 힘이 단순한 수학적 방법으로 산출될 수 있도록 짜인 것이 아니라 오히려 그러한 정치적 발전 경향은 원래의 단초적 상황을 갑자기 벗어나서 하나의 '돌변 상태'를 야기할 수 있다. 그러한 돌변 현상은 결코 예측될 수 있는 것이 아니라 오히려 그 반대로 여기서는 프롤레타리아적 혁명 행위만이 요구될 뿐이다. 따라서 이 경우에 주지주의는 결코 모든 존재 상황에 합당한 이론으로 언명되는 것이 아니라 오히려 여기서는 이와 전혀 반대로 두 가지 방향에서 비합리성의 파악에 필요한 직관력이 일깨워지는 것이다. 즉 여기서 이중의 비합리성이 대두된다. 우선 첫째로 지배적인 정치적 경향이 돌변 현상을 일으킬 정도로 성숙된 시기가 어느 때 가능할 것인가 하는 것은 전혀 예측 불가능하며 따라서 이는 다만 본능적인 정치적 예감에 의존할 수밖에 없는 것이다. 둘째로 역사적 상황에 대한 엄밀한 의미에서의 예측은 도저히 불가능하므로 구조적 변화를 위한 적극적 개입은 불필요해지는 것이다.

이렇게 놓고 볼 때 결국 마르크스주의 사상이란 비합리적 행위를 위한 합리적 사유das rationale Denken der irrationalen Tat라고 할 수 있 겠다. 이와 같은 우리의 분석 결과가 정당함을 입증하는 뜻에서 다음과 같은 예를 들 수 있다. 즉, 마르크스주의적 내지 프롤레타리아적 계층이 세력을 장악하게 되면 그들은 바로 이와 같은 자기들 처지에 정비례라도 하듯이 점차 변증법적 이론의 요소를 배제해나가면서, 결국은 일반화를 꾀하여 법칙에만 순응하려는 자유주의나 민주주의적 사고 방법을 이용하게 되는데 이와는 달리 자기들의 사회적 입장으로 인하여 여전히 혁명에 주력하지 않을 수 없는 세력으로서는 변증법적 요소를 고수(레닌주의)한다는 사실에 유의할 필요가 있다.

변증법적 사유는 스스로 비합리주의 속으로 유입되는 하나의 합리주의 이론ein rationalistisches, das in Irrationalismus mündet으로서 이는 언제나 다음과 같은 이중의 의문에 대한 해답을 내리고자 시도한다.

1. 우리는 어디서 정지할 것인가?
2. 생동하게 비합리적 힘이 작용하는 순간der irrational gelebte Augenblick이란 어떤 상태를 뜻하는 것인가?

이때 그들은 단순한 본능적 충동에서가 아니라 오로지 사회학적으로 고찰된 역사를 근거로 하여 행동할 수 있을 뿐이지만 또 다른 면에서는 단순한 타산에 의하여 활동 공간이나 순간의 힘을 송두리째 자기 내면으로 승화하려 하지는 않는다. 활동 공간에 대한 문제는 어디까지나 행위의 문제일 뿐이며 또한 그에 대한 해답은 언제나 행동의 성패 중 어느 한 가지일 뿐이다. 따라서 이론이란 그 자체의 본질적인 행동 연관성과 한 치도 떨어질 수 없으며 또한 행위야말로 이론 형성의 가능성을 밝혀주는 요소라고 하겠다.

이 이론이 갖는 긍정적 측면은 사회적 활력소로서의 생동한 역할을 수행하는 스스로의 본능적 충동에 의하여 더욱더 그 내용이 투명하게 밝혀지면서 동시에 정치사상 역시 통속적 의미에서의 이론화 작업과는 그 유類를 달리한다는 데 있다. 그뿐만 아니라 이와 같이 변증법적 태도에 바탕을 둔 사고방식은 부르주아적 합리주의 정신과 역사적 비합리주의의 문제성을 다 같이 그 자체로서 소화하여 내포하고 있다는 면에서 역시 긍정적으로 평가될 만하다.

결국 이와 같은 변증법적 이론은 역사적 내지 정치적 활동 공간은 결코 경직성을 띤 대상적 내용으로 충만된 것이 아니며 따라서 단순히 법칙만을 추구하는 방법은 실패할 수밖에 없다고 하는 식견을 비합리주의 사상에서 이어받은 셈이다. 이 밖에도 또 이 이론은 정치적 영역을 지배하는 경향이 지닌 극히 동태적인 면을 간취함으로써 정치 이론의 활력적인 관련성에 주목하는 가운데 이론과 실천을 인위적으로 분리하려 하지 않는다. 또한 반대로 이 이론은 합리화를 향한 종래의 노력이 실패로 돌아가버린 경우에도 여전히 합리적 태도를 취하려는 의지를 합리주의로부터 이어받는 셈이다.

이상 세 가지 경향과는 또 다른 네 번째의 경우를 우리는 **파시즘**이라는 현대적 조류에서 찾아볼 수 있다. 이론과 실천의 관계에 대한 특이한 해석을 내리고 있는 파시즘은 그 본질에 있어서 행동적이며 비합리적 경향을 띠고 있다. 즉 그것은 기꺼이 현대의 여러 가지 비합리적 철학 사상이나 정치 이론과 연합을 이루는데 그중에서도 특히 앙리 베르그송Henri Bergson, 1859~1941, 조르주 소렐Georges Sorel, 1847~1922 및 빌프레도 파레토Vilfredo Pareto, 1848~1923와 같은 사상가들은 그 나름대로의 유리한 방향에서 파시즘 세계관 속에 흡수되어 있다.

이러한 파시즘의 이론과 실천의 중심을 이루는 것은 즉각적인 행동적 개입의 신성화나 결단적 의의를 지닌 행위 및 지도적 엘리트의 창의성의 의의에 대한 믿음 같은 것이다. 정치의 본질은 현시점에서 할 바를 인식함으로써 과감하게 달려드는 데 있으므로 거기서는 어떤 강령의 제시가 문제 되는 것이 아니라*영도자에 대한 맹목적 복종만이 있을 뿐이다. 역사의 창조자는 대중이나 이념 또는 암암리에 작용하는 어떤 힘도 아니고 오로지 강인한 의지의 소유자인 엘리트일 뿐이다.** 이것이 완전한 비합리주의를 뜻하는 것임에는 틀림이 없으나 그럼에도 보수주의자가 취하는 것과 동일한 것은 아니며 또한 초합리적 경향을 띤 비합리성을 뜻하는 것도 아

- "우리의 강령은 극히 간단하다. 즉 우리는 이탈리아를 통치하고자 할 뿐이다. 사람들은 우리의 행동 목표가 무엇이냐고들 자주 묻지만 사실 우리는 이미 수없이 많은 목표를 갖고 있다. 이탈리아의 구제를 위해 필요한 것은 결코 어떤 정치적 강령이 아니라 씩씩한 사나이들과 그 의지력뿐이다." Mussolini, B., *Reden* (hrsg. v. H. Meyer, Leipzig, 1925, p. 105). 또한 같은 책의 p. 134 f.를 참조할 것.
- "내가 이 새로운 신이라고 할 대중의 숭배자가 아니라는 것을 그대들은 알고 있을 것이다. …… 하여간에 우리는 심대한 충격을 일으키는 인간 사회의 거대한 변화는 언제나 단 몇 사람에 의해 이뤄진다는 데 대한 역사적 증거를 가지고 있다." (앞의 책 p. 103).

닐뿐더러 나아가서는 국민정신이나 암암리에 작용하는 어떤 힘, 혹은 장구한 시간의 흐름 그 자체로부터 유출되는 어떤 창조적 힘에 대한 신비로운 신앙도 아니다. 오히려 그러한 베니토 무솔리니 Benito Mussolini, 1883~1945의 사상은 이상과 같은 여러 갈래로 확산해온 모든 역사의 의미를 부정하는 새로이 도약하는 행동적 비합리주의를 뜻하는 것뿐이다.

"젊음을 간직하기 위하여 우리는 망각할 줄 알아야 한다. 우리 이탈리아인은 스스로의 역사를 자랑스럽게 느끼긴 하지만 이 역사가 우리의 체내에서 하나의 생물학적 요소와 같은 구실을 하게 될 때 우리는 이미 이 역사를 자기 행동의 의식적 지표로 삼으려 하지는 않을 것이다."•

• 브로드레로가 1927년 10월에 국제문화협력위원회 제4차 대회가 열렸던 하이델베르크에서 한 연설. 파시즘 사상을 통일적인 이론의 형태를 갖춘 것으로 풀이한다는 것은 비교적 어려운 일이다. 지금에 이르기까지 파시즘이 계속 유동적인 신장 상태에 놓여 있다는 사실 이외에도 파시즘 자체가 단일성을 지닌 뚜렷한 스스로의 이론 형태에 별다른 가치를 부여하려 하지 않는다는 데 문제가 있다. 그들의 강령만 하더라도 그것이 어떤 사회적 계층을 주 안목에 두느냐에 따라서 그때마다 다른 모습을 나타낸다. 이제 우리가 이 사상의 내면적 본질을 파악하려 하는 이상 다른 어떤 경우에서보다도 그들의 특이한 입장이나 또는 그러한 입장을 가능하게 한 궁극적 기초를 단순한 선전 목적을 위해서만 활용되는 내용과 구분해볼 필요가 있다. 그런데 이와 같은 본질적 특징은 절대적 직관주의와 행동주의에 뿌리박고 있으니 더 나아가서 우리는 이를 기점으로 하여 이 사상이 안고 있는 모호한 부동적 성격이나 단순한 정의적 요소까지도 이해할 수 있으리라 생각한다. 여기서 우리는 신분제 국가나 협동 조직 등과 같은 모든 제도적 이념에 대해서는 일부러 언급하지 않고 다만 이론과 실천에 대한 그들의 태도와 동시에 여기에 근거를 둔 역사상을 분석하는 것만을 과제로 삼았다.

역사 개념에 관한 여러 가지 의미에 대해서는 이와는 별도의 연구가 필요하겠지만 우선 여기서 우리가 지적할 수 있는 것은 각이한 정신적 및 사회적 조류는 그때마다 제각기 상이한 역사 개념을 낳게 했다는 것이다. 이 문제에 대해서 간단히 논술해보기로 한다.

지금 바로 인용했던 브로드레로의 연설문 속에서 분명히 드러난 역사의 개념은 보수주의적이거나 자유 민주주의적인, 더 나아가서는 사회주의적인 역사 개념과도 판이한 것이다. 이들 이론은 서로가 대립적 입장을 취하고 있으면서도 역사 속에는 이른바 각양의 사건을 유발하는 그때마다의 기점을 확인해주는 어떤 일정한 연관성이 주어져 있다는 전제로부터 출발하고 있다는 점에서, 그들은 서로가 공통된 기초를 지닌다고 할 수 있다. 어떠한 시기에나 그

또한 여기서 우리는 필요하다고 느낄 때면 언제나 이러한 입장을 낳게 한 이론적 선구자인 베르그송, 소렐, 파레토와 같은 사람들을 참고로 했다. 그런데 우리는 이데올로기적으로 구명될 수 있는 파시즘 성장 과정에서의 다음과 같은 두 가지 단계를 확연히 구별할 수 있다. 즉 첫째로 파시즘이 아직 태동기에 속해 있던 처음의 약 2년간을 논해볼 수 있는데 이 시기의 특징은 행동주의 내지 직관주의적 요소가 심리적 내지 정신적 입장에까지 파고들기 시작한 것이다. 이탈리아에서 최초로 등장한 '파시스트'도 급진적 노동조합주의자였고 무솔리니 자신도 소렐의 제자였다는 사실에서 족히 나타나듯이 이 시기에 와서 처음으로 생디칼리슴 이론도 도입되었다. 1921년 11월을 기점으로 한 두 번째 단계에서는 파시즘이 안정기에 들어서기 시작하면서 동시에 기어코 결정적 우경화를 초래하게 되었는가 하면 또한 이 시기에는 민족주의 사상이 표면화되기도 하였다. 이러한 이론을 대표하는 사회적 계층이 변화함에 따라서 그러한 사상이 직접적으로 어떠한 전기를 겪어나갔으며 특히 '대자본가'와 대기업체 들이 그러한 움직임에 가담한 뒤로는 어떠한 변화가 나타났는가 하는 데 대해서는 Beckerath, E. v., *Wesen und Werden des fascistischen Staates* (Berlin, 1927)에서 상세히 다루고 있다.

모든 우발적 사건이 가능하다고는 볼 수 없으며,* 특정한 체험·행동 또는 사고방식 등은 모두가 오로지 어떤 특정한 장소와 시기에만 가능한 것이므로 결국 이렇듯 항시 변화와 변혁을 초래하는 연관성은 포착될 수밖에 없는 것이다. 따라서 역사를 회고한다거나 또는 역사나 사회적 공간 구조를 연구한다는 것은 그러한 사실을 기점으로 스스로의 행동 방향을 설정함으로써 행동이나 정치적 실천을 하는 데 있어서 하나의 결정적 요인이 될 수 있고 또 그렇게 되지 않을 수 없는 것이기 때문이다.

이상에서 본 바와 같이 역사를 관조하는 보수주의자와 자유주의자 그리고 사회주의자의 입장이 제아무리 서로 다르다 하더라도 역사 속에는 이성적 판단을 가능하게 하는 일정한 연관성이 지배한다는 점에서 보면 여기에는 하등 차이가 없다. 처음에 그들은 역사란 신의 섭리가 계획대로 집행되는 것이라고 봤으나 후에 가서는 동태적이며 범신론적으로 이해될 수 있는 고도화된 인간 정신의 합목적성이라고 생각했다. 그러나 이는 하나의 극히 효과적인 연구 가설을 위한 형이상학적 기초 작업에 불과했는데 이러한 가설에 의한다면 역사적 현상 속에는 어떤 단순한 이질적인 평면적 계기 작용만이 있는 것이 아니라 가장 기본적인 요인들이 응집된

---

* 이에 반하여 무솔리니는 이렇게 말한다. "내 나름대로면 이러한 이념을 별로 신뢰할 생각이 없지만(평화주의적 사상을 뜻함) 그렇다고 거기에 크게 반발할 생각도 없다. 왜냐하면 나는 결코 그 어떤 것도 배제해버리고 싶지는 않기 때문이다. 다시 말해서 이른바 불가능하다든가 또는 가장 비합리적이라든가 하는 것까지 포함한 그 모든 것은 무엇이나 가능하다고 봐야만 하기 때문이다."(앞의 책 22. p. 74.)

상호 작용을 한다는 것이다. 이와 같이 그들은 모두가 역사의 내면적 구성 원리를 파악함으로써 스스로의 행동 전개를 위한 기준으로 삼으려 했다.

 이와 같이 자유주의자나 사회주의자는 언제나 이러한 연관성 및 구조가 완전한 합리적 성격을 띤 것이라는 입장을 고수하면서도 동시에 전자가 직선적인 역사 발전을 기준으로 하고 있는 데 반하여 후자의 경우는 변증법적인 진행 과정을 기초로 한다는 주요한 차이점을 지적할 수 있다. 이와는 또 달리 보수주의자는 역사적 전체성의 생성 연관성을 형태학적 방법으로 투시하려는 입장을 취했다. 이상과 같이 역사를 대하는 이상 세 가지 관찰 태도가 비록 그 방법이나 내용에 있어서 본질적으로 서로 다를지라도 이들 모두가 정치적 행동의 실천 영역을 역사적 공간 내에서 찾음은 물론, 특히 자기 자신이 이미 놓여 있는 생성되어가는 총체적 연관성을 지표로 하여 그와 같은 행동을 실천화하는 것이 현대의 과제라고 봤다는 점에서 서로의 공통성이 눈에 띄기도 한다. 그러나 파시즘적 행동의 비합리성 앞에서는 인간에 의한 고구의 대상으로서의 역사성이란 더 이상 지탱될 수도 없다는 것을 우리는 진화론까지도 부인했던 생디칼리슴의 선구자인 소렐**의 경우에서 알 수가 있다. 그러므로 보수주의·자유주의 및 사회주의를 서로 연결할 수 있는 전제 조건이 있다면 그것은 즉 역사 속에서 이루어지는 모든 사건이나 형상은 상호 관련성을 지니고 있으며 따라서 그 모든 역사적 사실은 제각기 역사 내에서의 일정한 특정치를 소유하고 있을 뿐만 아니라 여기서는 그 무엇이든 언제나 우발적 상황 속에서 가능해질 수 있다는 식의 추리를 해서는 안 된다는 데 있다. 그러나 이를 다시 파시즘의 입장에서 본다면 어떠한 역사관을 막론하고 그것은 역사적 시간성을 타파할 행동을 위하여 마땅히 제거되어야만 할 무의미한 조작이거나 허구에 불과하다는 것이다.*

물론 여기서는 비역사성의 이론이 문제가 되고 있는 것이 사실이지만 파시즘 이데올로기에도 특히 그것이 우경화한 뒤로는 '민족전쟁' 또는 '로마제국'이라는 등의 이데올로기가 움트고 있었던 것만은 틀림없는 사실이다. 원래 파시즘적 이데올로기란 단지 신화적이거나 허구적인 것으로만 체험했던 것은 사실이지만 이제 역사적 이론이나 행동이 지니는 의의를 다시 한 번 되새겨본다면, 그것은 단지 이미 지나가버린 옛일을 감동적으로 받아들이기보다는 오히려 그러한 이론이나 행동 자체가 하나의 역사적 조류, 다시 말해서 일정한 제각각의 특성을 지닌 구조를 바탕으로 하는 분류 속에 휘말려 있음을 의식하는 데 있다고 하겠다. 바로 이러한 저마다의 구조적 기능을 기초로 해서만 독자적인 행동적 관여가 무엇을

•• 무솔리니와 소렐의 관계 : 소렐은 1914년 전에도 이미 무솔리니를 알고 있었고 1912년에는 다음과 같은 말을 한 적이 있다. "우리가 아는 무솔리니는 보통의 사회주의자가 아니다. 아마도 여러분은 어느 날엔가는 이탈리아 국기에 경례하는 신성한 군대의 선봉에 그가 서 있는 것을 보게 될 것이다. 마치 그는 15세기의 이탈리아 사람이거나 용병 대장과 같은 사람이다! 아직 사람들은 그를 제대로 모르고 있지만 그 사람이야 말로 정부의 약체성을 메워나갈 수 있는 유일한 인물이다." Pirou, G., *Georges Sorel(1847~1922)* (hrsg. M. Rivère, 1927, p. 53).

다시 여기에 참고할 것으로는 *Archiv für die Geschichte des Sozialismus und der Arbeiterbewegung* (Bd. 13, p. 431 f.)에 실린 E. Posse의 서평이 있다.

뜻하는 것인지도 확실히 이해할 수 있다.

 그런데 실은 이와 같이 순수한 직관주의적 방향에서 본다면 모든 정치적 내지 역사적 인식에 내포된 그의 인식 가치는 완전히 무無로 화해버리고 만다. 왜냐하면 그와 같은 정치적 및 역사적 인식은 언제나 이데올로기적 내지는 신화론적 성격만을 드러낼 뿐이기 때문이다. 그러므로 이와 같은 행동주의적 직관론의 입장에서 본 사유의 기능이란 단지 이렇듯 실효성도 없는 환상적 성격을 겉으로 드러내는 데 지나지 않는 이론 그 자체의 자기 기만성을 폭로하는 데 있을 뿐이다. 이는 곧 사상이란 오로지 순수한 행동을 위한 길잡이 구실을 할 뿐이라고 보는 것이나 다름이 없다. 비범한 사람, 즉 영도자란 모든 정치적 내지 역사적 견해가 한낱 신화에 불과하다는 것을 알고 있다. 물론 그들이 이러한 견해나 식견을 지니고 있다는 것은 아니지만 그러나 적어도 그가 그러한 생각들을 소중하게 여기는 것만은 틀림없으니 — 바로 이 점이 그와 같은 견해의 특성을

• 여기에 대해서는 파레토나 소렐과 같은 입장에서 '역사의 신화'를 제거하려고 시도했던 다음의 글을 참조하는 것이 좋겠다. Ziegler, H.O., "Ideologienlehre" (*Archiv für Sozialwissenschaft und Sozialpolitik*, Bd. 57, 1927, p. 657 ff.) 그런데 이 논문에서는 하나의 총체적 고구 대상으로서의 역사성 문제가 부정되면서 이와 같은 비역사주의를 표방하는 현대의 여러 사조가 소개되고 있지만 무솔리니에게서는 그러한 사상이 다음과 같은 정치적 내지 수사학적 형태를 띠고 있다. "우리는 자기의 미래가 어떻게 될 것인가를 놓고 항상 조바심을 안고 있는 신경질적인 여인과는 다르다. 우리는 역사가 어떤 비운이나 계시를 가져오리라고 생각지도 않는다." (무솔리니의 앞의 책 p. 129.) 또 그는 이렇게도 말한다. "우리는 역사가 반복되리라고 생각지 않으며 또한 그것이 사전에 지정된 어떤 한 길만을 가는 것이라고도 생각지 않는다."

말해주는 또 다른 측면이기도 하다. 왜냐하면 바로 그와 같은 견식을 바탕으로 하여 인간의 심성 속에 자리 잡은 감정이나 어떤 비합리적 잔재들이 작동할 뿐 아니라 더 나아가서는 정치적 행위로까지 이어지는 열광적 분출구를 마련할 것이기 때문이다.* 여기서 마침내 소렐과 파레토**가 그들의 신화론이나 엘리트 및 선도자론에서 처음으로 철저히 규명한 문제가 실천에 옮겨졌던 것이다.

결국 이와 같은 직관주의적 방식으로부터 학문, 특히 그중에서도 정신과학에 대한 뿌리 깊은 회의가 번지게 되었다는 것은 쉽게 이해됨 직하다. 이를테면 마르크스주의가 학문에 대하여 거의 맹신적 입장을 취하면서 신적 계시라도 대하는 듯이 신봉하려고 했다면 이제 파레토에 와서는 순수하게 형식화된 사회공학만이 실증적인 지식으로 인정받을 뿐이었다. 이와 같이 고독한 가운데서도 냉철한 관찰력을 가졌던 자본주의 말기의 인물이라고 할 파레토의 학문에 대한 회의감은 이제 새로운 태동기에 접어든 정치사상의 물결에 합류됨으로써 스스로를 과신하는 상태에 빠지고 말았다. 마르크스주의에서만 해도 인식 가능한 것에 대한 회의는 그대로 보존되어 있었지만 이것이 파레토에 와서는 단순한 행위성이나 독자적 생명력에 대한 심신으로 보강된 셈이다.*** 특수한 역사성에 속하는 모든 것은 학적으로 인식 불가능하다고 보는 경우라면 우

---

* Sorel, G., *Réflexions sur la violence* (Paris, 1921, chap. IV, 167 ff.).
** 요약된 것으로는 Bousquet, G. H., *Grundriß der Soziologie nach Vilfredo Pareto* (Karlsruhe, 1926)이 있다.

리는 다만 개개의 인간이나 모든 시대에 걸쳐서 불변의 상태를 유지하는 어떤 법칙성의 일반적 측면만을 고찰하는 것으로 그쳐야만 할 것이다. 따라서 그러한 사회공학 이외에 그들이 인정하는 다른 분야로서는 사회심리학이 있을 뿐이다. 왜냐하면 영도자는 사회심리학적 지식을 토대로 해서만 대중을 마음대로 조종하고 움직일 수 있는 효과적인 방법을 배울 수 있기 때문이다. 이와 같이 불투명한 영혼의 심층부dumpfe Tiefenschicht der Seele는 현대인의 경우뿐 아니라 고대 로마나 르네상스 시기의 인간에게서도 동일한 양상을 띠고 있었다.

여기서 어느덧 이 직관주의는 말하자면 오귀스트 콩트Auguste Comte, 1798~1857의 실증주의로부터 모든 역사철학적 요소를 일반 사회학의 수립을 위해 점진적으로 제거해나갔던 후기 부르주아지의 노력과 결합하기에 이른다. 그러나 또 다른 면으로 우리는 신화론 속에서 돋보이는 이상과 같은 이데올로기 개념의 효시를 거의 어김없이 마르크스주의로 귀착할 수는 있지만 그러면서도 이를 좀 더 자세히 관찰하면 이들 양자 간에는 확연히 구별되는 기본적 차이가 있다.

마르크스적 입장에서도 이데올로기 개념은 '허위 구조', '기만적

••• 무솔리니의 한 연설문 중. "우리는 신화를 창조했다. 이 신화란 하나의 마음이며 고도의 열광이므로 그것은 사실이 아니라도 좋다! 다만 하나의 충동력, 희망 그리고 믿음과 용기일 뿐이다. 또한 우리의 이 신화는 민족, 즉 위대한 이 민족으로서 우리는 이를 바로 구체적 현실로 바꿔놓고자 한다." Schmitt, C., *Die geistesgeschichtliche Lage des heutigen Parlamentarismus* (a.a.O. P. 89).

형상' 또는 '허구적인 것' 등의 의미로 받아들여지는 것은 사실이지만, 이러한 마르크스주의적 범주 속에는 역사 구조를 고찰하는 모든 이론이 해당되는 것이 아니라 바로 자기와 적대되는 계급이나 사회 계층이 지니는 이와 관련된 지식만이 거기에 속한다. 즉 여기서는 어떠한 형태의 사유나 이성적 요소 모두가 이데올로기로 단정되는 것이 아니다. 그리하여 사회적 측면에서 자기들이 처해 있는 스스로의 존재 상황으로 인하여 진정한 문제의 연관성을 파악하기를 일부러 꺼려하거나 또는 파악할 능력이 없는, 이를테면 어떤 은폐 작용을 필요로 하는 계층만이 불가피한 기만적 체험에 말려든다는 것이다. 물론 이렇게 본다면 모든 사상은(그것이 참된 것일지라도) 단순한 사유 능력을 펴나가는 데도 특정한 사회, 역사적 존재 상황에 제약되는 것으로 보이긴 하지만 그렇다고 해서 사유가 이러한 존재의 상대화 작용으로 인하여 진리의 성격마저 송두리째 박탈당하는 것은 아니다. 이에 반하여 비록 여러 가지 경향이 함께 뒤섞여 있긴 하지만 파시즘 이론을 통하여 끊임없이 그 모습을 드러내고 있는 직관주의적 행동주의 입장에서 본다면 인식 가능성이나 합리화 작용이라고 하는 것은 어딘가 불확실한 것이며 이념이란 전적으로 부차적인 성질을 띨 뿐이다.* 정치가에게 그나마도 살얼음 같은 인식 가능성이나마 공여해줄 수 있는 것은 사회적 동력이나 사회심리학에 관한 지식일 뿐이다.

• "인간이란 이념에 의해서보다도 각자의 기질에 따라서 더 크게 구별된다." (무솔리니의 앞의 책 p. 55.)

파시즘 입장에서 볼 때는 경제적 내지 사회적 힘이 뒷받침된 구조적 상관성으로서의 역사에 관한 마르크스주의적 해석도 결국은 신화에 지나지 않을 뿐 아니라 또한 구조적 성격을 띤 역사의 진행 과정도 시간의 흐름과 함께 원래의 틀에서 벗어난다고 보는 파시즘 사상은 계급 이론에 대해서도 역시 부정적 입장을 취한다. 따라서 개개의 프롤레타리아는 존재할 수 있지만 집단적 의미로서의 프롤레타리아 계급은 있을 수 없는 것이 된다.**

이러한 사유와 체험의 방식에서 특히 눈에 띄는 것은 역사가 순간적 상황 속에서 해소돼버린다는 것인데 이때 다음과 같은 두 가지 측면이 결정적 역할을 한다. 그 하나는 위대한 영도자와 전위적인 정예 집단(엘리트 집단)이 발휘하는 열성도이며 다음으로는 유일무이한 지식으로서의 군중 심리 통제와 이러한 통제 방법의 개발 문제이다.

결국 일정한 의미에서나마 학문으로서의 정치를 가능하게 하는 것은 행동을 향한 통로를 개척하는 기능이라는 데 있다.

이러한 가능성은 두 가지 양식으로 행해진다. 첫째로 역사를 마치 하나의 특정한 과정인 듯이 생각하는 정치학이 지닌 모든 허상을 뿌리쳐버리는 것이며 둘째로는 군중 심리를 다루는 데 있어서도 특히 그들의 권력 본능과 그 작용 양식에 각별한 주의를 돌리는 일이다. 그런데 이와 같은 의미의 군중 심리란 실제로는 거의 초시간적인 법칙을 따를 뿐이므로 그것은 확실히 역사의 권외에 위치

** 베케라트Beckerath의 앞의 책 p. 142와 무솔리니의 앞의 책 p. 96을 참조할 것.

해 있는 것으로 보지 않을 수 없는 데 반하여, 참다운 사회적 심성 속에 뿌리박힌 역사성을 우리가 감지하기 위해서는 무엇보다도 사회 역사적 구성원으로서의 인간에 대한 이해가 앞서게 마련이다.

역사적으로 이러한 정치 이론은 이미 니콜로 마키아벨리를 통하여 그 기본 입장이 제시되었다고 할 수 있다. 위대한 영도자의 열정이란 것도 이미 'virtú', 즉 역량이라고 하는 개념에 나타나 있으며 또한 모든 우상을 폭로하는 사실주의적 입장이나 극단적인 경멸의 대상에 불과한 대중 심리의 조종을 위한 기술적 문제에 역점을 두는 따위의 태도는 비록 구체적인 방법상의 차이는 있을지언정 이미 마키아벨리에게서 그 연원을 찾아볼 수 있다. 그 밖에도 역사 진행에 수반되는 일체의 의미를 부정하려는 경향이나 직접적인 순발적 행위의 이론 역시 그에게서 윤곽을 드러내고 있다.

때로는 부르주아 계급 역시 이와 같은 정치 기술적 이론에 동조함으로써 프리드리히 슈탈Friedrich Julius Stahl, 1802~1861도 올바르게 지적했듯이 그러한 이론을 거리낌 없이 규범 이론으로서의 자연법적 사상과 동일한 위치에 놓기도 했다.˙ 그런데 부르주아적 이상이나 그에 속하는 역사상이 요행히 부분적으로라도 실현된다든가 혹은 또 다른 면에서 현실에의 환멸감만이 남아돌게 될수록 그와 같은 냉철한 기술은 모든 시대에 통용될 수 있는 유일한 정치적 지식으로 등장하게 된다.

• Stahl, F. J., *Die Philosophie des Rechts* (Bd. 1, 4. Aufl., 4. Buch, Abschnitt I : Die neuere Politik).

최근에 와서는 이와 같이 독자적 방향을 가는 순수한 정치 기술이 일체의 구체적인 역사적 인식 가능성을 부정하는 행동주의 및 직관주의 사상과 더욱 밀접히 결합하는 양상을 자아냄으로써 단계적인 상황의 발전에 의존하기보다는 오히려 직접적인 충격적 방법을 통하여 역사의 변혁을 가져오려는 집단의 이데올로기로 화하게 되었다. 이와 같은 정신적 자세는 각기 상이한 그 나름의 전개 양식에 따라서 피에르 조제프 프루동 Pierro Joseph Proudhon, 1809~1865이나 미하일 알렉산드로비치 바쿠닌 Mikhail Aleksandrovich Bakunin, 1814~1876의 무정부주의를 비롯한 소렐의 생디칼리슴을 거쳐서 종국에는 무솔리니의 파시즘으로까지 이어져나갔던 것이다.**

사회학적으로 볼 때 이는 결국 지식층에 의해서 영도되는 폭력 집단의 이데올로기와 같은 형태로 등장하게 되었는데, 이와 같이 자유주의적, 부르주아적 내지 사회주의적인 영도 계급과 비교하면 일종의 국외자 집단에 불과한 그들 지식인은 현대 사회가 수시로 맞이하는 변혁기에 따른 전반적 경기 파동을 스스로의 권력 쟁취를 위한 호기로 삼으려고 했다. 그런데 이와 같은 변혁기란 그것이 사회주의 경제를 유도하든 아니면 자본주의적 통제하에서의 그 밖의 계획 경제 체제를 실현시키든 간에 간헐적으로나마 폭력주의자들의 행동 계기가 될 뿐만 아니라, 그 시기가 얼마만 한 사회 경제적 의미에서의 비합리적 잔재 요소를 내포하고 있느냐에 따라서

•• Schmitt, C., *Die geistesgeschichtliche Lage des heutigen Parlamentarismus* (a.a.O. Ka p. IV).

현대인의 의식 속에 자리 잡은 폭발적인 비합리적 요소에 불을 댕길 수 있다는 특징을 갖는다.

지금 바로 서술한 이데올로기가 과연 어느 정도까지 사회학적 의미 귀속성을 띠고 있느냐 하는 것은 바로 그 이데올로기적 입장에 서서 역사 과정을 체험하는 관찰자가 오로지 이 장의 첫머리에서 언급한 바와 같은 **비합리적 활동 영역에만 의존하고 있다는** 사실로도 입증된다. 말하자면 심리적으로나 사회적으로 그는 이미 조직화되지 않은 비합리적인 것만을 파악할 수 있는 흐름 속에 스스로 합류하고 있으므로 역사의 구조나 사회 구조상의 확고한 골간 조직 같은 것은 그의 눈에 띌 리가 없다.

따라서 우리는 유기적이거나 혹은 조직화된 단체를 주안점에 두는 이론과 역사를 구성적 의도하에서 관망하려는 태도와의 사이에 사회학적 상관관계가 있음을 알아낼 수 있는가 하면 또 다른 면으로는 단순한 부동적 응집 현상과 비역사적 직관주의와의 사이에도 밀접한 동질성이 가로놓여 있음을 확인할 수 있다. 조직화되었거나 혹은 적어도 유기적 성격을 띤 집단들이 이완하면 할수록 역사의 구성적 요소를 파악할 수 있는 그들의 능력은 퇴화되는 반면에 전혀 예측할 수도 없는 모호한 것들에 대한 감수성은 오히려 예민해지게 마련이다. 그러므로 바꿔 말하면 어떤 순간적 결집력에 의해서 성립된 반란 집단이 확고한 기반을 조성할수록 그들은 더욱더 장기적 안목에서 역사를 보게 되거나 또는 사회에 대해서도 구조적 관점에서 볼 수 있게 된다. 비록 그때마다 어떤 착잡한 역사적 원인이 가미되기는 하지만 하여간 우리는 언제나 이러한 사실을 하나의 형식적 경향이나 또는 다음 단계의 발견을 위한 가설로 받아들이지 않으면 안 된다. 역사를 마치 하나의 순발적인 상황으로 체험한다는 것은 그 어떤 계급이나 유기적인 조직체로서도 도저히 불가능하며 오히려 그것은 그와 같은 순간적 상황 속에서 발생했거나 또는 그러한 상황 속에 무아적으로 도취되어 있는 대중에게만 가능할 뿐이다. 그뿐 아니라 행동주의가 십분 활용하고자 하는 역사를 초월하는 순간이라는 것도 실은 반란 집단이 노리는 폭넓은 연관성과 유리된 순간이라고 하겠다.

이러한 사고방식이 지닌 특수한 **실천 개념**이 돌발적인 반란 행위에 있어서 고유한 것이라고 한다면 이와는 달리 반항적이긴 하면서도 사회적 총화를 바탕으로 한 지속적인 힘은 실천을 곧 스스로의 의욕을 계속적으로 신장시키는 것으로써 체험하는 것이 된다.*

위대한 영도자나 엘리트의 열광성과 그에 반대되는 맹종적 대중을 구별 짓게 하는 대조적 성격은 외부를 향한 세력 확충을 위해서보다도 오히려 내면적 자기 정당화에만 주력하는 지식 계급의 이데올로기를 그대로 반영해준다. 이것은 곧 자기 자신을 완벽하게 짜인 사회적 집단세력의 대변자라고 자처하는 이른바 영도적 계층에 대립되는 이데올로기이다. 이와 같이 보수주의적 영도 세력은

---

* 지배적 위치에 올라선 반란 지도자의 변질에 대하여 무솔리니 자신이 다음과 같이 분명하게 말하고 있다. "어떤 의용병이 갑자기 부시장이나 혹은 시장이 되고 나면 그는 믿기지 않을 정도로 완전히 변해버려서 전혀 다른 사람이 되고 만다. 즉 그는 자기가 맡은 시의 재정 상태에 혼란을 가져와서는 안 되고 또한 어떻게든지 치밀한 연구를 거쳐서 효과적으로 재정을 이끌어나가야만 한다는 것을 깨닫게 된다." (앞의 책 p. 166.)

스스로를 국민의* 대변자로, 자유주의자는 시대정신의 담당자로, 그리고 사회주의자와 공산주의자는 프롤레타리아적 계급 의식의 수행자로 자처하고 나서는 것이다.

자기 정당화를 시도하는 데 있어서의 이와 같은 차이점을 통하여 우리가 알 수 있는 것은 위대한 영도자와 대중 사이의 대립 관계를 자기에게 유리하도록 교묘히 활용할 줄 아는 집단은 아직도 부동적 사회층에 속해 있는, 즉 자기들의 사회적 지위를 비로소 확보하지 않으면 안 될 신흥 엘리트 집단이다. 이들에게 주로 문제가 되는 것은 사회적 구조를 전복 내지 변형하거나 혹은 유지하는 데 있는 것이 아니라 현존히는 지도직 엘리트 십단을 또 하나의 어떤 새로운 집단에 의하여 몰아내는 데 있다. 그러므로 경우에 따라서는 우리가 역사를 다양한 엘리트 집단 간의 순환 작용으로 보는가 하면 또 다른 면으로는 역사 사회적인 구조상의 변화로 받아들이는 것도 결코 우연이 아니지만 하여간에 여기서는 쌍방이 다 같이 스스로의 뜻과 일치되는 것만을 사회적 내지 역사적 전체성 속에서 간취하려고 한다.

현대 사회의 변형 과정을 보면(이미 언급했던 바와 같이) 부르주아 계급에 의하여 창시된 기구가 계급 투쟁을 지속하는 데 더 이상 활용될 수 없는 시기에 이르러서는(예를 들면 의회 제도) 일시적으로

• 이와 같은 의미에서 진화론적 보수주의를 처음으로 제창한 프리드리히 사비니Friedrich Karl von Savigny, 1779~1861는 특수한 신분 계급으로서의 법률가는 국민정신을 대표하는 사람들이라는 허구성을 내세웠다. *Vom Beruf unserer Zeit für Gesetzgebung und Rechtswissenschaft* (Freiburg, 1892, p. 7).

나마 발전이 저해됨으로써 표면화된 위기가 발생하면서 계급적 구성에도 혼란이 야기되고 동시에 각 계층 간의 계급 의식상의 차이도 순화될 수 있다. 그리하여 이 시기에는 개개인이 자기의 존립 근거나 계급적 입장에 대한 방향 감각을 상실함으로써 결국 순간적 동기에 의한 집단 구성이 용이해지거나 대중 집단의 발생을 가능케 하는 등의 현상까지도 불러일으킨다.

바로 이러한 순간이 독재를 가능하게 하는 온상 구실을 한다. 파시즘적 역사상과 저돌적인 행동에의 길을 닦아놓은 직관주의 이론이란 바로 이와 같은 특수 상황을 전체적 사회 구조로까지 승화한 데서 비롯된 양상을 반영한 것임에 틀림없다.

위기가 해소되고 나면 실질적이며 완벽한 역사적 내지 사회적 제 동력에서 발산된 힘과 압력이 다시금 활발해지기 시작한다. 그런데 이때 특히 신흥 엘리트 집단이 임기응변으로 전체적 연관성 속에서의 자기 위치를 설정해나갈 줄만 안다면 많은 사회적 부문에서 안정성을 되찾을 수는 있겠지만 종국에는 현실 추동력으로서의 동태적 힘이 모든 것을 지배하고 만다. 그러므로 여기서는 사회 구조가 변하는 것이 아니라 지속적 발전을 거듭하는 사회 상황 속에서 다만 계급 구성원으로서의 어떤 개개의 인물만이 바뀌는 것뿐이다. 근대사를 통하여(물론 여기에도 일정한 보완이 필요하긴 하지만) 이미 우리는 나폴레옹과 같은 독재자를 경험한 일이 있다. 역사적으로는 이것이 일정한 엘리트 집단의 상승을 뜻하는 것 이외에는 아무것도 아니었지만 사회학적 측면에서는 그러한 힘을 동원해서라도 자기 자신이 설정한 목표를 완수할 수 있는 능력을 지녔던 신흥 부르주아지의 승리라고 봐야만 할 것이다.

결국 아직 합리화되지 못한 의식 요소 속에서 빚어진 그와 같은 격동과 충격을 그때마다 빈틈없이 짜인 사회적 연관성 속으로 새로이 끌어들인다 하더라도 바로 이와 같은 비합리주의적 입장으로서는 역사적 내지 사회적 구조의 주축을 도저히 파악할 수가 없다. 그러나 여기서 우리가 주목해야 할 것은 이와 같은 폭발적 순간에 서야말로 아직 그 역사적 의미가 이해되지도 못했거나 또는 아마도 영구히 포착될 수 없는 어떤 비합리적 심층이 끊이지 않고 솟구쳐 올라온다는 사실이다. 이제 이렇듯 합리화되지 못한 것이 우리의 의식이나 정신세계 내에서 전혀 문제 된 일도 없고 또한 역사적 사실로 부각된 일도 없는 부분과 연합함으로써 이를 기점으로 하여 적어도 지금까지는 전적으로 비역사적인 상태에 머물러 있던 국면을 통찰할 수 있게 되는 것이다. 다시 말해서 이러한 영역이란 영원히 자기 동일성을 유지하면서 모든 역사적 사태의 기저에 놓여 있는가 하면 또한 우리로서는 그것을 내면적으로 꿰뚫거나 해명을 내릴 수도 없고 다만 어떤 기술적 방법에 의하여 외부적 측면만을 파악하는 데 그쳐야 할 불투명한 활력적 본능 세계를 뜻한다. 그런데 비역사성이 주축을 이루는 이러한 국면에는 지금 바로 이야기한 역사의 저변에 팽배해 있는 활력적 요소 외에 이미 신비주의자들도 지적했던 바와 같은 우리의 내심 속에 자리 잡은 어떤 초역사적이며 영적인 것도 주어져 있다고 할 수 있는데, 이는 역사를 통하여 스스로를 완전히 겉으로 드러내지도 않는, 반역사적이고 의미가 주어질 수도 없는 이해 불가능한 것이라고 할 수 있다(파시스트들이 이 문제에 대하여 직접 언급하고 있지는 않지만 하여간에 이것이 역사성을 부정하려는 하나의 거대한 도전 세력임에는 틀림없다).

이상과 같은 극단적 양극의 중간 위치에 자리 잡고 있는 것이 말하자면 의미성을 띤 것, 이해 가능한 것, 합리화된 것, 조직화된 것, 그리고 또 예술적으로나 그 밖의 방법으로 형상화된 것, 즉 다름 아닌 역사적인 것이라고 하겠다. 그리하여 이러한 위치에 서서 문제를 검토하려는 사람은 결코 역사의 저변에 깔려 있는 것 또는 역사 초월적인 것 그 어느 것도 간취하지 못할뿐더러 또한 이와 같은 비합리적 양극 사이에서 자기 정위를 모색하려는 사람은 역사적으로 형성되었거나 조직화된 것의 구체적 성격을 완전히 놓쳐버리고 만다.

이론과 실천의 문제와 관련해서 보더라도 파시즘적 내지는 행동주의적 체험 양식이 지니는 매력은 사유의 전 영역이 한낱 환상적 유희로 보인다는 데 있다. 즉, 여기서는 정치사상도 '신화'적인 형태를 통하여 인간의 행동을 촉발하는 데 그칠 뿐, 결코 정치 분야나 미래를 과학적으로 이해하도록 하는 것은 아니다. 오히려 여기서는 비합리성이라고 하는 끈질긴 유혹의 빛을 쪼이는 인간이 그런대로 일상생활을 영위하는 데 필요한 정도의 경험적 지식만이라도 수용할 수 있다는 것이 하나의 기적처럼 보일 뿐이다. 이에 대하여 소렐은 다음과 같이 말한다. "우리는 이와 같은 사회적 신화가 인간으로 하여금 스스로의 일상생활을 통하여 얻어낸 모든 관찰 내용을 실효성 있게 이용하는 데 있어서 아무런 방해가 안 될 뿐만 아니라 또한 그가 일상 업무에 종사하는 데서도 전혀 방해가

되지 않는다고 믿는다." 다시 그는 이렇게 부연하고 있다. "우리는 흔히 자기들의 종교적 열광성을 묵시록의 신화를 통하여 지탱해나가는 영국이나 미국의 신도들도 대개의 경우 역시 극히 실제적인 사람들이란 점을 지적한 바 있다."•

여기서는 인간은 **생각하는** 경우에도 행동한다 Der Mensch handelt hier, obschon er denkt.

레닌주의 역시 파시즘적 성격을 내포하고 있다는 데 대해서는 여러 번 강조한 바 있지만 이들 양자 간의 공통성을 넘어서서 그 차이점까지 생각하지 않는다는 것은 잘못이다.

그 공통점이란 다만 양지기 다 같이 극히 소수의 행동적 집단이 중심이 되어 있다는 것뿐이다. 즉 레닌주의는 원래 혁명적 방법에 의한 권력 장악만을 필사적 목적으로 하는 소수파의 이론이었으므로 거기서 영도적 집단과 그들의 결단성 있는 행동력을 앞세우는 이론이 무엇보다 중요한 위치를 차지하는 것은 사실이지만 이 이론이 완전한 비합리주의로 전락해버린 적은 없다. 볼셰비스트라고 하는 집단만 하더라도 이들이 점차 합리화되어 가는 프롤레타리아적 계급 투쟁에서 하나의 적극적 소수 집단이 되어감에 따라 그 행동주의적이고 직관주의적 이론도 언제나 역사 발전을 합리적으로 인식하는 학설로 뒷받침되어 있었다.

파시즘이 지닌 반역사성의 이론이 생성될 수 있었던 주원인은(이미 언급했던 직관주의 이외에도) 부분적으로 신흥 세력이었던 부르주

• Sorel. G. (a.a.O. p. 177).

아 계급의 세계 감정에서 그 연원을 찾을 수 있다. 그런데 새로이 융성하는 계급이란 언제나 역사의 발전 과정을 개별적 사실들로 세분함으로써 이를 모두 스스로의 세계상 속으로 승화시키려는 경향을 띠게 마련이다. 어떤 역사적 사건이 그것을 관망하는 계급에게 하나의 과정으로 나타날 수 있기 위해서는 그와 같은 역사의 과정이 적어도 그 계급에게 어떤 기대감을 안겨줄 수 있어야 하며, 또한 바로 그와 같은 기대감이 있음으로써 한편에서 '유토피아'가, 그리고 다른 한편에는 '과정'이라고 하는 개념이 생겨나는 것이다. 그러나 이때 이 계급 자체의 세력 신장은 유토피아적 요소를 파괴하면서 장기적 안목에서 문제를 관망하려는 의욕도 점차 쇠퇴함으로써 결국 모든 정신적 내지 심리적 힘을 오로지 현실 세계에서의 직접적 과제를 수행하는 데만 경주하게 된다. 그리하여 구조적으로 봐서 이전 같으면 어떤 일반적 경향이나 전체 구조를 주로 염두에 두었던 전체상 대신에 오로지 직접적 현상이나 일련의 사실성만을 지닌 세계상이 고개를 들게 된다. 이는 다시 말해서 역사를 과정으로 보거나 명확한 구조적 해명이 가능한 것으로 보던 이론이 단순한 '신화'로 둔갑해버린다는 뜻이기도 하다.

그런데 파시즘 자체가 이와 같이 일체의 역사 발전성이나 또는 그 목적을 부인하는 부르주아적 이론을 마음 놓고 받아들일 수 있었던 것은 바로 이 파시즘 자체가 부르주아적 집단의 대변자인 까닭이다. 그러므로 파시즘으로서는 기존 사회 질서를 다른 하나의 세계나 사회 제도로 대체하려던 것이 아니라 현존하는 계급 질서 내에서 단지 그 통치 집단만을 교체하려 했다.*

앞에서도 이야기한 바와 같이 결국 파시즘이나 또는 그가 바라는 역사상이 실현될 수 있는 시기는 자본주의 내지 부르주아 제도가 내포하는 위기가 너무나 심화되어 더 이상 점진적인 개혁 방안으로는 사회적 대립이나 투쟁을 저지할 수 없을 정도가 되었을 때이다. 실제로 여기서는 적극적인 소수 집단을 전위 대열에 편승해 권력까지 장악할 수 있도록 하기 위하여 목전의 순간마다 최대의 창발력을 동원하여 활용할 줄 아는 사람이 성공할 기회를 잡을 수 있다.

- 자본주의에 대한 무솔리니의 입장. "자본주의의 실제 역사는 이제야 비로소 시작되었다. 왜냐하면 자본주의란 단순히 압박을 일삼는 제도라기보다는 오히려 가장 가치 있는 것을 선택하고 또 가장 유능한 사람들에게 균등한 기회를 줄 뿐만 아니라 동시에 개인의 책임 의식을 최대한 각성시키는 것이기 때문이다." (앞의 책 p. 96.)

3
종합의 문제

지금까지의 서술을 통하여 우리는 결국 하나로 귀착되는 이론과 실천이라고 하는 문제가 각기 상이한 정치적 입장에 따라서 그때마다 달리 형성되어가는 양상을 실험적 방법으로 구명해보려고 했다. 그런데 모든 과학적 정치 이론을 취급하는 데서 가장 원칙적 문제라고 할 이와 같은 입장에 관한 것은 그 밖의 모든 개별적 문제에서도 이와 마찬가지의 원칙적 의미를 지닌다. 다시 말해서 어떤 최종적인 입장의 표시나 가치 판단 및 내용만이 아니라 문제 제시의 각도나 관찰의 종류 및 방법, 더 나아가서는 우리가 경험하는 것을 보존·수집 및 정돈해나가는 범주 등, 이 모두가 각자의 입장에 따라서 언제나 달라지게 마련이라는 것이다.

이제 한편으로 우리는 이러한 의미에서 정치학에 주어지는 모든 어려움을 숙고함과 동시에 또 다른 면으로는 오늘날까지의 모든 정치적 투쟁의 역사가 보여주는 것이 이 분야에서는 **결단과 시각**이 근본적으로 연관되어 있다는 사실을 명백히 드러내준다는 점에서 결국 학문으로서의 정치는 **불가능하다**는 결론이 나올 수도 있다.

그러나 사실 이와 같이 지난한 문제에 부딪히다 보면 전혀 새로운 측면으로부터 어떤 해결의 실마리가 열리기도 한다.

말하자면 이제 여기서부터 우리에게는 새로운 가능성이 비친다고 하겠으니, 즉 이 단계에서 우리가 추적해볼 수 있는 두 가지 길은 다음과 같은 것이다. 즉, 정치의 세계에는 반드시 입장에 구속을 받는 지식만이 있을 수 있고 구조적인 면에서도 정치에 있어서의 당파성은 도저히 극복할 수 없는 요소이므로 여기서 우리가 도출해낼 수 있는 결론은 정치란 오로지 일정한 파벌과 결부된 상태에서만 연구될 수 있고 또한 오로지 당 학교에서만 가르칠 수 있다는 사실이다. 실제로 나는 이것이야말로 이제부터 우리가 취해야 할 하나의 방도라고 믿는다.

그러나 오늘날과 같이 복잡한 상관성으로 얽혀 있는 시대에는 대부분 항구성이 결여된 임기응변적 성격을 띤 구습적인 정치적 후진 양성 방법으로는 현대 정치인에게 필수 불가결한 지식을 제공해주기에 전혀 불합당하다는 것이 밝혀졌으니 앞으로도 이 점에 대해서는 계속 검토가 가해질 것이다. 그럴수록 모든 정당은 더욱더 자기들만의 당 학교를 확장해나가려 할 것이고 또한 여기서 정치 초년생들로 하여금 구체적 과제에 대한 실질적 판단을 내릴 수 있도록 하기 위한 사실 세계에 관한 지식이 제공될 뿐 아니라 누구나가 자기 나름의 입장을 기초로 해서 주어진 소재를 마무리 짓고 이를 정치적으로 관철해나갈 수 있는 능력을 키워가기도 하는 것이다.

그런데 정치적 입장을 천명한다는 것은 분명히 인식될 수 있는 어떤 사실에 대한 단순한 긍정이나 부정의 표시에만 그치지 않는 그보다 훨씬 더 많은 의미를 포함한다. 다시 말해서 그것은 각기 입장에 따라서 마련된 하나의 원숙한 세계관을 뜻하는 것으로서 이와 같은 세계관이 정치가에게 얼마나 큰 비중을 차지하느냐는 것은 대중을 당적인 측면에서만이 아닌 세계관적인 면에서도 제 나름의 사고방식을 지니도록 해주려는 모든 정당의 노력에서 잘 드러난다. 그런데 자기의 정치적 입장을 타인에게 전파한다는 것은 비단 정치적 분야에만 국한되지 않고 생에 있어서 여타의 모든 부분에까지 삼투되어야 할, 세계에 대한 일정한 입장을 전승하는 것과 같은 것이다. 그뿐만 아니라 오늘날에 있어서 정치적 의사를 형성한다는 것은 특정한 양식에 따라서 역사를 바라보고 특정한 차원으로부터 여러 사건을 파악함은 물론 철학적 방향 설정에 있어서도 자기 나름의 특정한 방식을 추구한다는 것을 뜻한다.

사고방식이나 세계상이 이와 같이 여러 방향으로 분화되고 또 정치적 입장에 따른 각 파벌 간의 대립과 양극화 현상 등이 19세기 초엽부터는 더욱더 심화되었는데, 특히 당 학교의 설립은 이러한 현상을 더욱 부채질하여 마침내 극단적 상황으로까지 치닫게 되었다.

그러나 당의 이론이나 당 학교를 통한 이상과 같은 진행 과정은 오늘날 같은 상황에서 필연적으로 생기될 수밖에 없는 여러 가지 양상 중 단 한 가지에 불과할 뿐이다. 다시 말해서 자기들이 처한 사회적 및 정치적 영역 내에서의 특수한 위치로 인하여 분열을 고정화하고 적대적인 것을 영구화하며 전체와 관련된 문제를 억제해보려는 사람들이야말로 바로 위에서도 언급한 당파적 경향에 집착하려는 경우이다. 그런데 현재의 상황 속에서는 이와는 또 다른 하나의 가능성이 나타나고 있으니 즉 그것은 지금까지 논술한 바와 같이 정치적 목표 설정이나 거기에 속하는 세계상 자체가 본질적으로 당파성을 지녔던 것과는 반대되는 측면에서 비롯된 것이다. 이제 위에서 지적한 사실 못지않게 중요한 이와 같은 구조의 실상을 살펴보기로 하자.

오늘날에 와서는 모든 정치적 지식이 필연적으로 당파성을 지닐 뿐 아니라 동시에 **개별적 성격**을 띤다는 사실까지 인식되기에 이르렀다. 그런데 이와 같은 개별성 또는 부분적 존재가 의미하는 바는 정치적 내지 세계관적 지식이 편파적 구속성을 띤다는 것이 의심의 여지없이 드러나버린 오늘날에 있어서도 그에 못지않게 정치적 내지 세계관적 지식 속에서는 **언제나 하나의 전체**stets ein Ganzes가 움트고 있을 뿐 아니라 이른바 편파적 관찰 태도 역시 그와 같은 전체를 보완하는 데 목적을 둔 부분적 통찰임을 나타낼 뿐이라는 사실이다.

그러나 서로 상반되는 양상이나 이론이 수적으로 결코 무한정하지 않으며 따라서 자의적인 무질서 상태를 빚지 않고 오히려 상호 보충적이라는 것을 우리가 더욱더 분명히 이해하게 되었으므로 이제 비로소 학문으로서의 정치는 실제로 가능해질 수 있는 것이다.

현재의 구조적 상황을 통해서 볼 때 정치란 단지 당파적 지식뿐만 아니라 전체에 관한 지식으로 성립할 수도 있게 됨으로써 **전반적인 정치 분야의 생성에 관한 지식으로서의 정치사회학이 실현될 수 있**

는 단계에 들어섰다고 하겠다.

그리하여 당 학교와는 별도로 이와 같은 전체성의 연구를 가능하게 하는 교육 기관이 요청되기에 이르렀으니 우선 그와 같은 연구의 가능성과 구조에 대하여 언급하기 전에 무엇보다도 부분적 견해들이 서로 보충되어야 할 필요에 관한 테제가 강조되어야만 하겠다. 특히 우리는 모든 문제 제기의 각도가 편파성을 띨 수밖에 없다는 점을 다룬 다음 경우를 상기하고자 한다.

우리는 지금까지 각기 상이한 편파적 입장으로서는 단지 역사적 내지 정치적 현실 속의 특정한 부분이나 영역만을 분명하게 드러낼 수 있을 뿐이라는 데 주목해왔다. 말하자면 관료주의자는 국가 생활 중에서도 안정성을 지닌 부분에만 자기의 시야를 국한하고 역사적 보수주의는 국민정신이 은밀한 어떤 힘을 발양하는 영역, 즉 관습·풍속 또는 종교적 및 문화적 공동 생활의 경우처럼 조직된 힘이 아닌 단지 유기적인 힘이 주요한 역할을 하는 영역을 안목에 두고 있는 데 반해 특정한 정치적 영역은 아직도 이와 같은 생성 요소를 지니고 있다는 입장을 취하고 있다. 역사적 보수주의가 이와 같은 의식층과 또한 이와 같은 층에 상응하는 사회적 동력이 역사적 생성 작용에 대하여 지니는 의의를 과장해 마치 그것이 역사 생성의 유일한 요인인 듯이 취급하려는 일방적 성격을 띠고 있었던 것은 사실이지만 또 한편으로는 여기서 다른 그 어떤 측면으로부터도 이해할 수 없었던 무엇인가가 포착되기도 했다. 물론 이러한 양상은 다른 견해나 입장의 경우도 마찬가지다. 즉, 부르주아 민주주의 이론은 사회적 공간 내에서 권력과 의지의 투쟁이 전개될 수 있는 합리화된 형식의 가능성을 창조했고 또 발견했다고도 할 수 있으나 그렇듯 합리화된 형식이란 다만 혁명이 아닌 점진적 발전의 방법에 의해 계급 투쟁이 전개될 수 있는 현대적 생활 양상 속에서만 그 현실적 기능을 다할 수 있을 뿐이다.

이와 같은 견지를 마련했다는 것은 부르주아 계급이 성취한 하나의 길이 빛날 역사적 공적이라고 할 수 있는데 이러한 업적이 지닌 의의는 비록 그와 결부된 주지주의적 일면성이 가차 없이 드러난다고 하더라도 여전히 그 가치는 인정되어야 할 것이다. 부르주아적 입장에서는 이와 같은 주지주의를 방패로 삼아서 자기 스스로가 합리화될 수 있는 한계점을 은폐하는 가운데 마치 토론에 의해서라면 그 어떤 현실적 대립 관계도 빈틈없이 노출될 수 있다는 듯이 보이도록 하는 데 긴요한 사회적 이해관계를 결부시키게 되었다. 그러나 여기서 한 가지 간과한 사실이 있다면 그것은 즉 이 문제와 밀접한 관계를 지니는 정치적 영역에서는 이론과 실천, 그리고 사고와 의욕이 서로 근본적으로 분리될 수 없다고 하는 하나의 새로운 이론이 대두되었다는 점이다.

사회적 및 정치적으로 구속된 개별적 인식들이 여기서보다 더 상호 보완적 성격을 잘 드러내는 곳은 없다. 왜냐하면 여기서는 부르주아 민주주의 이론이 한계점에 도달한 바로 그곳을 기점으로 하여 사회주의 사상이 싹틀 수 있었고 또한 기존 이론이 스스로의 필수적인 구속성으로 인하여 불분명한 상태에 방치해둘 수밖에 없었던 현상들이 확실하게 표면화되었기 때문이다.

정치적 활동 공간은 의회 제도나 또는 그러한 모임에서의 토론만으로 끝날 수는 없는데 의회주의적 산물의 구체적 측면을 살펴보면 오히려 그것은 사회, 경제적 구조 형식으로부터의 파생물에 지나지 않는 것으로서 이제 새로운 양식의 사고 방법에 의하여 이것이 거의 분명하게 인식될 수 있다고 한 점 등은 모두 마르크스주의가 발견해낸 것이다. 그런데 좀 더 높은 차원에서 본다면 이러한 발견은 시야의 확대이며 동시에 정치의 고유한 활동 공간을 더욱 명철하게 정의한 것이기도 하다. 이데올로기적 현상이 발견된 것도 구조적으로 본다면 바로 이와 같은 통찰 결과와 관련된 것이고 더 나아가서 이것은 '순수한 이론'에 대치되는 '사상의 존재 구속성'이라고 하는 현상을—비록 극히 편파적이긴 하지만—규정하려던 최초의 시도였던 셈이다.

　마지막 차례에서 취급됐던 파시즘 문제로 다시 돌아가봐야겠다. 마르크스주의가 정치적 및 역사적 영역 내의 구조적 토대만을 너무 날카롭게 관찰했거나 또는 지나치게 강조했다고 한다면, 파시즘적 입장에서 본 세계 체험과 사유의 초점은 생명 현상에 깃든 조직화되지 않은 것, 또는 위기적 상황 속에서 항시 있을 수 있는 더욱더 큰 의미를 지니는 순간의 문제로 집중된다고 할 수 있다. 이러한 위기적 상황에서는 모든 계급의 역량이 이완해져서 서로 혼돈을 빚을 뿐 아니라 인간의 행동 역시 순발력을 지닌 대중의 일원이라는 각도에서 더욱 중요성을 띠는가 하면 또한 모든 것이 순간을 정복하는 데만 역점을 둔 전위 대열과 그들의 영도자를 중심으로 해서 움직여나갈 뿐인 것이다. 그러나 이와 같이(비교적 자주 나타나는) 가능성을 역사의 유일한 성격으로 낙인찍는다면 이것 역시 역사의 일면에만 너무 치우친 그의 절대화를 뜻하는 것일 뿐이다.

지금까지 본 바와 같이 정치적 분야에서 언제나 많은 이론이 난립하게 되는 근본 원인은 사회적 조류 속에서 발생하는 개별적 관점(입장)이 바로 이 조류 속의 서로 상이한 지점에서 출발하여 조류 자체를 인식하도록 한다는 데 있다. 결국 여기서는 각기 상이한 활력적인 사회적 본능이 효력을 발휘함에 따라서 상이한 부분적 국면들도 하나의 전체적 연관성 속에 비쳐들며 모든 개개의 양상을 빠짐없이 우리 시야에 떠오르게 하는 것이다.

모든 정치적 시각이 오직 하나의 부분적 시각nur Teilaspekte으로서의 테두리를 결코 벗어나지 못하는 것은 역사적 전체성 그 자체가 너무나 포괄적이어서 그 흐름 속에 위치해 있는 어떤 관점으로서도 감히 그 전체적 성격을 조감할 수는 없다는 데 기인한다. 그러나 또 다른 면에서 보면 이 모든 개별적 관찰자의 입장도 결국은 동일한 역사적, 사회적 조류 속에서 나타났는가 하면 또한 그러한 관찰자의 입장이 지닌 개별성 역시 전체성이 생성되어가는 흐름 속에서만 구성된다고 하는 이유 때문에, 여기서는 그와 같은 개별적 입장은 서로 대조될 수 있는 가능성이 주어짐은 물론 그 모든 입장을 포괄적으로 관망한다는 것이 새삼 영구적 과제로 제기되기도 하는 것이다.

이와 같이 우리가 언제나 경험할 수 있는 개별성을 전체적 국면에서 조감하려는 포괄적 입장을 유지하기 위한 끊임없는 노력이 가해질 수 있는 이유는 마치 편파성을 추호도 불식시키려 하지 않는 지식의 경우와 꼭 마찬가지로 종합화의 시도도 이미 그만한 전통을 가지고 있기 때문이다. 하나의 역사적 시기가 거의 막을 내리게 되었을 때에 헤겔도 이미 그때까지 서로가 분립된 상태에서 발전해 가던 여러 경향을 하나로 통합하려는 시도를 하지 않았던가! 물론 이러한 종합이 어디까지나 개별적 입장에 얽매인 종합이었던 탓으로 역사적 변천을 겪어나가는 과정에서 결국 재차 와해되고 말았지만(그 좋은 예가 좌·우파로 갈라진 헤겔주의였듯이) 역시 이것은 종합이란 결코 절대적이 아닌 **상대적 종합**이어야 할 뿐만 아니라 바로 이러한 종합만이 우리로 하여금 크게 기대해볼 만한 방향을 제시해줄 수도 있다는 것을 말해준다.

물론 여기서 어떤 절대적이며 초시간적인 종합eine absolute, zeitlose Synthese을 요구하고 나선다면 이는 다시금 주지주의적 입장에서 정태적 세계상을 희구하는 것이나 다름없는 것이다. 특히 모든 것이 생성 도상에 있는 그와 같은 영역에서는 오로지 활력적이며 수시로 새로운 노력이 경주되어야 하는 종합만이 합당한 의미를 지닐 수 있을 것이고 나아가서는 그와 같은 종합이야말로 우리가 지금까지 다뤄온 모든 문제의 요충을 해결하는 데도 도움이 될 것이다. 즉, 그것은 시간의 세계 속에서 우리가 도달할 수 있는 전체에 대한 가장 포괄적인 시각을 제공하는 일이 될 것이다.

이러한 종합이란 언제나 전체적인 연관성 속에서만 이루어지는데, 왜냐하면 어떠한 종합의 경우라도 반드시 그 시대를 움직이는 힘이나 그에 대한 다양한 견해를 통괄함해야만 또 다른 종합화의 기틀을 마련할 수 있기 때문이다. 그러므로 어떤 절대적 종합을 향한 유토피아적 결실이 맺어지는 방향으로 일정한 진보가 이루어지려면 무엇보다도 이 종합 자체가 항상 폭넓은 사고의 기초를 바탕으로 전체를 관망하도록 노력해야만 하고 또한 역사적으로 선행했던 모든 관망 내용은 반드시 그 뒤를 잇는 전체적 관망 내용 속에 함께 내포되어 있어야만 하는 것이다.

그런데 우리가 이제야 도달할 수 있게 된 이 단계에 와서도 그와 같은 상대적 종합에는 여전히 다음과 같은 두 가지 난제가 따른다.

그 첫 번째 어려움은 우리가 이미 어떤 입장이 지닌 개별성을 단순히 양적인 의미에서만 생각해서는 안 된다는 것이다. 만약 우리가 문제로 삼고 있는 정치적 내지 세계관적 견해의 난립상이 단지 역사적 생기 현상 중의 어떤 한 면이나 또 다른 부분 그리고 또 다른 내용만을 해명하는 데서 비롯된 것이라고 한다면 여기에 대처하는 우리로서는 단지 하나의 **종합에 의한 종합**만을 이룩하면 될 것이니, 다시 말하면 여기서는 한낱 부분적 진리를 합산함으로써 이 모두를 하나의 전체로 뭉치게만 하면 될 것이다.

그러나 사실 이렇듯 간단한 종합의 개념이란 더 이상 생각할 수도 없다. 왜냐하면 흔히 편파적 견해가 입장에 구속되어 있다고 하는 사실은 그것이 다만 내용적 측면에만 뿌리박고 있다는 것이 아니라 이미 우리의 관점이나 문제의 제기가 난립한다는 것, 그리고 더 나아가서는 사고의 범주나 질서의 원리가 분화되는 데서 비롯되었다는 것을 우리는 이미 알고 있기 때문이다. 다시 한 번 이 문제를 요약해본다면. 과연 사유의 여러 형식(이것은 지금 바로 지적했던 사유 방식의 상이성과도 직접 관련된다)도 서로 결합하여 종합화의 성격을 띨 수 있는 것일까? 실제적인 역사의 전개 과정은 바로 그와 같은 결합이 가능하다는 것을 입증하고도 남는데, 특히 구체적으로 사유에 관한 사회학적 내지 형식사적 분석을 가해보면 사유 방식이란 끊임없이 혼합되고 상호 침투되어 있음이 드러난다.

그런데 이 사유 형식의 종합화란 것은 어느 정도나마 의식적으로 한 시대의 전체상을 이념의 테두리 안에서 포착하려고 하는 대표적인 종합론자들(이를테면 헤겔과 같은)에 의해서만 이뤄지는 것은 아니고 적어도 자기의 입장에서 형성된 긴장 관계를 포괄적으로 파악하려던 그 밖의 입장에 있는 사람으로서도 가능한 것이다. 즉 **슈탈**이 보수주의 이론을 통하여 당대에 이르기까지 보수주의를 형성하는 데 기여한 모든 사상 경향—이를테면 역사주의를 유신론적 기초에 결부시키듯—을 연결하려 했다거나 혹은 **마르크스**가 일반적 법칙을 추구하는 자유주의적 부르주아 사상을 이 역시 보수적 충동에서 발단된 헤겔류의 역사주의와 결합하려 했던 것 등이 그 좋은 예라 하겠다. 따라서 여기서 한 가지 분명해진 사실은 사유 내용뿐만 아니라 사유의 기초까지도 종합적인 결합 작용을 일으킬 수 있다는 것이다. 양적으로도 점점 불어날 뿐 아니라 그 밀도도 점점 심화되어가는 문제성을 통제하기 위해서 사유는 언제나 스스로의 범주적이며 형식적인 포용력을 확장하도록 노력해야 하므로 지금까지 서로 분립된 상태에서 발전해가던 다양한 사유 형식을 종합하는 것은 더욱 긴요한 과제로 등장한다. 그러므로 극히 편파적인 개별적 입장들이 하나의 종합적 사유 방법을 형성했다고 할 때 여기서 특히 눈에 띄는 사실은 어떤 방법으로든지 전체성이 싹트게 할 의욕을 지닌 입장에 있는 사람일수록 더욱 그와 같은 시도에 집착한다는 것이다.

4
종합화 수행자의 문제

이상과 같은 문제의 위상을 놓고 볼 때 여기서 제기되는 두 번째 난제는, 그때마다 종합화를 시도하는 사회적 및 정치적 수행자 Träger는 어떠한 사람들이어야만 하는가, 어떠한 성질의 정치적 욕망을 품은 자가 종합화의 과제를 떠맡을 것이며 또한 누가 사회적 공간 내에서 그러한 과제를 추구할 것인가 하는 점이다.

우리가 만약 동태적이고 상대적인 종합 대신에 당돌하게도 초시간적인 절대적 종합을 지향하는 경우에는 정태적 사유만을 일삼는 주지주의로 퇴락해버린다는 데 대해서는 이미 이야기한 바 있거니와 이제 여기서는 지금까지 계속 강조해온 정치이론상의 주의주의 主意主義를 몰각함으로써 모든 종합의 구현이 이른바 초사회적인 주체하에 일임될 수 있다는 위험이 생겨난다. 그러나 정치사상이란 어떠한 경우에도 일정한 사회 역사적 입장에 구속을 받게 마련이므로 총체적 종합화를 추구하는 이와 같은 의지 또한 일정한 사회적 동력에 의해 감당되고 있음에 틀림없다.

실제로 일단 정치사상사를 더듬어보면 종합화에의 의지는 언제나 사회적으로 분명히 규정될 수 있는 계층에 의해 수행될 뿐 아니라 더욱이 이는 상하 양 계층으로부터 위협을 받아온 탓으로 시초부터 양극 사이의 매개를 시도하려는 사회적 본능을 지닌 중간 계급이 여기에 앞장서고 있다. 그런데 이와 같은 중재 작용도 처음부터 정태적 내지는 동태적이라고 하는 두 가지 모습을 띠는데 이 두 가지 중 어느 쪽이 더 유효한 것으로 받아들여지느냐 하는 것은 주로 그러한 중재 작용을 행사하게 될 당사자의 사회적 처지에 따라서 결정될 문제이다.

정태적 중재 형식은-프랑스의 부르주아 왕조 시대에서와 같이-처음에는 신흥 부르주아지가 추구해오면서 원칙적으로 이를 '중용'적인 것으로 정식화했다. 그러나 실제에 있어서 이와 같은 중용이란 표어는 동태적인 중재 방법으로 귀착될 수밖에 없는 진정한 종합성을 풍자하는 것이나 다름없었다. 바로 이러한 이유 때문에 종합을 시도한다는 것이 얼마나 어려운 일인가를 보여주는 가장 확실한 경우를 여기서 눈여겨볼 수 있다.

다시 말해서 진정한 종합이란 사회적 공간 내에 때마침 현존하는 많은 요구 사이에서의 양적인 중간 위치를 뜻하는 것이 아니라 그러한 해결 방법이란 단지 자기들이 점유한 사회적 특권이 '좌·우파' 어느 쪽으로부터도 위협받지 않기를 바라는 새로이 상승한 계층의 사회적 신분을 안정시키는 데 기여하는 것뿐이다. 따라서 여기서는 그보다도 역사의 전진적 발전을 도모하기 위하여 장구한 세월에 걸쳐서 축적되어온 가능한 한 많은 문화유산과 사회적 역량을 역사 속에 보존하려는 정치적 자세가 중요할 뿐만 아니라 이렇게 함으로써 자기들이 쟁취한 새로운 신분이 유기적 사회 조직 내에서도 완전히 공인됨으로써 개혁을 향한 스스로의 힘을 마음껏 구사할 수 있어야만 한다.

이와 같은 자세를 견지하기 위해서는 역사적 현재에 극히 민감하게 대처하는 일이 필요하다 하겠다. 즉 역사적 내지 사회적 의미에서의 공간적인 '여기'와 시간적인 '지금'을 언제나 직시함은 물론 그때마다 이제는 더 이상 필요하지 않은 것은 무엇이며 또한 아직도 가능하지 않은 것은 무엇인지를 알아야만 하는 것이다.

그런데 이와 같이 항상 실험적인 입장에서 사회적 민감성을 스스로 키울 뿐만 아니라 **동태성과 전체성을 주안점으로 삼는 태도**를 확보하는 것은 중간층에 위치한 계급이 아니라 비교적 계급성도 희박하고 또 사회적 공간 내에서 별로 확고한 계층 구조를 형성하지도 않은 층이 담당해야만 한다. 이와 관련된 역사적 고찰을 통해서도 우리는 이에 대한 좀 더 분명한 통찰을 마련할 수가 있다.

결국 이렇듯 자기의 위치를 일률적으로 확정하지 않는 비교적 계급성이 희박한 계층은(알프레트 베버Alfred Weber, 1868~1958의 용어대로) 사회적으로 **자유 부동적인 지식인 집단**die sozial freischwebende Intelligenz이라고 하겠다. 물론 여기서 지식층을 둘러싼 난해한 사회학적 문제들의 일단만이나마 밝혀낸다는 것은 도저히 불가능하지만 그렇다고 이 문제와 관련된 특정 요인마저도 전혀 취급하지 않고 만다면 지금 여기서 제기된 문제를 제대로 서술하거나 또는 제대로 해결하기란 도저히 불가능할 것이다. 요컨대 오로지 계급 문제에만 주안점을 두는 사회학으로서는 결코 이와 같은 현상을 올바르게 파악할 수가 없다. 왜냐하면 거기서는 지식층마저도 계급이나 아니면 적어도 어떤 한 계급에 종속된 집단으로밖에는 생각되지 않기 때문이다. 물론 그러한 사회학적 입장에서도 지식층이라고 하는 부동적인 사회적 전체성을 규정하는 일정한 결정 인자나 구성 요소까지는 올바르게 알아낼 수 있겠지만 결코 그들만이 지닌 특수자로서의 전체성은 파악할 수 없을 것이다. 실제로 대부분의 인텔리가 기업 투자에 의존하는 유신자 출신인 것만은 틀림없지만 이에 못지않게 많은 인텔리가 광범위한 공무원층이나 이른바 자유업에 종사하는 사람들로 구성되어 있는 것도 사실이다. 따라서 우리가 이들 모두의 개별적인 사회적 기반을 검토해보면 경제적 분야에 직접 관여하는 사회 계층에서 볼 수 있듯이 그렇게 확실한 구분이 지어지지 않는 것은 두말할 필요도 없다.

그런데 이상에서와 같이 특정한 시점을 중심으로 한 사회학적 분석에 덧붙여서 역사적 분석을 추가해보면 거기서 얻은 구조적 양상은 더욱 산만한 감을 자아내게 한다. 즉 역사적 내지 사회적 공간 내에서의 상황 변동은 비록 동일 계급에 속하는 집단이라 하더라도 어떤 경우에는 유리한 결과를, 또 다른 경우에는 불리한 결과를 초래하는 까닭에 계급을 기준으로 하여 동질적 결정성을 상정한다는 것은 있을 수 없는 일이다. 그런데 이렇듯 계급적 입장에서는 도저히 어떤 통일적 기준을 찾아보기 힘들 정도의 구조적 다기화 현상이 빚어지고 있지만 이와는 달리 여러 지식인 집단 사이에는 사회학적 의미에서의 통일적 연대가 이루어져 있으니, 그것은 즉 아주 새로운 방법으로 그들 모두를 결합시키는 교양이라는 것이다. 교양을 바탕으로 한 공동의 정신적 유산에 참여함으로써 그들 모두가 더욱더 출생 당시의 신분적 차이나 직업적 내지는 재산상의 차이를 배제하는 경향을 띰으로써 바로 이와 같은 교육적 효과를 바탕으로 한 개개의 성원 사이에 유대가 다져지기도 하는 것이다.

  물론 교육을 많이 받았다고 해서 그들이 스스로 타고난 신분적 또는 계급적 연계성을 완전히 지양할 수 있다는 것은 아니다. 다만 이러한 새로운 사회적 기반이 마련된 데서 나타나는 특이성이란 상이한 여러 결정 인자 간의 다면적 성격은 그대로 보존하면서 동시에 상반된 힘을 발휘하는 여러 가지 작용을 서로 저울질할 수 있는 하나의 동질적 모체가 창안된다는 데 있다. **현대 교육**이란 애당초부터 이와 같이 생동한 갈등이며 사회적 공간에 난무하는 저마다의 의욕과 성향의 축도라고도 할 수 있다. 이에 따라서 지식인으로서의 그가 지닌 정신세계만 하더라도 자연히 여러 가지 요인에 의해 지배를 받게 마련이다. 그러므로 교육을 통하여 취득한 정신적 자산에 힘입어서 그는 사회적 현실 속에 배태된 극단적 경향과 자신 있게 마주칠 수도 있지만 교육을 매개로 하여 전체와의 연대성이 이루어지지 않은 채 단지 사회적 생산 과정에 직접 참여하고 있는 사람으로서는 제한된 생존권 내에서만 통용되는 세계관을 그대로 받아들이는 경향이 있어서 오직 자기가 처해 있는 특정한 결정 요인에 따라 행동하게 될 수도 있다.

가장 특징적인 현대 생활의 한 가지 단면으로 우리가 손꼽을 수 있는 것은 오늘날에 와서는 정신적인 것이 더 이상(대체로 과거의 문화권에서와는 달리) 엄격한 사회적 구속을 받는 신분 소유자(즉 승려 계급과 같은)의 전유물이 아니고 끊임없이 그 자체가 확장해가는 사회적 기반을 통하여 다분히 부동적 성격을 지닌 새로이 등장하는 사회적 계층의 유지물이 되었다는 사실이다. 이와 같은 사회학적 사실에 의하여 그 본질적 양상이 결정된 **근대적 지성의 특이성**은 따라서 세습적 제약을 받거나 조화를 이룬 완결된 형태를 띤 것이 아니라 오히려 동태적이고 신축성 있게 끊임없는 변혁 속에서 새로운 문제에 대처해나간다는 데 있다.

이미 휴머니즘 사상 역시 다소간이나마 사회적 해방을 구가하는 계층에 의하여 주로 대변되어왔으며 귀족 계급이 문화유산의 계승자가 되면서부터는 인도주의 역시 스스로의 신분적 멘탈리티에서 오는 속박감을 거의 뿌리쳐버릴 수 있었다. 그러나 사회적 구속을 완전히 벗어난 독특한 교양인의 세계는 부르주아지가 출현하는 시기에 와서 비로소 형성될 수가 있었다.

근대적 부르주아지는 애초부터 두 가지 유형의 사회적 계층에 뿌리박혀 있었는데 그 하나는 자본을 소유한 층이었고 다른 하나는 교양을 유일한 자본으로 삼고 있는 개인이었다. 이런 이유 때문에 흔히 재산과 교양을 모두 다 갖춘 계급이란 말이 나오기도 했지만 이데올로기적으로는 인텔리층과 재산가 부류와의 이해관계가 단적으로 일치한다고는 할 수가 없다.*

결국 이와 같이 더욱더 계급적 분열상이 첨예화된 세계 내에서 발생한 인텔리 계층을 올바르게 이해하는 데는 단순히 계급적 기준만을 주로 염두에 둔 사회학의 입장으로서는 역부족일 수밖에 없었고 다만 그들 계층의 특수한 사회적 처지만이 충분히 적시될 수 있을 뿐이었다. 그들이 중간 계층을 형성하는 것은 사실이지만 그렇다고 이것이 사회적 계급 구성에서 중간 부위를 점한다는 뜻은 아니다keine klassenmäßige Mitte. 즉, 일체의 계급 관계를 초월한 어떤 공허한 세계를 떠돌기는커녕 오히려 그들은 정반대로 사회적 공간에 삼투될 수 있는 모든 충동을 자체 내에 통합하고 있는 것이다. 인텔리 출신의 각기 집단이 여러 갈래의 계급이나 계층으로부터 충원되면 될수록 그들 서로를 연결하는 지적 상황도 그만큼 더 다양한 극단적 상극성을 띠게 됨으로써 결국 그들 개개의 구성원은 서로 대립된 여러 경향의 총합된 결과를 좌우하는 데 어느 정도나마 영향을 입히게 되었다.

생산 과정에 직접 관여하는 사람이나 어떤 계급이나 특수한 생활 양식과 결부된 사람 모두가 직접 자기가 처해 있는 특수한 사회적 존재 위치에 의하여 결정되게 마련이지만, 지식인의 경우에는 특수한 계급적 친밀감 이외에도 언제나 이 모든 양극성을 자기 자

• Brüggemann, Fr., "Der Kampf um die bürgerliche Welt und Lebensanschauung in der deutschen Literatur des 18. Jahrhunderts" (*Deutsche Vierteljahresschrift für Literaturwissenschaft und Geistesgeschichte*, Halle, 1925. 3. Jahrg. p. 94 ff.). 여기서는 부르주아 작가군 속에서 이와 같이 끊이지 않고 연달아 불타 오르다시피 했던 '과도한 부르주아적' 성향이 훌륭하게 묘사되어 있다.

체 내에 내포하는 정신적 매개에 의하여 규정되게 마련이다.

바로 이와 같은 사회적 상황을 바탕으로 한 잠재적 에너지야말로 가장 특출한 대표적 인텔리들로 하여금 끊임없이 활력적인 갈등의 세계를 빚어내는 여러 세력 속으로 스스로 몰입될 수 있는 사회적 감수성을 조성하게 했다. 그리하여 여기서는 끊임없이 새로운 세계 상황과의 대응 속에서 모든 것이 의문의 대상이 될 수밖에 없었을 뿐 아니라 문화적 연대에 의하여 전체성과 혼연 일체성이 구현됨으로써 앞으로 다시 언급할 일시적인 여러 가지 은폐 작용에도 불구하고 동태적인 종합화의 경향die Tendenz zur dynamischen Synthese이 끊임없이 야동했던 것이나.

대개의 경우 오늘날까지는 지식인의 부동적 성격에서 연유한 부정적 측면과 그들의 사회적 기반이 견고하지 못하다는 점, 또는 지나치게 신중성을 띤 그들의 멘탈리티 등에 관해서만 즐겨 이야기되어왔거나 또는 지나치리만큼 강조되어왔던 것이 사실이다. 그중에서도 특히 극단적 정치 노선을 가는 사람들이란 무엇보다도 확실한 결단적 태도를 필요로 하는 탓에 그와 같은 인텔리의 태도를 '지조가 없다'고 꼬집기도 했지만 우리는 여기서 다음과 같이 반문하지 않을 수 없다. 즉, 정치적 분야에서 그와 같은 동태적 매개를 위한 결단을 내린다는 것은 이를테면 지난날의 원리를 여전히 강경하게 대변하고 나선다거나 혹은 미래에 대한 일방적 찬사를 보내는 데서 나타나는 결단적 행위와 과연 다를 것이 무엇이냐고.

이와 같은 중간 상태로부터 이들 부동적 인텔리들은 실제로 다음과 같은 **두 가지 방도**를 택할 수 있었으니, 그 첫째는 거의 자발적 선택에 의하여 서로 적대 관계에 있는 극히 상이한 계급들 중의 어느 한 편에 가담하는 것이었고, 둘째로는 스스로의 존립 근거에 대한 깊은 자성과 더불어 숙명적으로 전체를 위한 지적 관심을 대표하는 입장에서 스스로의 사명을 찾아나서는 일이었다.

첫 번째 경우와 같이 일정한 부동적 성격을 지닌 부류는 역사적으로 거의 모든 진영에서 발견되는데, 특히 이들 계층에서는 완고하리만큼의 토착성으로 인해 좀처럼 반성적 내지 이론적 태도를 취하려 하지 않는 보수주의 집단의 이론가들이 어김없이 배출되었다. 그런가 하면 이들은 또한 타고난 사회적 처지로 인하여 근대적인 정치 투쟁을 수행하는 데 필요한 지식을 획득할 만한 전제 조건도 갖추지 못했던 프롤레타리아를 옹호하는 이론가로 등장하곤 했다. 이 밖에도 이들이 자유주의적 부르주아지와 공동 보조를 취한다는 점에 대해서는 이미 언급한 적 있다.

그런데 인텔리가 계급적으로 자기들과 전혀 생소한 집단에 가담할 수 있었던 것Sichanschließen-Können은 그들 자신이 이미 어떠한 위치에도 동화될 수 있는 소지를 안고 있었을 뿐만 아니라 어떠한 계급도 임의로 선택할 수 있는 가능성을 소유하고 있었기 때문이다. 그러나 분명한 계급적 성격을 띤 개인으로서는 자기의 사회적 성분에 어긋나는 행동을 한다는 것은 거의 불가능할 것임에 틀림없다. 이와 같이 그들 인텔리가 자발적 결정에 의해 행동한다는 것은 새로이 선택된 계급과 공동의 정치 투쟁을 전개한다는 것을 뜻하긴 하지만 이미 출신 성분상으로도 어떤 특정 계급과 한데 얽혀 있는 사람의 입장에서 볼 때 그들은 언제나 일말의 불신감을 자아내게 하는 존재일 수밖에 없다. 이와 같은 불신감이야말로 바로 스스로의 정신적 내지 신분적 한계로 인하여 an ihrer geistigen und ständischen Bedingtheit 자기에게 생소한 계급과 혼연일체를 이루려던 지식인이 그 뜻을 제대로 이룰 수 없다고 하는 엄연한 사회학적 사실을 뒷받침하는 징후라고도 하겠다. 사회학적으로 봐서도 이러한 불가항력적 한계는 심지어 지식인의 단계에까지 도달한 프롤레타리아마저도 스스로의 신분적 변화를 감수하지 않을 수 없을 정도로 뚜렷한 자취를 남기게 되었다. 여기서는 물론 지식인이 그와 같은 불신을 당했을 때 과연 어떠한 심정에 사로잡히며 또 어떠한 결의론적決疑論的 태도를 취할 것인가에 대해서 누누이 이야기할 수는 없고 다만 극렬해지는 인텔리의 광신적 태도도 바로 이러한 사실을 근거로 하여 이해됨 직하다는 점만을 시사해두고자 한다. 이와 같은 광신성은 그들 지식인이 극히 필요로 하는 사회적 연대의 결핍을 정신적으로 보상받으려는 표시이기도 하고 또한 자기 자신이나 타인으로부터의 불신을 다 같이 제거하려는 데서 발단한 것으로 볼 수도 있다.

  이상과 같이 개개의 지식인이 걸어가는 길이나 그들의 부단한 동요를 비난의 대상으로 삼을 수도 있겠지만 여기서 우리에게 무엇보다도 문제가 되는 것은 그들이 처한 구조적 상황을 중심으로 한 사회학적 특성을 바탕으로 그와 같은 태도를 수용해야만 하리라는 것이다. 흔히 사회적 과오나 사회적 범죄라고 하는 것도 일정한 구조적 정황을 바탕으로 한 부정적 대응 결과에 지나지 않는다. 이는 다시 말해서 사람들이 자기에게 내려진 사명의 본질이 무엇인지를 탐색하기도 전에 단도직입적으로 자기가 원래 처해 있는 어떤 구조적 정황에 쉽사리 유혹된다는 뜻이다. 그러므로 어떤 특정인이 결행한 사회적 처신의 가치를 다만 그가 저지른 전락 행위를 근거로 하여 nur auf Grund des erfolgten Abfalls 평가한다거나 흔히 우리가 경험하게 되는 인텔리의 '사상적 무정견성 Gesinnungslosigkeit' 이 실은 오직 그들만이 참된 신념이나 지조의 소유자일 수도 있음 daß nur sie wirklich Gesinnung haben könnte 을 뒷받침하고 있다는 점을 간과하는 것만큼 심대한 잘못은 없을 것이다. 지나간 과거의 예를 봐도 역사란 언제나 당대 사회에서의 인간의 지성으로 하여금 마치 실향민의 처지 Heimatlosigkeit로 몰락시킨 채 차질만을 빚어내는, 흡사 실험 과정으로 일관해왔던 것이 사실이다. 그리하여 결국 이상과 같이 특정 계급에 밀착하려는 끊임없이 반복되는 노력과 함께 그로부터 언제나 거부당하는 경험을 되풀이하지 않을 수 없었던 그들로서는 마침내 사회적 공간 내에서 차지하는 스스로의 위치가 지니는 의미와 가치가 무엇인지 더욱더 뚜렷이 알아차릴 수 있게 되었던 것이다.

비록 무의식중이라고는 하지만 어떤 계급이나 정당에 직접 가담하는 첫 번째 방법은 이미 하나의 동태적인 종합화 작용을 통하여 진행되었다. 여기서 그들이 주로 정신적 힘의 뒷받침을 필요로 하는 측에 가담해왔던 것은 사실이지만 또한 여기서는 특히 단순한 세력 다툼을 신성시하려는 경향이 있는 인텔리들이 그 주축을 이루고 있었다. 이와 같이 이해관계를 위한 세력 다툼에 사상적 입김을 불어넣으려던 그들의 노력도 다음의 두 가지 양상을 띠었다고 하겠으니, 그 하나는 따져볼 필요도 없는 거짓투성이의 사실까지도 맹목적으로 정당화하려는 입장을 취함으로써 적나라한 이해타산성을 찬양하는 이론가가 있는가 하면, 또 다른 면에서는 일정한 정신적 요구가 실제로 정치 면에까지 반영되어 구체적 결실을 얻도록 하는 데 주력하는 부류가 그것이다. 결국 이상과 같은 두 가지 방향에서 스스로 낙인찍혔다는 것이 인텔리가 각기 특정한 정당이나 계급에 가담함으로써 얻어낸 대가에 불과했다 할지라도 이것만으로도 이미 그들은 중대한 성과를 달성했다고 봐야만 한다. 그들이 앞장서서 그와 같은 현실 참여를 주도해나가게 된 것은 무엇보다도 상호 적대적인 여러 정당의 투쟁 대열에 끼어듦으로써 마침내 그들로 하여금 스스로의 독자적 요구를 받아들이도록 하기 위한 것이었는데 여기서 우리는 성격상으로 본 그들 부동층의 사회학적 특성과 또한 그들의 사명이 무엇이었던가를 역사적 방법을 통하여 똑똑히 볼 수 있었다.

두 번째 방법은 스스로의 사회적 위치를 구체적으로 의식함으로써 여기서 도출되는 자신의 사명을 알아차린다는 것이다. 그리하여 이제부터는 사회적 공간 내에서의 의식적 방향 감각을 기초로 각자의 정신적 요구에 따른 특정 세력과의 합류나 반발이 일게 된다.

만약 계급 의식이 모든 계급 속에서 점차적으로 팽배하는 것이 현대 세계를 지배하는 기본 경향의 하나라고 한다면 지식인으로 구성된 이와 같은 사회 계층 역시 비록 계급 의식이라고까지는 할 수 없다 하더라도 적어도 자기들의 사회적 처지와 또한 여기서 비롯된 스스로의 과제나 가능성을 명백히 의식할 것만은 틀림이 없다. 이와 같이 사회학적 현상으로서의 인텔리에 관한 문제를 이해함으로써 이를 기점으로 하여 정치에 대한 태도를 결정하려는 노력은 당파적 세력에 개입하려던 이미 언급했던 바와 같은 인텔리의 노력의 역정과 맞먹는 전통을 지니고 있다.

그런데 정치적 측면에서 지식인만의 독자적 세계가 가능할 수 있겠느냐 하는 것은 이 자리에서 더 자세히 논의할 문제가 아니지만 하여간 현재와 같은 상태에서는 그들이 끝까지 고수할 수 있는 독자적 정치 생명이 보장될 가능성은 없다고 봐야만 할 것이다. 왜냐하면 오늘날과 같이 이해 상관적 입장이 더욱더 두드러지게 부각될 뿐만 아니라 대중의 행위로부터 그들 모두의 돌진력이나 방향 결정을 도출해내는 역사적 단계에 있어서는 그들이 정치적 행동을 전개하기 위한 어떤 특수한 방향으로의 목표 설정을 한다는 것은 거의 있을 수 없는 일이기 때문이다. 그러나 인텔리의 이렇듯 특수한 구조적 여건에도 불구하고 그들 자신이 전체적인 사회 발전 과정에 필수적 의의가 있다고 인정될 만한 과업을 수행할 수 없다는 뜻은 아니다. 즉, 그들이 감당해야만 할 역할이란 마치 모든 주위가 암흑 속에 잠겨 있는 한밤을 밝혀주는 등대지기와도 같이 다양한 역사적 이념 속에서 과연 어떤 전체적 방향 감각이 설정될 수 있는가 하는 바로 그 지점을 발견하는 데 있다. 지식인이야말로 다른 모든 계층과는 또 다른 방법으로 정치에 관여하게 마련이므로 그들이 처한 특수한 여건에서 오는 모든 기회를 속절없이 날려버리고 만다는 것은 별로 바람직스럽지 못하다고 하겠다.

정치적 결단을 내린다는 점에서 볼 때도 이미 어느 정도나마 스스로의 계급적 위치에 묶여 있다시피 한 계층에게는 아무런 선택의 여지도 없겠지만 이들 지식인의 경우에는 훨씬 광범위한 선택 가능성과 함께 전체적 안목에서 방향 설정을 하며 전체를 조망할 수 있는 시야를 간직해보려는 요구도 클 수밖에 없는 것이다.

그런데 그들 나름의 여건에 따른 이와 같은 대처 방식은 비록 그것이 하나의 단일화된 당파 형태까지 가능하게 하지는 못할지언정 언제나 있을 수 있는 일이므로 비록 이들 인텔리가 어떤 당파에 가담하는 경우라 할지라도 일정한 정도의 전체적 지향성은 잠재적으로나마 생동력을 지니게 마련이다. 물론 우리는 이와 같은 광역화된 조망 능력을 오히려 하나의 결함인 듯 생각할 수도 있겠지만 바로 여기에 그들이 짊어진 소명이 담겨져 있다고 봐야 하지는 않을는지? 왜냐하면 참다운 선택권을 행사할 수 있는 사람만이 사회적 내지 정치적인 전체 구조를 다각적 측면으로부터 고찰해보고자 하는 관심을 가질 수 있을 것이기 때문이다. 이와 같이 오로지 문제에 대한 심사숙고를 게을리하지 않는 일정한 기간과 관찰 단계가 앞서야만 종합적 연구를 가능하게 하는 사회학적 내지 논리적 여지도 생겨날 수 있을 것이고 또한 선택 가능성을 지녔을 뿐 아니라 일단 결단이 내려진 뒤에도 여전히 현존하는 그와 같은 자유가 앞서야만 비로소 진정한 결단도 가능할 수 있을 것이다. 다시 말해서 서로가 극히 다양한 관습적 사고방식과 사회적 출신 성분을 지닌 개인들이 끊임없이 몰려드는 비교적 부동적인 중간층이 현존함으로써 Nur dem Vorhandensein einer solchen relativ freischwebenden Mitte 비로소 현존하는 여러 경향들 간의 실질적인 상호 삼투 작용도 가능할 뿐 아니라 이미 앞에서도 시사했듯이 이것이 전제가 됨으로써만 끊임없이 새로운 노력이 경주되어야 할 종합성에 도달할 수도 있을 것이니 말이다.

동태적 매개성을 필요로 한다는 점에서는 이미 독일 낭만주의가 그들 자신의 사회적 여건을 바탕으로 하여 이를 강령으로 삼았는데, 구조적 측면에서 볼 때 당시 그들은 보수적인 결단을 내려야 하는 처지에 있었으나 그다음 세대에 가서는 혁명적 결단성을 시의時宜에 알맞은 것으로 생각하게 되었다.

결국 지금까지 거론한 문제를 총체적으로 검토해볼 때 우리가 가장 유의해야 할 것은 바로 이상과 같은 발전 계보 속에서만 '생동한 매개'가 이루어지거나 정치적 결단은 내리는 데 있어서도 언제나 전체를 향한 방향 감각을 함께 연관시키려는 노력이 존속된다는 것이다. 그와 같은 동태적 중용성이 가능할 수 있게끔 된 오늘날일수록 우리는 당 학교와는 별도로 전체적 국면을 주시하며 또한 이에 대한 관심을 게을리하지 않을 어떤 새로운 논단을 마련해보고자 하는 의욕을 맥박 뛰게 할 수도 있는 것이다.

그뿐만 아니라 바로 이와 같은 잠재적 충동이 있음으로 하여 모든 정치적 의욕이나 지식이 어쩔 수 없이 편파적 성향을 띠지 않을 수 없다는 사실 이외에도 이 편파성 자체에는 역시 개별적 성격이 내포되어 있다는 점이 우리의 시야에 들어오게 된 것이다. 또한 여러 방면에 걸친 경각성을 토대로 하여 우리의 모든 정치적 의욕이나 세계관의 완전한 형성마저도 사회학적으로 고구될 수 있는 전체 과정을 통해 파악될 수 있는 가능성이 주어진 현대야말로 그 어느 때보다 학문으로서의 정치가 가능해질 수 있는 절호의 계기가 마련되었다고 하겠다. 그러므로 만약에 전체적인 현대의 추세에 따라서 더 많은 당 학교가 설립된다면 이에 못지않게 대학에서건 혹은 그 밖에 고등 교육 기관에서건 간에 새로운 의미의 정치학을 성장시키는 데 기여할 수 있는 틀로서의 강단이 마련되는 것이 더욱 바람직스럽게 되었다. 당 학교에서는 스스로의 의지적 속박을 받는 사람들만이 입교하는 경우, 특히 이와 같은 종류의 연구 기관에서는 이미 선택과 결단의 순간을 눈앞에 두고 있는 사람들이 청강자이어야 한다는 것을 전제로 해야만 할 것이다. 아무리 이해관계에 얽매인 상태에서 자라난 지식인들일지라도 젊은 시절에나마 폭넓은 시야에서 전체를 관조하는 입장을 체득하는 것은 대단히 중요한 일이기 때문이다.

그렇다고 해서 이러한 고등 교육 기관에서는 '불편부당한 자'만이 큰 몫을 차지해야 한다는 것은 아니며 또한 그 어디서나 마찬가지로 정치적 결단이 배제된다는 것은 있을 수도 없는 일이다. 그러나 여기서 한 가지 우리가 명심해야 할 일은 강단에 선 스승이 장기간에 걸친 심사숙고 끝에 역시 문제를 진지하게 성찰하려는 많은 청중 앞에서 회심의 일변을 토하는 가운데 문제에 대한 전체적 상관성을 밝혀주는 것과, 연구나 지도의 궁극적 목적이 단지 기정 사실화되어 있는 당의 의사를 조장하는 것으로만 그친다는 것과는 확실히 현격한 차이가 있다는 것이다.

그리하여 일정한 방향으로의 결단을 촉구하려는 것보다도 바로 그러한 결단을 행사하기 위한 길잡이의 구실을 하려는 정치사회학은 아직껏 그 어느 때도 간취할 수 없었던 정치 분야에서의 연관 관계를 밝혀낼 수 있을 것이며 또한 무엇보다도 사회적 제약을 벗어날 수 없는 의지적 저변을 해명할 수도 있을 것이다. 그뿐만 아니라 여기서는 계급적 구속력에 의하여 결정을 내리게 하는 그 기본 원인, 다시 말하면 사람이란 누구나 얽혀들지 않을 수 없는 집단적 영향 하에서의 의지의 작용 방식도 발견될 수 있을 것이며 더 나아가서는 다음과 같은 문제도 해명될 수 있을 것이다. 만약 어떤 사람이 그 무엇인가를 원한다고 할 때 그는 물론 주변 상황이 변해가는 그때그때의 시점에 따라서 스스로의 생각을 가다듬게 마련이지만 동시에 그는 이와 같이 바뀌어가는 전체적 과정에 대해서까지도 자기 나름의 관점에서 평가하게 될 것이다. 그러나 요는 그가 그 무엇인가를 원한다고 하는 **사실 그 자체**가 사회적 공간에 가해진 구조적 결정성으로 인하여 다시금 제 나름대로의 규제를 받지 않을 수 없는 어떤 전통의 힘과 관련되어 있다고 볼 수밖에 없다는 것이다. 따라서 문제를 이와 같은 각도에서 제기할 수 있는 사람만이 정치적 국면이 지닌 구조적 성격을 발굴해낼 수 있는 방법을 모두에게 전달해줄 수도 있겠고 또한 전체성의 문제에 대한 거의 완전한 이해를 할 수도 있을 것이다. 더 나아가 우리는 이와 같은 연구 방향에 따라서 정치 및 역사 사상이 지니는 특성을 분명하게 통찰할 수 있음은 물론, 역사 관찰의 태도란 언제나 그 당사자의 정치적 결단이 행사되는 데서만 동시에 형성될 수 있다는 데 대한 확실한 근거를 제시할 수도 있을 것이다. 그러나 또 한 가지 여기서 빠뜨릴 수 없는 사실은 정치사회학이 엄연한 정치적 영역을 그 고구 대상으로 삼는다고 해서 어떤 결단에 대해서까지도 타인에게 가르칠 수 있다거나 또는 어떤 편리한 시점에 다다르면 이를 다시 폐기할 수도 있다는 듯이 생각하는 것은 도저히 있을 수 없는 일이라는 것이다.

누군가 원하는 것이 있다면 그것은 어디까지나 그가 정치적 인간이기 때문이며 또한 누군가 어떤 일을 하고자 할 때는 마땅히 그것을 행동으로 표시해야만 할 것인즉, 이것이 바로 전체 과정 속에서 차지하는 그의 위치인 것이다.*

어느 누구에게도 의지적 결단을 내리는 데 대해서는 가르칠 수 없다는 것을 일반적 통념으로 간주해온 것이 사실이지만 결단과 시각 또는 사회의 진행 과정과 의지의 발동 과정 사이의 구조적 연관성을 타인에게 전달하거나 연구하기 위한 과제로 삼는다는 것은 이론적으로 검토해볼 만한 문제임에는 틀림없다. 그런데 만약 여전히 학문으로서의 정치가 의지적 결단을 행사하는 데 대한 이론까지 가르쳐야 한다고 요구하는 사람이 있다면 이는 곧 정치학이 현실로서의 정치는 말살해야 한다는 주장을 하는 것이나 다름이 없다. 우리가 학문으로서의 정치에서 기대할 수 있는 것이란 다만

• 이미 베버도 정치사회학의 과제를 대략 이와 같은 뜻으로(물론 여기서와는 전혀 다른 전제에서 출발했지만) 규정했는데, 특히 여기서는 정치적 연구 분야에서 하나의 매개적 역할을 감당할 입장을 창조해보려던 오랜 민주주의적 전통이 뒷받침된 의욕이 새삼 우러나고 있음을 본다. 비록 그가 여기서 성취한 해결 방식이 지나치게 이론과 결단 사이의 기본적 양립성을 전제로 삼고 있다고는 하더라도 정치적 분야의 연구를 위한 공동의 광장을 마련해야겠다고 하는 그의 요구는 우리가 언제나 되풀이하여 추구해나갈 만한 목표가 될 수 있겠다.

행동하는 인간의 안목에서 현실을 관찰할 수 있고 더 나아가서는 행동적 인간으로서의 우리가 비록 자기에게 반대되는 행동을 하는 자에 대해서일지라도 가장 직접적인 그의 행동 중추와 역사적 내지 사회적 공간 내에서의 그의 처지를 기점으로 그를 이해해야 한다는 것을 가르친다는 데 있다. 따라서 이와 같은 의미의 정치사회학은 역사적 공간 내에 현존하는 모든 경향을 총괄적으로 개관할 수 있다는 스스로의 의의를 깨달아야 함은 물론이고 또한 이를 교육적 측면에서 본다면, 구조적 연관성이라고 하는 가르칠 수 있는 것에 대해서는 가르쳐야 하지만 결단이라는 것만은 결코 가르칠 수 있는 성질의 것이 아니라 단지 합당한 방법으로 이를 깨우쳐주거나 설명하는 데 그쳐야만 할 것이다.

5
―

정치적 지식의 특이성에 관하여

―

　지금까지 곰곰이 생각해온 문제들을 종합해볼 때 확실히 우리는 '학문으로서의 정치는 가능한가, 만약 그렇다고 한다면 우리는 그것을 가르칠 수도 있는 것인가?'라는 첫머리에서 제기한 의문점에 대하여 분명히 긍정적인 답을 내릴 수 있게 되었다. 물론 여기서 얻어낸 이와 같은 해결 방식은 우리가 흔히 알고 있는 일상적인 지식의 유형과는 전혀 다른 것이다. 그도 그럴 것이 예컨대 순수한 주지주의로서는 이처럼 구김살 없이 담백한 형태를 갖추고 실천적 영역과의 직접적 유대를 이루는 지식을 용인하지 않음은 물론 그것이 스스로의 이론 체계 내에 파고들 여백도 전혀 제공하지 않을 것이기 때문이다.

　본래적인 형태로 봐서 학문으로서의 정치란 우리의 학문적 구조 속에 끼어들 수도 없을 뿐 아니라 학문에 대한 우리의 통상적 개념에도 배치된다고 하여 이것이 결코 학문으로서의 정치를 구성하는 데 저해 요소인 듯이 풀이해서는 안 될뿐더러 오히려 그것은 전체적인 우리의 학문관을 수정하게 하는 자극제의 구실을 한다고 봐야만 하겠다. 왜냐하면 기존 학문에 대한 개념이나 학문 연구의 실제를 잠시 훑어보더라도 우리는 실천의 문제를 다룬 학문치고는 그 어떤 경우에도 자기에게 주어진 이론적 과제를 제대로 해결해낼 수 없었음을 알 수 있기 때문이다. 말하자면 진정한 의미에서의 과학적 정치란 있어본 적이 없듯이 교육학의 경우 역시 제대로 학문으로서의 틀을 잡아본 일이 없었다. 그러나 지금 본 바와 같은 지식의 분과에서 제기되는 가장 본질적인 문제를 제대로 다스리지 못한다고 해서 우리가 교육학이나 정치학에 고유한 과제들을 단지 '기술'이나 '직감적인 기교' 정도로 보아 넘김으로써 아예 이 문제를 진지하게 다뤄볼 의무조차 없듯이 생각한다면 이는 전적으로 부당한 짓이라고 할 수밖에 없다.

특히 생동한 힘에 넘치는 삶의 과정을 통해서 볼 때 우리는 교육자나 정치가란 바로 행동이라고 하는 특수 영역 속에서 더욱더 지식을 함양해나가며 동시에 합당한 조건만 주어지면 이를 세상에 널리 알릴 수도 있는 사람들이란 것을 잘 알 수 있다. 그러므로 우리가 흔히 알고 있는 학문의 개념이란 실제로 존재하는 다양한 종류의 지식의 영역보다는 훨씬 협소하므로 오늘날 지식으로 성립될 수 있거나 또는 전달도 가능한 것이 바로 우리가 도달한 학문 세계가 종결되는 그 한계점과 일치한다고 할 수는 없는 것이다.

결국 학문 자체는 아무리 더 이상 생산적인 구실을 할 수 없게 된다 하더라도 생의 영역에서만은 여전히 새로운 지식의 가능성과 인식 형태로 발굴된다고 한다면 우리는 결코 스스로가 구축한 학문의 성역을 침해하지 않기 위하여 이와 같은 지식의 여러 형태는 '학문 이전의 것'이라거나 또는 단순한 '직관'의 소산인 듯이 생각하는 것으로써 문제 해결의 실마리를 삼을 수는 없는 것이다. 따라서 이와는 반대로 아직까지 제대로 탐색되지 못했던 이와 같은 지식의 여러 형태가 지닌 특성을 그 내면으로부터 포착함으로써 이른바 학문 이전의 지식 세계까지도 학문의 광활한 지평적 영역과 그의 개념 속에 포함할 수는 없을는지, 예의 검토하는 것이 우리의 의무라고 하겠다.

  우리가 학문적인 것과 학문 이전의 것을 각기 어떻게 규정하느냐 하는 것은 앞서 취급한 대목에서 은연중에 학문적인 것의 한계를 어떻게 설정했던가 하는 문제와 극히 밀접한 관계가 있다. 이때 우리가 더 소심한 입장에서 단지 특정한 지식의 종류만을(어떤 역사적 이유로 인하여) 학문의 패턴이라도 되는 듯이 취급해왔음은 쉽게 짐작이 간다. 예를 들어 현대 문화의 발전에 기여한 수학의 괄목할 만한 역할이 어떤 것이었는가 하는 데 대해서는 이미 잘 알려진 바와 같지만 이러한 수학의 관점에서 엄격히 따져본다면 어디까지나 양적 측정이 가능한 것만 지식일 수 있을 뿐이다. 그 시대에 있어서 모두가 우러러보던 가장 이상적인 지식의 형태가 있었다면 그것은 즉 수학적 내지 기하학적 법칙에 의하여 증명될 수 있는 지식이었던 까닭에 그 밖의 모든 질적인 것은 단지 부차적으로 도출된 것으로 이해될 뿐이었다. 실제로 현대 실증주의(언제나 이것은 부르주아적 내지 자유주의적 정신과의 친밀성을 유지하면서 이러한 방향으로만 발전해왔으므로)는 이와 같은 학문관과 진리론을 고수하고 있는데, 기껏해야 여기서는 일반적 법칙의 연구가 극히 중요한 인식 유형으로서 한 가지 더 추가되는 데 그칠 뿐이다. 이렇듯 지배적인 학문관에 발맞추어서 현대 사상에서는 확정된 공리를 기초로 한 양식·형식 및 체계의 이론이 주목받게 되어 결국은 일정한 현실층을 인식해보려는 노력이 도처에 팽배하게끔 되었다. 여기서 말하는 층이란 곧 그와 같은 형식화의 정량화 및 체계화가 가능한 현실 영역내의 부분이라고 할 수 있겠고 혹은 적어도 그 자체가 일정한 법칙적 일률성에 제약되어 있는 분야를 뜻한다고도 하겠다.

이와 같은 일방적 연구의 가능성만을 타개하려던 상태에서 특히 눈에 띄는 것은 이와 같이 해서 형성된 지식으로서는 대상계의 표면에 깔려 있는 동질적 요소를 과학적으로 이해할 수는 있을지언정 알찬 현실의 폭을 송두리째 파악하는 것은 도저히 불가능하리라는 사실이다. 특히 이와 같은 일면성은 정신과학의 경우에 두드러지게 나타난다. 왜냐하면 여기서는 그 근본 취지부터가 형식화되거나 법칙에 의해서 증류되어버릴 수 있는 그런 얄팍한 표피층이 문제가 되는 것이 아니라, 오히려 현실에 몸담고 있는 인간으로서는 통제할 수도 있겠으나 실증주의적 기초 위에 정립된 공리에만 주로 의존하고 있는 학자로서는 도저히 접근할 수조차 없는 다양하고 풍부한, 일회적인 형태나 구조만이 문제가 되기 때문이다. 결과적으로 우리는 이와 같은 사실을 통하여 삶을 영위해나가면서 거기서 소요되는 인식 수단을 본능적으로 올바르게 행사할 줄 아는 '전체자로서의 인간'이 단지 자기가 미리 소지하고 있던 전제 조건만을 타당시하고 거기에만 주목을 돌리려는 이론가보다도 언제나 더 훌륭한 결과를 낳았었다는 점을 밝혀내게 되었다. 그러므로 이제 한층 더 우리 눈에 선히 비쳐드는 사실은 '전체자로서의 이 인간'만은 이론적 인간-이른바 지능화된 근대의 이론적 인간-이 더 이상의 지식을 발굴해내지 못하는 바로 그곳에서도 지식을 얻어낼 수가 있으며 더 나아가 근대적인 수학적 내지 자연과학적 지식의 패턴을 곧바로 지식 그 자체의 절대적 패턴으로 보는 것은 부당하다는 것이다.

이와 같은 자본주의적 시민 계급과의 밀접한 사회학적 연관성 속에서 발생한 현대의 합리주의적 사유 형식에 의하여 제기된 것은 무엇보다도 질적 성질의 것이라고 하겠지만, 특히 이와 같은 현대적 지식의 근본 경향이 분석적 연구를 위주로 함으로써 무엇이든 개개의 요소로 분해될 수 있는 것이라야만 과학적 이해가 가능하다고 생각했으니 이러한 안목에서 보면 전체적 사상에 대한 원천적이고도 직접적인 이해는 불가능할 수밖에 없었다. 바로 이와 같은 대상 파악에 있어서의 질적이며 전체 지향적인 성격이 지니는 특수한 인식 가치를 새로이 강조하려던 사상 경향을 낭만주의가 처음으로 문제 삼았다는 것은 우연이라고만은 할 수 없는데, 특히 이 낭만주의는 정치적으로도 부르주아적 내지 합리주의적 세계 의욕에 대한 반격으로 나타난 현대 독일에 있어서의 반항적 사조라고 하겠다. 그뿐만 아니라 오늘날에 와서는 형상 지각론이나 형태학 또는 성격론 등과 같은 실증주의적 방법론에 반기를 들고 나선 학문 방법론 역시 신낭만주의에 고무된 세계관적 내지 정치적 풍토가 팽배해진 가운데서 싹틀 수 있었으니 이것이 결코 우연한 일은 아니었다.

여기서는 세계관적 내지 정치적 경향이 학문 방법론적인 사조와 얼마나 밀접한 내적 연관을 이루면서 발생해왔는가 하는 데 대해 더 이상의 상세한 검토를 가하는 것이 우리의 과제일 수는 없으나, 다만 지금까지 시사한 내용을 토대로 하여 한 가지 분명히 지적할 수 있는 것은 실증주의의 기초를 이루는 **주지주의적 학문상도** 실은 그 나름의 일정한 세계관에 뿌리박혀 있으며 또한 그 밖의 특정한 정치적 욕망과도 깊은 관계를 지니면서 유지되어왔다는 사실이다.

그리하여 이와 같은 사유 방식에 담긴 지식사회학적 특성을 규정함에 있어서 결코 우리가 단순히 분석적 또는 양적 경향을 명시하는 것만으로 모든 것이 해명되었다고 봐서는 안 될뿐더러, 오히려 지식사회학적 요구를 충족시킬 수 있는 방법론적 기초로서의 정치적 내지 세계관적 욕구를 바탕으로 하여 해결의 실마리를 찾아야만 하겠다. 그런데 이러한 문제의 근원을 파악하기 위해서는 우선 인식론적 측면에서 본 이와 같은 사유 형식의 근본적 가치 기준을 다뤄야 하는데, 따라서 보편타당하고도 필연적인 것만이 '참된 것이며' 동시에 '누구에게나 인식될 수 있는' 것으로 간주되면서 이와 같은 두 개의 술어가 단순히 병립될 수 있도록 해야만 하겠다. 여기서는 이 문제에 대한 더 이상의 분석·검토를 가할 수는 없고 다만 보편타당적이고 누구에게나 전달될 수 있는 것만이 필연적인 것으로 받아들여질 수 있을 뿐이다.

그러나 이와 같은 두 가지 측면을 동일시한다는 것 자체가 결코 어떤 필연성을 띨 수 있는 것은 아니었다. 왜냐하면 우리가 흔히 진리나 올바른 통찰이라고 하는 것 중에도 개중에는 단지 어떤 개인의 입장이나 특정한 종류의 공동체 혹은 특정한 목적을 지향하는 의지적 충동에만 통용될 수 있는 것이 있기 때문이다. 그러나 민주적이고 세계시민적 성향을 지닌 신흥 부르주아지로서는 바로 이와 같은 종류의 진리나 통찰 내용을 배척함으로써 그의 존립 근거마저 부정하려 했는데, 그러면서도 이들은 바로 진리의 기준이 지니는 순수한 사회학적 요소라고 할 보편타당성의 요구 속에 담긴 민주주의적 요소das demokratische Element der Forderung der Allgemeingültigkeit를 겉으로 드러내게 되었다.

그런데 보편타당성에 대한 이와 같은 요구는 이와 관련된 인식론에 있어서도 매우 중요한 결과를 자아내게 되었다. 왜냐하면 여기서는 공통된 인간적 요소를 촉발하고 또 이를 필요로 하는 종류의 인식 행위만이 정당한 것으로 여겨질 뿐이었으므로, 결국 우리가 소유하는 이른바 '의식 일반'을 발굴해낸다는 것은 모든 인간에게 공통된 구체적 인간 의식의 심층을(예를 들어서 그가 흑인인가 유럽인인가, 혹은 중세인인가의 여부를 따질 필요도 없이) 빈틈없이 파헤쳐낸다는 것과 다를 바가 없었기 때문이다. 여기서 우리가 무엇보다도 주목해야 할 공통된 기반은 우선 시간과 공간의 개념이며 또한 이와 밀접히 관련된 순수한 형식적 의미를 지닌 수학적 영역이라 하겠다. 그리하여 마치 인간이면 누구나 빠짐없이 관여하게 될 어떤 공동의 광장을 찾은 듯한 기분을 느끼게 된 나머지, 이제는 인간이 지닌 몇 가지 절대적 특성을 기초로 하여 시대와 인종을 초월한 경제적 인간 또는 정치적 인간 등등을 구성하려는 시도를 하게 되었다. 이러한 원리를 바탕으로 현실계에서 파악될 수 있는 것만이 인식 가능한 것으로 간주됨으로써 그 밖의 모든 것은 '순수한' 이론의 고구 대상도 될 수 없는 불필요한 현실계의 잡다한 양상 정도로 취급될 뿐이었다. 따라서 이와 같은 사유 형식이 가장 관심을 기울이는 문제는 보편타당한 방법으로 인식될 수도 있고 또한 전달 가능하기도 한 때 묻지 않은 지식의 광장을 마련하는 데 있었다.

인간이 지닌 전체적인 감수성에 구속되거나 혹은 역사적 내지 사회적 요인에 의하여 형성된 구체적 인간을 촉발하는 인식이란 신임할 수 없는 것이고 따라서 그것은 용납될 수도 없었다. 말하자면 '감성'을 매개로 해서만 성립될 수 있는 경험이 무엇보다도 불신의 대상이 되었으니 지금 바로 언급한 바와 같이 질적 인식의 배제도 바로 여기에 기인한 것이었다. 이와 같이 현실계에서 그 나름의 특성을 발휘하는 감성이란 순수한 인간적 주체로서의 우리들을 지나치게 촉발하면서도 또한 쉽게 전달될 수 있는 것도 아니므로 흔히 사람들은 이와 같은 감성 작용의 특성을 명증하려고도 하지 않았다.

이와 꼭 마찬가지로 어떤 특수한 역사적 내지 사회적 공동체에만 통용되는 인식 내용은 예외 없이 불신을 당하게 되었고 따라서 그들은 어떠한 세계관적 전제로부터의 제약도 받지 않는 지식을 요구하기에 이르렀다. 그러나 여기서 그들이 분명히 간과하고 있는 사실은 이와 같이 순수하게 양으로 측정할 수 있고 또한 분석할 수도 있는 세계란 실은 일정한 양식의 세계관을 기초로 해서만 발견할 수 있을 뿐 아니라, 더 나아가서는 세계관이란 결코 오류의 발생 원인이라고만은 할 수 없고 오히려 그것은 일정한 지식의 영역으로 통하는 관문과 같은 역할을 할 수도 있다는 점이다.

특히 이들이 여기서 완전히 제거하려고 했던 것은 우리 자신 속에서 구체적인 가치 판단을 하거나 또는 의욕을 행사하는 바로 그와 같은 인간der konkret wertende und wollende Mensch in uns이었다. 근대 부르주아적 주지주의 사상의 성격을 규정하는 자리에서 이미 우리는 의욕적인 인간을 정치적 영역에서조차 제거함으로써 모든 정치적 토의를 '자연법적' 규정을 받는 어떤 의식 일반에 환원하려 했다는 데 대해 언급한 바 있었다.

이와 같이 하여 결국 역사적 내지 사회적 바탕 위에 자리 잡은 주체와 그의 사유와의 사이에 개재하는 유기적 연관성이 자의적으로 파괴되어버리고 말았다. 이것이 바로 지금 우리의 연구 과제와 관련하여 가장 특징적인 오류를 발생시키게 된 원인인 것이다. 형식적 내지 수학적 지식은 원칙적으로 누구에게나 전달 가능한 것이어서 그 내용을 파악하는 주체가 개인이냐 혹은 그의 이면에 자리 잡은 역사적 집단이냐 하는 것은 아무런 문제도 되지 않았다. 그러나 실제에 있어서는 단지 특정한 개별적 주체나 혹은 특정한 역사적 단계에 있어서만 이해될 수 있고 더 나아가서는 그와 같은 주체나 역사적 단계 속에서 발동되는 특정한 사회적 욕구를 통해서만 그 모습을 드러내는 광범위한 내용을 포괄하는 영역이 있다는 것은 의심의 여지가 없다.

　만약 사랑과 증오라는 문제를 통해서 전자의 경우를 보더라도 오로지 스스로 사랑을 하거나 미워하는 당사자만이 사랑이나 미움을 받는 상대방의 본성을 알 수 있을 뿐, 결코 그것을 바라보는 제삼자로서는 그 본성을 알아차리지 못할 것이다. 이와 마찬가지 경우로서 오로지 존재를 바탕으로 한 인식을 가능하게 하는(이러한 인식이란 결코 단순한 사변적 의식 일반에 의해서는 구성될 수 없다) 전제 조건에 관하여 따져보기로 하자. 즉, 우리가 만약 이웃 사람의 어떤 '일정한' 특성을 이해하기 위해서는 그와의 공동적인 생활 및 행동을 통해서만 파악할 수 있다는 것도 결코 우리가 그를 관찰하는 데 필요한 시간적 여유를 얻을 수 있기 때문만이 아니라 오히려 우리의 이웃이―흔히 쓰이는 그릇된 표현을 따른다면―하등의 '유별난 특성'도 갖고 있지 않기 때문이다. 말하자면 인간이란 하나의 끊임없는 동태적 과정을 전개해나가는 존재이므로 그의 성품 역시 행동을 통한 세계와의 직접적 대결을 펴나가는 데서 비로소 형성됨은 물론이고, 나아가서는 우리의 자아 인식조차도 명상적인 자기 관조 속에서 스스로 가능해지는 것이 아니라 바로 세계에 대한 적극적 대결을 통하여 자기 자신을 비로소 자각하는 과정 속에서만 가능해진다는 것이다.

　그러므로 자아의 인식이건 타자의 인식이건 모두가 행동과 의지의 현현이기도 한 공동의 상관 과정과 불가분적으로 얽혀 있는 까닭에 이와 같은 과정이나 공동 행위와 유리된 결과를 상정한다는 것은 사실을 크게 왜곡하는 것이나 다름없다. 그럼에도 이와 같이 생명력이 결여된 사유에서 나타나는 가장 기본적인 경향은 모든 수단과 방법을 다해서라도 적극적인 주관과 의지 그리고 과정에 의한 구속성을 지식의 형성 과정에서 전적으로 배제함으로써 동질적인 국면에 모두가 정렬될 수 있는 순수한 결과에 도달하려는 데 있다.

지금 다룬 예를 통하여 특히 눈에 띄는 것은 일정한 지식의 종류가 존재 구속성을 띤다는 것도 사실에 있어서는 어떤 특정한 개인을 통해서만 작동할 수 있다는 것이다. 그런데 또 다른 면에서 우리가 보호하는 지식의 내용 중에는 어떤 특정한 개인이 아닌 일정한 역사적 내지 사회적 선행 조건으로부터 제약을 받는 경우도 있다.

즉, 일련의 집단적 체험 내용과 또한 그 속에서 형성되는 '세계관'에 의하여 일정한 통찰 가능성이 제시된 그와 같은 특정한 역사적 시기에서라야만 우리에게 간취되는 역사적 국면이나 인간의 정신생활 면에서 나타나는 일정한 사실이 있는가 하면, 또한(여기서 다시금 원래의 주제로 되돌아갈 수 있을 듯하다) 사회적 공간 내의 특정 계층이 바로 그 원래의 발동자 역할을 하는 일정한 집단 의지가 존재하는 경우에 한해서만 우리에게 지각되는 내용도 있다는 것이다.

그러므로 이 첫머리에서 사회생활에 있어서의 응고화된 부분이라고 불렸던 사회적 현실 속의 일정 요소를 파악하는 데 있어서도 당연히 객관화될 수 있는 명석한 인식이 가능해졌을 뿐 아니라 이러한 분야에서 법칙성을 탐구한다는 데 대해서도 어느 누구도 이의를 내놓지 못할 것으로 보인다. 그뿐만 아니라 대상 그 자체는 끊임없이 반복되는 리듬과도 같은 규칙적 계열을 따르는 것이므로 이러한 영역에서 법칙성을 연구한다는 데 대해서도 아무런 이의가 없을 것이다.

그러나 일단 문제가 정치의 영역으로 이행하면서부터는 상황이 달라진다. 즉, 여기서와 같이 모든 것이 생성되어가는 상태에 있고 우리들 자신 속에 도사린 집단적 인식 주체가 바로 이 생성 현상을 이루어나갈 뿐 아니라 사유마저도 **관망**이 아니라 적극적 공동 참여이자 또한 변혁을 뜻하는 것이어서 여기에는 **결단과 시각**을 서로 불가분적으로 연관시키는 하나의 새로운 인식이 등장한다. 주체란 이러한 영역에서는 순수한 이론적 태도만을 취하는 것이 아니다. 특히 여기서는 의지적 충동이 투시력을 발휘하는데, 즉 주체 스스로가 한데 엉켜 있으며 또한 사회적 동태성을 발동하게 하는 충동력에 의해 이 주체가 관심의 초점으로 삼고자 하는 전체적 현실 속의 일면을 부분적으로나 기능적으로만이라도 예리하게 조명한다는 점에서 이 의지적 충동은 뚜렷한 인식 작용을 전개하는 것이 된다.

결국 여기서 우리는 의지적 충동이나 가치 판단 및 세계관을 사유의 결과와 분리해서는 안 될뿐더러 오히려 이 결과를 낳게 했던 본래의 착잡한 연관성을 되살려내야 하지만 혹시 사유의 결과가 이미 그러한 연관성과 분리되었다 하더라도 그 원래의 상호 밀착된 관계를 다시 한 번 꾸며내야만 할 것이다. 정치적 분야에 관한 지식으로서의 사회학이 수행해야 할 과업이 바로 여기에 있다고 하겠는데, 사회학적 입장에서는 어떠한 이론적 주장일지라도 이를 단도직입적으로 받아들이지 않고 어떤 일정한 방법으로 이뤄진 세계의 근원적 상태를 재구성함으로써 현실 과정의 전체 양상을 거울삼아서 미래에 대한 전체적 전망을 이룩하게 되는 것이다.

정치사회학의 형태를 갖춘 과학으로서의 정치학은 결코 매듭이 지어지거나 타 분야와 분명히 구별될 수 있는 고루 다듬어진 객관적 영역이 아니라 부단한 흐름 속에서 계속 생성되어가는 것이며 또한 상호 작용을 일으키는 동태적인 힘의 전개를 통해서 창조되는 것이다. 따라서 이와 같은 학문은 일정한 당파적 입장에서 문제의 연관성을 보는 각도에 따라 극히 일방적인 미래에의 전망을 토대로 구성될 수도 있는가 하면—또한 이것이야말로 정치학이 지향해야 할 가장 훌륭한 형식이기도 하지만—활력적 매개를 노리는 종합화의 충동을 쫓아서 현존하는 모든 양상을 언제나 새로이 종합해보려는 시도일 수도 있다.

주지주의적인 사상 경향은 우리 스스로가 지니고 있는 어떤 초역사적이며 초시간적인 주체에 대해서나 또는 미래 투시적 입장과도 무관한 초시간적 타당성을 지닌 규칙성의 형태로 고정될 수 있는 지식 내용을 발생케 하는 '의식 일반'에 대한 향수를 우리에게 끊임없이 일깨워줄 것이지만 여기에는 언제나 객체에 대한 무리한 작위성이 따르게 마련이다.

그러므로 우리가 생성되어가는 것, 실천에 관한 것, 그리고 실천을 위한 어떤 지식을 원하는 경우에는 오로지 새로운 종류의 형태를 통해서만 그에 상응한 적절한 지식을 발견할 수 있는 것이다.

6

정치적 지식의
전달 가능성에 관하여

가장 현대적 단계에까지 이른 정치 생활은 그 스스로의 가장 원칙적인 충동을 바탕으로 하여 드디어 이데올로기론을 창출할 수 있었다. 즉, 어떤 하나의 학문이 이와 같은 이데올로기의 연구를 무리하게 조작해낸 것은 아니고(무리하게 조작된 방법에 의해서 문제를 제기하는 경우를 숱하게 보아온 우리가 만약 여기서도 그러한 예를 발견하게 된다면 섭섭한 감을 느끼지 않을 수 없겠지만) 그것은 행동하는 의식 그 자체가 사회적 공간 내에서의 자기 정위를 위하여 자발적으로 안출해낸 문제 발단의 계기를 학자의 입장에서 궁극적인 단계에까지 고구해나간 결과일 뿐이다. 그런데 이는 자기 자신과 자기의 적대자까지도 모두 동태적 과정 속에서 이해해보려는 거창한 시도라고도 할 수 있다.

이제부터 그와 같은 학문의 외적 형태, 전달 가능성 및 적절한 방법에 의한 이론적 후계자의 양성 문제에 대하여 몇 가지 더 고찰해보도록 하자.

그런데 이 학문의 **외적 형태**와 관련하여 지금까지 이야기한 것만을 보더라도 정치적 지식 중에서 특히 실용적 지식만을 매개하는 부분에 대해서는 여기서 다루지 않기로 한다.

학문으로서의 정치가 안고 있는 원래의 문제점이나 본래적 의미에서의 정치란 **의지**와 **시각**이 밀접하게 서로 얽혀 있는 가운데 지금까지 거쳐온 경로가 끊임없이 새로운 광택을 받으면서 그 모습이 일신되는 활동 영역이 펼쳐지는 데로부터 비롯된다고 하겠다.

물론 여기서도 이론적 고찰의 대상이 될 수 있는 문제 연관성이 지적될 수 있긴 하지만 그와 같은 여러 문제점은 모두가 유동적 성격을 띠고 있는 탓으로, 이를 남에게 가르치려면 무엇보다도 자기가 전달하고자 하는 양상의 연관 관계가 어찌하여 지금과 같은 모습을 띠게 되었는가 하는 바로 그 기초적 조건이 고려되어야 한다는 데 대해서는 이미 서술한 바와 같다. 그리하여 우리가 그 어떤 식견에 도달하는 경우라 할지라도 이에 관련된 '사회적 편차soziale Gleichungen'가 전달되어야 함은 물론이고 또한 우리가 어떠한 입장에 놓여 있을 때 바로 그와 같은 사물의 연관성이 꾸며질 수 있는가 하는 데 대해서도 검토되지 않으면 안 될 것이다. 특히 여기서 우리가 유의해야 할 점은—이것은 아무리 강조해도 과할 수가 없겠다—사회적 편차란 언제나 오류의 근원이 되는 것만은 아니고 오히려 대개의 경우 일정한 사물의 연관 관계를 비로소 분명하게 나타내줄 수도 있다는 것이다. 따라서 편향된 사회적 입장을 제대로 투시할 수 있는 가장 효과적인 방법은 이를 또 다른 하나의 사회적 입장과 비교해보는 것이다. 극단적인 반대 입장에서 서로의 사상 세계를 형성해나가는 정치 생활은 곧 그 자체의 생성 과정 속에서 필요한 자기 수정을 가한다고 하겠으니, 왜냐하면 너무 지나친 대립적 입장에 위치해 있는 것은 그 반대편으로부터의 역작용을 불러일으키게 마련이기 때문이다. 바로 이러한 이유에서 어떠한 사실을 대하는 데 있어서도 될 수 있는 한 그것을 에워싸고 있는 전체적인 정신적 분위기를 고찰하는 것은 필수적이라 하겠다.

이렇듯 원래의 정치적 영역에서 고찰되어야 할 연관 관계가 잘못 서술되는 데서 빚어지는 최대의 위험은 특히 정치가의 주요 관심사여야만 할 실제 세계 내의 여러 연관성을 파괴해버리는 경향을 띤, **그릇된 사색적 명상**을 일삼는 연구 태도라고 하겠다. 여기서 무엇보다도 주의해야 할 점은 모든 학문적 연구 행위의 이면에는 (아무리 이것이 비개체적 요소에 의한 듯이 보인다 하더라도) 반드시 학문의 구체적 형태를 크게 좌우하는 어떤 정신적 유형이 자리 잡고 있다는 것이다. 예를 들어 — 비이론적 요소를 지닌 것을 이론적으로 취급하는 이와 근접한 영역을 들추어서 — 예술사의 경우를 보더라도 여기서는 예술 전문가와 수집가 그리고 언어학자와 정신사가의 견해가 합쳐져서 그 근본 입장이 이뤄지는 셈이다. 그러나 만약 예술사가 예술가만을 위해서, 그것도 또한 직접 예술가에 의해서 기술된다거나 혹은 단순히 작품 감상에만 몰두하는 일개 주체의 입장에서 쓰인다면 여기서는 위에서와 같은 전혀 상이한 결과가 나올 것은 뻔한 일이며 결국 이러한 입장은 대개가 실제적 작품에 대한 예술 비평의 경우에 잘 드러나게 마련이다.

이와 꼭 마찬가지로 정치적 연관 관계를 서술하는 데 있어서도 주체가 이론화의 경향을 띠게끔 유인하는 주원인은 스스로의 명상적 태도만을 중시함과 동시에 정치적인 적극적 자세는 뒷전에 밀려난 나머지 근원적인 상관성마저도 뚜렷이 드러나거나 철저하게 파헤쳐지지 못한 채 오히려 은폐되어버린다는 데 있다. 그중에서도 특히 아카데미를 중심으로 한 학문의 육성이란 특정한 종류의 명상적 태도로 인하여(오히려 일정한 생존 영역의 일부에 속하는 견해마저도) 모호하게 만들어버릴 위험을 수반하게 마련이다. 오늘날의 학문이란 자기 고유의 근본 입장을 타파함으로써 또 하나의 새로운 입장에 의하여 이를 대체해나가는 과정 속에서 이뤄진다고 하는 것은 자명한 사실이 되었다. 바로 그렇기 때문에 이와 같은 종류의 이론이란 실천을 위해서는 하등의 도움도 될 수 없다는 것이 극히 중요한 사실로 받아들여지게 되었는 바-이러한 견해는 현대 주지주의 사상에 의하여 더욱 그 심도가 실감 나는 문제가 되었다. 이제 이와 같이 명상적인 주지주의적 입장과 실천을 그 기초로 한 순수한 입장 사이의 주요 차이점을 요약해본다면, 즉 학자란 언제나 도식적인 질서에 따라서 사물에 접하려는 경향을 띠는 데 반하여 실천가는-여기서는 정치가란 뜻이지만-**행동 지향적**인 노력에 의하여 뒷받침되어 있다는 것이다. 왜냐하면 우리가 어떤 사건이 겉으로 드러내는 다양성 앞에서 단지 그를 개관하는 것으로 그치느냐 혹은 구체적인 **방향 설정**을 꾀하느냐 하는 것은 전혀 별개의 성질을 가진 문제이기 때문이다. 다시 말해서 현실 지향적인 의지는 모든 사물을 오로지 구체적인 생존 여건에 비춰서 관찰하는 데 반하여 사물을 단지 개관하는 데서 그치는 입장이란 혹시 어떤 유용성을 발휘할 수 있는 인위적으로 조작된 질서를 위하여 생동한 연관성마저 파괴해버리기 때문이다.

  이제 또 다른 예를 통하여 이와 같이 중요한 **도식적 질서와 행동적 방향 설정**을 추구하는 서로 다른 형태 양상의 차이점을 강조해보고자 한다. 우리가 만약 근대적 정치 이론을 서술한다고 할 때 여기에는 세 가지 가능성이 있으니, 우선 첫째로는 역사적 시간과 구체적 환경을 저버린 단순한 유형론의 경우가 있다. 여기서는 이를테면 여러 가지 유형의 정치 이론을 서로 무관한 위치에 놓고 병렬함으로써 기껏해야 순수한 이론적 입장에서만 본 서로 간의 차등의 원리를 얻어내려고 시도하는 경우이다. 우리는 이와 같은 조류의 유형학(이는 오늘날 크게 유행하고 있지만)을 **'평면적'** 유형학이라고 부르고자 하는데 왜냐하면 여기서는 인위적으로 평탄하게 동질화된 국면에 다양한 생존 양식이 정렬되어 있기 때문이다. 결국 그와 같이 정렬된 질서가 뜻하는 은연중의 의미란 누구나 제 나름마다의 길을 택할 수 있는 여러 가지 생활 방도를 가지고 있다는 사실이지만 이러한 방법으로서는 단지 어느 정도의 개관을 할 수 있을 뿐이고 더군다나 그것도 순수한 도식적 의미를 지닌 것에 그칠 뿐이다. 이렇게 얻어낸 이론을 우리가 무엇이라고 부르고 또 어떤 라벨을 붙여주든 간에 거기서 실재하는 연관적 의미는 소멸될 수밖에 없다. 왜냐하면 그러한 이론은 원래 생 그 자체를 위한 방도는 될 수 없고 다만 극히 현실적인 상황에서 파생된 하나의 지엽적 현상에 불과한 것이기 때문이다. 이보다 좀 더 세분화된 종류의 평면적 유형학으로서는-이미 시사한 바도 있지만-서로 다른 이론 상호 간의 차이점 속에서 어떤 하나의 이른바 철학적 원리 같은 것을 찾아내려는 경우가 있다. 그리하여 예를 들면 독일 정당 제도에 관한 최초의 이론가이자 체계적 서술가이기도 했던 게오르크 슈탈Georg Ernst Stahl, 1660~1734과 같은 사람은 이미 그 시대의 다양한 정치 노선을 두 개의 이론적 원리-즉 합법성과 혁명이라는 원리-가 변형된 것이라고 기술하고 있다.• 물론 그와 같은 분류법에 따르면 첫 번째 경우와 같은 전반적 개관만이 가능한 것이 아니라 현존하는 것에 대한 직접적 통찰도 가능한 것은 사실이지만 동시에 이것이 그 나름으로 존재하는 것은 사실이면서도 별로 중요한 의미는 지니지 못하는 하나의 순수 이론적 내지 순수 철학적 전개 원칙이라는 듯한 속임수를 부릴 수도 있다. 이러한 결과로 인하여 마치 정치사상이란 단순한 이론적 가능성을 설명하는 데 불과하다는 듯한 인상을 남기게 되었다.

  이상과 같은 첫 번째의 서술 양식이 세분화된 정치 이론을 한데 모아보는 수집가형이었다고 한다면 그다음에는 반드시 철학적 체계를 확립하려는 시도가 뒤따르게 마련이지만 하여간에 이 두 가지 경우를 보면 다 같이 명상적 유형의 인간이 그들 스스로의 체험 형식을 자의적으로 정치적 현실 속에 역투영했다고 할 수 있다.

  정치 이론의 서술과 관련된 또 하나의 방법으로는 순수한 역사

• Stahl, G. E., *Die gegenwärtigen Parteien in Staat und Kirche* (Berlin, 1863).

적 접근 방법이 있다. 여기서는 물론 정치 이론을 그것이 생성되기까지의 직접적인 역사적 시간의 계열로부터 무리하게 유리시킴으로써 어떤 추상적 국면에서 서로가 비교될 수 있는 위치에 놓는 것은 아니지만 동시에 너무 지나치게 역사적인 것에만 밀착하려는 또 다른 오류를 범하고 있다. 따라서 이념형에 주안점을 둔 역사가는 여기서 오로지 정치 이론이 발생하게 된 직접적 동기와 일회적인 인과 관계에만 관심을 둘 뿐이고 또한 이러한 양상을 이해하기 위하여 그는 전 시대의 모든 사상가나 그 사상 내용을 참고함으로써 창조적인 개체로서의 특정 인물과 그의 이론을 연결하게 마련이다. 이와 같이 구체적인 역사적 사건의 일회적 성격에만 너무 지나치게 집착하는 나머지 그로서는 역사로부터의 참된 교훈을 얻어내기가 힘들게 되고 만다. 실제로 역사가들 자신도 우리가 역사에서 배울 것이란 아무것도 없다는 식의 주장을 자주 하고 있다. 결국 역사가라는 사람들이 현실적인 역사의 동향과 너무나 유리된 탓에 일반화된 논리나 유형론 및 체계론을 다루면서 더 이상 역사 파악에의 정도를 찾아낼 수 없게 된다는 사실이 전적으로 위에서 언급한 그들 스스로의 과오라고 한다면, 이제는 그들이 너무나 역사적인 직접성에만 구속된 나머지 이미 지나가버린 과거의 구체적 상황을 확인하는 정도로 만족하는 데 그치고 만다는 것이다.

  이상과 같은 극단적인 두 가지 방법과 대조를 이루는 세 번째 길은 초시간적인 도식과 역사적 직접성의 중간을 택하는 것으로 사려 깊은 정치가라면 비록 스스로 분명히 깨닫지는 못한다 하더라도 누구나 이와 같은 방향을 따라서 살아가고 또 생각한다고 할 수 있다. 이와 같은 세 번째 방법에서는 새로이 대두되는 이론과 그의 변천 양상을 대중 집단이나 어떤 전형적인 전체 상황 및 그의 동태적 변화(이러한 변화를 나타내는 대표적인 경우가 바로 정치 이론이라고 하겠지만)와의 밀접한 연관 관계 속에서 파악하려고 한다. 여기서는 사유와 존재의 내면적인 상호 연관성이 재현됨으로써 어떤 의식 일반의 자의적 충동에 의하여 새로운 방도가 개척된다는 것도 아니며 또한 어떤 한 개인이 특정한 일회적 상황을 규정짓기 위한 임의의 이론을 발굴해낸다는 것도 아니다. 오히려 여기서는 특정 구조를 바탕으로 한 집단적 힘이 구조적으로 파악될 수 있는 특정한 상황을 위하여 그들의 욕구에 부합되는 이론을 창시함으로써 그 나름의 사회적 위치에서 조성된 사상 세계와 방향 설정의 가능성을 발견하게 된다. 오로지 이와 같은 구조적 제약을 받는 집단적 힘이 일회적인 역사적 상황을 초극하면서 계속 존속될 수 있었던 까닭에 그와 같은 이론이나 정위 가능성도 그 나름의 기능을 다할 수 있었던 것이다. 따라서 그에 대치되는 새로운 이론이나 새로운 방향 설정에 대한 요구가 발생한 것은 결국 구조 상황에 변화가 생기면서 동시에 그것이 점차 전위轉位됨에 따라 비로소 가능할 수 있었다.

역사적 상황이나 사건의 이면을 통하여 이러한 상황과 사건의 가능 근거로서의 구조적 상황을 파악할 수 있는 사람만이 사태의 변화를 올바르게 추적할 수 있을 뿐, 결코 단순한 역사적 과정에만 집착하거나 혹은 추상적인 일반적 추론에만 급급한 사람으로서는 실천적 방도를 도저히 찾아낼 수 없을 것이다.

오늘날과 같은 의식의 발전 단계에 부합되는 사물 파악 태도를 지닌 정치가라면 누구나 잠재적으로라도—비록 확실한 의미 파악까지는 못한다 하더라도—구조적 상황 속에서 사유한다고 봐야만 할 것이고 또한 그럼으로써만 그의 행동도 광역적인 면에서 구체성을 띠게 될 것이다(이럴 경우에는 순간적 결단보다도 역시 순간적인 방향 감각이 더 큰 역할을 한 것임에 틀림없다). 그뿐만 아니라 이와 같이 함으로써만 그는 추상적인 도식화에서 오는 공허함을 피할 수 있고 또한 별로 거울삼을 만한 가치도 없는 과거의 어떤 개별적 사건에 집착하지 않을 만큼의 신축성을 띨 수도 있을 것이다.

참다운 행동인으로서 가장 관심을 기울여야 할 문제는 어떤 모범적 인물이 과거의 일정한 상황 속에서 어떻게 행동했느냐는 것이 아니라 현시점에서와 같은 상황 구조 속에서라면 그가 어떻게 새로이 대처해나갔을 것인지를 밝히는 것이다. 이렇듯 끊임없이 새로이 형성되어가는 좌표 앞에서 그때마다 새로이 대처하는 것이야말로 언제나 행동 지향적인 자세를 고수하는 사람만이 지닌 근본적 실천 능력이라고 하겠으며, 더 나아가서는 바로 이러한 능력을 일깨워 거기에 활력을 불어넣어주면서 또한 그 어떤 대상적 소재와의 대응 속에서 스스로의 힘을 과시할 수 있도록 해주는 것이 바로 정치 교육이 당면한 특수한 과업이다.

그러므로 이제 우리가 정치적 연관성에 관하여 서술하게 될 방식은 정치적 인간이 원래 지니고 있는 행동 지향적 인간의 욕구가 단순한 명상적 행태 양식에 의해서 제약되지 않도록 하는 데 있다. 그러나 우리가 소유한 교육 기관은 모두가 명상적인 형태를 기저로 하여 주로 개괄적 지식만을 전수하도록 하는 데 그칠 뿐, 구체적인 생의 방향 설정에 필요한 내용을 다루려고 하지 않는다는 점을 감안할 때 여기서는 적어도 행동적이며 정치적인 분야에서 뒤따르는 세대 양성이라는 문제 설명을 위한 출발점만이라도 확인해두는 것이 극히 필요할 것이다.

여기서는 문제의 전폭적인 함축이 모두 다 대상에게만 쏠릴 수는 없으므로 단지 그중에서 구조적인 근본 원리와 관련된 점만을 취급하는 데 그쳐야겠다. 정신적 내지 심리적인 것을 타자에게 전수하는 형식과 종류도 이것이 전달되어야만 할 현실적 기초의 각이한 특성에 따라서 달라질 수밖에 없는데,* 이를테면 일정한 사회 집단과 그에 의한 전달 작용의 형식이 예술 분야에서의 후진 육성에 알맞은 경우가 있는가 하면 또 어떤 경우에는 학문 분야에서 후진을 육성하기에 알맞은 조건이 될 수도 있다. 학문의 영역 중에서도 예컨대 수학적 지식을 전수하는 데는 정신과학적 대상에 관한 경우와는 판이한 전달 방식이나 스승과 제자 사이의 인간 관계가 전제되어야만 하고 또한 철학적 지식의 경우에도 정치적 내용이

• 현대 주지주의에서와는 달리 특히 현상학파는 여러 가지 지식 형태가 있을 수 있다는 것을 밝혀내는 데 크게 공헌했다. 여기에 대해서는 특히 셸러의 저술인 다음을 참조할 것이다. "Die Formen des Wissens und die Bildung" (Bonn, 1925, 3. Aufl., Frankfurt a. M., 1947), *Wissensformen und die Gesellschaft* (Leipzig, 1926). 또한 마르틴 하이데거Martin Heidegger, 1889~1976의《존재와 시간Sein und Zeit 》(*Jahrbuch f. Philosophie und phänomenologische Forschung*, Bd. 8, Halle, 1927) 도 간접적인 방법으로나마 이 방면에서 괄목할 만한 성과를 가져왔다. 다만 여기서는 정치적 지식의 특성에 대하여는 아직 충분히 고찰되지 않고 있다.

다뤄지는 경우와는 또 다른 방식이 필요할 것임에 틀림없다.

역사와 활력적인 생의 작용이라는 어느 면을 보더라도 무의식중에서나마 여러 분야에 걸쳐서 후진 양성을 위한 그때마다의 적절한 교육 형태를 발견하기 위해 끊임없는 실험이 행해진다는 것을 알 수 있다. 생이란 쉴 새 없이 가르치고 도야하는 가운데 이어져나가는 것으로서 이런 와중에 풍속·도덕 및 관습은 우리가 미처 알아차리지 못하는 사이에 어느덧 형성되게 마련이다. 그런데 이렇듯 공동의 노력이 경주되는 형식 또한 언제나 다르게 마련이어서 인간과 인간, 그리고 개인과 집단 간의 관계는 서로가 어떤 암시적 작용이나 본능적 협동성 또는 감화나 저해 작용 중 그 어느 편에 역점을 두느냐에 따라 매 순간 바뀌어간다. 물론 여기서 우리가 전수 형식에 관한 완전무결한 유형을 제시한다는 것은 도저히 불가능하지만 하여간 그러한 형식은 역사의 과정과 함께 발생하고 또 소멸되는 것이어서 이에 관한 참다운 이해에 도달하기 위해서는 사상누각을 이루고 있는 공허한 공간 내에서가 아니라 생동한 상호 작용과 그의 구조적 변화를 꿰뚫어봄으로써만 가능할 것이다.

일단 어느 정도나마 방향 제시라도 한다는 의미에서 여기서는 우선 후진 양성의 형태적 측면과 관련하여 내외 면을 통해 본 두 가지 현대적 경향에 대해 언급하고자 한다. 즉 그 한 가지는 현대적 주지주의 사상에 자극되어 교육과 전승의 형식을 동질화된 정신적 대상으로 화하게 하려는 경향을 들 수 있겠고 이에 대치되는 또 다른 경우로서는 좀 더 '근원적'인 정신세계를 계승할 후진 양성에 관한 고대로부터의 형태를 이어받으려는 낭만주의적 경향을 들 수 있다.

 여기서 의미하는 바를 분명히 이해하기 위하여 또 한 가지 예를 들어보도록 하자. 단순히 체계화된 지식에 가장 합당한 문화적 전달 방식은 강의라고 할 수 있다. 다시 말해서 우리가 체계화되거나 유형별로도 잘 분류되고 또한 그 밖의 어떤 일정한 방식으로 정돈된 지식의 소재를 제삼자에게 전해주기 위해서는 강의를 듣는 데 반드시 필요한 특별한 종속 관계가 가장 적절한 형식이라고 할 수 있다. 그런데 여기서는 언어를 구사하는 과정에서 스스로 그 내용이 전개될 뿐 아니라 단순한 청강자로서의 '제자'의 입장에서는 두말없이 이를 '받아들일 뿐'이므로 여기서 한 가지 조심해야 할 점은-즉 지식의 전수 과정에서 유의해야만 할 것-의지적인 개인적 요소가 모조리 배제되어야만 한다는 것이다. 이와 같이 하여 한 사람의 지혜는 현실적 상황을 벗어난 상념의 세계에서 또 다른 사람의 지적 세계에까지 작용을 가하게 마련이지만 이는 모두가 어떤 조상으로부터 물려받은 마술적 구속력을 지닌 문안과는 다른 자유로운 연구 과정에서 이해되고 또한 점검 가능한 소재가 다뤄지면서 이뤄지는 것이므로 일단 교과 내용이 밝혀지고 난 뒤에는 토론의 여지가 주어져야 함은 물론이고 더 나아가서는 여기에 이른바 세미나의 도입이 정당화될 수 있는 근거도 주어진다고 하겠다. 그러나 여기서도 역시 가능한 한 의지의 충동이나 개체적 입장과 관련된 문제점들은 억제됨으로써 사리에 합당한 위치에서 추상적 가능성들을 서로 견주어보는 것이 무엇보다도 중요하다.

 실질적인 면으로 볼 때 이러한 상호 관계와 전달 형식은 알프레트 베버 Alfred Weber, 1868~11958*가 문명화된 지식이라고 부른 여러 학문, 즉 세계관적 요소라든가 또는 의지적 충동이 지식에 가미되어서는 안 되는 분야에서는 타당한 듯이 보이지만, 역시 이러한 전달 방식이란 정신과학에서도 그러하거니와 특히 직접적인 실천을 목적으로 하는 종류의 지식에게는 문제의 소지가 없을 수 없다. 그럼에도 지식의 문제를 대하는 현대의 주지주의적 경향에 따르면 이렇듯 특정한 종류와 방식을 지닌 교육 분야에서의 상호 관계와 이렇듯 특이한 전달 형식 등은 타의 귀감이라도 되듯이 절대시되거나 다른 영역에까지도 도입될 수 있는 것으로 간주되곤 한다.

중세의 스콜라적 교육 제도도 그러했지만 특히 공무원의 양성에만 주력했던 절대주의 시대의 대학 제도는 오로지 이와 같은 스승과 제자 간의 상호 관계와 전달 형식을 완벽하게 제도화한 것이었다. 그리하여 당시에는 전문 지식이나 교양의 취득을 주목적으로 하지 않고 우선 정신적 각성을 지식이나 판단의 전제 조건으로 생각하던 교파나 비밀 집회만이 인간의 상호 관계와 문화적 전수를 위한 또 다른 형식을 이어받았을 뿐이었다.

오늘날에 와서 이와 같이 단순한 전수나 전달만을 위주로 하여 청강자를 이끌어가는 부당한 교육 방식이 가장 적나라하게 보호되는 경우가 이른바 '예술'이라고 불리는 영역이지만 여기서도 이를테면 예술원이 성립되면서부터 **창작실**(아틀리에)이 그 원형을 이루

• Weber, A., *Prinzipielles zur Kultursoziologie* (*Archiv für Sozialwissenschaft und Sozialpolitik*, 1920).

었던 사제 간의 상호 관계에서의 구습적인 형태가 타파되어버렸다. 그러나 또 어떤 면에서 보면 아틀리에식에 맞춘 상호 관계가 아카데미 중심적인 교육을 시행하는 경우보다도 전달을 목적으로 하는 기반 조성을 위해 훨씬 더 합당한 형태이기도 한데, 왜냐하면 작업장에서는 스승과 제자가 **협동적으로 일하는** 관계가 이뤄질 수 있기 때문이다. 여기서는 그 어느 한 가지도 하향식의 체계에 따라서 제시되는 법이란 없으므로 제자로서도 단지 '수긍만 하는 것으로 그치지는' 않으며 더 나아가 일단 그것이 전달되고 나면 모두가 '기회만 있으면' 구체적 상황 속에서 드러나게끔 되어 있다. 따라서 모두가 함께 부지런히 도우면서 누군가 먼저 손댄 일이 있으면 동병상련의 정신으로 함께 힘을 쏟으며 움직여가는 까닭에 단지 어떤 화술만으로 일을 매듭지으려고 하지 않을 뿐만 아니라 스승의 창의성은 그 제자에게도 그대로 전달되어 곧바로 반향을 불러일으키기도 한다. 이와 같이 그들 공동의 창작 의욕은 완성을 향한 작품의 형성 과정 속에 깃들어 있어서 여기서는 어떤 원칙적 논의로 그치지만은 않는 서로의 연대 의식 속에서 형성하고 또 공동으로 참여하려는 해석자의 자세를 견지하는 가운데 기법만이 아닌 이론과 형식까지도 함께 전수되게 마련이다. 또한 여기에는 단순한 능력 개발을 위한 어떤 양성 기관에서와는 판이한 인간의 상호 연대성이 지배함으로써 이를테면 전체자로서의 인간으로 자랄 수 있는 계기가 마련되는 셈이다. 그뿐만 아니라 개괄적 입장에서 본 견문이나 지식의 매개가 이뤄진다기보다 오히려 구체적인 방향 감각의 설정이 과제로 등장함으로써(예술 창작 과정에서는 형식 의욕이 전수되는 것을 뜻함) 비록 여기서 유사한 상황들이 반복되는 경우가 있다 하더라도 그것은 어디까지나 새로이 형성되는 작품과 그의 통일적 조화를 중심으로 파악되어야만 한다.

  그런데-이미 이야기한 바와 같이-이와 같은 아틀리에를 중심으로 한 상호 연대 관계가 지니는 이점을 주로 낭만주의적 충동에 따라서 이해하려던 사람들은 소위 예술원이라고 하는 제도적 기구가 조형 예술에 대하여 얼마나 큰 해독을 입혔는가, 그뿐 아니라 그와 같은 예술원이 존재했더라도 참다운 창조적 예술은 여전히 그 명맥을 이어나갈 수 있었으리라는 사실을 강조함으로써 급기야는 정치나 언론 분야에서도 이와 유사한 방법의 교육을 시행하려던 일체의 움직임을 불안스러운 눈초리로 바라보게 되었다. 이것은 곧 주지주의 사상이 낭만주의 사조라고 하는 또 하나의 반대급부적인 흐름과 맞부딪히지 않을 수 없었음을 뜻하는 것인데, 이러한 낭만주의 사조는 예를 들면 공예 부문이나 혹은-이와 전혀 다른 종류의 부문으로서는-유치원 등과 같은 몇몇 분야에서 실제적 성과를 거둔 것이 사실이다. 다시 말해서 이와 같은 낭만주의 사조는 주지주의 사상이 아무런 실질적 효용성을 드러내지 않고 단지 외형상의 팽창욕에만 급급한 나머지 '아틀리에적'인 분위기에서만 맛볼 수 있는 원시적 형태의 상호 연대성을 짓밟아버렸던 생의 모든 국면에서마다 그 위세를 떨치게 되었으나, 동시에 이는 현대 생활 그 자체에 체계적 지식이 필수적으로 요구된다는 데 이르러서는 스스로의 한계를 느끼지 않을 수 없었다. 그러므로 예를 들어 공예 부문에서 기법 지도의 수준이 고도화되어 더욱 복잡한 형태를 띠게 되면서 이것 역시 불필요하리만큼의 지나친 합리화 경향에서 기인된 것으로 돌릴 수 있을는지는 모르나 하여간 이 문제는 착잡성을 띨 수밖에 없는 문제일 것 같다(여기서 우리는 자본주의적 기업의 극단적 합리화 경향과 관료주의적 성향 사이에서 나타나는 명백한 구조적 유사성을 발견할 수 있다). 그러므로 이제 우리는 주지주의에 반대되는 낭만주의 사상의 정당성 또한 당연히 종지부를 찍을 수밖에 없는 한계점을 안고 있음을 확인하게 되었다. 예를 들어 건축 설계가에 대한 교육이 현학적일 수밖에 없는 것은 현대를 휩쓸고 있는 과도한 주지주의적 영향 때문만은 아니고 여기서 반드시 통달해야만 할 기술적 내용의 복잡성에서 오는 실질적 제약에 기인한 것이다. 특히 여기서 명심해야 할 것은—이 점은 극히 중요한데—주지주의 사상이 현대를 풍미하다시피 하는 위력을 발휘한다는 그 자체가 지적인 면에만 편중된 조작된 현상이라기보다는 전체적인 사회 역사적 과정이 지닌 유기적 조건에 기인한다는 것이다. 그렇다고 이제 우리에게 부과된 과제는 최근에 오면서 현대인에게서 엿볼 수 있는 지적 욕구를 유기적으로 충족해주는 주지주의 역할까지도 배척하는 것이 아니라 형식 위주의 팽창 경향에 따라서 아직 생동한 직접적 힘이 발휘되는 경우에서마저 그러한 방법을 적용하려는 데 대한 영향만을 견제해야 하리라는 것이다. 따라서 우리는 기술자가 지니고 있는 순수한 전문 지식까지도 아틀리에에서 맺어지는 바와 같은 연대감의 형식을 통하여 전달할 수는 없지만, 점차 신장해가는 형태 완성욕과 관련해볼 때 '각성'과 전승에만 주력하는 활력적인 공동체 형식만은 충분한 타당성을 지닐 수 있을 것이다.

그러므로 이제 여기서도 우리는 어떤 양자택일적 입장에 의해서가 아니라 시대를 형성해나가는 여러 동력 사이의 활력적 매개 작용 속에서 해결을 모색해야 하는데, 우리가 그때그때의 현실적 상황에서 반드시 면밀하게 주시해야 할 일은 체계화된 요소와 유기적인 직접적 소재가 어느 정도까지 그때마다의 개별적 대상에 상응하는 방향으로 스스로의 전달 형식 속에서 제 기능을 다해야만 하느냐는 것이다.*

예술적 실체의 전달과 관련하여 지금까지 이야기한 문제들은 약간의 의미만 변경한다면 거의가 정치적 요소를 띤 문제에도 해당된다고 할 수 있다. 왜냐하면 지금까지의 경우, '기술'로서의 정치는 어디까지나 '필요에 따라서 그때마다' 가르침을 받거나 전달된 것일 뿐이었기 때문이다.

정치적 지식이나 기량은 흔히 우연한 일시적 전달 형식을 통하여 답습해왔던 까닭에 특수한 정치적 의미가 있는 것들은 모두가 '그때그때의 필요에 따라서' 전승될 수밖에 없었다. 예술을 위해서는 아틀리에가, 수공업을 위해서는 공장이 필요했듯이 특히 자유주의적 부르주아 정치의 산실은 사회적 집합 장소로서의 **클럽**이었다. 이 클럽은 사회적으로나 정당 활동 면에서 발군의 위치에 있는

---

* 독자들에게 여기서 한 가지 일러둘 것은 구체적인 상황 분석에 의하여 '합당한 것'에 대한 원칙을 발견할 수 있는 경우를 바로 여기서 볼 수 있다는 것인데 만약 그것이 논리학에 의하여 성취되기만 한다면 목적은 달성된 것이나 다름이 없다. 다시 말해서 사고방식에 대한 올바른 상황 분석만 한다면 우리는 그것이 타당화될 수 있는 정도를 결정할 수 있다는 것이다.

사람들이 모여-정치적 출세의 터전으로서-집단적인 의지 충동력을 배양하는 데 마침 알맞은 교류 장소라고 할, '자연히' 생겨난 인간 상호 간의 특수한 회합장이었다. 이렇듯 그 나름의 특이한 사회학적 성격에서 우리는 의지적 제약을 받지 않을 수 없는 정치적 지식을 직접 타인에게 전달하려는 가장 본질적 형태의 특성이 어떤 것인지를 충분히 짐작할 수 있다. 그러나 여기서도 역시 마치 예술 영역에서와 마찬가지로 한낱 우연에만 의존하려는 무계획적이라고나 할 습득이나 육성 방식만으로는 제대로 성과를 거둘 수 없다는 것이 드러났다. 현대 세계는 너무나 복잡하므로 어느 만큼이라도 고도화된 현대적 지식이나 교양 수준을 바탕으로 한 결단을 내리고자 할 때는 단순히 일시적 상태에서 얻은 지식이나 기량만으로는 결코 장기적 안목에서의 성과를 기약할 수 없을 만큼 너무나 많은 전문 지식과 전체적 전망이 필요해지고 있다. 그리하여 이와 같은 체계적 학습에 대한 요구는 현 단계에 와서도 정치가나 언론인이 되려는 사람을 위한 전문 학습 기관의 필요성을 더욱더 증대시키기에 이르렀지만 여기에도 또 하나의 위험이 따른다고 하겠는데 왜냐하면 만약 그와 같은 전문 학습 기관이 단순히 인간의 지적 능력을 개발할 목적으로 조직될 경우에는 정치적 요소가 말살당할 수도 있기 때문이다. 말하자면 행동의 의의에 관한 교육학적 평가가 극대화되지 않은-순수한 백과전서적 지식에만 치중한-지식의 힘만으로는 별다른 성과를 기대할 수 없다는 것이다. 여기서 또 한 가지 제기되는 문제점은-이 점에 대해서도 전체적 상황을 통찰하는 사람이라면 쉽게 짐작이 갈 것이다-이와 같은 정치인의 양성

기관을 단지 당 학교에 흡수시켜도 되느냐는 점이다.

이때 당 학교로서의 사정은 훨씬 편할 수밖에 없으니, 왜냐하면 거기서는 지정된 방향으로 인간의 의지를 배양한다는 것이 마치 자연 발생적이라고도 할 수 있어서 결국 학습 단계마다 수강자는 주어진 자료들을 곧바로 통달할 수 있기 때문이다. 그러므로 여기서는 '클럽 활동식의', 주로 의지적 요소를 중시하는 경향이 연구와 지도 업무에까지 쉽게 받아들여지기는 하겠지만 이와 같은 종류와 방식에 따른 의지 면에서의 각성과 형성을 유일한 교육 방식으로 꼽는 데는 여전히 한 가닥 문제가 없을 수 없다. 왜냐하면 이 문제를 좀 더 자세히 검토해보면 그와 같은 방식에 의한 정치적 의지의 전달이란 실은 이 기관을 관장하는 사회적, 정치적 계층의 편파적 입장에서 제기된 의지적 방향의 제고에 불과할 것이기 때문이다.

그런데 현대 지식인의 자존적 근거일 뿐만 아니라 마땅히 그 방향으로 더욱 신장되어야만 할, 비교적 자유로운 의지를 바탕으로 한 정치적 의지의 각성 형식이란 있을 수 없겠는가? 만약 우리가 어떤 급급한 순간에 다다라서 당적 기구로부터의 통제력에 짓눌린 채 과거로부터 통용되어온, 전체적 방향 설정을 기초로 하여 모든 문제를 결정했던 습성을 더욱 신장하려 하지 않는다면 이는 곧 서양 역사가 물려준 귀중한 유산을 거침없이 내던지는 것이나 다름없지 않겠는가? 도대체 의지의 각성은 단순히 배양만 하는 것으로 충분하단 말인가, 아니면 비판력을 스스로 키워나갈 수 있는 의지 역시 의지임에는 틀림없을 뿐 아니라 그 누구도 단념해서는 안 될 더욱 고차적인 의지의 형태를 뜻하는 것이 아니겠는가?

우리는 결코 극열적 정치 집단에 쉽게 감화되거나 또는 그들의 용어나 생활 감정에 말려들어서는 안 되겠고, 더 나아가서는 의식적으로 배양된 의지만이 참의지이며 **혁명적이거나 아니면 반혁명적인 행동만이 참행동**이라는 생각을 해서도 안 되겠다. 대립적인 두 개의 극단적 정치 노선은 이제 우리에게 그들의 일방적인 실천 개념을 강요함으로써 문제의 진상을 은폐하려 하거늘, 혹시 그들은 폭동 준비만을 정치로 착각하고 있는 것은 아닌가? 갖가지 상태나 인간을 둘러싼 계속적인 변화가 연발된다면 이 역시 행동이라고 해야만 할 것이 아닌가? 전체를 관조하는 입장에서 우리는 물론 혁명적 내지 반항적 시기가 있을 수 있다는 것을 이해하지 못하는 바는 아니지만 그러한 시기는 어디까지나 전체 과정 속에서의 부분적 기능을 수행하는 데 그칠 뿐이다. 그런데 어찌하여 활력적인 균형을 모색하면서 전체적인 것을 보호하고자 하는 인간의 의지가 스스로에게 합당한 전통이나 문명 형태를 가질 수 없단 말인가? 다시 말해서 비판적 기능을 다할 만한 양심의 힘을 과시할 수 있는 정치적 의지 형성을 위한 여러 개의 기관이 설립된다는 것은 전체의 참다운 이익과도 합치되는 것이 아니겠는가?

그러므로 이제 우리에게는 그와 같은 비판적 방향 설정에 필요한 역사적, 법률적 및 경제적 소재와 대중 통제를 위한 객관적 방법, 그리고 다시 사회 여론의 형성과 함께 의지적 결단과 인식 시각이 불가분적으로 연결된 활동 영역에 관해서까지 가르칠 수 있는 도장이 필요하게 되었다. 이는 주로 무엇인가를 탐구하면서 아직도 결정을 내리지 않고 사람들의 모임 장소가 되어야 할 것이다. 이렇게 되면 여기서는 단순한 전달 위주의 낡은 교육 방식과 아니면 행동에 주력하는 좀 더 참신한 정치적 연대성 중 과연 어느 쪽이 더 높은 효율성을 지니는가 하는 것이 스스로 판가름 날 것이다.

그러므로 특히 정치적 성격을 띤 활동 영역에서의 연관 관계는 오로지 구체적인 실질적 토론에 의해서만 규명될 것으로 보인다. 예컨대 행동적 정위 능력을 직접적으로 일깨워주기 위해서는 누구나 직접적인 행동을 통하여 함께 체험할 수 있는 실제적 사건을 중심으로 한 학습 내용이 꾸며져야 하리라는 것은 의심의 여지가 없다. 왜냐하면 현실적으로 가장 긴요한 듯이 보이는 문제에 대하여 자기의 적대자와 활발한 논쟁을 벌이는 것 이상으로 정치권 내에 스며 있는 원래의 특수 구조를 제대로 파악하는 데 도움이 되는 방법이란 없을 것이기 때문이다. 그 이유는 그와 같은 기회를 통하여 우리는 언제나 대립적인 그들 세력과 그에 대한 관점을 일시에 표출할 수 있기 때문이다.

그런데 이와 같이 항상 행동적 방향 설정을 위주로 하여 관찰할 수 있는 능력을 가진 사람은 흔히 오늘의 경우와는 다른 각도에서 역사를 체득할 수 있을 것이니, 즉 그가 보는 역사란 단순히 어떤 문서 정리원이나 윤리론자의 입장과 같을 수만은 없다는 것이다. 역사 서술 방법상의 역사만 하더라도 이를테면 단순한 연대·전설·신앙을 거쳐서 수사학·예술 작품·생생한 그림책에 이어서 과거를 동경하는 복고적 경향 등등과 같은 허다한 역정歷程을 겪어왔던 탓으로 이제나마 여기에는 또 다른 방향으로의 변화가 움틀 수 있는 것이다.

이러한 갖가지 역사 서술의 형식도 결국은 각기 그 시대마다 중심부를 기조로 하여 과거에 대한 해석을 내린 것으로 봐야만 하듯이 이제라도 만약 정치 생활 면에서 사회학적 구조 관계에 일차적 주목을 돌리는, 생에 대한 새로운 적극적 정위 양식이 역사학자의 뇌리를 지배하게 된다면 필경 여기서는 이와 상응한 새로운 형태의 역사 서술 방법이 발견될 수 있을 것이다. 물론 그렇다고 해서 사료 연구나 문서 정리 작업이 등한시된다거나 그 밖의 다른 역사 서술의 방법들이 모두 다 소멸된다는 뜻은 아니며 오히려 오늘날에 이르기까지도 단순한 '정치사'나 혹은 '형태학적 기술'만으로 자기가 목적을 다했다는 듯이 생각하는 사가가 없지 않은 형편이다. 하여간 현대적인 생의 방향 설정 양식을 기초로 하여 과거를 사회적 구조 관계상의 변화 요인 속에서 추구하려는 충동은 이제 겨우 새로이 싹트기 시작한 정도에 그치고 있다. 그런데, 생에 대한 오늘날과 같은 우리의 방향 설정도 그 원래의 줄기를 과거의 역사로까지 거슬러 올라가지 않고는 충실하다고 할 수 없을 것이니, 일단 이와 같이 행동적 방향 설정을 위한 관찰 방법이 생활화되고 나면 기필코 여기서는 현재를 기점으로 한 과거의 이해도 가능해질 것이 틀림없다 하겠다.

7
지식사회학의 세 가지 길

 여기서 당면한 우리의 과제는-앞에서도 이야기했듯이-문제에 대한 최종적 해답을 얻는 일이 아니라 단지 아직껏 분명치 못한 상태에 있는 복잡한 문제의 내적 연관성을 들춰내거나 일견 확실한 것으로 보이던 것도 다시 한 번 의문에 회부하여 보는 일이 되겠다. 특히 여기서 우리는 어떤 어려움에 부딪히더라도 이를 단지 회피할 것이 아니라 주어진 모든 문제가 안고 있는 궁극적 양식을 언제나 토의의 중심 과제로 삼아야만 한다. 이러한 관점에서 만약 실재하는 정치사상이 현실을 위한 아무런 긍정적 양식에도 부합되지 못할 때 우리가 단지 학문으로서의 정치에서 어떤 해답을 얻어냈다고 하여 이것이 무슨 소용이 있겠는가 반문해보지 않을 수 없을 것이다.
 우선 여기서 우리가 알고 있어야만 할 사실은 정치 및 역사 사상이란 비록 순수한 이론은 아니더라도 인식 내용을 포함하고 있음에 틀림없는 특유한 지식을 산출한다는 것이다. 더 나아가 정치적 내지 역사적 지식이란 언제나 특수적이고 미래 지향적이며 또한 집단적 제약 아래 있는 집단 의지와의 관련하에 나타나는 가운데 바로 이 두 측면 사이의 밀접한 접촉을 통하여 계속 발전해나갈 뿐만 아니라 또한 현실에 대한 특수한 이해 방식을 지니고 있다는 데 대해서도 우리는 이미 알고 있는 터이다. 또한 우리는 스스로의 역사적 경험을 통해서도 정치적 내지 역사적 사유의 성찰 결과는 바로 그 자체가 과거의 그 어떤 체험·전통 또는 입장을 근거로 하여 제기되느냐에 따라서 그때마다 상이한 형태를 띤다는 사실도 알게 되었다. 바로 이런 이유 때문에 우리는 이를테면 이론과 실천의 관계라고 하는 근본 문제가 관료주의·역사주의·자유주의·사회주의 내지 공산주의 혹은 파시즘이라는 각이한 측면에 따라서 그때마다 다른 결론을 가져올 수밖에 없다는 데 대한 역사적 내지 사회학적 분석을 가하는 데 특히 많은 지면을 할애했다.

  비록 우리가 이상과 같은 측면에서 정치사상의 특성을 밝혀내려고 노력해왔지만 또한 우리는 적극적 방향 설정을 꾀하는 데 필요한, 지식이 지닌 유별난 특성에 대한 서술 형식의 부적합성과 그리고 적극적인 방향 설정과 명상적인 도식 사이의 대립적 성격에 대해서도 인지했을 것임에 틀림없다. 그리하여 결국 특수한 전달 형식이 지니는 이와 같은 서로의 상이성이나 특성 역시 지금까지 이야기한 바와 같은 특수한 정신적 전달 양식을 통해 밝혀질 수밖에 없었던 까닭에 이것이 곧 우리가 서술 방식이나 전달 형식을 분석하는 데 그토록 많은 부분을 할애해야만 했던 이유이기도 하다.

결국 이 모든 문제점을 똑똑히 인식하고 또한 궁극적인 문제의 포착을 위해서라면 여기서 파생되는 부담마저 함께 짊어질 경우에만 비로소 학문으로서의 정치학의 가능성에 대한 적절한 해답도 얻을 수 있다. 바로 이와 같이 모든 정치적 지식의 존재 구속성에 끊임없는 주목을 돌리면서 이에 관한 서술 형식 역시 사회적 내지 행동적 견지에서 파악하고자 하는 분석이야말로 다름 아닌 지식사회학적 분석 태도인 것이다. 지식사회학적 입장에서 문제를 제기하지 않고서는 정치적 지식이 담고 있는 그의 가장 내면적 특성도 이해될 수가 없는데, 이러한 지식사회학적 분석에는 **세 가지 방식**이 트여 있다. 그 **첫 번째 견해**에 따르면 정치적 내지 역사적 지식이란 언제나 스스로의 존재와 입장에 구속당하는 한에서만 형성될 수 있을 뿐이므로 바로 이 존재 구속성으로 인하여 정치적 및 역사적 부류의 지식이 갖는 진리나 인식의 성격을 전적으로 부인하게 된다는 것이다 eben infolge dieser Seinsgebundenheit den Wahrheits-und Erkenntnischarakter dieser Wissensart völlig leugnen. 이러한 방도를 따르는 사람들은 참된 인식의 모형을 정치 이외의 영역에서 통용되는 인식 유형에서 찾으려는 나머지, 모든 현실 영역에는 저마다의 독특한 인식 형태가 있을 수 있다는 사실을 망각한 채 결국은 인식 문제에 있어서 그렇듯 일방적이고 편파적인 방향을 정립하는 것처럼 위험한 일은 있을 수 없다는 사실을 알아차리지도 못한다.

이상과 같은 생각에 이어서 떠오르는 **두 번째 가능성**은 지식사회학적 분석에 부과된 과제란 일체의 역사적 내지 정치적 통찰 속에 담겨 있는 '사회적 편차'를 파헤치는 데 노력을 기울여야 한다는 입장이다. 다시 말해서 지식사회학적 분석에서는 구체적인 '인식' 행위의 모든 진행 과정으로부터 가치와 입장 그리고 의지 편향적 동인들을 속속들이 벗겨냄으로써 그와 같은 오류의 근원을 배제함은 물론, 결국에 가서는 '몰가치적이며' 또는 '초사회적' 내지 '초역사적'인 객관적 타당성을 과시할 수 있는 의미 내용을 담은 영역에 도달해야 한다는 것이다.

물론 이러한 경향이 그 나름의 정당성을 지닌 것은 사실이다. 왜냐하면 틀림없이 정치적 내지 역사적 지식의 범위 안에는 그 의미를 정식화하는 데 있어서의 세계관적 내지 정치적 성격을 거의 완벽하게 뿌리쳐버릴 수 있는 어떤 자율적 규칙성 같은 것이 포함되어 있기 때문이다. 이것과 비유될 수 있는 경우로서 우리는 기이하게도 군중심리학적 입장에서만 이해할 수 있는 그러한 모퉁이가 인간의 심리적 세계 속에 자리 잡고 있다는 것을 알고 있지만 또한 이와 동시에 인간의 공동 생활과 관련된 가장 일반적인 구조 형태('형식사회학')라고 할 수 있는, 즉 일반적인 구조 법칙에 따라서 파악할 수 있는 사회의 층도 있을 수 있는 것이다. 이와 같이 몰가치적인 객관적 영역을 사회학의 대상으로 삼기 위하여 베버는 자기의 저술인《경제와 사회》에서 냉철한 '실질적' 입장에서 파악될 수 있는 관계층을 밝혀내려고 했고, 또한 국민경제학 분야에서의 순수 이론적 측면을 사회적 내지는 세계관적 연계성으로부터 따로 떼어내려던 노력 역시 '가치 판단'과 '실제 내용'과를 확연히 구분하려던 연구 의도를 그대로 반영한 것이었다.

하여간 이러한 분리 시도가 실제로 얼마만큼 성공할 수 있을는지는 아직 알 수 없지만 그와 같이 자율적 법칙을 고수해나가는 어떤 국면이 있을 수 있다는 것만은 부인할 수 없을 것 같다. 그러나 이와 같은 '몰가치적', '초역사적' 내지는 '초사회적' 성격이 구체적으로 입증되기 위해서는 무엇보다 지금 우리가 활용하고 있는 공리나 범주 수단까지도 이와 같은 세계관적 밀착성과의 연관 관계를 토대로 분석해야만 하겠다. 왜냐하면 우리는 너무나 쉽사리 미처 의식하지도 못하는 사이에 스스로의 경험 세계로 끌어들인 범주적 구성이나 최종적 결론을 마치 '객관적' 요소라도 되는 듯이 받아들이는 경향이 있기 때문이다. 지식사회학자가 볼 때는 이것이야말로 어떤 특수한 사조가 지닌 역사적 입장에 구속된 불완전한 공리라고밖에 생각할 수가 없다. 여기서 특히 주목해야 할 점은 우리 자신의 사유를 전개해나가는 바로 그 사고방식 자체가 특수적 편파성을 지녔다는 사실만큼이나 우리에게 식별되기 힘든 것이란 없을 뿐 아니라 단지 광범위하게 펼쳐진 역사와 사회의 흐름만이 그나마도 우리의 사유 형태가 지닌 부분적, 특수적 성격을 간취할 수 있을 만큼의 거리die Distanz를 유지해준다는 것이다. 그러므로 몰가치적 지식의 영역을 분립하려는 앞에서와 같은 노력을 기울이는 데 있어서 적어도 지식사회학적 의미의 수정을 가한다는 견지에서나마 사유 형식상의 '사회적 편차'에 대해서 고구한다는 것은 대단히 중요한 일임에 틀림없다.

여기서 얻은 결과에 대해서 어떤 속단을 할 수는 없고 다만 지금 우리가 확실히 이야기할 수 있는 것은 아무리 그와 같이 정치적 내지 사회적 입장으로부터의 구속을 완벽하게 벗어남으로써 몰가치성의 영역이 우리 앞에 드러난다 하더라도(정치적 입장을 천명할 수 있는 자유를 누린다는 뜻에서만이 아니라 범주와 공리적 방편의 일의성과 몰가치성이라는 점에서도) 그와 같은 국면을 구체적으로 성립시키기 위해서는 무엇보다도 우리가 파악할 수 있는 가능한 한도 내에서나마 사유의 '사회적 편차'라는 측면을 고려해야만 하리라는 것이다.

  이제야 비로소 원래 우리가 취하고자 하는 세 번째의 가능성을 생각하게끔 되었다. 즉, 여기서 취하려는 입장에 따르면 정치라고 하는 특수 분야가 전개되기 시작하는 바로 그때부터 이미 형식사회학이나 그 밖의 순수한 형식주의적 인식 태도에서처럼 가치 평가적 대상만이 따로 분리될 수는 없다는 것이다. 이러한 입장은 물론 역사가 흐름에 따라서 더욱더 많은 당파가 타당시할 수 있는 범주로서 우선적으로 선택된 것은 사실인데 하여간에 원래의 정치적 및 역사적 국면을 인식하는 데는 여기서 지니는 주의주의적 요소의 긍정적 의미를 간과할 수가 없다. 이에 못지않게 여기서 우리가 유의해야 할 점은 모든 당파에 타당한 지식의 층이 점차 확대된다거나 또는 이와 같은 '사후 추인 Consensus ex-post'* 이 가능하다고 해서 어떠한 역사적 시점에서든, 지식의 소재를 구성하는 주요 부분은 오로지 미래 지향적이며 동시에 각기 입장에 구속된 형태를 통해서만 존재할 수 있다는 사실을 간과할 정도로 우리가 오도되어

---

* 이 점에 관한 자세한 것은 사후 추인과 그의 기원을 밝혀내려고 시도한 본인의 〈취리히 논문〉을 참조할 것.

서는 안 되겠다는 것이다. 하여간에 영적 구제를 받을 수도 없고 또한 역사의 권외에서 생존할 수도 없는 우리로서는 '진리 그 자체'를 요소로 하여 꾸며진 어떤 지식과의 관계에 대해서가 아니라 오히려 일정한 시간적 구속을 받을 수밖에 없는 지식을 소유한 인간이 자기의 인식 문제를 어떻게 해결해야만 하느냐는 것을 문제로 삼아야만 할 것이다. 우리가 이와 같이 아직은 확정된 체계 속에 포괄될 수 없는 것에 대해서까지 개괄적 고찰을 시도하게 된 이유는 단지 이것만으로도 이미 우리가 바랄 수 있는 거의 최상의 상태를 예기할 수가 있고, 또한 이것이(역사적 사실을 취급한 지금까지의 경우에서와 같이) 차후에 종합화를 시도하는 데 필요한 준비 과정이 될 수도 있기 때문이다. 이와 같은 문제 해결의 방식에 바로 덧붙여야 할 것은 가능한 한 가장 포괄적이며 전진적인 입장을 기초로 하여 그때마다의 사건을 총괄적으로 개관하고 또한 이를 종합해보려는 성향 속에는 이미 하나의 결단, 즉 동태적 중용의 길을 향한 결단이 내려지고 있다는 것이다. 이와 같은 결단의 의미를 우리가 부정한다는 것은 있을 수 없는 일이며 우리가 정치의 의미를 지금까지 서술해온 방향에서 이해하려는 한에 있어서는 결단이 따르지 않은 정치적 인식이란 있을 수도 없고 더 나아가서 이와 같은 결단은 어떤 중재를 제의한다는 경우 역시 동태적인 중재를 위한 자기 결정으로서 이미 그 전체 구조 속에 자리 잡고 있다는 것이 바로 우리의 기본 논지이다. 그러나 이러한 결단이 무의식적인 단순한 상태에서 스스로의 시각을 결정짓는가(이렇게 되면 관망 범위를 확대하려는 모든 원칙적 노력은 저지될 것이지만) 아니면 그것이 우리의 성찰 대상이 되거나 또는 우리가 이미 인지할 수 있는 그 모든 것이 문제의 중심권이나 사고의 대상으로 끌려든 뒤에야만 나타나는가 하는 문제는 서로 큰 차이가 있다.

왜냐하면 정치적 지식의 가장 두드러진 특징은 아무리 그 지식이 양적으로 축적된다 하더라도 결단이 지양될 수는 없고 단지 그 양의 증대에 따라서 그만큼 결단이 더 뒤로 미뤄질 뿐이므로, 아무리 이와 같이 후면으로 압축된다 하더라도 결국 이 결단은 시야의 확대와 지식의 재확보란 의미에서 언젠가는 다시 문제가 될 것이 틀림없기 때문이다. 그러므로 이제 우리는 이데올로기에 관한 사회학적 연구의 진보에 따라서 지금까지 단지 부분적으로만 고구되어왔던 사회적 상황, 의지 충동성 및 관점 사이의 상호 연관성을 더욱더 분명하게 깨우치게 되었을 뿐만 아니라 또한 ─ 이미 언급했던 바와 같이 ─ 집단적 구속을 받는 의지와 이러한 관련하에 있는 사유의 방향을 거의 정확하게 측정하며 각기 사회 계층의 이데올로기적 반응까지도 예견할 데 대한 기대를 갖게 되었다.

그러나 이와 같은 지식사회학적 탐색에 의하여 우리들 스스로의 결단성이 지양된 것은 결코 아니고 다만 우리의 결단을 행사하는 데 필요한 스스로의 시야가 확대되었을 뿐이므로 그와 같은 결정 요인에 대한 우리의 지식이 풍부해졌다고 해서 결단성이 마비되거나 '자유'에 대한 위협이 가해지리라는 기우를 하던 사람들도 이제는 안심해도 좋을 것이다. 왜냐하면 수동적으로 결정을 당하는 자는 가장 기본적인 결정 요인을 파악하지 못했다기보다는 자기가 인지하지 못하는 결정 요인으로부터의 압력을 받으면서 행동하는 자이기 때문이다. 그러나 지금까지 우리를 규제해오던 결정 요인에 대하여 이성적으로 고찰해보면 그러한 결정 요인은 무의식적 동기의 영역으로부터 우리가 규제하거나 예측할 수도 있고 또 대상화할 수도 있는 범위로 이끌려 내려옴으로써 선택과 결단이 지양되기는커녕 오히려 그와는 정반대로 우리를 지금껏 지배해오던 동기가 우리의 규제 대상이 되어 우리 스스로가 더욱더 진정한 자아로 복귀하게끔 된다는 것이다. 따라서 종래에는 우리가 일종의 강제력에 지배되어왔다고 한다면 이제부터는 자기 자신과의 동일성을 확인할 수 있는 세력들과의 의식적인 연대성을 이룩할 만한 능력을 스스로 지니게 되었다고도 할 수 있는 것이다.

일찍이 우리의 통제권 밖에 자리 잡고 있던 요인들을 끊임없이 성찰의 대상으로 삼으면서 결단력의 행사를 더욱더 뒤로 미뤄나간다는 것은 모두가 정치적 지식의 생성 과정에서 나타나는 하나의 기본적 운동 형태라고 하겠는데 이는 또한 합리화될 수 있는 것과 합리적 규제의 영역(우리의 가장 개별적인 측면에서 보더라도 마찬가지지만)은 더욱 확대되는 반면에 여기에 반비례해서 비합리적 작용 범위는 더욱 협소해진다고 하는, 이미 이 장의 첫머리에서 언급했던 사실과도 일치한다. 다만 그와 같은 사태 진전의 최종 단계에 가서는 완전히 합리화된 세계가 이룩됨으로써 도대체 비합리적인 것이라거나 결단 따위는 더 이상 있을 수 없다는 것인지, 혹은 이러한 결과로 인하여 단지 사회적 규정성만이 소멸된다는 것인지에 대해서는 여기서 더 이상 논의할 수가 없다. 왜냐하면 그러한 가능성이란 일단은 현실과 극히 동떨어진 하나의 유토피아적 성질을 띤 것에 불과하므로 그것이 과학적 논구의 대상일 수는 없기 때문이다.

하여간 여기서 한 가지 확인할 수 있는 것은 정치로서의 참다운 정치가 있기 위해서는 오로지 그와 같은 작용 범위가 존재해야만 하리라는 것과(그러한 작용 범위가 소멸된 뒤에 나타나는 것이 바로 '행정'이다), 더 나아가서는 바로 지식과 의욕이 불가분의 관계에 있고 또 합리적 요소도 본질적으로는 그와 같은 비합리적 작용 범위와 얽혀 있다는 것이 '엄밀' 과학과 구별되는 정치적 지식의 특성을 이룬다고 하는 사실이다. 여기에 덧붙여서 또 한 가지 지적해야 할 점은 사회적 영역으로부터 비합리적 요소를 제거함으로써 결국 아직까지 무의식중에 우리를 지배해오던 여러 요인을 놓고 이성적으로 숙고할 수 있는 가능성을 점증시키려는 경향이 고개를 든다고 하는 점이다.

역사적 국면에서만 보더라도 인간이 처음에는 사회적이거나 현세적인 것을 마치 불가피한 한계 사실(출생이나 사망과 같은)을 체험하는 경우와 꼭 마찬가지로 우리의 통제가 불가능한 운명과 같은 것으로 받아들였었다. 이러한 세계 체험의 양식 중에서 우리가 '운명 윤리Schicksalsethik'라고 부를 수 있는 윤리학의 한 계통이 포함되어 있는데 본질적으로 그것은 우리가 투시할 수 없는 천상의 힘에 순응하려는 계율이다. 이와 같이 운명의 문제를 주안점으로 한 윤리학이 처음으로 대두된 것은 적어도 인간이 자기 자신을 사회적 진행 과정에서 나타나는 운명적 요소에 대치시키는 정의情意의 윤리Gesinnungsethik가 생겨나면서부터였다. 결국 이 양심의 윤리는 첫째로 자기의 행위가 새로운 인과 계열을 세계 내에서 조성할 수 있다고 하는 가능성과(비록 그가 이와 같은 인과 관계에서 빚어지는 사태를 통제할 수 있으리라고는 생각지 않더라도) 둘째로는 자신의 결단은 그 어떤 타자의 지배도 받지 않는다는 신념을 바탕으로 하여 끝까지 스스로의 자유를 확보한다는 것을 뜻하는 것이다.

  우리가 당면한 현대는 바로 이와 같은 세 번째 발전 단계를 향하고 있는 듯이 보인다. 즉, '세계'로서의 사회적 총체성은 이제 더 이상 불투명하거나 숙명적인 힘을 지닌 것이 아니라 오히려 그것을 예견할 수 있는 잠재적 가능성이 보이는데, 이 단계에 와서 **책임윤리**Verantwortuugsethik가 나타나는 것이다. 다시 말하면 이 단계에서는 양심이나 지조에 따라서 행동하는 것만으로 그칠 것이 아니라 어떠한 방법을 쓰든지 예측할 수 있는 모든 결과에 대하여 충분히 숙고해야만 한다는 요청이 뒤따를뿐더러 더 나아가서는―지금까지 이야기한 바를 근거로 하여 이 점을 첨가해두고자 한다―맹목적인 방향으로 불가항력적 작용만을 일삼는 결정 요인을 배제하기 위하여 우리의 양심 그 자체를 정화할 수 있는 자기 검증도 따라야 한다는 것이다.

  베버는 이와 같은 특정한 종류의 정치를 처음으로 분명히 정식화하였다. 즉, 그의 지식과 탐구의 세계에는 적어도 부분적으로나마 사회적 과정에서의 맹목적 운명이 자취를 감춰가면서 우리의 인식 대상이 될 수 있는 것은 이를 알아야만 하는 것이 곧 행동인을 위한 의무로 간주되는 그와 같은 정치와 윤리의 세계가 반영되어 있다고 하겠다.

결국 정치가 이론과학으로까지 성장할 수 있는 시기가 있을 수 있다면 그것은 곧 한편으로는 우리가 제어해야만 할 역사적인 장場의 구조까지 밝혀질 뿐만 아니라 또 다른 면으로는 지식이 단순한 명상일 수만은 없는 자기 이해며 동시에 정치적 행동에로의 준비 단계를 뜻한다고 보는 의지가 윤리로부터 움트는 단계를 가리키는 것이 될 것이다.

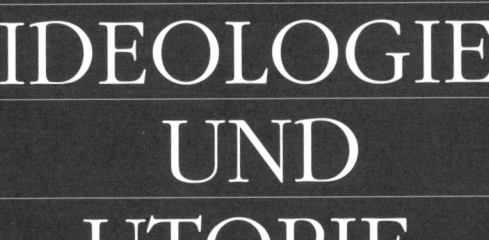

IDEOLOGIE UND UTOPIE

4

유토피아적 의식

알프레트 베버 60회 탄생일에 부쳐

1

근본 현상의 해명을 위한 시론:
유토피아, 이데올로기 및 현실의 문제

    유토피아적이라고 하는 것은 스스로를 에워싸고 있는 '존재'와 일치하지 않는 상태에 있는 의식을 뜻한다.

    그런데 이러한 불일치는 그와 같은 의식이 스스로의 체험, 사유 및 행동에 있어서 자기를 에워싸고 있는 '존재'가 실현된 것으로 내포되어 있지 않은 요인을 지향하는 것을 나타낸다. 그렇다고 해서 서로 일치하지 않는다거나 그때마다의 '존재'를 초월하는 것, 또는 이러한 의미에서 '현실과 이반된wirklichkeitsfremde' 방향 설정을 하는 것 등 모두를 유토피아적이라고 할 수는 없다. 따라서 우리로서는 행동의 단계로 이행하면서부터 기존의 존재 질서를 부분적으로나 혹은 전적으로 파괴해버리는 '현실 초월적wirklichkeitstranszendente' 방향 설정을 유토피아적이라고 말하고자 한다.

    흔히 우리는 유토피아적이라고 하는 것을 기존 질서를 파괴하는 현실 초월적 방향 설정 양식에 국한함으로써 유토피아적 의식과 이데올로기적 의식을 구별 짓는다. 이를테면 우리는 현실과 동떨어진 존재 초월적 요인을 자기 정위의 기점으로 삼으면서도 여전히 기존생활 체계를 실현하고 재생산하는 방향으로 작용할 수가 있다. 역사의 과정을 훑어보면 인간은 존재 내재적인 요인보다는 존재 초월적 측면에 주력하면서 자기의 생존 방향을 설정해온 경우가 훨씬 많지만 존재와의 불일치성을 빚고 있는 그와 같은 '이데올로기적' 의식을 바탕으로 하고서도 극히 현실적인 생활 질서를 실현시키는 경우도 있었다. 결국 그와 같이 상호 불일치를 빚는 방향 설정 행위가 동시에 기존의 '존재 구조'를 파괴하는 방향으로 작용할 때 이는 곧 유토피아적이라고 규정될 수 있다. 그러므로 어떤 특정한 '존재 질서'를 담당하며 이를 대표하는 사람들이라고 해서 결코 존재 초월적인 지향성을 거부하는 것도 아니려니와 단지 그들로서는 일정한 생활 질서 내에 실현되어 있는 존재 초월적인 사상이나 의욕을 견제하여 이를 사회적 내지 역사적 피안으로 몰아냄으로써 그것이 사회에 미칠 영향을 무력하게 하려는 데만 주력하는 셈이다.

그 어떤 역사적 단계에서도 이렇듯 존재를 초극하는 관념 세계는 항상 함께했지만 그와 같은 관념이 일정한 현실적인 역사적 단계에 속하는 세계상 속에 '유기적'으로(즉 획기적 전환점을 마련하지 않고) 합일화되어 있는 이상 그것은 유토피아로서보다는 오히려 이러한 역사적 단계에 부응하는 이데올로기로서 작용해왔다. 예컨대 봉건적이며 종교적인 중세 제도가 그 자체의 사회적 외곽으로부터

천국의 약속을 역사 초월적인 피안의 영역으로 몰아냄으로써 그 속에 담긴 위력적인 예봉을 꺾는 데 성공했다 하더라도, 이러한 내용은 여전히 이 제도에 속한다고 할 수 있겠지만 일련의 인간 집단이 그와 같은 이상을 자기들의 행동 목표로 하여 이를 실현하려고 노력하면서부터는 이러한 이데올로기가 유토피아로 바뀌었다. 구스타프 란다우어Gustav Landauer, 1870~1919*의 말을 빌려서 - 의식적으로 일반적인 정의와 다른 각도에서 - 스스로의 타당성을 펴나갈 수 있는 모든 질서·체계를 '토피아Topie'라고 한다면 이상이란 역사의 전환을 가져올 수도 있다는 점에서는 유토피아라고 할 수 있다.

그런데 이와 같은 구별을 짓는 데는 특정한 '존재'의 개념과 또한 이에 준하는 존재 초월성이란 개념이 그 근저에 있는데, 여기서는 무엇보다도 이 문제부터 다뤄야만 하겠다.

도대체 '현실'이나 '존재'라는 것은 무엇인가 하는 것은 철학의 과제이므로 여기서 우리가 다룰 성질의 것은 아니지만 역사적으로나 사회학적으로 봐서 우리가 무엇을 '현실적'이라고 부르느냐 하는 것은 비교적 확실하게 규정할 수 있다.

인간이란 원초적으로 역사와 사회 속에서 생활하는 존재이므로 이와 같이 그를 둘러싸고 있는 '존재'란 결코 '존재 일반'일 수는 없고 어디까지나 구체적인 역사적 형상을 지닌 사회적 존재이다. 사회학자의 입장에서 본다면 '존재'란 언제나 **구체적으로 통용되**

• Landauer, G., *Die Revolution* (Bd. 13 der Schriftenreihe 'Die Gesellschaft', hrsg. v. M. Buber, Frankfurt a. M., 1923).

는' 것으로 파악돼야 하는데, 이는 다시 말하면 – 스스로의 힘을 발산하는, 따라서 현실적이라고 규정되어야만 할 생활 질서라는 뜻이기도 하다.

우선 우리는 구체적으로 '스스로의 힘을 펴나가는 생활 질서'가 뜻하는 바를 그 근저에 놓인 특수한 경제 및 권력 구조의 양식에 따라서 파악하거나 규정지을 수도 있지만, 여기에는 또한 그와 같은 구조 형태에 의하여 가능해졌거나 혹은 요청된 모든 인간의 공존 형태(사랑, 교제 또는 투쟁 등과 같은)와, 더 나아가서는 이러한 생존 질서에 부합되거나 일치하는 체험 및 사유의 모든 방법과 양식이 포함되어 있다(지금의 우리 입장으로서는 우선 이 정도의 해명만으로도 족하다고 하겠지만 앞으로의 문제 전개를 위해서는 더 많은 점이 해명되어야만 하겠다. 어떤 개념을 해명하는 일은 일정한 단계에 가서 임의로 끝맺을 수 있는 성질의 것은 아니며 오히려 전체적 구조에 대한 설명의 도가 더욱 폭넓고 진지하게 전개되는 것과 보조를 맞춰야만 한다). 그러나 '현실적으로 통용되는' 생존 질서란 그 모두가 '존재 초월적', 따라서 '비현실적'이라고 부를 수 있는 표상으로 둘러싸여 있다고도 할 수 있다. 왜냐하면 그러한 표상은 바로 그와 같은 생존 질서 내에서는 스스로가 담지하는 내용을 도저히 작용시킬 수 없을 뿐 아니라 또한 그와 같은 표상에 의존해서는 우리가 그러한 생존 질서 내에서 결코 생활할 수도, 또 행동할 수도 없기 때문이다.

결국 이와 같이 약동하는 생존 질서와 합치될 수 없는 표상은 그 모두가 한마디로 '존재 초월적' 또는 비현실적인 것이며 이에 반하여 구체적 현재성을 띠면서 실질적 작용을 펴나가는 존재 질서와 합치되는 표상에 대해서는 '적절하고도' 또한 존재와 일치하는 표상이라고 부를 수가 있다. 그러나 이 후자의 경우는 비교적 드물다고 할 수 있는데, 왜냐하면 사회학적 의미로 봐서 완전한 자기 파악에 도달한 의식의 소유자만이 존재와 일치하는 관념이나 동기에 따라서 작용할 수 있기 때문이다. 바로 이렇듯 존재와의 일치를 바탕으로 한 관념 형태에 대치되는 경우가 곧 이데올로기와 유토피아라는 두 가지의 대표적인 존재 초월적 관념 형태인 것이다.

우리가 이데올로기라고 부르는 존재와 유리된 표상은 그 속에서 다뤄진 내용을 실질적으로 실현하기란 도저히 불가능한 경우를 두고 하는 말이다.* 그러므로 아무리 이러한 관념이 때에 따라서 개개인의 주관적 행동을 가능하게 하는 선의의 동기가 된다 할지라도 결국 이데올로기적 관념의 의미 내용은 행동의 전개 과정 자체에서 어느덧 변질되고 만다.

이를테면 기독교적 박애 정신은 노예 제도하에서는 언제나 존재 초월적이고 실현 불가능한 것이었으므로 아무리 어떤 개인이 그러한 생각을 단순히 자기 행동의 동기로 삼으려는 의욕을 품는다 해도 역시 그것은 '이데올로기적' 성격을 벗어날 수가 없다. 그러므로 사회 조직 자체가 그와 같은 원리에 바탕을 두지 않은 이상은 이러한 기독교적 박애 정신을 철저하게 구현하며 살아간다는 것은

• 물론 여기에는 이데올로기가 어떤 행동의 동인이 될 수 있다는 뜻이 포함되어 있는데 이것이 이데올로기적 성격(허위성)을 띠지 않을 수밖에 없는 이유는 여기서 전개되는 행동이 곧 이데올로기적 내용 그 자체가 뜻하는 것과는 다른 방향으로 행해지기 때문이다.

불가능할 뿐 아니라 특히 개인의 입장에서는 – 이러한 사회 구조를 파괴할 생각이 없는 한 – 언제나 고귀한 스스로의 동기와는 동떨어진 행동을 할 수밖에 없는 것이다.

　이데올로기적 행동이 표상 내용으로부터 '이탈해가는 현상'은 여러 가지 형태를 띨 수 있는데 일련의 다양한 이데올로기적 의식 형태가 바로 이 사실을 뒷받침해준다. 그 첫 번째 유형으로는 표상과 사유 작용의 주체가 스스로 관념과 현실 사이의 불일치성을 발견하지 못하는 경우인데 여기서는 역사적 내지 사회적 규정을 받는 주체의 사유 작용이 이미 그 전체적 원리에 비춰봐서 그와 같은 불일치성을 도저히 간취할 수 없는 상황에 처해 있는 까닭이다. 두 번째에 해당되는 이데올로기적 의식 형태로는 이미 자기 자신의 이념이 관철된 행동과 괴리 현상을 빚을 수밖에 없다는 역사적 가능성을 투시하면서도 과욕적인 본능이 명하는 바에 따라서 이러한 통찰을 은폐하는 자기 기만적 의식을 들 수 있다. 마지막 유형으로는 이데올로기를 고의적인 거짓이라는 뜻으로 해석하는 이른바 의식적인 기만을 바탕에 둔 이데올로기적 의식을 들 수 있는데 여기서 특히 문제가 되는 것은 자기 기만과는 다른 타인에 대한 고의적 기만 행위라는 문제이다. 이와 같이 선의의 존재 초월적 의식에서 시작하여 자기 기만 의식을 거쳐서 의식적 기만에 관한 이데올로기에 이르기까지 무수히 많은 중간 단계가 있는 것이 사실이지만* 여기서는 그러한 현상에 대하여 더 이상 거론하지 않겠다. 우리가 이들 여러

---

* 여기에 대한 상세한 점은 〈이데올로기와 유토피아〉를 참조할 것.

유형을 눈여겨본 이유는 이러한 연관 관계 속에서 차지하는 유토피아적 특성을 좀 더 명확히 파악하기 위해서이다.

　유토피아 역시 현실화된 존재 속에 내포되지 않은 어떤 요소를 스스로의 행동 지침으로 설정하고 있다는 점에서는 앞서와 마찬가지로 존재 초월적이라고 할 수 있지만 결코 이데올로기일 수는 없다. 왜냐하면 유토피아적 의식의 경우에는 자기가 생각하는 방향으로 역작용을 가함으로써 기존의 역사적 존재로서의 **현실성**에 변화를 가져올 만한 능력을 실제로 갖고 있기 때문이다. 우리와 같은 비교적 국외자의 입장에 있는 사람에게는 이상과 같이 원칙론에 치우친, 일단은 형식적인 의미를 띤 데 불과한 듯한 이데올로기와 유토피아의 차이점 그 자체는 거의 아무런 문제성도 지니지 않은 듯이 보일 수도 있지만, 일단 우리가 어떤 구체적 사례를 놓고 어느 쪽을 이데올로기나 혹은 유토피아로 규정해야 할 것인가 하는 문제에 부딪히면 여기에는 말할 수 없는 어려움이 따르게 된다. 다시 말하면 여기서는 언제나 가치를 평가하거나 효과를 측정하려는 관념이 문제가 되는 까닭에 이러한 관념이 행동의 단계로 옮겨지면 우리는 불가피하게 역사적 현실을 지배하기 위해 싸우는 여러 당파 중의 어느 한편이 소망하거나 또는 그가 표방하는 생활 감정에 편승하지 않을 수 없는 것이다.

　그뿐만 아니라 자기가 처한 일정 상황을 놓고서도 어떤 것이 과연 유토피아이며 또는 이데올로기인가 하는 문제는 근본적으로 우리가 **존재의 현실**이 처한 어떠한 단계를 가치 측정의 기준으로 잡느냐에 달렸다고 할 수 있으니, 결국 기존의 사회사상적 존재 질서를 옹호하는 계층으로서는 자기들이 지탱해온 사상 연관체를 현실적이라고 느낄 것임에 틀림없다. 이와 반대로 여기에 적대되는 입장에 있는 계층으로서는 자기들이 희망하는 방향으로 싹트일 뿐 아니라 동시에 이러한 씨앗을 바탕으로 생성돼가는 생존 질서에 따라서 행동의 지표를 마련할 것만은 의심의 여지가 없다. 그러므로 일정한 존재 현실을 옹호하는 사람에게는 **자기의 입장으로 봐서 도저히 원칙적으로 실현 불가능한 관념이면 그 모두가 유토피아**가 된다.

바로 이와 같은 용어상의 관례에 따라서 오늘날 흔히 통용되는 유토피아적이라고 하는 말은 원칙적으로 실현 가능성이 없다는 부차적 의미와 동의어가 되어버렸다(세밀한 정의를 내리기 위하여 우리는 일부러 이러한 의미는 도외시해버렸다). 물론 존재 초월적인 표상 중에는 원칙적으로 도저히 실현될 수 없는 경우도 있는 것만은 사실이다. 그렇긴 하지만 일정한 존재 질서에 유념하면서 그에 준하는 생활 감정의 그늘에서 살아가는 사람들은 단지 **자기들의 생존 체계에 비추어서 현실성이 희박하다고 보이는 존재 초월적 표상이면 그 모두가 절대적으로 유토피아적**이라는 듯이 생각하려는 경향이 있다. 그리하여 이제부터 우리가 유토피아에 관해서 직접 언급할 때에는 언제나 다만 상대적인, 다시 말해서 이미 존재하는 일정한 현실의 단계에서 볼 때 실현 불가능해 보이는 유토피아만을 문제로 삼고자 한다.

이미 유토피아라는 개념이 뜻하는 바를 규정하는 것만으로도 우리는 역사적 사유를 정의한다는 것이 얼마나 미래 투시적인가를 알 수 있었다. 다시 말해서 각 사상가의 입장을 기초로 하여 이뤄진 전체적 사상 체계와 더욱이 이와 같은 사상 체계의 이면에 자리 잡은 정치적 결단이 이미 그러한 정의 속에 내포되어 있다는 것이다. 그뿐만 아니라 우리가 일정한 개념을 어떻게 규정하고 또 어떠한 의미의 뉘앙스에 따라서 그러한 개념이 사용되느냐 하는 사실 자체가 이미 일정한 정도까지는 그러한 개념을 기초로 하여 구성된 사유의 방향과 결과를 사전에 결정짓게 해준다고도 하겠다.

그러므로 의식적이건 무의식적이건 간에 기존의 현행 사회 질서를 옹호하는 사람으로서는 범위상으로만 봐서도 극히 포괄적이고 비규정적이며 또한 분화되지 않은 유토피아 개념을 가질 수밖에 없는데, 따라서 여기서는 절대적으로 불가능한 것과 단지 상대적인 정도로만 불가능한 것이 서로 구별되지 않는 것도 결코 우연이 아니다. 이러한 입장에 서 있는 한은 그 누구도 현존하는 자기 위치를 단순히 벗어나려고 하지 않음으로써 다만 현존하는 존재 질서 내에서만 실천 가능성이 없는 것마저 마치 실현 가능성이 **전혀** 없는 것으로 취급해버림은 물론 양자 간의 차이마저 없애버린 채 단지 상대적인 의미를 지닌 데 불과한 유토피아의 요청마저도 움트지 못하게 하려고 한다. 이와 같이 현존하는 범위를 초월하는 것이면 그 무엇이건 아무런 구별 없이 유토피아적인 것으로 봐버린다는 것은 결국 어떤 다른 존재 질서 내에서라면 실현될 수도 있을 '상대적인 유토피아적 요소'에서 풍겨오는 스스로의 불안감을 해소시키는 데 그 목적이 있다고 하겠다.

그러나 이와 정반대로 무정부주의자인 란다우어(앞의 책 p. 7 ff.)와 같이 혁명이나 유토피아에게만 모든 가치를 부여하고 그 밖의 모든 토피아(존재 질서)에서는 악한 것 그 자체만을 보는 입장으로서는 이와 같은 존재 질서 사이에도 아무런 차등이 있을 수 없다. 앞에서 본 바와 같이 마치 각개의 존재 질서를 대표하는 사람의 눈으로 볼 때는 이와 같은 유토피아적인 것이 더 이상 세분될 수 없었듯이(이를 우리는 유토피아에의 맹종이라고 할 수 있겠다) 무정부주의자는 존재에의 맹종성을 띠었다고 하겠다. 예를 들어 란다우어에게서는 그 밖의 모든 무정부주의자에게서 두드러지게 나타나듯이 부분적 차이점을 전부 모호하고 단순화하다시피 하는 '권위주의자'와 '자유의 투사'라고 하는 대치 개념이 고개를 드는데, 이러한 양립성에 따라서 본다면 경찰국가를 위시하여 민주적이며 공화제적인 경우를 포함한 사회주의적 국가 조직에 이르기까지 모두가 일률적으로 '권위주의적'인 데 반하여 유독 무정부주의만이 자유 지향적인 것으로 나타난다. 그런데 이와 같은 단순화 경향이 역사상을 정립하는 데까지도 그 영향을 미친다. 다시 말해서 개개의 국가 형태 사이의 분명한 질적 차이점이 너무나 극단적인 양자 택일적 방법에 의하여 은폐되어버렸듯이 본질적인 가치의 악센트를 유토피아와 혁명에만 부여함으로써 역사적 내지 제도적 측면에서 일정한 발전적 계기를 간취할 수 있는 가능성마저도 사라져버리고 만다. 이러한 세계 감정을 기준으로 하여 본다면 역사적 사건이란 모든 토피아(질서)가 그 자체로부터 싹트는 유토피아에 의하여 끊임없이 교체된다는 것이나 다름이 없다. 오로지 유토피아와 혁명만이 진정한 삶을 구가할 수 있을 뿐, 그 밖의 제도적인 존재 질서는 퇴조기를 맞이할 유토피아와 혁명의 그림자에나 비길 수 있을 단순한 악의 잔재로 취급될 뿐이다. 이와 같이 역사적 진전의 방향은 하나의 토피아로부터 유토피아로, 그리고는 다시 새로운 토피아로 이어져나간다고 보는 것이다.

세계를 보는 이와 같은 관점이나 개념 형성의 방식이 너무나도 편협적이라는 것은 더 이상 상술할 필요가 없을 정도로 명약관화한 사실이 되었다. 다만 이것이 한 가지 공헌한 점이 있다면 각양의 기존 존재 질서를 옹호하던(보수적인) 사고방식에서와는 달리 여기서는 그 모든 기존 존재 질서란 있을 수 있는 여러 가지 '토피아' 중의 단 한 가지 양식일 뿐이라고 하여 결국 그와 같은 토피아를 파괴해버릴 수 있는 유토피아적 요소를 자체 내에서 파생시키면서 동시에 기존 질서의 절대화도 방지했다는 데 있다. 여기서 우리가 알아차릴 수 있는 것은 '올바른(혹은 좀 더 조심스럽게 표현하여 우리가 당면한 이념적 수준에 가장 알맞은)' 유토피아 개념을 발견하고자 한다면 무엇보다도 우선 지식사회학적 분석에 의하여 각자의 입장이 지닌 일방적 성격을 서로서로 저울질하여 봐야만 하리라는 것이다. 이렇게 함으로써 우리는 종래에 있어서의 개념의 의미가 어떠한 점에서 부분적 편파성을 띠었던가를 분명히 알 수 있을 뿐 아니라 또한 이와 같은 사실이 해명됨으로써 비로소 우리는 스스로의 결단을 근거로 하여 지금까지 그 양상이 분명히 드러난 일방적 성격을 극복할 수도 있는 좀 더 현명한 해결 방안을 모색하게 될 것이다. 이 글의 앞부분에서 쓰인 유토피아 개념은 바로 이러한 의미에서 볼 때 가장 포괄적이라고 할 수 있는데, 그것은 즉 어떤 존재 일반으로부터가 아니라 구체적인 사회 역사적 규정을 받는, 항시 그 스스로가 변화하는 존재에서 출발함으로써 결국은 현실의 동태적인 성격을 구명해보려고 노력한 것이었다고 하겠다. 이 밖에도 또한 여기서는 저마다의 **역사적 및 사회적 특성에 따라서 질적인 차이를 나타내는 유토피아** 개념을 발견하여 종국에는 '상대적' 및 '절대적 유토피아의 성격'을 구별하려는 노력이 경주된 것이기도 하다.

이상과 같이 세밀한 검토를 가하는 이유도 결국은 우리가 존재와 유토피아의 관계를 단지 추상적으로, 그것도 또 임의의 어떤 이론적 입장에 의거해서 정립하려고 하지 않고 일정한 시대적 배경하에서 역사적 내지 사회적 형태 변화를 수반하는 유토피아의 구체적 의의나 내용을 올바르게 포착할 뿐 아니라 더 나아가서는 이와 같은 형태상의 변화를 단지 형태학적 입장에서 명상적인 방관자적 자세를 취하거나 그러한 위치에서 기술이나 하는 것으로만 그치지 않고 유토피아의 생성 작용과 '존재'의 생성 작용과를 연결짓는 생동한 원리를 제시하고자 했기 때문이다. 이러한 의미에서 우리는 존재와 유토피아의 관계를 '변증법적'인 것으로 규정할 수 있으니, 우선 이 말은 어떠한 존재의 단계에 있어서도 '부정적'이며 '아직 실현되지도 않았고' 또한 각기의 존재 단계마다 결핍된 것을 그 자체 속에 집약적으로 내포하고 있는 모든 '사상적 내지 심리적 내용'을(특정한 여건하에 있는 사회적 역할 담당자를 통하여) 분출시키는 데서 이뤄지는 관계를 일컫는다. 여기서 이와 같은 정신적 요소는 급기야 존재로 하여금 스스로를 박차고 나가게끔 하는 폭발물의 구실을 함으로써 결국은 존재가 유토피아를 낳는가 하면 이 유토피아는 다시금 존재를 파괴하여 또 다른 다음 단계의 존재를 향하여 계속 진전한다. 이와 같은 '변증법적 문제'에 대해서는 너무 주지주의적 경향을 띤 형성화된 단계에서였기는 했지만 헤겔주의자였던 **요한 드로이젠** Johann Gustav Droysen, 1808~1884이 이미 훌륭하게 정식화해놓았다. 그의 개념 규정은 변증법적 요소를 이해하는 데 필요한 예비적 해석이 될 수도 있을 것이므로 그의 《역사학 강요》(Rothacker 편, Halle. d. Saale 1925) 중 몇 개 대목을 여기에 인용하고자 한다.

§ 77

역사적 세계 내에서의 모든 운동은 어떤 마땅히 있어야 할 바 그의 **상태**로부터 이상적인 반대상反對像으로서의 사상이 전개되는 가운데 진행되어 간다…….

§ 78

사상이란 기존의 것을 비판하는 것이며 또한 당위적으로 있어야만 할 것이 없음을 비판하는 것이다. 그런데 그것이 일단 현실화되어 새로운 상태로 이뤄짐으로써 단순한 습성이나 타성 또는 경직성을 띠기 시작하면 다시금 비판 기능이 요청되면서 결국 이러한 과정은 끝없이 반복된다…….

§ 79

고정된 상태 속에서 새로운 사상이 움트고 이 사상으로부터는 다시금 새로운 상태가 이뤄지도록 하는 것, 이것이 인간의 할 일이다.

이상과 같이 존재와 '사상적 영역' 내에서 포착될 수 있는 모순이 서로 변증법적 전진을 지속해나간다고 보는 견해는 결코 형식적인 도식으로만 그칠 수는 없고, 오히려 여기서 우리가 수행해야 할 기본적 과제는 존재의 다양성과 그에 준거하는 유토피아적 성격의 세분화 현상을 좀 더 구체적인 이들 상호 간의 작용 속에서 추구해나가는 일이다. 그리하여 여기서는 체계적으로도 더욱 내용이 풍부한 문제점이 생겨나듯이 또한 더욱 풍부한 역사적 의미를 지니게 될 것이다. 왜냐하면 체계와 경험성이 더욱더 상호 일치되는 방향으로 이끌어가는 것이 우리가 감당해야만 할 연구 과제이기 때문이다.

우리가 일반적으로 고찰한 바에 의하면 적어도 그 경향에 있어서 진보적 정당이 사용하는 개념적 수단이 체계적 연구를 하는 데는 더 적합하다. 왜냐하면 그들 정당만이 이론 정연한 **조직적 사유**를 할 수 있는 실존적 근거를 지니고 있기 때문이다.•

이와 반대로 일회성을 중시하는 역사의 개념은 대개가 보수적 성향이 농후한 입장에 있는 사람들에 의해서 제기되곤 하는데 특

• 이 원인을 구명하기 위해서는 "Das konservative Denken" (a.a.O. p. 83 ff.)를 참조.

히 이와 같은 양상은 일반화된 관찰 태도를 벗어나서 역사적 일회성의 사상이 대두될 수 있었던 시기에 가장 잘 나타난다.

이러한 착안점을 근거로 하여 우리는 흔히 역사가들이 제기하는 유토피아 개념에 대한 이상과 같은 정의의 반론에 답할 수도 있다. 즉, 그들이 비판하는 요지는 우리가 '유토피아적'이라고 부르는 개념 규정이 한편으로는 토머스 모어Thomas More, 1477~1535의 유토피아와 관련된 문헌류를 별로 크게 참고하지도 않았는가 하면 또한 이와 같은 역사적 출발점과 전혀 무관한 많은 요소가 포함되어 결국은 너무 구조적 측면에만 치중되어 있다는 것이다.

역사가가 이러한 반박을 하게 되는 동기를 다시 한 번 살펴보면 첫째로 역사 서술의 과제는 역사를 그 구체적인 일회성과 직관적 명료성이라는 측면에서 묘사하는 것이고 둘째로 역사학자가 직관에 근거를 둔 개념에 의해서만 스스로의 작업을 해야 한다는 것은 다시 말해서 역사 현상이 지닌 원래의 유동적 성격에 어긋나지 않도록 지나치게 조직화된 개념은 구사하지 않아야 한다고 하는 그들 나름의 전제에서 비롯된 것이다. 따라서 이 경우에는 어떤 하나의 원칙에 준해서 동일 방향으로 분류될 수 있는 여러 역사적 현상이 아니라 명료한 직관력에 의해서 식별될 만한 일회적인 역사적 상황 속에 자리 잡은, 유사성을 띤 현상들이면 모두가 동류적인 것으로 집약될 수 있다. 이제 우리가 분명히 말할 수 있는 것은 그와 같은 전제하에서 역사적 현실의 규명을 시도하는 사람은 그러한 개념적 수단을 구사함으로써 체계적 연구의 가능성을 선천적으로 가로막고 있다는 사실이다. 예를 들어서 역사란 단순히 직관적 구상과 일회성만으로 이뤄진 것은 아니고 오히려 일정한 구조와 형식을 보유하고 있음은 물론, 더 나아가서 다층적인 역사적 존재에는 어떤 법칙성까지도 영향을 입힌다고 가정한다면(물론 우리는 이러한 사실을 일단은 하나의 가능성으로만 봐야겠지만) 위에서 본 바와 같이 단지 '비구성적'인데 불과한 '역사적 일회성'에만 집착하는 개념을 원용함으로써 우리가 과연 어떻게 그와 같은 요인들을 발견할 수 있다는 것인가? 이렇게 놓고 볼 때 '유토피아'라는 개념이야말로―즉 이 개념이 단지 모어가 사용한 유토피아라는 뜻과 비슷하다거나 혹은 이보다 의미의 폭을 좀 더 넓혀서 '이상 국가적 정치 소설'이라고 불릴 수 있는 그런 좁은 뜻에서의 역사적 형상만을 주안점에 두고 있는 한―역사적 비구성의 개념이라고도 할 수 있을 것이다. 물론 역사 인식의 목적이 이와 같이 직관적 구상성과 일회성을 파악하는 것으로 그친다고 한다면 우리로서도 역사를 직관적 내지 일회적인 것으로 보고 서술하거나 기록한 개념이 정당하다는 것을 의심치 않겠지만, 우리가 취해야 할 역사 인식의 태도가 그러해야만 된다는 주장에 대해서는 일단 이의를 제기하지 않을 수 없다. 특히 역사란 그 자체가 순수한 일회성의 연쇄 작용일 뿐이라고 하는 역사가들의 주장은 황당무계한 것이다. 만약 우리가 어떤 문제 제기에 있어서나 개념의 형성 과정에서 또 다른 종류의 해답 가능성을 아예 막아버린다면 우리가 어떻게 역사를 통한 교훈을 얻어보려는 생각이나마 할 수 있단 말인가? 만약 우리가 구조적 측면에서의 문제 제기를 처음부터 포기한 채 단지 공허한 개념만을 역사에 부과하려 할 때 과연 역사는 어떻게 스스로의 구조를 드러내보일 수 있겠는가? 그뿐만 아니라 만약 하나의 개념이 이론적 성격을 띤 어떤 기대 의식과 같은 것을 포함하고 있지 않다면 이러한 방향에서 과연 어떤 충실한 성과가 기대된단 말인가(우리가 보수주의자나 무정부주의자에게서 볼 수 있었던 바로 그 동일한 방법이 여기서는 단지 좀 더 높은 차원에서 반복되고 있다. 즉 우리에게 달갑게 느껴지지 않는 경험 내용은 이미 문제 제기의 발단에서부터, 또는 자기가 사용하려는 개념을 구성하는 과정에서 미리 배제해 버리는 수법이 그것이다).

우리가 역사에 대하여 제기하는 문제점이란 본질적으로 주어진 현실을 돌파할 수 있는 어떤 실현되지 않은 관념으로서의 내용물이 있는 것이 아닌지를 알아보려는 데 있었으므로 우리는 이러한 여러 현상을 개념적 형태를 띤 문제 제기를 위한 하나의 단위로 고정시킬 수 있다. 다만 여기서 문제가 되는 것은 이와 같은 개념을 '유토피아'의 의미와 결부해도 좋겠는가 하는 것인데 이에 대해서는 다음과 같은 두 가지 대답을 할 수가 있다. 첫째 우리가 '유토피아란 …… 뜻을 가진 것이다'라는 정의를 내린다면 여기서는 그 누구도 아무런 흠을 발견하지 못할 것이니, 왜냐하면 이 한마디로써 우리는 이미 이렇게 내려진 정의는 특정한 인식 목적에 합당하게끔 그 뜻이 짜여 있다는 것을 자인한 것이나 다를 바 없기 때문이다(이미 베버는 이 점에 대해서 분명히 깨우치고 있었다). 그러나 이 밖에도 만약 우리가 그와 같이 짜인 정의 내용을 역사적으로 입증할 만한 낱말의 뜻과 연결하려고 한다면 이는 곧 단순한 역사적 의미로서만 파악된 '유토피아'에는 이미 지금까지 우리의 논리적 구성 내용 속에서 강조되었던 요소들이 본질적 계기로서 담겨져 있음을 지적하려는 의도가 뒷받침되어 있기 때문이다. 그러므로 우리의 견해에 의한다면 지금까지 우리가 구조적 성격을 주안점에 두고 정의를 내렸던 개념들이란 단순한 사상적 실험으로만 그치는 것이 아니라 오히려 구성적 발단을 경험의 세계에서 찾아내야만 했던 것이므로 결국 이러한 개념은 현실에 바탕을 둔 것임에 틀림없다는 것이다. 실제에 있어서 이와 같은 구조적 개념은 사변적 목적에 사용하기 위한 것이 아니라 우리로 하여금 현실 그 자체 내에 존재하는 구성적 요소들-이것이 언제나 일목요연하게 나타나는 것은 아니지만-을 재구성할 수 있도록 힘쓰려는 것뿐이다. 구성한다는 것은 따라서 개념과 사념이 정지된 상태에 있는 공리공론과 같은 것이 아니라 어디까지나 경험을 가능하게 하는 그의 선행 조건으로서, 만약 이 경험성이 개념 속에서 잉태된 기대 의식을 충족할 때는 그 자체를 단순한 것으로 볼 수 있지만, 반대로 그것이 구성된 내용의 정당성을 판가름할 만한 '자료'를 제공할 수 있을 경우라면 우리는 이와 같은 구성 내용에 대하여 재구성체로서의 권위를 인정할 수가 있을 것이다.

하여간에 우리는 역사적 또는 체계적(구성)이라는 상반된 용어를 조심스럽게 사용해야 하겠는데 특히 우리가 이러한 대치 개념을 사상 전개 과정의 예비적 단계에서 사용한다면 이는 몇 가지 문제에 대한 해결책이 될 수도 있을 것이다. 랑케의 사상 전개 과정에서 볼 수 있던 그와 같은 대립의 역사적 발전상을 보면 확실히 여기에는 여러 세분화된 현상을 해명해주는 의미가 담겨 있던 것이 사실이다. 결국 여기서 랑케로서는 헤겔에 반대되는 자신의 입장을 해명했다고 할 수도 있겠지만 여기서 만약 우리가 일정한 사상 전개상의 초보적 국면에 해당하는 가치만을 지닌 대립 관계를 (그러나 실제로는 역사의 발전이나 그 밖의 현상에 담긴 내재적 구조는 결국 이러한 상태를 넘어설 것임에도 불구하고) 마치 최종적인 안티테제Antithese나 또는 절대적인 대립으로 고착시켜버린다면 결국 여기서는—그 밖에도 흔히 이런 상황이 벌어지게 마련이지만—사상 전개상의 단순한 국부적 양상에 어떤 절대성을 부여하는 결과만을 빚고 말 것이다. 그러므로 여기서도 역시 절대성에 대한 이러한 고집은 체계적으로나 역사적인 문제의 제시와 더 나아가서는 전체성의 연구 가능성까지도 저해하는 데 기여할 뿐이다.•

유토피아적인 것에 대한 구체적 규정은 언제나 일정한 존재의 단계를 바탕으로 해서 이뤄진다는 이유로 인하여 우리는 또한 오늘의 유토피아가 내일의 현실로 화할 수 있는 가능성을 생각해볼 수도 있

• 사적 개념을 형성하는 데 따르는 실제적 위험도에 대해서는 마이네케에 대한 슈미트의 비판을 참고할 것. Schmitt, C., "Zu Friedrich Meineckes Idee der Staatsraison" *Archiv für Sozialwissenschaft und Sozialpolitik* (Bd. 56, 1926, p. 226 ff.). 극히 대조적인 이들 대표적 사상가가 제기한 문제성이 그 뒤의 문헌에서 더 이상 깊이 있게 거론되지 않았음은 유감스러운 일이다.
역사와 체계의 문제에 관한 것으로는 최근에 간행된 다음을 참조할 것. Sombart, W., "Economic Theory and Economic History" (Economic History Review, Vol. II, No. 1, Jan. 1929)와 Jecht, H., *Wirtschaftsgeschichte und Wirtschaftstheorie* (Tübingen, 1928).

다. 알퐁스 드 라마르틴Alphonse de Lamartine, 1790~1869에 의하면 "흔히 유토피아란 아직은 미숙한 상태에 있는 진리를 뜻한다". 우리는 보통 전 시대적인 존재 단계를 옹호하는, 이를테면 보수적인 사람일수록 일정한 의미 내용을 유토피아적인 뜻으로 낙인찍는 경우를 볼 수 있는가 하면, 또 이와는 반대로 존재와 일치하는 기만된 관념으로서의 이데올로기라는 뜻을 원초적으로 '폭로'한 것은 언제나 이제 막 생성 단계에 들어선 데 불과한 존재의 현실성을 옹호하려던, 이를테면 급진적 경향의 사람들이었음을 알 수 있다. 다시 말해서 기존의 존재 질서와의 혼연한 일체감을 품고 있는 지배 계층은 언제나 유토피아에 대한 개념을 규정하는 반면에 기존의 존재 현실성과는 날카로운 긴장 상태에 놓여 있는 신흥 계급은 언제나 이데올로기적 개념 규정을 앞세우게 마련이다. 그 밖에 또한 일정한 현실 단계 내에서의 어떤 한 시점을 중심으로 하여 볼 때 과연 어떤 것을 이데올로기 내지는 유토피아라고 규정할 것이냐는 구체적 개념 규정에 따르는 어려움은 바로 이 유토피아와 이데올로기라는 두 요소가 역사의 과정 속에서 서로 혼동된 상태에서 마주칠 수 있다는 데서 더욱 가중되는데 이는 특히 신흥 계급의 유토피아란 흔히 이데올로기적 요소를 다분히 간직하고 있기 때문이다.

신흥 부르주아지의 유토피아는 이를테면 '자유'의 이념과 같은 것으로서 그것은 부분적으로 볼 때 하나의 현실성을 내포한 유토피아이기도 했다. 다시 말하면 여기에는 새로운 존재 질서를 지향하면서 앞서 있던 현실 구조를 파괴할 뿐 아니라 다시 이와 같은 이념을 관철하고 난 다음에는 부분적으로나마 스스로를 실현할 수 있는 요소들이 포함되어 있었다. 직업적 내지 신분적 속박으로부터의 탈피를 뜻하는 자유, 사상 및 표현의 자유라는 뜻에서의 자유, 정치적 자유라는 각도에서 본 자유, 개체적 의식을 만끽한다는 점에서의 자유 등등은 모두가 적어도 그 이전의 신분 제약적 내지 봉건적 사회 질서에 있어서보다 훨씬 실현 가능성이 농후해졌다. 그런데 이러한 유토피아가 실현된 오늘에 와서 볼 때 우리는 그 당시의 자유의 이념은 이미 유토피아적 요소뿐만이 아닌 이데올로기적 요소까지도 내포하고 있었음을 족히 알 수 있다.

그런데 이와 같은 자유의 이념이 바로 그 자체에 부착된 평등 사상을 한계점으로 하여 더 이상 전진할 수 없게 되자 결국 원래는 자유의 이념이 요구하고 나섰고 뒤에 가서는 뜻대로 이뤄질 수도 있었던 생활 질서 속에서는 더 이상 실현될 수 없는 것만이 문제로 남게 되었다. 이 단계에 와서 필요해진 것이 즉 앞으로 있을 어떤 기회에 가서야 실효성을 발휘할 수 있는, 다시 말하면 선행했던 '부르주아적' 의식 태도 속에 깃들어 있던 실현성 있는 유토피아적 요소로부터 이데올로기적 부분을 분리 내지는 절제해버릴 수 있는 새로운 신흥 사회 계층이었다.

지금까지 봐온 바와 같이 모든 이데올로기적 내지 유토피아적 의식을 구체적으로 규정하는 데서 야기되는 어려움이 문제 핵심의 파악을 더욱 어렵게 하는 것은 사실이지만 그렇다고 해서 이것이 해결 불가능할 정도의 과제로 등장한 것은 아니다. 단지 목전에 벌어지고 있는 쌍방 간의 사상 투쟁을 앞에 놓고 볼 때 과연 어느 편이 진정한(즉 미래에 가서 언젠가는 실현될 수 있는) 유토피아를 추구하는 계급이며 이와는 달리 단순히 이데올로기를 바탕으로 한 지배적인(그러나 또한 신흥 계급일 수도 있는) 계급은 또 어느 편인가를 가려낸다는 것은 극히 힘든 일이다. 그러나 우리가 과거를 돌아보면 거기에는 무엇이 이데올로기이며 혹은 유토피아였던가 하는 데 대한 비교적 신뢰할 만한 판단 기준이 주어지는데, 그것은 즉 **현실화 또는 실현**die Verwirklichung과 관련된 문제라고 하겠다. 어떤 과거의 생활 질서에 대해서건 혹은 새로운 신장세를 보이는 생활 질서에 대해서건, 그것이 단순히 은폐 작용만을 일삼는 관념에 불과하다는 것이 뒤늦게나마 드러나는 이념은 이데올로기라고 불릴 수 있을 것이며 바로 차후에 형성된 생활 질서 속에서 그나마도 실현될 수 있었던 이념의 경우는 상대적인 유토피아로 불려졌다. 그뿐만 아니라 이미 이뤄진 과거의 현실만을 기준으로 한다면 과연 그 속에 뿌리박혀 있던 존재 초월적 관념 중에서 어느 것이 현실 타파적인 상대적 유토피아이며 혹은 현실 은폐적인 이데올로기의 역할을 하는가라는 판단을 내리기는 힘들지만, 일단 사회적 존재 질서가 실현된 상태에 관한 한은 여전히 적대적인 세력 간의 상충되는 견해에 따라서 좌지우지될 소지를 안고 있는 이념 대립적 상황을 판단하는 데 있어서는 어떤 과거로 거슬러 올라가서라도 뒤늦게나마 적용될 수 있는 가치 판단의 기준은 있다고 할 수 있다.

  이상이란 것은 예부터 인간에 의한 역사적 생기 현상을 수반하게 마련이다. 즉 그때마다 기존의 현실에 만족하지 못하는 환상이 이와 같은 '소망의 공간'이나 '소망의 시간Wunschräume und Wunschzeiten' 속에서 안식처를 찾았던 것이다. 그리하여 신화·동화·종교적 피안의 약속·인도주의적 입장이 기초가 된 환상 또는 여행담 등은 모두가 현실화된 삶을 간직하지 못한 데 대한 제 나름의 욕구 불만적 표시라고 할 수 있으며 또한 그것은 모두가 현실화된 존재를 파괴하는 역작용 역할을 하는 유토피아로서의 가능한 존재 내용에 상응하려는 아름다운 보충물들이라고도 할 수 있다.

높이 평가될 만한 문화사적인 연구 결과에 따르면* 희망과 동경에 대한 인간의 심리적 투영 작용은 우리가 능히 파악할 수 있는 일정한 형태적 원리에 따른다. 이를테면 어떤 역사적 시기에는 주로 시간상을 통하여 자기의 이상이 실현되기를 바라지만 또 다른 역사적 시기에 가면 공간상에 스스로의 희망을 투영한다는 것이 확인되었다. 이와 같이 분류해볼 때 우리는 소망의 공간을 유토피아로서, 그리고 소망의 시간은 천년 왕국설로 바꿔놓을 수가 있다.

그러나 이상과 같은 개념 규정은 문제 그 자체가 내포하는 문화사적 근거에 따라서 단지 서술상의 원리만을 주안점에 둔 것이므로

• Doren, A., "Wunschräume und Wunschzeiten" (Vorträge 1924/25 der Bibliothek Warburg, Leipzig, Berlin 1927, p. 158 ff.). 이 문제에 관한 가장 우수한 문화사적 및 사상사적 관찰로 평가될 만한 이 글을 우리는 앞으로도 참고하고자 한다. 이와 동시에 이 저서에 수록될 참고 문헌 소개란도 참고할 만한 가치가 있으나 본서의 주석란에서는 거기에 수록된 자료와 중복되지 않는 것만을 인용했다. 도렌Doren의 이 논문은 주로 동기 면에서의 역사를 취급한 것인데(이를테면 예술사에서의 초상화법에 관한 연구에서와 같이) 이러한 목적만을 위해서는 그가 사용한 용어(소망의 공간과 소망의 시간)로도 충분히 그 진의가 나타날 수 있지만 현대적 의식의 사회학적 구조사를 전개할 수 있는 가장 중요한 발단 원인을 규명하려는 우리의 시도에서 본다면 도렌이 얻어낸 결실은 단지 간접적 의의를 지니는 데 불과하다.

희망의 표상이 공간과 시간의 어느 쪽 양상을 통해서 표현될 것이냐 하는 문제가 우리의 판단 기준이 될 수는 없다.

하여간 우리가 유토피아라고 생각할 수 있는 것으로는 언젠가 역사적 내지 사회적 존재를 변혁시킬 만한 영향을 가할 수 있는 모든 존재 초월적 표상을 들 수 있는데 이제 이를 문제의 발단으로 하여 다음 단계로 넘어가야겠다.

이와 관련해서는 특히 근세 이후의 움직임만이 우리의 주된 관심사가 될 수 있으므로 무엇보다도 우리는 존재 초월적인 표상이 처음으로 현실 변혁적 행동력을 제공할 수 있었던 바로 그 원점을 찾아내야만 하겠고 또한 존재 초월적 의식의 요소 중에서 어느 것이 적시에 이와 같은 행동적 기능을 감당했던가를 알아볼 필요가 있다. 왜냐하면 인간의 의식에서 발동된 바로 이와 같은 '힘', '실체' 또는 '표상'이란 모두가 반드시 유토피아적인, 다시 말해서 존재를 타파하는 기능을 감당했던 것은 아니기 때문이다. 그러므로 이제부터는 의식 내의 유토피아적 요소가 실체와 형태 면에서의 변화에 다 같이 순응함으로써 소여된 '존재'는 언제나 그때마다의 다양한 존재 초월적 요인에 의하여 타파된다는 점을 검토해보고자 한다.

그런데 유토피아의 이와 같은 실체 및 형태상의 변화 현상은 사회적 구속력이 미치지 못하는 어떤 동떨어진 공간 내에서 벌어지는 일이 아니며 더욱이 모든 유토피아의 후기 형태는—이는 적어도 근세사에서 나타난 여러 사건을 통하여 거의 명백하게 입증될 수 있는 것이기도 하지만—그 발단에서부터 이미 일정한 역사적 단계와 또한 일정한 사회적 계층에 연결되어 있었음이 분명하다. 여기서 흔히 볼 수 있는 또 한 가지 현상은 주도적 의미를 지닌 유토피아는 처음에는 어떤 한 개인의 단순한 몽상이나 환상으로 등장하고 난 뒤에 가서야 비로소 언제나 구체적인 사회학적 규정이 내려질 수 있는 광범한 계층의 정치적 욕구로 전환될 수 있었다는 것이다. 이런 경우에 흔히 우리는 어떤 선구자나 개척자의 역할이 개재되었다고 보거나 또 이를 사회학적으로 보면 결국은 이 당사자의 업적도 자기에게 그러한 비전을 제시했고 또 깊은 사상적 통찰도 가능하게 했던 바로 그 계층에게 귀속되어야 한다고도 생각된다. 그 밖에도 또 일정한 계층에 의하여 어떤 새로운 관점을 형성하기 위한 부수적 노력이 가해진다는 사실은 이미 그 선구자가 무의식 중에 자기와 밀접한 관계를 이루고 있는 의지 충동성과 형성의 원리에 관여해 있음으로써 결국 개인적 업적의 방향도 결정되었음에 틀림없다는 것을 짐작토록 한다. 대부분의 사람은 사회학에서는 개인의 창조적 역할이 인정될 수 없다고 잘못 생각하는 경향이 있지만 사실은 그와 정반대이다. 왜냐하면 기존의 존재 상황을 타파하려는 새롭고도 '카리스마적'인 개인의 의식이 아닌 도대체 그 어떤 곳에서 새로운 것이 발생할 수 있단 말인가? 그러므로 사회학이 여기서 반드시 입증해야만 할 사실은 새로운 것이 싹트게 되는 그 발단점은(흔히 이것은 기존 세력에의 반항 형식을 띠기도 하지만) 언제나 기존의 것을 표적으로 하고는 있으되 이 기존의 것 자체는 항상 사회적 골간 구조의 역학적 긴장 상태 속에 얽혀 있다는 점이다. 더 나아가서는 '카리스마적' 개인의 업적으로 돌려져야 할 새로운 것이 거대한 역사의 조류 속에서 어떤 영향력을 꾸준히 행사할 수 있기 위해서는 그가 자기의 기능을 발휘하게 됐던 이미 그 시초부터 어떤 하나의 흐름과 접촉을 유지하면서 동시에 처음부터 집단적 욕구를 바탕으로 한 추동력 속에 의미 발생적인 스스로의 근원이 뿌리박혀 있었어야만 한다는 것이다. 그러므로 흔히 우리가 르네상스를 기점으로 생각하는 개인이 집단 정신으로부터 탈피한다고 하는 사실에 너무 과도한 의의를 부여할 필요는 없다. 왜냐하면 그러한 집단 정신은 이를테면 중세나 동양 문화에서 볼 수 있던 바와 같은 정신의 존재 양식에 비한다면 단지 상대적 의미를 지녔을 뿐, 결코 절대적일 수는 없는 것이기 때문이다. 그리하여 일단 표면상으로는 홀로 유리된 어떤 개인에 의해서 한 전체 계층의 유토피아가 형성된 듯이 보일 수도 있지만 사실 그것은 그러한 개인의 업적과 일치하는 집단적 의욕을 감당한 바로 그 계층의 소산이라고 봐야만 할 것이다.

종국적인 성과를 누구에게 귀속시키느냐는 문제를 해명하고 난 지금, 우리는 역사적 및 사회적 측면에서 본 유토피아적 성격의 세 분화에 대해 논할 수도 있겠고 또한 이러한 관점에 서서 역사를 관망할 수도 있겠다. 현실성을 내포한 **실효성 있는** 유토피아는 우리가 지금까지 정의를 내려왔던 것과 같이 결코 언제까지나 한 개인의 노력에만 의존했던 그런 성질의 것이 아니다. 왜냐하면 홀로 유리된 상태에 있는 개인으로서 역사 사회적인 존재 상황을 단독으로 타파한다는 것은 있을 수 없는 일이기 때문이다. 한 개인의 유토피아적 의식이 사회적 영역 내에 이미 존재해온 경향을 포착하여 이에 대한 의사 표시를 하고 또 바로 그러한 유토피아 의식이 전 계층의 의식 속으로 역유입됨으로써 그 계층 자체의 행동으로 전환될 수 있을 때라야만 비로소 기존의 존재 질서에 대한 반작용 구실을 하는 존재 현실성도 성립될 수 있는 것이다. 한발 더 나아가 우리가 당연히 주장할 수 있는 것은 아무리 사회적 계층이 더욱더 적극성을 띤다 하더라도 역사 변혁적인 작용이 펼쳐지기 위해서는 무엇보다도 그 사회 계층 자체가 여러 가지 유토피아 중의 어느 한 가지 형태와 반드시 연결되어야만 한다는 것이 곧 근대를 생성하게 한 구조 형식에 속한다는 점이다.

이상에서 본 바와 같이 현대적 유토피아의 변천상이 사회학의 연구 과제가 될 수 있었던 것은 어디까지나 각기 다른 유토피아의 여러 형태와 존재를 변혁시키려는 계층과의 사이에 밀접한 상관관계가 있기 때문이다. 그리하여 만약 이런 뜻에서 유토피아란 것이 각기 다른 사회적 내지 역사적 상황에 따라서 분화될 수 있는 성질의 것이라고 한다면 여기서 우리는 마땅히 그와 같은 유토피아의 형태와 본질을 이해하기 위하여 유토피아 자체가 발생할 수 있었던 사회 역사적 위치나 또는 바로 이 유토피아를 그때마다 감당하고 있던 계층의 구조 상황을 구체적으로 분석해야만 하지 않겠는가를 자문해봐야 할 것이다.

잇달아 출현하는 개별적인 유토피아의 여러 형태가 지닌 특성들을 이해하기 위해서는 그 모든 것을 단순한 연속적 계열로서만 볼 것이 아니라 오히려 그들 서로 간에 알력이 개재하는 '대립적 유토피아'로서 제구실을 한다는 점에 유의해야만 한다.

능동적인 유토피아의 각기 다른 형태는 신흥 세력으로서의 어떤 특정한 사회 계층과 유대를 지닌 잇단 역사적 국면 속에서 고개를 드러내며 동시에(여러 가지로 변형되긴 하였지만) 뒤에 가서까지도 여전히 이와 같은 결합 형태를 유지해감으로써 결국 시간이 흐르면 흐를수록 순차적으로 그때마다 새로이 대두되었던 유토피아의 여러 형태도 하나의 동시적 공존 관계까지 이루게 된다. 그런데 이와 같은 유토피아가 그때마다 잠재적으로나 또는 노골적으로 상호 투쟁을 계속해나가는 사회 계층과의 동맹 관계 속에서만 존속될 수 있다고 하는 사실은 마침내 유토피아 형태 그 자체에까지 영향을 미치게 된다. 다시 말해서 특정한 유토피아를 감당해나가는 한 집단의 운명은 언제나 이 유토피아 자체의 구체적 형태 변화 속에 여실히 반영되는 것이고 나아가서는 이들 유토피아가(비록 적대적인 입장에서나마) 서로 투쟁을 벌이면서도 언제나 그들 상호 간의 이합 작용이 끊이지 않는다고 하는 구조적 상황이 오히려 유토피아의 특성을 잘 부각해주기도 한다. 하여간에 유토피아란 전위轉位 가능한 하나의 전체적 좌표 속의* 일개 현상이나 부분이라고 봤을 때 비로소 사회학자는 그를 올바르게 파악할 수 있을 것이다.

그러나 만약 사회사적 내지 정신사적 발전 과정에 비춰 지금까지 요약되었던 사실이 단지 사회적 구속을 면할 수 없는 **유토피아** 형식이 일정한 형태 변화에 종속될 수밖에 없다고 하는 점을 시사하는 데 그친다면, 이때 우리는 사회적 구속을 받는 '유토피아'의

---

* 전체적 위상에 관한 분석을 문화사회학의 기본 방법으로 삼았다는 것은 전적으로 **알프레드 베버**의 공헌으로 돌려져야 하는데, 물론 특수한 의미에서이긴 하지만 그는 이와 같은 문제 접근 방법을 지금 바로 취급했던 문제에 적용해보려고 시도했다.

변형에 대하여 논급할 수는 있을지언정 결코 '유토피아적 의식'의 변화라고 하는 문제에 대해 운위할 수는 없을 것이다.

우리가 정당한 근거에 입각하여 유토피아적 의식의 문제를 거론하기 위해서는 유토피아의 각 형태가 단지 그 의식 주체의 생동한 '내용'으로만 그치지 않고 적어도 총괄적 범위에 걸쳐서 의식이 작용하는 경향만이라도 포착해야만 할 것이다. 그리하여 이와 같은 유토피아적 요소가 그 의식을 전적으로 지배하게 되거나 또는 체험과 행동 양식 및 관찰 방법(시각) 등, 그 모두가 이와 같은 유토피아적 요소 위에서 형성될 때라야만 우리는 단순한 형태상의 유토피아에 대해서뿐만 아니라 유토피아적 의식의 각기 다른 형태와 단계에 대해서까지도 사실에 기초한 참모습을 그려낼 수 있을 것이다. 이렇듯 문제 각 부위 간의 완벽한 상호 연관성을 입증하는 일이야말로 우리가 해결하고자 하는 초미의 과제라고 하겠다.

어떤 구체적 의식이 형성되는 가장 기본적인 원리는 반드시 의식의 한 구성 요소로서의 유토피아 속에서 발견되어야만 한다. 즉 특수한 종류의 행동 의욕과 시야 Aktionswille und Sicht가 의식 내의 유토피아적 요충부에서 접촉하고 있을 뿐 아니라 이와 같은 그들 사이의 상호 제약에 의하여 역사적 시간의 체험 형태도 결정되는 이상 당연히 우리는 의식의 구조적 체계를 그때마다 파악할 수 있는 가장 중요한 징후는 의식에 내재하는 시대 체험의 형식이라고 주장할 수도 있다.

역사적 시간의 체험을 가능하게 하는 구조를 통하여 가장 명백히 드러나는 것은 이러한 체험이 그 의식 주체 내의 유토피아적 중심부와 극히 밀접하게 관련되어 있고 동시에 그것은 유토피아적 요소의 각기 다른 형태를 직접적으로 드러낸 것이나 다름없는 것이다. 어떤 하나의 현실 집단이나 혹은 사회적 계층이 무엇을 기준으로 역사적 시기를 구분하느냐 하는 것은 그들이 지닌 유토피아에 의해서 결정된다. 다시 말해서 특정 사상에 대한 자발적 관찰 행위에 있어서는 사건을 분류하는 형식이건, 혹은 주체에 의하여 무의식중에 느낀 유동하는 시간의 리듬에 불과한 것이건˚ 유토피아의 경우에는 직접적으로 관조할 수 있는 형상이나 혹은 적어도 직접적인 정신적 지향 대상으로 화한다.

우리가 인간 의식의 가장 내면적 구조를 투철하게 파악하기 위해서는 희망, 동경심 또는 의미 목표에 의거하여 그의 시간 표상을 이해해야만 한다. 왜냐하면 미래에 있어서의 이와 같은 의식 자체의 움직임뿐만이 아닌 과거의 시간까지도 모두가 이와 같은 의미 목표나 기대감에 의해서 분류되기 때문이다. 그러므로 일단은 단순한 연대상의 기록에 불과한 듯이 보이는 사건들도 이제야 비로소 운명적인 성격을 띠게 될 뿐만 아니라 또한 여러 사실이 서로 분리되면서 근본적인 정신적 자세와 관련된 노력의 방향에 따라 각기 개별적 사건에 부과되는 의미의 비중도 공통되게 균배된다. 바로 이와 같이 합리적 구분이 이루어진다는 데 연대상의 순열을

• 여기서 역사적 시간의 체험이 선험적 내지 주관적 성격을 띠는 것으로 정식화되었다고 하여 이것이 곧 객관적 내지 본체적 성격과 전혀 상이한 듯이 해석돼서는 안 되겠으나 다만 지금 이 마당에서는 객관적이며 존재론적인 의미에서 우리가 당면한 문제를 검토할 겨를이 없다는 것뿐이다.

훨씬 능가하는 역사적 시간의 구성 원리가 개재하지만 문제는 여기서 그치는 것이 아니다. 왜냐하면 이와 같은 의미의 시대 구분을 한다는 것은 한 사건을 이해하거나 해석하는 데 가장 원초적인 요건이기 때문이다. 마치 우리에게 요소보다는 형태가 앞질러 간다는 것을 현대 심리학도 말해주듯이 결국 요소란 형태를 기초로 해서 비로소 파악될 수 있는 것으로서 역사적 이해에 있어서도 사정은 마찬가지이다. 즉 여기서도 사상 그 자체를 구분할 수 있는 의미 전체성으로서의 역사적 시간의 체험이 역사의 구성 요인에 '선행'될 뿐만 아니라 그와 같은 의미 전체성으로부터 출발함으로써만 비로소 우리는 역사의 전 행정과 그 속에서 차지하는 우리 자신의 위치를 파악할 수도 있는 것이다. 역사적 시간의 체험이란 문제가 이와 같이 중요한 의미를 지닌다는 바로 이 이유 때문에 우리는 각 시대의 유토피아와 역사적 시간에 대한 견해 사이에 개재하는 연관성에 각별한 주의를 기울여왔다.

여기서 우리가 유토피아적 의식의 일정한 형식과 단계에 관해서 논한다는 것은 마치 개별적 인간에게 있어서 '생동한' 의의를 지니는 구체적으로 목도할 수 있는 의식 구조를 생각한다는 것과 다를 바 없다. 즉 여기서 우리가 뜻하는 것은 어떤 순수한 구조적 단일성(이를테면 칸트의 '의식 일반'과 같이)이나 혹은 개인의 구체적 의식을 뛰어넘어서도 조정될 수 있는(말하자면 헤겔의 '정신'과도 같은) 형이상학적 본질이 아니라 개별적 인간에게서 분명히 드러나는 바와 같은 구체적 감지感知 대상으로서의 의식 구조인 것이다. 여기서는 항상 구체적인 사유·행동 및 감정과 또한 현실 지향적인 인간형에서 나타나는 이들 요소 간의 내적 연관성에 관심을 기울이는 것이 된다. 다만 유토피아적 의식의 순수한 형태나 단계가 인위적으로 구성되었다는 평가를 받는 경우란 무엇보다도 그것이 이념형적인 의미로 받아들여질 때에 한한다. 그러나 개별적 인간의 입장에서는 일찍이 그 누구도 이제부터 열거할 역사적 내지 사회적 의식 형태 중 어느 하나의 완전한 구현체였을 수는 없으며 오히려 개개의 구체적 인간에게서는-때로는 그 밖의 유형이 혼합되기도 하지만-일정한 양식의 의식 구조 중 또 다른 어떤 요소가 작용한다고 하겠다.

그러므로 우리는 앞으로 서술할 역사적 내지 사회적 계층 구조로서의 유토피아적 의식의 이념형을 인식론적 내지 형이상학적 의미로서가 아닌 단순한 방법론적 구성 결과로 봐야만 하겠다. 어떤 개별적 인간의 구체적 의식도 이제부터 서술할 어느 한 가지 유형이나 그들 상호 간의 구조적 연관성과 완전무결하게 일치할 수는 없겠지만 구체적인 측면을 주안점에 두었던 일정한 기존의 개별적 의식은(여러 가지의 '혼합상'에도 불구하고) 역사적으로 변화하는 그중 어떤 한 가지 유형의 구조적 방향에 편승했었다고 할 수 있다.

베버가 사용한 이념형적 의미에서 볼 때 구조적 원리란 원래가 과거나 현재에 걸쳐서 있었던 여러 유형의 다양성을 해명하는 데 기여하는 것이었으나 지금의 우리로서는 이 밖에 또한 심리학적 사실에만 그치지 않는, 이 부문에서 역사적 자기 전개를 통하여 작용하고 있는 '여러 구조'의 순수한 모습 그대로를 파악하고자 한다.

2

유토피아적 의식의 형태 변화와 근세에 있어서의 여러 발전 단계

유토피아적 의식의 제1형태: 재침례교파의 광신적 천년 왕국설

우리는 근세사에서 나타난 결정적 시기를—우리의 문제 설정에 비춰볼 때—'천년 왕국설'이 피압박 계층의 행동적 욕구와 결합되었던 바로 그 순간으로 본다.

연면한 역사의 흐름 속에서 어떤 마디를 짓는다는 것은 언제나 실수를 저지를 위험 요인을 안고 있으며 동시에 그 이전에 있었던 인물들을 등한히 하게 될 가능성마저 있긴 하지만 그럼에도 가장 기본적인 역사적 사실을 재구성하기 위해서는 오로지 그 속에서 나타난 사건들을 서로 구별 짓는 결정적 계기를 확실히 드러내는 데 주력해야만 한다. 이를테면 토마스 뮌처Thomas Münzer, 1490?~1525의 활동을 현대적 의미에서의 혁명의 시발점이었다고 보는 견해는 현대의 사회주의 이론가들이 뮌처가 전개했던 혁명 활동기를 사회주의의 발단으로 본다는 사실만으로도 충분히 뒷받침된다. 물론 그가 주도했던 움직임이 계급 의식의 소유자로서의 프롤레타리아에 의한 것이 아니었음은 사실이며 또한 뮌처가 사회적, 종교적 동기로부터 시작하여 사회 개혁에 눈뜨게 되었다는 것도 잘 알려진 바와 같다. 그러나 사회학자의 입장에서는 바로 이와 같은 그의 활동에 각별한 관심을 기울이지 않을 수 없으니, 왜냐하면 여기에는 천년 왕국설에 대한 믿음과 사회 혁명이 구조적으로 결합되어 있기 때문이다.

이 지상에 천년 왕국이 실현되리라고 보는 생각은 일찍부터 어떤 혁명적 경향을 내포하고 있었으므로 교회로서는 이와 같은 '존재 초월적인' 관념을 가능한 모든 수단을 다하여 타파하려고 애써왔다. 특히 요아힘 폰 피오레Joachim von Fiore, 1145~1202와 같은 사람에게서 어느덧 다시 불붙기 시작했으면서도 아직은 별다른 혁명적 기운을 띠지 못했던 이 이론은 처음 후스Hus파의 교주들과 뮌처•를 거쳐서 재침례교파에 이르는 과정에서 마침내 특정한 사회적 계층의 행동성으로 변모해갔다.

지금까지만 해도 막연하게 피안의 세계에 대한 동경으로 일관되었던 희망들이 갑자기 차안의 세계에서, 즉 바로 **여기서 지금** 곧 실현될 수 있는 체험의 대상으로 화하면서부터는 이것이 사회적 행동을 추동하는 거대한 힘의 구실을 하기에 이르렀다.

이와 같은 상황 변화로 인하여 이제 모든 방면에 걸쳐서 '정치의 이념화'가 어떤 그 나름의 방법으로 만연하기 시작했지만 사회적 영역 내에서의 이와 같은 긴장 요인은 역시 피압박 계층의 유토피아적 의식 구조에 근원을 두었다고 할 수 있다. 우리는 이제 와서야 비로소 근대적 의미에서의 정치의 출범을 보게 되는데, 여기서는 정도의 차이는 있을지언정 모든 세상사를 운명적인 것으로 받아들이거나 또는 '위로부터'의 조종에 의한 것으로 보는 것이 아니라 공동체로서의 모든 사회 계층이 현세적 의미에서의 세계 형성에 의식적으로 참여한 것이 된다.**

사회 하층 계급은 중세 이후에 와서야 처음으로 극히 점진적 작

- 뮌처에 관한 문헌으로는 여러 가지 각도에서 입증될 만한 모든 부분을 한데 엮어놓은 다음의 글만을 소개하고자 한다. Holl, K., "Luther und die Schwärmer" (*Gesammelte Aufsätze zur Kirchengeschichte*, Tübingen, 1927, S. 420 ff.) 그의 글이 필요할 때마다 우리는 재차 자세한 소개 없이 그의 글귀를 직접 인용하겠다. 천년 왕국설의 특징에 대해서는 무엇보다도 다음과 같은 글을 들 수 있다. Bloch. E., *Thomas Münzer als Theologe der Revolution* (München, 1921). 에른스트 블로흐 Ernst Bloch, 1885~1977는 이 문제에 대한 자기 특유의 내적 친밀감을 바탕으로 천년 왕국설과 관련된 기본적 현상을 가장 적절하게 파악하고 있다. 이 점에 대해서는 부분적으로 Doren도 이미 올바른 평가를 내린 일이 있다.
- • 정치라는 개념에 대해서는 물론 근본적으로 상반되는 여러 가지 정의를 내릴 수 있지만 여기서도 역시 우리는 그와 같은 정의란 항상 인식 목적과 함께 관찰자의 입장에 좌우된다고 하는, 앞서 언급한 바와 같은 점을 강조하고자 한다. 그런데 우리의 인식 목적은 집단적 의식 형태와 정치사와의 상관관계를 밝혀내는 데 있으므로 결국 사실들을 선택하는 우리의 정의도 바로 이 문제 설정에 초점을 맞춰야 한다.

용을 통해 전체적인 과정 속에서의 추동적 기능을 감당했고 또한 극히 완만한 속도로 자기들의 사회적 내지 정치적 의의를 자각하게 되었다. 물론 이 시점을 놓고-이미 지적했던 바와 같이-'프롤레타리아적 자아 각성'의 단계라고 하기에는 너무나 미흡한 점이 많지만 확실히 이때부터 그 방향으로의 운동이 전개되기 시작했다고 할 수 있다. 왜냐하면 적어도 그 경향에 있어서 피압박 계층은 전체적인 활력적 생성 과정에서의 특정 역할을 더욱 적극적으로 수행하기 시작했고 따라서 이로부터의 심리적 긴장감이 밑바탕이 된 의욕과 방향도 더욱 뚜렷이 사회적으로 분화되기에 이르렀다.

그렇다고 해서 이와 같은 극단적 형태의 유토피아적 의식이 그 이후의 모든 역사를 형성해왔다는 것은 결코 아니지만 사회적 영역에서 나타난 그와 같은 형태가 언제나 그와 반대되는 의식 형태에까지 어떤 영향을 파급했던 것만은 틀림없다. 다시 말하면 이에 반대되는 세력으로서도 스스로가 원하든 원치 않든 간에 유토피아적 의식 형태를 언제나 염두에 두지 않을 수 없었다는 것이다. 일정한 유토피아적 형상이 또 하나의 반대상을 일깨워줄 수 있듯이 천년 왕국설에 근거를 둔 혁명적 낙관주의도 종국에 가서는 보수적 입장에서의 체념을 낳게 함으로써 뒤에 가서는 이러한 양상이 정치적 현실관을 궁극적으로 결정짓게 되었다.

이와 같은 역사적 순간은 단지 정치적인 면에서만이 아니라 이제 행동적 단계로 접어듦으로써 종래와 같은 자유 부동적 상태를 탈피할 수 있었던 정신력을 진작시키는 계기가 될 수 있었다. 말하자면 광신적인 마력이나 무아적 황홀감이 여기서는 현세와의 유대를 감촉하기에 이르렀고 현세를 박차고 나가려는 긴장도가 이제는 바로 이 세계 내에서 폭발물 구실을 하게 되었으며 또한 불가능이 가능한 것을 잉태하는가 하면* 절대적 명제로 받아들여졌던 것은 어느덧 현실적인 사상으로 변모했다. 이와 같이 근본적이고도 가장 극단적인 근대적 유토피아 형태는 하나의 특수한 실체성과 소재에서 싹튼 것으로서 이는 토착적인 농민 계급의 정신적 내지 신체적 감흥과도 합치할 뿐 아니라 물질 위주의 저속성을 드러내면서 동시에 극히 정신적인 면도 지니고 있었다.

그런데 이와 같은 사실들을 '이념사적 입장'에서 파악한다는 것은 전혀 당치 않은 짓으로 그들 인간을 혁명의 대열로 채찍질하는 것은 '이념'이 아니라 바로 무아경적이며 광신적인 폭발적 힘에서 비롯한다고 하겠다. 즉, 유토피아적인 행동 가능성을 자각하기에 이른 존재 초월적인 의식 요소는 '이념'이 아니었음은 물론, 그 당시에 발생했던 모든 것을 마치 '이념'의 소산인 듯이 생각한다는 것은 다음 단계로 이행하게 될 유토피아적 입장에 바탕을 둔 무의식적 기만이라고 하겠다. 그러므로 결국 이념사라고 하는 것은 스스로의 중추적 체험에 입각하여 과거를 자기 임의의 방향으로 해석할 수 없었던 이념 지향적인 시기의 창조물이라고 하겠다. 이와 마찬가지로 농민 전쟁 당시만 해도 혁명적 행동력을 과시할 수 있

• 뮌처 자신도 이미 '불가능한 것에 도전하려는 용기와 힘'에 대해서 일부러 이야기한 적이 있다. 이에 대해서는 카를 홀Karl Holl, 1866~1926에 의해서 정리된 자료집의 p. 429를 참조할 것.

었던 원동력은 결코 '이념'이 아니라 생사를 가리는 우직하게마저 보이는 심층 심리*가 자극한 힘이었던 것이다.

우리가 천년 왕국설적 광신성의 참다운 본질에 어느 정도라도 접근하여 이론적으로 파악하기 위해서는 바로 그 광신자적 의식의 이미지, 상징 또는 형식 들이 '천년 왕국설적 요소' 그 자체인 듯이 취급해서는 안 된다는 점에 유의해야만 하겠다. 왜냐하면 그밖의 어떠한 존재의 영역에서도 이 경우에서처럼 이미 형성된 것 또는 일단 표현된 것이 자기 고유의 성격을 벗어나서 스스로의 독자적 방향으로 뻗어 나가려는 경향을 분명히 나타내는 곳이란 없기 때문이다. 이것은 곧 모든 현상의 가장 기본적 요소는 표상·행위·비유 그리고 범주 등으로부터 이탈된다는 것을 나타내주는 것이다. 이와 같이 유토피아에 대한 행동 촉진제란 결코 어떤 표현 양식 속에 깃든 것은 아니므로 천년 왕국설에 기초를 둔 의식 현상을 단순히 이념적 입장에서 관찰한다는 것은 미흡하기 이를 데 없을뿐더러 그것은 언제나 문제의 핵심을 벗어날 위험을 내포한다. 흔히 이념사적 입장에서 문제를 고구하려는 경우를 보면 우리들 자신이 천년 왕국설의 본질적 발상을 가능하게 했던 과정을 살펴보려고는 하지 않고 단지 공허한 외형상의 역사나 혹은 천년 왕국설 그 자체에 관한 이념의 역사**만을 더듬어보는 데 그치기가 일쑤였다. 그뿐만 아니라 천년 왕국설에의 열광적 의욕을 실천에

---

* 뮌처는 영혼의 참모습이 드러날 때에만 비로소 나타나는 '정신의 심연'에 대해 언급하고 있다. (홀의 앞의 책 p. 428, Anm. 6.)

옮겼던 사람들의 운명을 더듬어보는 것 역시 동일한 오류를 범할 위험에 부딪힌다고 하겠으니, 왜냐하면 천년 왕국설적 체험이란 것은 시간이 흐름에 따라 그 진의가 **감가되거나** 또는 뜻하지 않게도 그러한 체험자의 어떤 개별적 세계 속으로 슬며시 **자지러진다고** 하는 특성을 지니고 있기 때문이다. 그러므로 우리가 문제의 중요성을 올바르게 인식한다면 생생하게 사실을 재현하는 연구 방식을 따라야 할 뿐만 아니라 이와 같은 스스로의 사유와 체험 형식 속에 실제로 천년 왕국설적 의식이 현현되어 있는지를 끊임없이 알아봐야만 하는 것이다. 왜냐하면 진정한 천년 왕국설의 체험을 나타내주는 아마도 유일한 직접적 특징은 **절대적 현재성** 또는 절대적 현현성이기 때문이다. 우리가 항상 공간적 내지 역사적 구조 내의 어떤 한곳과 때를 차지하고 있는 것은 사실이지만 천년 왕국설의 체험을 통해서 보면 이는 어디까지나 비본래적인 것에 지나지 않는다. 다시 말해서 천년 왕국설의 광신자들이 겪는 절대적 체험에 의하면 현재적인 것이야말로 지금까지 내면 세계에만 갇혀 있던 것이 외부로 뚫려 나오면서 동시에 갑작스럽게 이 외부 세계 자체를 변화시킬 수도 있는 힘을 뿜어내는 돌파구여야만 하는 것이다.

•• 마르틴 루터Martin Luther, 1483~1546에 항거했던 뮌처의 경우도 이미 위에서 지적한 바와 같이 오로지 신앙의 기초 위에서만 체험할 수 있는 실체성과 단지 이를 뒷받침하는 데 불과한 '이념' 중의 어느 한쪽을 강조할 것인지에 대한 긴장 관계가 취급되고 있다. 뮌처가 볼 때 루터는 그저 문자에만 연연하는 사람이므로 그와 같은 신앙이란 단지 "어디선가 훔쳐서 옮겨놓은 데 불과한, 현실성이 결여된 '허수아비 종교'일 뿐이다". (홀의 앞의 책 p. 427.)

신비주의자들 역시 무아적 도취경을 회상하거나 이를 동경하면서 살아가게 마련일 뿐 아니라 그들의 비유에 따른다면 이 도취경이란 공간적으로나 시간적으로도 포착될 수 없는 어떤 영혼의 안식처이거나 또는 닫힌 피안계에서의 융합과도 같은 것이다.* 천년 왕국설의 체험 세계에서는 아마도 이와 동일한 실체가 가장 직접적인 지금과 여기로 전환된다고 할 수 있지만 이는 단지 그런 상태에 머물러 있기 위해서라기보다는 오히려 그것을 채찍질하여 스스로의 깊은 내면으로 들어가도록 하기 위한 것이다.

"그러므로 모든 예언자는 주님이 이렇게 말씀하신다는 투로 현재의 시점을 중시하는 말버릇을 사용하지만 마치 지나간 과거의 일이라도 되는 듯이 주님이 이렇게 말씀하셨다는 식으로는 말하지 않는다." 천년 왕국설의 예언자라고도 할 뮌처는 이렇게 말하고 있다.** 신비주의자는 어떤 순수한 정신적 체험을 할 뿐이지만 그럼에도 그의 비유 속에 어떤 감각적 요소가 섞여들어 있다면 그것은 오로지 일상적인 생활 영역 내의 **전염소**만이 표현이 불가능한 대상과의 직접적인 초지성적 내지 비지성적 연관성을 우리에게 비유적으로 상징해줄 수 있기 때문이다.

천년 왕국설의 추종자에게서는 감성적 우직성이 여실히 드러나기도 하지만 이 밖에도 그는 마치 자기의 현재성과 밀접한 관계를 이루고 있듯이 또한 영적인 것과도 불가분의 상태에 있다. 이는 곧 지금의 시점에 와서야 비로소 그가 이 현세와 자기의 육신을 통하여 스스로의 존재를 가능케 한 것이나 다름없다.

"단지 공허한 반향만이 울려 퍼지는 데 그치지 않고 생활하며 또

숨을 들이마시게도 하는 생동한 언어를 흡수하려는 것이 오직 내가 노력해야만 할 전부이니 그대들을 마음에 새겨둬라. 나는 너희들에게 건포도색이 나는 크리스트의 피를 약속하겠지만 이때 나는 그대들의 마음가짐을 알고자 하며 또한 그대들에게 나의 태도를 분명히 밝혀두고자 하는 바이다. 그러나 만약 내가 그와 같은 방법을 구사할 줄 모른다면 다만 나는 이 현세와 영생에서 다 같이 버

* 마이스터 에크하르트.Meister Johannes Eckhart, 1260?~1327?는 이렇게 말했다. "시간과 공간처럼 영혼으로 하여금 그토록 심하게 신을 인식하려는 데 방해되는 것은 없다." Eckharts, M. J., *Schriften und Predigten* (hrsg. J. Büttner, I, 1921, p. 137). "우리의 영혼으로 하여금 하나님을 깨우치려고 할진대 그는 반드시 시간과 공간을 넘어서 있어야만 한다!" (앞의 책 p. 138.) "그리하여 만약 이 영혼이 아직도 스스로의 세계를 초극하여 자기 자신과 또한 자기의 자발적 행위에 담긴 공허성을 체득하려는 움직임을 펴나갈 단계에 있다면 이는 곧 영혼에게 은총이 베풀어짐을 뜻하는 것이다……." (앞의 책 I, p. 201.) 중세적인 신비성과 뮌처류의 종교성과의 차이점에 대해서는 다음과 같은 홀의 적중한 견해를 참고로 하는 것이 좋겠다. 중세의 신비주의자들은 인위적인 준비 단계로서의 금욕성 등을 통하여 신을 접견할 채비를 함으로써 신과의 합일화를 강행하려고 시도하지만 뮌처에 있어서는 인간에게 깃들어 있는 잡초를 걷어내기 위해서 낫을 든 것은 하나님 자신인 것이다. (홀의 앞의 책 p. 483.)
** 다음 글에도 이와 비슷한 뜻이 담겨져 있다. "이를테면 그는 신이 자기의 품 안에 들어와 있으면서도 동시에 자기에게서 수천 마일이나 떨어져 있기라도 한 듯이 도무지 생각이나 짐작조차 할 수 없는 대상이라는 것을 알아야만 할 것이다." (홀의 앞의 책 p. 430, Ann. 3.)
  이와는 또 달리 뮌처는 자기의 정신적 내지 종교적 극단성을 과시했는데 거기서 그는 꿀맛같이 단 크리스트를 오히려 쓴맛이 나다시피 한 자기가 신봉하는 크리스트와 구별하면서 루터는 전자의 경우만을 인식하고 있을 뿐이라고 비난하고 있다. (홀의 앞의 책 p. 426-427.) 이에 대한 해석 자료로는 블로흐의 앞의 책 p. 251 ff.를 참조할 것.

림받은 자식이 되어 그 이상의 아무런 약속도 할 수 없으리라."•

  천년 왕국설의 신자가 기대하는 것은 이와 같은 현재와의 합일을 이루는 것이므로 그의 일상생활은 낙관주의적인 미래의 희망이나 낭만적인 회상이 아니라 무엇보다도 인고나 도약으로의 준비가 문제 되는 까닭에 그가 보기에 시간이란 결코 구별될 수 없는 것이다. 그뿐만 아니라 그가 원래 뜻하던 것은 천년 왕국이 아니라,•• 그것은 이미 여기에, 그리고 지금 다가오고 있으며 또한 지상의 세계로부터 여기에 지금 막 진행되어가고 있는 또 다른 존재로 돌변한다는 사실이다. 그러므로 그가 미래에 약속을 필요로 하는 것도 결코 무엇인가를 지연하려는 의도에서가 아니라 우리가 주어진 한

• 우리는 이 시대의 예술 중에서도 특히 마티아스 그뤼네발트Mathias Grünewald, 1455?~1528?의 회화를 통하여 이와 같이 저속한 관능성과 가장 고매한 영혼의 직접적인 혼합상이 장엄하기까지 할 정도로 승화된 좋은 예를 발견할 수 있다. 물론 그의 사생활에 대해서는 거의 알려진 것이 없는 탓으로 그가 재침례교파와 어떤 관계를 가졌는지 알 길이 없지만 그뤼네발트의 예술을 통하여 우리가 위에서 이야기한 내용들을 좀 더 분명히 이해하게 된 것만은 틀림없다. Heidrich, E., *Die altdeutsche Malerei* (Jena, 1909, p. 39-41, 269)를 참조할 것.

또한 에른스트 하이드리히Ernst Heidrich, 1880~1914의 극히 가치 있는 저서인 다음을 참조할 것. *Dürer und die Reformation* (Leipzig, 1909). 여기서는 열광적 신도들과 바로 이들에 친근감을 가진 뉘른베르크에 거주하는 한스 제발트 베함Hans Sebald Beham, 1500~1550, 바르텔 베함Barthel Beham, 1502~1540 및 게오르그 펜츠Georg Pencz, 1500~1550와 같은 화가들 간의 입증될 만한 서로의 관계와 또한 이에 대한 알브레히트 뒤러Albrecht Dürer, 1471~1528의 반대 입장이 극히 분명하게 제시되고 또한 설명도 되고 있다. 하이드리히는 뒤러의 예술에 대해서는 루터적 종교성이 표현될 것으로 보는가 하면 그뤼네발트 예술은 광신적 종교성과 병행한다고 보고 있다.

순간을 가로채기라도 할 듯한 도약을 결행해야 할 실제 사건과 동떨어진 지점을 포착하기 위해서이다.

중세 봉건 사회는 스스로의 구조적 제약으로 인해 근대적 의미의 혁명***을 체득할 수 없었으나 이와 같이 새로운 양식의 정치적 세계 형식이 처음으로 가능해지면서부터 이미 천년 왕국설적 요소가 혁명적 사태를 뒷받침함으로써 그 속에 거센 힘을 불어넣었다. 그리하여 일단 천년 왕국설적 경향이 퇴조하여 혁명의 기세가 꺾인 뒤에는 다만 적나라한 군중의 노호와 생기가 식어버린 격랑만이 세계를 휩쓸 뿐이었다. 따라서 천년 왕국설의 입장에서 볼 때는 고유한 가치 그 자체로서의 혁명은 어떤 확정된 합리성을 위한 불가피한 수단으로서가 아니라 단지 직접적인 절대적 창조의 원리 목

•• 뮌처 : "그리하여 우리들 지상에 있는 육신의 인간은 크리스트의 인간화에 의하여 스스로 신으로 화할 뿐만 아니라 신의 제자가 되어 신과 그의 영혼의 가르침을 받아서 완전히 성신의 세계로 옮겨지면서 이 지상의 생명은 하늘나라로 향하게 된다." (홀의 앞의 책 p. 431, Anm. 1.)

••• 슈탈도 이미 지적한 바 있는 근대 혁명의 이상과 같은 특징 중 하나는 이 혁명이라는 것이 결코 어떤 특정한 압제자에 대한 통상적인 항거가 아니라 기존 사회 질서를 조직적인 방법으로 전복하려는 노력을 뜻한다는 데 있으니 결국 우리가 이와 같은 조직적 의도를 문제 분석을 위한 발단으로 삼음으로써 그의 사상사적 내지 역사적 근원을 추구해나간다면 여기서 다시 한 번 우리는 천년 왕국설의 입장과 맞부딪히게 될 것이다. 그리하여 천년 왕국설이 아무리 비체계적이라고는 하지만 이 문제와 관련해서 볼 때 여기서 분명히 추상적이고 체계적 입장으로 기운다는 것을 알 수 있다. 이러한 뜻에서 Radványi도 책자로는 나오지 않은 학위 논문인 "Der Chiliasmus" (Heidelberg, 1923, p. 98)에서 이미 천년 왕국설이란 개개의 인간이 아닌 일정한 제도나 개체 속에서 발동된 악의 원리를 공격하거나 배격하는 것임을 지적한 바 있다. 이에 대해서도 홀의 자료집 중 p. 454를 참조할 것.

표나 또는 갈망해 마지않던 현세 속에서의 자기 충족이란 뜻에서만 필요할 뿐이었다.

미하일 바쿠닌Mikhail Aleksandrovich Bakunin, 1814~1876*이 "파괴욕은 바로 창조욕이다"라고 말할 수 있었던 것도 역시 그의 체내에는 이미 그 자신이 즐겨 이야기하던 바와 같이 전염성을 띠고 활개 치는 어떤 악마가 도사리고 있었기 때문이라고 하겠다. 근본적으로 그에게 있어서는 합리적인 방법으로 고안된 어떤 희망찬 세계를 구현하는 데 목적이 있던 것이 아님은 다음의 글에서도 여실히 드러나고 있다. "나는 제도나 법률을 도대체 믿지 않으므로 최상의 제도라고 하는 것도 결코 나를 만족시키지는 못할 것이다. 우리는 좀 더 다른, 즉 격정이나 활력 또는 새로운 무법의 세계, 곧 자유로운 세계를 필요로 할 뿐이다."

이상과 같이 단순한 인고의 뒤에라도 넓은 시야가 펼쳐지기 시작만 하면 비록 본질적인 뜻을 지닌 것은 아닐지라도 언제나 이렇듯 더 나은 세계에의 기약이 떠오르게 마련이다. 소망을 담은 공간과 시간은 이러한 정신적 위치에서 볼 때 결코 이뤄질 수 없는 성질의 것이다. 그것들은 단지 이미 이야기한 바와 같은 가장 알맞은 일순간을 포착하려는 사람이 단순한 생성체와는 달리 스스로의 독

• 바쿠닌에 관한 문헌에 대해서는 본서의 더 뒷부분을 볼 것. 뒤에 가서도 다시 이야기하겠지만 우리가 보기에는 현대에 와서도 바쿠닌류의 무정부주의가 그 무엇보다도 이천년 왕국설의 입장을 가장 잘 유지하고 있다.

자성을 보존할 수 있는 현실 초월적인 지점을 확보하도록 해주는 기능을 다할 것이다. 즉 여기서 지금 발생하는 '사악한' 현상과 결별을 고하면서 오로지 결정적 시기가 도래했을 때에 그들의 내면적 상황 변동에 따라서 스스로의 갈망과 세속적인 양태가 일치할 수 있는 순간만을 가슴 조이며 기다릴 뿐이다.

그러므로 결국 천년 왕국설을 간직한 의식의 구조와 그 걸어온 발자취를 관찰하는 데 있어서는―동기의 변천사를 위해서라면 오히려 의미도 있겠지만―공상의 시대를 대신하여 공간적인 상像이 그 자리를 메우거나 또는 이성과 계몽의 시대에는 폐쇄적인 합리적 연역 체계가 유토피아적 공백을 메우는 것은 거의 문제도 안 된다. 그러므로 일정한 의미에서는 합리적이고도 원칙적인 시초나 폐쇄성을 지닌 연역법 또는 공리 속에 내포된 동기에 대한 내재적인 방법에 의하여 균형을 유지한다는 것 등은 전부 마치 유토피아적 이상 속에서만 가능했던** 내면적 일치성이나 현세에 대한 요원함을 확실히 보장해주는 것이다.

그뿐만 아니라 단순히 합리적 측면으로만 봐서 정당하고 타당성 있는 것이 공간과 시간으로부터 유리되는 경우에는 그것이 오히려 현세적인 감각적 내용으로 충만한 공상적 세계의 경우보다 어떤 '경험 외적 국면'이나 현상계 피안의 한 지점에 도달하기에 더욱

** Freyer, H., "Das Problem der Utopie" (*Deutsche Rundschau*, Bd. 183, 1920, p. 321-345)와 또한 뒤에 가서 다시 자세하게 인용 소개할 Girsberger의 저서를 참조할 것.

알맞다고도 할 수 있다.

다시 말하면 그 어느 것도 합리적 완결성을 띤 체계 이상으로 사실 세계와 더 동떨어져 있는 것은 없으며 또한 경우에 따라서는 전적으로 자기 스스로의 세계 속에만 유폐된 사상 내용 이상으로 더 많은 비합리적 돌출부를 드러내는 것도 없을 것이다. 따라서 그 어떤 합리성의 경우든 천년 왕국설적 무아도취경이 사상의 소용돌이 속에서 소멸돼버릴 위험성은 도사리고 있으므로 결국 그 어떤 합리적 유토피아도 천년 왕국설에서 말하는 인고한다는 뜻과 동일한 것이 될 수는 없으며 또한 현세에서 초연할 수 있는 자부심을 만끽한다는 것도 있을 수 없는 일이다. 이와 같이 합리화된 유토피아의 비감각적이며 동시에 초감각적인 요소는 완전히 현재성을 고대하는 감수성이 넘쳐흐르는 천년 왕국설적 입장의 충동적 의욕과는 서로 배치될 뿐 아니라 또한 자유주의적이며 인도주의적인 유토피아 사상이 그 경향에 있어서나마 더욱더 천년 왕국설을 반박하고 나선 데서도 알 수 있듯이 이 합리화된 유토피아적 의식은 어느덧 천년 왕국설적 의식에 대한 최초의 반대자로 등장하게 되었다.

유토피아적 의식의 제2형태: 자유주의적 내지 인도주의적 이념

자유주의적이고 인도주의적인 유토피아 역시 기존 세력에의 반항을 뜻하는 것으로서 '그릇된' 현실에 대해 하나의 '정당한' 합리적 모형을 제시하려는 것이었다. 그러나 이러한 사상이 지금 이야기한 바와 같은 모형을 사용하는 것은 이를 밑받침으로 해서 임의의 어느 시점에서든 세계를 향한 돌파구 구실을 하려는 데 목적을 둔 것이 아니라 단지 하나의 '**가치 기준**'을 마련함으로써 여러 사상을 서로 저울질하여 이에 대처하기 위한 것이었다. 이 자유주의 내지 인도주의 정신에서 비롯된 유토피아는 곧 '이념'이다. 이는 결코 사물의 원형으로서 정태적 내지 조형적 의미를 지닌 그리스적 내지 플라톤적 이념과는 다른 한낱 현세적인 생성 현상에 대한 '규제 역할'을 하는 데 그치거나, 또는 무한의 지평으로 밀려난 상태에서 형식적 범위에서 우리를 조종해보려는 어떤 방향 결정성을 뜻하는 데 불과한 것이므로 여기서도 이 양자 간의 차이점에 유의할 필요가 있다. 그리하여 어느 시기에 가서 정치 투쟁을 전개할 수 있을 정도로까지 상황이 무르익으면(프랑스의 경우에서와 같이) 이와 같은 이념적 유토피아는 그 윤곽을 명백히 드러내는 합리적 형상을 띠기도 하지만,* 이와는 달리 만약 독일에서와 같이 이러한 진로가 가로막힐 때는 하나의 내면화 현상이 빚어진다. 결국 여기서는 외부적 상황의 변동이나 혁명을 통해서가 아니라 다만 인간의 내면

• 프리드리히 그림Friedrich Melchior von Grimm, 1723~1807의 독어 사전을 보면 프랑스 말로 쓰이는 이념의 개념에 대해서 다음과 같은 정의가 내려져 있다. "……이를테면 17세기에 있어서의 프랑스적인 언어 관습에 따르면 낱말이란 무엇인가에 대한 사상적 표상뿐이 아닌 사상이나 개념 그 자체의 의미로 전락해버린 감이 있다(Littré 2, 5c). 이런 뜻에서 우리는 이념이라는 말도 18세기 전반기의 독일 저술가들 경우에는 결정적으로 프랑스의 영향을 받았음은 물론 심한 경우에는 악센트까지도 프랑스 발음을 따랐음을 알 수 있다……."

적 형성과 변화 속에서 진보의 방향도 설정되는 것이다.

천년 왕국설적 의식은 우리의 생의 중심부로부터 서서히 싹트는 일상적이고도 역사적인 존재와의 관계를 완전히 단절한다. 그리하여 어느 때라도 세계나 인위성 또는 문화를 적대시할 수 있는 경향을 지닌 채 모든 활동이나 작업은 훨씬 더 중요한 의의를 지닌 **충족된 세계**를 향한 준비 태세를 마련하지도 못하고 결과만을 앞질러 얻어냄으로써 서둘러 안도감을 누리려는 것으로 보였다. 그러나 이와는 달리 문화에 대한 긍정적 자세와 인간 존재의 논리화를 시도하는 것이 자유주의자의 두드러진 정신적 태도이므로 그는 비판을 하는 경우에도 그 기본 내용 자체를 송두리째 파괴하려고 하지는 않을 뿐 아니라, 또한 바로 이 자리에서 지금 이 순간에 생성되어가는 현실 그 자체와의 연관점을 완전히 단절하는 것도 아니므로 결국 모든 생성 현상에는 정신적 목표와 열광적 이념이 깃들 수 있는 왕국이 떠오른다고 보았다.

그러므로 천년 왕국설의 신봉자가 뜻하는 정신이 우리의 손이 미치지 못하는 곳으로부터 하강하여 우리 스스로의 자발적 언표를 가능케 하는 정신이라고 한다면 인도주의적 자유주의자가 뜻하는 정신이란 우리의 정의 속에 흡수되어 우리 스스로를 열광하게 하는 이상으로서의 '제2의 왕국'*이라고 할 수 있다.

이렇듯 엄청난 열광의 도가니 속에(그러나 이것은 우리의 자발적 정신에서 우러나오는 말과는 다르다) 휩싸였던 시기가 바로 프랑스 혁

---

* 한스 프라이어 Hans Freyer, 1887~1969의 앞의 책 p. 323을 참조할 것.

명을 직접 전후해서 이러한 이념을 표방하며 새로운 세계로의 개조를 부르짖던 때에 해당된다. 정치적 분야로부터 그 빛을 발하기 시작한 이상과 같은 근대적 인도주의 사상은 문화적 영역 내의 모든 존재에까지 삼투되어 종국에는 '관념' 철학을 통하여 궁극적인 자아 인식에 도달하는 데 성공했다. 그리하여 현대 철학의 전반기는 바로 이와 같은 근대적 이념이 출현하고 또 파급되는 것과 때를 같이했는데 결국 이 사상이 좁은 시야 안에 사로잡히게 되면서부터는 그러한 의식 구조에 상응한 철학 형태 역시 그 범위를 벗어날 수가 없었다.

관념 철학의 운명은 그것을 직접 이룩하고 지탱해온 인물들과 무척 밀접한 연관을 지녔던 탓으로 지금의 우리들로서도 그와 같은 연관성을 일단 고려하지 않을 수 없는 입장이다. 근세 철학을 그 사회적 기능 면에서 본다면 한마디로 그것은 교권에 의한 신학적 세계상을 파괴하는 데서부터 싹튼 것이었다. 처음에는 절대 왕조나 부르주아 계급과 같은 신흥 세력들이 이의 창달을 위해 노력했지만 그 뒤로는 부르주아만의 독점적 무기로 화함으로써 여기에 정신·문화 및 정치의 일체성이 이룩된 반면에 반동적 경향으로 흐르게 된 왕조는 신정 일치를 부르짖게 되었고, 또한 프롤레타리아는 그들 나름으로 부르주아지와 공통된 관념 철학의 이념 일변도적 외각에서 탈피함으로써 결국 관념 철학의 창시자가 내세웠던 애당초의 입장과는 달리 그에 적대되는 의식적 역량으로까지 신장되었다.

이와 같이 두 적대 세력 사이에 끼여 있던 근대적 자유주의 이념은 그 본래의 형성 요인에 비춰봐도 이미 극히 숭고하고도 환상적인 성질을 띠고 있었다. 일종의 환상적인 현실 감각을 바탕으로 천년 왕국설적인 신 앞에서의 서약을 일삼는 등의 행동은 피하면서 동시에 이 관념주의적 의식은 보수적이고도 흔히 우직하리만큼 사물과 인간에 대한 정복만을 노리는 현실 감각에 투철한 속세적 감정에서도 벗어날 수 있었다. 이 이념 지향적 의식은 사회적으로는 부르주아지나 인텔리층과 같은 중산 계급에 의해 이뤄졌으나 이러한 구조적 상황에 맞춰서 동시에 그것은 감각적 활력성, 무아적 도취경 그리고 복수욕에 불타는 피압박 계층과 당대 현실 속에서 완전한 일체감을 만끽하는 봉건적 통치 방식을 행사하던 계층과의 사이에서 의욕적이고도 활력적인 중간 노선을 유지하고 있었다.

이러한 관념주의 사상은 있는 그대로의 존재 영역으로 뛰어들기에는 너무나 규범적인 측면만을 강조한 나머지 여기서는 당위성을 근거로 한 자기 특유의 관념 세계가 구축될 수밖에 없었다. 스스로를 고양하거나 해탈의 상태에서 초연한 위치에 올라섬으로써 그것은 육체적인 것에 대한 일체의 감각이나 자연에의 어떠한 현실적 관계도 모조리 상실하게 되었다. 그 당시의 의미 연관성에서 보면 자연이란 오직 이성과 일치해야 하고 또한 어떤 영원으로부터의 진실된 규범과 관련된 존재여야만 했다. 그리하여 이와 같이 영원하거나 절대적인 것, 또는 하등의 기복도 개별성도 없는 세계는 당대의 지도적 위치를 점하던 예술 작품 속에 그대로 반영되었으니, 결국 이러한 의미에서 볼 때 조각이란 실제로는 부조 예술에 지나지 않았고 소묘술 역시 마치 생명 없는 창백한 회화처럼 보일 뿐이었다.*

 여기서 결국 예술, 문화, 철학 등 이 모두를 일정한 정치적 욕망에 따라서 이념화된, 유토피아로부터 발산된 세계 형성을 향한 팽창 결과라고 본다면 심층 공간과 현란한 색채가 이러한 예술에서 결여되어 있었다는 것은 역시 그와 같은 자유주의 내지 인도주의 이념의 본질을 통해서도 잘 드러나는 바였다. 그뿐만 아니라 다채로운 색감이 없는 곳에는 그 당시 사람들이 숭상하던 모든 이상이란 것 또한 내용이 빈약하기 이를 데 없이 되어 교양, 자유 및 인격 등도 모두가-꼬집어 이야기한다면-고의적으로 별다른 규정이 내려지지 않은 알맹이 없는 내용을 위한 겉틀이나 다를 바가 없었다. 이미 인도주의론을 폈던 요한 고트프리트 헤르더Johann Gottfried von Herder, 1744~1803의 서간집에서 나타난 바와 같은 휴머니즘 사상이 처음으로 고개를 들 때만 해도 그것이 무엇을 이상으로 하는지에 대해 분명히 언급되지 않은 상태여서 때로는 목적론의 구실을 하는 '이성과 공평성'이라고 생각되었는가 하면 또 어느 때에는 노력할 가치가 있다고 여겨지는 '인간의 복지'라고도 생각되었다.

 이 밖에도 또한 철학 분야에서-그런데 다른 영역에서도 마찬가지지만-형식에만 치중하게 된 것도 자유주의 사상이 지닌 시대적 내지 사회적 우유부단성과 그 모든 내용이 비현실성에 기인한 것이었다. 그리하여 심층 공간이 결여된 조각이나 단순한 선적인 요

---

* Pinder, W., *Das Problem der Generation in der Kunstgeschichte Europas* (Berlin, 1926, p. 67 ff., 69).

소가 지배하는 현상 등은 바로 역사적 시간을 직선적인 진보와 발전으로만 받아들이려는 풍조와도 일치하는 것으로서 이와 같이 직선적인 진보의 관념은 주로 다음과 같은 별개의 두 가지 발생 원인에서 비롯되었다.

그중 한 가지 요인은 목적 이념으로서의 부르주아적인 합리성을 추구하려는 입장이 그때마다 모든 존재 여건과 관련될 뿐만 아니라 또한 (불완전한) 자연의 상태와 합리적 이념 사이의 긴장 관계가 해소된 서구적 내지는 자본주의적 발전을 통해서 나타났는데, 특히 이와 같은 규범과 존재 사이의 가교가 이뤄질 수 있었던 것은 존재란 것은 무한한 접근 작용을 꾀함으로써 이성적인 것을 향해 움직여간다고 하는 생각이 밑받침되었기 때문이었다.

물론 이렇듯 무한한 접근 작용이라고 하는 양상이 일단은 막연하면서도 비규정적인 상태에 놓여 있긴 했지만 프랑스 혁명 당시의 지롱드당원이었던 **마리 장 콩도르세**Marie Jean Condorcet, 1743~1794에 오면서부터는 이것이 비교적 구체적인 고전적 형태를 띠게 되었다. 콩도르세는─하인리히 쿠노브Heinrich Wihelm Carl Cunow, 1862~1936[•]가 올바른 사회학적 분석을 가하였듯이─지롱드파가 붕괴된 이후에 겪은 중산 계급의 실망감을 바로 이들 중산층의 역사상 속으로 흡수하였던 것이다. 완성 단계에까지 도달하려는 최종 목표가 포기되지 않은 것은 사실이어서 혁명이란 것도 단순한 중간 단계로밖에는 여

• Cunow. H., *Die Marxsche Geschichts-*, *Gesellschafts- und Staatstheorie* (Bd. I, Berlin, 1920, p. 158).

겨지지 않았지만 진보의 사상 또한 여러 가지 난관에 부딪히게 되었다. 왜냐하면 아무리 직선적인 방향으로 움직여가는 역사라 하더라도 거기에는 어떤 필연적 과정이나 중간 단계가 있다는 사실이 알려지게 되었기 때문이다. 예전에는 단지 장점적인데 불과한 이성적 관점에서 판단력을 구사해오던 것은 무엇이건 '오류'와 '편견'이라고 넘겨버렸었지만 콩도르세에 와서는 적어도 이렇듯 점진적인 것을 어느 정도나마 인정하려는 경향이 나타났으며, 각 시대마다 팽배하던 '편견'이 불가피하다는 점이 인정되었을 뿐 아니라 그것은 또한 '역사적 화폭의 일부분'으로서 시대적으로도 구분이 이뤄진 당대인들의 진보관으로 흡수될 수 있었다.

그런데 진보의 관념을 싹트게 한 또 하나의 원인을 우리는 독일에서 찾을 수 있는데, 그중에서도 특히 고트홀트 에프라임 레싱 Gotthold Ephraim Lessing, 1729~1781의 《인류 교육론》에서 전개되기 시작한 발전의 사상은 (헤르만 골츠Hermann von der Goltz, 1835~1906와 프리츠 게를리히Fritz Gerlich, 1883~1934의 견해에 의한다면).•• 하나의 세속화된 경건주의적 성격을 띠고 있었다. 그와 같은 견해에 덧붙여서

•• Goltz, H. v. d., *Die theologische Bedeutung J. A. Bengels und seiner Schule* (*Jahrbücher für deutsche Theologie*, Bd. 6, Gotha, 1861, p. 460-506).
Gerlich, Fr., *Der Kommunismus als Lehre vom tausendjährigen Reich* (München, 1920). 프로파간다를 목적으로 쓰인 이 저작은 많은 부분에서 너무 단순화되고 간소화된 느낌을 주지만 위에서 지적한 바와 같은 많은 기본적 문제점에 비춰보면 정당한 견해가 담겨 있다고도 할 수 있다(당해서의 맺는 말을 참조할 것). 도렌(앞의 책)도 이 책에 대해 올바른 평가를 한 것이 있다.

또한 경건주의가-네덜란드로부터 독일로 이식됨으로써-원래 침례교파와 같은 성격의 일단을 내포하고 있었다는 점을 고려한다면 우리는 종교적 의미에서의 발전의 사상이란 직접적으로 천년 왕국설적 요소가 퇴조한 데서 비롯한 결과라고 할 수 있겠고, 또한 동시에 독일적인 풍토 속에서 원래의 인고忍苦가 단순한 대망으로 바뀌거나 시간에 대한 천년기설적 체험 의식이 어느덧 진화론적인 체험으로 바뀌어버린 하나의 과정으로 볼 수도 있겠다.

계보상으로는 에른스트 아른트Ernst Moritz Arndt, 1769~1860, 요하네스 코케유스Johannes Coccejus, 1603~1669, 필리프 슈페너Philipp Jacob Spener, 1635~1705 및 니콜라우스 친첸도르프Nikolaus Ludwig Zinzendorf, 1700~1760를 거쳐서 드디어 경건주의자로서의 레싱과 동시대인인 **요한 알브레히트 벵겔**Johann Albrecht Bengel, 1687~1752에까지 이어지지만 하여간에 벵겔은 이미 신에 의한 역사의 계도라는 이념에 대하여 분명히 언급한 적 있으며 또한 창세기로부터 말세에 이르는 일률적 진보의 과정에 대해서도 논한 적이 있다. 알려진 바로는 레싱도 그로부터 인간의 무한한 완성이라는 사상을 이어받아 이를 세속화하였고 또한 이성 종교와 결합시킴으로써 결국은 이러한 형태 속에서 그 사상을 독일 관념주의에까지 유산으로 물려줄 수 있었다.

결국 이러한 진보의 관념이 종교적 의식의 지식적인 변화와 합리성으로부터의 반격 중 어느 쪽을 근거로 해서 발생했던 간에-이미 이와 같은 진보의 관념 속에는 천년 왕국설을 신봉하는 입장에서와는 달리 생성되어가는 '바로 지금 여기서'라는 구체적 시간에 좀 더 접근하거나 또는 그 시간 속으로 진입하려는 경향이 담겨 있다고 하겠다.

모든 찰나마다 역사 속에 합류함으로써 의미의 충실화를 이뤄나가는 천년 왕국설적 입장은 이제 이상과 같은 역사의 과정 그 자체 내에서 스스로의 위치를 차지하기에 이르렀는데, 이는 비록 머나먼 저편으로 밀려나 있는 가운데서도 예전과는 다르게 어떤 완전한 '외곽권'으로부터 갑자기 그 모습을 드러냈던 유토피아가 비교적 현실 영역으로 근접해왔음을 뜻한다. 그러므로 유토피아적 관점에서 보더라도 이제부터 이 세계는 의미가 충족된 유토피아라는 방향으로 움직여가기 시작하지만 또 다른 측면에서는 유토피아적 의식이 생성 과정 그 자체에 어느 정도나마 기여하고 있음이 드러난다. 결국 머나먼 후일에 가서야 비로소 완전히 실현될 수 있는 이념은 현재 속에서의 지속적인 생성 과정에서도 이미 개별적 사실에 비춰보면 어떤 점진적 개선을 불러일으키기에 충분한 규범으로 화했던 것이다. 다시 말해서 어떤 개별적 현상을 비판하는 사람은 바로 그와 같은 스스로의 비판에 의하여 자승자박하고도 결국 눈앞의 이 순간에도 끊임없이 싹트는 문화 창조에 참여하거나 사회적 제도와 정치 및 경제의 힘에서 발산되는 세계 형성적 기능에 대한 강렬한 믿음을 표시하는데, 이는 모두가 단지 씨앗을 뿌리는 데 그치지 않고 이미 수확을 거둬들이려는 상속인의 모습과도 같은 것이다.

물론 불행하게도 이와 같은 신흥 계급의 정치적 의도는 언제나 사회적 문제의식을 초탈한 상태에서 감돌고 있었을 뿐 아니라, 특히 자유주의적 견지에서 단순히 국가 그 자체를 적대시하던 시기에는 아직도 지배 계층의 존속을 절대적으로 보장하다시피 하던 권력이나 폭력의 의의에 관한 역사적 평가는 이뤄지지 않고 있었다.

　비록 문화와 철학, 그리고 실천 면으로는 경제와 정치에 의존하고 있던 그와 같은 의식이 보수주의적 입장에서는 제아무리 추상적이라고 보일지언정 그것이 역사적인 차안의 세계에 몰입되어 있었다는 점에서 역사적 치외 법권을 누리려던 천년 왕국설적 입장보다는 훨씬 '더 현실적'임에는 틀림없다. 그런데 이와 같은 역사적 상황과의 친근성은 그들이 보는 **역사적 시간의 개념이**-의식 구조를 점쳐볼 수 있는 확실한 징후라는 점에서-천년 왕국설을 믿는 경우보다도 더 명확하게 규정되어 있다는 데서도 잘 드러난다. 우리가 이미 봐온 바와 같이 천년 왕국설을 신봉하는 입장에서는 생성의 기능을 발휘할 만한 수단을 소유하지 못한 채 다만 우발적인 찰나나 의미로 충만한 현시점을 포착하는 것일 뿐이었다. 그러므로 천년 왕국설적 단계에만 집착하는 의식으로서는 현재에 있어서나 또는 뒤에 가서까지도-오히려 그들의 반대자들은 이미 그 의의를 충분히 갈파했음에도-어떤 방법이나 발전이란 개념에 대해 전혀 아는 바가 없고 다만 시간상의 간만干滿만을 이해하고 있을 뿐이다. 예를 들어서 이와 같이 순수한 천년 왕국설에의 믿음을 가장 뚜렷이 보존해온 극단적 무정부주의가 보기로는 중세가 몰락한 이후의 근대사는 오로지 혁명의 시기로 일관되어왔다는 것이다. "실제적 양상에서도 나타나지만 또한 우리가 개념 규정을 할 경우에도 혁명이란 마치 두 가지의 오랜 질환에 시달려온 건강한 자의 체열과 같은 것으로서 만약 여기에 어떤 무기력한 상태가 앞서지도 않고 또 실신 상태도 따르지 않는다면 거기서는 혁명이 싹틀 틈도 생겨나지 않을 것이다."• 비록 이러한 사상적 견해 중의 많은 부분이 반대자들에게서 배운 것일 뿐 아니라 때에 따라서는 보수주의적이거나 혹은 사회주의적 색채를 띠기도 하지만 역시 그중의 가장 중요한 측면은 여전히 반역사적 태도가 이어져 내려온 것으로 볼 수 있다.

다만 발전 현상을 체험할 수 있는 일체의 가능성을 배제해버린 천년 왕국설적이고 절대적인 현재에의 체험에서 얻은 성과가 있다면 그것은 즉 시간에 대한 **질적 차등**을 인정했다는 것이다.

즉, 거기서는 역사철학적 입장에서 역사 사상을 세분화해볼 수 있도록 하는 중요한 계기가 될, 의미로 충만한 시간과 의미가 상실된 시간이 구별되어 있다. 우리가 이와 같은 문제의 발단 속에 담긴 참다운 의의를 파악하기 위해서는 무엇보다도 역사에 대한 경험적 관찰이란 역사적 시간에 대한 역사철학적 의미 성격상의 차등 – 이것은 흔히 잠재적 성격을 띠므로 거의 눈에 띄지 않을 정도로 표출되긴 하지만 – 을 설정하지 않고서는 불가능하다는 사실을 분명히 깨우쳐야만 하겠다.

그런데 언뜻 보기에는 거의 불가능할 것으로 보이긴 하지만 지금 바로 언급한 시간에 대한 질적 구분을 지으려던 단초적 계기는 천년 왕국설적 입장이 지닌 역사적 거리감과 무아경적 자아 발현의 체험에서 비롯한다고 하겠다.

규범의식이 바탕이 된 자유주의적 입장으로서도 역사 이념에

• 란다우어의 앞의 책 p. 91.

대한 질적 차등은 인정하고 있는 반면에 일정한 역사적 단계를 통하여 생성된 것이나 또는 빗나간 현실에 불과한 현재에 대해서는 이를 경시하는 풍조가 있다. 이렇듯 여기서 완전한 의미 충족은 머나먼 미래로 밀려남으로써 이는 천년 왕국설 신봉자의 경우와는 달리 역사의 피안에서만 느낄 수 있는 무아도취경에서가 아닌 지금 바로 이 순간에 생성되는 일상적인 것에서 발생한 것으로 간주된다. 바로 이와 같은 경로에 따라서 – 이미 우리가 봐온 바와 같이 – 일률적인 선을 따르다시피 하는 생성의 모형과 또한 의미 목표와 존재와의 사이를 연결하는 비교적 동질적인 관계도 이뤄질 수가 있었다.

자유주의 이념이란 흔히 합리주의적 구조로 겉치레를 한 채 역사적으로나 사회적으로도 자유주의를 배후로부터 끊임없이 엄습할 만한 잠재적 위험성을 지닌 천년 왕국설의 무아경적 체험과 반대되는 것으로 봐야 하지만, 또한 동시에 이는 과거로부터 전승된 것을 바탕으로 하여 처음에는 '현실'을 본능적으로, 그러나 뒤에 가야만 올바른 이해가 가능할 것이다. 특히 여기서는 다른 어떤 경우에서보다도 더 분명하게 여러 유토피아 의식과 또한 그것을 바탕으로 하여 유지되거나 형성되기도 하는 의식 구조의 면에서 본 두 개의 역사적 세계 및 근본적으로 상이한 두 개의 사회적 세력 간의 차이점이 뚜렷이 부각되고 있다.

천년 왕국설의 세계는 붕괴되어가는 중세가 낳은 전형적 산물이었고 그 시대는 거대한 파탄의 시대이기도 했다. 만인의 만인에 대한 투쟁으로 점철되던 이 시대는 그야말로 상호 적대시하는 군주·귀족·시민·수공업에 종사하는 도제 그리고 유랑인이나 용병 등으로 들끓었던 까닭에 모든 인간은 이를테면 영혼의 심층부까지도 외부로 드러내려고 할 만큼의 혼탁함과 격앙된 세계를 맞이했다. 그러므로 이러한 싸움의 도가니 속에서는 그들 모두의 이데올로기조차 어떤 응결점을 찾지 못한 상태여서 사회적으로도 과연 그러한 이념들이 어느 계층에 속하는 것인지조차 분명치 않았다. 결국 종교 개혁의 소용돌이 속에서—이 점은 프리드리히 엥겔스Friedrich Engels, 1820~1895*가 명백히 투시했다—영적인 내용의 사회적 환원을 가능케 하는 계기를 마련한 것은 다름 아닌 농민 봉기였다. 이제 여기서 분명해진 것은 천년 왕국설적 체험이란 사회의 최하위 계층에 귀속될 성질의 것일 뿐만 아니라 압박받는 농민이나 수공업 분야의 도제 그리고 무위도식을 일삼기 시작하는 프롤레타리아와 광신적 성직자 모두에게 공통된 정신 구조라는 사실이다.

 홀(앞의 책 p. 435)은 바로 이런 사실을 감안해 베버의 일반 유형론**에 의한다면 이른바 하층 계급에 해당할 뮌처의 사상이 그 당시 '인텔리층(즉 세바스티안 프랑크Sebastian Frank, 1499?~1542?, 안드레아스 카를슈타트Andreas Karlstadt, 1486~1541, 카스파르 슈뱅크펠트Caspar Schwenckfeld, 1489?~1561 등이 이에 속함)'에게서도 공

---

* Engels, Fr., *Der deutsche Bauernkrieg* (hrsg. v. Mehring, Berlin, 1920, p. 40 f.).
** *Wirtschaft und Gesellschaft. Grundriß der Sozialökonomik* (Abtlg. III¹, p. 267 ff., §7. Stände, Klassen und Religion).

감을 불러일으켰다고 하는 사회학자들의 주장을 반증하려 했다. 그런데 사회학적 문제를 그토록 단순화해버린다고 할 때 이것이 곧 사회학 전반에 불신만을 조장한다고 해도 전혀 놀랄 일이 아니다. 베버는 언제나 자기의 일반 유형학은 이념형적 경향의 특징을 찾아내려는 데 목적이 있는 것이지, 결코 어떤 단 일회적인 상황을 직접적으로 구명하려는 뜻에서 창안한 것이 아니었음을 강조해왔었다(여기에 대해서는 특히 앞의 책 p. 10을 참조할 것). 사회학이 어떤 일회적 상황을 분석하려는 경우에 특히 사회학적으로 본 인텔리의 특정한 성향 및 그의 계급적 귀속성을 다루고자 할 때는 심심한 주의를 요한다. 따라서 이러한 문제를 다루는 데는 다음과 같은 몇 가지 각도로부터 우선적으로 고찰되어야만 한다.

a) 사회학적 의미에서 적대 감정을 양립토록 하는 인텔리에 관한 문제(이러한 적대 감정의 양립 현상이란 모두가 사회 계층에 공통된 것이 아니라는 점을 감안한다면 확실히 이와 관련된 사회적 특징은 문제가 됨 직하다).
b) 역사적 동력이 어떠한 시점에 도달했을 때라야만 비로소 대표적 지식 분자들은 어느 한쪽 진영으로 몰려드는가?
c) 반대 진영으로부터 인텔리에게 파급되는 사상이 지닌 본래의 성격은 어떠한 방법으로 수정되는가(이와 같이 일정한 사상을 수용하는 경우에 나타나는 '굴절각屈折角'의 정도에 따라서 우리는 흔히 사회적 계층의 이동 상태를 알아 볼 수 있다)?

그런데 여기서 한 가지 주목할 일은 홀(p. 435 ff., 459, 460) 자신이 지금껏 비난해왔던 사회학의 정당성을 입증할 만한 극히 흥미로운 실제 자료들을 제공하고 있다는 점이다. 그가 스스로 확인한 바에 의하더라도 뮌처의 이론을 승계한 지식인들로서는 그 이론을 더 이상 발전시킬 수도 없었으므로 거기에 하등 새로운 것을 덧붙이지도 못한 채 다만 독일 신비주의자들의 책이나 글에 의존할 뿐이었다. 그리하여 여기서는 특히《독일 신학Theologia deutsch》을 위시하여 아우렐리우스 아우구스티누스Aurelius Augustinus, 354~430와 또한 자기들의 직접적인 정신적 경험을 크게 참고로 했다. 그들로서는 언어 발달을 위해서도 하등 공헌한 바가 없으며 그 특이한 신비주의 사상의 중요 부분을 오히려 왜곡해버렸고 우스꽝스럽게도 중세 신비주의자의 이론과 뮌처의 십자가론을 혼합해버렸다(이 모든 것은 일정한 사회 계층이 지니는 '이론'이 또 다른 계층에 의해서 계승될 때 나타나는 사상적 '굴절각'의 규정 가능성에 관한 사회학적 이론을 직접 뒷받침하기에 충분하다).

이 밖에 홀은 특히 위에서 언급했던 몇몇 대표적 지식인들이 사회 운동이 극렬화함에 따라서 더욱더 스스로의 내면 세계로 은거하게 되었다는 것, 그리고 그들 중 프랑크와 같은 사람은 자기의 연대지年代誌 속에서 루터보다도 더 신랄하게 농민 전쟁에 비판을 가했으며 또한 그와 같이 뮌처와 결별한 후로는 극단적인 세계관의 변화를 가져왔다는 것, 더 나아가서는 뮌처와 노선을 달리하게 된 이와 같은 지식인의 세계관은 더욱더 인간 경시적 성향을 띰으로써 '사회적 특성'을 상실하기에 이르러 마침내는 천년 왕국설에서와 같은 아집 대신에 거의 모든 교파를 통합하는 관용성을 지향하는 '보이지 않는 교회'가 내세우는 이념이 그 자리에 들어서게 되었다는 데 대해 언급하고 있다(홀의 앞의 책 p. 456 f.).

우리가 만약 적절한 문제 설정과 함께 거기서 발생할 수 있는 개념적 도구까지 갖추고 있다면 우리는 지금까지 이야기한 내용을 통해서도 대단히 많은 사회학적 문제점을 포착할 수 있을 것이다.

이때부터 차기 형태의 유토피아가 출현하기까지는 장구한 세월이 흘러야만 했고 또한 사회적 측면에서 본 세계의 양상도 크게 달라짐으로써 이를테면 "기사는 관리가 되었고 자작 소농은 종적인 시민으로 바뀌었다(프라이어)." 그런데 이 단계에서의 유토피아 역시 사회의 최하층 계급에 의해서 표방된 것이 아니라 의식적인 자기 함양에 의해 스스로를 억제할 줄 아는 중간 계층이 이끌어나갔다. 이들은 문화와 논리를 일단 자기 정당화의 표현(귀족과 대립된 입장에서)으로 간주함으로써 어느덧 이러한 경험의 기초는 무아적 황홀경을 벗어난 교양 내용으로 바뀌게 되었다.

그런데 이 자유주의 사상이 비록 천년 왕국설적인 무아적 의식이나 보수적인 현실 도전적 의식에 비해서는 다분히 추상적인 듯이 보이기도 하지만 그것은 근대사에서의 가장 중요한 한 시기를 송두리째 손아귀에 넣고야 말았다. 자유주의 이념의 추상성은 좌우 양파로부터의 비판에 의하여 점차 겉으로 드러났지만 이 이념의 창시자들은 미처 이 점을 감촉하지 못했다. 그러나 실은 바로 이와 같은 모든 가능성으로 통하는 문호를 활짝 열어놓은 가운데 인간의 환상력을 극도로 자극하는 불투명 상태에서일수록 어떤 신선하고도 젊음에 넘치는 여명의 아침이 동트는지도 모르겠다. 바로 이러한 점에서 보수주의적 경향에 젖어 있던 노경의 헤겔까지도 말년에 와서는 위대한 혁명 이념이란 그와 같은 추상적이며 불투명한 상태 속에서 싹튼다고 회고한 일이 있다. 천년 왕국설을 신봉하는 어떤 둔탁한 흥분 대신에 이제 이념적 의식 속에서는 약동하는 힘이 밝은 햇살을 받으며 빛나기 시작했다. 마침내 광명으로 화한 계몽주의적 열정이 오늘과 같은 성숙한 단계에서까지 그러한 이념으로부터 스스로의 추진력을 얻어냈을 뿐만 아니라 심지어 이는 오늘의 세계를 발생하게 할 수 있었던 기치가 되기도 했다.

이와 같이 환상력을 자극하면서 끊임없이 무한의 지평을 향한 약속을 안겨준다는 사실 이외에도 이 자유주의적 계몽 사상이 싹트게 한 가장 심도 있는 추동력은 즉 언제나 인간의 자유로운 의지를 바탕으로 하여 절대성에의 체험을 생동하게 되살려주었다는 점이다.

그런데 **보수주의 정신**의 특성은 바로 그와 같은 절대성의 체험 의식으로부터 그 예봉을 꺾어버리는 데 있었으니 결국 그 보수주의적 입장을 한마디로 요약한다면 자유주의 사상과의 의식적인 대립 하에 **제약성에의 의식**을 엄청나게 강조했다는 점이다.

유토피아적 의식의 제3형태: 보수주의적 이념

보수주의적 정신은 원래 이론적 성향을 띠고 있지 않았는데, 그 이유는 인간이 자기의 대상 세계와 일체성을 유지하는 한 결코 자기를 둘러싸고 있는 현실 상황을 이론적 성찰의 대상으로 삼을 필요가 없다는 사실이 받아들여졌기 때문이었다. 그와 같은 존재의 단계에 처해 있는 인간으로서는 오히려 자기를 둘러싼 모든 주변의 대상을 세계 질서에 속하는 너무나 지당한 것으로 받아들이려는 경향을 나타낸다. 따라서 보수주의 사상은 그 어떤 유토피아도 필요하지 않았으니, 왜냐하면 보수적 의식의 구조 자체로 볼 때 그것은 스스로가 지배하고 있는 그때마다의 현실과 혼연일치를 이루는 것을 이상으로 삼기 때문이다. 또한 거기서는 진보를 향한 충동에서 우러나는 역사 과정에 대한 성찰이나 해명 따위도 있을 수 없는데, 왜냐하면 보수주의적 내용의 지식이란 원래가 정복을 위해서 필요한 지식이며 또한 존재 내재적인 요인에만 관심을 두는 본능적, 때로는 이론적 성격을 띤 것이기도 하기 때문이다. 그러므로 아직 알력과 대립의 상태를 빚고 있던 과거에는(세계가 아직 보수주의적 방향에서 안정되어 있지 않던 시기를 뜻함) 존재 초월적인 내용으로 받아들여질 수 있던 것도 여기서는 단지 가공적인 이데올로기에 불과한, 신앙이나 종교 또는 신화의 형태를 띤 역사의 피안으로 추방될 수밖에 없었다. 그리하여 이러한 사상적 단계에서는 —앞에서도 말했듯이— 오히려 하나의 우연한 구체성을 띠었다고밖에 할 수 없는 주변 전체를 마치 필연으로서의 세계 질서라도 되는 듯이 생각하는 경향을 띠고 있었다. 다만 반대 입장에 있는 계급으로부터의 반격이나 기존 질서를 파괴하려는 그들의 움직임과 같이 외부로부터 압력이 가해질 때에 한해서 보수주의 사상으로서는 스스로의 현실 지배에 회의를 느낌으로써 결국 자기 자신에 대한 역사 철학적 반성과 나아가서는 스스로의 방향 설정과 방어의 수단이 될 반유토피아를 강요당할 뿐이었다.

만약 신흥 계급들이 보수 세력에 대하여 이러한 문제를 실제로 제기하지 않거나 또는 자기들이 필요로 하는 반항적 이데올로기를 거론하지도 않았더라면 이 보수적 의식 충동은 잠재적인 상태에서 단순히 자기의 생명력을 탕진하고 마는 무의식적 진전 단계에 머물고 말았을 것이다. 그러나 신흥 세력으로부터 가해지는 이데올로기적 공격은 단순히 생활과 현실 속에서 그 효능을 발휘해왔던 그들 스스로의 관점과 내용에 대한 반성을 촉구했다. 이는 다시 말해서 보수적 사상이 반대파의 이론에 자극되고 고무됨으로써 비로소 뒤늦게나마 스스로의 이념*을 발견하게 된다는 뜻이다. 그러므로 진

• 이 자리에서 아직은 상세한 언급을 할 수 없지만 하여간에 우리는 이 문제와 관련하여 절대주의의 이데올로기를 반드시 염두에 두고 있어야만 하겠다. 즉 절대주의적 이데올로기를 통해서도 우리는 원래가 존재 상황의 지배를 목적으로 하는 것은 이른바 마키아벨리주의적 의미에서의 존재의 지배를 위한 그 나름의 기술을 고안하려고 냉철하게 숙고한다는 사실을 알 수 있는데, 그 뒤에 가서야 비로소(이것도 대개는 반대파의 움직임에 의해서 강요된 것이지만) 이러한 지배를 이념적으로 정당화하려는 욕구가 발동한다고 하겠다. 이처럼 보다 일반적인 주장을 뒷받침하기 위하여 이제 마이네케가 쓴 글을 통해 그와 같은 과정의 진행 상황을 살펴볼 수 있다. "그와 같이 하여 단순한 권력 국가로 그치지 않는 문화 국가로서의 체통 역시 지키고자 하는 현대 국가의 이상이 자라나면서부터는 아직 17세기의 이론가들만 해도 대부분이 그 테두리를 벗어나지 못했던 바와 같은, 이를테면 오로지 권력의 확보에만 전념하는 것을 국시로 삼으려는 어떤 제한도 더 이상 가해지지 않게 되었다." 이 말은 주로 프리드리히 대왕의 시대를 염두에 두고 한 것이었다. Meinecke, Fr., *Die Idee der Staatsräson in der neueren Geschichte* (München-Berlin, 1925, p. 353).

보주의자라면 누구나 실제 사건보다도 이념이 앞질러 간다고 생각한 데 반하여 보수주의자였던 헤겔은 세계가 이미 내면적으로 완성된 연후에 가서야 비로소 역사적 현실의 이념이 인지될 수 있다고 본 것이 결코 우연이라고 할 수는 없다. '세계란 어떠한 것이어야만 한다는 식의 충고에 대해서 한마디 부연한다면 무엇보다도 철학은 언제나 그 현실보다 뒤쳐질 수밖에 없다고 해야만 하겠다. 세계에 대한 사념의 결과로서의 철학이란 언제나 현실이 이미 자기의 형성 과정을 완료하여 끝맺고 난 뒤에야 비로소 그 모습을 드러낸다.' 일단 우리가 개념을 통하여 알게 된 이러한 사실은 역사의 광장에서도 필연적으로 입증되게 마련이다. 즉 완숙한 현실에서만 이상은 그 모습을 나타내는 법이며, 또한 이상은 지적 영역과 같은 모습을 띠게 될 이 현실 세계를 그 본질로부터 파악하고 또 설계해나가는 것이다. 만약 철학이 스스로를 회색 빛깔로만 보게 될 때 이미 거기서는 모든 생명력이 빠져버린 뒤이므로 더 이상 철학의 회생이란 기대할 수 없고 단지 인식하는 것으로 그칠 뿐이다. 즉, "미네르바의 부엉이는 황혼이 깃들 무렵이라야 처음으로 비상하기 시작한다."* 이 지혜의 여신은 실제로 **보수주의 사상**의 경우에는 황혼이 깃드는 때에 가서야 비로소 날기 시작했음을 우리는 족히 알고 있다.

보수주의적 의식은 그 근본 형태에 있어서 — 이미 이야기한 바와 같이 — 이념적 단계에 머물러 있는 것은 아니며, 오히려 자유주의적

---

* 헤겔《법철학 Grundlinien der Philosophie des Rechts》(Lasson 판) 서문 중 유명한 결론 부분. (*Philosophische Bibliothek*, Bd. 124, p. 17).

성향을 띤 반대파에 의하여 이른바 전투적 국면에 직면하게끔 되는데, 바로 여기에 새로이 등장한 생동력이 넘쳐흐르는 적대자가 대립과 전쟁의 속도와 형태를 좌우한다고 하는 사상적 발전 양식의 특수성이 담겨 있는 듯이 보인다. 그렇다고 해서 흔히 '진보적 사상'을 자부하는 측에서 이야기하듯이 반드시 새로운 활력을 지닌 자만이 존속할 수 있는 전망이 있고, 그 밖의 세력은 모두가 점진적으로 소멸돼버린다는 것은 아니지만 적어도 새로운 세력에 의해 밀려나다시피 하는 구세력은 끊임없이 스스로를 변화시키면서 가장 최근에 대두된 적대자의 수준으로까지 자신을 끌어올려야만 한다. 바로 이와 같이 지나간 과거의 이념적 질서에 적용되던 사회학적 논거가 현대에 와서 새로운 사회학적 논쟁을 주도하도록 강요하는가 하면, 보수주의자들은 19세기 초엽의 자유주의적 이념을 지향하던 사유를 자기와 동일한 이념적 단계에서 자기 해석을 하도록 강요했던 것이다.

그런데 여기서 한 가지 흥미로운 사실은 원래부터 토착화되어 있다시피 하던 보수적 계층(유스투스 뫼저 Justus Möser, 1720~1794나 폰 데어 마르비츠 Johann Friedrich Adolf von der Marwitz, 1723~1781의 견해)에게는 이와 같은 이념 지향적 자기 해석이 불가능했는 데 반하여 보수주의 세력에 편승했던 이데올로기 논자들만은 보수적 이념의 발견을 스스로의 과업으로 삼았다는 것이다.

이 점에 있어서 보수적 낭만주의자들이나 특히 헤겔이 남긴 업적이 있다면 그것은 즉 이들 모두가 보수적 존재의 의미를 이념적 사상事象의 단계에서 해석했을 뿐 아니라, 다시 이를 기점으로 하여 전혀 이성적 성찰의 대상이 되지 못한 채 이미 존재해왔을 뿐인 세계에 대한 관점을 이념적 요소를 근거로 하여 해석했다는 데 있다.

그러므로 보수주의자에게 이념에 해당되는 것은 그 본질에 있어서 자유주의적 이념과는 어딘가 다른 데가 있다. 이 점에 비춰볼 때 자유주의 이념에 대치되는 보수주의적 반대 이념을 정립해놓은 것이 헤겔의 공적이었지만 여기서 그가 어떤 또 하나의 관점이나 행태 방식을 조작해낸 것은 아니고, 기존의 존재 및 체험 양식을 이념적 차원으로까지 고양시킴으로써 자유주의적 세계 체험과는 다른 그의 특성을 확립했던 것이다.

보수주의자가 볼 때는 자유주의적 계몽 사상은 어딘가 천박한 비현실성을 띠고 있었던 탓에 이러한 측면에서도 자유주의 이념은 공격과 비난의 대상이 되었고 또한 헤겔의 입장에서 볼 때도 그것은 단순한 '견해'나 관념에 불과하거나 또는 그 배후에 어떤 개인이 몸을 숨긴 채 체념 속에서 그때그때의 시대적 요청을 회피하려는, 그야말로 단순한 가능성에 지나지 않는 것이었다.

이렇듯 단순한 '견해'나 부질없는 주관적 관념에 대치되는 것이 즉 '바로 지금 여기'라고 하는 실재하는 현실 속에 몰입된 상태에서 구체적 작용을 펴나가는 이념이다. 여기서 의미, 목표와 현실, 또는 당위와 존재는 서로 분리될 수가 없으니, 왜냐하면 유토피아적인 것, 즉 '구체화된 이념'은 생동한 스스로의 의미를 이 세계 내에 현현하고 있기 때문이다. 자유주의적 계몽 사상의 테두리에서는 단지 형식적인 의미를 지닌 데 불과했던 당위성도 국가의 현행 법에는 구체적 내용을 지니게 될 뿐 아니라 그 밖의 객관화된 문화적 영역이라고 할 예술과 학문의 세계에서도 정신적 작용이 전개되면서 마침내 한 이념으로부터의 전폭적인 구체적 작용이 펼쳐지는 것이다.

천년 왕국설적인 무아도취경에서와는 달리 우리는 이미 자유주의적 유토피아나 인도주의적 이념이 직접적인 '바로 지금의 여기'에 한발 더 접근해 있음을 알 수 있다. 보수주의자에게 있어서는 이와 같은 의미의 접근 과정이 이미 그 완료 단계에 접어들었으므로 유토피아도 애당초부터 존재의 틀 속에 함입되어 있다고 하겠다.

이것은 즉 존재나 또는 '바로 지금의 여기'라고 하는 절대적 현재에 대해서도 이를 더 이상 '빗나간 현실'로서가 아닌 충만된 의미가 구현된 것으로 본다는 사실과도 일치한다.

실제로 이제 유토피아나 이념이 구체적 존재에 완전히 접근하여 그 속에 혼연히 몰입되었다고는 하지만 이와 같은 체험은—적어도 이러한 사조가 나타내는 창조욕이 최고도에 달했을 때에는—결코 무기력하고 해이한 상태에서 자기 앞에 나타난 존재에 순응하지만은 않는다. 이념과 존재 사이의 일정한 긴장 관계는 이러한 존재를 구성하는 모든 원자가 의미로 충만되어 있지도 않을뿐더러 또한 언제나 우리는 본질적인 것과 비본질적인 것을 구별하는가 하면 다시금 이 현재의 상황이란 늘 새로운 과제와 해명되지 않은 소재를 가지고 우리에게 도전한다는 데서 비롯되는 것이다. 여기서 우리가 올바른 상황 판단을 하기 위해서는 주관적 의욕에 치중해서는 안 될 뿐 아니라 오히려 우리 자신이나 또는 우리의 과거 속에 객관화되어 있던 갖가지 동력이나 이념, 다시 말해서 우리로 하여금 스스로가 능동적으로 관여함으로써 지금까지 쌓아 올린 창조적 업적을 가능케 했던 바로 그 정신을 되살려내야만 한다. 그러나 이러한 이념이나 정신은 합리적 방법에 의해서 안출된 것도 아니려니와 또 최상의 자유 부동적인 가능성으로서 창안된 것도 아니고 오히려 우리 자신 속에서 '은연중에 작동하는 힘(프리드리히 사비니 Friedrich Karl von Savigny, 1779~1861)'으로서 내면적으로 파악되었거나 혹은 국민이나 민족 또는 국가와 같은 구체적 공동체의 집체적 창조성 속에서 전개되어온 생명력(엔텔레키)이나 내면적 형태인데, 이는 대개 형태학적 입장에서 관조된 것이다. 언어와 예술 그리고 국가를 표적으로 한 형태학적 관조는 여기서부터 시작된다고 하겠는데 이를테면 전진적인 자세를 갖추고 현존하는 모든 것을 작동시키는 유토피아나 이념이 체계적 완성을 기하게 되는 것과 거의 때를 맞추어 요한 볼프강 괴테Johann Wolfgang von Goethe, 1749~1832에 의한 관조적 내지는 형태학적 연구도 시작되었다. 그런데 그의 연구와 동일한 양식의 과학적 고찰 방법은 역사학파의 저술 속에서 특히 눈에 띄는데 거기서는 존재 속에 함몰된 채 바로 그 속에서 전개되는 '이념'이 사변적인 입장에서가 아니라 언어와 관습 및 법률 등에 대한 직관적 관찰을 통하여 명시되도록 시도되었다.

  역시 주로 정치적 체험 속에서 형성되어가는 이념(즉 이러한 입장과 합치되는 유토피아의 형태를 뜻함)은 문화의 전체적 작용 범위 내에서도 특히 그 이념 자체와 호흡을 같이하는 조류에 대하여 형식 규정적 영향을 입히게 된다. 따라서 '내면적 형태'를 추구하는 이와 같은 모든 양식 속에는 긍정적이고도 강렬한 바탕을 지닌 보수주의적 제약성에의 체험이 꿈틀거린다고 하겠는데 이러한 체험 의식이 밖으로 투영될 때에는 역사적 제약성을 강조하는 투로 표현되기도 한다. 그러나 인간이란 결코 그와 같은 견해나 세계 감정을 고스란히 받아들일 수 있을 정도로 절대적인 자유 재량을 지닌 존재는 아닐뿐더러 또한 모든 것이 어떤 순간, 어떤 역사적 공동체에서도 그리 쉽게 가능해질 수 있는 것만도 아니다. 즉 어떤 한 개인이나 혹은 국민정신이란 의미에서의 모든 가능한 역사적 개체의 내면적 형태건 또는 스스로의 발자취를 담고 있는 과거를 총합한 외부적 상태건, 이 모든 것은 바로 이들이 생성돼가는 형태를 결정짓는 경향을 띠고 있음에 틀림없다. 따라서 어떠한 역사적 형태도 **조성될 수 있는 것은 아니며** 이는 식물에 비유한다면 그 내면적 중심 부위로부터 **자라난다**고 할 수 있을 뿐이다.*

결국 현실 속에 몰입된 이념에 관한 사상으로서의 이 보수적 유토피아 형태를 궁극적으로 이해하기 위해서는 그것이 스스로 공존 관계 속에 있는 그 밖의 유토피아 형태에 대하여 취하는 투쟁 방식에 주목해야만 하겠는데, 여기서 이들과 직접 반대되는 입장에 있

---

* "헌법이란 누군가가 단지 고안해낼 수 있는 것이 아니므로 아무리 영리한 계산법도 여기서는 완전한 무지와도 같이 쓸모없는 것이다. 다시 말해서 국민감정이나 또는 거기서 싹튼 힘과 질서에 대체될 수 있는 임시 변통물이란 제아무리 현명하다는 사람의 머릿속이나 혹은 기계에 가장 정통하다는 사람에게서든 그 어디에도 있을 수가 없다."(Müller, A., *Über König Friendrich II. und die Natur, Würde und Bestimmung der preußischen Monarchie* (Berlin, 1810, p. 49).

낭만주의에서 그 발상을 찾을 수 있는 이 사상은 전통적으로 모든 보수주의 사상에 일관된 모티브였다.

는 것이 바로 합리주의적 형태로 바뀐 자유주의 이념이다. 여기서는 **당위성**에 역점을 두는 데 반하여 보수주의의 경우에는 **존재**의 측면에 더 큰 비중을 둠으로써 결국 존재한다는 것은 이를테면 헤겔에서와 같이 그 속에 담긴 고도의 합리성에 의해서건, 혹은 슈탈의 경우와 같이 그 존재 자체의 비합리성에서 발산되는 어떤 매혹적인 효과 때문이건 간에 단지 있다고 하는 그 한 가지 사실만으로도 이미 그 무엇보다도 값진 것으로 받아들여진다. "'무엇인가가 존재한다'는 것은 참으로 흔쾌한 기분을 자아내게 한다! — '바로 이분이야말로 네가 지금의 이 위치까지 도달하게 해 준 너의 아버지이며 또는 친우이다.' '그런데 왜 하필이면 이렇게 되었을까?' '그렇다, 너는 어째서 바로 지금의 너 자신으로 성장해왔는가?' 이와 같은 불가해성이 생겨나는 이유는 존재란 사유를 통하여 스스로 해명할 수 있는 것이 아니고 또한 어떤 논리적 필연성을 지닌 것도 아니며 오히려 어떤 더 강력한 자유로운 힘을 그 근저에 담고 있는 것이기 때문이다."*

이미 여기서 현실 속에 몰입되어 있는 이념과 단순히 현존재적인 것(보수주의 일변도의 시대에서 비롯된)과의 사이에 가로놓인 극히 유효한 긴장 관계는 완전한 무기력 상태로 돌변할 위험이 싹틀 뿐만 아니라 보수적인 정관과 신비주의는 그들 나름의 비합리주의 사상을 토대로 하여 모든 현존재적인 것을 전적으로 정당화하려는 경향을 나타내기도 한다.

이와 같은 체험 및 사고방식에서 우리가 볼 수 있는 자유주의와 전적으로 대립되는 또 한 가지 측면은 **시간을 평가하는 양식**에 관한 문제로 이를테면 자유주의자는 미래에 대해서는 과대평가하면서도 그 반대로 과거에 대해서는 이를 과소평가하는 경향이 있는데, 이와는 또 다른 보수주의적인 시간의 체험에서는 과거의 의의를 발견한다거나 또는 가치 창조적인 시간을 발견하는 것을 제약자로서의 자기 체험을 확인할 수 있는 중요한 근거로 삼는다. 이를 다시 한번 비교, 검토해본다면 천년 왕국설을 신봉하는 입장에서는 **지속성**이란 그 자체가 전혀 체험의 대상이 될 수 없을 뿐 아니라** 자유주의자에게 있어서도 그러한 지속성이란 지금 당장 진보를 가져오는 한에서만 그 의의가 인정될 수 있었는 데 반하여 보수주의자가 볼 때는 기존의 것은 그 모두가 서서히 점진적 생성 과정을 거친 것이라야만 어떤 창조적 실증성을 지니는 것으로 평가되었다. 결국 여기서는 이와 같은 경로를 통해서만 과거를 투시할 수 있는 안목도 자랄 수 있으며 동시에 이 과거가 망각되지 않도록 보존할 뿐 아니라 또한 모든 과거의 유물을 현재에 되살려보려는 바로 그 사실도 이렇게 체험되는 것이다. 그러므로 이제는 단순한 시간의 길이만이 역사적 시간으로 평가되는 것이 아니며 또한 현재와 미래를 이어주는 매듭에 덧붙여서 또 다른 과거와 현재 사이의 연계점이 첨

- Stahl, Fr. J., *Die Philosophie des Rechts* (Bd. I⁴, p. 272).
- • 뮌처는 이렇게 말하고 있다. "문자에만 매달리다시피 하는 성서 학자들은 성서란 오랜 옛적부터 전해져 내려오고 있다는 사실 이외에는 어째서 우리가 그것을 받들거나 혹은 거부해야만 하는지 모르고 있다……. 유태인도 터키인도, 혹은 그 밖의 어떤 민족도 그와 같은 모방을 통하여 자기들의 신앙을 간직해올 줄은 다 알고 있었다." (홀의 앞의 책 p. 432, Anm. 2.)

가되는 것도 아니고 오히려 가공적인 의미에서의 과거의 현재성이 상상력에 의한 삼차원성을 시간의 체험에 부여하는 것이다.

"현대에 있어서의 정신생활은 한편으로는 횡적인 유대 관계를 맺고 있으니 또 다른 면으로는 지나간 과거지사로밖에 보이지 않는 여러 단계의 순환 과정을 나타내고 있으며 또한 정신이 이미 지나가버린 과거의 한순간으로 생각했던 것이 실은 현존하는 바로 자기의 본질 속에 파고들어와 있다."•

원래 시간 외적 국면에 처해 있는 천년 왕국설적 체험으로서는 스스로를 발현하는 우연한 순간마다를 신성화하는 반면에 자유주의자의 체험 세계에서는 의미 목표로서의 이념을 일단 미래의 경지로 내몰았다가도 새로운 진보에 의하여 이와 같은 기약이 재차 우리 스스로의 존재 중심권으로부터 점차 생성되도록 함으로써 결국 존재와 유토피아와의 연관을 이뤄놓는다. 그러나 보수주의적 체험은 일찍이 현실의 피안으로부터 우리에게 다가와서 우리 자신의 입을 통하여 표현되었던 바로 그 정신을 이미 과거에 형성된 것 자체 속에 함입시킴으로써 이로 하여금 객관적 대상의 성격을 띠도록 하고 다시금 이를 모든 차원으로까지 확산시키는 가운데 결국 여기서는 모든 현상계의 움직임마다에 하나의 내재적 자기 가치가 부여된다.

이상 본 바와 같이 보수주의 이념에 도전해온 것은 자유주의 사상뿐만이 아니어서 그것은 원래 서로 정신적인 적대자 입장에서 대치해온 천년 왕국설을 신봉하는 의식과도 그 나름의 싸움을 전개해야만 했다. 재침례교파의 전성시대만 해도 적극적인 자세로 현세 문제에 관여했던 천년 왕국설적 체험은 지금까지 언급한 것과는 또 다른 운명을 맞이했던 것이다.

지금까지 우리가 봐온 천년 왕국설적 체험의 세 가지 경향에 따르면 우선 여기에는 불변의 상태를 유지하기도 하고 때로는 근본적으로 상치되는 이데올로기와 연결을 이루면서 그 고유의 폭발적인 형태를 그대로 보존하는 경우가 있는가 하면—극단적인 무정부주의가 여기에 해당된다—또한 그러한 체험감이 **자지러들거나 쇠멸**되어 스스로 이념으로 **승화**되기도 했다. 그 밖에 지금까지 이야기한 것과는 또 다른 방향으로 움직여가는 경우도 있었으니 그것은

• Hegel, G. W. F., *Vorlesungen über die Philosophie der Geschichte* (Leipzig, Reclam, 1907, pp. 123-125)와 또한 《보수주의 사상 Conservatism : A Contribution to the Sociology of Knowledge》의 p. 98 f.를 참조할 것. 여기서 본인은 처음으로 '역사적 시간의 체험'에 관한 여러 형태를 그때마다의 정치적 의식 구조를 바탕으로 파악해보려고 시도하였다.

또한 슈탈은 프리드리히 빌헬름 셸링 Friedrich Wilhelm von Schelling, 1775~1584, 괴테 및 사비니의 시간 및 생활 의식을 다음과 같이 특징짓고 있다. "우리에게는 생의 모든 단계나 또는 그때마다 풍겨 나오는 여운이 마치 지나간 옛적부터 동일한 상태를 유지해온 듯이 보이는데 그러나 우리가 이를 되돌아보면 그것은 모두가 일정한 과정을 거쳐서 생성된 것으로 나타나면서도 그 모든 단계마다 언제 어떠한 매듭을 지으면서 이어진 것인지를 알아낼 길이 없다. 이렇듯 전혀 눈에 띄지도 않는 성장 과정(!) 속에서 자라나듯이 그 주변을 둘러싼 상태나 상황 역시 변하게 마련이다. 우리 자신의 상황이나 운명에서와 마찬가지로 이와 같이 영원하고도 필연적인 존재에 대한 감정과 함께 또한 그것이 시간의 흐름을 타고 발생하고 변화도 일으킨다고 하는 의식이 우리를 사로잡는다. 이와 같이 영원히 정지할 줄 모르는 성장과 발랄한 생성 작용이 셸링 사상 속에 팽배해 있으며 또한 그의 사상 체계는 곧 그와 같은 양상을 서술하려는 끊임없는 투쟁의 역정이라고도 하겠다. 이와 동일한 성향을 지닌 것이 또한 사비니 사상의 특징이기도 하다." *Die Philosophie des Rechts* (I⁴, p. 394 f.).

즉 내면화 작용에 의하여 시간 외적 국면에 처해 있는 무아적 도취경의 경향을 보존하면서 세계 내로의 유입을 더 이상 감행하지 않은 채 결국 현세 내에서의 여러 가지 움직임과의 접촉이 단절되는 경우가 그것이다. 외적인 운명적 상황에 못 이겨 결국 독일에서는 이와 같은 천년 왕국설적이며 무아도취경적인 체험은 내면화의 길을 갈 수밖에 없었으니, 독일 지역 내의 여러 곳에서 목격할 수 있는 경건주의적인 저변의 흐름은 바로 이와 같은 천년 왕국설적인 무아경적 상태가 내면화된 것으로 이해할 수 있다.

그러나 여기서 우리가 한 가지 간과해서는 안 될 사실은 비록 이와 같이 내면화된 상태에서나마 무아도취적 체험이 기존 질서에 대한 위협을 뜻한다는 것이다. 왜냐하면 이 무아도취적 체험이란 언제나 외부를 향해서 발산될 수 있는 소지를 안고 있음으로써 단지 오랜 도야와 억제에 의해서만 정관과 신비주의로 변형될 수 있는 것이기 때문이다. 그러므로 어느 때에 있어서나 정통파로서는 이 경건주의를 비판하고 나섰으면서도 단지 혁명적 선풍에 직면하여 기존 세력을 고무하는 데 필요한 모든 힘을 불러일으켜야만 할 경우에 한해 정통파와 경건주의와의 공공연한 결속이 이뤄질 수 있었다.

외부적인 상황이나 사회학적으로 파악할 수 있는 구조 상황에 의해 내면화된 천년 왕국설적 체험 의식은 바로 이 내면화 현상에 의하여 어떤 본질적 변화를 스스로 야기할 뿐 아니라 다른 경우와 마찬가지로 여기서도 '사회적 성격을 지닌 외형적 요인'과 '내면적 요인' 사이에 개재하는 구조적 밀착성을 정확하게 추적해볼 수 있다. 천년 왕국설적 체험이란 원래가 어떤 우직하리만큼의 감성적인 중후함을 느끼게 하는 것이므로 이것이 억제당하면 감미로운 도취경적 상태와 흡사해져서 곧 단순한 열광성으로 둔갑해버릴 수도 있기에 이 무아도취적 체험은 경건주의적 '자각의 체험'을 통해서만 순화된 형태를 띠고 다시금 제대로 모습을 드러내게 마련이다.

  이상과 같은 여러 가지 문제점을 통해서 볼 때 가장 중요하게 여겨지는 것은 지금 바로 지적한 의식 태도로서는 끊임없이 생성되어가는 세계와의 접촉을 상실하여―전체적인 연관 관계에서 볼 때 이와 같은 접촉은 사적私的이 아닌 정치적 성격을 띤 것이라고 하겠는데―내면적 불안정성을 띠게 된다는 것이다. 그리하여 여기서는 천년 왕국설과 같은 예언자적 자부심 대신 불안한 동요가 일면서 **경건주의와 행동 사이의 연결점이 상실될 수도** 있다. 우리가 정관파 신비주의와 함께 그에 의한 가치 기준의 상실마저 자초한 독일의 '역사학파'를 올바르게 이해하려면 무엇보다도 이 경건주의에 뿌리내린 연속성의 문제를 고찰해야만 하겠다. 즉 행동적인 인간에게는 언제나 자발적 영향을 입히는 눈에 띄지도 않는 국면이라고도 할 이 모든 것이 특히 부각되어 그 나름의 문제로 대두되었다. 또한 '결단' 역시 독자적이고도 많은 문제로 뒤덮인 행동 속의 한 국면은 체험하는 것으로 받아들여짐으로써 이러한 이성적 고찰에 의한 결단으로부터의 행동의 분리는 불안정성을 제거하기는커녕 오히려 가중할 뿐이었다. 그뿐만 아니라 내면적 석명에 의해서는 그 어떤 일상적 문제에 대한 해답도 주어질 수 없지만 만약 갑자기 역사적 행동을 수행할 필요가 생겼을 때는 바로 역사 그 자체가 해결을 촉구하는 문제로 화하게 됨으로써, 여기서는 내면적으로 존재했던 정치적 행동에서의 비결단성을 지양하고자 하는 일련의 종교적 역사 해석*이 시도되기에 이른다. 그러나 하여간에 여기서는 올바른 행동을 위한 해결책이라고도 할 역사에 있어서의 신의 계시를 발견하는 대신 우선 내적 불안정성이 이 현세 속으로 투영되기에 이르렀다.

 결국 행동주의적 내지 보수주의적 체험을 극단화한다는 입장에서 본다면 이와 같은 형태의 유토피아를 완화함으로써 그 속에서 잠재적으로 꿈틀거리는 힘을 자기 자신과 동일한 방향으로 끌어들이는 일이 중요하다. 여기서 우리는 어떻게든지 그 자체가 언제라도 무정부적 상태(마치 무종교적인 시대가 있었던 것과 같이)로 돌변할 수 있는 위험을 안고 있는 '내면적 자유'라는 개념을 통제해야만 하는데, 여기서도 현실과 타협한 보수주의적 이념은 자기 자체 내로부터의 저항력에 의하여 지탱되는 유토피아를 진정시키는 역할을 할 따름이다. 다시 말해서 지배적인 보수주의 이론에 의하면 세계 내에서의 방향 설정을 어렵게 하는 '내면적 자유'라는 것은 객관화된 논리에 종속되어야만 하고 이 '내면적 자유'가 점하고 있던 위치는 그 스스로가 어쩔 수 없이 함몰되어야만 할 '객관적 자유'가 차지해야 한다. 형이상학적으로는 이러한 현상이 내면적인 주관화된 자유와 외형적인 객관화된 자유 사이에 어떤 예정 조화

---

* 사회학자인 요하네스 뮐러 Johannes von Müller, 1752~1809에 관해서 본인의 제자 가운데 한 사람인 Requadt가 쓴 아직 인쇄되지 않은 논문 속에 이와 관련된 문제점들이 분명하게 지적되어 있다.

가 이뤄진 것으로 해석되기도 하지만 여하간에 내면화되고 또 경건주의적 생활 태도를 그 특징으로 하는 유파가 대개 이와 같은 해석에 동조하는 이유는 그들이 세계 물정에 대해서는 속수무책일 수밖에 없는 숙명적 약점을 안고 있기 때문이다. 따라서 그러한 사상적 유파로서 볼 때는 보통 현실에 투철한 보수주의적 집단에 모든 지배권을 이양할 뜻으로 기꺼이 그러한 집단에게 귀의하거나 혹은 기껏해야 어떤 은신처에 몸을 숨기는 수밖에 없다.

하여간 오늘날에 이르기까지도 비스마르크 시대를 기점으로 한 권력 정치의 출현에 대해서 눈을 감아버린 채 비스마르크에 항거하는 내면화의 길을 가는 보수주의적 방향에 귀중한 전통의 싹이 담겨 있는 것으로 생각하는 구태의연한 보수주의 사조가 존속하는 것만은 사실이다.**

유토피아적 의식의 제4형태: 사회주의적 내지 공산주의적 유토피아

그의 발생 초기 단계로 돌아가볼 때 하나의 통일성을 지닌 것으로 봐야만 할 사회주의 내지 공산주의적 사고와 체험에 담긴 유토피아적 구조를 이해하기 위해서는 무엇보다도 이에 대응하는 상반

** 이에 대해서는 다음 논문의 마지막 장을 참조할 것. Martin, v., "Weltanschauliche Motive im altkonservativen Denken" (*Deutscher Staat und deutsche Parteien. Festschrift, Fr. Meinecke zum 60. Geburtstag dargebracht*, München, Berlin, 1922).

된 경향과 직접적으로 대치시키거나 혹은 사회 역사적 측면에서 그러한 사상 경향이 세 가지 방향으로부터 공격을 받으면서 이를 헤쳐 나가야만 했던 상태를 고찰하는 데서부터 시작해야만 하겠다.

사회주의 사상은 자유주의적 유토피아로서의 '이념'을 더욱 극단적인 방향으로 몰고 가면서 또 다른 면으로는 무정부주의 내에 도사린 극단적 성향을 띤 반항적 요소를 마비시키거나 경우에 따라서는 아예 이를 봉쇄해버리는 데 주력해야만 했다.

정치 생활 면에서 볼 때 흔히 자기와 극히 생소한 진영보다 좀더 자기 노선에 접근해 있는 진영에 대해서일수록 더욱 격렬한 증오심을 나타내듯이 여기서는 보수주의적 세력이 단지 부차적인 정도의 문제로밖에 취급되지 않았다. 왜냐하면 사람이란 누구나가 자기와 유사한 견해를 지닌 진영에 스스로 말려들 위험이 분명히 존재하는데 이는 곧 그와 같은 심리적 유혹에 대한 방패를 치지 않을 수 없기 때문이다. 이를테면 공산주의가 보수주의에 대해서보다 '수정주의'를 훨씬 더 격렬하게 비난한다는 사실에서도 이 점이 잘 나타나지만 결국 이런 관점에서 볼 때 사회주의 내지 공산주의 이론이 보수주의 이론으로부터 많은 교훈을 얻는다는 것이 족히 이해될 만하다.

따라서 사회주의 사상이 지닌 유토피아적 요소란 것도 이와 같은 여러 갈래로부터의 공격을 이겨내야 할 상황을 맞이하였고, 또한 그것이 후기 단계에 와서야 비로소 발생할 수 있었다는 그 나름의 특수성으로 인하여 야누스의 얼굴과 같은 이중성을 띠고 있다. 사회주의란 이것이 발생할 당시까지 있었던 사회적 영역 내의 각기 상이한 대립적 유토피아의 여러 형태를 바탕으로 한 균형 상태이거나 또는 하나의 새로운 창조였다고도 할 수가 있다. 자유와 평등의 왕국이란 역시 먼 장래*에 가서야 비로소 실현될 수 있다는 점에서 보면 애당초 이 사회주의 사상도 자유주의적 유토피아 이념과 공동보조를 취했던 것이 사실이지만 여기서 나타난 한 가지 특색은 이 미래의 왕국이 자본주의적 문화의 몰락기라고 하는 훨씬 구체적으로 규정된 시점에 가서 나타난다고 본 것이었다.

이와 같이 사회주의는 미래 지향적 목적 추구성에 있어서만은 자유주의 이념과 제휴하는 가운데 이들은 다 같이 보수주의자의 직접적인 존재 긍정적 태도에 항거하게끔 되었다. 그러나 먼 후일을 목표로 삼는다는 데서 오는 불확실성이나 비현실성은 바로 천년 왕국설적 양분이나 문화 이상을 통하여 잠재하는 무아도취적 힘을 순화하기를 거부하는 것이나 다름없었다.

사회주의적 의식으로서는 이 이념이 현재 단계에서 어떻게 구체적 진행 과정에 작용하며 또 그 이념 자체가 어떻게 점진적으로

• 그러나 실제로 이러한 주장을 처음 하기 시작한 것은 19세기의 사회주의 사상이었다. 진보의 개념이 중농주의적 역사관의 주축을 이루었던 18세기의 유토피아인 계몽적 사회주의는 그를 대표하던 인사들의 프티 부르주아적인 반동 의식에 따라서 여전히 과거를 회고하는 투의 유토피아적 상념에 빠져 있었다. 이와 같은 과거로의 도피는 사회학적으로 볼 때 역시 부분적으로는 고대 '공산주의' 제도를 상기시켜주는 토지 공용제가 여전히 일부에서 존속되어 있었다는 사실에 기인한다. 이 관계에 대해서는 Girsberger, H., *Der utopische Sozialimus des 18. Jahrhunderts in Frankreich und seine philosophischen und materiellen Grundlagen* (Züricher Volkswirtschaftliche Forschungen, Heft 1) 중에서도 특히 p. 94 ff.를 참조할 것.

생성해가느냐는 문제에 부딪혀서는 결코 위에서와 같이 그것을 정신적으로 승화된 형태에서 체험할 수만은 없는 것이었다. 어떤 새로운 종류의 실체와 같은 모습으로 나타난 이 이념은 마치 우리의 과학적 연구 과제가 될 수도 있는 일정한 생존 조건을 갖춘 생물체와 같이 보이기도 했다. 이미 여기서 말하는 이념이란 어떤 절대의 경지에서 하강한 몽상, 대망 또는 환상적 당위성이 아니라 오히려 구체적 생명력과 전체 과정에서의 일정한 역할을 띤 것이라고 할 수 있다. 따라서 이 이념이 시대와 보조를 맞추지 못할 때는 스스로 사멸해버릴 것이고 이와 반대로 만약 사회적 발전 과정이 일정한 구조 상황에 도달하면 그것이 현실화될 수도 있긴 하지만 하여간 이러한 이념들이 실재하는 현실과의 일치를 이루지 못할 때에는 한낱 은폐 작용만을 일삼는 '이데올로기'로 전략할 수밖에 없는 것이다.

그런데 사회주의에서는 보수주의적 입장과는 또 다른 측면에서 자유주의 이념에서와 같은 순수한 형식적 추상성이 발견된다. 다시 말하면 단지 사념의 경지에서만 실현될 수 있는 이념 세계 내에서의 단순한 '견해'나 표상을 불충분한 것으로 간주하여 그들은 이러한 자유 민주 사상을 보수주의적 입장에서와는 또 다른 측면에서 공격하는 것이다.

즉, 그들은 추상적인 선의지만을 지닌 채 우리의 손이 미칠 수도 없는 먼 후일에 가서야 어떤 자유의 왕국을 실현하려 한다는 것은 당치도 않으므로 우리는 무엇보다도 그와 같은 소망이 결실을 맺을 수 있는 여러 실질적(여기서는 사회 경제적) 조건을 인식하는 것이 급선무라고 말한다. 그리하여 우리가 이와 같은 목표에 도달하기 위해서는 어떤 내재적 활력으로 하여금 우리의 통제를 받으며 한 발 한 발 현실화된 이념을 향하여 전진하는 현 단계에서의 고유한 동력을 응시해야만 한다는 것이다. 물론 보수주의도 자유주의 이념을 단순한 소견 정도로 격하하기는 하였지만 이데올로기 연구에 주력했던 사회주의로서는 이제 자기에 적대되는 유토피아를 그 존재의 근원으로부터 파괴해버리는 철저한 비판 수단을 강구해내기에 이르렀다.

그야말로 이제부터는 적대자의 신념에 치명적 손상을 입히려는 처절한 싸움이 벌어진다. 지금까지 우리가 검토해온 여러 가지 형태의 유토피아적 의식은 이제 모두가 상호 간에 적대적인 입장에 놓임으로써 그 모든 사상은 스스로를 뒷받침하는 실질적 근거의 제시를 요청받게 되었을 뿐만 아니라 또한 서로가 서로에게 어떤 또 다른 종류의 존재를 '현실'로 받아들이게끔 하기 위하여 자기의 적대자를 교묘히 조종하는 데 온 힘을 기울이게 되었다. 이제 사회주의자에게는 한 사회를 구성하는 경제적 내지 사회적 구조가 하나의 절대적 현실로 부상함으로써 이를 마치 앞서 보수주의자들이 이미 단일체로서 파악했던 바와 같이 어떤 정신적 총체성의 담당자와 같은 것으로 생각하였다. 예컨대 그들 보수주의자의 국민정신이란 개념도 일단은 산만하고 유리된 상태에 있는 듯이 보이던 정신적 내지 심리적 동태 면에서 나타나는 사실들을 어떤 통일적인 창조적 핵심으로부터의 유출 현상으로 취급하려는 최초의 괄목할 만한 시도였다.

자유주의나 보수주의자에게 있어서 기본적인 사회 유동적 활력소는 어디까지나 정신적 성질의 것이었지만 사회주의에서는 어떤 물질적인 형이상학적 기저에 대한 피압박 계층의 단초적 친화성으로 인하여 종전까지는 단지 부정적인 저해 요인 정도로 받아들여졌던 물질적 토대가 크게 숭상되는 현상을 나타내게 되었다.

그뿐만 아니라 현실계에서 발견되는 요인(즉 모든 의식 구조를 형성하는 데 특히 큰 의의를 지닌 요소)에 대한 **존재론적 평가**에 있어서도 점차 종전과는 상반되는 가치 체계가 이뤄지게 되었다. 다시 말해서 예전 같으면 해롭기만 한 저해 요인으로 받아들여지는 데 그쳤던 것이―'물질적' 조건을 뜻함―여기서와 같이 유물론적으로 각색된 경제 결정론적 입장에서 볼 때는 세계 현상을 움직이는 원리로서 절대시되기에 이르렀다.

이와 같이 현세적 의미의 사회 역사적 생활에 점차 접근해오던 유토피아는 더욱더 스스로가 목표로 하는 바를 역사적 세계 내로 인입하는 것뿐만이 아니라 비근한 주변 환경에서도 쉽게 목도할 수 있는 사회 경제적 구조에 유별난 의미를 부여하거나 또는 여기에 정신적 의의를 가미함으로써 현실과의 괴리를 좁혀가려고 했다.

결국 여기서는―그 기본적 측면에만 초점을 맞춰볼 때―보수주의의 **제약된 의식**이 세계를 변혁하려는 진보적 유토피아와 병합돼가는 특이한 현상이 벌어진다. 다시 말해서 보수주의자는 오로지 이 제약된 의식을 통하여 과거 속에 담긴 결정적 요인에도 불구하고, 혹은 또 바로 그러한 요인으로 인하여 과거를 신성시할 뿐만 아니라 동시에 각기 상이한 그때마다의 역사적 사건에 부합되는 과거의 의의를 철저하게 되살려보려고 하는 데 반하여, 사회주의자의 경우에는 사회적 구조가 모든 역사적 순간의 향방을 좌우하는 힘으로 화함으로써 그러한 구조를 형성하는 힘은 이제 전체적 사상을 지탱하는 결정 요인이라는 새로운 모습을 띠고 나타나게 되었다.

그러나 우리 앞에 새로이 나타난 사회주의자의 제약된 의식은 모름지기 미래 지향적 유토피아와도 상용될 수가 있으니, 왜냐하면 보수주의적 의식에서는 제약성의 체험이 어쩔 수 없이 현재에의 긍정으로 연결되었는데 사회주의에 있어서는 전진하는 사회적 동력이 혁명적 행위에 대한 자발적 제어 작용을 하기 때문이다.

일단은 아무런 우여곡절도 거치지 않은 채 서로 결합되었던 이 두 개의 힘은 시간이 경과함에 따라 사회주의 내지 공산주의 세계 내에서의 분화 작용을 유발하면서도 또한 이는 언제나 서로 연관성을 띤 양극 현상으로 발전해나갔다. 자기가 처해 있는 그때마다의 현실에 직접 참여하거나 또는 그에 대한 공동 책임을 의식하는 가운데 사회의 전면에 새로 등장한, 현재와 결속되어 있는 계층은 갈수록 더 혁명에 대한 제동 기능을 행사하게 되지만, 이와 반대로 아직은 어떠한 기정 사실에도 관심이 없는 계층은 혁명 활동에만 모든 의의를 부여하는 공산주의 내지 생디칼리슴 이론의 수행자가 된다.

그러나 훨씬 후기 단계에 가서야 그 양상이 뚜렷해진 이러한 분열보다도 오히려 이 진보적 세력이 먼저 손을 써야 했던 것은 자기와 정면으로 반대되는 이론, 즉 극단적 무정부주의와 같이 현대적 형태를 갖춘 천년 왕국설적 입장에서 비롯된 절대성에의 체험과 또한 자유주의자의 절대성에의 체험 및 그 '이념'을 뿌리치는 일이었다.

근세사에 나타난 천년 왕국설적 체험에 있어서는 마르크스와 바쿠닌 사이의 투쟁이 특히 괄목할 만한 것이었으나 이를 고비로 천년 왕국설적 유토피아 사상도 종막을 고했다.* 작당을 이루면서 전혀 예기치 않던 찰나나 질풍 같은 순간을 포착하여 역사의 보루를 장악해보려는 따위의 태도란 역시 장기적으로는 현존 질서 내에서의 지배권 탈취에 혈안이 되어 있는 것이지만 이는 더욱더 당적 체통을 갖춰나가려는 계급에게는 그리 달가운 현상이 아니었다. 여기서 이와 같은 정신적 태도가 소멸되기에 이르렀다는 것도 실은 – 적어도 우리가 취급해온 형태에 비춰본다면 – 바로 그러한 입장을 뒷받침했던 사회 경제적 현실이 붕괴되었다는 사실과 밀접한 관계(브루바허**도 명백히 했듯이)가 있다. 즉, 바쿠닌 사상의 전위 집단이라고도 할 주라 산맥 지대 주민의 무정부주의만 하더라도 이들 무정부주의자들의 종파성을 가능하게 했던 가내 수공업적 시계 제조업이 공장 노동으로 대체되면서부터는, 비조직적이고 감흥 위주

---

* 바쿠닌에 대해서는 막스 네틀라우Max Nettlau, 1865~1944, 리카르다 후흐Ricarda Huch, 1864~1947 및 프리츠 브루바허Fritz Brupbacher, 1874~1945의 글들을 참조할 필요가 있지만 특히 브루바허가 쓴 *Marx und Bakunin* (Berlin-Wilmersdorf, 1922)는 여러 가지 중요한 문제를 집대성한 것이다. 독일어로 쓰인 바쿠닌 전집은 'Der Syndikalist' 출판사에서 간행된 것이 있는데, 이 밖에도 요즘에 와서는 제정 러시아의 왕실 사무국 소속 제3과장의 비밀함 속에서 니콜라이 1세 Nikolai I Pavlovich에게 보낸 바쿠닌의 참회문(K. Kersten에 의하여 1926년에 번역 출판되었음)이 발견되었다.
** 브루바허의 앞의 책 p. 60 ff., 204 ff.

의 무아경적 체험을 토대로 한 유토피아 대신에 역사의 흐름 그 자체를 전략적 계획의 일환으로 하여 조직에 역점을 둔 마르크스주의적 활동이 표면화되기에 이르렀다.

물론 무정부주의가 역사의 표면에서 사라져갔다는 것을 너무 지나치게 어이없고 잔인한 듯이 생각할 수도 있지만 이는 역사 과정 자체에 아로새겨진 필연의 결과라고밖에 할 수 없다. 악마라도 도사린 듯한 그 깊이조차 헤아릴 수 없던 정신적 자세가 정치 무대의 일선에서 사라짐으로써 이제 인간의 제약된 의식은 스스로의 영역을 넓혀갈 수 있게 되었다.

자유주의 사상 역시(이미 우리가 봐온 바와 같이) 비록 진보의 사상을 바탕으로 하여 역사 과정에 어느 정도 접근할 수 있었다고는 하지만 역시 거기서는—마치 무정부주의의 경우와 흡사하게—절대성에 대한 의식이 큰 몫을 차지하고 있었다. 다시 말하면 그들 자유주의자는 당위라는 절대적 영역 또는 이념과의 직접적 관계를 확신하는 데서부터 절대성의 의식을 싹트게 했으니 역시 이 당위의 세계라는 것은 역사의 경지를 초극한 것이어서 자유주의자가 보는 이념이란 이미 역사 속에 함입되어버린 추진력과도 같은 것이었다. 이념을 만들어내는 것은 역사의 과정이 아니라 오로지 그 이념을 발견하거나 또는 그것이 누구에게나 눈에 띄도록 할 수 있는 것, 즉 '계몽적 효과'만이 역사 형성의 원동력이 되는 것이다. 결국 여기서는 자기 자신을 비롯한 모든 인간에 대해서뿐만 아니라 이러한 이념의 존재·효과 및 실제적 작용까지도 일정한 제약을 받고 있음은 물론, 그 이념의 생성마저도 존재와의 관련을 벗어나지 못한 채 진행되어가는 과정 그 자체 속에 함몰된 것으로 보게 됨으로써 하나의 전례 없는 전도 또는 경이적인 코페르니쿠스적 선회에 비길 만한 거사가 이뤄졌다. 그러나 사회주의로서도 우선은 자기의 적대자가 지닌 이와 같은 절대성에 귀의하려는 태도를 공격하려는 것이 아니라 스스로의 대열 내에 아직도 팽배해 있는 관념주의적 요소를 배제할 수 있는 새로운 의식을 키워내는 것을 급선무로 삼았다. 바로 이러한 이유 때문에 일찍이 엥겔스도 적중하게 표현했듯이 '대부르주아적 유토피아'로부터의 결별이 사회주의의 초기 단계로부터 진행되어갔다.

클로드 생시몽Claude Henri de Rouvroy Saint-Simon, 1760~1825이나 샤를 푸리에François Marie Charles Fourier, 1772~1837및 로버트 오언Robert Owen, 1771~1858 등만 하더라도 이념 지향적 사유로서의 유토피아를 지녔으면서도 이미 사회주의적 내용을 어렴풋이나마 의식하고 있었다. 그들의 사회적 한계 상황은 사회적 내지 경제적 안목을 확대시켰던 발견 내용들을 통해 잘 드러났지만 방법 면에서 본다면 그들 역시 계몽주의의 절대적 의식 단계에 머물러 있었다. "그들 모두에게 있어서 사회주의란 절대의 진리이자 이성과 정의를 나타내는 것이었으므로 스스로의 힘에 의하여 세계를 탈취하는 데는 다만 사회주의라는 사상이 발견되었다는 것만으로도 충분하다고 생각했다."• 실제로는 여기서도 무엇인가가 쟁취되어야만 하는 까닭에

• Engels, Er., *Die Entwicklung des Sozialismus von der Utopie zur Wissenschaft* (4. Aufl., Berlin, 1894).

제한된 의식 이론은 서로 경합 상태에 놓여 있는 다른 형태의 유토피아를 구축해야만 했다. 즉, 사회주의 의식에서는 자유주의 이념을 훨씬 능가하리만큼 유토피아를 현실 속으로 인입하는 것이 원칙적 과제가 되어 있다고는 하지만 여기서는 그 전 과정의 종결 부분에 가서까지 단지 미래를 기약하는 데 지나지 않는 절대성과 불확정성 속에 이념을 방치해둔 셈이 되었다. 그러나 또 한 가지 여기서 얻은 결과가 있다면 존재를 의미 충만한 것으로 이끌어가는 방도를 놓고 이미 이를 사회, 역사적으로 분화할 수 있었다는 것이다.

결국 여기서 우리는 또다시 **역사적인 시간의 체험**이 얼마나 다양해질 수 있는가를 보게 되는데, 즉 자유주의자의 경우에는 단지 화살이 날아가는 듯한 직선적인 목표 추구성 속에서 미래의 시간을 체험하려 했다면 사회주의자는 활력적인 생을 발동시키는 데 있어서나 또는 사유와 행동에 있어서나 일정한 거리감을 토대로 하여 멀고 가까운 것을 구분하게 되었다는 것이다(이는 이미 콩도르세에게서도 나타났던 경향이다). 보수주의자도 과거에 대해서는 이미 그와 같은 구분을 짓기도 했지만 그들의 유토피아가 당대에 성취된 일정한 존재의 단계와 단순히 무기력한 화합만을 조성하게 되면서부터는 그들이 보는 미래의 지평은 현재와 아무런 차등도 나타낼 수 없게 되었다. 바로 이와 같이 제약된 의식과 그러면서도 또 여기에 발랄한 미래에의 비전이 서로 융합됨으로써 비로소 다차원적인 역사적 시간의 체험이 가능해질 수 있었는데 이는 보수주의자가 이미 과거에 대해서 이뤄놓았던 다차원성과는 전혀 상이한 구조를 띤 것이었다.

다시 말해서 현재 단계에서 발생하는 모든 사건이 과거의 상태로도 연결되는 제3의 차원까지 포함할 수 있는 것은 지나간 과거의 온갖 사상이 잠재적인 현현 가능성을 지녔기 때문만은 아니고, 여기에는 이미 미래가 함께 준비되고 있기 때문이었으니 결국 여기서는 과거만이 아닌 미래가 또한 잠재적인 현재성을 발휘하게 된 것이다. 그러므로 우리가 현 단계에서 나타난 개별적 요소들을 고려한다거나 또는 어떤 개별적인 실재하는 제동력 속에 깃드린 앞으로의 경향을 미리 알아차리기 위해서는 오로지 이 단계에서 더욱 구체화되는 미래로부터의 보충을 근거로 하여 현재를 이해해야만 한다.*

자유주의자의 미래관이 전적으로 형식적인 것이었다면 사회주의에서는 이 문제가 점차 구체화되기 시작했다. 물론 미래로부터

• 다음에 인용될 글 중 한 구절은 각기 사회적 내지 정치적 상황의 차이에 따라서는 역사적 시간에 대한 체험 양식도 다양화된다는 우리의 이론을 마치 정확한 수학적 방법에 의해서 증명이라도 하듯이 느끼게 하며, 동시에 이것은 바로 위에서 다뤘던 분석 결과에 대한 입증 자료의 구실도 한다고 보겠다. "실제에 있어서는 현재란 오로지 과거와 미래가 존재함으로써만 있을 수 있는 것이므로 우리는 이 현재를 불필요한 과거와 비현실적인 미래를 간직한 형식이라고 할 수도 있다. 따라서 전술이란 것도 현재 속에 드러나는 미래일 따름이다." Révai, J., "Das Problem der Taktik" (ersch. im 'Kommunismus', *Zeitschr. d. Kommunistischen Internationale*, Bd. II, Jahrg. 1920, p. 1676). 여기서 우리는 현재 속에서의 미래의 잠재적 현현성을 분명히 감지할 수 있는데, 이는 또한 본서의 p. 302에서 인용된 헤겔의 말과는 정면으로 상치된다는 것도 알 수 있다. 이 밖에도 또 역사적 시간의 체험 양식은 사회적 조건의 여하에 따라서 언제나 구분될 수 있다는 데 대한 본서 여러 곳에서 제시한 자료들을 참조하는 것이 좋겠다. (p. 195 f., 204 f., 218.)

현재의 이해에 필요한 보충을 얻어낸다는 것도 우선은 단순한 의욕과 이상에 의존하는 것이긴 했지만 그런 가운데서도 이와 같은 목적 지향성은 연구나 행동 면에서 다 같이 인식 방법상의 선택을 가능케 했다. 현재 단계에서도 언제나 미래가 관여하는 실험적 이해 방식이 함께 전개되었듯이 현재로까지 이어진 지속적인 생활에 있어서도 역시 한낱 막연한 기약에 지나지 않는 이념은 더욱 많은 수정을 스스로에게 가하면서 스스로 구체화돼가기도 했다. 즉, 이 이념은 실재하는 현상에 대한 단순히 형식적이며 초경험적인 규제로서가 아니라 바로 이 현실에 준해서 끊임없이 스스로를 수정해나가는 하나의 '경향'으로서, 결국 이 현재 속에서 실험되는 미래는 '실제적인' 사상과의 교호 작용을 전개해나간다는 것이다. 이와 같이 경제적인 국면으로부터 시작해서 심리적 내지 정신적인 국면으로까지 뻗어 나가는 전 영역에 걸친 상호 의존성에 관한 구체적 고구를 통하여 우리는 개별적 관찰 내용을 점차 무르익어가는 전체성의 여러 요소 속에 담긴 기능적 고찰이라는 입장에서 규명하게 된다.

여기서부터 역사의 모습은 더욱더 구체적인 분화상을 나타내면서 다른 한편으로 이는 신축성 있는 구조적 골간을 바탕으로 한 것이 되는데 이제 여기서 우리는 모든 역사적 사실이 과연 무엇을 뜻하는 것이며 또한 그것은 어떠한 연관하에서 생성되는가를 따져보도록 하자.

이에 따라서 물론 자유로운 결단을 행사할 수 있는 영역이 더욱 좁혀지거나 또한 더욱 많은 결정 요인이 발견되는 것도 사실이다.

왜냐하면 이제는 과거만이 현재를 구성하는 결정적 요소인 것이 아니라 경제적 내지 사회적 상황도 앞으로의 현실 양상을 제약하게 되기 때문이다. 이제부터는 임의로 발산된 본능적 충동에 따라서 어떤 순간에라도 약동하는 힘을 작용시키는 것이 아니라 오히려 행동 전개에 가장 유리하다고 여겨지는 구조적 조직 속의 일지점을 포착하는 데 근본적 의미를 두어야 하므로, 결국 정치가로서도 활력적인 힘을 스스로의 방향과 일치하게끔 움직여나가야 하지만 만약 여기에 상반되는 힘이 가해질 때는 이것 역시 자기와 동일한 방향으로 합치되게 하거나 아니면 적어도 그 역작용을 마비시켜야만 할 과제에 부딪히는 셈이다. 이와 같이 하여 역사의 체험은 곧 진정한 의미의 역사에 대한 전략적 포석과 같은 구실을 할 뿐만 아니라 더욱이 역사 세계 내의 모든 사실은 지능적으로나 의지적으로도 통제할 수 있는 성질의 것으로 여겨지게 되는 것이다.

이제 정치적 문제의식의 한복판에서 원초적으로 형성되어온 이와 같은 관점은 전반적인 정신생활에까지 확산, 적용됨으로써 사회적인 역사 제약성에의 연구는 사회학을 낳게 되었는가 하면 다시금 이 사회학은 더욱더 기본 과학의 성격을 띠게 되면서 이를 바탕으로 한 상황 파악 방식도 서로 부합되는 동일한 단계에 놓인 역사적인 개별 학문 분야에까지 삼투되어갔다. 그뿐만 아니라 여기서는 제약된 의식에 의하여 제어된 자신감에 찬 창조적 회의와 또한 어느 정도 억제된 약진력이 동시에 생겨남으로써 예술 분야에도 특이한 양식의 '사실주의'가 삼투되었다. 19세기 전반에 독일에서 나타난 미술 양식에서의 우직스러울 정도의 이상주의도 어디론가 그 자취를 감춰버림으로써 이제 이상과 현실 사이의 창조적 긴장 상태가 유지되는 한 누구나가 '현실적 존재' 속에 함몰된 초월성을 온 몸으로 느낄 수 있는 직접적 관계 속에서 찾아나서게 된 것이다.

현대적 상황

현시점에 비춰볼 때 우리는 하나의 특이한 양상을 맞이하고 있다. 즉 역사 과정 자체를 통하여 애당초 전적으로 역사 초월적 성격을 지녔던 유토피아가 이제는 어느덧 현실 세계로 하강 내지 접근해오고 있을 뿐 아니라 이와 같이 역사적 단계로 더욱더 접근해오는 힘의 양태는 단지 기능 면에만 그치지 않는 본질적 변화를 수반하게 되었다.

본래 역사적 세계와의 절대적 긴장 속에 놓여 있던 것은 보수주의 사상에서 형성된 바와 같은 무기력한 방향으로 움직여가는 것뿐이지만 그렇다고 해서 이러한 역사적 계기 현상 속에서 우리의 활동을 뒷받침해온 여러 가지 형태의 힘 가운데 그 어느 것도 완전히 사멸된 것은 없을 뿐 아니라 그 어떤 역사적 시점도 단 하나의 지배적 요소에 의하여 특징지워질 수도 없는 것이다. 이와 같은 여러 가지 힘의 공존이나 그들 서로 간의 긴장 상태와 동시에 언제나 가능한 그들 상호 간의 삼투 작용 등은 모두가 역사의 의미를 비로소 충실하게 다져주는 총체적 상황을 기약하는 것이라고 하겠다.

그러므로 여기서는 그 많은 전체적 양상 중에서도 가장 중요하다고 느껴지는 경향만을 각별히(지나치게 상술함으로써 오히려 문제의 핵심을 놓쳐버릴 염려도 있으므로) 추려내서 그의 이념형적 특성만을 강조했다. 결국 이와 같이 역사적 의미로 충만한 것 중 어느 한 가지도 사멸되지 않는다면 우리는 역사적 세계 내에서 작용하는 여러 힘이 어떤 사회적 역할을 담당하는가에 대하여 한층 더 분명히 알 수 있을 터다. 다시 말하면 사상 내용이나 사유 형태 그리고 정신적 에너지 등은 모두가 사회적 동력과 결합됨으로써 유지되거나 변화하는 까닭에 사회적 생기 현상 중에서 우연히 출현하는 것이라곤 전혀 있을 수가 없는 것이다.

이 문제와 관련하여 우선 눈에 띄는 특이한 구조적 제약성에 대해 언급해둬야 할 것은, 즉 구체적 현실 존재계를 지배하려는 계층이 더욱더 광범해지는데 이와 동시에 그들에게 점진적 진화 과정을 통하여 승리를 쟁취할 수 있는 기회도 커지면서 이 계층은 보수주의가 표방하고 나섰던 바와 같은 길을 따라가게 되고 결국 이는 여러 방면에서 그 영향을 파급시켜온 유토피아에 의한 흡인Aufsaugung der Utopie을 제한하게 된다.

이러한 현상은 한편으로는 이미 언급한 다음과 같은 사실을 통하여 가장 단적으로 나타난다. 즉 극단적인 무정부주의 속에 체현되어 있던 가장 순수하리만큼의 현대적인 천년 왕국설적 의식이 정치 무대에서 거의 자취를 감춤으로써 그 밖의 정치적 유토피아 형태까지도 일체의 탄력적 요소를 상실했다는 것이다.

실제로 이와 같은 정신적 태도를 키워온 많은 요소가 생디칼리슴이나 볼셰비즘으로 전화되거나 또는 그 속으로 도피하면서 그러한 행동 대열 속에 스스로 흡수되거나 동화되어버렸으니 이제 부득불 이 천년 왕국설은 스스로의 절대성마저 포기한 채 바로 그 절대성을 압도할 정도의 점진적 진화론에 근거를 둔 제약받는 의식과의 극단적 긴장 속에서 명맥을 유지할 뿐이다. 그리하여 결국 이 천년 왕국설이 특히 볼셰비즘으로 전화된 상태에서는 혁명적 행위를 절대화하기보다 다만 그러한 행동을 가속화하거나 또는 강조하는 역할을 하는 데 그치고 말았다.

이 밖에도 다음과 같은 두 번째의 중요한 측면에서 볼 때 유토피아 사상이 지닌 본래의 강도가 점차 약화돼가는 것을 알 수 있으니, 즉 후기 단계에 와서 새로이 구성된 유토피아 사상이 점차 역사적 내지 사회적 과정에 좀 더 현실적으로 유효하게 적응하기 시작했다는 것이다. 자유주의·사회주의 및 보수주의 이념 등도 모두가 서로 상이한 단계에서 나타났던 것은 사실이지만 또 다른 면으로 보면 이는 모두가 천년 왕국설적 의식에서 멀어지면서부터 세계 내적 현상에 대한 끊임없는 접근 과정에서 빚어진 갖가지 상반된 사상 형태에 불과한 셈이다.

천년 왕국설적 유토피아에 반대되는 이 모든 세력은 원래 이들을 뒷받침했던 계층의 운명과 밀접한 관련을 이루면서 전개된다. 즉, 이미 알려진 바와 같이 그 원초적 형태를 통해서 보더라도 이러한 사상 형태는 존재 초월적 의미가 좀 더 완화된 형태라고 할 수 있거니와 결국 지속적인 발전을 거치는 동안에 유토피아적인 마지막 잔재까지도 송두리째 불식돼버린 채 뜻하지 않게 한층 더 형식적인 보수주의적 입장으로 접근해갔던 것이다. 여기서 한 가지 부연해둘 것은 만약 어떤 새로운 집단이 이미 형성돼 있는 일정한 정황 속에 끼어들면서도 이미 그러한 상황에 적합하게 고안된 이데올로기를 단도직입적으로 넘겨받으려 하지 않고 오히려 자기 특유의 전통적 기반에서 추출한 사상 내용을 새로운 상황에 적응시키려 한다면 이는 오히려 정신사적 발전 과정에서 나타나는 보편타당한 구조 법칙인 듯이 보인다는 것이다. 이를 두고 우리는 기본 이데올로기의 여효餘效 법칙이라고 한다. 실제로 자유주의와 사회주의도 이들 스스로가 점차 보수적 경향을 띠어가는 정황에 근접할 때는 역시 보수주의에 의하여 형성된 이념을 자기들의 의식 속으로 흡수했는데, 이는 바로 자신이 처한 새로운 입장에 알맞게끔 기본 이데올로기를 변형한 것으로 볼 수 있다. 여하튼 그들이 사회적으로나 실존적으로 이와 같은 처지에 맞춰 뒤쫓아 감으로써 이들 계층 자체의 생활 감정이나 사상 내용 속에서는 보수주의와 유사한 구조가 자연 발생적으로 조성되었다. 그리하여 보수주의자가 처음으로 역사적 구조에 담긴 불가피적인 제약에 착안했다거나 은연중에 작용하는 여러 힘을 강조한 것, 더 나아가서는 유토피아적 요소를 끊임없이 존재의 영역으로 인입한 것 등은 모두가 그들의 사상 세계에 있어서도 때로는 자발적인 새로운 창조의 형태나 또는 단지 새로운 해석의 형태를 띠고 나타나기도 했다.

결국 이와 같이 일정한 규모에서 유토피아가 점차 쇠잔해지는 현상은 사회적 진행 과정에 힘입은 여러 지점에서 동시에 다양한 모습을 띠고 나타나는가 하면, 또한 이와 같이 생동적인 힘을 바탕으로 전개되는 과정은 동시적으로 현존해온 다양한 유토피아적 형태가 그들 상호 간의 대립으로 인하여 함께 자멸의 길을 걷는다는 사실 때문에 한층 더 가속화되거나 그 심도를 더하게 마련이다. 그러나 여기서 한 가지 부연해둘 것은 상이한 유토피아의 여러 형태가 서로 적대적 관계에 있다고 해서 이것이 곧 유토피아 자체의 파멸을 자초한다고만은 할 수 없다는 것이다. 왜냐하면 이러한 대립 관계 그 자체는 유토피아적 이념의 의의를 오히려 고양시켜주기 때문이다. 그러나 상호 투쟁의 현대적 형태를 보면 사회주의적 방식에 의한 이데올로기의 폭로를 통해서도 가장 잘 나타나듯이 자기의 적대자를 파멸시키는 데 있어서 그의 유토피아적 기초*를 표적으로 하지 않는다는 특성을 갖는다. 즉, 상대방이 믿고 있는 절대자나 신을 통하여 그의 허위성을 비판하는 것이 아니라 그가 간직하고 있는 이념의 사회 추동적 심도를 파괴하기 위하여 그 이념 자체에 유착된 역사적 및 사회적 제약성을 입증하는 방법을 사용한다는 것이다.

그런데 지금까지 모든 자기 적대자의 유토피아를 이데올로기라고 낙인찍어왔던 사회주의 사상은 이와 같은 사회 역사적 제약성의 문제를 자기 자신에게는 돌리지 않았을 뿐만 아니라 nicht gegen sich selbst gerichtet 또한 스스로의 실체화 또는 절대화를 저지하는 데 있어서도 그렇듯 존재의 상대적 성격을 파헤치는 방법을 사용하

---

* 바로 이와 같은 좀 더 일반화된 과정의 주요 내용을 통하여 우리가 이미 본서의 p. 74에서 서술하고자 했던 이데올로기 개념의 의미 변화가 드러난다.

려고는 하지 않았다. 그러나 그러한 제약성의 체험Bedingtheitserlebnis 이 인간 의식의 광범위한 영역에까지 파급되어감에 따라서 역시 사회주의 사상의 경우에도 유토피아적 요소는 불가피적으로 소멸할 수밖에 없었다. 이제 우리는 유토피아적인 것이 그 스스로의 다기화 현상에 의하여 전적으로(적어도 정치적인 국면에서만이나마) 소멸해버리는 단계를 맞이하게 되는데, 이와 같은 방향으로 진행돼가는 마지막 단계를 예상하면서 "자유의 마지막 승리는 무미건조한 것이 되어버릴 것이다"라고 한 독일의 작가 고트프리드 켈러 Gottfried Keller, 1819~1890의 예언은 우리에게 끔찍하리만큼 불길한 느낌을 준다.

  그와 같은 무미건조성은 이미 오늘날의 다양한 현상 속에서 그 징후를 나타내고 있을 뿐 아니라 사회적 및 정치적 상황이 원대한 정신생활 전역에까지 영향을 미치리라는 점을 감안할 때 특히 그것은 분명히 이해되고도 남는다. 이를테면 어떤 신흥 정당의 경우만 하더라도 그것이 의회 제도하에서의 정책 집행에까지 더욱 적극적으로 참여할수록 원래 그들이 키워왔던 유토피아 사상에서 발단된 총체적 시야Totalsicht는 가일층 소멸될 뿐만 아니라 전환기에 대한 스스로의 역량도 다만 구체적인 개별적 사상을 통하여 그 효능을 발휘할 뿐이다. 정치적 국면에서 나타나는 이와 같은 변화에 발맞춰서 급기야 그러한 당을 위한 이론적 지주 노릇을 하는 학문 분야까지도 개별적 사실에 대한 연구를 위하여 원래 설정됐던 구성적 총체관이 와해되는 결과가 빚어지게 된다. 그리하여 여기서는 유토피아적 목표 추구성도 흐트러지고 또한 이것과 밀접하게 관련된 의안議案 심의위원회라든가 노조 운동 등이 필요로 하는 전체적 관망 능력 등도 단지 그때마다의 사소한 문제 해결을 위한 구체적 방법이나 입장의 정립에만 급급해하면서 이론적 연구 분야에서만 하더라도 종전 같으면 체계적으로 단일화되었던 세계관이 이제는 단순한 개별적 문제 해명을 위한 주도적 관점이나 인식 방법의 원리 정도로 변해버린다. 서로 모순된 관계에 있던 모든 유토피아의 형태가 점차 동일한 운명의 길을 답습하게 됨으로써 그들은 이제 의안 심의 과정에서건 또는 학문의 영역에서건 더 이상 어떤 적대적 의미를 띤 신조로서가 아니라 단지 상호 경합을 이루는 당이나 혹은 어떤 가능한 연구 가설로 그치게 되었다. 과거와 같은 이념 중심적 시대에는 철학이 가리키는 방향이 바로 사회정신적인 전체적 위상을 측정할 수 있는 가장 정확한 표준치가 될 수 있었으나 오늘날에 와서는 사회정신적 골간 구조의 내적 조건은 각이한 사회학의 형태에 가장 분명히 반영되게 되었다.

새로이 상좌에 올라선 계급이 대변하고 나서는 사회학은 특이한 방향으로 변해가는데, 즉 여기서는—마치 현재 상황에 관한 우리의 일상적인 세계관에서와 같이— '어떤 가능한 여러 가지 관점'으로 분화된 지난날의 이데올로기적 잔재들이 서로 적대 관계를 이룬다. 여기서 특기할 사실은 정당한 사회적 안목을 자부하려는 이 같은 경쟁 상태 속에서 상호 적대적인 관점이나 시각을 지닌 모든 사람 서로가 '웃음거리가 되는', 즉 전혀 무의미한 그릇된 것으로 입증되는 경우란 없고 오히려 정도의 차이는 있을지언정 그 어떤 입장일지라도 그들 모두에게 일정한 의의가 부여될 수 있다는 것이 더욱 분명해진다는 것이다. 이를테면 이들 모두의 입장은 그때마다 상이한 어떤 단면을 통하여 전체적 사상의 추이에 담긴 연관성이 엿보이는데, 여기서 우리가 좀 더 자신 있게 이야기할 수 있는 것은 역사의 과정이란 언제나 현존하는 모든 입장의 총화 이상의 어떤 포괄성을 지닌 것이므로 오늘날과 같이 복잡다단한 분기 현상을 빚고 있는 사유의 기초는 결코 단순한 우리의 경험 대상으로만 그칠 수는 없다는 것이다. 이것은 즉 가능한 우리의 관찰 대상을 포괄하는 지평은 현재 단계에서 이루어져 있는 체계적이며 구조적인 밀도를 훨씬 능가한다는 것이다.

이제 여기서 우리는 종합을 추구하는 현대 세계의 새로운 양상이 점차 필연적 성격을 띠어가고 있음을 새삼 느끼거니와, 예전에는 무질서한 상태에서 단지 협소한 생활권이나 사회 계층 등의 특수한 인식 욕구에서 발단하던 것이 갑자기 일목요연하게 우리 앞에 나타나는데 다만 이것이 일단은 다양성이 이렇듯 혼란한 모습을 띠게 된다는 것이다.

그러나 성숙한 고도의 사회적 및 역사적 발전 단계에 와서 우리가 이상과 같이 다양한 세계관적 가능성에 몰두하거나 또는 그와 같이 다양한 가능성을 포괄하는 구조적 중심부를 추구하는 것은 결코 어떤 약점을 메우려는 뜻에서가 아니고, 현대적 상황 속에서는 오히려 종전에 나타났던 모든 확신이란 그 실제적 한계를 충분히 드러내버린 부분적 관점의 절대화에 근거하고 있음을 자각한 데서 비롯된 것이다.

이와 같은 후기 단계이며 동시에 최고조에 달한 발전 단계이기도 한 상황에서는 유토피아가 소멸되는 것과 비례하여 전체를 조감할 수 있는 능력도 동시에 소멸되게 마련이다. 단지 존재론적 입장에서 본다면 좌파와 우파만이 전체적 발전 과정 속에서의 어떤 전체성을 믿음으로써 한편으로는 획기적 저작을 들고 나온 신마르크스주의의 루카치와 또 다른 면으로는 오트마르 슈판Othmar Spann, 1878-1950의 보편주의가 등장한 것이다. 이와 같이 극단적으로 상반되는 전체성에 관한 두 가지 개념이 나타내는 차이점이 동시에 사회학적 의미에서 본 그들 사이의 차이점까지도 표명한다는 데 대해서는 구태여 언급할 필요도 없겠다. 왜냐하면 지금 거론하는 문제의 범위에서는 우리가 완전성에 관심을 갖는다기보다 다만 징후상으로 나타난 현상을 우선 확인하는 것만이 문제로 되기 때문이다.

트뢸치의 경우도 이 전체성에 대해서는 존재론적 내지 형이상학적 의미의 통일성으로서가 아니라-지금 바로 이야기한 바와 같이-오히려 하나의 연구 가설로 취급하고 있다. 즉, 그는 실험적인 방법을 통하여 하나의 질서 정립을 위한 관점으로서의 전체성을 잡다한 소재에 적용하고 또 여러 가지 측면으로부터 그때마다의 상관점을 모색하려고 한다. 그런가 하면 또 **알프레트 베버**는 연역적 방법을 연상케 하는 합리주의의 논리적 필연성과는 완전히 대립되는 직관적 요소를 통하여 과거에 있었던 역사적 사실에서의 전체성을 차라리 형태적 통일성을 기하는 방향으로 재구성하려고 했다. 하여간 이렇듯 전체성을 추구하는 데 있어서도 이들 양자가 다 같이 **비교적 중간 계층에 해당하는 사회적 여건**을 배경으로 하고 있음을 시사하기라도 하듯이, 한편으로는 존재론적 절대성을, 또 다른 한편으로는 합리적 방법으로 산출되다시피 하는 확신을 회피하고 있는 것이다.

총체성의 시각Totalitätsaspekt을 통하여 마르크스주의적 내지 보수주의적인 역사적 전통과 결부돼 있는 경우에 반대되는 또 다른 중립적 노선에서는 총체성의 문제를 완전히 제외함으로써 단지 산만하게 얽혀 있는 개별적 사실을 중심으로 한 다채로운 양상에만 관심을 집중시키려고 한다. 그런데 이와 같이 모든 사건을 동질화함으로써 개별적 사실들이 지닌 특수한 시간적 의미와 위치상의 특색을 지워버린다는 것은 결국 유토피아적 요소를 내포하는 일체의 사유와 관찰 내용을 이데올로기적 회의의 대상으로 치부한 채 단지 상대적인 성격만을 부여할 때에만 비로소 가능한 것이다. 그리하여 모든 유토피아에 대하여 서로 상대적 가치만을 부여함으로써 성립되는 생산적 회의로 인하여 새삼 시간이 지니는 구조적 의미의 파악이 불가능해짐에 따라 여기서는 생기된 모든 현상도 단지 그때마다 종합의 형태만을 달리할 뿐, 실제로는 영구히 동일한 법칙성, 이를테면 유형이나 형식 속으로 말려드는 것이다.

이때로부터－유토피아적 관점에 의하여 추동되는 가운데－지난 몇 세기에 걸쳐서 역사적 시간의 생기 현상을 역사철학적 내지 사회적 입장에서 계통적으로 분류하는 일은 새삼 자취를 감춤으로써 질적 차등을 지닌 시간은 마치 불변의 확정성을 띤(물론 복잡한 교차성을 띤다고는 하지만) 유형 구조를 나타내는 데 지나지 않는(베버의 입장) 동질적 공간으로 화하고 만다.

이렇듯 건설적인 의미가 담긴 회의적 관찰 태도가 일차적으로는 미래에의 꿈을 점차 현실계로 전화될 수 있었던 신흥 부르주아지의 입장과 일치하는 것이기도 하지만 또한 그 나머지 계층들도 스스로 사회 상층부로 진출하게 되는 정도에 따라서 그와 동일한 경향을 띠게 되었다. 그러나 사회학적으로 본다면 현재로서는 그들의 사유 내용이 구체적으로 형성되는 데 있어서 그들이 처해 있던 역사적 초기 상황이 함께 결정적 요인의 구실을 할 수밖에 없었다. 그런데 우리는 마르크스주의에 입각한 사회학적 방법에서조차도 동태적인 시간관이 제거됨으로써 이념이(역사적인 다기화 현상으로부터는 눈을 완전히 돌려버린 채) 유독 사회적 위치에 따라 상대화돼 버린 일반화된 이데올로기론에 다다르는 것을 본다.

일체의 역사적 시간관에 무관심한 이와 같은 사회학의 형태는 이미 **미국적 정신**의 발생을 유도했다고 하겠는데 특히 이러한 정신적 입장은 전통적인 유럽 정신의 경우보다도 훨씬 더 빠른 속도로 자본주의적 현실과 완전히 융합될 수 있었다. 자본주의는 비교적 그 초기 단계에서 이미 사회학에 내포된 역사철학적 골격을 말살한 채 전체적인 세계 고찰이나 세계 생성도 기본적 체험의 모형이나 조직적이며 기술적인 현실 정복만을 주안점에 두고 있었다. 만약 유럽에서 통용되는 사회학적 '현실주의'가 특히 주목할 만한 양상을 나타내기 시작한 계급적 모순에서 기본적인 체험 요소를 발견했다고 한다면, 이와는 달리 기술적인 사회 조직상의 문제를 해결하는 데만 조바심을 느낀 나머지 경제적으로는 좀 더 자유로운 활동 영역을 허용할 수 있었던 미국 사회로서는 언제나 오직 이러한 현실 영역을 문제의 초점으로 삼지 않을 수 없었다. 따라서 유럽 사상계의 테두리에서 사회학을 본다면 이것이 반항 세력에게는 계급적 모순의 해결을 위한 것이었고 좀 더 일반적인 관점을 취하는 입장에서는 과학적인 시대 진단론이 될 수 있었던 반면에 미국인에게는 사회적 생기 현상에서 비롯된 직접적이며 기술적인 과제의 해결을 뜻하는 것이었다. 이러한 사실을 감안할 때 유럽 사상계에서는 언제나 미래의 운명을 불안한 눈초리로 바라보면서 동시에 총체적 안목을 유지하려는 경향이 고개를 드는 반면에 미국의 경우에는 나는 그것을 어떻게 해야만 하는가 혹은 나는 이 구체적인 개개의 과제를 어떻게 해결할 수 있을 것인가 등의 문제가 주된 관심사가 되었던 이유를 이해함 직하다. 이러한 미국 특유의 문제의식에는 결국 전체적인 문제의 향방으로 인하여 내가 신경을 쓸 필요는 없고 그것은 가만히 놓아두기만 해도 자연히 풀려나게 마련이라는 식의 낙천적인 기조가 바닥에 깔려 있다 하겠다.

그러나 유럽에서 존재 초월성이 완전히 극복되는 데는 ─ 물론 유토피아이거나 이데올로기적인 의미를 통틀어서 ─ 이 모든 내용이 단지 사회 경제적 국면에 비춰본 상대적 의미만이 부여되는 것으로 충분치는 않고 여기서 그와 같은 존재 초월성으로부터의 완전한 탈피 작용은 그 밖의 또 다른 형태를 통해서도 촉진되었다. 다시 말해서 경제적 내지 사회적 요소(마르크스주의는 바로 이 점을 중심으로 하여 모든 문제를 상대화해버렸지만)를 골간으로 한 존재론적 연관점이란 정신적 내지 역사적 성격에 따른 변화 가능성을 지니고 있다는 점에서 거기에는 (헤겔이나 마르크스의 전통을 이어받은) 한 가닥 역사적 안목도 깃들어 있다. 결국 사적 유물론은 한낱 유물론으로 불리기도 했지만 하여간 이러한 사실이 일시적으로 부인됨에도 역시 경제적 국면은 정신적 작용이 가미된 구조 연관성을 띤 것이 되었다. 즉 모든 경제 체제가 하나의 '체계'를 의미하는 한 결국 이는 정신의 영역(즉 객관적 정신)에서 구성될 수밖에 없는 것이다. 그런데 여기에는 아직도 한층 더 절대적 파괴 작용을 전개할 수 있는 여지가 남아 있던 까닭에 마침내 역사적이며 정신적인 것으로부터 완전히 해탈한, 영원한 인간의 **본능** 기저를 절대시하기에 이르렀다. 또한 이로부터 더 나아가서 존재 초월적인 것을 본능 구조에서 비롯한 영원한 작용 형태로 상대화해버린 일반화 이론도 발생하게 되었다(빌프레도 파레토Vilfredo Pareto, 1848~1923 지그문트 프로이트Sigmund Freud, 1856~1939 등등). 이와 같이 보편화된 본능 이론의 전조를 우리는 이미 17세기 내지 18세기 영국의 사회철학과 사회심리학에서 볼 수 있는 바, 그 예로서 **흄**의《인간 오성에 대한 철학 논집 An Enquiry Concerning Human Understanding》에 실린 다음 글을 들 수가 있다. "어떠한 민족이나 시대를 막론하고 모든 인간의 행동은 언제나 동일한 형태가 지배하고 있으며 또한 인간의 천성을 그 원리나 작용 면에서 보더라도 언제나 동일성을 유지한다는 것은 널리 알려진 바와 같다. 다시 말해서 하나의 동인은 언제나 동일한 행동 결과를 낳게 마련이고 또한 동일한 사건은 역시 동일한 원인에서 비롯되게 마련이어서 명예욕·탐욕·자애심·허영·우정 그리고 고결한 마음이나 협동 정신 등등과 같은 이 모든 마음의 움직임은—서로 다채롭게 혼합되어 사회에 분포된 상태에서—이 세계가 시작되면서부터 오늘에 이르기까지 언제나 인간에 의하여 관찰되어온 모든 행동이나 계획의 기초가 되어왔다."

　이와 같이 전적으로 유토피아적 내지는 이데올로기 요소와 같은 모든 정신적 요소를 전적으로 파괴하는 과정은 가장 최근에 볼 수 있는 우리들 자신의 생활 양식과 또한 이에 상응한 예술 경향에 가장 잘 반증되는 사실이다. 인도적인 입장이 예술에서 그 자취를 감춰버린다거나 에로티시즘이나 건축 예술 속에서는 점차 '즉물주의'가 팽배하기 시작하여 심지어 스포츠에서도 본능 구조가 발동하는 여러 가지 사실을 볼 때 우리는 현대를 호흡하며 살아가는 모든 계층의 의식 세계 속에서 유토피아적 내지 이데올로기적 성향이 더욱더 쇠퇴해가는 징조로 평가할 수는 없는 것일까? 그뿐만 아니라 정치적인 것을 점차─적어도 그 경향에서나마 추구하는─경제로 환원하거나 과거나 역사적인 시간을 의식적으로 부인하려는 태도, 또 어떠한 '문화 이상'에 대해서도 이를 고의로 등한시하려는 따위의 행동 등은 모두가 그 어떤 형태의 유토피아적 이념도 소멸해버리려는, 특정한 정치 집단의 지침에 따른 것이라고 해석할 수는 없겠는가?

　어쩔 수 없이 여기서는 모든 이념이 스스로를 웃음거리로 화하게 하고 또한 모든 유토피아가 자멸을 초래하는 바로 그러한 세계를 형성하게 될 정신적 자세가 고개를 든다. 이러한 입장에서는 이상과 같은 '무미건조성'이야말로 현대를 지배하는 데 필요한 유일한 수단이며, 공상으로부터 과학으로의 변혁을 뜻하는 것, 더 나아가서는 우리의 존재 현실과 합치되지 않는 거짓된 이데올로기를 파괴할 수도 있는 수단으로 받아들여져야 한다는 결론이 나올 수도 있다.

유토피아적 형태나 이데올로기적 형태 중 그 어느 쪽을 막론하고 일체의 존재에 대하여 어떠한 현실 초월적 의미도 부여하지 않은 채 일단 생성된 현실과의 절대적 일체성을 이루며 살아간다는 것은 우리들 연배의 기성세대로서는 좀처럼 생각할 수 없는 것으로서 여기에는 아마도 오늘날 새로이 태어난 세대만이 지닐 수 있는 저돌성과 덧없는 천진난만성이 필요하다고 하겠다.

그러나 또 어떻게 보면 이것만이 이미 완성된 세계(오늘날 우리가 도달해 있는 자각적 시대)에게 가능할 수 있는 유일하고도 진정한 존립 형식일 수 있겠고, 또한 우리가 윤리적인 의미에서 성취할 수 있는 가장 최선의, 이를테면 '진실'에 바탕을 둔 존재라고도 할 수 있지 않겠는가? 왜냐하면 바로 이 진실이란 범주야말로 다름 아닌 정신의 세계 속으로 옮겨진 존재와의 일치의 원리이며 또한 윤리적 영역으로 투영된 실재성의 원리이기도 하기 때문이다. 결국 이렇게 볼 때 이미 고정된 기성 세계에서만 이러한 일은 실제로 가능할 수 있겠지만 진정한 뜻에서 과연 우리는 무기력해진 현실 양상을 곧바로 순수성이라는 표현으로 감싸줄 수 있으리만큼 본래 의도하던 바, 그 목표에 다다랐다고 할 수 있겠는가? 그야말로 이제 우리는 누구나가 이와 같이 더욱더 점증되어가는 무기력성으로 인하여 정치적 활동력이나 학문적 열의 그리고 지금까지는 오히려 지나칠 정도로 비중이 있었던 삶의 의미 내용 등이 더욱더 소실되어가고 있음을 깨달아야만 하지 않겠는가? 그리하여 우리가 이렇듯 즉물성을 떠받드는 현대적 양상 속에서 단순히 안주하려고만

하지 않을진대는 과연 이렇듯 무기력만을 조장해온 사회적 지원 세력 이외에도 또 다른 어떤 힘이 우리를 떠받들고 있지는 않은지에 대해 묻고 또 그것을 찾아나서야만 할 것이 아니겠는가? 이에 대한 대답은 다음과 같다.

현재와 같은 무기력한 상태는 여전히 두 가지 측면으로부터의 공격을 받고 있다. 그 하나는 사회주의 내지 공산주의 사회에서 아직도 대망待望의 사회적 지위에까지 다다르지 못한 계층이다. 즉 자신들이 여전히 기존 세계 내의 국외자인 한 그들에게는 유토피아, 판단력 및 행동력을 빈틈없이 결합해나간다는 것이 아무런 문제도 되지 않는다. 그들이 그와 같은 사회적 영역 내의 일익을 담당하고 있는 한 이는 곧 유토피아의 한 형태가 여전히 건재한다는 사실을 입증할 뿐 아니라 더 나아가서 이렇듯 가장 극렬적인 좌파의 활동이 개시될 때에는 언제 어디서나 또 하나의 새로운 대립적 유토피아가 도출되고 촉발되며 또한 세차게 타오른다는 것이다. 그러나 실제로 이러한 상황이 빚어질 것인가 하는 문제는 거의 우리가 당면해 있는 세계의 생성 현상 속에 담긴 구조 형식에 좌우된다. 그리하여 만약 평화적 방법에 의한 진화, 진보에 의하여 극히 신축성을 띤 후기적 형태의 좀 더 완전한 산업 사회가 실현됨으로써 최하위 계층에게도 어느 정도의 복지 혜택이 돌아가게 된다면 그들에게서도 역시 이미 자기들보다 앞서서 사회 상위권에 도달한 계층과 꼭 같은 변화가 도래한다. (그런데 **지금의 우리 관점에서는 산업 사회에 의한 이토록 완성된 형태의 사회 조직이 모두 하부 계층으로 하여금 그들 자신을 위한 어느 정도의 생활 안정을 기대할 수 있으리만큼 유연성**

을 띤 자본주의 체제 속으로 스스로 함입되어 들어갈 수 있다는 것인지 아니면 자본주의가 그 이전에 이미 공산주의로 화한다고 보는 것인지는 별로 문제가 되지 않는다.) 그런데 이와는 달리 산업 사회의 후기 단계가 오로지 혁명이라는 수단을 통해서만 도달할 수 있다고 한다면 각처에 뿌리박힌 모든 세력이 지닌 유토피아적 내지 이데올로기적 요소들은 새삼 불꽃 튀는 경합을 벌일 것이다. 하여간에 기성 사회 내에서의 반항 세력으로 등장한 이러한 유파의 사회 존재적 기본 입장 속에는 존재 초월성이라는 여러 운명적 요소가 함께 얽혀들어 있는 것이다.

그런데 유토피아적이거나 정신적인 것을 미래에 가서 형태화한다는 것도 결코 이와 같이 극단적 운명에 처해 있는 계층에 의하여 좌우되는 것만은 아니다. 이와 같은 사회학적 요인 이외에도 지금의 이 문제와 관련하여 동시에 고려해야만 할 요소는 지금까지 우리가 다뤄온 분석 과정에서는 전혀 거론되지 않았던, 이를테면 정신적 영역에의 일정한 관계를 유지하고 있는 계층에 관한 것인데, 이들은 역사적 생기 현상 속에서 어떤 특이한 사회적 내지 정신적 중간 위치를 점하는 세력이라고 할 수 있다.

이미 옛적부터 모든 계층에는 언제나 직접적으로 그들을 이끄는 이해 집단 이외에도 오히려 정신적인 측면에 역점을 두는 사람들이 있게 마련이다. 우리는 이들을 사회학적으로는 인텔리겐치아라고 부를 수 있겠으나 지금 제기한 문제와 관련해본다면 그 범위를 좀 더 축소할 필요가 있다. 즉, 여기서는 교육상의 특권을 보유한 자들이라는 뜻과는 달리 좀 더 상위 계층으로 스스로 진출하고자 하는,

즉 사실과는 또 다른 어떤 문제에 의식적 또는 무의식적 관심을 기울이는 수적으로 열세인 일군의 지성인을 뜻하는데, 우리가 아무리 이 문제를 냉철하게 바라본다 하더라도 그와 같은 소수 집단이 예나 지금이나 있어온 것만은 부인할 수 없는 사실이다. 그런데 이들의 정신적 상황이 어떤 특정한 신흥 계층의 정신세계와 일치하는 한 그들의 존재 상황에는 아무런 문제도 야기될 리 없었으므로 단지 그들은 자기 마음이 내키는 대로 어느 일정한 집단이나 사회 계층에 결부시킬 수 있는 유토피아적 감정을 바탕으로 하여 세계를 살고, 보고 또 인식하면 그것으로 족했던 것이다. 이는 마치 민처나 프랑스 혁명 당시 부르주아 계급의 옹호자에게서와 마찬가지로 또한 헤겔이나 마르크스에게도 꼭 같이 해당되는 사실이다.

그러나 일단 이들 일군의 지성인 집단을 중심으로 형성된 특정 세력으로서의 한 계층이 현실을 지배하게 되면서 상황의 추이에 따라서는 정치와 결부되어 있던 유토피아와 또한 이러한 구속력에 억압되어 있던 지식인이 자유를 누리게 되던 그들의 처지도 반드시 문제시되기에 이른다.

그런데 가장 억압당하던 계층이 사회적 존재 여건을 지배하는 데 함께 참여하게 되면 그들 '지식인'은 이들과의 유대를 곧 단절해버리는데, 이는 즉 그들 자유분방한 지성인 집단이 종전보다도 그 어떤 특권층에 국한되지 않은 광범위한 사회 각 계층으로부터 구성원을 차출해내는 경향이 더욱 두드러지게 나타남을 뜻한다.

그런데 이와는 다른 측면에서 더 한층 자기 고유의 위치로만 되돌아오려는 지성인 집단은 지금 바로 지적된 바와 같은 무기력한 상태 속에 안주하려고 하는 전체적 상황을 엄호하는 경우도 있다. 그러면서도 동시에 그들은 이 무기력한 현재 상황을 타파하려고도 하는데, 왜냐하면 그들은 결코 기존 세계와의 안이한 화합 속에서 이를 흡족하게 여길 수만은 없기 때문이다.

이렇듯 사회 역사적 과정으로부터 이탈된 지성인에게는 다음과 같은 네 가지 가능성이 주어진다. 우선 이들 지식인의 첫 번째 부류는 원래 여기에 속하지도 않는다. 왜냐하면 이 집단은 여전히 사회주의 내지 공산주의적 프롤레타리아를 중심으로 한 극렬 좌파와 동맹 관계에 있는 지식인들에 의해 형성되었기 때문이다. 이들은－적어도 이러한 측면에서 볼 때－아무런 문제의식도 지니지 않은 상황에서 살아갈 따름이다. 즉 이들에게는 아직 정신적 구속과 사회적 구속 사이의 어떠한 분열도 존재하지 않는다.

유토피아의 등장과 때를 같이하여 사회 과정으로부터 유리된 두 번째 유형은 회의적 입장에서 학문적인 뜻에서의 순수성이란 미명 하에 지금 바로 특징지어진 이데올로기의 파괴에 전념하는 집단이다(베버, 파레토).

세 번째 유형은 과거로 도피하여 존재 초월자가 이미 사라져버린 형태 속에서 세계를 지배했던 바로 그 지점을 추적하면서 동시에 그 존재 초월자에 대한 낭만적 구원을 통하여 현재 상황에 영적 의미를 불어넣으려고 시도한다. 종교성·이상주의 또는 상징적 의미나 신화 등에 새로운 활력을 불어넣는 등의 일이 바로 이러한 관점으로부터 수행되는 그들의 역할이다.

네 번째 유형은 홀로 유리된 상태에서 의식적으로 역사적 과정을 도외시함으로써 어떠한 극단적 정치 세력과도 관계를 맺지 않은 채 바야흐로 현실 과정 속에 참여할 수 있도록 자유로이 방임된 유토피아적 핵심의 가장 원초적이며 또한 가장 극단적인 형태와 직접적 유대를 맺는다. 여기서는 낭만적 태도와는 반대로 역사적, 사회적 과정이 구체적 내용에서 파괴해버린 모든 것, 즉 일체의 신앙과 신화의 형식도 함께 파괴함으로써 일찍이 신비주의자와 천년왕국설의 신봉자들을 다 함께 지배하면서도 다만 형식상의 차이만을 나타냈던 바로 그 어떤 비역사적인 것, 혹은 무아도취적인 것만이 적나라한 모습을 드러내면서 체험의 중심 부위를 차지한다. 물론 이와 관련된 징후 현상도 꼽을 수 있다. 즉 현대(흔히 표현주의적인) 예술이나 또는 학습 위주의 성격을 벗어난 현대 철학에서 나타나는 어떤 독특한 섬광 같은 것이 바로 이렇듯 부동적인 무아경적 도취성을 번뜩이게 하는 것으로 볼 수 있겠다(이의 발단을 이룬 것이 쇠렌 오비에 키르케고르Søren Aabye kierkegaard, 1813~1855이다). 물론 그와 같이 천년 왕국설적 요소가 현대 생활의 기본 양상이나 정치적 영역으로부터 분출됨으로써 순수한 무아경적 핵심은 구제될 수 있었겠지만 지금에 이르기까지 계속 기본적인 체험의 대상이 되어왔던 모든 존재 영역과 행동성과 객관성을 다 같이 뒷받침하는 문화 영역은 오히려 여기서 완전히 그의 고유한 의미를 상실하고 만다. 결국 이와 같은 퇴조 현상은 천년 왕국설적이며 무아경적인 현상을 위해서도 극히 불행한 결과를 낳을 수밖에 없었으니, 왜냐하면 이미 우리가 봐왔듯이 세계와의 대결을 피한 채 자기 스스로의 경내境內에만 머물러 있던 천년 왕국설적 요소는 어느덧 그 기세가 약화되어 감미로움만을 풍기거나 혹은 순수한 종교적 경건성으로 화하고 말 것이기 때문이다.

이상과 같은 전반적 상황 분석을 마치고 난 우리가 앞으로는 어떠한 양상이 벌어질 것인가를 묻는 것은 무척 당연한 일이다. 그런데 또 바로 이 물음에 답할 수 없다는 데서 역사적 시각 구조가 가장 분명하게 드러난다고도 하겠다. 다시 말해서 무엇인가에 대해 사전에 이야기한다는 것은 예언인데 이러한 예언은 필연적으로 역사를 단순한 결정의 대상으로 바꿔버림으로써, 우리로 하여금 선택이나 결단을 내릴 수 있는 그 어떤 가능성도 지니지 못하게 할 뿐 아니라 끊임없이 새로운 형성을 도모하려는 가능성을 뒷받침하는 사려 깊은 탐구자의 충동마저도 질식시키고 말 것이다.

왜냐하면 미래가 스스로의 모습을 드러내는 바로 그 형식이 가능성의 형식이라면 당위란 가능성에로의 적절한 치우침이라고 할 수 있기 때문이다. 우리가 미래를 인식 대상으로 삼는다면-즉 미래란 엄격하게 조직되거나 합리화되지 않은 것을 문제로 삼는 까닭에-여기에는 도저히 관철될 수 없는 하나의 매체나 견고한 벽이 있을 뿐이어서 이러한 한계에 부딪혔을 때 비로소 우리의 인식 욕구는 의지의 필연성과 나아가서는 (유토피아적인) 당위의 필요성을 발견하게 마련이다. 그러므로 우리는 오직 이 당위에 기초하여 비로소 현재의 가능성을 물을 수 있고 또한 역사를 일별할 수 있는 단초를 마련할 수도 있는 것이다. 여기서는 동시에 어찌하여 모든 역사적 지식은 구조적인 면에서 의지 지향적 요소를 띠게 되는가 하는 데 대한 이해도 가능할 것이다. 이렇게 볼 때 다양한 유토피아적 경향이 무기력한 현재 위주의 안일함과 엄연한 대립을 이루고 있는 오늘의 상황 속에서 과연 어느 편이 승리하게 될 것인가 하는 것은 인식 노력에 의하여 해명될 성질의 것이 아니다. 왜냐하면 그것은 아직 현상 속에 제 모습을 드러내지 않고 있는, 이른바 앞날이 감싸고 있는 문제이기 때문이다. 미래에 관한 한 우리는(왜냐하면 우리는 인간인 것이지, 결코 사물은 아니기 때문에) 잠재적으로 보는 것은 물론이고 단지 개연성에만 비춰보더라도 거의 모든 것이 우리 자신의 욕구에 의해서 좌우된다고 할 수 있으며 또한 그중에서도 우리가 무엇을 선택할 것인가 하는 것은 궁극적으로 각자 개인에게 달린 문제이다. 지금까지 서술한 내용은 결국 역사적 미래에의 안목을 갖추려는 입장에서 우리가 선택한 방향이 과연 무엇을 뜻하는지를 보여주는 길잡이 구실을 해왔다고 할 수 있다.

이 중요한 마지막 단계에 와서도 역시 아직 현실 체험에서의 가능한 방법에 있어서 서로의 극단적인 차이가 드러나고 있다. 우선 무정부주의자인 **구스타프 란다우어**Gustav Landauer, 1870~1919가 표방하는 극단적 경향에 대해서 알아보도록 하자. "도대체 당신이 인류 역사의 객관적 사실 중에서 이해하고 있는 것은 무엇인가? 물론 토지·가옥·기계·선로 또는 전선줄 등과 같은 것이 아닌 것만은 틀림없을 것이다. 그러나 그 밖에도 당신이 만약 국가를 비롯한 그와 유사한 제도·상태 또는 관계 등이 전통·관습 또는 종교적 숭앙의 대상이 되는 일정한 관련 복합체를 이해했다고 한다면 이것 역시 가상적 객체에 불과하다는 인식을 피할 수가 없을 것이다. 사회가 보존되다가도 언젠가는 파괴되고 다시 여기서 새로운 사회가 구성되고 하는 사회적 진행 과정의 가능성과 필연성이란 바로 개인을 초월한 그 어떤 유기체란 있을 수 없고 다만 이성·사랑 또는 권위 의식을 서로 연결하는 관계가 있다고 하는 사실에 기인할 뿐이다. 그러므로 어떤 개별적 '구성체'에 있어서나, 물론 그것은 개체적 활력소에 의해서 키워진 경우에 한해서만 구성체가 될 수 있는 것이긴 하지만 동시에 생명력이 넘치는 사람으로서는 그것을 아무 가치도 없는 망령과 같은 구성체로 팽개쳐버림으로써 여기서는 새로운 집단 형성에 착수할 시기가 되풀이되게 마련이다. 그리하여 이제 나는 이른바 '국가'라고 하는 것으로부터 나의 사랑·이성·복종심 그리고 나의 의사를 거둬들이고 말았다. 나는 그것을 내가 바로 원하는 대로 할 수 있다. 그런데 만약 당신이 그렇게 할 수 없다고 하더라도 그것은 이러한 불가능성이 당신 스스로의 개성과 밀접하게 관련된 결과일 뿐, 결코 그것이 사물 자체의 본성과 관련된 것이 아니라는 결정적 사실에는 변함이 없는 것이다."•

이와 극단적으로 반대되는 다음과 같은 헤겔의 글을 인용해보도록 한다. "개인이 존재하느냐 하지 않느냐 하는 것은 개인의 생활까지도 통솔하는 항구적 힘에 비길 수 있는 객관적 논리와는 무관한 것이다. 그러므로 이 논리라는 것이 여러 민족에게 있어서는 영

• 1826년 1월 25일에 마르가레테 서스만Margarete Susman, 1872~1966에게 보낸 란다우어의 편지에서 발췌한 것으로, 이는 다음에 수록된 것이다. Landauer, G., *sein Lebensgang in Briefen* (hrsg. v. M. Buber, Bd. 2, 1929, p. 122)

원의 정의이자 또한 그 자체가 불변의 본질을 지닌 신으로 여겨졌는가 하면 이에 반하여 공허한 개인의 행동은 밀물에 씻겨나가는 순간의 희롱거리나 다름없는 것이다."•

주로 사회학적 의식의 역사를 중심으로 다뤄온 지금까지의 문제들을 종합해볼 때 우리는 모든 시기에 나타난 정신적 구조의 가장 기본적 변화상은 유토피아적 요소의 변천 상황을 통해서 파악할 수 있다는 것을 알게 되었다. 그리하여 미래에 관해서 본다면 현재 상태에 안주하면서 단지 그 스스로를 끊임없이 재생산하는 데 그치는 세계에서는 이데올로기와 유토피아의 절대적인 말살도 원칙적으로는 가능할 수 있겠지만, 만약 우리가 살고 있는 이 세계 속에서 실제로 존재 초월성이 전적으로 말살되어버린다면 여기서는 인간의 의지마저도 파괴돼버릴 사실의 세계만이 남게 될 것이다. 여기서 또한 존재 초월성의 두 가지 양식 사이의 가장 기본적 차이점이 나타나기도 한다. 즉 한편으로 이데올로기적인 것의 몰락은 다만 어떤 특정 계층에게만 위기를 뜻하는 가운데 이데올로기를 폭로함으로써 밝혀지는 즉물성은 언제나 전체에 대한 자기 석명을 뜻하는 데 반하여 유토피아적인 것의 완전한 소멸은 전체적인 인간화의 형태마저도 변화시키게 될 것이다. 결국 유토피아의 소멸은 인간 자신이 한낱 사물로 화해버리는 정태적 즉물성을 조성할

• Hegel, G. W. F., *Grundlinien der Philosophie des Rechts* (ed. Lasson, Philosophische Bibliothek, Bd. 124, p. 325 f., 94. Zusatz zu §145).

뿐이다. 그리하여 여기서는 가장 합리적으로 사물을 지배하던 인간이 충동에 지배되는 인간으로 변하고 또한 그토록 오래 다난했던 역사적 발전을 거쳐서 이제야 의식의 최고 단계에까지 도달한 인간이 마침내-여기서는 이미 역사란 맹목적인 운명이 아니라 자발적 창조의 소산이다-다양한 유토피아의 여러 형태가 해소되는 것과 함께 역사에의 의지와 이로써 또 역사에의 안목도 상실하게 된다는 어처구니없는 역설이 생겨날 수도 있을 것이다.

IDEOLOGIE
UND
UTOPIE
5

지식사회학

1
지식사회학의 본질과 작용 범위

지식사회학의 정의와 구분

새로이 발생한 사회학의 한 분과인 지식사회학은 학문적으로는 이른바 '지식의 존재 제약성"Seinsverbundenheit" des Wissens'을 이론적으로 정립하고 또 이를 전개해나가는가 하면, 역사적 내지 사회학적 연구로서는 과거 및 현재에 나타난 여러 가지 지식의 내용을 통해서 '존재 제약성'을 규명함을 그 목적으로 한다.

그런데 이와 같은 지식사회학이 발생하게 된 이유는 사상적 위기를 맞이하고 있는 현대적 상황 속에서 눈에 띄기 시작한 다양한 구속성, 그중에서도 특히 이론과 사유 방식의 사회적 구속성을 연구과제로 등장시킴으로써 일단 이와 같은 '존재 제약성'에 대한 판단 기준을 마련할 뿐 아니라 나아가서는 이 문제를 가차 없이 철저하게 규명함으로써 지식의 형성을 가능하게 하는 이론 외적 조건이 갖는 의미die Bedeutung der außer theoretischen Bedingungen des Wissens를 밝혀낼 수 있는 현대적 상황에 적합한 이론을 정립하는 데 있다.

오로지 이러한 방법에 의해서만 우리는 학문에 대해 깊이 검토되지도 않은 막연하고도 비생산적인 상대주의적 요소를 불식시킬 수 있겠는데 만약 그렇지 않고 최근의 발전 동향에서 나타나듯이 더욱더 분명해지기 시작한 모든 사유 결과에 부착된 피제약적 요소를 학문의 힘으로 해명하지 못한다면 그와 같은 상대주의적 요소는 그대로 존속될 수밖에 없을 것이다. 그러므로 지식사회학은 지식의 사회적 제약성과 관련된 그와 같은 견해를 불안스러운 듯이 회피함으로써 문제를 해결하려는 것이 아니라 바로 그와 같은 인식 내용을 학문의 지평으로 끌어들여서 이를 이론적 결과에 대한 시정 방안으로 활용하여 여기서 비롯되는 일체의 불안 요소를 제거함을 과제로 하고 있다. 그러나 만약 이 경우에 그러한 통찰 내용이 여전히 막연하고 부정확하며 또한 도가 지나치다는 생각이 든다면 지식사회학으로서는 이를 가장 정확한 핵심 부분으로 환원해서 그에 대한 방법론적 통제를 가하게 될 것이다.

지식사회학과 이데올로기론

현대에 와서 비로소 고개를 들기 시작한 지식사회학은 이제 그 의의를 전폭적으로 인정받게 된 이데올로기론과 밀접한 관계에 있으면서도 또한 이와는 점차 분명한 차이를 드러낼 수 있는 위치를 차지하게 되었다. 이데올로기론은 인간의 당파성이나 특히 정당의 경우에서 나타나는 바와 같은 일정한 정도의 의식적인 거짓이나 은폐작용을 폭로함을 과제로 한다die bewußten Lügen und Verhüllungen~, zu entlarven. 그러나 지식사회학은 어느 정도까지 의식화되어 있는 거짓이나 은폐를 일삼는 의지가 언표된 내용을 어떤 특정 방향으로 유도하는 것과는 달리(이 점에 대해서는 본서 마지막에 수록된 참고 문헌 목록의 '허위와 이데올로기'를 참조할 것) 여러 가지 현상을 수반하는 사회 구조는 또한 **필연적으로** 여러 가지 측면에서 바로 이 구조와 얽혀 있는 관찰자에게 그때마다 상이하게 보일 수밖에 없다는 사실을 들면서 이를 고찰하는 것이다. 따라서 이 모든 경우에 언표 내용으로 하여금 '일방적 편파성'이나 '허위성'을 띠게 하는 것은 결코 은폐하려는 고의성이 아니라, 오히려 역사적 내지 사회적 공간 내에서 각기 다르게 층화層化되어 있는 여러 가지 유형의 주체가 불가피하게 저마다의 특성을 띠고 있는 다양한 의식 구조die unvermeidlich verschieden geartete Bewußtseinsstruktur der verschieden gelagerten Subjekttypen im historischsozialen Raum의 탓인 것이다.

이러한 이원성二元性에 맞추어서 이제 우리는 그중 첫 번째 유형에 해당하는 '그릇되거나' '옳지 못한' 형태를 다루는 것을 이데올로기론의 과제로 삼는 반면에 어느 정도의 의식적인 허위성에도 기인하지 않는 편파적 관찰 태도는 이를 이데올로기론과 전적으로 구별되는 지식사회학의 대상으로 삼고자 한다. 이데올로기론이 발생했던 초기만 하더라도 이상과 같은 허위적 관점과 역시 허위적 언표라는 두 가지 가능성은 서로 중첩된 의미를 띠었으나 여기서는 이상과 같은 이원적 원리에 따라서 과거에는 다 같이 '이데올로기'라고만 불려졌던 허위적이고 이른바 편파적인 관점에 관한 가능한 두 가지 형태를 좀 더 확실하게 구별하는 것이 바람직스럽게 되었다. 이에 따라서 우리는 **특수한** 경우와 **전체적**이라는 두 경우의 이데올로기 개념을 상정할 수 있으니, 전자의 경우는 그 '허위성'이 심리학적 국면에서 전개됨으로써 자기가 원하건 원하지 않건 혹은 의식적이건 희미한 정도로만 의식하건 또 더 나아가서는 전혀 의식하지 못한 상태이건, 이 모두가 전적으로 타자나 자기 자신에 의한 기만 작용에서 기인한 것이며 동시에 어느 정도로나마 거짓을 일삼는 구조를 가졌다고 할 수 있다는 것이다.

그런데 우리가 이와 같은 이데올로기 개념을 특수적이라고 칭하는 이유는 언제나 이 개념이 은폐·날조 및 거짓이라고 스스로 지칭하는 특정한 주체의 언표 내용과 관련되어 있으면서도 그것이 언표자로서의 주체가 지니는 **전체적 사유 구조**의 진리마저도 공격하려고 하지는 않기 때문이다. 그러나 이와는 달리 지식사회학에서는 특정한 사상 조류나 역사적인 '집단 주체'에서 나타나는 바로 그 사유 구조의 총체성이 문제가 된다. 즉 지식사회학은 기만과 은폐를 야기할 수 있는 언표 행위가 행해지는 국면과 관련하여 사유를 비판하려는 것이 아니라 모든 인간에게 결코 동일하게 적용될 수 없을 뿐 아니라, 오히려 역사적 내지 사회적 전개 과정 속에서 그때마다 상이한 형태를 띠거나 동일한 하나의 대상에 대해서도 각기 상이한 양상을 발생시키는 구조적 국면으로서의 **정신론적 국**

면을 주대상으로 하여 사유 그 자체를 비판의 대상으로 삼으려는 것이다. 결국 전체적 이데올로기의 개념에서는 더 이상 거짓 혐의가 문제시될 수는 없으려니와 또한 지식사회학적 분석 영역에서도 '이데올로기'라는 말은 도덕적으로 퇴화된 것을 뜻할 수는 없고(즉 그것이 더 이상 비난의 소리일 수는 없다는 것이다), 오히려 언제 어떠한 언표 구조에 있어서나 역사적 내지 사회적 구조가 깊이 파고들거나 또는 어떤 의미에서 그러한 여러 구조가 구체적으로 언표 구조를 규정하느냐 하는 문제를 규명하려는 연구 의도를 지닌 것으로 받아들여져야만 한다는 것이다. 그러나 지식사회학의 영역에서는 우리로서도 그동안 너무나 곡해되어온 '이데올로기 개념'을 덜 사용하도록 하겠으며 오히려 사상가의 '존재 제약적-혹은 입장에 구속된-시각 구조 Aspektstruktur eines Denkers'라는 표현으로서 지식사회학적 의미를 드러내볼까 한다.

2
지식사회학의 두 부분

지식의 존재 제약성에 관한 이론으로서의 지식사회학

이제 우리는 지식사회학을 사유의 존재 제약성에 관한 이론으로 볼 수도 있고 더 나아가서는 역사적 내지 사회학적 연구 방법이라고 볼 수도 있다. 이론으로서의 지식사회학은 그 나름의 두 가지 형태를 띠고 우리 앞에 나타난다. 즉 일차적으로 지식사회학은 이론으로써 지식의 존재 제약성이란 현상을 다루는, 단순한 사실(사실성)을 확인하는 것eine bloße Tatsachen 〈Faktizitäten〉 feststellende Lehre von dem Phänomen der Seinsverbundenheit des Wissens일 수 있다. 다만 이 경우에는 존재 제약성을 현상학적 입장에서 명시하고 서술하고 또 구조적 분석만 가하면 된다. 그러나 지식사회학이 이와 같은 사유의 전개 과정을 거치다 보면 어느덧 인식론으로 변모되면서 존재 제약성이란 사실이 지닌 인식론적 의미die erkenntnistheoretische Relevanz der Tatsache der Seinsverbundenheit를 주된 문제로 삼을 수가 있다.

이에 따라서 우리는 지식사회학적 이론을 두 단계로 나눠 검토해볼 수 있다. 즉 첫째로는 이와 같은 존재 제약적 지식의 실제적 의미와 그 특성에 관한 경험적 이론(경험성의 이론)의 경우이고 둘째로는 이러한 사실을 토대로 한 인식론적 귀결을 얻어내는 일이 되겠다. 이러한 뜻에서 우리는 지식사회학을 그 자체의 인식론적 귀결과 관련시키지 않고도 서슴지 않고 실제적 사유의 존재 제약성과 관련된 하나의 새로운 경험적 연구 방법이라는 데 동의할 수 있다.

존재 제약성의 실상에 관한 이론

이상과 같은 구분에 따라서 일단 우리는 지식사회학이 얻어내는 인식론적 귀결에 대해서는 가능한 한 이를 덮어두고 실제적 사유의 존재 제약성에 관한 이론의 측면에서 이 문제를 다뤄나가고자 한다. 이러한 관점에서 우선 우리가 해명해야 할 것은 '존재 제약성이란 과연 무엇을 뜻하는 말인가?'라는 것이다. 우리는 어떻게 하면 이 말의 의미를 가장 간결하게 나타낼 수 있을까? 그런데 여기서는 이 존재 제약성을 사실로써 입증할 방법을 찾아내는 일이 이 문제 해명을 위한 최상책이 될 수 있을 것이다. 사상의 존재 제약성이 하나의 엄연한 사실로 입증될 수 있는 사유 영역을 제시하는 데는 무엇보다도 다음과 같은 점을 고려해야만 한다.

a) 실제적인 인식 과정은 결코 어떤 '내재적 전개 법칙immanente Entfaltungsgesetze'에 따라서 역사적으로 발전하는 것도 아니고, 또한 단순히 '사물 그 자체나 또는 순수한 논리적 가능성에 의해' 도출되거나 더 나아가서는 어떤 내면적인 '정신의 변증법eine innere geistige Dialektik'에 의하여 추동됨으로써 성립되는 것도 아니며, 오히려 우리가 흔히 '존재 요인'이라고 부르는 특이한 양식의 이론 외적 요인이 어떤 결정적 시점에서 그때마다의 사유를 발생시키거나 형성하게 되는 것이다.

b) 구체적인 지식의 내용을 발생하게 하는 데 결정적 역할을 하는 존재 요인이란 결코 단순히 말단적 의미만을 지녔거나 혹은 '단순한 발생론적 의의'만을 지닌 것은 아니고 오히려 그것은 내용이나 형식 또는 내용적 의미나 표현 방식까지 관여함은 물론 우리가 인식상의 시각 구조라고 할 수 있는 그 모든 것, 즉 총체적인 경험 능력과 관찰 작용을 발휘할 수 있는 역량이나 적극적인 개입 정도까지도 결정적 영향을 입히는 것이다.

인식의 방향을 지배하는 사회적 과정 Sozialprozesse : 우선 이론 외적 요인이 사유의 역사 속에서 어떤 실제적 작용을 한다고 하는 지식의 존재 제약성에 대한 첫 번째의 판단 기준군Kriteriengruppe을 살펴보면 우리는 곧 사회학적 관점을 토대로 하여 정신사적 의미에서 행해진 새로운 연구 결과들이 그에 대한 입증 자료를 더욱더 제공해주고 있음을 알게 된다. 왜냐하면 적어도 오늘의 우리에게는 인간의 아 프리오리한 기능에 의해 모든 것을 다뤄왔던 선행하는 정신사적 방향에서는 정신적 사태의 변화권 내에서 발생하는 모든 것을 오로지 '정신'을 기점으로 파악하려 했으므로alles vom "Geiste" her zu verstehen sei('내재적 정신사'), 애당초부터 어떤 사회적 과정이 '정신권'에까지 영향을 미친다는 점에는 전혀 착안할 수 없었다는 사실이 분명히 드러났기 때문이다. 그러나 결국 이와 같은 아 프리오리가 이완되고 난 뒤로는seit der Auflockerung dieses Aprioris 더욱더 많은 경우에 다음과 같은 현상이 구체화되기에 이르렀다.

a) 이와 같은 문제가 가능해지려면 무엇보다도 우선 어떤 정식화된 표현 단계에 선행하는, 바로 그 문제 자체를 제기하는 하나의 생동한 활동이 있어야만 하고,
b) 이와 관련한 다양한 소재 중에서 일정한 문제점을 선택하는 데는 모름지기 인식의 주체가 의지력 있는 활동을 수반해야 할 뿐만 아니라,
c) 이상과 같은 전체적 행정行程에는 언제나 생동한 여러 가지 힘이 함께 작용한다는 것이다.

결국 이론적인 것의 배후에 자리하고 있는 생동하고도 의욕적인 힘이나 입장과 관련된, 지금의 이 연구에 얽힌 상관성 속에서 더욱더 명백해진 것은 이 모든 것이 결코 한낱 개별적인 성질의 것이 아니라는 사실이다. 다시 말하면 그러한 힘이나 입장의 근원은 일차

적으로 그때마다 사유하는 단일 개체의 자각적 의지 안에 깃든 것이 아니라 오히려 이 개인의 사유의 배후에 자리 잡은 한 집단의 의지 연관성hinter dem Denken dieses Individuums stehenden Willenszusammenhang einer Gruppe 안에 있으므로 결국 이 개인의 사유 작용이란 이미 집단이 갖추고 있는 시각에 준거하여 거기에 참여할 뿐이라는 것이다. 이제 이러한 연관 속에서 더욱더 분명해진 것은 우리가 사유와 지식의 대부분을 올바르게 이해하기 위해서는 이와 같은 사유와 지식의 존재 제약성과 집합체에 대한 이 사유와 지식의 현존성 문제를 동시에 파악해야만 한다는 것이다.

여기서 우리는 이런 의미에서 '존재'를 근거로 하여 이론을 발생시키고 또 이끌어가는 다양한 사회적 과정을 모두 다 열거할 수는 없고 다만 대표적인 한 가지 경우만을 예로 들겠다(이에 대한 상세한 입증 자료로는 역시 본서 마지막에 수록된 참고 문헌 목록을 참고하는 것이 좋겠다).

이론 외적인 과정이 지식과 인식을 발생하게 하고 또 그의 전개 방향까지 규정하는 대표적인 경우로는 **경쟁**die Konkurrenz을 들 수 있다. 즉 경쟁이란(이 점에 대해서는 본서 참고 문헌 소개란에 수록한 필자의 강연 〈정신적 영역에서의 경쟁의 의의〉를 참조할 것) 단지 시장의 메커니즘을 중심으로 한 경제 행위나 또는 정치적 내지 사회적 생기 현상의 지배만을 뜻하는 것이 아니라 동시에 그것은 추동적 운동 본능으로서, 상이한 '종류의 세계 해석'을 뒷받침한다는 것이다. 왜냐하면 이들 세계 해석의 여러 양식을 그의 사회적 배경에 비춰보면 이는 세계 정복을 노리는, 일정한 적대 관계에 있는 집단

간의 투쟁 안에 자리 잡은 정신적 기체基體임이 드러나기 때문이다.

인식 활동의 배후에서 눈에 보이지 않는 계도적 힘으로 작용하는 그와 같은 사회적 이면이 더욱 분명히 표출됨으로써 오늘날 누구나 갖추게 된 식견을 토대로 본다면 다음과 같은 전체상이 드러난다. 즉 사상이나 지식의 내용이란 앞에서도 언급했듯이 위대한 천재적 발상과 같은 모습을 띠고 불쑥불쑥 홀로 고개를 들고 나오는 것이 아니다. 그야말로 천재적 착상이라는 것의 배후에는 역시 사유하는 개인에게 이미 소여되어 있는 집단적이고 역사적인 경험 상관성의 자취가 보일 뿐 아니라 더욱이 이는 그 어떤 상태에서도 결코 정신으로써 기체화되거나 실체화될 수는 없는 것이다. 그런데 이를 좀 더 자세히 살펴보면 동일한 시대 내에서도 어떤 특수 지향성(사상 조류만을 뜻하는 것이 아님)을 지닌 **단 하나만의** 경험 연관성(이를테면 국민정신론에서 얘기되듯이)이 존재하는 것은 아니고, 오히려 서로 대립된 채 **동시에 여러 가지**(비록 그 발생 원인이나 그것이 지니는 가치가 동일하지는 않더라도) 사상 경향이 모두에게 '공통된' 경험 세계에 대하여 그때마다 저마다의 각이한 해석을 내림으로써 이 '세계'를 인식하는 데서도 인식 작용 면에서의 다양성을 띠게 된다는 것을 알 수 있다. 이때 세계 해석상의 구체적인 대립을 야기하는 열쇠는 결코 '대상 그 자체'가 아니라(왜냐하면 이 대상 자체에만 근거한다면 어째서 그것이 여러 가지 '굴절 현상' 속에서 성립돼야만 하는지 이해될 수 없기 때문이다) 다양한 형상을 띠고 나타나는 기대감이나 의욕 또는 원천적인 경험에의 충동이다. 그리하여 이제 더 나아가서 우리가 이와 같이 다양한 국면에 처해 있는 사회적 공간 내의 경험 충동에서 빚어지는 교호적 상관 작용을 되새겨보면서 이를 면밀히 분석해보면 구체적인 경험 충동을 서로 대립하게 하는 원동력은 이론 그 자체에bei der Theorie selbst 있는 것이 아니라 오히려 이와 같이 상이한 대립적 상황을 빚어내는 경험 충동이 바로 이것 자체를 포괄하는 더 폭넓은 집단의 의지적 요소Gruppenwollungen 속에 얽혀 있다는 사실이 밝혀진다. 따라서 지식사회학적 분석을 토대로 한다면 외관상으로는 '단순한 이론적 다기화 현상'인 듯이 보이는 것도(여기서는 은폐되었던 원천적인 관찰 충동의 연결 부분들이 구성될 수 있으므로) 대개는 세계관적 상이성에 그 원인을 두고 있지만 이와 같이 상이한 세계관 사이의 대립적 양상은 눈에 띄지 않게 서로 적대 관계에 있는 여러 현실 집단 간의 반목과 경쟁에 의하여 이끌려가는 것이다.

이 밖에 다양한 종류의 세계 해석과 지식의 형태를 조성할 수 있는 또 다른 집체적 연관성의 한 예로서 우리는 **세대 간의 층**Generationslagerung에 대해서 언급해야만 하겠다. 이 세대의 문제 역시 일정한 시점의 사회적 공간에 위치해 있는 이론이나 시각 들에 대한 선택·형성 및 양극화의 원리를 규정하는 경우가 많다(역시 이 문제에 대한 상세한 점은 본서의 참고 문헌 목록에 수록한 필자의 글 《세대의 문제Das problem der Generationen》를 참조하는 것이 좋겠다). 지금까지 본 바와 같은 경쟁과 세대라고 하는 두 가지 문제가 다 함께 문화적 발전에 끼친 의의를 고찰해 본다면 결국 지식사회학적 입장에서는 '내재적 정신사'에 있어서 '정신의 변증법'으로 해석된 역사적 운동 형태란 바로 이 세대의 교체와 경쟁이라고 하는 두 가지 현상이 정신사적 영역으로 끌어들인 운동의 리듬이라고 보아서 별로 틀림이 없을 것이다.

이상과 같이 사회 형태와 사유 형식의 문제가 총체적으로 다뤄지고 있는 이 자리에서 우리가 또한 언급하지 않을 수 없는 것이 베버의 다음과 같은 견해이다. 즉, 그는 대부분의 경우에 **체계화를 지향하는 의도**는 스콜라 철학적인 배경에서 비롯된 것이며 또한 '**체계적으로**' 생각하고자 하는 의욕 역시 서로 상관관계를 이루는 법률적 내지 이론적 제학파가 존재하는 데서 기인한 것일 뿐 아니라, 더 나아가서 우리는 이와 같은 사상적 질서 형식의 발상을 대개는 교육 운영의 연속성 속에서 찾아야만 한다는 것이다(베버의 《경제와 사회》 중에서 특히 법사회학 부분을 참조할 것). 이와 관련하여 또 주목해야 할 중요한 공헌을 한 사람이 M. 셸러이다. 그는 다양한 지식의 형태를 그 자체가 발생하고 또 형성되는 데 없어서는 안 될 일정한 **집단 형태**와의 관련 속에서 검토했다(특히 그의 《지식의 형식과 사회》 및 《지식의 형식과 교양》을 참조할 것).

지금까지 이야기한 바로써 흔히 우리가 말하는 지식의 종류 및 내용과 또한 지식인을 대표하는 일정한 사회 집단과 사회적 과정 사이에 가로놓인 상관관계가 과연 무엇을 뜻하는 것인지 이해하기에 충분하리라고 본다.

사회 과정이 시각 구조에 미치는 구성적 관여도 Das Konstitutive Hineinragen : 그러면 도대체 이와 같이 사회 과정으로 귀속된다고 할 수 있는 존재 요인이란 단지 말단적 의미를 지녔거나 혹은 **단순한 발생 원인**을 이루는, 한낱 실질적인 발생 조건에 **불과한** 것인가(즉 단순한 '발생론적' 의의를 지닌 데 불과하다는 것인가)? 아니면 또 그것은 구체적 언표를 위한 시각 구조에까지 영향을 입히는 것인가? 이것이 지금부터 다뤄져야 할 문제이다. 결국 인식의 역사적 및 사회적 발생 기원Genesis은 만약 바로 그 인식의 사회적 내지 시대적 전개가 단지 인식의 성립이나 자기 실현이라는 것 이상의 아무런 의미도 지니지 않는 경우라면 정신론적으로 별다른 의미가 없을 것이다. 이럴 경우에는 지식의 역사에서 두 개의 시기가 구별될 수 있는데 그것은 즉 고대에는 아직 특정한 인식이 성립되지 않았거나 아니면 또 그 인식 내용이 뒤에 얻은 새로운 통찰에 의하여 여지없이 반박당할 오류를 여전히 담고 있는 경우이다. 물론 이와 같이 시대적 선후 관계에서 본 지식의 상관관계가 엄밀한 자연과학에는 거의 합당한 것으로 주장될 수 있겠지만('고전물리학'의 논리와 비교하여 오늘날에 와서는 엄밀 자연과학의 범주적 기조가 안정되어 있다고 보는 생각이 크게 흔들리게 되긴 했지만), 정신과학의 경우에는 이를테면 과거의 오류를 시정한다는 의미에서 단순히 앞서 간 과정을 뛰어넘는 것은 그리 간단한 성질의 문제가 아닌 것 같다. 왜냐하면 어떠한 시대나 또는 그때마다 상이한 여러 가지 고찰 방법이란 언제나 근본으로부터 새로이 문제를 설정하는 새로운 시각 구조 속에서도 언제나 동일한 대상성을 포착하는 특성을 갖기 때문이다.

그러므로 또한 역사적이며 사회적인 과정은 거의 모든 지식의 영역에 있어서 하나의 **구성적** 의미를 지닐 수 있다는 명제를 뒷받침하기 위하여 무엇보다도 인간의 거의 모든 구체적 언술 내용으로부터 바로 그 언표 내용이 언제, 어디서 성립되었고 또한 언제, 어디서 정식화되었는가를 알아낼 수 있다는 사실을 밝혀내야만 한다는 것이다. 예술 형태 속에 정확하게 그 연대를 측정할 수 있는 형식이 존재하는 이유는 그 어떤 형태화의 요소도 오직 특정한 시점에만 가능했고 그와 같은 시대적 특징을 자체 내에 담고 있었다는 사실이 이미 예술사를 통하여 거의 분명하게 밝혀졌다는 것, 여기에 우리가 일정한 변경만 가한다면 그것은 그대로 사유의 영역에서도 입증할 수가 있다. 왜냐하면 우리는 인식 내용 속에 담겨 있는 '시각 구조'를 더욱 정밀화되어가는 판단 기준을 근거로 확정지을 수가 있기 때문이다. 이와 같이 모든 개별적 사유 방식의 차이점을 드러내주는 현상학적 특징에 의하여 더욱더 정확성을 띠는 인식을 근거로 이제 우리는 마치 어떤 그림의 제작 연월일을 추적할 수 있는 것과도 마찬가지로 일정한 사유 방식의 발생 시기를 규명함은 물론, 또한 사유 구조에 관한 철저한 분석에 힘입어서 세계가 언제, 어디서 wann und wo 언표 행위를 하는 주체에게 바로 지금과 같은, 오직 이 모습을 하고 나타나게 되었던가를 더욱 용이하게 확인할 수 있을 뿐만 아니라, 더 나아가서는 어찌하여 warum 세계가 바로 지금과 같은 형태를 지녀야만 했는가 하는 좀 더 의미심장한 문제에 대한 해답을 구할 수 있을 정도로까지 줄기찬 분석적 연구를 진행해나갈 수 있게 되었다.

우리가 2×2=4라고 하는 언술(가장 간단한 표본적 예를 들어본다면)에 대해서는 그것이 누구에 의하여, 언제, 어디서 정식화되었는지 알아낼 수 없지만 이와는 다른 정신과학 분야의 업적일 경우에는 그것이 '역사학파', '실증주의' 또는 '마르크스주의'의 시각 구조에서 비롯된 것인지, 그리고 이러한 시각 구조의 어떤 단계에서 이뤄졌는지를 곧 알아낼 수가 있다. 따라서 우리는 이러한 의미의 언표 행위를 관찰하고 숙고하는 주체의 '**입장이 인식 결과에까지 영향을 입힌다**Eingehen des Standortes'거나 또는 이와 같은 언표 작용은 더 깊은 배경을 이루는 '존재'와의 관련성을 지녔다고 하는, 즉 '존재의 상대성'에 관해서도 얘기할 수 있게 됨은 물론, 더 나아가서는 이러한 언표 양식을 판단 주체의 입장이 언표 내용에까지 파급되지 않은-적어도 우리가 통찰할 수 있는 한도 내에서나마-언표 양식(즉 위에서 말한 2×2=4와 같은)과 비교 검토할 수도 있다.

이런 의미로 볼 때 시각 구조란 누군가가 어떠한 방법으로 하나의 실물을 보고 거기서 무엇을 파악하고 더 나아가서는 그가 어떻게 사유 속에서 하나의 사실 관계Sachverhalt를 구성하느냐 하는 그 양식을 뜻하는 말이다. 따라서 사유에 대한 하나의 단순한 형식적 규정일 수만은 없는 이러한 시각은 인식 구조 내에서의 질적 계기, 그것도 더욱이 단순한 형식 논리학에서는 소홀히 다뤄질 수밖에 없는 요소와 관련된다. 바로 이와 같은 계기야말로 아무리 형식 논리적(즉 모순율이나 삼단 논법에만 의존하는 등의) 규정을 동일하게 응용하는 두 사람이 있다 하더라도 그들은 결코 동질적인 인간일 수 없음은 물론, 오히려 흔히 어떤 동일한 대상에 대해서도 극히 상이한 판단을 한다는 사실을 뒷받침해준다.

이제 일정한 언표 내용의 시각 구조를 특징지어주는 징표나 또는 그와 같은 구조의 귀속적 의미를 결정지을 수 있는 판단 기준이 되는 몇 가지 점을 나열해본다면, 실제로 응용 단계에 들어선 개념의 의미 분석, 반대 개념적 상황, 일정한 개념의 결여, 범주 수단의 구성, 지배적인 사고 모형, 추상화의 단계 그리고 이미 전제가 되고 있는 존재론 등을 들 수 있다. 이제부터 우리는 몇 가지 실례를 통하여 이상과 같은 징표나 판단의 기준이 시각 구조를 분석하는 데 얼마만큼 응용될 수 있는지를 알아보면서 동시에 저마다의 입장이라는 것이 판단자의 시각에 어느 정도까지 영향을 입히는가를 밝혀보고자 한다.

우선 우리는 하나의 단어나 똑같은 개념이 사회적으로 각기 상이한 층을 차지하는 사람이나 사상가의 입을 통하여 대개는 서로가 전혀 다른 뜻을 지닌다는 사실로부터 시작하겠다.

예컨대 19세기 초에 어떤 극단적인 보수주의자가 '자유'라는 말을 했다면 여기서 그가 뜻하는 것은 스스로의 특권(자유)을 누리며 살아간다는 의미에서의 각 계층마다가 지닌 권리이다. 그런데 이번에는 그가 낭만주의적 성향을 띤 보수주의 경향이나 프로테스탄트적인 종교적 경향에 속할 경우, 여기서 뜻하는 '내면화된 의미에서의 자유의 개념'은 단지 각자의 일회적이며 내재적인 개체적 형성 원리에 따라서 살아가고자 하는 개개인의 권리만을 염두에 둔 것이 되겠다. 결국 여기서 이들은 '질적 자유 개념qualitative Freiheitsbegriffe'이라는 의미로 생각했던 것이니, 왜냐하면 그들은 역사적인 개체적 특이성이나 내면적인 개체적 특이성을 보유할 권리를 자유로 이해했기 때문이다.

그런데 이와 동일한 시대에 자유주의자의 입장에서 '자유'가 얘기되었을 때는 수구적 보수주의자가 모든 자유의 근본이라고 생각했던 바로 그 개인의 특권을 향유할 수 있는 자유를 염두에 둔 것이므로 결국 인간이면 누구나 소유할 수 있는 동등한 기본권으로서의 자유, 즉 '평등적 자유 개념'이 문제가 된 셈이다. 이렇게 본다면 자유주의적인 자유의 개념은 외적인 법률상의 불평등을 바탕으로 사회 질서를 전복하려는 집단의 개념이 되겠고 이와는 달리 보수주의적 자유 개념은 외형상의 질서를 변혁할 생각이 없는, 따라서 외적인 면으로 보아서 모든 것이 전래되어 온 일회성을 그대로 유지하도록 하려는 계층에 영합하는 것이며, 다시 두 번째로는 자유 문제들의 정치적 영역으로부터(기존 체제를 유지하기 위하여) 내면적인 비정치적 영역으로 전환해야만 했던 계층의 이해와도 합치된다. 그리하여 동일한 문제를 놓고도 자유주의자와 보수주의자가 서로 다른 측면에서 이를 관찰한다는 것은 분명히 사회 및 정치구조상으로 그들이 차지하는 위치와 관련되어 있음을 입증한다.* 간추려 말한다면 이미 개념의 형성 단계에서부터 관찰하는 각도는 바로 이 관찰하는 주체의 의지에 의하여 유도된다는 것이다 der Beobachtungsstrahl vom beobachtenden Willen hergeleitet. 즉 여기서 관찰자의 각도는 어떤 특정한 역사적 내지 사회적 집단이 바로 개념적으로 파악되기를

• 이에 대해서는 필자의 《보수주의 사상》중 p. 99 ff를 참조할 것.

원하는 어떤 것이 속해 있는 방향으로 쏠리는 것이다. 그리하여 결국 모든 개념은 경험을 통하여 얻은 소재 중에서도 오로지 의욕적인 추구에 의하여 파악되거나 통합된 것만을 수집하는 것이 된다. 그러므로 이를테면 보수주의적 '국민정신' 개념은 진보적 성향을 띤 '시대정신' 개념과는 반대의 의미로 정식화되었음에 틀림없다. 결국 개념 형성에 필요한 특정한 값어치를 담고 있는 개념은 일정한 제 나름의 위치에 있는 계층의 시각 구조를 이해하는 데 필요한 가장 직접적인 통로를 열어주는 셈이다.

개념이 결여되어 있다는 것은 단순히 어떤 관점이 결여되어 있음을 뜻하는 데 그치지 않고 삶의 결전장에서도 특정한 종류의 활력이 결여되어 있음을 뜻한다. 따라서 이를테면 '사회적'이라고 하는 개념des Begriffes "sozial"이 비교적 역사의 후발 단계에 와서 처음으로 나타났다는 사실은 체험의 대상들이 바로 그 개념이 미리부터 지시했던 방향에 따라서 사전에 이미 문제로 떠오르지도 않았을 뿐 아니라 또한 그 개념에 대한 특정한 체험 방식도 존재하지 않았음을 말해주는 평가 기준이 된다.

그러나 이와 같이 각기 상이한 입장에 따라서 개념의 구체적 의미 내용만이 다양해지는 것이 아니라 범주 역시 마찬가지로 다양성을 띤다.

예를 들면 앞에서 이야기했던 시기(지금 우리가 다루고 있는 문제들과 관련해보면 이 시기에 대해서만 상세한 지식사회학적 검토가 가해졌던 탓으로 여기서는 거의 이 시기만을 예로 들었지만)에 발생했던 보수주의만이 아닌 현대의 보수주의 사상을 특징지어주는 것은 이것이 주어진 그대로의 경험적 소재를 직관적 총체성 속에서 분석하지 않고 오히려 그만이 지닌 단일성을 고수하는 형태학적 범주를 응용하려는 경향을 띠고 있다는 점이다. 이 형태학적 고찰 방법에 대치되는 것이 분석적 방법으로서 이는 그때마다 직접 눈에 띄는 전체성을 일단 와해시키고 난 뒤에 개괄적 정의가 내려질 수도 있고 또 새로이 결합될 수 있는 요소들도 찾아낼 뿐만 아니라, 다시 이러한 요소들을 가능적 메커니즘이나 혹은 인과율의 범주 속에 결합시키는데 그 당시로 볼 때 이는 좌경적 사고방식 linksgerichtete Denkweisen에 속한다. 여기서도 역시 각이한 입장에 따라서 그때마다 상이한 사유 결과를 낳는 것만이 아니라 어찌하여 그 각이한 입장이 다양한 범주 수단의 활용을 통하여 주어진 경험의 소재를 정돈하는가 하는 원인을 이해하는 것이 문제의 관건이 된다. 말하자면 좌경적인 사람들은 단순히 소여된 세계에서 무엇인가 새로운 것을 조작해내려는 나머지 언제나 구체적인 양태를 띤 소여성으로부터 눈을 돌린 채 추상적인 상태에서 주어진 것들을 일단 산산조각 낸 뒤에 다시금 이를 결합하려 한다. 그러나 형상에 치중하는 형태학적 입장에서는 더 이상 아무것도 추가하지 않는 것, 따라서 근본적으로 아무런 변화도 일으키지 않을 어떤 것만을 간취할 뿐이다. 더욱이 이와 같은 형태학적 총괄 방법에 의하여 우리는 그 안에서 약동하는 것을 진정시켜놓고 다름 아닌 현존재에게 있는 그대로의 상태에서 축복을 내리려고 한다. 여기서 극히 분명해진 사실은 마치 정치 투쟁과는 전혀 무관한 듯이 보이는 추상적 범주나 질서의 원리 등도 모두가 반이론적이며 행동주의적인 인간 심리의 전개 방향 eine metatheoretische aktivistische Ausgerichtetheit der Seele 속에 뿌리를 두고 있고 또한 그 발생의 기점 역시 영혼과 의식의 심층적인 차원 속에 담겨 있다는 것이다. 따라서 이러한 심층 세계에서는 아직도 '이데올로기화를 지향한다'는 뜻에서의 의식적 '기만'이란 전혀 거론될 수가 없는 것이다.

다음으로 사유의 시각 구조가 특징지어질 수 있는 요인은 이른바 '사고 모형'이라는 것인데 이것은 누구나 사유를 통하여 어떤 대상을 틀어쥐고자 할 때면 언제나 암시적으로 떠오르는 모형이다.

예컨대 우리가 알고 있기로는 일단 엄밀한 자연과학의 대상 유형과 이 특수한 대상 유형에서 눈여겨볼 수 있는 범주나 사유 방법이 하나의 모형 구실을 하게 되면, 여기에 따라서 우리는 사회적 골간구조의 영역에서와 같은 그 밖의 존재 영역에서 떠오르는 의문점까지 해결할 수 있기를 희망했던 것이 사실이다(사회적 생기 현상에 대한 기계론적 및 원자론적 이론의 구성).

여기서 중요한 사실은 이러한 사태가 빚어졌던 바로 그 당시만 해도 역시 사회를 구성하는 모든 계층은 오로지 이 한 가지 사고 모형만을 염두에 두지는 않았다는 것이다. 이를테면 그 당시의 대지주라든가 피지배 계급 또는 농민층에서는 대국적인 역사의 흐름 따위에 대해서는 차라리 침묵을 지킬 뿐이었으니, 문명의 새로운 성격이나 새로이 대두되기 시작한 세계 정위의 여러 형태는 그들의 완고한 입장과는 구별되는 또 다른 생의 구조와 합치되는 것이었다. 그리하여 새로 대두되기 시작한 자연과학을 기초로 한 세계 이해의 형식은 마치 외부로부터 밀어닥치기라도 한 듯한 모습을 띠고 이들 계층에 삼투되기에 이르렀다. 복잡한 사회적 동력의 작용으로 인하여 그와 같은 계층을 대표해 바로 그들의 생존 조건을 옹호하고 나선 또 하나의 인간 집단이 역사의 표면에 등장하게 되면서부터 여기에는 '유기체설'이나 '인격주의'와 같은 대립적인 사고 모형이 기능적 메커니즘 이론의 반대 기류로 등장하였다. 그리하여 예컨대 이와 같은 발전 방향의 최고봉을 이루었던 슈탈과 같은 사람은 이미 사고 모형과 정치 노선과의 일치성을 확인하기도 하였던 것이다.*

결국 어떤 하나의 사고 모형이 얼마나 우리의 사유를 풍부히 살찌게 할 수 있는가 하는 것은 이렇듯 눈에 띄기도 하고 또 가려지기도 하면서 우리가 일상적으로 경험하는 구체적 내용이 담긴 질문과 응답의 양식을 통해서 나타난다. 즉 이런저런 경우에 우리가 개별적으로 그와 같은 사고 모형의 발생 근거와 또한 그것이 전파되는 범위를 뒤쫓아가보면 이때 우리는 그러한 모형이 특정한 사

---

* 이를테면 오펜하이머의 글 속에서도 이에 대한 좋은 예증을 찾아볼 수 있듯이 국가학의 역사는 우리에게 이와 관련된 훌륭한 자료를 제공해주고 있다. *System der Soziologie* (Bd. II. Der Staat).

회적 단위에 의한 세계 해석의 양식이나 존재층과 유사성Affinität을 띠고 있음을 발견한다. 여기서 한 가지 특기할 사실은 이와 같은 의미의 사회적 단위란 결코 **계급 따위만을 일컫는 것**이 아니고 이에 못지않게 많은 세대, 생활권, 파벌, 직업 단체 또는 학교 등등이 문제가 된다는 점을 경직된 마르크스주의에 대해einem starren Marxismus 명백히 지적해둬야만 하겠다는 것이다. 그러므로 만약 우리가 이와 같은 양식으로 세분화된 사회적 집단과 또한 이에 상응하는 개념·범주 및 사고 모형의 세분화 현상을 고려하지 않는다면(여기서 우리는 결코 상층 구조와 하층 구조라는 문제성을 더 첨예화할 생각은 없다) 사유의 역사 속에서 나타나는 다양하고도 풍부한 지식의 유형이나 시각 구조에 부합되는 하층 구조의 세분화 현상entsprechende Differenzierung im Unterbau도 밝혀낼 수 없을 것이다. 그러나 하여간에 이 모든 사실을 감안하더라도 우리는 결코 이 모든 집단 형성체나 사회적 단위에서 일차적 중요성을 띠는 것은 계급적 성층 현상에 관한 문제라는 점을 부인할 수는 없다. 왜냐하면 위에서 열거한 모든 개별적 사회 단위도 종국적으로는 오직 그 자체를 정초하고 또 지탱해나가는 생산 관계와 지배 관계라는 요소 속에서만 형성되고 또 변화하기 때문이다. 다만 문제가 되는 것은 이상과 같이 풍요하리만큼의 구체적인 사고 유형을 눈앞에 두고 있는 학자로서는 결코 오늘날에 와서까지 그러한 사고 유형의 '귀속성Zurechnung'을 추구하는 과정에서 다양한 모습을 한 사회적 단위나 또는 사회적 여건의 결정 요인을 고려하지 않는 세분되지 않은 계급 개념에만 머물러 있을 수는 없다는 것이다.

이와 같은 시각 구조가 지니는 그 밖의 또 다른 특징은 하나의 이론이 **얼마만큼의 추상화 단계**에 처해 있는가, 혹은 **원리적인 통찰**을 가능케 하는 데서 이론이란 과연 어느 정도의 견제 작용을 할 수 있는가를 검토하는 일이다.

따라서 이론이 어떤 전체로서건 혹은 어떤 개별적 문제에 관해서건 어느 정도의 추상성을 간직한 채 더 이상의 구체성을 띠지 못하도록 한다는 것은 전혀 우연이라고만은 할 수 없으니, 왜냐하면 이론으로서는 이와 같은 구체화 작용을 부당하거나 혹은 별 의미가 없는 것으로 낙인찍어버리게 마련이기 때문이다. 역시 이에 대해서도 관찰자의 존재 상황이 규정 요인이 된다.

이 문제와 관련하여 우리가 특히 마르크스주의와 그의 지식사회학적 통찰에 대한 입장에 관하여 밝혀두고자 하는 것은, 흔히 어떤 사물의 전체적 상관관계란 일정한 입장을 토대로 한 **구체화된 형태를 통해서만** 정식화될 수 있음으로써 이는 곧 상관관계와 이를 뒷받침하는 입장은 어떤 일치점을 향한 대응 관계를 이룬다는 것을 뜻함은 물론, 바로 그와 같은 입장에 구속되어 있는 관찰자로서는 결코 이와 같은 구체화 현상 속에 함께 깃들어 있는 좀 더 보편적이고도 원칙적인 것을 발굴해내기가 도저히 불가능하리라는 것이다. 결국 우리가 생각하기로는 마르크스주의적 입장에서도 이상과 같은 원칙적 측면에서 본 인간 사유 그 자체의 존재 제약성에 관한 지식사회학의 기본 이론을 충분히 정형화하고도 남았으리라는 것이다. 왜냐하면 적어도 그와 같은 방향으로 발전될 만한 기틀은 이미 그의 이데올로기론을 통하여 함께 발굴되었기 때문이다. 그럼에도 이와 같이 암암리에 이미 발견되었던 연관 관계가 근본적으로 정형화될 수 없었던 이유는(어떻게 보면 겨우 이 문제의 발단에 착안한 정도에 불과했다고 할 수도 있겠지만) 우선 그들 스스로가 처해 있던 구체적 상황 속에서는 그와 같은 존재 제약성을 **단지 자기의 적대자에게서만** 간취看取할 수 있었을 뿐 아니라, 더 나아가 아마도 이와 같이 스스로의 통찰 내용을 획정하는 데서 시작하여 바로 그 통찰 내용 자체에 담긴 원칙적 문제점에까지 다다른다는 것은 결국 스스로의 지위마저도 위태롭게 할 수 있으므로 이렇듯 새로이 대두된 문제들에 대하여 심사숙고하는 것을 은연중에 기피했을 수 있다는 것이다. 여기서 작용하는 것이 바로 입장에 얽매인 시각상의 제약이며 또한 원칙적인 통찰 가능성을 저해하거나 또는 추상화의 능력을 억제하는 방향으로 스스로의 통찰력을 무의식중에 조종하는 의지 충동성이다. 여기서 그들은 통찰 자체가 직접적으로 마련돼 있는 바로 그 통찰 내용의 구체화된 형식에 단순히 집착하기를 **원할 뿐**, 존재 제약적 상태에서 사유한다는 것이 도대체 인간의 사유 구조 자체에 속하는 것인지 아닌지에 대해서는 **의문의 제기조차 허용하지 않으려고 한다.** 하여간 사회학적 사실을 기술해나가는 데 있어서 마르크스주의가 좀 더 **보편적** 입장을 취하기를 주저하는 현상은 바로 사유 방법과 관련된 시각상의 제약에서 비롯된 것으로, 이를테면 마르크스와 루카치가 제기했던 '물신화' 현상이 과연 하나의 보편적 의식 현상인가, 아니면 자본주의적 물신성이란 실은 이와 같은 가능성의 한 가지 형태에 불과한 것인가에 대해서는 묻는 것조차 허용되지 않는다. 그러므로 만약 현상에 대하여 이와 같이 지나치리만큼 구체적이며 역사적인 의미 부여를 하는 것이 어떤 입장으로부터의 구속성에서 비롯한 것이라고 한다면 바로 이에 반대되는 경우--즉 극단적인 추상화 내지 형식화로의 가능권 내로 뛰어오른다는 것(마르크스주의가 정당한 근거에서 주장하고 있듯이)은 주체적 상황과 일회성에 바탕을 둔 동태성을 은폐하는 데 기여할 뿐이라고 할 수 있다. 이제 '형식사회학'을 통하여 이 문제를 분명히 알아보도록 하자.

물론 형식사회학이 사회학의 한 가지 가능성으로서 지닐 수 있는 자기 정당화에 대해서 어떤 이의를 제기할 생각은 추호도 없다. 그러나 사회학적 문제의식을 한층 더 구체화한다는 점에서 형식사회학이 마치 사회학 그 자체를 대표하기라도 하는 듯이 일컬어진다는 것은 곧 역사적으로 그와 같은 이론적 경향을 발생시켰을 뿐만 아니라 나아가서는 그와 같이 이론의 추상화 내지 일반화 단계에 머물러 있는 관찰 방법을 결코 넘어서본 일이 없는 부르주아적 내지 자유주의적 논리 전개 방식과 흡사한 동기를 이렇듯 무의식 중에 이끌어내는 것이 된다. 이를테면 자본주의적 모순과 같은 어떤 스스로의 모순이 훤히 눈에 띌 정도로 사회적 문제점들을 역사적으로 구체화하거나 개별화하기를 꺼리는 형식사회학은 마치 자유에 관한 문제성을 숙명적으로 언제나 원리적이거나 비교적 추상적 경향에 따라 사회적 국면과는 유를 달리하는 단순한 정치적 권리의 부문에서만 다루려고 하는데, 왜냐하면 이 사회적 국면에서는 재산상의 소유 관계나 계급 문제 그리고 이것이 자유와 평등 문제에 대해서 지니는 중요성이 두드러지게 나타나기 때문이다.

한마디로 해서 문제의 발단이나 그때마다의 문제의 국면 또는 우리가 도달하고자 하는 추상화의 단계나 구체화의 단계 등은 모두가 동일한 양식으로 사회적 존재에 의한 구속을 받는다.

이제 뒤늦게나마 우리는 모든 사유를 구성하고 있는 기본층과 이미 전제되어 있는 존재론, 그리고 이 존재론의 사회적 분화상 등에 대해서는 논할 차례가 되었지만 존재론적 층이 사유와 인식의 문제에서 차지하는 기본적 의의로 볼 때 이 문제를 도저히 간략하게 서술하고 넘어갈 수는 없으므로 역시 이 문제를 다룬 또 다른 논구 내용을 참고하기 바란다. 다만 여기서 한마디 해두고자 하는 것은 아무리 '기초 존재론'을 성립하려는 현대 철학의 요구가 정당한 것이라 할지라도 지식사회학적 성찰을 거치지 않은 '천진난만'한 입장에서 ohne wissenssoziologische Reflexion in diesem Sinne naiv 그러한 과업에 접근한다는 것은 위험스러운 일이라는 것이다. 왜냐하면 그렇듯 천진난만한 태도야말로 진정한 기초 존재론과는 다른, 즉 역사적 과정 속에서 임의로 우연히 제시된 데 불과한 존재론에 우리 자신이 떠밀려버리기에 꼭 알맞은 것이기 때문이다.

이상과 같은 숙고가 지금의 이 연관 관계를 통하여 충분히 밝혀 준 것은 존재 상황이란 결코 사상의 역사적 발생에만 관련되는 것이 아니라 동시에 사유의 결과에까지 구조적으로 깊숙이 관여하는가 하면 또한 그것은 어떤 방법으로든 간에 그 내용과 형식에도 반영된다는 것이다.

지식사회학의 구조 및 그 역할의 성격

지금까지 열거한 여러 가지 예는 우리로 하여금 앞으로 지식사회학적 분석에 수반되는 특수 구조와 독자적인 역할을 알아볼 수 있는 길잡이를 마련하도록 하기 위한 것이었다.

지식사회학에 내포된 특이한 대응 양식: 서로가 동일한 사상적 위치에서 논쟁을 벌이는 어떤 두 사람이 있다고 할 때-동일한 역사적 내지 사회적 존재 상황을 바탕으로 하여-이들이 여기서 벌이는 토론 양상은-저마다의 사회적 배경 속에서도 서로가 연대 의식을 지닌-어떤 두 사람 사이에서 벌어지는 논쟁과는 다른 모습을 나타낼 수 있고 또 그럴 수밖에 없다. 즉 이와 같이 사회적으로나 문화적으로 동질적 요소를 지닌 경우와 이질적 요소를 지닌 두 가지 경우의 논쟁 형식은 서로가 분명히 구별된다는 것이다. 바로 우리가 처해 있는 오늘과 같은 시대에 이러한 논쟁 형식 사이의 차이점을 분명한 문제로 부각하기에 이르렀다는 것은 결코 우연이 아니다. 셸러는 일찍이 우리가 살고 있는 이 시대를 '조정, 화해의 시대Weltalter des Ausgleichs'라고 특징지은 일도 있지만 이것을 지금 우리가 다루고 있는 문제에 적용해본다면, 즉 어느 정도나마 서로가 홀로 자기만의 세계를 고수하며 살아갈 수 있었던 지금까지의 모든 생활권이 이제 와서는-각자가 모두 자기 자신과 자기가 지닌 이념 세계를 절대화함으로써-여러 가지 형태를 통하여 서로가 엇갈리며 마주치는 세계로 변모했다는 것이다. 단지 동양과 서양Orient und

Okzident, 또는 유럽의 여러 나라 상호 간뿐만이 아니라 일정한 정도의 내적 안정세를 유지해오던 이들 나라의 각이한 사회 계층과 또한 그 각 계층 내의 상이한 직업 단체 및 그와 같이 극도로 세분화된 세계 내의 지식인 집단 등등, 이 모두가 오늘날에 와서는 더 이상 종래의 유유자적한 상태에 머물러 있을 수 없게 됨으로써, 이제 그들은 스스로의 문화적 소산이 어떤 외타적 집단에 의하여 점차 침식되어가는 것을 막아내기 위한 싸움마저 벌여야 할 처지에 놓인 것이다. 그렇다면 이들은 어떻게 싸움을 벌이고 있는가? 적어도 사상적인 세력과 관련되는 한 이들은 몇 가지 예외를 제외하고는 논쟁의 핵심에서 벗어난 채 문제의 변두리만을 감돌고 있다. 다시 말해서 그들은 자기 논쟁의 상대자가 자기와 상이한 집단을 대표하며 따라서 흔히 정신 구조 면으로 보아서 그가 전체적으로 하나의 타자라는 것을 어느 정도나마 의식하고 있음에도 어떤 특정한 문제에 대한 구체적인 이론적 논쟁을 벌일 때면 그들은 마치 여기서 나타난 차이점은 단지 목전에서 거론되는 **바로 이 하나의 사실에**만 관련되거나 혹은 논쟁 상대자가 그의 전체적인 존재층層의 면에서도 이질적인 것이 아니고 바로 그 하나의 논점에 비춰야만 이질적이라는 듯이 얘기한다.

지금까지 이야기한 곳에서도 나타나듯이 이질적인 쌍방 간에는 다음과 같은 또 하나의 대응-Begegnung 형식이 있다. 즉 그 하나는 구체적 대응, 만남에서의 쌍방 간의 차이가 지니는 전체적 의미와 그 차이의 구조가 단지 불투명한 정도의 배경만을 드러내주는 경우이다. 이와 같이 구체적인 만남의 상태에 있는 쌍방에게는 모든 의지와 감정의 응결점이 각기 그 상대에게 적어도 어느 정도나마 서로 다른 의미를 띠는 하나의 특정한 '사실'로 화하게 마련이다. 왜냐하면 이 사실이란 쌍방 간의 어느 한편이 스스로 처해 있는 전체적 세계 구조에서 싹튼 것일진대 자기와 또 다른 상대편이 처해 있는 세계 구조의 전체적 연관 속에서 나타난 사실의 기능이 그에게 적어도 부분적으로는 언제나 은폐되어 있기 때문이다. 이러한 이유로 해서 필연적으로 오늘과 같은 '균형의 시대'에는 서로 엇갈리며 빗나가는 대화Aneinandervorbeireden를 한다고 하는 하나의 필연적 현상이 빚어지는 것이다.

그러나 이와는 또 달리 우리는 으뜸가는 오해라든가 또는 서로의 초점이 맞지 않는 방향에서 이야기가 오가는 현상을 야기하는 근본적 상치점을 밝혀내기 위하여 상대방의 진의를 철저하게 추궁하거나 또는 상이한 존재 상황에 기인한 쌍방의 상황 구조 속에 은연중에 파고듦으로써 그들 서로의 언표 내용이 직접적으로 마주 닿을 수 없도록 하는 일체의 상이한 전제 조건을 찾아내는 데 모든 이론적 대응 계기를 이용할 의도하에 이질적인 상대방에 대응할 수도 있을 것이다.

이럴 경우 지식사회학자로서는 흔히 볼 수 있는 바와 같이 상대방을 대하는 데 있어서 그의 논점에 직접 달라붙는 식으로 대응하는 것이 아니라 우선 그의 시각 양식을 확인하면서 동시에 이를 그의 입지점이 갖는 기능이라는 면으로 문제를 포착하여 그를 이해하려고 할 것이다.

그런데 이와 같은 문제가 대두되었을 때 흔히 사람들은 지식사회학자는 지금 바로 이야기한 바와 같은 어떤 쟁점이나 '사실'을 집중적으로 거론하려 하지는 않고 대화의 상대가 점유하는 사유의 기반die Denkbasis der Redenden을 전반적 안목하에 문제 삼음으로써 그 기반이 곧 또 다른 사유 기반 중 단 하나에 불과한, 즉 하나의 부분적 성격을 띤 것에 불과하다는 점만을 명시하려 한다고 비난한다. 그러나 지금 이야기한 내용을 통하여 우리는 확실히 특정한 경우에 상대방이 제기한 논점에 편승하지 않는 것이 정당하다는 것을 알 수 있으니 이는 즉 공통된 기반을 지녔으면서도 '사실'에 대한 공통점이 결여되어 있는 경우에 해당된다. 그러므로 서로 괴리된 상태에 있는 쌍방 간의 빗나간 대화를 지양하기 위하여 지식사회학으로서는 이른바 '사실'이라고 하는 것에만 직접 초점을 맞춰서는 결코 논쟁을 벌이는 쌍방 어느 쪽의 시야에도 들어올 수 없는, 서로의 편향성에서 오는 차이점의 발생 근거를 밝혀낼 수 없으니, 이제 독특한 탐문 방법에 의해서 이를 철저히 규명할 것을 뚜렷한 주제로 삼는다. 물론 지식사회학적 관점에서 이와 같이 논쟁 쌍방의 사유 기반이나 입지점을 추궁하는 것은 오로지 그들 쌍방이 처해 있는 시각 구조가 서로 실제적인 괴리상eine wirkliche Disparatheit der Aspektstrukturen을 나타내거나 또는 거기에 어떤 심각한 오해가 개재되어 있다는 것이 입증되는 경우에 한해서만 의미가 있을 수 있음은 재언의 여지가 없다. 따라서 서로가 동일한 사유 기반을 바탕으로 동일한 사유 위치에서 논쟁을 벌이는 한은 이와 같은 지식사회학적 접근은 필요하지도 않으려니와 만약 그럼에도 그와 같은 접근이 행해진다면 오히려 이는 진정한 논쟁에서 빗나가게 하는 수단으로 화할 수 있을 것이다.

지식사회학을 위한 전제로서의 간격 유지 과정 Distanzieruugsprozesse : 조그마한 촌락에서 태어나 평생을 그 고향에서만 살아온 한 농부의 아들에게는 그 마을 사람들이 생각하거나 이야기하는 방식이 극히 자연스럽게 여겨질 것이 틀림없다. 그러나 도시로 나와 어느 정도라도 도회지 사람들의 생활 양식에 적응된 농부의 아들에게는 시골 사람들의 생활 및 사고방식을 당연한 것으로 받아들일 수 없게 될 것이다. 이때 그는 어느덧 시골 사람들의 생활 풍습으로부터 일정한 거리를 유지하게 됨은 물론, 더 나아가서는 아마도 '시골티가 난다'고 보이는 사고방식이나 의미 내용과 '도시에서 통용되는' 그것과 확연히 구별할 수 있게 될 것이다. 바로 이와 같이 구별한다는 데 지식사회학이 전폭적으로 육성, 개발해내고자 하는 행태 양식의 단초가 담겨 있다. 다시 말해서 어떤 한 집단의 내부에서 볼 때는 절대적인 듯이 보이는 것도 이와 다른 국외자의 입장에서 보면 어디까지나 그 집단에 제약된 편파적인 것으로als partial('바로 '시골티가 난다'는 예에서와 같이) 받아들이는 것이다. 이와 같은 종류의 인식을 가능하게 하는 전제가 다름 아닌 간격 유지라는 것이다. 이와 같은 간격 유지는 다음과 같은 방식으로 이뤄진다.

a) 구체적인 집단 소속자(집단 구성원)가 역사적 내지 사회적 공간 내에서 이동 현상을 자아낼 때(사회적 지위의 상승이나 이민 등과 같은).

b) 어떤 한 집단 전체의 존재 기반이 스스로 답습해온 규범이나 제도와의 관계에서 어떤 변위變位 현상을 빚을 때(예를 들어서

카를 렌너 Karl Renner, 1870-1950 : 사법에 관한 법률 기관).

c) 동일한 사회적 공간 내에서 둘이나 혹은 그보다 더 많은 종류의 사회적 구속성을 띤 세계관이 서로 겨루며 또 상대방에 대한 비판을 하면서 간격을 유지함으로써 관찰하는 행위가(이 단계에서 이미 자기와 상치되는 사고방식에 관한 실존적 내지 체계적 윤곽이 파악된다) 그 어떤 위치에 대해서나 일단은 하나의 가능성으로, 그러나 급기야는 지속적으로 사유 태도가 될 만큼 서로를 속속들이 밝혀주고 또 간격을 유지하도록 하는 경우이다.

앞에서 이미 지식사회학을 발생하게 한 사회적 발생 근거가 지금 바로 이야기한 가능성에 뿌리박혀 있음을 지적한 바 있었다.

상관화 Relationieren **의 현상** : 지식사회학의 연구 방법을 '상관주의적'이라고 할 때 이것이 뜻하는 바는 지금까지 누누이 이야기한 것으로도 족히 짐작될 만하다. 도시인이 되어버린 농부의 아들이 자기 친족 중 한 사람이 특정한 개별적 문제(정치적, 세계관적 또는 사회적인)에 대해서 품고 있는 견해에 대하여 '시골티가 난다'는 평을 했다고 하자. 이때 그는 이미 자기와 동질적 요소를 지닌 상대방, 즉 그 친족의 일원이 행한 언표 내용에 대하여 직접적 관심을 기울이는 방향으로 개별적 의견에 대해 직접 논평한 것은 아니고 어디까지나 그 언표 내용을 일정한 양식의 세계 해석 eine bestimmte Art der Weltauslegung과 더 나아가서는 이러한 해석을 낳게끔 한 존재상의 전제라고도 할 일정한 사회적 구조와 관련시킨 셈이다. 이때 그는 이 특정한 종류의 세계 해석을 상관화시키는 것이다. 물론 그렇다고 해서 이것이 그 시골 사람의 언표 내용이 틀렸다고 말하려는 것이 아니라는 이유는 뒤에 가서 다시 언급하겠다. 여하간에 지식사회학으로서는 예외 없이 일체의 정신적 현상에 대하여 그것이 과연 어떤 사회 구조적 연관성 속에서 발생했고 또 그 나름의 타당성을 지니는가에 대한 의식적이고도 체계적인 의문을 제기한다는 점에서 확실히 오늘날 흔히 볼 수 있는 문제 제시의 입장과는 다른 그 이상의 업적을 이루었다. 이와 같이 개개의 여러 정신적 형상이 특정한 역사적 내지 사회적 주체로 이룩된 전체 구조와 서로 상관관계에 놓이도록 하는 것을(세계에 대한 가치 판단상의 기준이나 질서의 체계 등을 일체 인정하지 않으려는 이론이라고도 할) 철학적 상대주의와 혼동한다는 것은, 마치 '상대주의'라는 개념(단순한 임의성이라는 뜻으로서)을 모든 용적 측량은 광력에 의하여 측정한 자와 측정 대상과의 사이에서 생겨난 관계에 귀결된다는 이론에 응용하는 것만큼이나 빗나간 것이다. 상관주의란 논쟁의 진위를 가리는 데 필요한 결정 가능성이 없다는 것이 아니라 오히려 그것은 일정한 언표 행위의 본질에는 절대적이 아니고 단지 입장에 구속된 시각 구조를 통해서만 정식화될 수 있다는 의미가 담겨 있다는 것이다.

특수화Partikularisieren**현상**: 지식사회학적 상관성을 이상과 같은 의미에서 실제적으로 수행해나가는 사유 행위로서 묘사한다면 이 특성에 대해 불가피하게 제기되는 또 하나의 문제는 그러한 책임 귀속적 행위가 노리는 의미 지향성Sinnintention 속에는 무엇이 함유되어 있으며 또한 그러한 행위는 이렇듯 귀속된 언표 내용이 지니는 효용 가치Geltungswert에 대해 어떤 방향으로 결론을 내릴 수 있을 것인가 하는 점이다(이를테면 내가 어떤 이론적 명제를 놓고 그것이 자유주의나 아니면 마르크스주의에 귀착된다는 것을 증명한다면 과연 그 명제 속에 담긴 진리의 내용에 대하여 언표된 것은 무엇일까?).

이에 대한 답으로는 두 가지 내지 세 가지가 있을 수 있다.

a) 우선 논의될 수 있는 것은 스스로를 절대적인 것으로 내세우던 언표 내용이 특수한 입장에 구속되어 있다는 것이 입증됨으로써 동시에 그 언표 내용 자체가 갖는 타당성에의 요구도 배제된다는 것이다. 그리하여 지식사회학이나 이데올로기론을 둘러싼 논조를 보면 실제로 그와 같은 지식사회학적 귀속성을 근거로 하여 절대적 견해를 파괴하거나 아니면 또 이를 전반적인 파괴를 위한 수단으로 삼는다.

b) 다시 이에 대한 반론으로서는 지식사회학적 귀속성이란 아무런 의미도 담고 있지 않은 말로서 더욱이 이는 어떤 언표 내용이 지니는 진리의 가치에 대하여 아무 것도 진술하지 않는다는 것이다. 왜냐하면 어떤 진리의 발생 원인Genesis이 곧 타당성Geltung에까지 영향을 입힐 수 있는 것은 아니기 때문이다. 즉 어떤 언표 내용이 자유주의적이냐 아니면 보수주의적이냐 하는 것은 결코 그 내용 자체가 진실된 것인지 여부에 대해서는 아무런 판가름도 내릴 수 없다는 것이다.

c) 이상의 두 견해와 세 번째의 경우가 바로 지식사회학적 언표 내용이 지닌 기능적 가치를 평가할 수 있는 가능성에 관하여 우리 자신이 표방하는 입장이다. 이러한 우리의 입장에서는 우선 앞에서 이야기한 첫 번째 견해에 반대하면서 한낱 실제적인 입증을 통해서 존재 구속적인 입장을 지칭하는 것만으로는 결코 진리의 가치 그 자체에 대하여 아무런 언술도 할 수 없음을 입증하려고 한다. 즉 여기서는 다만 그것이 부분적 관점Teilansicht일 수 있다는 추정을 하려는 것뿐이다. 그다음 두 번째 견해에 대한 반론으로서 우리는 지식사회학적 주장이 부당하게도 어떤 언표 작용이 실제로 발생하는 현상(사실의 발생 원인)만을 기술하는 데 그치는 것으로 간주된다는 사실을 드러내고자 한다. 왜냐하면 철저하게 궁극적으로 파헤쳐진 지식사회학적 분석은 바로 분석 대상이 되는 시각을 **내용적으로나 구조적으로 포위·획정**eine inhaltliche und strukturelle Einkreisung하는데, 이러한 현상을 학술 용어로 표현한다면 상관화에만 그치지 않고 지식사회학적 시각 범위와 효력 범위를 **특수화**한다는 것으로 요약할 수 있다. 이것이 무엇을 뜻하는지에 대하여 이제부터 좀 더 이야기해보려고 한다.

한 농촌 출신의 젊은이에 관한 경우에서 무엇이 지식사회학적 책임 귀속성이 지향하는 원래의 역할인지가 비교적 확실하게 드러났다. 즉, 그는 자기가 일찍이 지녀왔던 관찰 양식이 '시골 사람다운 것'이었음을 알게 되면서 동시에 그것이 이른바 '도회지 사람다운 풍모'와 다르다는 것을 알게 되었는데 하여간 이 청년은 각이한 시각이 부분적 타당성밖에 지닐 수 없는 것은 그러한 시각들이 총체적 현실Totalwirklichkeit 속의 서로 상이한 시야나 또는 단면만을 기저로 하고 있다는 데 기인할 뿐 아니라 또한 그와 같이 상이한 시각이 지닌 관측 지향성이나 이해력까지도 실은 그와 같은 시각을 발생시켰고 또 그의 타당성이 적용될 수 있는 생활 공간에 의하여 제약된 데 기인한 것임을 알아차렸던 것이다.

결국 이 단계에 와서는 상관관계가 어느덧 특수화 현상으로 전변되기에 이른다. 왜냐하면 여기서는 단지 비판의 주체가 스스로의 책임만을 다하는 것이 아니라 바로 이와 같은 책임 귀속성과 함께(일단은 절대적 타당성을 지닌 것으로 받아들여졌던) 언표 내용의 타당성에 대한 제약도 가해지게 되었기 때문이다.

따라서 논리 정연한 이론적 체계를 갖춘 지식사회학은 본질적으로 앞에서 언급한 농촌 출신의 젊은이에게서 볼 수 있던 바와 같은 해결책을 거친다고 하겠지만 다만 여기에는 방법상의 통제가 가해지게 된다. 즉, 시각 구조에 대한 올바른 분석 결과에 힘입은 특수적 현실의 인식은 하나의 지침과 책임 귀속성에 대한 비판 기준을 마련하면서 또한 다양한 입장마다에 담긴 **파악력**Fassungskraft 역시 저마다의 범주적 수단이나 의미의 풍부함 여하에 따라서 측정되거나 규정될 수 있게 된다. 그리하여 결국은 일정한 처지에 부착된 의미 성향(즉 집체적 의지의 영향을 받는 목적 지향성이나 입장)도 더욱 분명히 규정될 수 있게 되는 것이다. 뿐만 아니라 동일한 경험 공간 내에서라도 각기 상이한 입장을 바탕으로 발생한 미래 투시적 전망에 대한 구체적 '원인'에 대해서도 이해하게 되고 또한 그에 대한 방법상의 규제를 가할 수도 있게 될 것이다(이에 대한 입증 자료로 본서의 〈이데올로기와 유토피아〉에서 다룬 '이론과 실천' 부분을 참조하되 거기서는 지금 이야기한 바와 같은 방법에 따라서 시각 구조에 대한 사회학적 분석을 가하려고 시도했다).

지식사회학의 방법이 점차 섬세해져서 이제는 특수성을 구체적으로 규정한다는 것이 하나의 정신적 측정 도구로 화하게 되었다. 즉 지식사회학적 분석은 이와 같은 특수성의 확인에 의하여 단순한 상관관계만을 포착하는 데 그쳤던 본래의 사실 확인이라는 단계를 초탈하는 것이다. 이와 같이 하여 스스로의 독자적 목적을 추구해나가는 모든 지식사회학적 분석은 마침내 어떤 특정 환경으로부터는 역시 특정한 통찰이 가능하다는 투의 사실을 사회학적으로 서술하는 데만 그치지 않고 오히려 어떤 언표 내용이 갖는 포용력과 또한 그 포용력의 한계도 재구성하는 비판 기능으로서의 지식사회학적 위치를 차지하게 되는 것이다. 그러므로 이런 의미에서 지식사회학적 분석이 결코 실제적 의미와 무관하다고 할 수는 없지만 그렇다고 전적으로 의미 내용을 갖췄다고 할 수도 없다. 왜냐하면 이와 같이 시각상의 특수성을 단지 포위, 획정한다는 것만으로도 지식사회학적 분석은 여러 견해와 최종적인 직접적 결론 도출, 또는 어떤 사상에 대한 직접적 관찰까지 할 수 있는 것은 아니기 때문이다. 따라서 지식사회학적 언표 내용의 기능적 가치는(이는 언표 행위에 부착된 의지 지향성에 관한 현상학적 분석과 또한 현실 대응적 강도에 대한 분석을 기초로 해서 확인된다) 의미와의 무관성과 완벽한 의미 유관성과의 사이, 즉 아직껏 그 어디서도 간취된 적이 없는 중심, 중간 위치in einer bisher nicht gesehenen Mitte에 놓여 있는 것이다. 그리하여 결국 지식사회학적 분석은 오늘날과 같이 스스로의 입지점 자체가 분열되어 그 사유 기반의 비본래성die Uneigentlichkeit을 발견함으로써 더 높은 단계에서의 통일을 조성하고자 노력하는 이 시대에 와서야 비로소 직접적인 토론의 장을 마련하기에 이른 것이다.

지식사회학의 인식론적 귀결 해명

이 장의 서두에서(즉 제2부의 시작) 다시 한 번 우리는 지식의 존재 제약성에 대한 사실 규명 이론으로서의 지식사회학을 본래의 인식론적 문제성과는 무관한 상태에서도 충분히 서술해나갈 수 있음을 밝히고자 한다. 이런 의미에서 또한 우리는 지금까지 모든 인식론적 문제를 배제하거나 또는 뒷전으로 밀어냈던 것이다. 결국 이렇듯 조심스러운 대처 방식이 가능하고 또 이미 말끔히 닦인 과제 영역을 인위적으로 차단하는 것이 소망스러울 수 있는 것은 오직 그것이 원칙적 입장에 구애되지 않는 방법으로 일정한 사실 관계만을 규명하기 위한 경우인 한에서만 그러하다. 그러나 일단 일정한 사실들 사이의 기본적 연관 관계가 확인되고 또 이런 경로를 통하여 얻을 만한 결과도 얻은 이상은 새삼 원천적인 문제 연관성을 재음미하거나 또한 그러한 문제들이 담고 있는 내면적 동태성에 주목을 돌릴 수 있는 자유로운 길이 열리게 될 것이다. 그러나 누구든 사태 자체로부터 필연적으로 조성되고 또 더욱 고차적인 사유 단계에서 수행되어야 할 그 중간에 끼어든 여러 가지 사유 과정을 통해서도 결코 문제의 원래 논점이 은폐될 수 없는 본래적 문제 연관성을 파악하고 있는 사람이라면 이미 우리가 종전에 논술했던 '특수적 편파상'의 제하에서 다룬 사실들이 그 본질에 있어서 결코 단순한 사실로서만als bloße Tatsachen 받아들여질 수는 없음으로써 사실성이라는 입장Faktizitätseinstellung을 타파하여 더 깊은 인식론적 성찰을 가하도록 요구한다는 데 착안했을 것이다. 물론 어떤 면으로 보면 그 의미 지향성에 따른 지식사회학적 책임 귀속성 역시 특수적 편파성을 내포하고 있지만(우리는 이 문제를 현상학적으로 증명되는 사실로만 받아들였을 뿐 그 속에 내포된 타당성에의 요구라는 점까지 논할 수는 없었다) 동시에 존재 귀속적인 입장은 실제적으로 사유 결과에 강한 영향을 입힌다는 사실, 더 나아가서는 일정한 시각의 타당성이 갖는 특수성이란 거의 정확하게 규정될 수 있다는(특히 우리가 상세하게 취급했던) 사실 등은 결국 이와 같은 종류의 사실 통찰에 담긴 의미와 타당성의 유의의성有意義性을 주목하면서 그것이 지니는 인식론적 의의를 문제 삼지 않을 수 없도록 할 것이다.

따라서 여기서 문제가 되는 것은 지식사회학적 문제성이 저절로 인식론적 내지는 정신론적 문제성을 대체하거나 또는 불필요하게 만들어야 한다는 것은 아니며 오히려 이 지식사회학적 연구에 의하여 단순한 실재성에 따른 의미 연관성을 초극한다는 사실이 발견되었을 뿐만 아니라 또한 오늘날 우리가 널리 유포되어 있는 인식론상의 특정한 표상이나 선입견을 시정하지 않고서는 결코 그와 같은 사실이 지닌 특성을 올바로 이해할 수 없으리라는 것이다. 결국 특수화라는 현상 속에서는 오늘날 위세를 떨치고 있는 인식론의 근본 문제를 시정할 것을 요구하는 새로운 경지가 열렸던 것이다. 왜냐하면 그와 같은 시정책을 통하여 우리는—그 가장 중요한 측면에 대해서만 미리 언급한다 하더라도—순수한 사실의 확인이 (즉 인간의 언표 내용에서 입증될 수 있는 시각상의 특수성이란 사실) 이미 의미 내용과의 유관성을 띠며 또한 **발생 기원 그 자체가 의미의 발생 기원이 되면서**eine Genesis Sinngenesis zu sein vermag 결국은 일체의 발생 원인으로부터 유리된 자율성으로서의 타당성 영역을 더 이상 구성한다는 것은 적어도 매우 어렵게 될 것이기 때문이다.

이렇듯 인식론적 중요성을 지닌 새로운 통찰을 제대로 저울질하는 것은 오늘날 널리 알려진 인식론적 전제에 의해서는 끝내 성취될 수 없을 터인데, 그 이유는 현대의 인식론적 경향은 사실의 확인이란 것은 원칙적으로 인식론적 고구를 위하여 하등의 중요성도 **띨 수 없다**는 명제에 기초해 있기 때문이다. 영감의 계시와도 같이 들리는 이 같은 명제를 앞세워서 흔히 사람들은—이렇듯 광범한 시야를 바탕으로 한 독자적 동태성을 지닌—좀 더 근본적 고구를 가하려는, 경험적 조사에 바탕을 둔 지식의 확충에 항거하여 마침내 '사회학주의Soziologismus'라는 표어를 들고나왔다. 그리하여 스스로의 타당 근거를 가진 것이란 결코 사실 세계로부터 **발생할 수 없다**는 마치 선험적 진리로서 받아들여지다시피 한 확신을 앞세움으로써 **이와 같은 선험성 그 자체가 원래 사실 연관성에 대한 속단**eine vorschnelle

Hypostasierung의 결과에서 빚어진 절대화 현상이라는 것을 간취하지 못했던 것이다. 그러나 실제로는 이 선험성이란 특정 유형의 언표 내용에서만 판독될 수 있을 뿐이어서 바로 이 언표 내용을 근거로 해서만 선험성의 현상학적 당위성이 인정될 수 있는 것임에도 사람들은 황급히 이를 기점으로 하여 정신론적 내지 인식론적 공리公理, noologisch-erkenntnis-theoretisches Axiom까지 이끌어내게 되었던 것이다. 그뿐만 아니라 인식론이란 다른 모든 개별 과학과의 관계에서도 그 나름의 고유한 의미를 지녔다고 하는, 마치 선험적 진리로 여기다시피 하는 아집으로 말미암아 우리는 광대한 경험계로부터 인식론적 영역으로 받아들일 수 있는 귀중한 자극제가 되는 올바른 통찰로부터도 완전히 차단되어 결국은 아무런 상관적 의미를 띠지 않은 듯이 여기게 되었으니 여기서 자율성 이론과 같은 스스로의 보호 조치는 끝내 형식화된 학습용의 인식론을 보호하는 데 그칠 뿐이었다. 이렇게 하여 그들은 한층 더 본격화되어가는, 경험적 지식으로부터 인식론에 가해질 수 있는 충격을 막아내는 데 기여할 수 있다는 사실마저도 간과하기에 이르렀다. 또한 여기서 그들이 지나쳐 버린 문제는 이렇게 함으로써 인식론 그 자체를 절대화하거나 또는 개별 과학에 의한 수정 가능성을 배제하는 것이 아니라 오직 한 가지 특정한 작용 양식으로서의 인식론만을 영구화한 것뿐이라는 점이다. 즉 그러한 인식론의 특징은 어떤 협소화된 경험적 지식 einer eingeengten Empirie의 초기 단계를 중심으로 하여 현실의 특수한 일단면einem speziellen Ausschnitt der Wirklichkeit과 그의 인식 가능성을 주축으로 삼는 가운데 인식의 상像, 즉 발생 기원과 타당성의 관계를 고착시킨 데 있었다.

지식사회학적 통찰이 가능한 한 시야를 활짝 넓혀나가기 위하여 우리는 우선 선험적 확실성을 바탕으로 개진된 개별 과학에 대한 인식론의 우위성 문제를 다시 한 번 논의의 대상으로 삼아야 하겠거니와 동시에 오직 이 비판적 안목에서 자유로이 개진된 여러 일부를 거치고 난 다음에야 비로소 지식사회학적 문제성을 이미 내포하고 있는 인식론에 대한 두 번째의 긍정적 서술을 위한 단초와 개요를 시사적으로나마 시도할 수 있게 되었다.

비판적 부분

따라서 이제는 무엇보다도 개별 과학에 대한 인식론의 절대적 자율성Autonomie 및 우위성Primat 문제에 심대한 타격을 가했거나 혹은 이를 전적으로 의문시했던 논지들을 소개해야만 하겠다.

인식론과 개별 과학: 인식론과 개별 과학의 관계는 이중적 성격을 지닌다. 인식론은 그 구조적인 장場에 비춰볼 때 개별 과학에 대한 근본학이라고 할 수 있으니, 왜냐하면 인식론은 구체적 인식 과정 속에서 스스로 실현하는 여러 유형의 지식이나 또는 이러한 방법으로 획득한 지식의 내용에 수반되는 진리의 표상 및 옳은 것의 표상을 정당화해주는 기초를 안고 있기 때문이다. 그렇다고 해서 이것이 저마다의 구체적 인식론은 그것이 숙고하는 것의 근저에

지식의 특정한 역사적 형태를 깔고 있으면서 이에 따라 지와 인식에 관한 그의 표상을 변형시키는 가운데 다시금 이 지와 인식에 의해서 기초 지어진다고 하는 자명한 사실을 배제하는 것은 아니다. 결국 원칙적으로 볼 때 인식론은 그 이론적 요청의 면에서 필경 스스로를 정초한다는 의의를 지니긴 하지만, 실제적으로 인식론은 그때마다의 지적 상황Wissenssituationen의 존립 기반에 의하여 기초 지어지는 것이다. 이러한 상황에 덧붙여서 문제를 한층 더 복잡하게 하는 것은 인식론이 자신을 위하여 지식이 펼쳐지는 그 근저에서 발굴해낸 원리적인 것이 바로 이와 같이 인식론의 고구 대상으로 떠오른, 사회 역사적으로 이미 사전에 마련되어 있는 기저 자체의 특수성 및 특이성에 구속되어 있다는 사실이다gebunden ist an die Besonderheit und Partikularität eben dieses ihr vorschwebenden, historisch-sozial vorgegebenen Substrats. 바로 이런 까닭에 인간 인식을 수반하고 정초하는 좀 더 원리적인 고구는 언제나 오로지 앞에서와 같은 사상적 추동과 지식의 모형에게만 인간 집단의 실제적 역사와 또한 그때마다 그 속에서 나타나는 인식 유형을 통하여 그러한 고구에 미리부터 제공되어 있는 원리적인 기저를 발견하는 것이다.

이제 이상과 같은 연관 관계를 분명히 투시하게 된 이상 앞으로는 인식론과 정신론이(이들이 근본적 기초를 제공한다는 점을 감안하더라도) 개별 과학의 발달과 무관한 자율적 원리에 따라서 발전한다거나 또는 개별 과학으로 인하여 동요를 일으키지는 않는다는 투의 생각은 더 이상 지탱될 수 없을 것이고, 오히려 우리는 인식론과 정신론의 건전한 발전은 오직 다음과 같은 의미에서의 관계를 명심해야만 가능하리라는 생각에 기울지 않을 수 없다.

즉 궁극적으로 새로운 지의 양식은 언제나 집체적인 생의 연관성으로부터 떠오르는 것이지, 결코 어떤 원리의 학Prinzipienwissenschaft이 그러한 지식의 가능성을 표명하고 난 뒤에, 인식론에 의하여 정당화되기 그 이전에 발생하는 것은 아니라고 할 수는 없다는 것이다. 오히려 실상은 그 반대이다. 즉 원리학의 발전은 경험적 지의 요소 속에서 진행될 뿐 아니라 그의 전환도 실제적인 인식 방법faktische Erkenntnisweisen에서 행해지는 변화에 의존하는 것이다. 이와 같이 의식의 더욱 근원적인 층에서 이뤄지는 혁명은 언제나 직접적 인식 행위의 계기를 다져나가는 층에서 일어나는 변화보다 뒤늦게 시작되며 동시에 그 원리적인 기초도 단계적으로 점차 심화되어가는 재음미Zurückfragen를 통해서만 더욱더 신축성을 띠고, 증폭 현상을 빚어냄으로써 원래 그와 같은 근본 구조를 발생하게 했던 목적이라고도 할 기존의 지식 형태를 더 이상 정당화하지 않고 오히려 인습적이 아닌 새로운 지식 형태에 합당한 원리를 부여하는 것이다. 바로 이렇듯 독특한 상황 속에 놓여 있는 것이 모든 근원적이고도 기초적인 철학의 제분과라고 할 수 있는데, 특히 그와 같은 구조를 가장 명료하게 판독할 수 있는 분야는 다름 아닌 법철학이다. 즉, 그것은 언제나 실정법의 판단이자 동시에 비판 역할도 하지만 대개는 사후에 가서나마 실정법을 정당화하기 위한 밑받침 노릇을 하게 마련이다.

물론 이상과 같은 통찰은 인식론과 철학 그 자체에 대해서 어떤 반론을 내놓기 위한 것은 아니다. 오히려 그러한 기초 연관적 고구는 불가결한 것이다. 왜냐하면 우리가 아무리 원리적인 면에서 인식론과 철학에 대항하려 할지라도 결국은 바로 그 원리적인 면에서 이를 비판하는 것 말고는 다른 방법이 없기 때문이다. 따라서 이와 같은 원리적 비판 자체는 부득불 그 기초층에까지 영향을 미침으로써 어느덧 이는 다름 아닌 철학적 의미 유관성을 띨 수밖에 없는 것이다. 물론 그 어떤 실제적 지식의 경우에도 거기에는 토대 구축을 위한 기본적 위력을 내포한, 실제적 지식의 기초를 쌓는 원리적 층이 속해 있긴 하지만 이와 같이 구성적 의미로 해석되어야 할 기본 위치를 잘못 오해하여 마치 이 기본 위치를 설정하려는 의도 속에 담긴 일차적 의의가 그 모든 기본 위치 속에 이미 포함되어 있는 내용상의 확인을 위한 선천적 기본 지식의 발달을 저해하는 요소이거나 혹은 어떤 선험적 확실성에 의하여 실제적 경험에 토대를 둔 통찰 내용을 우롱이라도 하기 위한 것인 양 생각해서는 안 되겠다. 왜냐하면 인식의 기초적 원리 속에 깃들어 있는 오류나 한낱 부분적인 것은 언제나 직접적인 인식 과정에서 성취되는 그때마다의 변혁을 통하여 해소되거나 수정되어야만 하기 때문이다. 결국 새로운 사실 인식을 기초로 하여 원리 면으로까지 비치는 광명光明이 부실한 사유 태도Denkhemmungen에 의하여 왜곡되는 일이 있어서는 안 될 것이다. 이렇듯 새로이 발굴된 경험적 장場이라는 층으로부터 끊임없이 새로운 인식의 빛을 기초적 하부 구조로 역투입함으로써 이룩되는 극히 본질적인 시야의 확대 가능성을 확보하는 데는 다름 아닌 지식사회학적 특수화 작용Partikularisieren에 의하여 과거의 인식론을 편향적 지식의 여러 종류가 연관된 데서 생겨난 것임을 폭로함으로써 그 밖에 여러 지식의 종류에 부착된 기초층을 발견하도록 암암리에 채찍질하는 단계가 따르게 마련이다. 그 밖에도 또 이러한 단계를 거침으로써만 지금까지 역사적으로 전래되어온 모든 지식의 종류를 포괄하는 기초층을 발견하게도 될 것이다.

마침내 여기서 종래의 인식론과 정신론이 어느 정도까지 지의 유형에 대한 한낱 편향적 기초를 제공해왔던가를 밝혀줄 수 있는 방도가 열리게 된 셈이다.

3
―
지배적인 인식론적 명제의
특수성 제시
―

엄밀한 자연과학적 사고 모형을 기준으로 삼는 경우

흔히 지배적인 인식론이 이상과 같이 입증되리만큼 특수성에 말려들어 있다는 사실을 오늘의 우리로서는 예외 없이 투시해야만 하는데, 즉 스스로 추구하는 이상적인 인식 모형으로서 과거의 인식론은 엄밀성을 그 생명으로 하는 자연과학적 인식 방법을 택했었다는 것이 밝혀져야만 한다는 것이다. 그런데 주로 수학적 영역에서 활용되는 이와 같은 인식 방법은 인식 주체의 역사적 내지 사회적 시각 구조와는 구별되는 구조를 지님으로써 여기서는 질적 측면의 파악 das Erfassen des Qualitativen 을 목적으로 하는 모든 유형의 인식(즉, 이는 일정한 정도로나마 주관의 세계관적 구조와 관련되는 요소들을 필연적으로 내포하고 있다)은 전혀 문제시도 되지 않거나 별 가치도 없는 인식 방법으로 취급해버리는 데서 진정한 인식의 척도를 마련하려고 했다. 그러나 일단 (역사적 내지 사회적 동력의 추진으로) 이와 다른 지식의 유형들이 관찰 영역의 중심부에 자리 잡게 된 바로 그 순간부터는 비록 절대적이라고까지는 할 수 없지만, 주로 지금 이야기한 엄밀 자연과학의 이해와 그 타당화에만 공헌해 온 가설 구도構圖는 이완될 수밖에 없었다. 일찍이 칸트가 전래되어 온 엄밀 자연과학의 기본 내용에 부딪쳐서 자연과학은 '어떻게 가능한가?'라는 또 다른 문제를 제기하여 근대적 인식론의 기초를 수립했던 것과 마찬가지로 이제 여기서도 그 경향에서나마 항상 전체적인 사회 역사적 주체das ganze sozialhistorische Subjekt를 촉발하는, 질적 파악의 이해에 주력하는 인식의 기존 요소에 대해 '인식은 어떻게 해야만 가능한가?'라는 물음이 제기되고 더 나아가서는 '이와 같은 인식 구조에 있어서 진리는 어떻게, 그리고 어떤 의미에서 가능한가?'라는 문제까지 제기되기에 이른 것이다.

진리의 개념과 사회역사적 '존재 상황'과의 연관성

왜냐하면 바로 이 자리에서 우리 앞에는 '존재 상황Seinslage'에 따른 구체적 역사인식론의, 한층 더 깊이 얽혀 있는 구속성이 다가서기 때문이다. 즉 인식론은 이제 한 시대(그러므로 또 하나의 사회적 생존 영역)가 지니는 구체적인 지식의 총량 속에서 과연 실제적이며 구체적인 인식은 어떤 모습을 하고 있는가 하는, 이미 주어지다 시피 한 모형만을 발견하는 것이 아니라 진리 일반의 유토피아적 실상das utopische Richtigkeitsbild der Wahrheit überhanpt(이를테면 '진리 그 자체'의 영역에 대한 유토피아적 구성의 형태로서)도 발견하기에 이른 것이다.

마치 아직 실현되지 않은 것의 표상으로서(일정한 시기에 이르러서만 가능한) 유토피아나 소망의 상像들이 이 시간 내에서 실현된 것을 지향하듯이(따라서 절대적으로 자유 부동적인 환상에서 생겨났거나 혹은 영감에서 비롯된 것이 아니고) 유토피아적인 실상, 즉 진리의 이념도 역시 시간 속에서만 인식 가능한 구체적인 양태로부터 싹트게 마련인 것이다. 이렇게 볼 때 진리의 개념도 결코 모든 시대에 일의적一義的으로 확정되어 있는 것은 아니고 어디까지나 역사적 변화 속에in den historischen Wandel 말려들어가 있는 것이다. 따라서 또 한 시대의 진리 개념이 어떤 모습을 띠느냐 하는 것은 전혀 우연적인 것이 아니고 오히려 그때마다 진리 개념이 구성되는 데는 어떤 지침이 있게 마련이다. 즉, 우리는 언제나 한 시대가 지닌 전형적인 지식의 형태와 그 구조에 비추어서 진리란 도대체 어떻게 표상되어야 하는지에 대한 그때마다의 상을 마련하고 있는 것이다.

결국 여기서 지식에 관한 그때마다의 표상은 전형에 해당되는 구체적으로 현존하는 지식이나 또는 그 속에 실현되어 있는 지식의 양식樣式에 의존하는 것만이 아니라 또한 '진리 개념'의 지적 양식에의 구속성die Gebundenheit des "Wahrheitsbegriffs" an die vorhandenen

Wissensarten도 입증되기에 이르렀다. 결국 이와 같은 매개적 중간 연결부를 기초로 하여 인식론, 주도적인 지식의 형태 그리고 사회정신적 시대 상황 사이의 눈에 보이지 않는 연관이 맺어지게 된다. 그리하여 특수화의 방법을 구사하는 지식사회학적 분석은 일정한 단계에 와서 다양한 인식론 상호 간의 알력이나 대립 가능성을 해소하기 위하여 모든 저마다의 인식론을 그 다양한 지식의 성격을 뒷받침하는 근본 토대 Substruktionen 로 파악하려는 인식론적 영역으로 파고든다. 여기서 궁극적인 문제 해결의 방법은 다양한 지식의 양태와 그 성향을 바탕으로 해서 싹트는 인식론을 서로 대응시키고 난 뒤에 가서야 비로소 이 모든 것을 정초하는, 포괄적인 인식론이 구성될 수 있는 것으로 나타난다.

4
지식사회학의 긍정적 역할

이상과 같이 일단 인식론적 기초학과 전진적인 경험적 개별 과학과의 관계를 올바르게 설정하기 위하여 전자는 후자를 정초하는 위치와 기능을 차지하면서 동시에 후자 또한 그 나름대로 원리의 발굴 Findung der Prinzipien 을 위한 근본과 기초를 제공한다는 점에서 역시 전자의 기초는 후자에 의하여 정초된다는 점이 분명해졌으니 이 자리에서 우리가 깨우친 것은 지금까지 통용된 모든 인식론이 편향적 특수성을 띨 수밖에 없었던 것은 오로지 수학적 자연과학의 사고 모형을 통하여 자기 정위를 마련하려 했기 때문인 것이 된다. 그런데 이렇게 되어 다시 우리가 그 본질적 존재 구속성의 명시를 과제로 삼아왔던 종류의 지식의 모형을 스스로의 지표로 삼는다면 과연 이와 관련된 원리상의 문제는 어떻게 형태화될 것인가 하는 점을 밝혀내야 할 뿌리칠 수 없는 요청이 생겨난다. 이를 기점으로 결국 여기에는 더욱 확대된 정신론과 인식론을 위한 다음과 같은 문제점이 새로이 등장한다.

발생 기원 Genesis**은 어떤 경우든 타당성과는 무관하다**geltungsirrelevant **고 보는 테제의 수정**: 아무런 이행移行 과정도 없이 당돌하게 제시된 '타당성'과 '존재', '의미'와 '존재' 또는 '본질'과 '실재성' 사이의 이원성二元性은 이미 여러 차례 지적되었듯이 현대의 지배적인 '관념론적' 인식론과 정신론의 공리적인 법칙에 속하는데 이러한 이원성은 요지부동의 상태에서 무엇보다도 지식사회학이 발굴한 통찰을 새로 시도되는 인식론에 활용하는 데 장애가 되어왔다.

실제로 우리가 2×2=4라는 모형의 지식의 유형을 토대로 한다면 물론 이 주장이 현상학적으로도 입증될 만큼의 정당성을 인정받을 수 있다. 다시 말해서 이와 같은 지식의 유형에게는 그의 발생 원인이 사유 결과에 개입하지 않는다는 것이 맞는 말이다. 따라서 이를 기점으로 하여 진리 그 자체의 영역이 역사적 주체로부터 완전히 유리된 상태에서vom historischen Subjekt völlig abgelöst 구성되도록 하는 데는 한발만 더 나서면 가능해진다. 물론, 이와 같이 의미 내용을 발생 기원으로부터 분리하는 이론은 심리주의와의 싸움에서 큰 공헌을 하였는데, 왜냐하면 이 이론에 힘입어서 비로소 인식Noema을 인식 행위noetischen Akt로부터 분리할 수 있게 되었기 때문이다. 설명심리학 분야에서도 역시 현상학적으로 발생 기원과 의미는 따로 분리해야 한다는 관찰 결과에 동의했지만 하여간에 이와 같은 양자 간의 상관성이 설명심리학에서 현상학적으로 입증되었던 까닭에 이 상관성은 당연히 정신론과 인식론을 위한 진리의 보고寶庫로 자리 잡을 수가 있었다. 심리적 발생 기원들 사이의 관계(이른바 관념 연합의 법칙과 이 관념 연합 작용에 의하여 제시된 판단 내용과의 관계와 같은)의 경우에는 실제로 발생 기원과 판단 의미와의 무관성을 주장하는 이론에는 논하는 바와 같은 균열이 존재한다. 다만 여기에 과오가 있다면, 그것은 즉 우리가 이와 같이 특수한 종류의 모형에서 판독되는 발생 기원과 타당성 사이의 관계를 모든 종류의 발생 기원과 타당성과의 관계에까지 무작정 전용轉用한다는 데 있다. 결국, 여기서 저질러진 오류란 이와 같은 심리적 존재 조건으로서, 판단을 가능케 하는 관념 연합 작용에서는 전적으로 몰의미沒意味的인 '존재'가 문제 됨으로써 오직 의미와 생소한 발생 기원에 대해서만 논할 수 있다는 것이다. 그러나 발생 기원에는 본래 극히 다양한 종류와 유형이 있는데, 다만 그것이 아직까지 관찰되지 않았거나 또는 서로의 차이점이 규명되지 않았을 뿐인 것이다. 그리하여 예컨대 존재의 입지점과 그에 속하는 시각의 관계는 당연히 발생 기원이라는 면에서 다뤄져야 하지만 이제는 앞의 경우와는 전혀 다른 의미에서 다뤄져야만 하는 것이다. 그야말로 여기서도 발생 기원의 문제가 중심이 되어 있음에 틀림없는데, 왜냐하면 이 경우 역시 언표 작용의 발생 및 존재의 조건이 문제가 되기 때문이다. 그리하여 만약 우리가 어떤 시각의 입지점을 지칭한다고 할 때 우리는 곧 그 어떤 언표 작용이 바로 지금과 같은 내용을 낳게 된 복합적인 발생 및 존재의 조건에 대하여 말하는 것이 되지만 다만 이때 우리가 이와 같은 '존재'를 '의미와 생소한 것'으로 파악한다면 그 존재는 잘못 특징지어진 것이 된다. 이미 보아왔듯이 하나의 입지점이나 층 속의 자리 잡음eine Lagerung은 바로 일정한 의미 방향으로 사유한다고 하는(즉 의미 지향적 존재와 같은) 하나의 기회를 뜻하는 것이다. 이때 그 입지점이 지니는 특징은 결코 의미와 생소한 규정(이를테면 단순한 연수年數만으로)에 의해서 정의될 수는 없거니와 역사적 내지 사회적 입지점을 지닌 존재는 모름지기 의미 부여적 상태에서 규정되게 마련이다(예를 들면, '자유주의적 입지점' 또는 '프롤레타리아적 존재' 등과 같이). 그러므로 결국 '사회적 존재'란 하나의 '존재 영역', 즉 오로지 몰의미적인 존재와 의미 사이에 절대적 이원성die absolute Dualität zwischen sinnfremden Sein und Sinn을 정립하는 통상적인 존재론으로서는 고려의 대상으로 삼으려 하지 않는 영역을 나타낸다(이에 대해서는 참고 문헌 목록 중 필자의 〈정신적 형상에 관한 이데올로기적 및 사회학적 해석〉을 참조할 것). 결국 이와 같은 종류의 발생 기원을 올바르게 특징지으려면 우리는 이를 **사실의 발생 기원**Faktizitäts-Genesis과는 반대로 **의미의 발생 기원**Sinngenesis이라고 칭해야만 하겠다. 우리가 만약 존재와 의미의 관계를 원리적으로 확정하는 데 있어서 이와 같은 모형을 바로 주시하기만 했던들 필경 우리는 인식론과 정신론의 기초를 쌓게 하는 존재와 타당성의 이원성을 절대적으로 정립하지 않고 오히려 이에 관한 근본 개념 속에 어떤 등차Abstufung(즉 '의미 부착된 존재' 또는 '의미 지향적 존재'라는 모습을 한)를 개입시켰을 것이다.

이제 인식론이 해결해야 할 다음 과제는 지금까지 지녀온 그 자체의 편협한 방향 설정을 극복하기 위하여 존재와 타당성의 관계에서 겉으로 드러나는 다양한 형태에 관한 지식사회학적 해명을 인식론의 근본 개념 안으로 도입하고, 동시에 그 존재 영역이 유의미적이고 일정한 정도까지는 언표 내용을 타당화하는 실질 면으로까지 파고들 수 있는 유형의 지식을 주된 관심의 대상으로 삼는 데 있다. 그렇다고 여기서 인식론이 지식사회학에 의하여 구축당하는 것은 아니고 다만 지식사회학이 개발한 통찰 내용을 뒤늦게나마 고려의 대상으로 삼음으로써 그 자신을 이에 따라 변형하는 인식론이 필요해졌다는 것이다.

지식사회학적 문제 제기가 인식론에 미치는 그 밖의 결과: 오늘날 널리 통용되는 정신론과 인식론이 지니는 대부분의 원칙적 문제점이 수학적 정확성을 바탕으로 한 자연과학의 특수한 모형을 통하여 판독될 뿐 아니라 또한 이것이 바로 그와 같은 지식의 양식이 지니는 원리적 근저에서 발생하는 경향이 그대로 연장된 것이라는 점을 간취한 이상, 우리는 이제 정도의 다소를 막론하고 인식의 존재 제약적인 발현 양식에서 나타나는 그의 반대 모형Gegenparadigma에 따라 정신론적 문제의 수정을 위한 지침을 발견하기에 이른다. 그리하여 이제는 종래의 정신론적 입장에서 비롯한 편향적 특수성이 투시되면서부터 긴요성을 띠게 된 새로운 문제점들을 간단히 열거하고자 한다.

인식 작용 속에 개재하는 활동적 요소의 발견: '관념론적'인 지식 개념에서는 인식을 흔히 '순수 관조'라는 뜻에서의 순수한 '이론적' 행위로 파악해왔는데, 그 이유는 앞의 수학의 예에 따라서 자기 정위를 한다는 사실 이외에도 또 이러한 인식론의 이면에는 '명상적인 삶vita contemplative'이라고 하는 하나의 세계관적 이상이 자리 잡고 있었다는 데 있다. 여기서는 그와 같은 이상이 발생하게 된 역사를 서술하고 또 인식에 대한 이렇듯 순수한 명상적 파악 태도가 인식론에까지 파고들게 된 근원적 시점을 찾아내는 것이 우리의 과제일 수는 없다(그러기 위해서라면 무엇보다도 체계적 논리학의 전사前史에까지 거슬러 올라가서 철학자로 하여금 '신비적 관조'의 이상을 넘겨받도록 해준 '예언자'의 입장에서 철학자의 발생 근원을 들춰내야만 할 것이다). 결국 우리로서는 이와 같이 명상적으로 직관, 투시된 것을 한층 높이 받든다는 것이 사유 행위와 지식에 대한 단순한 관찰에서 비롯된 것이 아니라 오히려 세계관적으로 정초된 가치 평가에 기인한다는 사실을 감촉하도록만 하면 충분하다. 그런데 이러한 전통을 내세우는 관념 철학은 인식은 오직 단순한 이론일 때 순수하다고 하는 그의 자기 확신에 찬 주장을 다음과 같은 반론 앞에서도 좀처럼 굽히려고 하지 않는다. 즉, 그 반론에 따라서 오늘날 더욱더 명백해진 사실은 이와 같이 일단 순수 이론으로 받아들여지는 인식 유형이란 다만 인간 인식 가운데 극히 미미한 한 단면을 이루는 것뿐이며 또한 인간이란 사유하면서 스스로 행동하는 경우라 하더라도 여전히 인식을 하고 있을 뿐 아니라, 심지어 특정한 영역에 있어서는 인식이 곧 그 자체로서 '행위'일 때, 그리고 그러한 면에서만 바로 그 인식이 성립되고 또 '정신적 의욕intentio anima'이 개념이나 전체적 사유 구조로 하여금 인식 작용에 지배되어 이와 같은 행동주의적 목적 지향성의 침전물로 화하게 할 때라야만 인식이 성립된다고 하는 점이다. 즉, 인식과 그리고 의욕이 아니라 오히려 인식 그 자체 속에 있는 의욕Wollen im Erkennen selbst이 특정한 영역에서는 유일하게 이 세계가 내포하는 질적인 풍부함을 샅샅이 드러내주는 것이다. 그뿐만 아니라 이 영역에서는 그와 같은 행동주의적 발생 기원 aktivistische Genesis이 시각 구조에까지 파고듦으로써 서로 밀착된 이 두 개의 측면이 좀처럼 제대로 식별되지 않는다고 하는, 현상학적으로 입증될 만한 통찰로서도 정신론과 인식론이 이와 같은 지식의 모형을 간과해버리거나 혹은 본질적으로 이와 같이 행위에 구속된 aktionsgebundenen 인식 속에서 여전히 '순수하지 못한(주술적인 발생 원인을 연상케 하는 이 말의 뜻을 특히 음미할 필요가 있다)' 지식의 양식으로 취급하려는 태도를 고쳐놓을 수가 없었다. 결국 이제 우리가 당면한 문제는 이와 같은 유형의 지식을 막무가내로 거부해버리는 데 있는 것이 아니라 오히려 어떻게 하면 인식의 개념을 의지 지향적 인식 요소 속에서 지적인 것이 발생할 수 있느냐는 방향으로 전환시킬 데 대해 숙고해야 한다는 데 있다. 물론 정신론적 문제성을 이와 같은 방식으로 전환한다고 해서 프로파간다나 학문에서의 가치 판단을 하도록 마음대로 문호를 개방해주려는 것은 아니다. 오히려 그와는 반대로 만약 우리가 모든 지식의 가장 심원한 근저에 자리 잡은 채 우리의 시각 구조에까지 삼투돼 있는 정신적 의욕에 대하여 얘기한다고 할 때 우리는 곧 모든 의식적이고도 명확한 가치 판단이나 입장을 배제하고 난 후에도 여전히 현존하는 지식의 내면에 자리 잡은 불식할 수 없는 의지적인 것의 잔재를 염두에 두게 마련인 것이다Den unaufhebbaren Rest von Willensmäßigen im Wissen. 그야말로 학문은 (학문의 몰가치성에 관한 이론이라는 의미에서) 프로파간다를 일삼거나 가치 판단을 표명하기 위한 것이 아니라 사실을 확인하기 위한 것임은 자명한 일이다. 결국 지식사회학이 발굴해낸 것은 지식이 그와 같은 프로파간다나 가치 판단적 요소로부터 탈피하고 난 뒤에도 거기에는 여전히 거의 분명히 드러나지도 않고 또 제거해버릴 수도 없는, 기껏해야 통제 가능한 영역으로 끌어올려지거나 또는 그래야만 할 활동적 요소가 담겨 있다는 것일 뿐이다.

특정 인식 내 구성적 및 원근법적 요소 Das kontstitutiv-Perspektivische : 두 번째로 우리가 유의해야 할 문제는 일정한 역사적 내지 사회적 인식 영역 내에서 지식의 내용을 밑받침하는 입지점을 구성적으로 그 자체 속에 내포토록 하는 것은 흠이 되지 않을뿐더러 오히려 이러한 영역에서의 가능한 시야는 구성적 내지 원근법적이므로 여기서 문제는 이와 같은 원근법적 요소를 얼버무려버리거나 잘못된 것으로 여기기보다 어떻게 이와 같은 원근법적 요소 속에서 인식과 객관성이 가능해질 수 있는지를 따져보는 일이다. 어떤 공간적 대상의 가시적인 상像의 경우에도 그것이 본질상 다만 원근법적으로 주어져 있다는 것이 어떤 오류의 근원이 될 수는 없고 따라서 어떻게 하면 우리가 비원근법적 상을 구성할 수 있느냐는 것이 아니라 오히려 어떻게 하면 다양한 시야를 서로 비교, 대치함으로써 원근법적인 것 그 자체를 눈으로 확인하며 하나의 새로운 객관성에 다다를 수 있느냐는 것이 문제가 된다. 그리하여 여기서도 또한 절대적으로 빗나간 탈인간화된 시야의 그릇된 이상을 구성적이며 인간적인, 그러나 끊임없이 스스로 확장하는 인간적 시야menschliche Sicht라고 하는 이상에 의해서 대체代替되어야만 하겠다.

'타당성 그 자체'의 영역을 구성하는 데서 제기되는 문제점: 지금까지 '관념론적' 인식론과 정신론의 세계관적 이면裏面을 되물어오면서 이제 우리에게 점차 분명해진 사실은 본래적인 타당성 그 자체의 영역Geltung-an-sich-sphäre이라는 이상理想은 (이를테면 이러한 영역은 이미 역사적 내지 심리학적 사유 행위 이전부터 예정된 자기만의 세계 속에 현존할 뿐 아니라 모든 구체적 인식은 다만 여기에 관여하는 것뿐이다) 존재의 이중화Seinsverdoppelung라는 방법에 의하여 내재적인 생기 현상을 겪어가는 우리의 세계에 덧붙여서 또 하나의 두 번째 세계를 이뤄놓은 이원적 세계 이론의 마지막 가닥이라는 것이다. 즉 피안이나 초월성이 존재론의 영역에서 바로 그 이원적 세계의 형이상학을 위해 행사했던 것과 똑같은 기능을 이번에는 바로 '무조건적으로 타당한 진리의 영역'의 정립(이념의 한 가지 분파)이 인식을 위하여 떠맡아야만 하는 것이다. 이는 곧 발생 현상이라는 흠이 따르지 않는 완전성 영역을 설정하는 것인데 여기에 비춰보면 온갖 생기 현상이나 그 어떤 생성 작용도 유한하고 불완전한 것으로 전락할 수밖에 없다. 그뿐만 아니라 이와 같이 극단적인 유심론적 형이상학에서는 '인간의 실상'이 '한낱 있는 그대로의 인간bloßes Menschsein'으로만 파악됨으로써 여기서는 일체의 활력적이며 감성적인 것, 또는 역사적이거나 사회적인 것 모두가 말소되어야만 하는 것으로 간주되었듯이, 또한 거기서는 지식의 개념 역시 바로 그 인간다움이라는 요소들이 제거되어야만 하는 것으로 선포하려고 시도되었다. 그러니 여기서 우리가 분명히 되물어봐야 할 일은 과연 인간 일반의 전체 구조Gesamtkonstitution des Menschen überhaupt를 전제로 하지 않고서도 인식의 개념이 구체적으로 표상될 수 있겠는가, 그리고 그와 같은 상태에서 과연 제대로의 개념 전개는 고사하고, 그나마도 우리에게 유의미한 것으로 받아들여질 수는 있겠는가 하는 것이다.

현대에 오면서 존재론 분야에서도 경험적 연구를 통하여 그와 같은 의미의 이중화(이러한 이론은 원래 '현세' 내의 흡족하지 못함을 표명하려는 의도에서 생겨난 것이지만)는 점차 자취를 감추게 되었지만 정신론이나 인식론 분야에서는 아직도 그 영향이 완전히 가시지 않고 있다. 그러나 아직까지는 지식론 분야에서의 세계관적 배후die weltanschaulichen Hintergründe가 그리 쉽사리 밝혀질 수 없었던 까닭에 사람들은 이렇듯 초인간적 내지 초시간적인 타당성 영역에 대한 이상을 놓고 이를 단순한 구조로 보기보다는 오히려 '사유' 현상을 해석하는 데 필요한 구성적 소여성eine konstitutive Gegebenheit für die Auslegung des Phänomens "Denken"에 해당하는 것으로 여겼던 것이다. 하지만 지금까지 우리가 밝혀내려고 했던 문제의 핵심은 사유 현상학적 입장에서 보더라도 인식이란 마치 실제적인 생기 현상(즉 행동 추진)의 영역을 벗어나서 어떤 본유적인 국면으로 돌진ein Einbruch하듯이 구성될 수 있는 것이 아니라(이러한 구성적 도식은 기껏해야 $2 \times 2 = 4$라는 유형의 사고 모형에 있어서만 개발의 실효를 거둘 수 있을 뿐이다), 오히려 반대로 우리가 오직 우리에게만 알려져 있는 실재적인 현세적 사유의 소여성에(이상의 영역과는 무관한) 집착함으로써 지식 현상을 어떤 '활력적 존재Vitalwesen'의 행위로 받아들이기만 한다면 지식의 문제를 해결하는 데서 큰 짐을 덜어주게 되리라는 것이었다. 다시 말해서 지식사회학은 인식 행위를 바로 그 자신이 염두에 두고 있는 일정한 모형과의 연관 속에서 고찰하면서도 이때 이 인식 행위가 갖는 존재 의미의 특질을 순수한 이론적 내지 명상적 욕구에서 싹튼 '영원한 진리'에 대한 관조나 혹은 어떤 방식으로든 그와 같은 진리의 관여(셸러만 해도 아직 이러한 입장을 취하고 있었다)로서가 아니라 오히려 특정 양식의 생활 공간 내에 있는, 그리고 역시 특정한 양식을 지닌 활력적 존재에 의한 투철한 생의 관철 수단으로 간주한다는 것이다. 결국 이상 세 가지 요인들, 즉 투철한 삶의 관철Lebensdurchdringung을 뒷받침하는 특유한 구조 양식과 활력적 존재의(활력적이면서도 또한 사회 역사적 구성체로서의) 독자적 구조 및 생활 공간의 독자성, 특히 이러한 생활 공간 내에서 사유하는 주체의 위치와 처지der Ort und die Lagerung des denkenden Subjektes in diesem Lebensraume야말로 사유 결과에 대하여는 물론, 더 나아가서는 이와 같은 사유 결과에 의하여 구성된 바로 이 존재자의 '진리의 이념'까지도 제약하는 것이다.

   인간적으로 유래된 흔적die Spuren menschlicher Herkunft이 더 이상 나타나지 않을 때 한해서 정신적 행위로서의 지식은 비로소 완전해질 수 있다고 하는 생각은-이미 언급되었듯이-위에서 제시된 사고 모형에서와 같이 바로 이 순수 이론적 특징(물론 이에 대해서도 우리는 그 나름마다 일정한 정도의 정당성을 인정할 수는 있지만)이 현상학적으로 여실히 증명되는 경우, 즉 2×2=4와 같은 사고 모형이 통용되는 분야에서라야만 그나마도 방법상의 실효를 거둘 수 있다. 그러나 이러한 생각은 전적으로 잘못된 것으로서 그야말로 인간학적 내지 역사적 요소가 제거되어버린다면das Wegdenken des Anthropologisch-Historischen 사유 결과를 완전히 변질시킬, 그렇듯 훨씬 광범위한 지적 영역에서의 근본 현상의 은폐에 기여할 뿐이다.

결국은 오로지 현존하는 사고 모형을 바탕으로 한 현상학적 토대만이 일정한 인식 개념을 둘러싼 찬반 논쟁에 가세할 수 있을 뿐, 결코 가장된 세계관적 동기가 그와 같은 구실을 할 수는 없으므로 우리로서는 '관념론적' 철학의 배후에 자리 잡은 각이한 인간 유형에 안겨진 구체성·감성·시간성·활력성 또는 사회성을 앞으로 우리가 전개하려는 정신론에서까지도 보존하기를 꺼려해야 할 아무런 이유도 없다. 따라서 지금 이 순간에 우리 앞에는 모형적 가치를 지닌 두 개의 인식 유형과 또한 이를 바탕으로 정신론적 내지 인식론적 견지에서 인식의 문제를 설명할 수 있는 두 가지 가능성이 서로 맞서게 된다. 그러나 지금 이 순간에는 우선 이 문제 제기에서 오는 이원성을 고수함으로써 거기서 착안할 수 있는 것을 확인, 확정할 뿐, 결코 그것을 얼버무려서는 안 된다. 결국 이 문제에 대한 연이은 고구 과정 속에서라야만 비로소 그 어떤 해석의 기반이 좀 더 효과적인가, 이를테면 우리가 존재와 유리된 존재 유형을 기점으로 하여(종래에 볼 수 있었듯이) 존재 구속적인 존재 유형을 병합해버리거나 경시해버리는 경우와, 아니면 그 반대로 존재와 동떨어진 존재 유형을 다만 존재 구속적인 유형의 한 가지 한계 사실이거나 특례 den seinsenthobenen als einen Grenz-und Spezialfall des seinsverbundenen에 지나지 않는 것으로 설명할 경우 과연 우리는 그 중 어느 쪽에서 더 발전을 기대할 수 있을 것인지가 스스로 밝혀질 것이다.

우리가 만약 인식론이 바로 앞에서 두 번째로 언급한 사고 모형을 이용하여 특정한 유형의 지식이 갖는 구성적인 '존재 제약성' 문제에 초점을 맞춰 바로 이 구속성 문제를 근저에 두었다고 할 때 과연 그 인식론 자체가 지향해야만 할 길은 무엇인가에 대하여 자문한다면 여기에는 두 가지 길이 열릴 수 있다. 물론 이 경우 역시 학자가 취해야 할 태도란 일단 앞으로의 문제 전개 가능성과 또한 우리가 간취할 수 있는 모든 아포리아를 서술함으로써 이 문제를 심사숙고해온 지금의 단계에서 이미 진정으로 확인될 수 있는 것만을 언술하는 데 그쳐야만 한다는 것이다. 사상가의 소명召命이란 결코 하나의 새로운 문제권이 드러나면 어떻게 해서든지 곧바로 그에 대한 결정을 내리는 데 있는 것이 아니라 아직도 계속적인 연구를 요한다는 정신 자세를 가지고 이미 확실하게 생성된 것만을 확인하는 것으로 그친다는 데 있다. 지금 단계에서 우리가 취할 수 있는 두 가지 방도에 대해서 좀 더 알아보도록 하자.

인식론의 두 가지 길: 첫째로 우리는 존재 제약성의 우월성에 더 비중을 두면서 이 존재 제약성은 사회적 인식 과정의 진행 속에서 결코 지양될 수 없는 것이므로 결국은 자신의 입지점마저도 필경 존재 구속적이고 편향적 특수성을 지닌다는 입장을 고수하게 된다. 결국 우리는 이와 관련되는 인식론에 대하여 **인간 의식의 본질적인 상관 구조**der wesensmäßig relationalen Struktur des menschlichen Erkennens라고 하는 주장을 내놓는 쪽으로 의미의 수정을 가해야만 한다(이를테면 우리가 가시적 대상을 놓고 본질적 원근법을 서슴없이 인정해야 하듯이).

　물론 이와 같은 문제 해결에서도 역시 중요한 것은 우리가 객관성에의 요청이나 실질적 토론상의 결정 가능성마저도 포기한다거나 혹은 환상주의에 흘러서 모든 것은 허상에 불과하므로 어떠한 결정도 내려질 수 없다는 투의 태도를 취할 것이 아니라, 오직 이와 같은 객관성이나 결정 가능성은 우회적 방법을 통해서만 성립될 수 있음nur auf Umwegen herstellbar을 견지하는 것이다. 여기서 대상성이란 존재하지 않으며 또한 단순한 직관에 의존해서는 하등의 결실이나 해답도 내려질 수 없다는 주장을 하려는 것이 아니라 다만 이러한 해답이 특정한 경우에는 본질적으로 시각에 구속된 상태에서만 가능하다는 것이다. 그러므로 여기서는 결코 각기 주장의 임의성이라는 뜻에서의 상대주의Relativismus가 생겨날 수는 없고 오히려 우리가 도출해낸 상관주의Relationismus는 어떠한 언술도 본질적으로 오직 상관적 방법을 통해서만 정식화될 수 있을 뿐 아니라 그것이 상대주의로 전변되는 경우란 오직 우리가 그 상관주의를 영원하고 탈주관화된 비원근법적 진리라고 하는 낡은 정태적 이상과 결부시키면서 바로 이 상관주의와 상치되는 이상(절대적 진리로서의)과 견주려고 할 때에만 생겨날 수 있는 것이다.

　결국 존재 제약적 사유의 경우 객관성은 종전과는 다른 새로운 의미를 지니게 될 것이다. 첫째로 우리가 동일한 체계와 또한 동일한 시각 구조 내에 자리 잡고 있는 한 모름지기 우리는 그때마다의 가능한 일의적-義的 쟁점을 놓고 다시 그 활용되는 개념 및 범주 도구를 근거로 한 합의점에 도달할 수 있을 것이므로 이를 벗어난 일체의 것은 오류로 처리해버릴 수 있는 위치에 서게 된다. 그러나 둘째로 우리가 만약 서로 다른 시각 구조 내에 자리 잡고 있는 경우라면 '객관성'은 우회적인 방법에 의해서만 얻을 수 있으니, 왜냐하면 여기서 우리는 그 두 가지 시각 구조 내에서 다 같이 정당하긴 하지만 그러면서도 서로가 다르게 관찰된 것을 바로 그 두 가지 시각 양태가 지닌 구조상의 차이 Strukturdifferenz der beiden Sichtmodi 에서 이해하는 가운데 각기 상이한 이들 원근법적 시야가 서로 변환 또는 전위될 수 있는 방식을 찾아내려고 하기 때문이다. 그러나 일단 우리가 그와 같은 이른바 변환적 통제 방식을 찾아내게만 되면 이상과 같은 두 가지 시야 사이의 필연적 상치가 그릇된 관점에서 파악되는 자의적인 요소-그것은 지금의 경우에도 오류에 해당하겠지만-와는 확연히 구분될 수 있을 것이다.

이미 보아왔듯이 본질상 오로지 원근법적으로만 관찰될 수 있는 가시적 대상에 관한 쟁점을 해소하는 데는 결코 우리가 비원근법적 시야의 구성에 의해 조정調整할 수는 없고 오히려 어떤(이것은 물론 불가능한 일이다) 입장에 구속된 심상心像을 바탕으로 어찌하여 거기 있는 타인의 입지점에서는 사태가 그런 모습으로 나타나는지를 이해해야만 하는데 이와 마찬가지로 우리는 여기서도 전위轉位와 변환을 통하여 객관성을 성립시키게 될 것이다. 여기서는 목전에 현존하는 여러 시야 중에서 어느 것이 가장 선택할 의의가 있느냐는 문제가 생겨나겠지만—이에 대한 판단의 기준도 있긴 하지만—이 문제는 물론 대상을 구성하는 기본적 연관성을 표출시키기 위해 특정한 시각적 양상이 우위優位를 차지하는 시각적 원근법에 서와 꼭 마찬가지 경우이다. 즉 그것은 경험적 소재에 대한 최대의 파악 능력, 또는 그것을 가장 효과적으로 소화할 수 있는 능력을 갖춘다는 것을 의미한다.

이상 얘기한 첫 번째 경우 이외에도 다음과 같은 사실을 전면에 드러냄으로써 우리가 취할 수 있는 두 번째의 경우가 있다. 그것은 즉 지식사회학적 연구 의욕으로 하여금 존재 제약성을 절대화하는 데 주력할 것이 아니라 자기가 얻어낸 식견, 통찰의 존재 제약성 Seinsverbundenheit을 발견함으로써 존재 구속성Seinsgebundenheit으로부터의 탈피를 향한 첫발을 내딛도록 한다는 데 있다. 내가 온갖 시야를 어떤 절대적인 것으로 여겨지는 시야에 첨가하는 경우에 이미 나는 어떤 의미에서 시야의 특수한 편향성을 중화한 것이 된다. 우리가 지금까지 서술해온 대부분의 요지는 극히 자발적으로 자기 고양이라는 뜻에서 존재 구속성을 중화Neutralisierung하는 방향으로 움직여왔다. 그리하여 특수적 시야를 자체 내로 수용하면서 이들 기초를 쌓는 좀 더 폭넓은 시야의 기반에 관한 이론, (경험을 토대로 하는) 숙명적인 자기 확장과 입지점의 확대에 관한 이론, 그리고 무엇인가를 추구하면서 모든 것의 기초를 마련하고자 하는 존재론에 관한 이론 등은 모두가 이 방향으로 움직이는 셈이다. 실제로 집단적 접촉 내지 삼투 과정과의 밀접한 연관하에 진행되는 정신사 및 사회사에서의 그러한 운동이 존재하는데, 그 첫 단계에서 이 운동은 존재 구속적인 다양한 종류의 시야가 서로 중화되도록 하지만 (이와 동시에 여기서는 그 모든 시야의 절대적 성격이 박탈되어버린다) 다음 단계에 가서는 이러한 중화 작용으로부터 하나의 좀 더 포괄적이고 생산적인 시야의 기반을 마련하게 된다. 여기서 눈에 띄는 한 가지 흥미로운 사실은 이렇듯 새로운 의미의 시야의 기반을 구축하는 데는 극히 고도의 추상성이 결부되어 있어서 제아무리 명료한 현상일지라도 언제나 더욱 형식화될 수밖에 없다는 것이다. 결국 이 형식화 작용은 관찰 행위가 방향 규정성에 이끌려가는 내용상의 질적 언술로부터 뒤로 물러서는 가운데 현상에 관한 질적 내지 형태적 기술 대신에 단순한 기계론적 모형으로서의 순수한 기능적 고찰을 한다는 것을 뜻한다. 사회적인 생의 간격 유지 작용과 관련하여 나타나는 이렇듯 점차 고도화돼가는 추상화 이론을 우리는 추상성의 사회적 발생 이론die Lehre von der sozialen Genesis der Abstraktion이라고 부르고자 한다. 결국 추상성을 사회학적으로 도출하기 위해서는 (이는 무엇보다도 사회학적 시야의 부각에 의해서 그 내용이 분명하게 추구되고 또 포착될 수 있다) 고도화된 추상화 단계를 집단의 사회적 융합의 상관 개념Korrelat einer sozialen Verschmelzung der Gruppen으로 파악해야만 한다. 이러한 점은 인간 또는 인간 집단의 추상화 능력이란 그들 자신이 '규격화된 집단'이나 조직체, 즉 지역적이거나 그 밖의 특수 집단을 자기 자체 내에 융합할 만한 능력을 지닌 포괄적인 사회적 단위 속에서 고개를 들면 들수록 더욱더 커진다는 사실에서 입증된다. 그러나 여전히 이와 같이 고도화된 단계에서의 추상화 경향이 사유의 존재 구속성을 타파할 수는 없다. 왜냐하면 적절한 책임 귀속체로서의 주체das adäquat zuzurechnende Subjekt란 결코 절대적으로 자유 부동적freischwebendes인 '의식 일반'은 아니며 오히려 더욱더 포괄적인 방향으로 생성돼가는(즉 처음에는 특수화됐던 구체적 시야를 이제는 중화시키는) 구체적인 주체ein immer umfassender werdendes Subjekt이기 때문이다.

결국 형식사회학이 (당연히) 정형화해놓은 이 모든 범주는 이상과 같은 중화 작용 및 형식화 작용의 부산물로서, 마침내 여기서는 형상에 관한 형식적 기계론이 발생할 따름이다. 그리하여 형식사회학의 예를 든다면 지배라고 하는 범주가 여기에 관여하는 인물들(지배자나 피지배자를 막론하고)의 구체적인 입지점과 구별될 수 있는 것도 요는 이 지배라는 것이 상호 작용을 전개해나가는 행위의 구조 연관성(이른바 기계론)을 전면에 내세우는 데서만 스스로를 제한하기 때문이다(즉 상위 또는 하위 질서·권력·복종·강제권의 발동 등과 같은 개념만을 사용함으로써). 그리하여 여기서는 구체적인 지배의 질적 내용(이는 물론 '지배'를 곧바로 역사화해버리겠지만)은 전혀 파악될 리가 없지만 만약에 피지배자나 지배자 모두가 존재 제약적인 양식에 따라서 스스로의 체험이나 경험을 묘사한다면 그런대로 적절하게 기술記述될 수는 있을 것이다. 왜냐하면 이렇게 발견되는 형식적 규정이란 결코 허공에 떠 있는 것이 아니라 어떤 상황이 지닌 구체적이며 존재 구속적인 문제성에서 싹튼 것이기 때문이다(여기서 원근법상의 문제란 무엇보다도 현상에 얽혀 있는 '고뇌'에 관한 것이라고 하겠지만). 물론 아직도 면밀히 검토해야만 할 문제를 짐작하게는 된다. 그러나 사회적 내지 정신적 현상의 내용은 일차적으로 '의미적'인 것이며 또한 우리는 그 의미적인 것을 이해 및 해석 행위를 통하여 파악하는 까닭에 이와 같은 사실을 놓고 지식사회학에서의 원근법적 문제성이란 무엇보다도 사회적 현상 내의 이해 가능한 것das Verstehbare im sozialen Phänomen과 관련된다는 식으로 정식화할 수도 있다. 또한 그렇다고 해서 이것이 어떤 협소한 범위로 제한된 것은 아닌데, 왜냐하면 사회적인 것의 영역 내의 가장 기본적 '사실'이란 오직 의미 지향적이면서 해석 가능한 개념에 힘입음으로써만 그렇게 지칭될 수 있기 때문이다.

그러나 아무리 형식화 작용이 최대한으로 진전되고 또 이를테면 단순한 상관성이 아닌 그 이상의 것이 문제 되는 곳에서라도 언제나 결코 말소될 수 없는 최소한의 방향 규정성이 확인되게 마련이다. (일례: 베버가 그 무엇보다도 인간의 행동 양식을 설명하는 데서 '목적 합리적' 행위와 전통적 행위를 구별했는데 여기서만 해도 한쪽 집단은 자본주의의 합리화 경향을 발견하고 그 가치를 강조하여 이를 전면에 내세우지만 또 다른 집단에서는 '전적으로 정치적 본능에 따라서' 그 속에서의 전통의 의의를 발견하여 상기한 자본주의적 경향에 대립시킨다고 하는 그 세대가 처해 있는 상황이 언표되어 있다.) 결국 이러한 상황을 배경으로 행동 양식 그 자체에 관한 문제가 하나의 관심사로 등장했거니와 이제 만약 우리가 이러한 행동 양식을 확정하고 또 이 방향에서 정식화한다면 실로 이와 같은 추상화 지향의 근원은 행위라는 현상을 이러한 방향에서 문제화했던 그 시기의 구체적 상황in der konkreten Situation der Epoche에 있다고 하겠다. 따라서 만약 이와 다른 시대가 행동 양식을 형식적으로 체계화하려 할 때 그것은 전혀 다른 유형에 이를 것이다. 결국 우리는 각기 다른 역사적 상황에서는 그때마다 다른 추상화 현상을 발견하여 이를 전체적 생기 현상과는 별도로 조절하게 된다. 이제 우리가 보기에 지식사회학은 그 토대에 있어서 형식화된 추상적 사유의 현존성이나 가능성을 부인하도록 강요되는 것은 아니지만 이 경우라 하더라도 사유는 결코 '존재'를 극복할 수 없다는 점만을 명시하면 되는 것이다. 왜냐하면 거기서는 어떤 초사회적이거나 초인간적인 주체ein übersoziales und überanthropologisches Subjekt가 본래적인 '불변의' 범주를 통해 자기를 표명하는 것이 아니라 오히려 특정한 존재 상황 속에서 발생한 질적인 풍부함에 따른 중화 작용이 우리로 하여금 현상에 부착된 일정한 형식적 내지 구조적 요소들을 체험과 사유의 전면에 나서도록 하는 정위定位 도식에 눈뜨도록 해주는 것이다. 이러한 과정은 상이한 여러 집단 간의 접촉에서 자발적으로 발생하는 예의범절이나 접촉 형식에서 반추적으로 드러나는 것이 보통이다. 즉, 이 경우 역시 우리는 더욱더(접촉이 순간적으로 끝나는 경우에는 더욱이) 질적인 면에서 상대방을 이해하는 인식은 포기한 채 상대방이 완전히 형식화되어 심지어 그에게는 이른바 사회 구조 내에서의 상대방의 역할을 시사하는 데 불과한, 겨우 '형식사회학적 범주'만이 남아 있게 될 뿐이다(말하자면 우리는 여기서 상대방을 '장관' '이방인' 또는 '차장' 등으로 취급한다). 사회적 교호 작용에서 우리는 단지 이러한 징표에만 반응을 보이는데, 다시 말해서 형식화 작용은 그 자체가 일정한 존재 상황의 표현이며 더 나아가 이와 같은 형식화 작용 그 자체가 일정한 존재 상황의 표현이자 또한 이와 같은 형식화 작용의 수행은(우리가 '장관'의 경우와 같은 정치적 대표성의 가치라는 방향에서나 또는 '이방인'의 예에서와 같이 종족상의 성격을 규정하는 방향에서 전개하거나 간에) 이상과 같은 의미에 따라서 역시 그 자체마저 범주 속으로—비록 그 의미는 약화되었다 하더라도—밀려든 존재 상황에 좌우되는 것이다. 또한 이와 동일한 방향에서 관찰할 수 있는 것은 만약 법률 분야에서 교통 경제가 실제적으로 법률적 재량에 의존해야 할 경우에 예컨대 현실 대응적으로 상황이나 법 감정을 토대로 질적 판단을 내리는 회교도적 법률 권한 대신에 형식화된 법이 행사된다는 것이다. 결국 이 순간부터는 누구도 질적으로 절대적 일회성에 적절히 부응하기보다는 오히려 갈수록 판례를 이미 정해진 형식화된 범주 속으로 포섭하기 위하여 제대로 따지려고 들 것이다.

이미 이야기했듯이 지금까지 시사된 두 가지 과학적 인식론 중 그 어느 쪽이 소재에 바탕을 두고 있느냐는 물음은 오늘날까지도 여전히 해답이 내려질 수 없다. 그러나 우리는 이 두 경우에 다 같이 구성 요건으로서의 존재 제약성Seinsverbundenheit als Konstituens을 다뤄나가면서 동시에 상관주의 이론과 더 나아가서는 유동적인 사유 기반der gleitenden Denkbasis에 관한 이론을 고구해야만 하겠다. 결국 이러한 경향에 따라서 이제 우리에게는 '진리 그 자체의 영역'이 있으리라는 생각은 도저히 타당화될 수 없는 구차스러운 가설로서 뿌리쳐버려야 할 조건이 마련되는 셈이다. 여기서 특히 교훈적인 것은 엄밀 자연과학을, 더욱이 그것이 처해 있는 현대적 위치에 대한 특정한 해석을 비교의 토대로 하여 볼 때-이를테면 빌헬름 베스트팔Wilhelm Westphal, 1882~1978이 제시한 재치 있는 서술에서 나타나듯이-바로 위에서 서술한 상황과 거의 유사한 양상을 띠고 있다는 것이다. 이러한 서술 방향에서 이제 시계 등과 같은 일반적 측정 기준이나 이와 관련된 일상적 언어는 오로지 이 언어에게만 유용한 어떤 정위 도식을 제공한다는 사실이 발견된 지금, 이를테면 양자를 측정하는 양자론 분야에서 더 이상 아무런 측정 기구를 사용하지 않고도 정식화될 수 있는 측정 결과에 도달할 수 있다는 말은 할 수 없게 되었다. 왜냐하면 여기서 측정 기구는 측정하고자 하는 양자 그 자체의 위치나 속도에 상당한 영향을 입힐 수 있는 객체로서 문제가 되고 있기 때문이다. 결국 이러한 경로를 통하여 우리는 위치와 속도의 측정은 오직 불확정성의 정도를 나타내는 '불확정성 관계Unbestimmtheits-relationen(하이젠베르크Werner Karl Heisenberg, 1901~1976)'로만 표시할 수 있다는 명제에 다다르게 된다. 그러나 더 나아가 이제 다음의 사유 단계에서 우리는 양자 그 자체가 실은 확실하게 정해진 진로를 따라가는 것임에 틀림없다고 하는 구습적 사고방식에서 비롯된 주장을 다음과 같은 논거로써 반대하였는데, 즉 이른바 '즉자적인 것' '그 자체"An-sich"'라고 하는 주장은 '비록 일종의 직관적 표상을 매개할 수는 있을지라도 결코 거기서는 아무런 결론도 도출해낼 수 없는, 즉 일체의 내용이 결여된, 내용적으로 공허한 유형의 언표에 속한다'는 것이다. 이와 꼭 같은 경우에 해당하는 것이 운동하는 물체는 반드시 절대의 속도를 갖는다는 추정이다. 그러나 알베르트 아인슈타인Albert Einstein,

1879~1955의 상대성 원리에 의하면 그러한 추정은 원리적으로 규정될 수 없는 것이어서 현대적 이론이라는 의미에서의 그와 같은 주장 역시 우리가 살고 있는 이 세계 이외에도 원칙적으로 우리의 경험을 초월하는 또 하나의 세계가 존재한다고 주장하는 것과 마찬가지로 공허한 언술에 불과하다.

  이상과 같이 정식화되지 못한 상관주의일지언정 지금까지 우리가 추구해온 사상적 입장과 놀라울 정도의 유사성을 지닌 사상 전개 과정에서 볼 때 그야말로 '진리 그 자체'의 영역은 존재하거나 또는 타당하다고 하는 논리적 요청의 설정은 마치 지금까지 언급되어온 모든 공허한 존재의 이중화 leeren Seinsverdoppelungen의 경우와 꼭 마찬가지로 도저히 정당화될 수 없는 논리적인 처사이다. 왜냐하면 우리가 경험적인 인식에서 그 어디서나 상관적인 규정 가능성 relationale Bestimmbarkeiten만을 받아들이는 한 이와 같이 '자체적 영역'을 정립한다는 것은 인식 과정을 위하여 아무런 구체적 귀결도 가져올 수 없는 것이기 때문이다.

5
지식사회학 분야에서의 역사적 내지 사회학적 연구를 위한 기술적 문제들

현 단계에서 지식사회학이 걸머진 가장 중요한 과업은 역사적 내지 사회학적 사실 연구의 영역 내에서 자기 검증을 거치면서 또한 이 영역에서 스스로의 경험적 확인을 위한 정밀성의 기준을 마련하여 판단 척도에 대한 통제 기능을 확보하는 데 있다. 그리하여 지식사회학으로서는 비록 스스로 발굴해낸 결실이 세상에 널리 알려지는 따위의 선전 효과를 등한히 하는 한이 있더라도 불쑥불쑥 고개를 드는 직관 작용이나 앞뒤의 논리가 맞지도 않는(부르주아적이니 또는 프롤레타리아적이니 하는 따위의) 확인 단계를 벗어나서 좀 더 숙고하고 저울질하는 자세를 지녀야만 하겠다.

여기서 특히 지식사회학이 크게 참고로 할 수 있는 것이 언어학적으로나 역사적으로 엄밀하게 행해지는 분야에서 쓰이는 방법 및 결과인데 그중에서도 특히 형식사로서의 예술사 방법을 들 수가 있다.

특히 각이한 예술 작품의 '연대'를 표시하거나 '작자'를 확인하는 과업을 위해 개발된 방법을 통하여(약간의 필요한 변경을 가하기만 한다면) 우리는 많은 교훈을 얻을 수 있다. 이러한 연관성 속에서 지식사회학적 연구가 수행해야 할 기본 과제는 사유의 역사 속에서 점진적으로 발생하면서 끊임없이 변화하는 바로 그 입지점을 확정Fixieren jener Standorte 하는 것이다.

그런데 입지점을 부각, 발굴하는 데서는 귀속Zurechnung의 방법을 사용한다. 그런데 이 방법은 우리가 모든 사유 행적行蹟을 그 시각 구조 속에서 확정한 뒤에 이렇게 확정한 시각 구조를 (그의 한 부분으로서) 사상 조류와 연관시키지만 다시 이 사상 조류(이 점에 대해서는 예술사적 문제 영역에서도 다뤄지지 않았지만)를 다양한 시야의 위치를 이루는 발생 근원점으로서의 추동적인 사회적 동력die treibenden Sozialkräfte als Ursprungsort der verschiedenen Sichtorte에 귀속시키는 것이다.

이 귀속성에는 두 가지 국면이 있는데, 즉 의미적인 귀속과 실제성의 귀속성이다. 우선 의미적 귀속은 해석의 문제를 에워싼 영역에서 대두된다. 이는 서로 유사한 듯이 보이는 개별적 의사 표시 내용이나 사상적 발전 계보를 바로 이 속에서 작용하는 단편적인 사상 체계 속에 은연중 내포시킨 채 체계의 총체성Systemtotalität을 명확히 드러내주는 세계관적 기조와 생활 감정에 귀착시키거나, 아니면 완결된 체계를 지향하지 않는 사유 형태로부터 '견해의 통일성'이라고도 할 시각 구조를 찾아냄으로써 사유 형식의 통일성과 시각 구조를 재구성하는 것이다. 그러나 이 과업이 달성되더라도 여기서 증명이 결코 종결된 것은 아니다. 이를테면 19세기 전반기에는 대부분의 사상적 업적이 '자유주의적 내지는 보수적'이라는 사고의 양극으로 유의의하게 획정되거나 귀착되었다는 사실이 입증된다 하더라도 여전히 문제로 남는 것은 과연 이렇듯 순수한 정신적 국면에서 검토된, 의미적으로 치중된 양상이 실제적인 진행 과정과 합치되느냐는 것이다. 이때 학자의 입장에서는 그 자체가 정연하게 서로 비교될 수 있는 보수주의 내지 자유주의적 사상 체계를 그 표명된 요소에 의해서 구성할 수는 있겠지만 그 당시의 자유주의자나 보수주의자 들이 실제로 그러한 의미로 생각하지 않았을 가능성은 얼마든지 있을 수 있는 것이다.

이와는 달리 **실재성에의 귀속**은 우리가 의미적인 귀속에 의해서 만들어진 이념형(필수적인)을 연구 가설로 설정하고 난 다음에는 바로 보수주의자와 자유주의자가 실제로 어느 정도까지 이와 동일한 뜻에서 생각하였고 또한 그와 같은 연구 가설이 실제로 얼마나 번번이 이러한 이념형에 의하여 그들 쌍방의 사상 영역에서 실현되었느냐 하는 점을 검토해야만 한다. 그러므로 이제는 우리 자신이 접할 수 있는 모든 개별적 저자가 이러한 관점에서 검토돼야 함은 물론, 그들 자신의 언표 내용 속에 담긴 여러 시각의 혼합과 교차에 따라서 그의 입지점이 귀속되어야만 한다.

이와 같은 귀속성 문제를 철저하게 규명해보면 여기서는 실제로 일어났던 현상의 발전 방향에 관한 구체적 모습이라고도 할 두 가지 사유 형식의 실제적인 역사가 드러나게 마련이다. 결국 이 방법은 사상 발전을 재구성할 수 있는 최대의 보장책이 될 수도 있으니, 왜냐하면 사상의 발달 과정을 단지 그 윤곽 면에서 짐작하는 데 불과했던 경우와는 달리 여기서는 그 하나하나마다를 따져볼 수 있는 평가 기준이 예외 없이 모두 다 파헤쳐짐으로써 그에 대한 새로운 방향에서의 재구성이 이뤄질 수 있기 때문이다. 이로써 사유의 역사 속에서 작용하는 그 무엇이라고 이름 붙일 수도 없는(성찰 대상이 된 일이 없는) 힘들 die anonymen Kräfte이 뒤늦게나마 발굴되지만 이는 단순히 추정된 내용이나 서사적인 강평이라는 형태를 띠는 것이 아니고(현대 정치사 및 정신사까지도 여전히 이러한 상태에 머물러 있지만) 어디까지나 통제 범위 내에서 확인되는 형태를 띠는 것이다. 물론 첫 윤곽을 짜낸 단계에서는 확실한 것처럼 보이던 것이 세부적 연구에 들어가면서 비로소 어떤 문제점을 던져줄 수도 있다. 예컨대 어떤 혼합된 양식에서 종종 볼 수 있는 애매한 성질의 것을 놓고 마치 그의 근본 성격이 어디에 귀착되어야만 하는가에 대한 쟁론이 일게 되는 것이 그러한 경우이다. 그리하여 우리가 만약 어떤 한 예술가의 작품을 놓고 과연 그를 르네상스와 바로크 두 형식 중 어느 쪽에 귀착시켜야만 하는지를 따진다고 할 때 이는 예술 형식의 역사가 지닌 의의를 소멸시키는 것이 아니라 오히려 증대시킨다고 해야만 할 것이다.

이렇듯 두 가지 사유 형식의 기본 구조와 발전 방향을 밝혀낸 다음에는 그 두 가지 사유 형식의 **사회학적 귀속성** Soziologische Zurechnung 의 문제가 과제로 떠오른다. 따라서 우리는 보수주의적 사고 유형의 형태와 변천을 예컨대 사회학자의 입장에서 바로 그 보수주의적 세계관 자체로부터 설명하려고 시도하지 않고 오히려 더 나아가서

a) 그러한 사고 유형을 대표하는 집단이나 계층이 결합된 데 바탕을 둔 것으로 설명하며

b) 이와 같은 보수주의 사상의 동태성과 운동 방향은 한 역사적 공간 내(이를테면 독일 내)에서의 집단이나 계층의 구조적 위치와 운명으로부터, 그리고 그들의 끊임없이 변천하는 구조의 문제성으로부터 설명하고자 시도할 것이다.

이러한 방법이 목적으로 하는 것은 결국 구체적으로 포착될 수 있는 중간 연결부를 끊임없이 개입시킴ständige Einschaltung konkret erfaßbarer Zwischenglieder으로써 사회적 존재와 사유의 연관성에 대한, 우선은 직감적 추정에 머물러 있는 관찰을 통제하도록 하기 위한 것이다. 이때 만약 역사 사회적 집단의 전체적 생이 그의 현상 속에서 상호 의존적 골간 구조를 이룸으로써 사유란 한낱 그 현상 내에서의 삶의 표현에 지나지 않는다고 한다면 우리는 바로 이 골간 구조의 본질이라고도 할 교호 작용을 발견하기 위하여 위에서와 같은 삶의 표현이 남달리 집착하고 있는 구조적 결합 Verklammerung und Strukturverknüpftheit der Lebensäußerungen을 샅샅이 추적해나가야만 할 것이다.

오늘날 지식사회학과 사회학적 정신사는 그 누구보다도 구체적 연구 작업을 통하여 방법상의 확고한 논리적 단계를 거치며 꾸준히 자료를 다뤄나가는 사람들에 의하여 개발·촉진되고 있는데, 결국 구체적인 귀속 문제를 둘러싼 지식사회학의 논쟁은 가설에 바탕을 둔 추정의 상태로부터 구체적인 연구 단계로의 이행을 나타내기에 이른다.

6

지식사회학의 역사 소고 小考

지식사회학을 필연적으로 발생토록 한 가장 본질적인 구조적 원인에 대해서는 이미 논술한 바와 같다. 지식사회학이란 전체적 발전을 통하여 필연적으로 생성된 한 분과이기 때문에 여기에 다다르는 논리적 단계나 견해상의 양식이 극히 상이한 시점과 또한 극히 다양한 상황 속에서 점진적으로 형성되었음은 당연한 일이다. 여기서 우리는 가장 중요한 몇몇 사상가와 시기에 국한할 수밖에 없다. 우선 지식사회학은 바로 이 주제와 관련하여 천재적 시사를 던져준 마르크스에게서 첫 돌파구를 마련하였다. 그러나 그에게서도 아직도 지식사회학적 요소들이 이데올로기의 폭로라는 문제와 밀접하게 얽혀 있음으로써 사회적 계층이나 계급은 오로지 이데올로기의 담당자로 된다. 물론 여기서 이데올로기론이 이를 뒷받침하는 역사 해석의 범위 내에서 나타나고 있긴 하지만 이것이 처음 나타난 초기 단계에서는 아직 거기서 도출되어야 할 모든 귀결에 대한 체계적인 숙고가 가해지지는 못했다. 이 밖에도 현대 이데올로기론과 지식사회학을 위한 또 하나의 기점起點은 니체의 기발한 통찰에서 찾을 수 있는데 그는 이 분야에서의 구체적 관찰 내용을 본능 구조론이나 프래그머티즘을 연상케 하는 인식론과 연결했다. 그런데 그에게는 사회학적 귀속이라는 관점이 결여되지는 않았으나 다만 이를 거의 '귀족주의적이며 민주주의적인 문화'의 범주로서 여기에 특정한 사유 방식을 귀속시켰다.

이제 니체로부터 발단한 계보는 '**프로이트·파레토**'류의 충동 이론과 이를 기초로 하여 개발된, 인간의 사유를 은폐 작용이며 또한 충동 장치의 산물로 보는 방법으로 이어져나갔다. 또한 **구스타브 라첸호퍼**Gustav Ratzenhofer, 1842~1904, **루트비히 굼플로비치**Ludwig Gumplowicz, 1838~1909 및 오펜하이머를 거치는 실증주의 사조에서도 이와 유사한 방향의 이데올로기론이 형성되었음을 볼 수 있다. 이 실증주의적 계보에 속하는 사상가로는 **빌헬름 예루살렘**Wilhelm Jerusalem, 1854~1923도 꼽을 수가 있는데 그의 업적이라면, 비록 **빌헬름 딜타이** Wilhelm Dilthey, 1833~1911적인 정신과학의 흐름과 역사주의에서 연유되는 문제성의 어려움을 간취하지는 못하였지만 현대적 논의를 고무시켰다는 데서 찾을 수가 있다(예루살렘의 저서를 제외한 이 방면의 저술이나 '원시인의 사상'에 관한 프랑스 학자들의 연구 업적에 대해서는 지면 관계상 본서 참고 문헌 목록에 수록하지 않았다).

그러나 지식사회학적 방법은 다음 두 가지의 다른 사조를 통해 좀 더 치밀하게 전개됐는데, 그중 하나가 **루카치**이다. 마르크스에게 되돌아간 그는 거기서 풍부한 헤겔적 요소들을 발굴해내 결국 이러한 방식으로 극히 생산적이지만 특정한 역사적 철학적 개념에서 오는 위험 부담을 안은, 이 문제성에 대한 일면적이고 구성적인 독단적 해결에 다다랐다. 결국 이데올로기의 폭로 문제가 그에게 있어서 여전히 지식사회학으로부터 분리되지 못한 한, 루카치는 아직도 마르크스적 구도構圖에 머물러 있는 셈이다. 두 번째로 셸러의 업적은 극히 중요한 개별적인 지식사회학적 관찰 이외에도 철학적 세계상이라는 전체 구조 속에 지식사회학을 통합하려고 시도한 데 있다. 이런 가운데서도 역시 가장 중요한 그의 업적은 형이상학을 촉진하려 했다는 선에서 찾을 수 있다. 바로 이런 이유 때문에 셸러로서는 이 새로운 사상적 위치에 내재하는 박진감이나 거기서 발생하는 활력성과 또한 어떤 본래적으로 특유한 새로운 문제성에 자신을 의탁하려는 생각은 하지 않았다. 그로서는 오히려 자기가 표방해온 존재론·인식론 및 형이상학에 따른 잘 존속되어온 범위 내에서 이 새로운 시각 방식에 충실하고자 하였다. 이렇게 얻은 결과가 물론 깊은 직관력이 깃든 웅대하고도 체계적인 기획이기는 했지만 사회학적 방향에서의 정신과학을 위한 자명하고도 효과적인 연구 방법이 되는 데까지는 미치지 못했다.

 지금까지 우리가 지식사회학을 서술하는 데 있어서 그 다양한 전개 양식이 아니라 본 저자가 표방하고 있는 형태를 위주로 했던 이유는 우리가 지식사회학적 문제성의 독자적 활력을 좀 더 분명한 논의의 대상으로 삼기 위하여 될 수 있는 한 통일적인 구상하에서 그 진가를 나타내보도록 하기 위해서이었다.

참고 문헌

I. 사회과학의 인식론적 시각

1. 전제 조건
- 아벨(Abel, Th.): 〈독일에서의 조직 사회학〉, 1929.
- 긴즈버그(Ginsberg, M.): 〈사회학의 최근 경향〉, 1933.
- 긴즈버그(Ginsberg, M.): 《사회학 연구》, 1932.
- 카우프만(Kaufmann, F.): 《사회과학 방법론》, 1936.
- 카우프만(Kaufmann, F.): 〈사회과학을 위한 방법론의 의의〉, 1938.
- 나이트(Knight, F.): 〈경제학에서의 과학적 방법의 한계〉, 1924.
- 란트헤르(Landheer, B.): 〈사회학의 전제 조건〉, 1932.
- 뢰베(Löwe, A.): 《경제학과 사회학》, 1936.
- 맥키버(MacIver, R. M.): 《사회적 인과성》, 1942.
- 판넨슈틸(Pfannenstill, B.): 〈사회학의 근본 문제〉, 1943.
- 비제(Wiese, L. v.): 《일반 사회학 체계》, 1933.
- 볼프(Wolff, K. H.): 〈특수적인 것과 일반적인 것, 사회학의 철학을 위하여〉, 1948.
- 슈프랑거(Spranger, E.): 〈정신과학에서의 무전제의 의미〉(프러시아 학술원 논문집), 1931.

2. 시각
- 버크(Burke, K.): 《불변과 변화》, 1935.
- 캘버턴(Calverton, C. F.): 〈현대 인류학과 문화적 강제의 이론〉, 1931.
- 듀이(Dewey, J.): 《다윈이 철학에 미친 영향》, 1910.
- 홉슨(Hobson, J.): 《사회과학에서의 자유 사상》, 1926.
- 라이제강(Leisegang, H.): 《사유의 여러 형식》, 1928.
- 리트(Litt, Th.): 《인식과 생활. 학문의 구분 방법 및 사명에 관한 연구》, 1923.
- 리트(Litt, Th): 《개인과 사회 문화철학 원론》, 1924.
- 오그번(Ogburn, W. F.): 〈심리 분석과 문화의 주체〉, 1923.

- 파이잉거(Vaihinger, H.): 《가상假想의 철학》, 1927.
- 볼프(Wolfe, A. B.): 《극단주의, 보수주의 및 과학적 방법》, 1923.

3. 객관성

- 코엔(Cohen, M.): 《이성과 자연》, 1931.
- 쿨리(Cooley, Ch. H.): 〈사회적 인식의 기초〉, 1930.
- 컬버(Culver, D. C.): 《사회과학 연구의 방법론》, 1936.
- 듀이(Dewey, J.): 《확실성의 탐구》, 1929.
- 듀이(Dewey, J.): 《경험과 자연》, 1925.
- 뒤르켐(Durkheim, É.): 《사회학방법론》, 1927.
- 그롤만(Grolmann, A.v.): 〈존재의 역설遊說 속에서의 상관성 이론〉
- 홉슨(Hobson, E. W.): 〈자연과학의 영역〉, 1926.
- 후크(Hook, S.): 〈역사 발생론적 방법에 관한 실용주의적 비판〉, 1929.
- 호르크하이머(Horkheimer, M.): 《이성의 쇠퇴》, 1946.
- 호르크하이머(Horkheimer, M.) 1935.
- 호르크하이머(Horkheimer, M.): 〈형이상학에 대한 최근의 반론〉, 1937.
- 호르크하이머(Horkheimer, M.): 〈전통 이론과 비판 이론〉, 1937.
- 후설(Husserl, E.): 《순수 현상학과 현상학적 철학의 이념》, 1928.
- 제임스(James, W.): 《실용주의》, 1907.
- 맥클버(MacIver, R. M.): 〈사회학은 자연과학인가?〉, 1931.
- 만하임(Mannheim, K.): 〈인식론의 구조 분석〉, 1922.
- 마르쿠제(Marcuse, H.): 〈사회학적 방법의 진리 문제〉, 1929.
- 미드(Mead, G. H.): 〈과학적 방법과 개별 사상가〉, 1917.
- 머튼(Merton, R. K.): 〈사회 이론과 사회 구조〉, 1949.
- 파슨스(Parsons, T.): 《사회학 이론 논집》, 1950.
- 퍼스(Peirce, C. S.): 〈프래그머티즘과 프래그머티시즘〉.
- 라이스(Rice, S.): 〈사회과학의 방법〉, 1931.
- 셸팅(Schelting, A. v.1933.
- 자이들러(Seidler, E.): 《사회과학적 인식. 사회과학 방법론 사론》, 1930.
- 짐멜(Simmel, G.): 《역사철학의 여러 문제》, 1905.
- 스몰(Small, A.): 《사회학의 기원》, 1924.
- 슈피겔베르크(Spiegelberg, H.): 《반상주의. 가치와 당위성에 관한 상대주의 및 회의주의 비판》, 1935.

- 웅거(Unger, R.): 〈역사적 객관성 문제의 전개. 원리사적 연구〉.
- 베버(Weber, M.): 〈사회과학적 및 사회 정책적 인식의 객관성〉, 1950.
- 베버(Weber, M.): 〈사회학 및 경제학에서의 몰가치성의 의미〉, 1950.

4. 상징, 커뮤니케이션 및 언어
- 알만(Ahlmann, E.): 〈의미 개념 속의 규범적 요소〉, 1926.
- 볼드윈(Baldwin, J. M.): 《개인과 사회 혹은 심리학과 사회학》, 1911.
- 볼드윈(Baldwin, J. M.): 〈지적 발달에 관한 사회적 내지 윤리적 해석〉, 1913.
- 베냐민(Benjamin, W.): 〈언어사회학의 여러 문제〉(사회 문제 연구 회지 4권), 1935.
- 벤담(Bentham, J.): 《허구성의 이론》, 1932.
- 브릴(Brill, A. A.).: 〈상징의 보편성〉, 1943.
- 버로우(Burrow, N. Tr.): 〈사회적 표상 대 현실〉.
- 버로우(Burrow, N. Tr.): 《의식의 사회적 기초》, 1927.
- 빈스방거(Binswanger, L.): 〈심리학에서의 이해와 해석〉, 1927.
- 카르나프(Carnap, R.): 《의미론 입문》, 1942.
- 카시러(Cassirer, E.): 《신화론 속의 개념 형식》, 1922.
- 카시러(Cassirer, E.): 〈논리학과 사유심리학의 한계 문제에 관한 인식론〉, 1927.
- 카시러(Cassirer, E.): 《언어와 신화》, 1946.
- 카시러(Cassirer, E.): 《상징적 형식의 철학》, 1923~31.
- 쿨리(Cooley, Ch. H.): 《인간 본성과 사회 질서》, 1902.
- 쿨리(Cooley, Ch. H.): 《사회 과정》, 1918.
- 쿨리(Cooley, Ch. H.): 《사회 조직》, 1909.
- 데 라구나(De Laguna, G.): 《연설, 그 기능과 발달》, 1927.
- 들랑라드 외(Delanglade, J.): 《기호와 상징》, 1948.
- 듀이(Dewey, J.): 《인간 본성과 그 행위》, 1922.
- 듀이(Dewey, J.): 〈퍼스의 언어학적 기호, 사유 및 의미에 관한 이론〉, 1946.
- 뒤르켐(Durkheim, É.): 〈개인과 집단의 표상〉, 1925.
- 긴즈버그(Ginsburg, I.): 〈민족적 상징주의〉, 1933.
- 곰페르츠(Gomperz, H.): 《의미와 의미 형성: 이해와 해석》, 1929.
- 고틀-오트릴리엔펠트(Gottl-Ottlilienfeld, F. v.): 《생활로서의 경제》, 1925.
- 그린(Green, G. H.): 〈공상, 발달 이론〉, 1923.
- 귀르비치(Gurvitch, G.): 《사회학의 현실적 과제》.

- 알박스(Halbwachs, M.): 〈기억과 사회〉, 1949.
- 히드(Head, H.): 〈상징적 사유의 무질서와 표현〉, 1920.
- 회른레(Hoernlé, R. F. A.): 〈사상, 이념 및 의미〉, 1907.
- 호프만(Hoffmann, E.): 〈언어와 고대인의 논리〉, 1935.
- 호프만(Hoffmann, P.): 〈의미의 이해와 그 보편타당성〉.
- 요르단(Jordan, L.): 〈언어와 사회〉, 1923.
- 융(Jung, C. G.): 《리비도의 변화와 상징》, 1952.
- 클루크혼(Kluckhon, C.): 〈신화와 의식, 그 일반 이론〉, 1942.
- 라이엔데커(Layendecker, H.): 《기만의 현상학》, 1913.
- 뢰벤탈(Löwenthal, L.): 〈사회 발전의 반영으로서의 독일 언어사〉, 1930.
- 마이어(Maier, H.): 《정서적 사유의 심리학》, 1908.
- 마이어(Maier, H.): 《현실성의 철학》, 1935.
- 말고(Malgaud, W.): 《행동으로부터 사유에로》, 1935.
- 말리노프스키(Malinowski, B. K.): 〈마술의 언어와 원예[圖藝]〉, 1935.
- 말리노프스키(Malinowski, B. K.): 〈마술, 과학 및 종교〉, 1925.
- 말리노프스키(Malinowski, B. K.): 《원시 심리학에서의 신화》, 1926.
- 말리노프스키(Malinowski, B. K.): 〈원시 언어에서의 의미의 문제〉, 1923.
- 마키(Markey, J. F.): 〈상징적 과정〉, 1928.
- 마르조(Marouzeau, J.): 〈정적 언어와 지적 언어〉, 1923.
- 마이어-그로스 및 립스(Mayer-Groß, W. und Lipps, H.): 〈원시적 사유 형식의 문제〉, 1930.
- 미드(Mead, G. H.): 〈사회의식과 의미의 의식〉, 1910.
- 미드(Mead, G. H.): 〈사회의식의 메커니즘〉, 1912.
- 미드(Mead, G. H.): 〈주요 상징의 행동주의적 요소〉, 1922.
- 미드(Mead, G. H.): 〈자아의 발생 기원과 사회적 통계〉, 1925.
- 미드(Mead, G. H.): 《정신, 자아 및 사회》, 1934.
- 나우만(Naumann, H.): 〈상층 계급과 하층 계급 간의 언어적 관계〉(언어학 연총 1권), 1925.
- 오그던(Ogden, C. K.): 〈어휘의 마술〉, 1934.
- 오그던 및 리처즈(Ogden, C. K. und Richards I. A.): 《의미의 의미》, 1923.
- 레이나크(Reinach, S.): 〈제식, 신화 및 종교〉, 1905~1908.
- 로펜슈타인(Roffenstein, G.): 《심리학적 이해의 문제》, 1926.
- 사피어(Sapir, E.): 〈커뮤니케이션〉.
- 실더(Schilder, P.): 《환상과 인식》, 1918.

- 쉬츠(Schütz, A.): 《사회적 세계의 의미 구조》, 1932.
- 스미스(Smith, W. S.): 〈커뮤니케이션, 사회 안에서의 상징의 기능〉, 1942.
- 좀바르트(Sombart, W.): 〈이해〉, 1929.
- 존델(Sondel, B.): 《커뮤니케이션에 관한 새로운 접근》, 1944.
- 스피어(Spier, L.)외: 《언어, 문화 및 인격》, 1941.
- 슈프랑거(Spranger, E.): 〈이해론〉, 1918.
- 슈테른(Stern, G.): 〈의미와 의미의 변화〉, 1932.
- 스토크(Stok, W.): 〈비밀. 거짓 및 오해. 관계론 연구〉, 1929.
- 스토치(Storch, A.): 《고대적 내지 원시적 체험과 정신 이상자의 사유》, 1922.
- 포슬러(Voßler, K.): 〈언어사회학의 한계〉, 1923.
- 박하(Wach, J.): 《이해. 19세기 해석학 이론의 역사》, 1926~1933.
- 바이스게르버(Weisgerber, E.): 《모국어와 정신의 형성》, 1929.
- 바이스게르버(Weisgerber, E.): 〈의미 문제에 관한 언어학과 철학의 입장〉, 1930.
- 바이스게르버(Weisgerber, E.): 〈언어〉, 1931.
- 베르너(Werner, H.): 《비유의 발생. 발달 심리학 연구》, 1919.
- 화이트헤드(Whitehead, A. N.): 《상징주의, 그 의미와 효과》, 1927.
- 영(Young, K.): 〈언어 사상 및 사회적 현실〉, 1931.

5. 가치 평가적 및 몰가치적 사회과학
- 베커(Becker, H.): 〈가치에 따른 사회적 해석〉.
- 딜(Diehl, K.): 〈막스 베버의 생애〉 (경제학 계간지 38권), 1924.
- 란츠후트(Landshut, S.): 《사회학 비판, 사회학의 기원에 관한 문제로서의 자유와 평등》, 1929.
- 뢰비트(Löwith, K.): 〈막스 베버와 카를 마르크스〉.
- 파슨스(Parsons, T.): 〈사회학 이론에서의 절대적 가치의 위치〉, 1936.
- 스판(Spann, O.): 《사회 이론》, 1930.
- 스판(Spann, O.): 《죽은 학문과 살아 있는 학문》, 1921.
- 베버(Weber, M.): 〈직업으로서의 학문〉, 1950.
- 베버(Weber, M.): 〈사회학 및 경제학에 있어서의 몰가치성의 의미〉, 1950.
- 베버(Weber, M.): 〈사회과학적 및 사회 정책적 인식의 객관성〉, 1950.

6. 역사주의
- 안토니(Antoni, C.): 〈역사주의로부터 사회학에로〉.

- 아롱(Aron, R.):《현대 독일의 역사 이론》, 1938.
- 비어드(Beard, Ch. A.):《인간 문제에 관한 논쟁》, 1936.
- 비어드(Beard, Ch. A.):《역사와 사회과학》, 1935.
- 비어드(Beard, Ch. A.):〈역사 서술 이론의 최근 동향〉, 1937.
- 벨로브(Below, G. v.):《시대 구분론》, 1925.
- 크로체(Croce, B.):《역사 서술의 이론과 역사》, 1920.
- 딜타이(Dilthey, W.):《정신과학 서설》, 1922.
- 딜타이(Dilthey, W.):《정신과학에서의 역사 세계의 구조》, 1927.
- 드로이젠(Droysen, J. G.):《역사학 강요》, 1935.
- 에르크스레벤(Erxleben, W.):《체험. 이해 및 역사적 현실》, 1937.
- 프라이어(Freyer, H.):《현실 과학으로서의 사회학. 사회학 체계를 위한 논리적 기초》, 1930.
- 프라이어(Freyer, H.):《20세기의 역사적 자각》, 1937.
- 호이시(Heussi, K.):《역사주의의 위기》, 1932.
- 만델바움(Mandelbaum, M.):《역사적 인식의 문제》, 1938.
- 만하임(Mannheim, K.):〈역사주의〉, 1924.
- 랑케(Ranke, L. v.):《정치적 대화》, 1925.
- 레크바트(Requadt, P.):《요하네스 폰 뮐러와 초기 역사주의》, 1929.
- 레오(Leo, H.):《국가 본질론》, 1948.
- 로텐뷔허(Rothenbücher, K.):《역사의 본질과 사회적 형상》, 1926.
- 샤프(Schaaf, J. J.):《역사와 개념》, 1946.
- 쇡크(Schoeck, H.):〈카를 만하임에서의 시간성〉, 1950.
- 지멜(Simmel, G.):〈역사적 시간의 문제〉, 1916.
- 텍가트(Teggart, F. J.):《역사의 이론》, 1925.
- 트뢸치(Troeltsch, E.):《역사주의의 여러 문제》, 1923.
- 비퍼(Wipper, R.):《역사과학의 위기》, 1921.

7. 일반론

- 브리지먼(Bridgman, P. W.):〈현대물리학의 논리〉, 1927.
- 듀이(Dewey, J.):〈철학〉, 1929.
- 도브레츠베르거(Dobretsberger, J.):〈역사적 및 사회적 법칙〉, 1931.
- 오일렌베르크(Eulenberg, F.):〈역사적 법칙은 가능한가?〉, 1923.
- 오일렌베르크(Eulenberg, F.):〈역사의 법칙성〉, 1912.

- 오일렌베르크(Eulenberg, F.): 〈자연법칙과 사회법칙〉, 1910.
- 하경덕(Har Kyung Durk): 《사회적 법칙. 사회학적 일반화 이론의 타당성에 관한 연구》, 1930.
- 클뤼버(Klüver, H.): 〈문화과학으로서의 심리학에 있어서의 유형의 문제〉, 1923.
- 클뤼버(Küver, H.): 〈심리학에서 본 베버의 이념형〉, 1926.
- 미제스(Mises, L. E. v.): 〈국민경제학의 근본 문제. 경제 이론과 사회 이론의 방법, 과제 및 내용에 관한 연구〉, 1933.
- 오펜하이머(Oppenheimer, H.): 《막스 베버를 통해서 본 사회학적 개념형성의 논리》, 1925.
- 파크 및 버제스(Park, R. E. und Burgess, E. W.): 《사회학 입문》, 1921.
- 파슨스(Parsons, T.): 〈체계적 사회학 이론과 그 전망〉, 1947.
- 파슨스(Parsons, T.): 《사회 행위의 구조》, 1937.
- 피스터(Pfister, B.): 《이념형에로의 발전》, 1928.
- 리케르트(Rickert, H.): 〈자연과학적 개념 형성의 한계, 역사과학에의 논리학적 입문〉, 1929.
- 리케르트(Rickert, H.): 《문화과학과 자연과학》, 1915.
- 로탁커(Rothacker, E.): 《정신과학 입문》, 1930.
- 뤼에프(Rueff, J.): 〈자연과학으로부터 사회과학으로〉, 1929.
- 솔로몬(Solomon, A.): 〈막스 베버의 방법론〉, 1934.
- 셸팅(Schelting, A. v.): 〈이념형의 개념을 통해서 본 문화과학에 대한 막스 베버의 논리적 이론〉.
- 지멜(Simmel, G.): 《사회학》, 1908.
- 좀바르트(Sombart, W.): 《세 가지 국민경제학》, 1930.
- 슈프랑거(Spranger, E.): 《생의 여러 형태》, 1925.
- 베버(Weber, M.): 《경제와 사회》 (사회경제학 원리, 3권), 1922.
- 베버(Weber, M.): 〈이해 사회학의 몇 가지 범주에 관하여〉, 1950.
- 로진(Rogin, L.): 〈베르너 좀바르트와 경제학에서의 자연과학적 방법〉, 1933.
- 바이페르트(Weippert, G.): 〈이념형적 의미 및 본질 파악과 형식적 이론의 사고 형상. '이념형'과 '합리적 도식'의 논리학을 위하여〉, 1940.
- 빈델반트(Windelband, W.): 《역사와 자연과학》, 1894.

II. 사회 운동과 사상의 흐름

1. 이념과 이데올로기
    - 아들러(Adler, G.): 《정치와 사회생활에서의 환상의 의의》, 1904.

- 애덤스(Adams, E. D.): 《미국사 속에서의 이념의 힘》, 1913.
- 아도르노(Adorno, Th. W.): 〈문화 비평과 사회〉, 1951.
- 발당스페르제(Baldensperger, F.): 《1781~1815년 사이의 프랑스 이민 속에서의 사상 운동》, 1927.
- 베렌트(Behrendt, R.): 《정치적 행동주의》, 1932.
- 베른슈타인(Bernstein, E.): 〈역사 속에서의 이념과 관심〉, 1928.
- 쿠르노(Cournot, R. A.): 《학문과 역사 속에서의 기본적 이념의 연계성》, 1861.
- 쿠르노(Cournot, R. A.): 《이념 발전에 관한 소고》.
- 초벨 및 하이두(Czobel, E. und Hajdu, P.): 〈세계 대전 발발 이후의 마르크스, 엥겔스 및 마르크스주의에 관한 문헌〉, 1926.
- 디트리히(Dietrich, A.): 〈정치적 이데올로기 비판〉, 1923.
- 딕슨(Dixon, R. F.): 《행동하는 이념》, 1935.
- 뒤프라(Duprat, G. L.): 《거짓말》, 1913.
- 엘링거(Ellinger, G.): 《10, 11, 12세기에서의 진실과 거짓에 대한 사회 여론의 관계》, 1884.
- 긴즈버그(Ginzburg, B.): 〈병리적 징후로서의 우울증〉.
- 그뢰튀젠(Groethuysen, B.): 《프랑스에서의 부르주아 세계관 및 인생관의 발생》, 1930.
- 그뢰튀젠(Groethuysen, B.): 〈프랑스에 있어서의 불신성의 사회적 기원〉, 1940.
- 게라르(Guérard, A.): 《나폴레옹 전설에 관한 고찰》.
- 헤슬라인(Hesslein, H.): 《이상과 관심》, 1911.
- 호닝스하임(Honigsheim, P.): 〈중세 스콜라 학파의 사회학적 문제. 명목주의의 사회학적 의의〉, 1923.
- 호르크하이머(Horkheimer, M.): 〈이기주의와 자유 운동〉, 1936.
- 후트(Huth, H.): 《애덤 스미스와 휘그슨을 통하여 본 18세기에서의 사회적 내지 개인주의적 입장》, 1907.
- 양켈레비치(Jankelevitch): 〈사회 발전에서의 이념의 역할〉, 1908.
- 융크만(Jungmann, E.): 《노조 운동을 위한 요인으로서의 자발성과 이데올로기》, 1920.
- 나이트(Knight, F. H.): 〈사회과학과 정치적 추세〉, 1934.
- 콜나이(Kolnai, A.): 〈사회 일반적으로 본 권력 이념의 분류 시론〉, 1928.
- 크라카우어(Kracauer, S.): 〈이념 담당자로서의 집단〉.
- 라슨(Larson, I. A.): 《거짓말과 그의 탐지》.
- 라스웰(Lasswell, H. D.): 〈공공 정책에 대한 이데올로기적 지식의 관계〉, 1942.
- 리프먼 및 플라우트(Lipmann, O. und Plaut, P.): 《거짓말》, 1929.
- 뢰벨(Loebell, F. W.): 〈역사적 전승 속에서의 현실적 및 이념적 요소〉, 1859.
- 만(Man. H. de.): 《사회주의 심리학》, 1926.
- 마르틴(Martin, A. v.): 〈사회학적 현상으로서의 휴머니즘〉, 1931.

- 마송누르셀(Masson-Oursel, P.): 《비교철학》, 1926.
- 밀리우(Millioud, M.): 〈이상의 형태〉, 1908.
- 외스터라이히(Oesterreich, T. K.): 《권력 이념으로부터 문화 이념에로》, 1919.
- 파레토(Pareto, V.): 《일반 사회학 원리》, 1919.
- 파레토(Pareto, V.): 《사회주의 체계》, 1903.
- 리츨러(Riezler, K.): 《불가능에의 요청. 정치 이론 및 그 밖의 이론을 위한 프롤레고메나》, 1913.
- 리츨러(Riezler, K.): 〈정치사 속에서의 이념과 관심〉, 1927.
- 로베르티(Roberty, E. de.): 〈이념의 사회적 본질〉, 1907.
- 로베르티(Roberty, E. de.): 《행동사회학, 이성의 사회적 기원과 행동의 합리적 원천》, 1908.
- 로미에(Romier, L.): 《현대의 해석》, 1925.
- 살로몽(Salomon, G.): 〈이데올로기로서의 역사〉, 1924.
- 살로몽(Salomon, G.): 《낭만주의 이상으로서의 중세》, 1922.
- 좀바르트(Sombart, W.): 《프롤레타리아적 사회주의》, 1924.
- 슈파이어(Speier, H.): 《사회 질서와 전쟁의 위험에 비춰본 이념의 사회적 결정성》, 1952.
- 슈탐머(Stammer, O.): 〈이데올로기의 발생과 동태성〉, 1950~51.
- 센다(Szenda, P.): 〈추상성의 사회학적 이론〉.
- 센다(Szenda, P.): 〈은폐와 폭로〉, 1922
- 테일러(Taylor, H. O.): 《중세적 정신》, 1961.
- 토마직(Tomasic, D.): 〈볼셰비즘적 이데올로기와 소비에트 사회〉, 1951.
- 트륄치(Troeltsch, E.): 《기독교회와 집단의 사회 이론》, 1919.
- 질셀(Zilsel, E.): 《천재 개념의 발생》, 1926.

2. 유토피아적 의식

- 발당스페르제(Baldensperger, W.): 《당대의 메시아적 희망으로 본 예수의 자아의식》, 1903.
- 베르네리(Berneri, M. L.): 《유토피아 방랑기》, 1950.
- 베른슈타인(Bernstein, E.): 《크롬웰과 공산주의》, 1930.
- 블로흐(Bloch, E.): 《혁명의 신학자로서의 토마스 뮌처》, 1921.
- 블로흐(Bloch, E.): 《자유의 질서》, 1947.
- 부버(Buber, M.): 《유토피아로 가는 길》, 1950.
- 될링거(Döllinger, J. J. I. v.): 〈기독교 시대에서의 예언 종교와 예언의 의미〉, 1890.
- 도렌(Doren, A.): 《소망의 내용과 소망의 시간》, 1927.
- 엥겔스(Engels, F.): 《독일 농민 전쟁》, 1951.

- 기르스베르거(Girsberger, H.): 《18세기 프랑스에서의 공상적 사회주의와 그 철학적 및 물질적 기초》.
- 허츨러(Hertzler, J. O.): 《유토피아 사상의 역사》, 1923.
- 호프만(Hoffmann, F.): 〈정당 이데올로기의 출현〉, 1925.
- 홀(Holl, K.): 〈루터와 광신자〉, 1927.
- 캄퍼스(Kampers, F.): 《중세에서의 황제에 관한 예언과 설화》, 1895.
- 카우츠키(Kautsky, K.): 《독일 종교 개혁 운동에 나타난 공산주의》, 1947.
- 카우츠키(Kautsky, K.): 《기독교의 원천》, 1923.
- 란다우어(Landauer, G.): 〈혁명〉, 1923.
- 로렌츠(Lorenz, E.): 《정치적 신화》, 1923.
- 만하임(Mannheim, K.): 〈유토피아〉.
- 멈포드(Mumford, L.): 《유토피아 이야기》, 1922.
- 니부어(Niebuhr, R.): 《한 시대의 종말에 관한 명상》, 1934.
- 포이케르트(Peuckert, W-E.): 《위대한 전기》, 1948.
- 라인케(Reinke, L.): 〈구약 성서에서 나오는 크고 작은 예언가들의 메시아적 예언〉, 1859~62.
- 라이첸슈타인(Reitzenstein, R.): 《이란에서의 구제에 관한 신비주의 사상》, 1921.
- 르낭(Renan, E.): 《기독교 발생사》, 1863~1883.
- 르낭(Renan, E.): 《이스라엘 민족사》, 1887~1894.
- 로르(Rohr, J.): 〈역사의 원천이며 역사의 요인으로서의 종교 개혁 이전 세기의 예언 사상〉.
- 로젠크란츠(Rosenkranz, A.): 〈중세 말엽에서의 황제에 대한 예언적 기대감〉, 1905.
- 스미런(Smirin, M. M.): 《토마스 뮌처의 민족 종교 개혁과 독일 대농민 전쟁》, 1947.
- 바트슈타인(Wadstein, E.): 〈기독교적 중세 전사의 주요 계기마다 나타난 종말론적 이념 집단인 무신론자, 세계 안식일, 세계 종말 및 세계 심판〉, 1896.
- 왈스비(Walsby, H.): 《이데올로기의 영역》, 1947.
- 월터(Walter, L. G.): 《토마스 뮌처와 종교 개혁 시대의 사회적 투쟁》, 1927.
- 바르부르크(Warburg, A.): 《루터 시대의 글과 그림에 나타난 이단적인 고대 예언》, 1932.
- 베버(Weber, M.): 《종교사회학 논집》 1권, 1920.
- 베버(Weber, M.): 〈종교사회학〉, 1925.

3. 사회 계층과 세계관·문학사회학
- 아들러(Adler, M.): 〈학문과 사회적 구조〉, 1923.
- 발당스페르제(Baldensperger, F.): 《문학, 창조, 결과, 지속성》, 1913.
- 바틀릿(Bartlett, F. C.): 〈기질과 사회 계급〉.

- 바우어(Bauer, O.): 〈자본주의 세계상〉, 1924.
- 벤(Behn, S.): 《낭만적 논리와 고전적 논리》, 1925.
- 베냐민(Benjamin, W.): 〈현대 프랑스 작가의 사회적 위치〉, 1934.
- 베른하임(Bernheim, E.): 《중세적 시간관이 정치학과 역사 서술에 미친 영향》, 1918.
- 보르케나우(Borkenau, F.): 《봉건적 세계상으로부터 부르주아적 세계상에로의 이행》, 1934.
- 브뤽게만(Brüggemann, F.): 〈18세기 독일 문학 속의 부르주아적 세계관과 인생관을 둘러싼 투쟁〉, 1925.
- 부데베르크(Buddeberg, Th.): 〈유럽 사상의 사회학〉, 1927.
- 딜타이(Dilthey, W.): 《철학의 철학. 세계 관학 논문집》, 1931.
- 도미니크(Dominik, J.): 《슈테판 게오르게와 그의 엘리트들》, 1949.
- 뒤프라(Duprat, G. L.): 〈사회 계급의 사회학〉, 1928.
- 플리켄쉴트(Flickenschild, H.): 〈전통적 프러시아 농민층의 생활 형태와 세계상〉.
- 기제(Giese, F.): 《기계화 시대의 교육 이념》, 1931.
- 고블로(Goblot, E.): 《경제와 수평》, 1930.
- 곰페르츠(Gomperz, H.): 《세계관 이론》, 1908.
- 그로스만(Großmann, H.): 〈기계론적 철학의 사회적 기초〉, 1935.
- 게라르(Guerard, A.): 《문학과 사회》, 1935.
- 굼페르츠(Gumperz, J.): 〈미국 정당 제도의 사회학〉, 1932.
- 헬파흐(Hellpach, W.): 《신경 활동과 세계관》, 1906.
- 헤르만(Herman, T.): 〈실용주의. 중산 계급의 이데올로기에 관한 연구〉, 1944.
- 야스퍼스(Jaspers, K.): 《세계관의 심리학》, 1925.
- 카우츠키(Kautsky, K.): 《유물 사관》, 1927.
- 콘-브람슈테트(Kohn-Bramstedt, E.): 〈문학사회학의 여러 문제〉, 1931.
- 코르슈(Korsch, K.): 《마르크스주의와 철학》, 1926.
- 레더러(Lederer, E.): 〈문화사회학의 과제〉, 1923.
- 뢰벤탈(Löwenthal, L.): 〈문학의 사회적 상황〉, 1932.
- 뢰벤탈(Löwenthal, L.): 〈콘라트 F. 마이어의 영웅주의적 역사관〉, 1933.
- 뢰벤탈(Löwenthal, L.): 〈개인주의적 사회에서의 개인. 입센 연구〉, 1936.
- 뢰벤탈(Löwenthal, L.): 〈1차 대전전 독일에서의 도스토옙스키 해석〉.
- 뢰벤탈(Löwenthal, L.): 〈크누트 함순, 권위주의적 이데올로기 전사〉, 1937.
- 뢰벤탈(Löwenthal, L.): 〈대중 잡지에 나타난 전기〉, 1943.
- 뢰벤탈(Löwenthal, L.): 〈문학사회학〉, 1949.

- 만하임(Mannheim, K.): 〈세계관의 해석 이론 연구〉, 1923.
- 만하임(Mannheim, K.): 〈정신적 영역에서의 경쟁의 의의〉, 1929.
- 만하임(Mannheim, K.): 〈보수주의 사상. 독일에서의 정치적 내지 역사적 사상의 생성에 관한 사회학적 연구〉.
- 만하임(Mannheim, K.): 《세대의 문제》, 1927.
- 마르틴(Martin, A. v.): 〈전통적 보수 사상에 담긴 세계관적 동기〉, 1922.
- 메이오(Mayo, G. E.): 《산업 문명이 인간에 미치는 영향》, 1933.
- 니키슈(Niekisch, E.): 〈이데올로기〉, 1951.
- 오펜하이머(Oppenheimer, F.): 〈독일 사회학의 최근 경향〉, 1932.
- 라눌프(Ranulf, S.): 《도덕적 분개와 중산 계급의 심리학》, 1938.
- 로펜슈타인(Roffenstein, G.): 〈유물 사관에서의 이데올로기 문제와 현대의 정당제도〉, 1926.
- 쉭킹(Schücking, L.): 《문학적 기호 형성의 사회학》, 1931.
- 슈파이어(Speier, H.): 《사회 질서와 전쟁의 위험》, 1952.
- 센데(Szende, P.): 〈학문의 체계와 사회 질서〉, 1922.
- 텐(Taine, H. A.): 〈영국 문학사 입문〉, 1863.
- 베르팅(Vaerting, M.): 〈통치자와 피통치자에게서의 단합 정신〉, 1928.
- 베버(Weber, A.): 《역사사회학과 문화사회학의 여러 원리》, 1951.
- 베버(Weber, M.): 《종교사회학 논집 I/III》, 1921.
- 베슐러(Wechsler, E.): 〈독일 교육사에서의 사유 형식과 세계관〉, 1936.
- 비티히(Wittich, W.): 〈괴테의 《빌헬름 마이스터의 수업 시대》에 담긴 사회적 내용〉, 1923.

4. 인텔리겐치아와 그 역할

- 바르뷔스(Barbusse, H.): 《이빨 사이의 포정砲丁》, 1921.
- 방다(Benda, J.): 《지식인의 배반》.
- 베르트(Berth, Ed.): 《인텔리겐치아의 해악》, 1914.
- 번(Bourne, R. S.): 《전쟁과 인텔리겐치아》, 1917.
- 보먼(Bowman, C.): 《대학 교수》, 1938.
- 브라네스(Brandes, G. M.): 《19세기 문학의 주류》, 1924.
- 뎀프(Dempf, A.): 〈지성의 결핍〉, 1950.
- 도브레츠베르거(Dobretsberger, J.): 〈지식인의 위기〉.
- 되블린(Döblin, A.): 《지식과 변화》, 1931.
- 플렉스너(Flexner, A.): 《미국, 영국, 독일의 대학들》, 1930.

- 포가라지(Fogarasi, A.): 〈지식인의 사회학과 사회학의 지식인〉, 1930.
- 가이거(Geiger, Th.): 〈사회 안에서의 지식인의 과제와 위치〉, 1949.
- 하인리히(Heinrich, H.): 〈지식인과 부르주아 이데올로기 및 사회주의 사상에 대한 그들의 위치〉, 1929.
- 헬팍하(Hellpach, W.): 〈정신생활 면에서의 노동 분화〉
- 케스틀러(Koestler, A.): 〈인텔리겐치아〉, 1944.
- 란즈베르크(Landsberg, P.): 〈플라톤 아카데미, 그 본질과 의의〉, 1923.
- 만(Man, H. de): 《지식인과 사회주의》, 1926.
- 마르틴(Martin, A. v.): 〈사회학적 현상으로서의 휴머니즘〉, 1931.
- 마사리크(Masaryk, Th. G.): 〈러시아 역사 및 종교철학〉, 1913.
- 멘네(Menne, L.): 〈부패〉, 1948~1949.
- 머튼(Merton, R. K.): 〈관료주의의 독자〉, 1951.
- 머튼(Merton, R. K.): 〈관료 제도하에서의 지식인의 역할〉, 1932.
- 미르스키(Mirsky, D. S.): 《영국의 인텔리겐치아》, 1935.
- 미헬스(Michels, R.): 〈지식인〉.
- 미헬스(Michels, R.): 〈보헤미안의 사회학과 그의 정신적 프롤레타리아와의 관계〉, 1932.
- 미헬스(Michels, R.): 《현대 정당 제도의 사회학》, 1925.
- 미헬스(Michels, R.): 〈전후 통치 계급의 계층 변화〉, 1934.
- 밀스(Mills, C. W.): 〈지식인의 사회적 역할〉, 1944.
- 밀스(Mills, C. W.): 〈사회병리학자의 직업적 이데올로기〉.
- 밀스(Mills, C. W.): 《화이트칼라》, 1951.
- 나우만(Naumann, F.): 《정치 생활에서의 지식인의 위치》, 1907.
- 니키슈(Niekisch, E.): 〈엘리트의 교육, 엘리트의 조직 형식, 부르주아 자본주의의 엘리트〉, 1951.
- 니키슈(Niekisch, E.): 〈엘리트의 문제〉, 1949.
- 노마드(Nomad, M.): 《반란자와 배반자》, 1932.
- 라우에커(Rauecker, B.): 《정신 노동자의 무산화》, 1920.
- 로빈슨(Robinson, J. H.): 《형성기의 정신, 인텔리의 사회 개혁에 대한 관계》, 1921.
- 러셀(Russell, B. A. W.): 〈현대 세계에서의 지식인의 역할〉, 1939.
- 리(Lee, S-Ch.): 〈중국의 지식 계급〉, 1946.
- 슈파이어(Speier, H.): 〈지식인과 그들의 사회적 직업〉, 1930.
- 슈파이어(Speier, H.): 〈독일에서의 부르주아 인텔리의 사회학〉, 1929.
- 슈파이어(Speier, H.): 〈망명 지식인의 사회적 조건〉, 1952.
- 쉐크(Schoeck, H.): 〈지식인의 사명?〉, 1950.

- 티보데(Thibaudet, A.): 《교수 공화국》, 1927.
- 베블렌(Veblen, Th.): 〈미국에서의 고등 교육〉, 1918.
- 바르노트(Warnotte, D.): 〈관료주의와 기능주의〉, 1937.
- 베버(Weber, A.): 〈정신 노동자의 고통〉, 1920.
- 베버(Weber, M.): 《종교사회학 논집》, 1920~21.
- 바일(Weil, H.): 《독일 교육 원리의 발생》, 1930.
- 윌슨(Wilson, L.): 《대학인》, 1942.
- 체러(Zehrer, H.): 〈지식인의 혁명〉, 1929.
- 질셀(Zilsel, H.): 《천재 개념의 발생》, 1926.

III. 지식의 사회적 역할

1. 합리성과 독단성
- 버널(Bernal, J. D.): 《과학의 사회적 기능》, 1939.
- 버리(Bury, J. B.): 《사상의 자유의 역사》, 1913.
- 클라크(Clark, J. N.): 《뉴턴 시대의 과학과 사회 복지》, 1939.
- 듀이(Dewey, J.): 《우리의 사고방식》, 1933.
- 그로더(Growther, J. G.): 《과학의 사회적 관계》, 1941.
- 제임스(James, W.): 《믿음에의 의지》, 1897.
- 조단(Jordan): 《영국에서의 종교적 관용의 발달》, 1932.
- 런드버그(Lundberg, G.): 《과학은 우리를 구제할 수 있는가?》, 1947.
- 린드(Lynd, R. S.): 《무엇을 위한 지식인가?》, 1944.
- 만하임(Mannheim, K.): 《현대 사회에서의 합리적 및 비합리적 요소》, 1934.
- 만하임(Mannheim, K.): 《재건기에 처한 인간과 사회》, 1935.
- 만하임(Mannheim, K.): 《우리 시대의 진단》, 1951.
- 파레토(Pareto, V.): 《일반 사회학 원리》, 1917~1918.
- 머튼(Merton, R. K.): 《17세기 영국에서의 과학, 기술 및 사회》, 1938.
- 머튼(Merton, R. K.): 〈과학과 사회 질서〉, 1938.
- 파슨스(Parsons, T.): 〈최근 독일 문학에 나타난 자본주의: 좀바르트와 베버〉, 1929.
- 파슨스(Parsons, T.): 〈사회학적 이론의 궁극적 가치〉, 1935.
- 파슨스(Parsons, T.): 〈사회적 행위에서의 이념의 역할〉.

- 라이크(Reik, Th): 〈독단과 강박 관념〉, 1927.
- 로버트슨(Robertson, J. M.): 《자유사상 약사》, 1936.
- 루지에로(Ruggiero, G. v.): 《유럽에서의 자유주의의 역사》, 1930.
- 산타야나(Santayana, G.): 《사회 속에서의 이성: 이성의 삶》, 1905.
- 지멜(Simmel, G.): 《화폐의 철학》, 1900.
- 섬너(Sumner, W. G.): 《관습》, 1906.
- 왈라스(Wallas, G.): 《사유의 양식》, 1926.
- 왈라스(Wallas, G.): 《사회적 판단》, 1935.
- 베버(Weber, M.): 《경제와 사회》, 1923.
- 베버(Weber, M.): 《종교사회학 논집》, 1920~21.
- 베버(Weber, M.): 《학문론 논집》, 1922.
- 즈나니에츠키(Znaniecki, F. W.): 《지식인의 사회적 역할》, 1940.

2. 교육과 훈련

- 애펜스(Appens, W.): 《1848년의 교육학 운동》, 1914.
- 비어드(Beard, Ch. A.): 《학교를 위한 사회과학 헌장》, 1931.
- 비어드(Beard, Ch. A.): 〈교육 목표에 비춰본 사회과학의 본질〉, 1934.
- 칸토어(Cantor, N.): 〈사회학의 지도와 교육〉, 1949.
- 콜(Cole, G. D.): 〈영국 대학에서의 사회과학 연구〉, 1948.
- 카운츠(Counts, G. S.): 〈학교는 새로운 사회 질서를 건설할 수 있는가?〉, 1932.
- 카운츠(Counts, G. S.): 〈교육청의 사회 조직적 성격〉, 1927.
- 카운츠(Counts, G. S.): 《교육의 사회적 기초》, 1934.
- 카운츠(Counts, G. S.): 《시카고의 학교와 사회》, 1928.
- 돕스(Dobbs, A. E.): 《교육과 1700~1850년 사이의 사회 운동》, 1919.
- 기제(Giese, G.): 《국가와 교육》, 1935.
- 훅(Harper, S. N.): 《소련에서의 시민 교육》, 1929.
- 후크(Hook, S.): 〈관점의 중요성〉, 1934.
- 카르센(Karsen, F.): 〈사회와 교육에 관한 신문학〉, 1934.
- 카르센(Karsen, F.): 〈성과 교육에 관한 미국의 신문학〉, 1939.
- 커크패트릭(Kirkpatrick, W.): 《교육의 선도자》, 1931.
- 린핀젤(Linpinsel, E.): 〈학교 교육에서의 사회학〉, 1948~49.
- 뢰벤슈타인(Loewenstein, K.): 〈미합중국에서의 정치학의 위치〉, 1950.

- 륏데케(Lüddeke, Th): 《국가 영도의 한 수단으로서의 일간지》, 1933.
- 만하임(Mannheim, K.): 《사회학의 현대적 과제》, 1933.
- 만하임(Mannheim, K.): 《사회학의 위치》, 1936.
- 메리엄(Merriam, C. E.): 《시민의 양성》, 1931.
- 메리엄(Merriam, C. E.): 〈미합중국에서의 시민 육성〉, 1933.
- 노일로(Neuloh, O.): 〈사회과학 전공자의 직장 선택 문제〉, 1950.
- 놀 및 팔라트(Nohl, H. und Pallat.): 《교육의 사회학적 기초》 (교육학 사전 2권), 1929.
- 퍼스(Pierce, B. L.): 〈시민의 조직체와 청소년을 위한 시민 교육〉, 1933.
- 퍼스(Pierce, B. L.): 《미국 학교 교재에 나타난 시민적 자세》, 1930.
- 러셀(Russell, B.): 《교육과 사회 질서》, 1932.
- 슈나이더(Schneider, H. W.): 《파시트의 탄생》, 1929.
- 쉑크(Schoeck, H.): 〈학과목으로서의 사회생활〉, 1950.
- 싱클레어(Sinclair, U.): 《행진 대열, 미국 교육 연구》, 1922.
- 졸름스(Solms, G. M.): 〈독일 학교의 교과목으로서의 사회과학〉, 1949~1950.
- 월러(Waller, W.): 《교육사회학》, 1933.
- 비제(Wiese, L. v.): 〈사회과학 학부의 독립안〉, 1948.

3. 프로파간다

- 베텔하임 및 야노비츠(Bettelheim, B. und Janowitz, M.): 《편견의 동태성》, 1950.
- 차일즈 및 휘튼(Childs, H. L. und Whitton, J. B.): 《단파의 프로파간다》, 1942.
- 라스웰(Lasswell, H. D.): 〈프로파간다〉 (사회과학 대사전 12권).
- 라스웰(Lasswell, H. D.): 《정치학》, 1936.
- 라스웰(Lasswell, H. D.): 《정신병리학과 정치학》, 1930.
- 라스웰(Lasswell, H. D.): 《세계 혁명의 프로파간다》, 1927.
- 라스웰(Lasswell, H. D.): 《개인의 불안과 세계 정치》, 1935.
- 라스웰(Lasswell, H. D.): 〈혁명과 전쟁을 위한 프로파간다 전략〉, 1933.
- 라스웰 외(Lasswell, H. D., etc.): 《프로파간다와 승진활동》, 1935.
- 라스웰 외(Lasswell, H. D., etc.): 《정치 언어》, 1940.
- 뢰벤탈 외(Löwenthal, L., etc.): 《기만의 예언자》, 1950.
- 럼리(Lumley, F. E.): 《프로파간다의 도전》, 1933.
- 라자스펠트 외(Lazarsfeld, P. F., etc.): 《라디오 연구 1942~1943》, 1943.
- 머튼 외(Merton, R. P. etc.): 《대중 설득》, 1946.

- 라삭(Rassak, J.): 《여론과 정치적 프로파간다의 심리학》, 1927.
- 슐체-펠처(Schulze-Pfaelzer, G.): 《선전 선동 및 광고》, 1932.
- 스미스 외(Smith, Br. L., etc.): 〈선전, 통신 매체 및 사회 여론〉, 1946.
- 영 외(Young, K., etc.): 〈검열과 선전 관계 문헌집〉, 1928.

4. 지식의 전파와 대중화

- 듀이(Dewey, J.): 《새로운 사회 질서 속의 학교》.
- 듀이(Dewey, J.): 《민주주의와 교육》, 1962.
- 핸섬(Hansome, M.): 〈각국 노동자의 교육 활동〉, 1931.
- 하이햄(Higham, C. F.): 《전망: 공공성에의 대중 교육》, 1920.
- 칼렌(Kallen, H.): 〈교육, 기계 및 노동자〉, 1925.
- 립프만(Lippmann, W.): 《자유와 보도》, 1927.
- 뮌처(Münzer, G.): 《사회 여론과 신문》, 1928.
- 폴 외(Paul, etc.): 《프롤레타리아 숭상》, 1921.
- 로빈슨(Robinson, J. H.): 《지식의 인간화》, 1923.
- 살몬(Salmon, L.): 《신문과 권위》, 1924.
- 웨플스(Waples, D.): 《민주주의하에서의 프린트, 라디오 및 영화》, 1942.
- 비제(Wiese, L. v.): 《국민 교육 제도의 사회학》, 1921.
- 볼펜슈타인 외(Wolfenstein, M., etc): 《영화, 그 심리학적 연구》, 1950.

5. 여론

- 올포트 외(Allport, G. W. etc.): 《루머의 심리학》, 1917.
- 에인절(Angell, N.): 《공중 심리》, 1926.
- 바슈비츠(Baschwitz, K.): 〈공포 정치와 언론〉, 1936.
- 바우어(Bauer, W.): 〈여론〉(사회과학 대사전 12권).
- 바우어(Bauer, W.): 《여론과 그 역사적 기초》, 1914.
- 바우어(Bauer, W.): 《세계사 속에서 본 여론》, 1930.
- 버렐슨 외(Berelson B. etc.): 《여론의 독자와 커뮤니케이션》, 1950.
- 브링크만(Brinkmann, C.): 〈언론과 여론〉, 1931.
- 캔트릴(Cantril, H.): 〈여론〉, 1940.
- 차일즈(Childs, H. L.): 《여론 연구를 위한 참고 문헌 소개》, 1934.
- 데일(Dale, E.): 《영화의 내용》, 1935.

- 두브(Doob, L. W.):《여론과 프로파간다》, 1948.
- 듀이(Dewey, J.):《공중과 그 여러 문제》, 1927.
- 뒤르켐(Durkheim, É.):《종교 생활의 원시적 형태》.
- 플라트(Flad, R.):《프러시아 개혁 당시 독일에서의 정치적 개념 형성에 관한 연구》, 1929.
- 갤럽(Gallup, G. H.):《여론 입문》, 1948.
- 가이거(Geiger, Th.):《대중과 그들의 행동》, 1926.
- 호르크하이머 및 아도르노(Horkheimer M. und Adorno, Th. W.):〈문화 산업〉,《계몽의 변증법》, 1947.
- 잉켈스(Inkeles, A.):《소련에서의 여론》, 1950.
- 라스웰(Lasswell, H. D.):《매스 커뮤니케이션의 내용 분석》, 1942.
- 라스웰(Lasswell, H. D.):《정치 행태의 분석》, 1948.
- 라자스펠트(Lazarsfeld, P. F.):《커뮤니케이션 연구 1948~49》, 1948.
- 르봉(Le Bon, G.):《군중심리학》, 1950.
- 리프만(Lippmann, W.):《환상의 공중》, 1925.
- 리프만(Lippmann, W.):《여론》, 1922.
- 만하임(Manheim, E.):《사회 여론의 담당자》, 1933.
- 머피 외(Murphy, G., etc.):《여론과 개인》.
- 오드가드(Odegard, P. H.):《미국의 공중 심리》, 1930.
- 파크(Park, R. E.):〈인간 본성과 집단 행동〉, 1926.
- 파크(Park, R. E.):《대중과 공중》, 1904.
- 로펜슈타인(Roffenstein, G.):〈정치적 견해의 심리학〉, 1927.
- 소비(Sauvy, A):《권력과 여론》, 1949.
- 슈람(Schramm, W.):《매스 커뮤니케이션》, 1949.
- 스투퍼(Stouffer, S. A.):《미국의 병사》, 1949.
- 타르드(Tarde, J. G. d.):《여론과 군중》, 1901.
- 퇴니에스(Töonnies, F. J.):《여론의 비판》, 1922.

IV. 지식사회학

1. 개척자
- 앨리어(Allier, R.):《원시인의 심리》, 1929.
- 베커 외(Becker, H., etc.):〈막스 셸러의 지식사회학〉,《철학과 현상학적 연구》, 1942.

- 보그다노브(Bogdanow, A.): 《사회의 발전 형태와 학문》, 1924.
- 뒤르켕 외(Durkheim, É., etc.): 〈계급화의 몇 가지 원시적 형태〉.
- 엥겔스(Engels, F.): 《루드비히 포이어바흐와 독일 고전 철학의 종결》, 1946.
- 굼플로비치(Gumplowicz, L.): 《사회학 원리》, 1926.
- 힌체(Hintze, O.): 〈막스 셸러의 지식의 형태와 사회에 관하여〉.
- 훅(Hook, S.): 《마르크스 이해를 위하여》, 1933.
- 예루잘렘(Jerusalem, W.): 〈인식의 사회학〉, 1909.
- 예루잘렘(Jerusalem, W.): 〈인식의 사회학〉, 1921.
- 레비브륄(Lévy-Bruhl, L.): 《원시의 사유》, 1926.
- 레비브륄(Lévy-Bruhl, L.): 《원시인의 정신세계》, 1947.
- 루카치(Lukács, G.): 《역사와 계급 의식, 마르크스 변증법의 연구》, 1923.
- 루카치(Lukács, G.): 〈마르크스와 이데올로기적 퇴락의 문제〉, 1948.
- 마르크스(Marx, K.): 《독일 이데올로기》, 1931.
- 마르크스(Marx, K.): 《신성 가족》, 1932.
- 마르크스 및 엥겔스(Marx, K. und Engels, F.): 《공산당 선언》, 1932.
- 니체(Nietzsche, F.): 《권력에의 의지》, 1926.
- 니체(Nietzsche, F.): 《도덕의 계보》, 1925.
- 오펜하이머(Oppenheimer, F.): 《사회학 체계》, 1권 1부, 1922.
- 파레토(Pareto, V.): 《일반 사회학 원리》, 1917~1919.
- 파레토(Pareto, V.): 《사회주의 체계》, 1902~1903.
- 셸러(Scheler, M.): 〈지식에 관한 실증주의적 역사철학과 인식사회학의 과제〉, 1921.
- 셸러(Scheler, M.): 〈예루잘렘의 견해에 대하여〉, 1922.
- 셸러(Scheler, M.): 《세계관학, 사회학 및 세계관의 정립》, 1922.
- 셸러(Scheler, M.): 《사회학 및 세계관학 논문집》, 1923~24.
- 셸러(Scheler, M.): 《지식사회학 시론》 편찬, 1924.
- 셸러(Scheler, M.): 《지식의 형식과 교양》, 1947.
- 셸러(Scheler, M.): 《지식의 형식과 사회》, 1926.
- 셸러 및 아들러(Scheler, M. und Adler, M.): 〈학문과 사회적 구조〉, 1925.
- 실프(Schilpp, P. A.): 〈셸러 지식사회학의 형식적 문제〉.
- 소렐(Sorel, G.): 《고대 세계의 멸망》, 1925.
- 소렐(Sorel, G.): 〈사적 유물론〉, 1902.
- 소렐(Sorel, G.): 《마르크시즘의 해체》, 1908.

- 소렐(Sorel, G.): 《진보에의 환상》, 1911.
- 소렐(Sorel, G.): 《프래그머티즘의 유용성》, 1921.
- 소렐(Sorel, G.): 《프롤레타리아 이론의 연구 자료》, 1921.
- 소렐(Sorel, G.): 《권력론》, 1928.
- 소렐(Sorel, G.): 《마르크시즘의 붕괴》 독어판, 1930.
- 텐(Taine, H. A.): 《영국 문학사》, 1863~1864.
- 텐(Taine, H. A.): 《예술철학》, 1880.
- 베버(Weber, M.): 《경제와 사회》 (사회경제학 원리, 3권), 1922.
- 베버(Weber, M.): 《종교사회학 논집》, 1920~1921.

2. 지식사회학에 관한 논쟁과 그 현재 단계

- 아들러(Adler, M.): 〈칸트 인식론의 사회학적 요소〉, 1924.
- 아도르노(Adorno, Th. W.): 〈카를 만하임의 지식사회학〉.
- 안드레이(Andrei, P.): 〈인식의 사회학적 이해〉, 1923.
- 아렌트(Arendt, H.): 〈철학과 사회학. 카를 만하임의 《이데올로기와 유토피아》 출간에 즈음하여〉, 1930.
- 아롱(Aron, R.): 〈지식사회학〉, 1950.
- 브링크만(Brinkmann, C): 〈상층 구조와 국가학 및 사회학〉 (슈몰러 연총 54권), 1930.
- 쿠르티우스(Curtius, E. R.): 〈사회학과 그 한계〉, 1929.
- 쿠르티우스(Curtius, E. R.): 《위기에 처한 독일 정신》, 1932.
- 달케(Dahlke, H. O.): 〈지식사회학〉, 1940.
- 드 그레(De Gre, G. L.): 《사회와 이데올로기》, 1943.
- 뎀프(Dempf, A.): 〈중세에서 근세로의 이행 과정에 대한 지식사회학적 연구〉 (응용사회학 논총 3권), 1931.
- 도브레츠베르거(Dobretsberger, J.): 〈경제사상의 사회학〉, 1932.
- 둥크만(Dunkmann, K.): 〈이데올로기와 유토피아〉, 1930.
- 둥크만(Dunkmann, K.): 〈학문의 사회학적 기초〉, 1927.
- 에렌베르크(Ehrenberg, H.): 〈이데올로기적 및 사회학적 방법. 사유 양식의 사회화에 관하여〉, 1927.
- 엘레우테로풀로스(Eleutheropoulos, A.): 〈사회심리학과 지식사회학〉, 1927.
- 엡슈타인(Eppstein, P.): 〈사적 유물론에서의 현실에 대한 문제 제기〉, 1928.
- 프로인트(Freund, M.): 〈카를 만하임의 이데올로기와 유토피아〉, 1930.
- 프라이어(Freyer, H.): 〈이데올로기와 지식사회학의 문제에 붙여서〉, 1930.
- 가이거(Geiger, Th.): 〈이데올로기 개념에 대한 비판적 평가〉, 1949.

- 기틀러(Gittler, J. B.): 〈과학철학의 가능성〉, 1940.
- 그륀발트(Grünwald, E.): 《지식사회학의 문제》, 1934.
- 구리안(Gurian, W.): 〈사회학의 한계와 의의. 이데올로기와 유토피아〉, 1929.
- 알박스(Halbwachs, M.): 《기억의 사회적 측면》, 1925.
- 알박스(Halbwachs, M.): 〈기억과 사회〉, 1949.
- 알박스(Halbwachs, M.): 《집단적 기억》, 1948.
- 하인리히(Heinrich, H.): 〈자유에 관한 부르주아적 내지 사회주의적 개념〉, 1928.
- 호르크하이머(Horkheimer, M.): 〈새로운 이데올로기 개념〉, 1930.
- 호르크하이머(Horkheimer, M.): 〈이데올로기와 가치 부여〉, 1951.
- 카넬로폴로스(Kanellopoulos, P.): 〈사회적인 것과 인식의 한계로서의 개인. 사회학 대 사회학주의〉.
- 크라프트(Kraft, J.): 〈사회학과 사회학주의〉, 1929.
- 란즈베르크(Landsberg, P. L.): 〈인식론의 사회학〉, 1931.
- 란즈후트(Landshut, S.): 〈세 가지의 구조적 연구 특징과 지식사회학 개관〉, 1929.
- 레발터(Lewalter, E.): 〈지식사회학과 마르크스주의〉, 1930.
- 리버(Lieber, H. J.): 〈존재와 인식. 카를 만하임 지식사회학의 철학적 문제성〉, 1949.
- 막케(Macquet, J. J.): 《지식사회학》, 1949.
- 만하임(Mannheim, K.): 〈지식사회학의 문제〉, 1925.
- 만하임(Mannheim, K.): 〈정신적 형성의 이데올로기적 및 사회학적 해석〉, 1926.
- 만하임(Mannheim, K.): 〈사회학의 위치〉, 1936.
- 만하임(Mannheim, K.): 〈독일 사회학〉, 1934.
- 만하임(Mannheim, K.): 〈독일에서의 사회학의 문제에 관하여〉, 1929.
- 만하임(Mannheim, K.): 〈현대의 진단〉, 1951.
- 만하임(Mannheim, K.): 《자유, 권력 및 민주적 계획》, 1951.
- 마르크(Marck, S.): 〈현대 사회학에서의 마르크스주의적 근본 문제〉, 1927.
- 마르크(Marck, S.): 〈지식의 존재 제약성의 문제〉.
- 마르쿠제(Marcuse, H.): 〈카를 만하임의 이데올로기와 유토피아의 사회학적 방법에서 나타난 진리의 문제〉, 1929.
- 마르틴(Martin, A. v.): 〈체념과 사명으로서의 사회학〉, 1930.
- 마르틴(Martin, A. v.): 《정신과 사회》, 1948.
- 마우스(Maus, H.): 〈새로운 사회철학은 탄생할 것인가?〉, 1948~1949.
- 멘첼(Menzel, H.): 〈이데올로기와 유토피아〉, 1931.
- 머튼(Merton, R. K.): 〈카를 만하임과 지식사회학〉, 1941.

- 머튼(Merton, R. K.): 〈지식사회학〉, 1945.
- 플레스너(Plessner, H.): 〈이데올로기 사상의 변천〉, 1931.
- 레너(Renner, K.): 〈마르크스주의는 이데올로기인가 학문인가?〉, 1928.
- 로타커(Rothacker, E.): 〈인간론〉.
- 잘리스(Salis, J. R. de): 〈독일의 사회학 동향〉, 1930.
- 살로몽(Salomon, G.): 〈학문으로서의 정치에 관하여〉, 1930.
- 살로몽(Salomon, G.): 〈유물 사관과 이데올로기론〉, 1926.
- 슈파이어(Speier, H.): 〈사회학과 이데올로기〉, 1930.
- 슈파이어(Speier, H.): 〈카를 만하임의 이데올로기와 유토피아〉, 1952.
- 쉐크(Schoeck, H.): 《카를 만하임의 지식사회학》, 1948.
- 쉐크(Schoeck, H.): 〈지식사회학과 그의 발달〉, 1952.
- 쉐크(Schoeck, H.): 〈카를 만하임 지식사회학의 사회 경제적 양상〉, 1950.
- 슈프랑거(Spranger, E.): 〈이데올로기와 학문〉, 1930.
- 슈테른(Stern, G.): 〈이른바 의식의 존재 제약성에 관하여〉, 1930.
- 소로킨(Sorokin, P. A.): 《사회적 및 문화적 동태사》, 1937.
- 틸리히(Tillich, P.): 〈이데올로기와 유토피아〉, 1929.
- 투흐펠트(Tuchfeldt, E.): 〈지식사회학적 문제의 현대적 위치〉, 1951.
- 비트포겔(Wittfogel, K. A.): 〈지식과 사회〉, 1931.
- 바린스키(Warynski, St.): 《사회과학》, 1944.
- 볼프(Wolff, K.): 〈지식사회학〉, 1935.
- 볼프(Wolff, K.): 〈지식사회학, 그 경험주의적 입장을 중심으로〉, 1943.
- 치글러(Ziegler, H. O.): 〈이데올로기론〉, 1927.
- 즈나니에츠키(Znaniecki, F. W.): 〈지식사회학의 현재와 미래〉, 1951.

3. 응용 지식사회학

- 베이커(Baker, R. J.): 《현대 사회에서의 지식인의 사회학적 기능》, 1936.
- 칼레(Carlé, W.): 《세계관과 언론》, 1931.
- 엘리아스(Elias, N.): 《문명 과정론》, 1937.
- 엘리아스베르크(Eliasberg, W.): 〈상호 모순된 전문가의 평가〉, 1932.
- 프로인트(Freund, G.): 《19세기 프랑스의 사진술, 사회학 및 미학 수상집》, 1936.
- 게르트(Gerth, H.): 《18세기를 중심으로 한 부르주아 인텔리의 사회사적 위치》, 1635.
- 헤르만(Herrmann, O.): 《구스타브프라이타크와 그 시대》, 1934.

- 콘-브람슈테트(Kohn-Bramstedt, E.): 《귀족주의와 독일의 중산 계급》, 1937.
- 만하임(Manheim, E.): 《여론의 담당자》, 1933.
- 마르틴(Martin, A. v.): 《르네상스의 사회학, 부르주아 문화의 외양과 리듬》, 1932.
- 마르틴(Martin, A. v.): 〈중세에 관한 문화사회학〉, 1931.
- 마르틴(Martin, A. v.): 〈르네상스 문화사회학〉, 1931.
- 트루헬(Truhel, K.): 《사회적 관료, 관료주의의 사회적 분석》, 1934.
- 바일(Weil, H.): 《독일 교육 원리의 발생》, 1930.

찾아보기

ㄱ

《경제와 사회》· 392, 535
계몽주의 · 116~118, 174, 180, 465, 491
공산주의 · 94, 272, 284, 286, 287, 289, 390, 482, 483, 487, 488, 510, 511, 513
괴테, 요한 볼프강 · 472, 477
굼플로비치, 루트비히 · 603
귀속성 · 67, 314, 462, 545, 557, 598, 599
기능 이론 · 91

ㄴ

내면적 자유 · 480, 481
내적 응집성 · 139
네틀라우, 막스 · 488
니체, 프리드리히 · 92, 603

ㄷ

데카르트, 르네 · 83
《독일 신학》· 463

동태적 상관주의 · 236
드로이젠, 요한 · 415
딜타이, 빌헬름 · 133, 603

ㄹ

라마르틴, 알퐁스 드 · 422
라이프니츠, 빌헬름 · 83
라첸호퍼, 구스타프 · 603
란다우어, 구스타프 · 517
랑케, 레오폴트 폰 · 247, 248, 278, 420, 421
레닌주의 · 286, 299, 320
레싱, 고트홀트 에프라임 · 455, 456
렌너, 카를 · 555
로크, 존 · 28, 83
루카치, 게오르그 · 9, 170, 289, 503, 547, 603
리비도 · 87
리케르트, 하인리히 · 281

ㅁ

마르비츠, 요한 프리드리히 아돌프

폰 데어 · 469
마르크스주의 · 36, 53, 193~196, 199, 283~285, 291, 293, 298, 299, 308~311, 329, 504, 505, 507, 538, 545~548, 557
마키아벨리, 니콜로 · 172, 173, 312
몽테스키외, 샤를 드 · 86
뫼저, 유스투스 · 469
무솔리니, 베니토 · 15, 302~304, 306, 309~311, 315, 322
무정부주의 · 313, 412, 443, 458, 482, 488, 489, 497
뮌처, 토마스 · 436, 437, 439~445, 461, 463, 464, 475, 512
뮐러, 요하네스 · 480

ㅂ

바쿠닌, 미하일 알렉산드로 · 313, 446, 488, 489
발생론적 방법 · 99, 101, 102, 104
버크, 에드먼드 · 276
버클리, 조지 · 83
베르그송, 앙리 · 301, 303
베버, 막스 · 16, 31, 36, 72, 170, 194, 205, 243, 264, 352
베버, 알프레트 · 337, 379, 419, 430, 434, 461, 462, 504, 505, 514, 535
베스트팔, 빌헬름 · 595
베이컨, 프랜시스 · 171~173
벵겔, 요한 알브레히트 · 456

볼셰비즘 · 497
《봉쇄상업국가론》· 281
불확정성 관계 · 595
브루바허, 프리츠 · 488, 489

ㅅ

사비니, 프리드리히 · 316, 472
사회적 편차 · 368, 495
사회주의 · 25, 119, 143, 204, 272, 282, 284, 286, 289, 303~305, 313, 328, 390, 412, 436, 459, 482~491, 497, 500, 510, 614, 617
사회학적 귀속성 · 600
사회학주의 · 563
상관주의 · 12, 201, 203, 213, 556, 587, 594, 596
상관화 · 555, 556, 558
상대주의 · 137, 147, 201, 203, 524, 556, 587
생디칼리슴 · 303, 305, 313, 488, 497
생시몽, 클로드 · 490
서스만, 마르가레테 · 517
세계발생론 · 84
《세대의 문제》· 10, 534
셰플레, 알베르트 · 261, 262
셸러 · 47, 171, 346, 535, 550, 584, 604
소렐, 조르주 · 301, 303, 305~308, 313, 319

소크라테스 · 75
소피스트 · 74~76
수정주의 · 482
슈벵크펠트, 카스파르 · 462
슈탈, 게오르크 · 372, 445, 474, 477, 544
슈탈, 프리드리히 · 312, 333
슈판, 오트마르 · 503
슈페너, 필리프 · 456
스미스, 애덤 · 121
실재변증법 · 286
실증주의 · 9, 27, 217, 218, 220, 244, 309, 356, 357~359, 538, 603
심리 발생론 · 101~103
심상 기제 · 88

ㅇ

아른트, 에른스트 · 456
아우구스티누스, 아우렐리우스 · 463
아인슈타인, 알베르트 · 595
엥겔스, 프리드리히 · 461, 490, 612
여효 법칙 · 498
《역사학 강요》 · 415
예수살렘, 빌헬름 · 603
오언, 로버트 · 490
우상론 · 171
운명 윤리 · 398
의미 지향성 · 557, 562

의지 지향성 · 249, 250, 560
이데올로기 · 10~12, 15, 16, 48, 53, 125, 126, 129, 145, 153~155, 157, 188~200, 203, 205, 209~217, 220, 225, 227, 229~235, 276, 278, 283~285, 294, 303, 306~310, 313, 316, 329, 340, 367, 396, 404, 405, 407~409, 422~424, 461, 466~470, 478, 484, 485, 498~500, 504~509, 513, 518, 519, 524, 525, 526, 542, 543, 557
이해심리학 · 165
《인간 오성에 대한 철학 논집》 · 507
인식론 · 10, 81, 83, 105, 112, 116, 142, 189, 201, 202, 563, 564~570, 573~580, 582, 586
일률적 정형화 · 264
일반 역학 · 91

ㅈ

자기 석명 · 140, 141, 519
정의의 윤리 · 398
《정치 문답》 · 247
존재 구속성 · 200, 204, 364, 391, 574, 589, 591
존재 제약성 · 285, 523, 528~530, 532, 546, 547, 586, 589, 594
존재 초월성 · 405, 506, 507, 511, 518, 519
존재론 · 56, 77, 86, 87, 97, 99, 190, 197, 217, 539, 549, 577, 582, 583,

589
존재의 이중화 · 582, 596
종교사회학 · 72
지식계급 · 275, 315
지식사회학 · 11, 12, 16, 27, 28, 32, 46~48, 51, 52, 56, 57, 63~69, 137, 142, 144, 145, 151~153, 182, 200, 202, 204, 239, 251, 256, 359, 389, 391~393, 396, 413, 523~529, 541, 546, 549, 550, 552~568, 573, 575, 578, 581, 589, 593, 597, 598, 601~604
《지식의 형식과 교양》· 535
《지식의 형식과 사회》· 56

ㅊ

창세기설 · 84
책임 귀속 주체 · 166, 591
책임 윤리 · 399
천년 왕국설 · 425, 435~438, 440~450, 456~461, 464, 465, 471, 475, 476, 479, 488, 497, 498, 514, 515
총체적 이데올로기 · 6, 162~168, 176, 179, 182, 185, 193, 198, 199, 200
친첸도르프, 니콜라우스 · 456

ㅋ

카를슈타트, 안드레아스 · 462
칸트, 이마누엘 · 16, 31, 83, 180, 571
켈러, 고트프리트 · 500

코케유스, 요하네스 · 456
콩도르세, 마리 장 · 454, 491
콩트, 오귀스트 · 309
쿠노브, 하인리히 · 454
키에르케고르, 쇠렌 · 86, 514

ㅌ

특수적 이데올로기 · 161, 163, 165~167, 178, 184, 198, 211
특수화 · 556, 558, 559, 563, 568, 573

ㅍ

파레토, 빌프레도 · 301, 303, 307, 308, 507, 514
파스칼, 블레즈 · 86
파시즘 · 15, 300~303, 305, 306, 310, 311, 313, 319~322, 329, 390
푸리에, 샤를 · 490
프랑크, 세바스티안 · 462
프래그머티즘 · 603
프로이트, 지그문트 · 603
프로테스탄티즘 · 115, 116, 539
프루동, 피에르 조제프 · 313
피오레, 요아힘 폰 · 436
피타고라스 · 100
피히테, 요한 고틀리프 · 281

ㅎ

행동 지향성 · 67

허위의식 · 12, 159, 185~188, 194, 197, 227, 228, 230, 231
헤겔, 프리드리히 · 12, 180, 183, 193, 331, 333, 421, 433, 465, 467, 469, 470, 474, 493, 507, 512, 518
헤르더, 고트프리트 · 453
형식사회학 · 392, 548, 591, 593
홉스, 토머스 · 83
후흐, 리카르다 · 488
흄, 데이비드 · 28, 83, 174, 507